united p.c.

Alle Rechte der Verbreitung, auch durch Film, Funk und Fernsehen, fotomechanische Wiedergabe, Tonträger, elektronische Datenträger und auszugsweisen Nachdruck, sind vorbehalten.

Für den Inhalt und die Korrektur zeichnet der Autor verantwortlich.

© 2013 united p. c. Verlag

Gedruckt in der Europäischen Union auf umweltfreundlichem, chlor- und säurefrei gebleichtem Papier.

www.united-pc.eu

Friedrich Karl Doering

Mein Kriegstagebuch

Aufzeichnungen eines Pastors
1940 – 1943

Herausgegeben von Karl-Michael Doering

Zur Erinnerung an den Bruder meines Vaters
Friedrich-Wilhelm (Friedel) Doering
8. November 1921 – 19. Januar 1944

und an meinen Bruder
Hans-Jürgen Wolfram Doering
26. September 1939 – 7. Januar 2011

Friedrich Karl Doering

Einleitung

Bei der Bundeswehr habe ich gelernt, dass das Führen eines privaten Tagebuchs im Kriegsfall verboten sei und dieses Verbot auch in der Wehrmacht gegolten habe.

Wieso hat mein Vater trotzdem ein Tagebuch geführt?

Ein Motiv hat er selbst genannt: Er wollte, dass seine Frau ein genaues Bild davon erhielt, was er täglich erlebte, dachte und fühlte. Hätten dazu nicht die vielen Briefe ausgereicht, die er an seine Frau schrieb? Aber vielleicht waren diese ihm nicht systematisch, nicht straff genug. Auch musste er die Briefzensur fürchten.

Über weitere Motive kann nur spekuliert werden. Wollte sich mein Vater eine gewisse Zucht auferlegen? Wollte er etwas Bleibendes schaffen, vielleicht für seinen Sohn Hans-Jürgen, dem das Manuskript später gehören sollte? Oder war er im Lazarett des Lesens überdrüssig und suchte eine andere, sinnvolle Betätigung, die er später mit einer anderen Motivation fortführte?

Meine Vater hat das Tagebuch nicht täglich geschrieben, er hat sich aber wohl täglich Notizen gemacht – auf einigen Blättern fand ich unter einer Datumsangabe verschiedene Stichwörter – und diese später für das Tagebuch verwendet. An vielen Tagen findet sich der Eintrag: „…am Tagebuch gearbeitet…" oder die Klage darüber, dass am Tagebuch viel aufzuarbeiten sei. Daneben aber findet sich aber häufig die Bemerkung: „…Tagebuch bis hierher." Dann war er auf dem Laufenden.

Die einzelnen Abschnitte des Tagebuchs schickte mein Vater nie mit der regulären Feldpost nach Hause, sondern gab sie immer vertrauenswürdigen Urlaubern mit, die sie direkt oder über Dritte seiner Frau übergeben mussten. Dahinter steckte neben der Angst vor der Zensur wohl auch die Sorge, dass die Blätter auf dem Postwege verloren gehen könnten.

Warum das Tagebuch nicht vollständig erhalten ist, darüber kann ich nur Vermutungen anstellen. Es ist möglich, dass meine Mutter am Ende des Krieges Teile vernichtet hat, dass, als beim Einmarsch der Roten Armee in unser Städtchen Brüel meine Mutter das Tagebuch wohlverpackt vergrub, dabei ein Teil verloren ging oder später, als unser Pfarrhaus sowjetische Kommandantur wurde. Ich weiß auch nicht, auf welche Weise das Tagebuch und die vielen Briefe meines Vaters nach unserer Flucht 1959 nach Westdeutschland zu uns gelangten. Auch hierbei mag einiges abhanden gekommen sein.

Nach dem Tode meiner Mutter Ende 1995 kamen sämtliche schriftlichen Unterlagen zu mir nach Göttingen, wo sie zunächst in der Schublade „Familienangelegenheiten" aufbewahrt wurden. Einige Jahre später machte sich meine Frau Monika daran, Briefe meines Vaters abzuschreiben, dann auch an den gut lesbaren ersten Teil des Tagebuchs bis zum Beginn des Krieges gegen die Sowjetunion, so dass dies in elektronischer Form vorlag. Da die weiteren Blätter zum Teil sehr schwer lesbar waren, unterzog sie sich mit großer Geduld – zeitweise unterstützt von Ilse v.d. Decken – dankenswerterweise der Mühe, diese per Hand abzuschreiben. Ich danke Frau H. Wuttke, dass sie nach meinem Tonbanddiktat diesen schwierigen Text mit den vielen Orts- und Personennamen und häufigen Leerstellen geschrieben hat. Für die erste Korrektur, bei der ich das Originalmanuskript Zeile für Zeile durchging und manchmal viele Minuten über einem Wort, einer Silbe oder gar einem Buchstaben brütete, waren mir eine große Lupe und das Licht einer griechischen Insel eine wertvolle Hilfe.

Es war mir eine bittere Freude, dass ich meinem todkranken Bruder Hans-Jürgen kurz vor seinem Tode die erste Korrekturfassung überreichen konnte.

Und warum veröffentliche ich das Kriegstagebuch meines Vaters? Ich bin der Meinung, dass dieses authentische, persönliche, für uns heute auch problematische Dokument nicht der Vergessenheit anheim fallen sollte.

Das meine ich, meinem Vater schuldig zu sein.

Göttingen, im Mai 2 0 1 2, Karl-Michael Doering

Editorische Anmerkungen

1. Die Orthographie habe ich so übernommen, wie sie im Tagebuch steht. So kommt es, dass das „ß" in alter Weise gebraucht wird und „garnicht" zusammen geschrieben wird, um nur die auffälligsten Beispiele zu nennen.
2. Die Interpunktion habe ich im Wesentlichen so belassen. Nur in offensichtlichen Fällen habe ich Veränderungen vorgenommen.
3. Die Datumsangabe habe ich wegen der besseren Übersichtlichkeit einheitlich geschrieben. Im Manuskript wird das Datum gelegentlich in unterschiedlicher Weise ausgeführt. Die von mir gewählte Form überwiegt in der Niederschrift.
4. Die Abkürzungen sind so wiedergegeben, wie sie im Manuskript stehen. Allerdings werden einigen Begriffe manchmal abgekürzt, an anderer Stelle ungekürzt geschrieben. Die Bedeutung der Abkürzungen ist im Anhang aufgeführt. Bei einigen ist es mir trotz umfangreicher Nachforschungen nicht gelungen, sie zu entschlüsseln. An dieser Stelle danke ich Herrn Major i.G. Wolf-Alexander Hamp für seine Hilfe.
5. Absätze wurden im Manuskript unterschiedlich markiert: Mal durch Einrücken einer neuen Zeile, mal durch einen waagerechten Strich zwischen zwei Sätzen. Wegen der besseren Lesbarkeit habe ich die vorliegende Form gewählt.
6. Das Tagebuch ist zuerst mit Tinte, später (ab dem 31. 7. 1941) mit Bleistift geschrieben. Als Schriftart werden lateinische Buchstaben verwendet. In der Zeit vom 2. 4. bis 18. 6. 1941 schreibt mein Vater „deutsch", um sich daran – wie er schreibt – zu üben.
7. Nicht lesbare Stellen im Text habe ich mit 3 Punkten in eckigen Klammern […] gekennzeichnet. Hierbei kann es sich um Teile eines Wortes, Wörter, Sätze oder ganze Textabschnitte handeln. Manchmal war es unmöglich, zwischen einem „n" und einem „u" oder einem „c" und einem „e" zu differenzieren. Das erschwerte die korrekte Schreibweise von Namen.
8. Anmerkungen von mir habe ich in eckige Klammern gesetzt und mit K.-M. D. gekennzeichnet.

Karl-Michael Doering

Biografische Daten von Friedrich Karl Doering

5. 8. 1910	geboren als Sohn des Lehrers Karl Doering und seiner Ehefrau Johanne, geb. Wolfertz in Velbert / Rheinland
1929 – 1934	Studium der Theologie in Bethel, Halle und Bonn
7. 3. 1934	Erstes theologisches Staatsexamen
Mai 1934 – Oktober 1936	Vikar in Köln und Ostpreußen, Hilfsprediger in Mülheim
7. 10. 1936	Zweites theologisches Staatsexamen
17. 10. 1936	Eintritt als Freiwilliger beim Art.Rgt.12 in Schwerin
17. 12. 1937	Ordination in Köln-Sülz
17. 6. 1938	Heirat mit Erika Eggers in Weitendorf/Poel (Mecklenburg)
ab Oktober 1938	Pastor in Brüel / Mecklenburg
1. 9. 1939	Beginn des 2. Weltkrieges, Einberufung zum Heer, eingesetzt in Frankreich, Holland und der Sowjetunion
9. 2. 1944	gefallen in den Kämpfen bei Witebsk/Weißrussland beigesetzt auf dem Soldatenfriedhof in Polozk
23. 4. 1944	Geburt des 2. Sohnes Karl-Michael Werner

Mein Kriegstagebuch

Doering, Leutnant

Diese Aufzeichnungen begann ich im Feldlazarett La Roche sur Yon, nahe dem Atlantischen Ozean, in das mich ein Sturz mit meinem Vollblut „Madeleine" geführt hatte.

Diese Blätter widme ich der Frau, die meine beste Freundin ist, die sich als Kameradin während des Krieges erneut bewies, der Mutter meines Bübchens, meiner Erika.

Zum 23. August 1940

Die letzten Tage vor der Offensive

Es waren wirklich „letzte Tage"...

Ich war zu einem Kursus nach Jüterbog kommandiert gewesen, der uns alle sehr wenig befriedigt hatte, sodaß wir, um wenigstens einen greifbaren Wert für uns zu erlangen, alles daransetzten, von hier aus in irgendwie gewagten Umwegen ein paar Tage Urlaub herauszuschlagen. Dem einen gelang es in Form von Telegrammen alarmierenden Inhalts. Und wirklich! Man glaubte ihnen und widmete dem schwer geprüften Manne, dessen Gut vor dem Konkurs stand, oder dessen Laufbahn oder Ehe unwiederbringlich zu verschütten drohte, wenn er nicht gerade in diesem so günstigen Augenblick und bei allerletzten Gelegenheit (aber auch wirklich allerletzten!) auf einen Tag persönlich vorsprechen könnte, aufrichtende und mitfühlende Worte, die aber in der harten Brust weniger anklangen als die Tatsache, daß auf der Fahrt zum Westen einige Tage Urlaub eingeschoben werden können. Mir hatte auf meine Bitte an den Kommandeur sein Adjutant kurz mitgeteilt, ich würde erst am 7. Mai früh erwartet. Urlaub vom 30. April bis 7. Mai!

Das geräuschvolle Abschiedsessen mit heftigem Umtrunk (die Säulen unseres Kursus gerieten heftig ins Wanken) beendete ich früher, um in aller Frühe die 6 km lange Strecke vom alten Lager bis zum Bahnhof zu gehen, wo ich den sehr günstigen Zug über Berlin erreichte: Es klappte alles wunderbar, am Nachmittag war ich zu Hause. In Jüterbog war ich wegen einer hochfiebrigen Angina im Revier bettlägerig gewesen, hatte auch die Folgeerscheinungen, heftige Nierenschmerzen, noch nicht überwunden und, als brauchte ich nur nach Hause zu kommen, um von allen Beschwerden frei zu sein: Am zweiten Tag war ich gesund wie je. Wie das kommt? Das sind die starken Kräfte, die in der Heimat, im Schoße der Familie, hin- und herweben, das ist das Glück, nach langer Trennung wieder bei seinen liebsten Menschen zu sein, der tiefe Frieden, der die Brust durchzieht, das wohlige Aufatmen. Hier bist du zu Hause. Nun darf alles abfallen. Und wirklich! Ich spürte es körperlich, dieses Sich-Lösen-Dürfen.

Und kann es denn auch anders sein, wenn ich morgens in mein Arbeitszimmer trat und mein Blick über die Bücher glitt, die in leuchtenden Farben in einfachen dunklen Regalen längs der Wand standen? Und aus schlanken Vasen leuchteten die ersten Blumen des Gartens, das erste Birkengrün schmückte meinen Schreibtisch, der, wie gewohnt, mitten im Raume stand. Und weiter glitt mein Blick über die Sonnenkringel auf der hellen Tönung der Wand, umfaßte Band und Mütze der Studentenzeit – damals hatten wir geschworen, stets mit Blut und Leben für's Vaterland einzutreten; jetzt konnte diese Bereitschaft täglich gefordert werden! – streifte überlegen lächelnd den Fernsprecher: Du darfst mir meinen Urlaub nicht stören!

Und im Wohlgefühl des Urlaubs streckte ich mich: Wie herrlich, schön! Ich brauche nur die große Tür zu öffnen und da wartet auf mich das größte Glück! Da wird im viel zu großen Sessel Hans-Jürgen zu sitzen versuchen, in einer Ecke mit Kissen umbaut, oft wird der kleine Kerl umplumpsen und hilflos in den Kissen versinken. Und neben ihm auf der Couch sitzt seine Mutti, mit strahlenden Augen, immer bereit, ihrem Jungen beizustehen in den vielen Gefährnissen seines winzigen Lebens. Und...

Aber nun öffne ich die Tür. Ein großer, heller Raum, der Boden mit hellem Teppich ausgelegt, auf dem sich die Möbel plastisch abheben, riesig hohe Fenster, vor den weichen Gardinen und Vorhängen mit einem strengen Muster reiche Falten schlagen. Und die Tür gegenüber, neben dem weichen Vorhang, der die Tür ins Zimmer meiner Frau verdeckt, in einer Ecke unter einer Stehlampe und von hellen Buchenzweigen bezaubernd eingefasst: Meine beiden liebsten Menschen.

Von Hans-Jürgen allerdings ist kaum etwas zu sehen. Die Rückenlehne des Sessels verdeckt ihn, nur über das Armpolster herüber spielt und wirbelt und dreht sich sein Händchen, auf dem matten Rot des Sessels anzusehen wie eine ins Rotweinglas gefallene Mücke, die sich um ihr Leben dreht und wendet. Und Mutti hat keine Zeit, ihr Brot zu essen: Ständig ist der lebhafte kleine Mann in Gefahr, abzurutschen, Kissen von sich zu stoßen, sich nach vorn zu beugen. Immer greift Mutti ein, flink und behende wie stets.

Wessen Augen strahlen mehr? Muttis? Wie sie ihren kleinen Liebling umhegt? Weil ihre „beiden Männer" bei ihr sind? Meine Augen? Weil sie soviel Glück umfassen? Nein! Uns übertrifft Hans-Jürgen. Er hat mich entdeckt, als ich näher trete. Nein, ich will es ehrlich sagen: Nicht mich hat er entdeckt, sondern die

Uniform, an der gemessen ich ihm sehr belanglos bin. Vor allem ist es der aus Silber gestickte Adler, die Riegel, und, um sich hineinzukrallen, die Achselstücke, die seine Augen gierig leuchten lassen. Ich beuge mich zur Begrüßung zu ihm herunter: Schon hat er sich in die Achselstücke festgekrallt und versucht, sie und dadurch auch mich mit seinem Mäulchen zu nähern. Wie war das doch gestern? Ich wollte eine Besorgung machen, hatte die Schirmmütze auf dem Kopf, trete – wie oft eigentlich? – an Bübchens Wagen, beuge mich zu ihm nieder: Ein Aufjauchzen, beide Fäustchen um die Silberkordel geklammert und sein Mündchen leckte begierig am Mützenschild. Und ich hatte dieses Aufjauchzen in verständlichem Vaterstolz auf mich bezogen! Wie schwer wird das sein, diesen kleinen Materialisten auf das Gefilde idealen Denkens- und Handlungsweise emporzuziehen!

Frühstück, Waschen, Füttern, Baden: Alles neue, erstmalige Dinge für mich: Wieviel hat er seit meinem letzten Urlaub zu Ostern hinzugelernt? Wie oft trat ich an seinen Wagen, wenn er im Garten stand! Und immer strahlte er, weinte auch gar nicht, wenn er wieder alleine spielen mußte, weil mich die Gartenarbeit rief. Es war ja zu schön, Spinatbeete für den Kleinen anzulegen, auch wenn ich nur das Gröbste tun konnte: Umgraben. Und wieviel gute Wünsche grub ich in den Boden hinein. Aber auch wie viele Fragen: Werde ich ernten können, was ich jetzt bestelle? Und dann die Frage, die ja im Augenblick der notwendigen Auseinadersetzung im Westen auftauchen musste: Werde ich diese meine neue Heimat wiedersehen? Mit Erika und Hans-Jürgen leben können? Oder ist es mir anders beschieden?

Gegrübelt haben Erika und ich nicht über diese Frage. Wohl aber darüber gesprochen, wie es notwendig ist, weil wir nicht blind und oberflächlich sein wollten. Haben vor dem Schlimmsten nicht Halt gemacht, sondern haben auch diese Möglichkeit erwogen. Und haben alles, was ungewiß war, was sich vielleicht in allerkürzester Zeit erfüllen würde, glaubensvoll in Gottes Vaterhand gelegt. Und dann war uns auch wirklich zeitweilig so, als hätten wir eine große Last von den Schultern abgeworfen: So, da liegt die Bürde, sie drückt uns nicht mehr. Das Wort Christi: „Kommet her zu mir alle, die Ihr mühselig und beladen seid" ist eben, wie jedes seiner Worte, keine Phrase, sondern erfahrbare Wirklichkeit. Wir erlebten sie.

Es wäre ja nun töricht zu glauben, nun hätte Erika von dieser sicheren Burg aus unbedingt dem Geschehen des Krieges zugeschaut, wäre aber innerlich diesem Geschehen entrückt gewesen, als hätte sie nie mehr um mich gebangt, nie neue Ängste durchlebt, wenn der Lautsprecher von heftigen Kämpfen im Westen berichtete, wo sie mich auch vermuten konnte. Denn gerade diese Ungewißheit verursacht ja stärkere Nöte als festes Wissen. Wenn dann noch eine Postsperre hinzukam und drei Wochen kein Lebenszeichen durchkam, steigerte sich das Warten und Bangen mit jener Notwendigkeit, die dem Fürchten und Ahnen immer neue Nahrung zuführt. Wie ich ja glaube, daß in dieser Hinsicht unsere Frauen mehr geleistet haben an stillem Heldentum und Verzicht, mehr ihre stärksten inneren Kräfte anspannen mußten als die an den Kämpfen beteiligte Truppe. Wir waren doch stets nur auf Stunden oder Tage unmittelbar im Kampf, standen den Ereignissen nahe oder fanden völliges Vergessen in bleiernem Schlaf. Aber was die Frau gelitten und stark getragen hat, das ist echte Tapferkeit. Ja! Meine tapfere Kameradin. Du brauchst nicht abzuschwächen. Ich weiß es durch meine Mutter bestätigt, die im Weltkrieg ihren Mann an der Front hatte und nun ihren Sohn und den zweiten Sohn auf der Fahrt dorthin wußte.

Und wer das aufzeigen könnte, wie viel helfende und bewahrende Kräfte von dem abendlichen Gebet von Mutter und Kind hinüber zu mir ausgingen! Darüber kann man schlecht schreiben, aber man weiß es.

Und als der Garten im Gröbsten bestellt war, als Friedel in Urlaub aus Schwerin kam, um zu helfen, als das erledigt war, was ich mir vorgenommen hatte, war der letzte Urlaubstag da. Niemand ahnte, daß in wenigen Tagen die große Offensive im Westen beginnen würde. Und das war gut so.

Die Fahrt ging über Hamburg. Während des Aufenthaltes im Wartesaal entdeckte ich im Koffer ein Buch, das mir Erika als Andenken „nach wunderschönen Urlaubstagen" eingepackt hatte. Vielleicht fand Erika zur gleichen Zeit auf ihrem Schreibtisch ein Buch vor, das ich ihr ebenso herzlich zum Abschied hingelegt hatte. Eine derartige Übereinstimmung, ohne vorherige Absprache, hatten wir ja auch bei unserem ersten Weihnachtsfest erlebt, als Jeder dem Anderen, ohne daß jemals hierüber ein einziges Wort gefallen wäre, den Klavierauszug der Matthäuspassion als Überraschung auf den Gabentisch legte. Diese neuerliche Übereinstimmung war für mich beglückend.

Am frühen Morgen erreichte ich Bonn, erlebte den rheinischen Frühling in voller Pracht – in Brüel waren die allerersten Boten zu spüren gewesen – kam auf dem gewohnten Weg über Siegburg zur rechten Zeit nach Neuenkirchen und meldete mich bei Hauptmann Joerges zurück. Ein herrliches Gefühl, sich nach wunderschönem Urlaub auf den Dienst zu freuen, auch wenn das Eingewöhnen verflucht schwierig ist. Mir half meine gute „Lotte" hierüber hinweg. Ich ließ sie satteln und ritt mit ihr ins Gelände, teils um mein Pferd zu versuchen, das wegen einer Schlagwunde längere Zeit hatte stehen müssen, besonders aber auch, um mich wieder zu gewöhnen, hatte ich doch fast einen Monat lang nicht im Sattel gesessen. Und diese List gelang: Mein Fuchs machte mir so viel Freude, zeigte Mut und gute Sitten, daß ich froh war, ihn wieder reiten zu können.

Das war Dienstag, der 7. Mai 1940.

Am Mittwoch war vormittags eine Übung des Nachrichtenzuges, an der ich teilnahm, mittags fuhren die Offiziere der Abteilung zum Schießplatz Wahn. Gerade als ich ein Sperrfeuer erschieße, wird General Brandt, unser früherer Regimentskommandeur, gemeldet. Uns allen fiel eine Bemerkung auf: „Jetzt noch Übungsschießen?" Was sollte das bedeuten? Die Rückfahrt war im Autobus über Hennef: Frühling im Rheinland. Am Donnerstag, den 9. Mai, sollte mein Sportprogramm abrollen, mit Frühsport, Waldlauf, Reiten. Es blieb bei dem Anfang, es war das einzige Mal.

Der Kommandeur war zu einem Kriegsspiel nach Bonn beordert, zusammen mit einer Kommandeurbesprechung. Am Vormittage wurde auch eifrig gespielt: Kampf um die Maginotlinie. Und nach dem Essen wurde abgebrochen, das Stichwort ausgeben und die Kommandeure begaben sich zu ihren Truppenteilen. Mich erreichte der Alarm in Eischeid, wohin ich zu meiner alten Batterie geritten war. Keine Hast, alles ging so sachlich und gelassen, weil es häufig geübt war. Abends saßen wir im Speisesaal bei Sekt zusammen. Der Kommandeur sprach: „Morgen beginnt die Offensive. Wir werden eingesetzt werden. Der Kampf wird hart werden. Ich verlange und weiß, daß jeder von Ihnen, meine Herren, seine Pflicht tun wird. Ich trinke auf den deutschen Sieg." Wir leerten die Gläser.

Das stand alles so unwirklich vor uns, mir kam es vor, als ginge es zu einem Scharfschießen, mit einer kleinen, leichten Erregung: Werde ich gut schieße? Vielleicht auch ein leises Rieseln den Rücken hinab: Was wird aus mir werden? Werde ich versagen? Wir besprachen die Möglichkeiten, Aussichten, unsere nächsten Ziele lagen sämtlich vor der Maginotlinie, ich gab Befehl, die Befestigungskarten von Belgien auszugeben. Spät trennten wir uns, als der 10. Mai anbrach. Zum Schlafen kam ich nicht. Koffer packen, nach meinem A.V.T. sehen, alles Arbeiten, die die restlichen Stunden bis zum Aufbruch schnell verstreichen ließen.

Und dann war es soweit. Wir tranken Kaffee, man legte uns noch Butterbrote zurecht und dann ging jeder zu seinem Platz. Überall ein geschäftiges Treiben: Vom Flugplatz Hangelar hoben sich 32 Flugzeuge, schwere Bomber, hoch, flogen in einer Kurve, die bis in unsere Nähe reichte und entfernten sich westwärts. Batterien zogen durch Neukirchen, aus den weit geöffneten Fenstern drang die Proklamation zum 10. Mai in den warmen Frühlingsmorgen.

Ein denkwürdiger Tag! Irgendwo im Westen kämpften nun schon unsere Kameraden, wir beschränkten uns lediglich auf erhöhte Flugabwehr. Fast friedensmäßig erfolgte alles. Ich zog mit meinem A.V.T. zur Unterkunft der 6. Batterie, der ich mich zur Verladung anschloß. Die Einwohner waren alle auf der Straße, der Führer der 6. Batterie, der junge Lt. v. Stülpnagel, lud mich zu einem Mittagessen in sein Quartier ein. Und dann ging es durch die bekannte, wunderschöne Landschaft nach Hennef hinunter, die Straße führte durch Wald am großen Schloß Alluer vorüber nach Hennef hinein. Das Verladen ging wunderbar schnell. Wir hatten in diesen Stunden immer nur eine Angst, die uns auch in den folgenden Tagen nicht verließ: Kommen wir noch rechtzeitig heran? Endlich setzte sich der Zug in Bewegung. In dem großen Pioniergerätedepot Troisdorf und bei Siegburg schauten Pioniere bei der Sichtung und Verladung des ungeheuren Materials uns wehmütig nach. Es muß furchtbar sein, rückwärtigen Diensten anzugehören. In Köln überquerten wir den Rhein. Wir erblickten das Siebengebirge. Wir wissen, worum wir kämpfen. Der Zug fährt mich in der Nähe der Volksgartenstraße vorbei. Fräulein Schlegelmilch ahnt bestimmt, daß ich in dieser Stunde vorüberfahre. Ich habe sie förmlich vermißt, daß sie nicht am Bahnhof stand. Und die Fahrt ging weiter an Sülz-Klettenberg vorbei. Ich habe mir immer gesagt: Wer hätte diese Wendung 1934/35, als ich hier wohnte, ahnen können? Und hinter Köln ging der Zug eine andere Strecke, als ich jemals gefahren bin. Das Tempo wurde langsamer und langsamer, die Steigungen immer größer. Durch Braunkohlengegenden ging die Fahrt an sehr ärmlichen Böden vorüber, die Färbung wurde rötlich, oft schimmerte der kahle Fels durch. An den Hängen Ziegen, kaum einmal Kühe. Die ganze Gegend war genauestens trigonometrisch vermessen, überall waren Feldpunkte angebracht, wir kamen wohl in das Gebiet des Westwalles. Und am Bahnkörper vorbei liefen die dicken Gummikabel der Division oder höherer Stäbe. An den Straßen entlang rasteten motorisierte Kolonnen, überall im Gelände war Flak aufgebaut. Mir gegenüber saß Lt. Krüger-Haye von der 6. Batterie. Langsam senkte sich die Nacht. Ich schlief ein.

Irgendwann hielt der Zug, auf einem Bahnhof wenige Lampen, es soll Lissendorf sein. Das Ausladen ging sehr rasch, einer von uns erkundete den Weg und dann zogen wir in die Dunkelheit hinein.

Ich muß nun etwas über die Ereignisse der nächsten Tage sagen. Das Kriegstagebuch der Abteilung enthält im Anfang nur ganz kurze Notizen, oft nur Namen des Marschweges, an die sich keine Vorstellungen knüpfen. Ich habe alle die Namen auch nicht behalten können. Zwar habe ich oft in [...] den Verlauf der Dg 7 verfolgt, aber auch nur bis zur Grenze; wir nahmen ja alle an, dann würden wir vor den belgischen Bunkern und Befestigungen festliegen. Eine Feuerwalze habe ich auch ausgerechnet für diese Gegend: Die Berechnung hat länger gedauert als später der Durchmarsch. Dabei war ich gar nicht innerlich auf dieses Tempo eingestellt. Es war ja auch mein erster Krieg, ich konnte mir nichts Richtiges vorstellen. Dabei habe ich in diesen ersten Tagen keine Aufzeichnungen gemacht, mir garnicht die Ortsnamen gemerkt: ich war auch einfach zu übermüdet. So verschwimmen die ersten Tage völlig mit ihren Bildern, Orten und Ereignissen.

Geblieben ist mir nur eine feste Vorstellung: Daß das die schwersten Tage waren. Tags schien die Sonne, blies ein sehr heftiger Wind in der Eifel den Staub, der von den zahllosen Kolonnen aufgewirbelt wurde, ins Gesicht, in den Rockkragen, sodaß das Kratzen am Hals unerträglich wurde. Es war ein ganz feiner weißer oder rötlicher Staub – ich habe immer noch die Vorstellung von Löß in China – , rasieren konnten wir uns gar nicht. Und die Nächte waren furchtbar kalt. Wenn wir ritten, froren wir, wenn wir marschierten, ging es einigermaßen, aber lagern konnten wir nicht.

Es war sehr schwer, auf den völlig verstopften Straßen die Abteilung zu sammeln: An verschiedenen Orten ausgeladen, zu verschiedenen Zeiten angekommen: Ich war froh, daß ich nicht Adjutant war. Hasso v. Kleist musste furchtbar umherflitzten und seine Leute aufsammeln. Mitten auf der Straße wurde kehrtgemacht, eine mot. Kolonne mußte die von uns beabsichtigte Straße benutzen. Um 0.15 h des 11. Mai, Pfingstsonntag, kam der Abmarschbefehl und Befehl zur Bildung der Marschgruppe DR 48 im Raume Lissendorf. Nachdem alle Batterien heran waren, kam das Zeichen zum Marschieren. Viel weiß ich nicht mehr von dieser Nacht, nur, daß es ständig auf einem Weg vorwärts ging, der erst wenige Tage vorher für uns und nachfolgende Truppen fertiggestellt worden war. Das Marschieren ging nun etwa so vor sich: Vor uns marschierte die 13. Kp. des I.R. 48, also die Infanterie-Geschütz-Kp. Natürlich war es nicht deren Schuld, aber wir sahen sie als die Schuldigen an, daß alles so langsam vor sich ging. Wir haben in den ersten Nächten 12 km in 12 Stunden gemacht. Es ist so anstrengend, besonders für die Pferde, immer wieder anziehen zu müssen. Und diese Kälte! Ich denke nur mit Grausen hieran. Der Weg ging meist durch Kahlschläge; das Kriegstagebuch nennt Steffeln als Station und behauptet, in Klein Langenfeld sei Rast um 11.30 h gewesen. Dann ist, soviel weiß ich heute noch, in der Nacht auf einer Asphaltstraße, auf dem höchsten Punkt der Wegstrecke, unser Kübel nachgekommen. Ich mußte ihn gleich besteigen, um vorne zu sehen, woher die Stockungen immer herrührten. Major Harder, I./I.R. 48, regelte den Verkehr. Aussichtslos, schneller vorwärts zu kommen. Und nach vielen Kurven und Kreuzungen – wir brauchten ja nur hinter I.R. 48 zu marschieren – , erreichten wir das Dörfchen Kl. Langenfeld. Im Dorf eine Linkskurve, steil den Berg hinauf verlief der Weg weiter. Oben, auf halber Höhe rasteten wir. Unsere Ordonnanz richtete schnell unsere Freßkiste her, die im A.V.T.-Wagen ihren Platz hatte. Es gab Brot und heißen Kaffee, dann Branntwein. Ich habe mich schnell in einem Hause noch rasiert. Dies Stelle der Rast würde ich sofort erkennen, der Abmarsch kam natürlich viel zu früh: Zum Essen kam ich nicht mehr ausreichend. Es wird weitermarschiert. Die Sonne scheint schön warm. Und dann haben wir Glück. Es muß eine Rast eingelegt werden, da alle Straßen verstopft sind. Dieses Biwak beziehen wir abseits einer Straße an einem Bach entlang. Ich habe viel geschlafen, vorher eine Karte an Erika geschrieben, es gab noch Löhnung, wir konnten auch Geld nach Hause schicken.

Einige Pferde machten sich selbstständig und rasten den Berg hinauf, es dauerte lange, ehe wir sie wieder hatten: Ein schönes Bild, die Pferde, wie in der Freiheit, als Silhouetten gegen den Abendhimmel. Beim Abrücken entdeckte ich Schult aus Kronskamp, er war Munikanonier bei der 5. Batterie (die uns Punsch an diesem Abend zum Probieren herüberschickte). Dann kam die kälteste Nacht. Endloses Warten auf der Straße. Hohe Fichtenwälder, tief eingeschnittenen Täler. Und dieser eisige Wind! In dieser Nacht habe ich mich einmal in den Kübel gesetzt, das Verdeck über den Körper gezogen und habe während einiger Kilometer etwas geschlafen. Völlig erstarrt, als ich aufwachte. 1. Pfingsttag! So etwas Komisches habe ich noch nicht erlebt! Vor einem Jahr das Normale, Predigt etc., oder längeren Jahren als Kanonier auf Wache in Schwerin (übrigens eins der schönsten Pfingstfeste, die ich je erlebte!). Aber nun mitten auf der Straße, im Vormarsch in Feindesland. Mir wurde die ganze Fragwürdigkeit: Heiliger Geist – Krieg klar. Aber ebenso, daß es eine Herzenswandlung ist.

Wieder einmal auf einer Höhe habe ich mir in einem Bauernhaus am offenen Feuer die Hände gewärmt. Immer mehr und mehr sehen wir Befestigungsbauten und Barackenlager der Organisation Todt. Langsam wird es wärmer, der Staub aber auch umso widerlicher. Mot. Kolonnen überholen uns, wir müssen am Wegrand rasten. Wir packen uns ins Gebüsch und schlafen ein. Irgendwo in der Nähe haben Flaksoldaten einen Radioapparat aufgestellt. Wir hören den Bericht des Oberkommandos der Wehrmacht, daß nicht nur hier, sondern auch in Holland der Kampf entbrannt ist. Irgendwo schlafen wir im Straßengraben, die Hände tief in den Manteltaschen.

Nach Mitternacht geht es endlich weiter, nachdem wir schon lange auf das Zeichen zum Abmarsch gewartet haben. Das Kriegstagebuch meldet: „0.15 h Weitermarsch über Winterspelt, Elcherat, Maspelt. 2 h wird die Grenze zu Belgien überschritten." Für mich sah das so aus: Der Schreibstubenwagen des Nachrichtenzuges wurde von Uffz. Krug vom Bock gefahren, hintendrin lag Gefr. Lindemann. Platz war aber noch für einen weiteren Gast. So haben wir uns die Sache umgehen lassen: 2 schliefen, 1 fuhr. Ich nehme zu meiner Ehre an, daß ich während des Grenzübertrittes gerade vom Bock fuhr. Möglich ist aber auch, daß ich schlief, auf Aktenkisten und in Wollsachen gehüllt. In dieser Nacht schlief Bruno Eichholz auf dem Haferwagen der 4. Batterie. Aus dem Wagen drang lautes Schnarchen. Als er aufwachte am hellen Tage, muß er zu seinem Schrecken entdecken, daß er eng, Seite an Seite mit OKan. Wiech, einem Riesendreckschwein, gelegen hat. Es ist am Morgen, wie sonst auch, recht frisch. Es hat wohl auch geregnet. Wir ziehen durch wunderbare Fichtenwälder, müssen uns genau auf dem Weg halten, weil überall Minengefahr vorhanden ist. Der abziehende Belgier hat sämtliche Wegsperren errichtet, die sich denken lassen, meist dazu die schönsten Bäume gefällt, die nun einfach, (d.h. so ganz einfach ist es nicht!) auf die Seite geräumt werden. Schade um die herrlichen Bäume.

Am 12. Mai haben wir die letzte Befestigung durchschritten. Es war kurz vor Bleialf. Es war ein eigenartiges Gefühl, aus dem sicheren Schutz des Westwalles entlassen zu sein, der sich zum Schluß noch einmal in einer gewaltigen Panzersperre zeigte; und wir waren entlassen aus einer Luke in das vor uns liegende feindliche Land, ganz auf uns gestellt. Jetzt waren wir an der Reihe, jetzt kam für die „Kameraden im Westwall" eine Zeit der Ruhe, die sie im Winter nicht gehabt hatten, wohl aber wir.

Es wurden scharfe Patronen ausgegeben. Ich habe mir ganz falsche Vorstellungen gemacht, als müßten nun hinter jedem Strauche Franktireurs lauern. Die Teilnehmer am Polenfeldzug waren wesentlich abgebrühter.

Die Ortsschilder und Wegweiser waren entfernt, die Bewohner zeigten sich nirgends, waren wohl auch in den Wäldern verborgen. In einem Bauernhaus habe ich mich rasiert. Das waren Qualen: Sonnenbrand, in der Haut weißer Staub. Aber ich hatte es nötig, um wieder Mensch zu werden. Irgendwann haben wir auf einer Waldblöße gerastet, am Rande einige verbrannte Motorräder, am Horizont eine Eisenbahnlinie mit gesprengten Brücken. Eine Nachrichtenabteilung legt dickes Kabel, man sagt nur: „Führungskabel." Das einzige Mal, daß ich so etwas erlebte.

„Weitermarsch über Grüfflingen, Thommen, Espeler, Cheran, Mont le Bau, Achouffe." So das Kriegstagebuch. Um 22 h sollen wir in Wibrin eingetroffen sein und dort kampiert haben. Davon weiß ich nichts. Wohl aber, daß wir in diesen Tagen das einzig schöne Ourthetal durchzogen. Immer links von der Straße auf der Talsohle die Ourthe, ein wunderbar klarer Fluß, auf beiden Seiten hohe Berge mit herrlichem Wald, ich dachte immer an die Wupper (abgesehen von der Frische des Wassers) bei Burg.

Die Straße war nur ganz selten zerstört, aber bereits immer wieder repariert. Es ist mir unbegreiflich, warum der Feind dieses Tal nicht hat halten können. Die Straße machte mit samt Fluß einen scharfen Knick und über diesem Knick erhob sich ein Bergmassiv. Von hier aus hätten wenige MGs und Pak genügt um tagelang den Vormarsch zu hindern. Nichts war geschehen. Die Straßensperren waren auch nicht zerstört, alle kampflos. Dann haben wir noch Stichproben gemacht, ob die uns gemeldeten Befestigungen auch wirklich so vorhanden waren. Ein Vergleich mit unseren Karten ergab die Richtigkeit. Unser Nachrichtendienst muß glänzend geklappt haben.

Die ersten Spuren des Krieges sahen wir in La Roche, das wundervoll am Fluß lag. Häuser zerstört, Fensterscheiben zersplittert. Vor der Stadt lag ein wunderbares Hotel, das als Wassersportburg glänzend geeignet war. Und tatsächlich! Auf der Ourthe schwammen einige Kähne: allerdings waren es unsere Landser, die die Boote benutzten. Ein friedliches Bild. In der Stadt hatten sich einige Kompanien häuslich eingerichtet, man sah Tafeln, die zu Schreibstuben hinwiesen, sah Ortsschilder für marschierende Truppen. Die Einwohner waren meist im Ort geblieben und verkauften, was sie hatten, an unsere Soldaten. Zigaretten und Schokolade, die am meisten gefragten Artikel, waren natürlich ausverkauft. Unsere Landser hatten Sessel aus den Häusern auf die Bürgersteige gestellt und qualmten höchst vergnügt und zufrieden ihren Tabak. Wir zogen durch den Ort durch, der dicht an einen Berg gelehnt, fast gesaugt ist, eine alte Burg, von dem gegenüberliegenden Ufer mit Felsen überhöht. Und dicht über dem Fluß, am Steilhang, fast Fels, windet sich die Straße sehr steil in die Höhe: Eine gewaltige Leistung für unsere Pferde, auf dem glatten Pflaster zu ziehen. Außerdem setzte an diesem Tag die Sonne mit gewaltiger Hitze ein. Ich entsinne mich, daß ich unterwegs auf einem Fahrzeug aufgesessen bin, weil mir reichlich heiß wurde. Und dicht hinter La Roche habe ich mich tüchtig rasiert und mir den Körper in einem wunderbaren Bach gewaschen. Wir sind, laut Kriegstagebuch, in Wibrin eingetroffen, hier soll Nachtruhe gewesen sein: Ich weiß davon nichts.

Dienstag, den 14. Mai 1940

„Vormarsch nach Jemelle"?? Ich kann nur noch sagen, daß wir spät abends in einen Ort einrückten. Ich hatte mich auf ein Fahrzeug gesetzt und schlief, wurde plötzlich wach und sah riesengroß neben der Straße ungeheure Ruinen. Es waren, wie ich am folgenden Tag feststellte, Reste eines zerstörten Wasserturms. Im Dunkeln zogen wir in eine Koppel mit saftig-grünem Gras, auf das sich unsere Pferde stürzten, später legten sie sich nieder, noch angespannt. Wir wurden, soweit nicht Wache gestanden werden mußte, in Häusern untergebracht. Ich kam zu einer Witwe, die mir klagte, ihr Sohn sei in deutscher Gefangenschaft. Sichtlich erschüttert waren alle durch den Bombenangriff unserer Flieger in der letzten Nacht. Es muß ordentlich gerauscht haben, wie wir am nächsten Tag feststellten. Ich erhielt weißes Brot und Milch aus Schalen ohne Henkel. Mein Bett wurde mir in der Küche gemacht. Ich legte mich auf die Matratze unter den Tisch, meine Pistole neben mich – irgendwie spukte noch der Franktireurkomplex – und pennte wunderbar, bis ich durch einen Melder geweckt wurde. Es gab heißen Kaffee – mit Betonung auf der letzten Silbe! – und weißes Brot. Und weiter ging es.

Mittwoch, den 15. Mai 1940

Wir sind in dieser Nacht erst um 1.30 h eingetroffen, um 7.30 h ging es weiter. Aber wie gut tut solch' kurzer Schlaf! Denn von diesem Tage weiß ich wieder mehr. Ich ging morgens in die Stadt, kaufte mir Oberhemden zu lächerlichem Preis, ich glaube 2.70 Rm! Zum ersten Male erlebte ich geplünderte Läden. Der ganze Ort war ziemlich durch Bomben getroffen, verschiedene Brücken eingestürzt, der Schrecken war auf den Gesichtern der Leute zu sehen. Der Abmarsch ging wieder zuerst einen steilen Berg hinauf, und dann immer weiter unter großer Hitze. An diesem Tag begann ich mein Wanderleben, etwas abseits von der Truppe. Es kam teils daher, daß mir das ewige Hintereinanderherziehen zu langweilig wurde – aber das wäre ja keine Rechtfertigung für mein „Außenseitertum" gewesen –, teils aber auch daher, daß ich im Stab war und keinen festen Platz bei der Truppe hatte. Mein A.V.T. rollte auch so weiter im Nachrichtenzug. Der größte Ansporn aber war für mich das Neue, das mich lockte und reizte. Die Kameraden hatten meist den Polenfeldzug erlebt, mir war das ganz neu, was um mich herum geschah. So angelte ich mir dann einen Auftrag. Unser Kübel war ja gleich zu Anfang irgendwo stehen geblieben. Ein schnelles Fortkommen aber ohne Motor kaum möglich. Es war übrigens die, wo uns vom vielen Reiten das Hinterleder recht dünn wurde, und es ist ja zermürbend, an 60 km an einem Tag zu knacken, wenn wir uns überlegten: Im Privatauto schaffe ich es in einer Stunde. Also versuchte ich, Autos oder Motorräder zu schnappen. Ich fuhr mit Panzerabwehrautos nach vorn. Diese pendelten immer hin und her, um Infanterie der 32. I.D., die stets links von uns marschierte, schnell vorzuwerfen. Es war ein malerisches Bild: Alles trug seidene Halstücher, weil der Rockkragen oder die Halsbinde zu sehr scheuerten: Sonnenbrand hatten wir alle. Bis zu einem Dorf kam ich, in einem großen Restaurant sah es wild aus, im Wesentlichen lagen Weinflaschen umher: Hier war der Anfang der Pendellinie. Mit einem Auto fuhr ich den Berg hinan, wundervolle Straße, langsam wuchs die französische Landschaft, wie ich sie mir nach Vaters Schilderungen vorgestellt hatte: Stets senkrechte Pappelreihen. Wir waren aber noch in Belgien. Oder war das das Kennzeichen flandrischer Erde? Am Horizont ließen sich feindliche Flieger sehen, einer wurde runtergeholt. Ich kam an unserer ersten Abteilung vorüber, ganz vorn Hauptmann Karlchen Müller. Überall bekannte Gesichter, die früher meine Ausbilder waren: Köster, Wischnewski, u.a. Obwohl ich wußte, daß irgendwo rechts abmarschiert werden würde, fuhr ich weiter an unendlichen Kolonnen motorisierter Artillerie vorüber, die in einer großen Schleife wartete. Dann kam eine Wegekreuzung, hohe Offiziere regelten persönlich den Verkehr. Es war vor Gioet, um das gekämpft worden war, noch am gleichen Morgen. Und zwar seien wir bereits in der Festung gewesen, da habe der Feind einen Gegenangriff gemacht und wir seien vorübergehend geworfen worden. Als ich endlich die Ursache der Stockung, einen Sprengtrichter in der Straße, überwunden hatte, ging ich zu Fuß nach Gioet hinein. Es war wohl kurz vorher ein Stukaangriff gewesen. Überall rauchten noch die Trümmer. Hier erlebte ich zum ersten Mal eine wirklich zerstörte Stadt. Licht und Telefonleitungen hingen wirr über dem Boden, die Scheiben fehlten, hier stand noch eine Wand, das Innere des Hauses schwelte. Die Türen meist aufgebrochen, die Läden wild durchwühlt. Ich ging in ein Haus hinein: Im hinteren Raum, anscheinend dem „guten Zimmer", hing ein Vogelkäfig mit einem Kanarienvogel am Fenster, das auf ein kleines Gärtchen hinausging. Und unten am Boden schlich eine Katze, völlig wirr und verstört. Ich öffnete das Bauer: Umkommen würde das Vögelchen bestimmt, dann sollte es noch die Freiheit haben. Ich sah noch, wie viele Gefangene, meist Engländer, eingebracht wurden, die Brücken waren sämtlich durch Notbrücken ersetzt worden. Allein diese Arbeit, den Ablauf der unübersehbaren Truppen zu regeln! Ich hatte genug von der Zerstörung. Es hat mich doch mächtig gepackt und seelisch zerzaust. Es war ja das erste Mal! Auf der Rückfahrt, wieder mit anderen Truppen, sah ich Motorräder im Graben stehen. Ich nahm an, sie seien vergessen worden. Daß man im Kriege ein Fahrzeug braucht, bis es nicht mehr fährt, sich ein neues besorgt und das alte stehen lässt, wußte ich nicht. Daher glaubte ich an einen gewaltigen Fang. Aber wie sie zur Truppe schaffen? Ich traf Angehörige einer Werkstattkompanie, die mich zu ihrer Einheit mitnahmen, mich glänzend mit Eingemachtem bewirteten und mir dann einen LKW nebst Leuten mitgaben. Mit diesen habe ich dann die Motorräder aufgeladen und dann mußte ich meine Truppe suchen. Es ging schnell. Die berühmte Dg 7 führte mich. Ich traf einige Herren der I./48, die mir den Weg zeigen konnten. Und in Mesnil St. Blaise kroch ich unter, wir lagen im Hause eines Versicherungsagenten. Ich lag auf Matratzen neben Hasso v. Gerloff. Tief in der Nacht musste Gerloff Befehle vom Regiment holen Ein herrliches Geschäft!!!

Donnerstag, den 16. Mai 1940

Früh am Morgen weckte mich der Ruf: „Feuer". Ein Haus gegenüber brannte. Am Abend vorher hatten dort Flaksoldaten gelegen, hatten am offenen Kamin Hühner und Kartoffeln zubereitet: Ein gemütliches Bild. Ich durchsuchte das Haus, ob vielleicht noch Menschen drin wohnten, nichts. Das Untergeschoß war eine Sägerei und Tischlerei, also fand das Feuer reichhaltige Nahrung. Wir machten keinen Versuch zu löschen. Wohl aber schützten wir die umliegenden Häuser und durchfahrende Kolonnen vor Funkenflug. Dann rückten wir ab, nach wunderbarem Frühstück mit herrlichstem Gelee, das wir löffelweise auf das Brot strichen. „Vormarsch: Agimont, Gochenée, Vodelée, Rommerée, Matagne la Petite, M. la Grande, Fagenolle, Marienbourg, Fresues, Boussu en Fagne, Dailly, Aublain, Lompret, Vaux, Vorelles, Chimay." So das Kriegstagebuch. Ich glaube mich zu erinnern, daß wir an diesem Tage die Maas bei Heer, nördlich von Givet, überschritten. Es war herrliches Wetter, allerdings brannte die Sonne immer mehr. An einer Weggabel saß in einem wunderschönen Rasthaus ein Inf. Major und fragte uns, ob wir noch Lebensmittel hätten. Wir verneinten, worauf er mir einen Fahrer mit Beiwagenkrad mitgab, um in die Umgebung zu fahren. Ein Laden in einem Dorf war verlassen. Wir kamen leicht hinein und packten Schokoladen, Keks, Bonbons, Kaffee, Tee, Marmelade und die sehr knapp gewordenen Streichhölzer in einen Sack, legten ihn in den Beiwagen und fuhren zurück. Die Freude war groß, als ich mit meinem Sack zurückkam. Ich verteilte an die einzelnen Batterien die Herrlichkeiten. Die Sonne brannte immer unerträglicher. Der Staub war wie weißes Pulver, legte sich auf alles, auf Mensch, Pferd und Wagen. Da macht die Straße einen Knick und vor uns liegt die Maas. Die beiden Ufer sehr stark bombardiert, die Brücke war auch gesprengt und eine Pontonbrücke war daneben errichtet. Das Dorf war gänzlich zertrümmert, Stühle waren aus den Häusern geholt. So machten wir es ja auch: Wenn eine Rast in einem Dorf war, holten wir Sitzgelegenheiten an die Straße und ruhten uns aus, die Stühle blieben am Bürgersteig für die Nächsten stehen. Langsam schlich die Abteilung immer noch im Verbande des I.R. 48, den jenseitigen Hang hinauf. Die ersten Pferde machten schlapp und mußten ausgespannt werden, erhielten vom Veterinär bestenfalls einen Zettel angebunden für nachfolgende Veterinärkompanien und wir gingen auf Pferdesuche. Links und rechts der Hauptstraße waren oft Koppeln mit prächtigen Tieren. Daher haben wir auch unseren großen Elefanten wie „Menzel" und „Richard". Immer heißer brennt die Sonne. Schattenlose, kalkige Wege, durch Pferde, Wagen und Menschen zu Staub gemahlen. Es gibt kein Grün mehr, alles ist überpulvert wie mit Kalk, den man sät. Die Sonne brütet. Ich gehe viel zu Fuß, weil mir das Gesäß im Sattel zu sehr brennt. Im Walde ist durch deutsche Bomber eine fdl. Munikolonne zerschlagen worden. Furchtbare Bilder, Pferde mit aufgedunsenen Leibern, prall wie ein Kuheuter, die Beine starr weggestreckt, liegen noch im Geschirr, Soldaten liegen, wie sie gefallen sind, oft völlig mit Staub überdeckt. Alles Beispiele regelloser, ungeordneter Flucht. (Von dieser Stelle gibt es viele Fotos.) An diesem Tage bin ich wieder vorgefahren, um Fahrräder zu erbeuten. In einem Ort fand ich Bonbons. Ich kaufte sie auf und verteilte sie an die Truppe. Aus allen Ställen blökte mir Vieh entgegen. Es muß furchtbar sein dieses Elend beim Vieh, das nicht gemolken wird, weil die Einwohner geflüchtet oder evakuiert sind. Ein ungeheurer Schade für die Milchwirtschaft. Wir halfen natürlich wo wir können. Überall melken wir für unseren Privatbedarf. Der Veterinär wird losgeschickt, Fachkräfte gesucht. Lt. Wulff kann auch melken. Jetzt kommen die Fähigkeiten im praktischen Leben zur Geltung.

Auf dem Vormarsch hat das vor uns marschierende Bataillon einige Tote und Verwundete durch Fliegerbomben. Alle behaupten es und niemand glaubt es, es seien Feindflugzeuge gewesen: Eine Änderung in der Kennzeichnung der Fahrzeuge. Die gelben Fliegersichtzeichen werden abgenommen. Das war ja auch für jeden Flieger ein Blickfang, diese endlosen Kolonnen und jedes Fahrzeug hatte einen gelben Fleck. In einem Dorf war ich auf Suche nach Rauchwaren. Im Pfarrhaus fanden wir wunderbaren Wein und ganz nebenbei auf einem Küchenschrank herrliche Zigarren, sodaß ich sie im Waschkorb abschleppen ließ. Jeder Mann der Abteilung erhielt 2 Zigarren. Welche Ironie, daß ich als Pfarrer meinem Konfrater von der anderen Fakultät beraube. Ça, c'est la guerre! Auf dem weiteren Marsch stieß Lt. Martienssen, der im Urlaub zurückgeholt worden war, zur Truppe. Er saß, völlig überpudert, auf einem Sozius.

Es mehrten sich die Fälle, daß Sekt und Wein in rauhesten Mengen aus den Kellern geholt wurde. Hiergegen schritt der Kdr. ein und gestattete es nur, wenn der Batteriechef persönlich für seine Batterie einhole. Die Lehren des Weltkrieges – Epernay etc. – waren ja auch zu bitter.

Unterwegs sahen wir liegengebliebene, durchlöcherte französische Panzer, Soldaten und Zivilisten, auf der Flucht erschossen, eine Mörserbatterie, ohne gefeuert zu haben, stand im Walde, Fahrzeuge lagen umgestürzt im Graben, die Achsen nach oben, der Inhalt durcheinandergetreten und – gewühlt. Dann ging es talwärts. In der Ferne hörten wir Grollen der Geschütze. In einen Talkessel fuhren wir ein. Der Kdr. sagte uns, daß oben auf den Höhen feindliches Feuer läge, unsere III. Abtlg. sei eingesetzt. Wir befanden uns ziemlich in der Nähe der Maginotlinie. In Virelles bezogen wir Quartier in einem schloßähnlichen Gebäude. Die Posten wurden verstärkt, von den Höhen erklang Gewehrfeuer, wir ließen uns aber nicht bei unserer Mahlzeit stören, die wie schon manchmal bei Kerzenlicht und reichgedeckter Tafel vor sich ging. Wir krochen schnell in unserer Betten. Kurz war die Nacht. Aber es schläft sich ja wunderbar fest, wenn man so totmüde ist, traumlos.

Freitag, den 17. Mai 1940

Um 8 h morgens bei wunderbarem Wetter rückt die Abteilung aus der Unterkunft. Guter Kaffee, gutes Frühstück. Wird uns dieser Tag den ersehnten Einsatz bringen? Wir hören, aber schon mehr aus der Ferne, das Grollen der Front. Der Weg windet sich aus dem Tal heraus auf die Höhen. Ein ulkiger Aufzug: Ein Infanterist, natürlich von der 3. Kp., hat einen Esel aufgefunden und sitzt nun darauf, mit einem Strohhut bedeckt und spielt Mandoline. Wie viele Soldaten, die an ihm vorüberzogen, mögen wohl über ihn gelacht haben? Solche Spaßvögel sind unbezahlbar! Ein Riesenschloßpark ist unsere Bereitstellung. Er gehört mitsamt einem herrlichen Backsteinschloß der Prinzessin Alphonse de Cluinay. Sämtliche Fensterscheiben zertrümmert, Kabel von höheren Kommandostellen, die vor uns hier lagen, liegen auf den Parkwegen, Schilder an den Türen bezeichnen noch die Diensträume. Wir fahren in den riesigen Schloßpark und stellen uns auf den Wegen unter Gebüsch versteckt unter. Granattrichter sind auf den weiten Rasenflächen zu sehen. Der Sturm auf die Maginotlinie soll um 10 h beginnen, so heißt es. Ich machte mir nun ein vollkommen falsches Bild von der Schlacht. Ich nahm an, daß Schlag 10 h der Feind ausgerechnet auch das Schloß beschießen würde. Ich gestehe ganz ehrlich, daß ich bei diesem Gedanken etwas Angst hatte. Nicht, vor dem Geschehen, sondern davor, ob ich feige sein würde. Die Aufregung war jedenfalls so groß, daß mein Magen rebellierte! Aber das war auch das einzige Mal. Als dann 10 h kam und wir zwar Geschützfeuer hörten, wurde ich ruhig und seit dieser Zeit bin ich von jeder Angst frei geblieben. Wir sahen uns in der Gegend um, fanden sehr viel Hühnereier, meine Leute schleppten Zucker und Weißbrot herbei, auch Mixed Pickles, es gab bald Weißbrot mit Zuckerei, Aufschnitt mit Gurken. Dann besichtigten wir das Schloßinnere: Ehemals wunderbare Einrichtung, fürstlich! Unvorstellbar die Vorräte an Wäsche und Leinen, wir nahmen das Nötigste: Handtücher und gegen wunden Hals seidene Halstücher. Der Kdr. versammelte auf der Terrasse seine Herren um sich und so saßen wir in Sesseln: Es muß ein malerisches Bild gewesen sein, diese Offiziersbesprechung. Er gab die Lage: I.R. 27

liegt vor der Maginotlinie und greift an. Stukaangriffe sind vorhergegangen. Wenn die zweite Linie erstürmt ist, drängen Truppen auch durch diese Lücke in das freie Land ein und fassen den Gegner von hinten.

Wir wurden nicht zur Artillerievorbereitung benötigt, nur die III. Abteilung lag im Kampfe. Wir aßen friedlich aus der Feldküche, sahen uns die Umgebung an: Hier lagen viele Franzosen gefallen. Am Nachmittag ist die Maginotlinie bei Trelon gefallen, wir ziehen in eine neue Bereitschaftsstellung im Raume Robecks. Es waren bis dorthin nur wenige Kilometer. An einer Ecke stand ein Wirtshaus, hier war Stabsquartier, links über die Straße im Walde lag die Division in einem Chateau. Dicht hinter dem Garten gingen die Batterien ins Biwak. Auf meinem Zimmer fand ich ungeheure Mengen Bohnenkaffee. Eine sehr wertvolle Bereicherung für unsere Feldküche. Und wieder das gewohnte Bild: Befehlsempfänger der Batterien in der Gaststube auf Stroh, in einem Hinterzimmer unser Aufenthaltsraum. Was wir brauchten, holten wir aus den Schränken: Geschirr und Zucker u.s.w. Es gab herrliche Hühner und Kartoffeln. Es war gut, daß der Kdr. so großen Wert auf gutes Essen legte. Ich habe zuerst geglaubt, es sei eine zu große materialistische Auffassung: Wir hätten aber ohne diese kräftige Grundlage niemals das alles leisten können, was wir noch erleben sollten. Ich schlief die Nacht im A.V.T.-Zelt.

Sonnabend, den 18. Mai 1940

Ich traf morgens den Divisionspfarrer Roethig. Er hatte am Tage vorher den Oberstlt. Baltrusch vom Pi 12 beerdigt und ebenfalls Major Pauli, die beide ihrer Unvorsichtigkeit zum Opfer gefallen waren. Sie waren in den Bereich der Maginotlinie hereingeraten, um sich die 2. Linie anzusehen. Nun war die Stellung unter der Wirkung der Stukas geräumt worden. Diesen Augenblick hatte man zum Nachstoßen nicht ausgenützt. Als die beiden Offizier nun hineinfuhren, gerieten sei in heftiges Feuer aus den wiederbesetzten Bunkern. B. war ein ganz besonders sympathisch aussehender Ostpreuße. Ich erlebte ihn bei einer Bunkerbekämpfung auf dem Wahner Schießplatz. Roethig war totunglücklich. Er sei zu unbeweglich, hütete seinen Platz im Divisionsautobus, mehr nicht. Ich war wütend und riet ihm, sich bei der fechtenden Truppe aufzuhalten, etwas mehr vorne als im Augenblick.

Die 2. Maginotlinie ist durch I.R.27 durchbrochen: Der Einmarsch in diese Lücke kann vor sich gehen. Um 8 h marschieren wir über Baiheore, Macon vor. Unterwegs sahen wir die Linie. Es sind doch, auch am schwächsten Punkt, recht erhebliche Bunker und Sperren. Es wurden viele Aufnahmen gemacht. Wir sahen auch die 27iger, die den Sturm hinter sich hatten: Grau, aschfahl, dreckig und totmüde. Sie lagen kompanieweise in einer Koppel. Wir warfen ihnen Schokolade und Drops zu: Wie dankbar waren wir ihnen für ihr stellvertretendes Kämpfen. Um 13 h überschritten wir die französische Grenze. Das Schild war heruntergerissen. Auf der Rückseite hatte ein Landser prophezeit: „Protektorat Frankreich". Alles lacht über diesen politischen Witz.

Und nun geht es in raschem Marsch vorwärts. Wir kommen durch La Cateau, wo lebhaft gekämpft wurde. Es lagen verschiedene Pakbesatzungen so, „wie das Gesetz es befahl". Auch 6 SS Männer in einem gemeinsamen Grab. Überall wild durcheinandergestreut Ausrüstungsgegenstände, Gewehre, alle zertrümmert, Gasmasken, Zugmaschinen, Pferdekadaver, Leichen: Ein grausiger Anblick. Wir ziehen auf einer engen Straße. Und hier, hinter der „sicheren" Maginotlinie beginnt das, was wir dann täglich und nächtlich zu sehen bekamen: Der Flüchtlingsstrom. Das Elend ist nicht zu beschreiben. Ich war nicht durch Gefechteindrücke zeitweilig fertig mit meinen Nerven, sondern durch dieses Elend. Besonders, wenn ich junge Mütter mit Kinderwagen sah, all' ihre Habe mit sich schiebend, dann dachte ich an Erika und Hans-Jürgen, die so sicher und friedlich leben konnten. Besser als Worte schildern es Bilder, wie die Flüchtlingsströme sich hin und her schoben.

Ich fand eine leicht ausgebaute Stellung und in ihr sehr viel Büchsenfleisch und Zwieback. Unsere Feinde waren doch glänzend auf den Krieg vorbereitet! Diese Abwechslung in der Speisekarte verteilte ich im Biwak, das wir auf einer Höhe bei Wiguelies-Fournies bezogen. Wir liegen in einem Siedlerhaus, alles ist da, was wir brauchen: Hühner, Eier, Butter, Käse, Marmelade, dazu wunderbarer Wein. Ich wohne in einem Nachbarhaus, wo wir herrliche Einmachgläser finden, dazu Sahne und frische Milch von der Kuh auf der Weide. Ich schlafe herrlich tief und fest in einem tiefen Daunenbett.

Sonntag, den 19. Mai 1940

Heute ist Ruhetag. Herrliche Sonne. Ich gehe mit Wulf und Leuschner nach Fournies. Wir brauchen nämlich Hemden, die werden uns knapp, auch Strümpfe. In den bereits völlig durchwühlten Läden finden wir das, was wir brauchen. Am Mittag schleppt der Oberzahlmeister etwa 300 Hemden heran. Es entwickelt sich ein richtiges Biwakleben, die Soldaten schlachten, reinigen sich und ihre Sachen, die Pferde stehen oder liegen in der Koppel. Irgendwoher tönt eine Ziehharmonika. Tiefer Friede. Es soll morgen früh abmarschiert werden. Der LKW kommt und bringt unsere Kisten. Ich kann mal wieder umkramen. Da kommt plötzlich in unser Abendessen hinein der Abmarschbefehl. Schade, es war so richtig gemütlich im Trainingsanzug zu sitzen. Also wieder Aufbruch! Wir ziehen in südwestlicher Richtung Rocquijuy, Etroeing, Flouvon, Rue des Chats, Beaupaire nach La Louzy. Es marschiert sich sehr gut in der Nacht, nur man wird so schläfrig. Ich steige auf unsere Stabskutsche und schlafe fest ein. Plötzlich werde ich durch einen Krach wach. Hat unser Kutscher doch auch geschlafen und hat in den Graben gelenkt: Deichsel gesplittert. Auf dem nächsten Gehöft holen wir uns einen anderen Wagen, eine Gig. Wir verfahren uns, wir sind weit hinter unserer Abtlg. Plötzlich werden wir aufgehalten: Halt! Es waren unsere Gefechtsvorposten, über die wir fast hinausgefahren wären. Auf dem Rückwege treffe ich Wulf und Martienssen. Ein französisches Auto liegt am Graben. Ich finde ein herrliches Feldbett, so wie ich es mir immer schon gewünscht habe. Der Vorbesitzer war ein Capitaine aus Marseille. Er ist leider geflohen. Kleist weist uns in ein Haus, wo ich den Stabarzt und Veterinär bereits finde. Zu dritt schlafen wir in einem riesigen Bett. Es ist drei Uhr.

Montag, den 20. Mai 1940

Wir werden durch den Hausbesitzer geweckt, der uns fragt, ob wir Kaffee haben wollen. Nein, wir wollen noch schlafen. Da kommt mit einem Mal Kleist herein, die Abtlg. marschiere bereits seit 1 ½ Stunden, wir würden sehr vermißt. Schade, man hat uns nicht geweckt Bei einer großen Molkerei treffen wir den Kdr. Er hat für die Abtlg. Käse beschlagnahmt, großen, gelben Käse in unvorstellbaren Mengen und herrliche Qualität. Wir sparen uns das Brot und essen Käse mit Butter: Schmeckt in Notzeiten auch ganz gut.

Von dem ganzen Tag weiß ich sehr wenig. Es wird wieder sehr heiß gewesen sein, wir werden hintereinander her getrottet sein, vor uns die 13. Kp. Nur eine Situation. Wir standen auf einer Asphaltstraße, Wasser nicht vorhanden im Brunnen, die Batterien ziehen in die Koppeln, das frische Gras ersetzt hier nun mal das Wasser. Da kommt unser Regimentskommandeur und erläutert uns die große Lage. Wir befinden uns im Durchstoß, unmittelbar hinter den Panzern. Der Stoß soll als Erfolg haben: Trennung der Nord und Südarmee. Ich habe Zahlen vergessen. Nur kam mir die Situation so vor: Irgendwo in Feindesland stößt in feindlichen Raum hinein ein Heer. Links vorne und rechts sind Feinde, also der Eber der Germanen oder ein Keil wird gebildet. Überall von Feinden umgeben, würde man normalerweise sagen müssen: Wir sind eingeschlossen. Mir kam die „Sackgasse" des Wehrmachtsmanövers vor Augen: Unsere Division wurde eingeschlossen. Aber nun verkündet man: Die Vernichtungsschlacht bahnt sein an. Entweder ist das Frechheit, Vermessenheit, oder aber glänzende Strategie. Und es ist so: Während die Panzer vorstoßen und wir unmittelbar dahinterher marschieren, oft in endlosen Märschen, werden rechts und links von uns Divisionen abgeteilt, ein Schutzband, das den Keil in der Flanke schirmt.

Von diesem großen Manöver erleben wir in diesen Tagen etwas, als wir scharf rechts fahren müssen, um die Panzer durchzulassen. Da rollen sie, Panzer hinter Panzer, schwer verstaubt, mit diesem furchtbarem Brummen und dem Klackern der Raupen auf der Straße. SS Formationen, glänzend ausgerüstet, bestes Material, rollen vorüber, immer nur in der einen Richtung: Cambrai – Arras. Es soll sich hier wohl eine Episode des Weltkrieges wiederholen. Allmählich ist doch zu spüren, daß sich etwas vorbereitet. Und das muß doch auch kommen. Hätte der Feind eine Ahnung, daß wir nur die Breite einer Division haben, er müßte doch durchstoßen. Mir ist das unverständlich! Spät abends ziehen wir noch auf unseren Nebenstraßen. Im Dunkel fragt mich der Führer einer SS-Kolonne, wohin er fahren müsse um in Richtung Cambrai zu kommen. Ich zeigte ihm die allgemeine Richtung, in der alle Fahrzeuge fuhren. Das könne nicht stimmen, nach seiner Karte zu urteilen, sei deren Richtung vollkommen falsch. Er hatte Osten und Westen vertauscht. Pech! Er entschloß sich aber der Majorität zu folgen.

Tief in der Nacht, vielleicht nach Mitternacht, landeten wir in Caftinieres.

Dienstag, den 21. Mai 1940

Es gab ein Festessen. Im Stabsquartier, einem Gutshof, gab es Sekt in rauhen Mengen, dazu Marmeladen, Eingemachtes, Schinken, Konserven; was die Küchen und Keller nur leisten wollten. Ich war mal wieder totmüde und schlief bald ein, auf irgendeinem Zimmer. Der Gutsbesitzer war ein schwerreicher Mann, er hatte etwa 60 Oberhemden, um nur einmal eine Zahl zu nennen. Der Keller war auch nicht zu verachten, nur wurde er in der Nacht von „Kameraden" ausgeräumt. Morgens hatten wir Zeit, denn der Abmarsch war verschoben, aus irgendwelchen uns unbekannten Gründen. Wahrscheinlich, weil der gesamte Aufmarsch ins Stocken kam. Denn nun mußten wir doch bald eingesetzt werden. Wir brannten doch förmlich darauf. Inzwischen versahen wir uns mit Oberhemden. Der Besitzer hatte glücklicherweise meine Halsweite und so konnte ich meine Wäsche umtauschen: Ein unmöglich giftgrünes ließ ich im Zimmer zurück und legte mir gute Oberhemden zu, darunter einige seidene. Ab Mittag standen wir abmarschbereit. Wir waren Zeugen verschiedener Luftkämpfe, aber konnten die Nationalität nicht ausmachen. Nun befanden wir uns in der Nähe von Cambrai: Es kam Befehl, gegen Bedrohung aus der rechten Flanke einige Geschütze rechts herauszuziehen, da gegen die schweren 32 to-Tanks nur unsere gute Haubitze wirksam sei. Es war eine ausgesprochen mulmige Situation. Es mochte vielleicht auch daher kommen, daß ich noch nie ernstlich im Krieg gewesen war. Jedenfalls wünschte ich mich einige Tage weiter. Der „Kerl", da mir völlig unbekannt, lag mir im Magen. Endlich, gegen 21 h geht es los, zuerst in Richtung Cambrai. Die Flak schießt ein wunderbares, buntes Feuerwerk. Hier muß irgendwo in der Nähe ein Feldflughafen sein, denn unsere Feldflugzeuge landen und starten wieder. An vielen Weltkriegsfriedhöfen kommen wir vorüber, auch an den einförmigen Backsteinbauten, die man aus Reparationsgeldern erbaut hat. Vor Cambrai, das an manchen Stellen brennt, marschieren wir links ab, ziehen um die Stadt herum; rechts am Horizont das brennende Douai. Wir kommen auf die Straße Cambrai – Arras, eine wunderbar breite Straße. Das übliche Bild der Zerstörung: Umgestürzte Wagen, Autos,

Panzerwagen im Graben und dann unser Vormarsch. Unvorstellbar, diese Massen. Und immer, mit abgeblendeten Lichtern, tauchen neue Wagenkolonnen auf und verschwinden vor uns im Dunkel. Wir haben oft längere Rasten, wir können einfach nicht weiter. Am frühen Morgen des 22.5. kommt Bewegung in die Truppen, die überall lagern. Auf den umliegenden Höhen hat sich Flak aufgebaut, sie versorgt uns mit Schokolade in rauhen Mengen, dafür erhält sie von uns heißen Kaffee. Links eine Ziegelei, rechts ein kleiner Weg: Batterietrupps vor und wie auf dem Übungsplatz entwickelt sich alles. Dury! Wir reiten weiter nach vorn, bis in einen Garten hinein. Vor uns liegen die Orte Plouvain, Pelves. Die 4. Batterie kommt nach „Boivy Notre Dame", die 5. rechts heraus, die 6. kommt zum Gefechtsstand, der in einer Hecke ist. Wir übernehmen die Feuerstellungen der II./A.R.116. Der erste, den ich sehe, ist Alois Weiler, Adjutant. Ganz kurz einige flüchtige Worte, Hinweise auf den Gegner, dann hauen sie ab und wir ziehen ein. Dieses Wechseln muß der Feind bemerkt haben, denn schon schießt er recht heftig in unsere Ecke. Ich sehe meinen Schwager Otto, unglücklichem R. 3 auf seinem Fahrzeug, auch manche Kameraden von früher. Familientreffen in Frankreich! Ich schicke meinen A.V.T. los, Feuerstellungen vermessen. Das Zelt wird neben der 6. aufgebaut. Die Arbeit beginnt. Vom Feinde ist sehr wenig zu sehen, nur etwa 3000 m entfernt krabbeln einige Tommies herum. Wir nehmen sie unter Feuer. Und nun beginnen die gegenseitigen Freundlichkeiten. Hoffentlich sitzen unsere Granaten besser als die feindlichen. Der Feind schießt stur, wie wir feststellten. Der Seite und Entfernung nach recht gut, also die Aufklärung war gut. Aber anstatt etwas zu ändern, immer auf die gleiche Entfernung und Seite. 50 m vor der Batterie, 50 m dahinter, dann auf der Mitte 50 m rechts, 50 m links. Er hätte nur Seite und Entfernung tauschen brauchen, und er hätte uns glänzend gefasst. Er beschoß auch Flakartilleristen, die sich ungeniert auf einem Felde bewegten. Ohne Erfolg. Es entwickelte sich bei uns ein wundervolles Lagerleben. Alles buddelte. Irgendwo fand ich ein Wellblech, das diente dem Loch, das mir meine Leute gegraben hatten, als Decke. Stroh, Decken: Das war das Lager für die Nacht. Hier schliefen nebeneinander Kommandeur, mein Bursche Ruwold und ich. Plötzlich wurden wir durch lautes Geschieße wach, auch fiel uns Dreck auf die Uniform. Ganz blöde lagen die Gruppen des Gegners. Als alles verstummt war, kroch alles raus und räkelte sich wohlig in der sternklaren Nacht. Der Franzose als Sadist hätte jetzt seine Gruppen oder sein Rafale wiederholt. Der Tommy war gemütvoller. Was war geschehen? Der Wagen von Major Siehl (unsere schwere Abteilung) war durch einen Granatsplitter getroffen worden, als Vergeltung schoß er wieder. Wir erhielten daraufhin Feuer. Bis zum Morgen blieb alles ruhig. Es setzte sich der Lagerbetrieb fort, es wurde gegessen, geschlafen, ab und zu geschossen. Die Nachrichten lauteten, der Feind leiste zähen und harten Widerstand. Bei uns wurde er in der Weise gebrochen, dass Stuka auf Pelves niederstießen. Eine ungeheure Rauch- und Schuttwolke war das Ende. Am Nachmittag – es ist der 23. Mai (Donnerstag) – geht es weiter vorwärts. Wir überschreiten den Albertkanal bei Hamblain. Rechts am Wege steht die 4., vor Boiry Notre Dame. Tief in einer Koppel, links die 6. Oft erhalten sie Feuer. Gerade als wir in Boiry einreiten, kommen verschiedene Gruppen: Wie da meine „Lotte" abhauen will, sie flog nur so. Boiry ist ziemlich verwüstet. Gerade bringt man auf einer Bahre einen verwundeten Iren, 20 Jahre alt. Er hat nur Fleischschüsse im Bein, ist aber ziemlich mit den Nerven fertig. Wir finden ungeheuer viel Hafer für unsere Pferde. Ich gehe zum Abteilungsgefechtstand, der sich im Mückenwäldchen befindet. Wir banden uns Frottiertücher um das Gesicht, es war kaum zum aushalten. Über das Tal hinüber sahen wir den Feind. Besonders war es ein Steinbruch, der zäh verteidigt wurde. Hierauf lag unser Feuer. I.R.27 griff an, gegen Abend. Unsere vorgeschobenen Beobachter gingen mit nach vorne. In diesem Augenblick setzt ein Stukaangriff auf Peloes ein, das aber bereits feindfrei ist. Auf Plouvain wäre ein größerer Erfolg erzielt worden, denn dort lagen verschiedene höhere Stäbe. Um 19.45 h war Peloes von unseren Truppen genommen, aus ihm bewegte sich ein Zug völlig verstörter Einwohner, die Entsetzliches mitgemacht haben müssen: Ihre Augen schauen völlig irre. Allmählich setzte die Dunkelheit ein und wir konnten daher den Angriff des II./I.R.48 nicht mehr unterstützen. Es werden lediglich Sperrfeuerräume ausgemacht. Ein Eindruck: Der Stukaangriff ist vorüber, das erste Gekrache also weg. In der Ferne grollt es noch leise. Vor uns singen Vögel! Ich gehe langsam nach hinten, hier ist nichts mehr für mich zu tun. Ich hatte einen Brief von Erika irgendwo ausgehändigt bekommen. Den las ich, an einem Straßengraben sitzend. Granatfeuer vertreibt mich. Wie wird man doch dickfällig! Man schaut ärgerlich in die Schußrichtung und möchte drohen. Mehr nicht. In der Protzenstellung schlafe ich bald sehr fest und ruhig. Früh morgens gehe ich nach vorne und treffe den Kdr. auch bald. Die B–Stellen waren vorverlegt worden.

Freitag, den 24. Mai 1940

Bei beginnender Sicht werden die Höhen nördlich Plouvain beschossen, die feindliche Infanterie weicht langsam in Richtung Bahndamm (Arras, Douai) zurück. 8.45 h wird dieser Damm genommen. Am Morgen hatte sich der Kdr. in die Leitung der 4. Batterie eingeschaltet und geschossen, da sich Geländeschwierigkeiten ergaben. Es ereignete sich einer jener bedauerlichen Vorfälle, die auf Jahre hinaus die Atmosphäre vergiften können: Ein Volltreffer der eigenen Artillerie hatte eine Kp. der II./I.R. 48 gefaßt, etwa 6 Tote. Es wurde einwandfrei festgestellt, daß es nicht unsere Abteilung gewesen war, denn zu dieser Zeit hatte sie überhaupt nicht geschossen. Der Kdr., Major Schröder, benahm sich recht eigenartig, zerrte einige unserer Herren zu den Gefallenen: „Seht, das habt ihr getan." Ich glaube, ich hätte Meldung gemacht.

Das Gefecht ebbt ab. Wir gehen in das Tal der Scarpe hinab, die überall Sümpfe bietet. Wir sehen uns die Verwüstung in Peloes an, finden auch manchen Toten unserer Infanteristen, die im Sumpf stecken geblieben waren. Auf der anderen Seite häufen sich die Spuren harter Kämpfe. Löcher, in den Straßengraben geschlagen, Kleiderreste gefallener oder geflüchteter Engländer. Von einer Majorsuniform nehme ich die Ärmelpatte, eine Krone, ab: Garderegiment. Der Steinbruch ist zäh verteidigt worden. Reihe an Reihe liegen die Soldaten, alle tot, ausgedörrt durch die Bruthitze. Neben einem liegt ein Taschenbuch. Ich lese darin, wie sie von England ausgeschifft wurden, nach Frankreich kamen, die Wege waren genauer aufgezeichnet. Am Interessantesten waren die Aufzeichnungen der letzten Tage: „Wir haben keinen Proviant erhalten. Immer nur deutsche Flieger. Wo bleiben unsere Flugzeuge? Ein sehr starker Fliegerangriff. (Wahrscheinlich am 23.5.!) Die Artillerie schießt sehr viel und gut. Wir werden langsam nervös." Das waren wir!

Im Bach und im Sumpf stecken viele Engländer. Wir können

leider nicht baden, das hätte so gut getan. In Plouvain sehen wir uns die Zerstörungen an. Ich komme gerade zur Beerdigung der Infanteristen. Eine sehr kurze, wenig erhebende Feier.

Die 4. Batterie geht in Stellung, unser Gefechtsstand ist oberhalb der Eisenbahn. Weit vor uns liegt das Industriegebiet, vom Feinde keine Spur. Auf den Feldern rastende Infanterie, sorgloses Biwak. Ich habe eine Flasche Rotwein gefunden und stille meinen Durst. Die Rast ist kurz, es geht weiter über Oppy, Gavrelle nach Muireuil. Totmüde kommen wir abends an. In einem Wäldchen sollen die B-Stellen sein, es sammelten sich hier 16 Einheiten! Daraufhin zogen wir uns zurück. In einem Chateau kehrten wir ein. Herrlicher Sekt. Im Park haben wir übernachtet. Ich war so müde, daß ich wohl merkte, mein Feldbett ist nicht in Ordnung, aber nicht mehr spürte, daß ich mit dem Kopf nach unten lag. Herrlich geschlafen.

Sonnabend, den 25. Mai 1940

Eine nette Episode: Der Park ist bereits geräumt, wunderbare Rosenlauben. Meine „Lotte" wird gebracht. Ich reite einmal in den Park, um zu sehen, wie groß er ist. Ein Oberst der Pak beobachtet mich. Ich merke, er möchte gern reiten. Ich biete ihm mein Pferd an. Er willigt ein. Er reitet sehr gut. Er sei bei der Kavallerie gewesen. Was ich als Dank haben möchte? Ich sehe Zigaretten, englische, in rauhen Mengen. Ich bitte um einige Zigaretten. Er läßt mir ungefähr 20 Dosen (weiß-gelbe Blechpackungen) geben, die Packung zu 100 Stück, außerdem noch einfachere. Das war eine Freude bei den Kameraden! Denn zu rauchen gab es lange schon nichts mehr.

Die große Lage, wie sie uns erläutert wurde: Der Feind ist vor der gesamten 4. Armee fluchtartig zurückgewichen. Es kommt darauf an, ihm auf den Fersen zu bleiben, da er sich der Einkesselung nicht mehr entziehen kann. Seine vermutliche Widerstandslinie wird sich am Kanal ostwärts Lens (La Haute Deule) und bei La Bassée befinden. Das Industriegebiet hat sich bisher als feindfrei herausgestellt. Die Abtlg. marschiert in drückender Hitze innerhalb der Marschgruppe II./I.R. 48: Bois Bernard – Rouvroi – Mericourt – Avion – Lens. In breiten Schwärmen geht es durch das Industriegebiet: Kohlenhalden, Fördertürme, sehr viele Arbeiter, die deutsch sprechen (aus der Inflationszeit?). Es ist eine eigenartige Stimmung. Irgendwie fühle ich mich nicht gemütlich. Verrat? Man reicht uns Rotwein!? Rast in Benifontaine. Ich kühle mir die Füße, esse bei der 4. Batterie, trinke Sekt (genau wie am Morgen, weil der Kdr. Geburtstag hatte), da mit einem Male Gewehrschüsse. Das ist unsere Aufklärungsabteilung. Unsere Vermutung hat sich bestätigt: Im Industriegebiet, unübersehbar und sehr schwierig – und im Kanalsystem, hat sich der Feind zum Widerstand eingerichtet. Auf der Straße nach La Bassée geht es nach vorne. Die Batterien gehen im Raume Hulluch – Douvrin in Stellung. Abtlgs-Gefechtsstand in Hulluch, wird aber gegen 19 h nach Douvrin vorverlegt. Hier ist alles schwarz von Flüchtlingen. Wir jagen sie in die Keller und drohen mit Erschießungen, falls Kabel zerschnitten werden. Wir sind im Park, hinter einer Mauer. Vor uns liegt La Bassée, ein Flakgeschütz übt sich, den Kirchturm umzulegen. Es klappt nicht so richtig. Auf den Stellungen liegt heftiges Störungsfeuer: Hier muß Verrat getrieben sein! Wenn man die Burschen packen könnte! Wir haben gerade Pralinen gefuttert und Sekt „geschlürft", dabei bekommen wir Feuer. Der Fahrer des PKW, Schlee, erhält einen Splitter in die rechte Hand. Kleist verbindet ihn, ich fahre den Wagen in Sicherheit und mit Kdr. fahre ich nach Billy, um uns im Schloß einzurichten, denn der Angriff soll erst am anderen Morgen zur Bildung von Brückenköpfen vorgetragen werden. Ich richte eine B-Stelle in der Koppel ein. Es ist eine widerlich windige Gegend: sobald man sich blicken läßt, haut eine Gruppe in der Nähe ein. Rechts ist eine große Dynamitfabrik. Ob auf der Schutthalde nicht vielleicht die feindlichen Beobachter liegen? Für die Nacht werden Sperrfeuerräume ausgerechnet, und im Keller legen wir uns schlafen. Das Dorf wird ganz gewaltig beschossen. Vor allen Dingen macht uns ein MG-Nest in Berolan zu schaffen, das immer in die Flanke feuert.

Sonntag, den 26. Mai 1940

Bei der 6. Batterie frühstücke ich: Ein Glas eingemachte Birnen, dazu Brot und Gelee. Während der Nacht hat es stark geregnet. Als ich aus der Tür trete, kommt ein Haufen Gefangener aller Schattierungen unter Führung eines vollkommen verdreckten Feldwebels: Es ist, wie sich herausstellt, ein Pfarrer. Ihn habe ich auch sonst immer nur dreckig gesehen, er gehörte dem Regiments-Pionierzug an und war stets in vorderster Linie. Dieses Völkergemisch war unbeschreiblich: Man hätte eine Landkarte von Afrika gebraucht, um sie ethnographisch einzuordnen. Das erste Gefühl aber war: Gegen dieses Pack kämpft man nun! Eine Schande! Dann begann die Tagesarbeit. Die B–Stelle wurde wieder besetzt, die Flüchtlinge abgeschoben nach hinten. Lt. Eichholz geht als vorgeschobener Beobachter mit zwei Funkern, Jahnke und Minaski, nach vorne. Es herrscht nämlich völlige Unklarheit darüber, ob der Kanal vor uns durch eigene Infanterie überschritten ist oder nicht. Die ganze Abteilung hätte nämlich um 16 h schwenken müssen und feuerte nach Osten, am Vortage nach Norden. Um 8 h setzt das III.Bat.I.R.48 zum Übergang über den Canal de la Deule an. Es ist sehr schwierig und so berichtet denn Hptm. Trysam, ein Pionier, daß ein Brückenschlag durch starkes feindliches Artilleriefeuer unmöglich sei. Der Feind schieße heftig, aber stur. Wir erhalten ab und zu auch einige Gruppen, das aber immer etwas rechts von uns liegt, auch weiter vor uns, aus der Richtung, in die Eichholz vorgedrungen ist. Ein mörderliches MG-Feuer, unsere Infanterie wagt sich nach rechts vor, da unser Feuer ganz schweigt. Da erscheint plötzlich, mit verbundenem Kopf und rollenden Augen, der Funker Minaski und meldete, nachdem er von Oblt. Hoeckner wegen unmilitärischen Benehmens zurecht gestaucht wurde – er stöhnte und pustete gewaltig, obwohl er nur leicht Schrammen hatte – , Lt. Eichholz und Funker Jahnke seien schwer verwundet, er sei losgeschickt, um Hilfe zu holen. Ich hole mir beim Kdr. Erlaubnis, nach vorn zu gehen. Ich nehme mir einen Wachtmeister und einen Uffz. mit. Die Infanteristen, über deren Vorposten wir hinausgehen, bitte ich, auf uns achtzugeben. Ab und zu schlägt eine Gruppe in unserer Nähe ein. An einer Hecke entlang kommen wir vorwärts, um in Deckung zu kommen, klettere ich über diese Hecke und reiße mir die Hose auf. Schließlich finde ich Eichholz und Jahnke, dieser blutet furchtbar an der Schulter, verhält sich aber mustergültig. Eichholz ist wohl nur leicht verwundet an der Stirn. Ich lasse den Funker nach hinten bringe, er kann mit Unterstützung noch etwas gehen. Eichholz und die Funkgeräte nehme ich mit. An einer Ecke lasse ich Eichholz zurück und gehe allein vor. Ich muß durch Sumpf und komme an einen Graben, etwa 3m breit. Etwas weiter liegen zwei Pioniere mit einem Schlauchboot, die mich hinüber schaffen. Gebückt gehe ich weiter und komme an Infanteristen in voller Deckung vorbei. Sehr viele haben Schüsse im Gesäß. Ich laufe über eine kleine offene

Fläche zu einem Haus, indem sich der Bat. Kdr. aufhalten soll. Im Haus halten sich noch Zivilisten auf, einige Verwundete liegen am Boden. Ein Feldwebel schießt stehend aufgelegt auf ein Haus jenseits des Kanals. Mit drei Schüssen holt er den Scharfschützen herunter. Es waren Marokkaner, die sich in Dächern und Bäumen versteckt halten und von oben schossen; daher denn auch die vielen Gesäßschüsse bei uns. Ein Übergang war bisher ausgeschlossen, es ist aber weiter rechts dem I. Bataillon bei Meurchin gelungen, überzusetzen. Ein Beobachter der III. Abtlg. schießt tüchtig auf die andere Seite. Mit dem Bataillonskommandeur Major Schüder gehe ich zurück und hole Eichholz und Funkgerät ab. Der Kdr. gratuliert uns. Ich erstatte dem Regiment Meldung über die Lage am Kanal.

Als ich von der Verwundung meiner Kameraden höre, packte mich zuerst eine furchtbare Wut, und dann völlig besinnungslos, der Wille, ihnen beizustehen, ohne jede Angst vor etwaigen Gefahren. Und dann die Freude, als es geschafft war! Von dieser Stunde an duzen Eichholz und ich uns. Um 10.30 h erfolgt ein Stukaangriff auf Wiugles, dessen zerschossener Kirchturm herüberragt. Den Tag über hatte ich Zeit, um mich in der Gegend umzusehen. Der Kirchturm von Billy-Berelan war arg mitgenommen, in ihm war eine Beobachtung der schweren Abteilung eingerichtet. Der ganze Ort war arg mitgenommen, die Straßen waren mit Glasscherben und Dachziegeln angefüllt. Ein Auto wollte ich für uns vereinnahmen, aber es hatte irgendeinen Defekt: Sonst hätte es wahrscheinlich auch nicht mehr gestanden. Die Nacht verbrachten wir in dem gleichen Keller. Die Nacht war ruhig. Ein Geschütz der 4. Batterie wurde als Abwehrgeschütz für schwerste Panzer vorgezogen.

Montag, den 27. Mai 1940

In der Nacht hatte der Gegner die gut ausgebauten Stellungen kampflos geräumt. Wir gehen über die mittlerweile geschlagene Brücke. Ich sehe mir jetzt einmal die Gegend am Kanal an, an der ich gestern stand, bzw. lag. Er ist etwas 20m breit, sehr tief, viele Lastkähne waren angebohrt und lagen auf Grund. Auf einem wuselte ein einsamer Schiffsköter. Die Brücken waren zerstört. Auf der anderen Seite waren deutsche Weltkriegsbunker, aus denen der Feind geschossen hatte. Eine ganz klare Angelegenheit, wenn man sich klar macht, daß wir vom Süden her angriffen, also aus der Richtung, in der im Weltkrieg die Feinde standen. Es waren an der Stelle, an der ich mit dem Bat.Kdr. am Vortage war, Gräber ausgehoben: 1 Lt. und 7 Mann. Und wie viele Verwundete? Es ist ein harter Tag gewesen. Wir rücken vor über Bauvin und Provin. Die Marokkaner und Farbigen hatten sich Schützenlöcher gegraben: Fast in jedem lag ein Farbiger, Unmengen von Patronen und Magazinen für das MG lagen umher. Wir konnten die Wirkung unserer Granaten sehen. Dörfer völlig zerstört, Felder umgegraben, Bäume abgerissen. An der Eisenbahnlinie Bauvin – Lille gehen die Batterien in Stellung. Es ist möglich, daß von Norden her, also aus dem umklammerten Lille, Panzerangriffe kommen. Denn genau so, wie wir vorrücken, zieht sich auf allen Seiten der Ring enger. Und irgendwo wird der Feind, die eingekesselte Angriffsarmee für das Ruhrgebiet, versuchen, auszubrechen. Ich gehe (oder fahre? Ich weiß nicht.) nach Annoeullin, ziemlich zerzaust, und in einem Haus bei einer Sägerei richten wir auf dem Speicher den Abtlgs-Gefechtsstand ein, auf dem gleichen Boden ist B-st. 4. Batterie. Weit geht der Blick über Weiden und Felder, bis er durch Wälder gefangen wird. Und aus diesen Wäldern stürmen Engländer nach vorn, begleitet von Panzern. Wir lassen sie kommen. Sie buddeln sich ein. Als wir zu schießen beginnen, wird die Leitung unterbrochen. Ich greife mir einen Kübelwagen und fahre durch das Dorf zur Feuerstellung. Ständig gehen Störungssucher die Leitung ab. Aber immer wieder wird sie durchschnitten. Als ich zurückkomme, ist der Zauber prächtig im Gange. Eichholz schießt auf einen Schuppen, aus dem etwa 50 Tommies hervorquellen, ein Panzer bekommt einen Schuß an die Raupenkette und dreht am Fleck. Unsere Infanterie geht weiter vor, sie feuert kaum, weil wir das alles erledigen. Der Tommy flüchtet in den Wald zurück. Kaum ist er verschwunden, schon erhalten wir wüstes Feuer. Wir verziehen uns in den Keller. Schüsse liegen auf dem Hof, auf der Straße, in den Holzschuppen. Ein Pferd von uns, Salamander, war vor dem Hause angebunden. Als die ersten Einschläge kommen reißt, es sich los und galoppiert weg. Zufällig heult ein Schwärmer vor seiner Nase vorbei: daraufhin kehrt er reumütig an seinen Ausgangspunkt zurück. Als wir uns aus dem Keller hervorwagen, sehen wir, daß unsere beiden Kräder völlig zerlöcherte Felgen haben, zwei Pak-Autos haben erhebliche Beschädigungen im Kühler. Und dann wurde es still. Wir richteten uns (es kam mir vor: nach Büroschluß!) im Hause ein, verdunkelten und holten uns aus der Stadt, was es zu essen gab. Die Bevölkerung plünderte. Ich schnappte mir Sekt, Moët-Chandon und Heidsieck, belud auch eine Kutsche für die Batterien. Wir haben tüchtig gefeiert. Im Keller schliefen wir. Tief in der Nacht kehrt der Kdr. zurück: Er hatte das EK I erhalten.

Dienstag, den 28. Mai 1940

Ich erhielt den Auftrag, den abhanden gekommenen PKW zu suchen. Zuerst suchte ich in Annoellin, ohne Erfolg, ging dann den Weg von Gestern zurück. Im Orte selbst sah ich eine Frau ein lebloses Körperchen tragen. Ich erkundigte mich: Der Vater eingezogen, die Mutter durch Bomben getötet, das Kind das Bein verloren. Ich holte unseren Stabsarzt und fuhr ihn in die Charite, wo inzwischen Soers alles zur Operation vorbereitet hatten. Dr. Uhthoff hat wenig Hoffnung. Ich gehe den Weg zurück, bleibe bis 14 h unterwegs, kann aber nirgends den PKW finden. Ist ja auch fast unmöglich, bei den unaufhörlich strömenden Kolonnen: Die Stäbe rücken nach, Pionier-Lastwagen, Versorgungstruppen, Nachschub, alles drängt nach vorn. Ich frage im Chateau nach, in dem wir die Nacht verbracht hatten: Nichts. Eigenartig, wie es mich an den Ort hinzieht, an dem ich gestern war.

Als ich zurückkam, war die Sägerei von uns geräumt. Wir fuhren über Don weiter, teils zu Fuß, teils zu Krad, Möglichkeiten gab es ja genügend. In Don war ein Muniwagen der 4. Batterie in den Kanal gefallen. Es goß in Strömen. Ich traf die 4. Batterie und mit ihr zog ich nach Wavrin. Dort sollte Quartier bezogen werden. Unser Stabsquartier lag im Schloß, in dem von einem Steueramt aus Lille ungeheuer viele Formulare lagerten. Wir ließen uns Stroh aufschütten für die Nacht. Wir versuchten noch einen PKW zu ergattern, aber es fehlte die Batterie. Wir gingen früh zu „Bett". Herrlich geschlafen.

Mittwoch, den 29. Mai 1940

Die II./A.R.116 soll auch in der Nähe liegen. Ich mache mich auf die Suche danach, treffe Oblt. Ziegler, Chef 6. Batterie, und erfahre, daß mein Freund Felix von Ludwiger bei einem Panzerangriff, im offenen Kübel fahrend, gefallen ist. Vorher hat er noch Ziegler im Vorbeifahren zugerufen: „Luitjen (ein Jahrgangskamerad) ist gefallen" mit einer abweisenden Handbewegung. Eine Stunde später ist er tot. Ich bekomme einen Kradfahrer zugeteilt (mein Kamerad Möller aus 4./A.R.12, damals pflegte er hauptamtlich die Schweine), der mich zur Feuerstellung der 4. Batterie bringt. Ich treffe Otto, der gerade Post von Erika und Mami erhält. Wann werden wir uns das nächste Mal wiedersehen? Ist doch ulkig, daß sich die 2 Schwäger im weiten Frankreich bereits 2x treffen!

15 h geht der Abmarschbefehl von I.R.48 ein, wir bilden ein besondere Marschgruppe. Der Abmarsch geht über

[Hier bricht der Text des Tagebuchs ab. K.-M. D.]

[Über dem folgenden Text steht mit Bleistift geschrieben: Kriegstagebuch! Einordnen! K.-M. D.]

Ein Brief von der Mutter meines gefallenen Freundes Felix von Ludwiger.

Blankenburg am Harz, den 18.9.1940

Mein lieber Herr Doering!
Dachte ich es mir doch, daß Ihnen etwas zugestoßen sei, als wir nichts von Ihnen hörten. Ihr lieber Brief brachte mir nun die Bestätigung. Leider schreiben sie nicht, wie es um die Heilung ihres Beinbruches bestellt ist, da Sie aber von zu Hause schreiben, darf ich hoffen, daß es Ihnen besser geht. Durch Felix weiß ich soviel von Ihnen und freue mich immer Ihres guten Zusammenklanges, freute mich auch, wenn er bei Ihnen und Ihrer Frau zum Wochenende sein durfte, und daß er mit Ihnen so vieles besprechen konnte, was ihn bewegte. Ich habe mit dem lieben Jungen von Kindheit an so innig mitgelebt, daß tausend schöne Fäden uns verknüpften und weil Sie noch mehr um ihn wußten, als Mütter gemeinhin tun. Nun ist er ganz zu mir zurückgekehrt und lebt in mir. Es ist das zweite Mal, daß ich mit einem heißgeliebten Kinde sterben mußte, dennoch verdammt weiterzuleben. Immerhin bin ich noch besser dran als mein Mann, dessen Herz es nicht aufgibt, nach dem „Warum" zu fragen, und der dadurch doppelt unglücklich ist. Nun ist mit dem letzten Sproß des Familienzweiges auch die ganze Zukunft gestorben. Die Männer leben ja mehr in der Zukunft als wir Frauen,

die im Alltag sich bescheiden gelernt haben. Jedenfalls sieht es schmerzlich bei uns aus, denn Felix war der beste Sohn, den eine Mutter haben konnte. Von Jugend an war er voller Liebe und Verstehen, und hat uns in seinem kurzem Leben eigentlich nur einen einzigen Kummer bereitet, an dem er selber leider zuletzt wohl sehr gelitten hat. Sie haben die Mischung in Felix so richtig gesehen und charakterisiert: Seine Jungenhaftigkeit gepaart mit einer Reife des Herzens, die uns sehr oft sehr oft in Erstaunen setzte, als er noch ein kleines Kind war. Mein Trost ist, daß er aus einem glücklichen Leben sehr schnell abberufen wurde, ohne wohl selber zum Bewußtsein seines Endes gekommen zu sein. Anfang August durften mein Mann, meine Tochter und ich, sein Grab an der französisch-belgischen Grenze aufsuchen, es war eine schwere Stunde. Und doch irgendwie glättend und lindernd, da die liebe Ruhestatt so friedlich in einer Landschaft liegt, die so recht nach Felix' Herzen gewesen wäre. Wenn ich auch zu tiefst von der Wahrheit des Wortes durchdrungen bin: „Wen die Götter lieben, den lassen sie jung sterben", so ist es doch schwer, zwei hoffnungsvolle Sohne dieses Glückes teilhaftig werden zu sehen und selber noch ausharren zu müssen, mit allen Schmerzen und allem Vermissen! Verzeihen Sie, daß ich so viel von uns selber schreibe, aber Sie sind mir durch seien Erzählungen so vertraut und haben durch Ihre warmen Worte mein Herz sehr bewegt. Mein Mann und ich danken Ihnen sehr für Ihren lieben Brief, und werden uns freuen, wenn Sie und Ihre liebe Frau uns nach dem Kriege besuchen kommen und wir Sie auch persönlich kennen lernen. Wenn dieser schreckliche Krieg nur erst zu Ende ginge: unsagbar das Leid, das täglich neu über die gemarterte Menschheit kommt!

Ich grüße Sie und Ihre liebe Frau recht herzlich; möchten Sie bald in Ihren schweren Beruf neu aufnehmen können, der nach allem Schrecken doppelt notwendig sein wird in seiner Hingabe.

Es dankt Ihnen alle Freundschaft und jedes gute Wort Ihre

E. von Ludwiger.

Freitag, den 20. September 1940

Das Auto von Schulz bringt mich nach Blankenberg. Welch' ein Unterschied: Erika so tapfer und Frau Schulz verzagt.

Gut, daß Erika und Hans-Jürgen mich nicht an den Zug gebracht haben: Gerade, als der Zug einlief, setzte ein mächtiger Platzregen ein, derselbe übrigens, der, wie ich aus Briefen erfuhr, meine Mutter und meinen Jungen im Garten überrascht hatten, so daß sie, wenn sie auch unter der Blutbuche Schutz suchten, völlig durchnäßt wurden. Hans-Jürgen faßte das als eine Überraschung auf: Er wurde ganz still vor Staunen, dann allerdings wohl auch vor Nässe und Kälte und wird nicht traurig gewesen sein, als Erika die beiden Getreuen im Schutze von Mänteln und Schirmen ins Haus holte. Dort wurde der Kleine ausgezogen und trocken gerubbelt und erwachte wieder zu seinem jauchzendem Leben.

Ich hatte ein Abteil für mich allein. Der Zug fuhr bis Hannover durch. Ich las das kleine Heft von Gerhard Ringeling „Jans erste Reise". Es ist ein Geschenk von Walter Warnke an meinen Bruder Friedel, als er zum Militär kam. Wunderbare Gestalten, packende Ereignisse, tiefe Weisheit und eine schöne, warme Sprache. Viel zu schnell hatte ich es gelesen: Ein zweites Mal lohnt es noch besser.

Völlig verdunkelter Bahnhof, unheimliche Mengen von Urlaubern, die in beiden Richtungen durch die Unterführungen sich schoben. Mein Zug nach Utrecht würde erst früh am Morgen gehen. Auch wurde mir amtlich die Auskunft, bei dem Grenzübertritt des Gepäcks müßte ich in Bentheim zugegen sein. Da nun mein Gepäck erst am folgenden Morgen von Brüel abgehen würde, konnte ich mir leicht ausrechnen, daß ich viel zu früh dort ankommen würde. Und in einer Grenzstadt, die vermutlich nur aus Zollhäusern und Zöllnern besteht, stundenlang tatenlos warten, sagt mir nicht zu. Ein Blick auf das Streckenverzeichnis sagt mir: Ringelheim liegt gar nicht allzu weit entfernt. Diesmal muß aus einem Wiedersehen mit Ilse Hansen geborene Harzig etwas werden. Auf der Reichspost erfahre ich, daß Ringelheim nur bis 22 h zu erreichen ist. Also den Morgen abwarten. Ich übernachte im Wehrmachtsheim, dem Bahnhof schräg gegenüber: Ein Hotel, von der Wehrmacht übernommen. Ein sehr gut eingerichtetes Zweibettzimmer. Tief in der Nacht erscheint mein Zimmergenosse. Ein flüchtiger Blick auf Leibesumfang und Anbringung der Nasenlöcher sagt mir: der schnarcht! Und so war es. Gut, daß er früh fahren mußte: So konnte ich noch gut mich ausruhen.

Es klappte alles: Ilse wurde an den Apparat geholt, es paßte ihr, sie würde mich abholen. Viel zu langsam fuhr der Zug, Verspätung gestattete er sich auch noch. Wie wird Ilse aussehen? Werden wir uns verstehen? Oder ist da ein Fremdes zwischen uns getreten? Die Begrüßung war so unmöglich-verlegen, wie man es in Romanen findet, wenn der 1. Treffpunkt auf Grund einer Heiratsannonce verabredet war. 8 Jahre lagen zurück, seit wir uns das letzte Mal gesehen und gesprochen hatten. Aber der Nachmittag und Abend waren so, wie wir es uns gedacht hatten: Die ehemalige Vertrautheit war da, und es ließ sich beim Schein einer Tischlampe herrlich plaudern. Hauptthema war, nachdem alles Andere – augenblickliche Verhältnisse, Ergehen der Ehegatten, voraussichtliche Kriegsentwicklung, Zukunftspläne – durchgesprochen war, natürlich die Zeit unserer Freundschaft in Halle. Es war für mich beruhigend, wie klar Ilse diese Episode in unser Leben einbaute, als eine Zeitspanne notwendiger Entwicklung und Reifens. Und beglückend für mich zu sehen, daß Ilse nicht still regsigniert hatte, wie ich wohl heimlich befürchtet hatte, sondern durch ihre Ehe in jeder Beziehung reicher und sicherer geworden war. Was mir damals schon mächtigen Eindruck gemacht hatte, ihre hohe geistige und sittliche Reife, jetzt als Frau und Mutter war es alles noch abgerundeter, erblühter. Und unausgesprochen: Wir sind immer noch Freunde. Wir sind es gewesen als wir noch halbe, große Kinder waren und uns die große Liebe nicht berührt hatte – allen Mißdeutungen zum Trotz! – wir sollen es weiter sein, für einander da sein, offenstehen.

Ilse sah etwas gealtert, blaß aus. Ihr an sich schon schmales Gesicht erschien durch ihr in der Mitte gescheiteltes Haar noch feiner, zarter. Und dann die kleine pummelige Jutta, die durch ihr Herbeischleppen von Spielsachen uns die ersten tastenden Unterhaltungen erleichterte. Wir waren sehr schnell Freunde. Am anderen Morgen fuhr ich nach Hannover zurück in Begleitung einer Base von Ilse, die zu einem Rotkreuz-Kursus fuhr: Vollkommen von ihrer Aufgabe durchdrungen, ganz mit Beschlag belegt von ihrer Aufgabe. In Hannover besuchte ich den Gottesdienst in der Marktkirche. Ich kann mich trotz scharfen Nachdenkens nicht mehr auf den Text besinnen. Ich weiß nur noch, daß die dämmerige Kirche mit dem ehrwürdigen Küster, auf dem weißen Haar ein Käppchen, und die sehr gute Orgelmusik mir gut gefallen haben.

Auf der Fahrt über Löhne – es ist kaum glaubhaft, aber selbst in Löhne, diesem klassischen Umsteigebahnhof, konnte ich sitzen bleiben! – Osnabrück bis Bentheim schlief ich. Die Zollformalitäten erledigten sich sehr rasch. Mein Koffer war noch nicht da, aber er würde bis Utrecht ohne Schwierigkeit befördert werden.

Und dann rollte der Zug durch Holland, das ich schon einmal vor längeren Jahren betreten hatte, als ich Heinz Pöppelmeier in Heerlen besuchte. Es kam mir sehr vertraut vor, weil sich mir damals die Eindrücke sehr tief eingeprägt hatten: Die Klinkerstraßen, die genau abgeteilten Felder und Wiesen, die vielen Radfahrer auf dem „ Fiets" in vorbildlich aufrechter Haltung, die vielen Spaziergänger in korrekter Kleidung – es war ja Sonntag! Nirgendwo auf den Feldern wurde gearbeitet, nur das Allernotwendigste, eine Kuh gemolken, das Pferd in den Stall geholt. Dies ist wirklich ein Ruhetag. Fast unwirklich, wenn man Mecklenburg mit seiner Arbeitswut am Feiertag dagegen betrachtet.

Und die Kinder an den Bahndämmen schrieen um einige Cents. Durch Befestigungslinien und wenige zerstörte Dörfer und gesprengte Brücken führte die Bahn: Aber kaum vorstellbar, daß hier Feindesland ist. Alles mutet so urdeutsch an. Ob vielleicht die Geschichte der Niederlande vielleicht wieder zusammen mit der Großdeutschlands verläuft? Zwar waren die Niederländer sehr selbständig in ihrer Eigenentwicklung, aber ob das große Zeitgeschehen uns nicht in Kontinenten denken lehrt? Vorläufig ist in Holland wohl…

[Hier bricht der Text des Tagebuchs ab. K.-M. D.]

Mittwoch, den 21. Januar 1941

Den gewohnten Ausritt auf Madelaine ließ ich auf Anraten Hoeckners ausfallen, weil die Verladeübung viel Kraft und Fleisch kosten würde. Also bekümmerte ich mich um die Vorbereitung zur Verladung. Packte auch meine Reisetasche, und entdeckte, daß viel Unpraktisches in meinem Koffer sich herumtreibt, so eine viel zu dünne, abgeschabte Decke. Am Nachmittag habe ich gelesen und geschrieben. Hans Francks „Die Krone des Lebens" ist ein wunderbar packendes Buch. Abgesehen davon, daß es ein mir sehr vertrautes Milieu schildert, zeugt es von tiefer Einsicht in das Leben des mecklenburgischen Volkes. Wie weit aber können sich 2 Ehegatten entfernen und fremd werden. Unheimlich, diesen Vorhang zurückgezogen zu sehen. Ist Erikas und mein Leben nicht viel ruhiger verlaufen? Oder habe ich in tölpelhafter Sicherheit nie um ein Wetterleuchten gewußt? Und Erika hat alles in sich vergraben? Das wäre furchtbar.

Liegt die furchtbare Halsstarrigkeit des Pfarrers Wachtmann

vielleicht in seiner kleinbürgerlichen Herkunft? Ich verfolge gespannt den Verlauf. Denn abgesehen von der Lösung der Schuldfrage sehe ich noch keinen Ausweg, wie das Pfarrerehepaar zueinander finden könnte.

Meine Quartiergeber bedauerten mich furchtbar, daß ich in das Dunkel und die Kälte hinaus müsse. Wie der normal konstituierte Holländer uns Deutsche ja für blödsinnig hält, daß wir nach gewonnenem Krieg weiter drillen und ausbilden. Es ist schön, zu sehen, daß das Wort: „Nach dem Siege binde den Helm fester!" bei der obersten Führung und in der kleinsten Einheit nicht nur befolgt, sondern, was schwerer wiegt, auch innerlich verstanden wird. Der Winter 39/40 hat den Grund für Sieg im Westen gelegt. Und aus dem Erprobten lernt sich gut.

Der stets bereitgehaltene Tee tut gut.

Es ist erstaunlich, wie gut die „Rekruten" – seit vorgestern sind sie ja nun „uralte Mannschaften" – sich in das Neue hineinfinden. Satteln, Schirren und Anspannen klappt gut, nur noch etwas zu laut und zuviel Lichtaufblitzen. Auch spürt man sehr viel Unsicherheit, aber woher sollten sie auch Sicherheit nehmen. Durch Rijsbergen gehen wir zu Fuß, wir würden sehr frieren. Die Nacht ist recht hell, obwohl wir vom Mond erst die schmale Sichel sehen. Ich lasse zur Überprüfung die Batterie an mir vorüber ziehen, – es ist doch noch sehr viel auszusetzen! – und habe Mühe, im Schritt wieder an die Spitze zu gelangen. Vor der Autobahn wird aufgesessen und ich trabe weit vor, um rechtzeitig den Weg klar zu haben. Auf der Kirche in der Vorstadt von Breda schlägt es 0.15 h, ein wunderschönes Glockenspiel. Ganz von fern höre ich die Batterie, das dumpfe Grollen und das Rollen und dann das Klirren der Tauhaken an der Deichsel. Alles vertraute Klänge. Und über diesen dumpfen Unterton geht auch das Klappern der Pferdehufe. Breda ist außerordentlich unübersichtlich, daher bin ich froh, als wir genau dorthin kommen, wo wir stehen sollen. Es wird Kaffee ausgegeben. Ich erkunde den Weg zur Rampe. Primitivste Verhältnisse, außerdem das Ergebnis niederschmetternd: Der 1. Transport ist mit 2stündiger Verspätung abgefahren, der 2. Transport, der um 23.30 h losfahren sollte, wurde hinter den 3. Transport gesetzt, weil inzwischen ein anderes Bataillon ausgeladen wurde! Und noch ist das Bataillon nicht fertig mit dem Ausladen! Es wird eine kalte Nacht werden, an Schlaf nicht zu denken. Langsam, sehr langsam geht es vorwärts: Ausladen beendet. Der 3. Transport verlädt, dann der ehemals 2., sodaß wir Aussicht haben, es zu schaffen. Hoeckner und ich sehen uns den Zug an. Die Hälfte der Wagen für Pferdetransport unbrauchbar, da mit festen Bänken für Mannschaften eingerichtet. Also werden in Utrecht bei der Transportdirektion geeignete bestellt. Wann werden die ankommen? Eine weitere Pleite: Man teilt uns mit, daß wir nicht nach Rotterdam kommen sollen, sondern in die Gegend zwischen Den Haag und See. Schließlich gelingt es Hoeckner, durchzusetzen, daß wir nach Rotterdam verladen werden. Alles klar: Rotterdam. Endlich fährt der vorletzte Zug ab. Das für uns erlösende Kommando gebe ich: „Fertig machen! Vorziehen!" Das Verladen geht sehr rasch – es wird mittlerweile hell – und alles nimmt seine Plätze ein. Hoeckner und ich nebst Tommy schlafen sofort ein. Werden vor Rotterdam wach, weil der Zug anhält. Sehen viele Trümmer, stellen fest: „Rotterdam" und schlafen wieder ein. Als wir aufwachen, hält der Zug in Den Haag! Trotz aller eindeutigen Anweisung hat es die holländische Bahn doch fertig bekommen, sich so zu verfahren. Wir melden uns bei dem deutschen Reichsbahnbeamten, der das Signal zur Rückfahrt nach Rotterdam gibt. Noch vor Dunkelheit treffen wir dort ein und laden aus: Pferde 15 Minuten, Fahrzeuge 25 Minuten. Es wird gefüttert, vorher getränkt. In dieser Zeit erkundet Hoeckner den Dienst. Kommt zurück: Mit dem Kapitän unseres Schiffes, R I, hat er vereinbart, daß wir morgen mit dem Verladen beginnen, für die Nacht in einen Schuppen ziehen. Eine riesige Halle, gegenüber dem berüchtigtem Chinesenviertel, Katendrecht, nimmt uns auf, sehr zugig, aber der Boden mit allerdings feuchtem Stroh bedeckt. Strenges Verbot, das Chinesenviertel zu betreten, Abwarten der Pferde. Ich hole aus aufgeblocktem Auto Sitzkissen und baue uns ein Bett, einen Wall von Stroh und Heu gegen die Zugluft darum und wir wickeln uns in Decken ein. Ich habe furchtbar gefroren, hörte dann das aufreizende Schlafen Hoeckners und nahm mir vor, für die nächste Nacht wachsamer zu sein. Dann begann das Einladen von einigen Fahrzeugen und Pferden, die Rollen wurden exerziert, es klappte wunderbar. Organisation ist hier alles. Ich werde mir einen Kalender für den Ernstfall anfertigen: Verantwortlich für Verladen der Pferde, der Fahrzeuge, am Quai, an Deck, im Schiff, Verbindungsleute zwischen Ablauflinie und Schiff etc. In der Mittagspause waren Hoeckner und ich Gäste des Kapitäns und seines „Ersten" in der Messe. Es war sehr gemütlich. Die Sonne kam außerdem heraus und alles freute sich über diese günstige Zutat. Dann Überladen in den Prahm. Der Unteroffizier, den ich mit dieser Aufgabe betraute, meinte, hierzu müßten besonders mutige Soldaten eingeteilt werden. Ich bestimmte daraufhin 10 beliebige, und befahl dem Uffz., als Letzter die Strickleiter außenbords hinabzuklettern. Er hatte erhebliche Angst. Diese übertriebene Vorsicht (= Angst) muß ja auf die Leute außerordentlich hemmend wirken. Der Führer muß im Gegenteil das leuchtende Bespiel von Mut sein, sodaß die Soldaten keinen Augenblick daran denken, es könne vielleicht gefährlich sein: Der Führer geht ja voran!

Auch das klappte alles und wir waren sehr früh fertig. Einige Uffz. fuhren gleich von Rotterdam aus in Urlaub. Der Kapitän lud uns zu Grog ein, in seiner Kajüte waren es 36° Celsius!! Dreimal soviel wie bei uns in Brüel am Abend eines stark bestochten Tages! Ich überredete Hoeckner, ins Kino zu fahren. Ließ mich vorher im Chinaviertel von einem deutschen Frisör namens Schönborn rasieren und frisieren. Er stammt aus Köln – Nippes und ist wirklich ein Figaro!

Der Film „Jud Süß" ist ein wunderbarer Film: Ergreifend, packend in der Kontrastierung nicht nur der Charaktere, sondern auch der Gesichter, in etwa versöhnend durch den Schluß, dadurch daß Süß gehenkt wird. Ein Tendenzfilm? Natürlich! Aber wunderbar! Und da die Tendenz eine gute ist, kann man sich nur freuen, daß die Tendenz nicht die Form stört oder fade macht. Wir waren sehr gepackt, am meisten wohl durch die Szene, wie Süß die junge Frau zu vergewaltigen versucht und dann das Auffinden ihrer Leiche im Neckar. Irgendwie versöhnlich wirkt doch die Gestalt des schwachen Karl Alexander (Heinrich George), der übrigens sehr an unseren Regiments-Kdr. erinnerte in seinem Spiel: Ich denke an unser Siegesfest in Sion.

In Rotterdam kann man sich durch die vielen Brücken sehr leicht verirren. Die Wiederaufbauarbeiten sind durch den Frost gehemmt.

Wir schliefen kurze Stunden, dann ging es wieder zum Einladen.

Sonnabend, den 1. Februar 1941

Alles klappte, trotz der vereisten Waggons ging auch alles ohne Unfall ab – schwierig das Überschreiten der Zwischenräume an den Waggons durch Rungen.

Als alles eingeladen war, kurz Tee mit Rum getrunken und zum Schlaf in unser Abteil gelegt, in dem Hoeckner zu seiner übergroßen Freude seine vor über zwei Tagen verlorene Reitgerte wiederfand. Der Zug machte einen großen Umweg, weil bei Moerdijk eine Entgleisung auf der Brücke stattfand, an der wegen des einen vorhandenen Gleises lange gearbeitet werden muß. Rückfahrt über Saltbommel, Herzogenburch und Tilburg. Um 12 h sind wir in Breda. Rückmarsch nach Rijsbergen verlief sehr korrekt, da H. vorher alles und Jeden bemängelt hatte und daher Jeder darauf bedacht war, gut zu arbeiten. Die Munistaffeln luden gleich aus, der Rest der Batterie zog in die Unterkünfte. Etwas Typisches: Die Haltung der Rekruten: Gegen Ende der 3 Tage dauernden Verladeübung vernachlässigten sie sich. Ihre Spannkraft – körperlich wie geistig – ließ sehr schnell nach. Während der gute Soldat seine Sachen am Ende ja doch genauso gut zusammenhält wie am Anfang. Daß der Anzug am Ende der Übung auch noch ordentlich sein muß, war ihnen völlig blödsinnig vorgekommen. Kriterium: Der Stoppelbart!

Ich denke sehr an das Wehrmachtsmanöver Herbst 37 zurück, auch da hatten wir den Eindruck: Nun sind wir völlig verwildert. Und der Einmarsch in Schwerin war doch sehr ordentlich. So hatten wir an allem arbeiten müssen.

Das Waschen war eine Wohltat! Ich denke an den heißen Tag an der Somme zurück: Das größte Erlebnis war ein Schöpfbrunnen! Wir gingen früh zu Bett.

Sonntag, den 2. Februar 1941

Ein gemütlicher Sonntag: 9.30 h Kaffee, die Zeit, in der ich sonst im Beruf die letzten Vorbereitungen zur Predigt treffe. Meine Sonntage verlebe ich im Augenblick doch so, wie der Berufsarbeiter, der die Woche lang arbeitet und der den Sonntag als Erholung betrachtet. Nur vielleicht mit dem Unterschied, daß ich immer noch ein leises Mahnen verspüre: So ganz in der Ordnung ist Dein Sonntag nicht! Duschen in der Molkerei. Letzte Vorbereitungen für die Zugwache. Bis Breda fuhr ich mit einem Zivilwagen, ging dann durch den pappigen Schnee einige Kilometer in Richtung Oudenbosch, wartete in einer Gastwirtschaft. Der Autobus hatte eine Stunde Verspätung, wahrscheinlich durch Schneemassen. Schließlich kam ich doch noch in Oud Gastel an. Friedel wartete schon lange. Auf meinen Anruf hin hatte er sich gleich in die Taxe geworfen und war nach Oud Gastel gefahren. Ich freue mich stets zu beobachten, daß Friedel mit Leib und Seele Soldat ist. Er führte mich durch sämtliche Ställe, die irgendwie in seinen Dienstbereich fielen oder wo er ein Pferd besonders schätzt. Wenn das seine Arbeit mit ist, dann alle Achtung: Tadellos saubere Stallungen, gut geputzte Pferde. In seinem Quartier machte uns seine „Haushälterin" (das ganze ist ein Alumnat, jetzt Kaserne) Eierpfannkuchen mit Zucker und Marmelade! Wir haben uns lange erzählt. Scherzweise fragte ich: „Hast Du auch Deine Schularbeiten gemacht? Und ärgere Deine Lehrer nicht!" Wie ein erleichtertes Aufatmen sagte er: „Mensch, Karl, gut, daß diese Zeit vorüber ist!" Er fühlt sich wohl und möchte wohl gerne aktiv werden. Ich habe ihm geraten, sich das ruhig zu überlegen.

Eine Taxe brachte mich nach Roosendaal. Mein Zugwache war schon da und hatte die Formalitäten erledigt.

Montag, den 3. Februar 1941

Ein eigenartiges Gefühl: In Holland steigt man ein, in einer blitzsauberen Stadt, fährt die Nacht durch Belgien, sieht nichts, schläft vielleicht noch, und wird in einer dreckigen Stadt förmlich ausgekippt. Der Unterschied ist fast zu groß. Mir geht es jedenfalls so. In Lille ist es bitterkalt. Die Stadt und die Bevölkerung ist darauf natürlich nicht eingestellt. Trostlose Bilder! Im „Hotel Chaguot", von der Wehrmacht beschlagnahmt, wohnen wir. Die bekannten riesig breiten Betten. Wasseranlage wunderbar: Kalt und warm, mit Sitzbecken. Richtig langsam und „kultiviert" angezogen. Obwohl ich erst um 12 h aufstand, war ich der Erste. Ich besorgte zuerst Franken bei der Kreditkasse. Sehr günstiger Kurs: Wir haben Gulden, diese gelten 1,33 Rm, die Mark 20 frcs, wie im Kriege in Frankreich. Nachmittags Kino: „Der Weg zu Isabel". Abends: „Heimliche Brautfahrt" im Rexy. Ein sehr gutes Lustspiel. Abfahrt 23.31 h.

Dienstag, den 4. Februar 1941

An Roosendaal 5 h. Im Goderie-Hotel geschlafen, habe Briefe erledigt, auch am Tagebuch gearbeitet. Ein wunderschönes elegantes und zugleich gemütliches Kaffee entdeckt: Rotes Lederpolster und Goldbirke, indirekte Beleuchtung. Wunderbarer Tee und herrliches Gebäck. Am Nachmittag Kino: Skandal um Beate Kayserling! Eindrücklich waren die betonten Gesellschaftsszenen, wunderbar die lebhaften Szenen, das happy end recht überzeugend. Die Zeichnung der Typen sehr gelungen.

Draußen war Schneewetter mit Sonne. Auf dem Zimmer Briefe und am Tagebuch geschrieben.

Mittwoch, den 5. Februar 1941

Die Fahrt wie üblich, morgens ins „Hotel Chaguot", wo uns der Pförtner schon wie alte Bekannte begrüßt. Meine Soldaten schlafen bis 15 h, in der Zeit muß ich alle Formalitäten auf der Ortskommandantur erledigt haben: Dieses Recht räumt man mir ein. Der Ton ist ein wesentlich besserer, seit ich den San. Uffz. wegen ständiger Trunkenheit (schweres Magenleiden) nach Hause geschickt habe. Ich hatte allerdings auch um besonders gute Soldaten gebeten, und es hat bisher alles gut geklappt. In einem Vorort, der genauso verdreckt und schmutzig aussah wie die ganze Stadt (hinter Bretterzäunen sieht man noch teilweise Trümmer aus dem Weltkrieg!), sah ich in einem Schaufenster wunderbare Stoffe, sehr elegant und geschmackvoll zusammengestellt. Ich habe für Mutter einen Stoff für einen schwarzen Wintermantel gekauft. Auf dem Rückweg geriet ich in ein Musikaliengeschäft. Die Cellos habe ich sämtlich ausprobiert. Der Preis war sehr niedrig, etwa 70 – 150,- Rm, während die Qualität einem Instrument von 400 – 600 Rm entsprach. Ich konnte mich nicht entschließen, hätte übrigens auch nicht genügend Geld gehabt. Über allen Entscheidungen hängt ja immer die Frage: Hat es Zweck? Erst, wenn der Krieg zu Ende ist. Mit Ahnungen hat das wohl nichts zu tun, es ist nur eine gewisse Vorsicht. Außerdem: Wie soll ich das alles nach Hause schaffen, wenn ich vielleicht nicht mehr in Urlaub fahren kann? Und dann steht das Instrument unbenutzt. Aber es fiel mir schwer, den Laden zu verlassen.

Am übernächsten Tag war ich übrigens wieder da. Es zog mich förmlich hin.

Donnerstag, den 6. Februar 1941

Furchtbare Fülle von Lille nach Roosendaal. Ich brachte meine Jungs im Hotel unter, ich selbst wohnte Hotel Meerlandia. Wunderschöne Zimmer, freundliche, aufmerksame Bedienung: Die Besitzerin ist Reichsdeutsche. Nachmittags fuhr ich nach Oud Gastal: Friedel war aber in Dordrecht, er war Führer eines

Wachkommandos. Den Stoff für Mutter kann er im Urlaub mitnehmen. Lange Zeit auf der Straße im Schnee gestanden, um ein Auto zu schnappen. Ein für die Luftwaffe fahrendes Zivillastauto: Er fuhr bereits seit Oktober nur Farbe für Baracken von Amsterdam nach Bergen op Zoom. Abends war Wehrmachtskonzert, ausgeführt von I.R. 48. Ganz ausgezeichnet. Anschließend noch gelesen und geschrieben.

Freitag, den 7. Februar 1941

In Lille wieder furchtbarer Schlamm, gegen Mittag setzte man Fegekolonnen in den Straßen ein. Ich machte letzte Einkäufe, Strümpfe für Erika, für die Kleinen auf Weitendorf Feigen. Abends Varieté Schmidthenner. Ausgezeichnete Darbietungen. Der Zug war wieder überfüllt. Aber wie geduldig sind unsere Landser, wenn es in Richtung Heimat geht. Die Fülle erklärt sich übrigens daher, daß dieser Zug der erste in einer ganzen Serie von Zügen ist. Er ist eigentlich nur für Nord- und Ostdeutschland gedacht. Aber benutzt wird er auch von Süddeutschen, die wegen einer Stunde, die mein Zug früher fährt, lieber die ganze Reisestrecke ändern – und sitzen in Köln vielleicht manche Stunde, auf den Anschluß wartend. Aber sie sind eben eine Strecke und Station weitergekommen.

Sonnabend, den 8. Februar 1941

Der letzte Tag der Zugwache. Viel gelesen und geschrieben. Im Kaffee traf ich einen Ordensjunker aus Burg Vogelsang, Uffz. in der 14. Kp. eines Reserveregimentes, der sehr interessant von General Rommel erzählte. „Links kein Nachbar, rechts nicht angelehnt, hinter uns niemand, vor uns Rommel." Bereits als Bataillonskommandeur bei den Goslarer Jägern soll er stets die Keiltaktik gelehrt und praktiziert haben. Einige Minuten später traf ich Lt. Marlow, mit dem ich in Jüterbog während des A.V.T.-Kursus auf einer Bude lag. Er gehört zu den 68ern, die auch mit Rommel gearbeitet haben.

Ich kaufte noch Briefpapier, las noch etwas und ging früh zu Bett.

Sonntag, den 9. Februar 1941

Ich habe mir beim Chef Genehmigung geholt, über den Sonntag zu bleiben. Ausruhen – und mir schwante, wir würden doch am Sonnabend in Breda landen. 17.30 h war ich zurück. Das Wiedersehen mit Hoeckner war sehr nett. Wir tranken Sekt mit Rotwein, „Türkenblut", eine große Karaffe leer. Ich ging spät zu Bett.

Montag, den 10. Februar 1941

Vernehmungen zum Fall Krützmann, der völlig betrunken den O.v.D. Hoth beschimpft und sich seinen Anordnungen widersetzt hat. Nachmittags ein Ausritt auf Madeleine. Das Wetter war herrlich, fast frühlingsmäßig warm. Im Zimmer Ordnung geschafft, Briefe geschrieben.

Dienstag, den 11. Februar 1941

In der Batterie. Ställe, Arbeitsdienst, Ausritt auf Madeleine! Mittags Ausbildung der Uffz. am optischen Gerät. Abends waren Hoeckner und ich in der „Uitovering" in Rijsbergen, das gesellschaftliche Ereignis. Furchtbar, die Musik und das Rauchen und das laute Sprechen. Wir haben uns bald gedrückt. Am gleichen Abend wurde das Geschenk der Uffz. für Hoeckners Hochzeit abgeholt, ein Gemälde, das der Chef in der Wohnung des Bürgermeisters so begeisternd gefunden hatte. Der Bürgermeister stellte es uns zur Verfügung. Ich kann hierüber nur staunen.

Mittwoch, den 12. Februar 1941

Ich war den ganzen Vormittag in der Heide auf Ginneken zu. „Pepita", den Rappen, ritt ich. Ein Gelände wie in Jüterbog oder Gr. Born, große Heideflächen und darin Kiefern und Birken. Schade: Von diesem Gebiet haben wir keine Karten. „Pepita" ist sehr nervös, aber sehr gut zugeritten. Das Reiten macht Freude. Nachmittags bildete ich die Uffz. an der E-Latte etc. aus. Zur gleichen Zeit war Fahrzeugrevision, die gut verlief. 17 h Unterricht der gesamten Batterie.

Donnerstag, den 13. Februar 1941

Fahrt nach Tilburg; selten langweiliger Vortrag über kolonialpolitische Fragen. Einmal quälte sich der Redner einen begeisterten Satz ab. Schrei nach der [...].

Donnerstag, den 27. Februar 1941

Heute früh den Stalldienst kontrolliert, dann auf Stube das

B-Stellen-Personal eingeübt. Aber es läßt sich ja wunderbar darüber reden, und es klappt doch nicht. Ich rechne mich gerne oder leider mit ein. Ich muß mich auf meinen Posten als B–Offizier auch noch vorbereiten. Es könnte ja überraschend der Einsatz kommen und ich bin nicht vorbereitet.

Dieser Satz erinnert sehr an die neutestamentlichen Worte vom Wachen und Gerüstetsein, weil die Stunde nicht bekannt ist, in der der Herr erscheint. Früher war mir diese Symbolik noch mehr gegenwärtig, wenn ich auf Kasernenwache um das Gelände meine Runde ging. Irgendwann würde der U.v.D. kommen. Aber wann? Zu meiner Zeit? In der nächsten Postenablösung?

Am Nachmittag wurde ich zum Kommandeur befohlen. Wachtm. Hoth wurde vernommen, da er lt. Bemerkung des Divisionsadjutanten sich vor Gericht eigenartig benommen hatte. Das bestätigte die Vernehmung, aus der hervorging, das Hoth doch allerhöchstens ein sehr mittelmäßiger Offizier werden wird. Ich ging früh zu Bett.

Freitag, den 28. Februar 1941

Heute war die erste Batterieübung. Gestern Nachmittag starker Regen, zuerst heute früh leiser Regen, bei auffälliger Wärme, der Bonner würde sagen: „Weische Luff". Kurz nach Beginn hörte der Regen auf. Es war eine Einheitsübung zu Anfang. Batterie im Schritt, Batterietrupp im Trab, dann Geschützführeraufmarsch im Galopp. Ideale Feuerstellung inmitten der Heide, B-Stelle genügend entfernt in Pannehoef. Mit Hilfe der Nahprotze zogen wir in die Wechselstellung. Die B-Stelle war gut einige Meter im Walde gewählt, ebenso die Ausweich-B-Stelle. Wachtm. Berner ging als Vorgeschobener mit den Funkern los. Die Funkverbindung klappte ausgezeichnet.

Jetzt beginnt eine schöne Zeit: Im ansteigenden Frühling täglich im Freien zu üben. Aber was ist das für ein gewaltiges Ende, was als Batterie durch die Gegend zieht! Die Pferde waren das Ziehen nicht gewohnt und wollten zu leicht nervös werden. Nach einigen Kilometern Sandwege wurde das Tempo eisern ruhig. Aufmarsch auf dem Molkereiplatz. Wieviel besser als im Vorjahr! Nachmittags wurden die Fahrzeuge gewaschen. Berner und ich fuhren nach Breda: Zigarren und Pralinen gekauft. Im Regen zurück. Es ist doch wunderschön, immer das Kasino mit gepflegtem Tisch zu haben. Briefe an Erika u.a. geschrieben.

Gleich müssen noch die Pakete für die Urlauber gepackt werden: Zigarren für Onkel Gustav Weskott. Es ist 23.30 h.

Sonnabend, den 1. März 1941

Um 6.45 h war ich in einigen Ställen. Anwesend die Pferdepfleger, ich vermißte die Uffz. Lediglich der kleine sächsische Uffz. Meyer stand in einer Ecke und wagte nicht, sich durchzusetzen. Mit v. Fehren besprach ich den Dienstplan. Noch 5 Übungen bis zur Besichtigung. Ein wunderbares Frühlingswetter nach dem Unwetter von gestern Abend. Ich bin mit „Madeleine" in der Reitbahn gewesen. Es ist zu schön, wie sie die linke Vorderhand hebt, wenn ich in die Box komme, wie sie ständig nach Zucker oder Brot schnuppert. Aber niemals gierig, sondern höchst dezent. Meiner Einwirkung setzt sie heftigen Widerstand entgegen, aber nach mehreren Volten im Trab löste sie sich. Und dann war es ganz herrlich, ihr Mitteltrab und der wunderbar schwingende Galopp. Die Wunde ist im Begriff, abzuheilen. Einen leisen Groll gegen Hasso werde ich nicht ganz los. „Madeleine" frißt, oder, respektierlicher gesagt, knabbert sogar mit Cognac gefüllte Pralinen. Ich bin nach wie vor in „M" verliebt. Ich habe sie lange betrachtet. Auf Schreibstube Unterschriften. Der A.T.B. für die große Übung am Montag liegt vor. Ich führe die Batterie. Es ist ganz herrlich, daß ich auf diese Art und Weise etwas lerne, was mir sonst ganz selten nur geboten wird. Kritzmann (ich machte die Vernehmung) wird morgen in das Wehrmachtsgefängnis eingeliefert. Wir sind ein sehr schwieriges Element los. Ich will noch das Päckchen an Erika für den Urlauber packen.

Ich habe jetzt mehr freie Zeit als sonst. Dieser Dienst, der mich von morgens bis abends ausfüllt, ist geradezu herrlich. Es ist kurz vor 23 h.

Sonntag, den 2. März 1941

Heute Vormittag wurde ich spät wach, hatte auch keine Eile aufzustehen, da es ja Sonntag war. Dieser Unterschied zu dem Beruf! Aber ich kann mir das Leben vorstellen, wie es ist, wenn der Berufstätige am Sonntag Morgen nicht den Weg zur Kirche finden kann. Und wieviel gäbe ich darum, könnte ich hier regelmäßig den Gottesdienst besuchen! Duschen. Ein kleines Erlebnis, das mir sehr viel Freude machte: OKan. Krüger Erich, gewöhnlich wegen seiner Lehmfarbe auch Dreck-(oder Erden)-

Krüger genannt, steht als nächster an der Zellentür. Er schaut oft hinein, ich nehme an, er hat es eilig. Mit einem Male stürzen 2 Soldaten heraus, noch ungekämmt und ohne Rock, Erden–Krüger reißt die Tür weit auf und ruft: „Bitte, Herr Leutnant!"

Ich war sprachlos! Wie ein Cerberus wachte er vor der Tür, daß niemand mich störte. Ein Soldat, den ich wirklich nicht bevorzugt behandelt habe.

Auf Schreibstube Alarmeinteilung, Unterschriften, Dienstplan fertiggestellt. 12.15 h Appell. Laut Kriegsgerichtsurteil wird der Gefreite Kritzmann wegen Ungehorsam, Gehorsamsverweigerung, Bedrohung, Beleidigung und übler Nachrede mit 1 Jahr 6 Monaten Gefängnis bestraft, außerdem den Rangverlust. Ich lasse die Batterie stillstehen, verlese das Urteil, Kritzmann abmarschbereit steht mit U.v.D. im Stahlhelm vor der Front und wird gleich weggeführt. Am ersten September 1942 wird er das Gefängnis in Germersheim verlassen! Welch' lange Zeit! Und wodurch? Alkohol!

Paul Rönkendorf, Obergefreiter und Batterietischler, rennt schon Tage lang mit einem Sperrholz umher, fast wie ein Huhn, das sein Ei nicht los werden kann. Aber nun wird mein Kartenbrett vielleicht doch noch fertig. Drupke legt bereits Hand mit an. Und was der anfaßt, wird bestimmt sehr ordentlich, Zeit allerdings darf keine Rolle spielen.

Ein ruhiger Nachmittag bei Radio (Kammermusik), einem Buch von Korfiz Holm „Farbiger Abglanz" und Kaffee und Kuchen. Dann Vernehmung, weil ein Obergefreiter einer Grenzwachkompanie von unseren Unteroffizieren in der Ausübung seines Dienstes gehindert worden sein soll. Prächtig, wie unsere Unteroffiziere entrüstet sind!!

Unser Sekt ist schlecht geworden, falsche Lagerung!

Wir tragen nur noch die Lage ein für die morgige Übung.

Ein Brief von Erika, sehr lieb geschrieben, über die Pakete mit Leckereien hat sie sich anscheinend riesig gefreut. Ich habe bereits weitere Überraschungen eingekauft. Es ist 23.30 h.

Montag, den 3. März 1941

Gestern Abend und in der Nacht – so erzählte man mir, ich habe nichts gehört – hat es furchtbar geregnet. Und am Morgen wurde es immer weniger und am Morgen brach teilweise sogar die Sonne hervor. Es ist warm geworden. Das III. Bataillon hat eine Schulübung, unter Mitwirkung der II. Abteilung. Ich führte die Batterie und zugleich die Geschützstaffeln der Abteilung. Der Oberst schreitet an den Fahrzeugen entlang, entdeckt hier und da Fehler bei Soldaten, die sich beim Hauptwachtmeister melden müssen. Die Batterietrupps traben los, die Batterien folgen im Schritt bis zu der Bereitstellung, die falsch gewählt ist: Es war lediglich ein Halt auf dem Marsch. Die Meldereiter holen ihre Batterien ab, furchtbar sumpfiges Gelände, die Feuerstellung auf einem Weg. Gerade beim Instellunggehen muß der Oberst zugucken. Es war ein ziemliches Gewühle. Rauf zur B-Stelle, meine Batterie war als 1. feuerbereit. Nach kurzer Zeit ein Sprung vorwärts in ein Gehöft, das ich wegen Überfüllung verlasse; lieber seitlich ab. Generalleutnant Ruoff hat als einen Ordonnanz-Offizier Lt. Wetz, meinen Hörsaalältesten aus Jüterbog. Es ist für ihn die richtige Stellung. Dann Besprechung, der Inf.RgtsKdr. langweilig bis in die Details, der Div.Kdr. faßt sich bereits kürzer, lobt gewaltig die Artillerie, der Kommandierende klärt das Ganze und dann Generaloberst Busch, Oberbefehlshaber unserer Armee, ein Hüne. Sehr interessante Ausführungen, die noch geheim zuhalten sind.

Nachmittags Unterschriften, auf Schreibstube gearbeitet. Am Abend die Übung für morgen ausgesucht.

Dienstag, den 4. März 1941

Das Wetter mild, aber naß. Batterieübung. Richtung Osten. Furchtbares Wegegewirr, ohne vorherige Orientierung hätte ich mich nicht durchgefunden. Thema: Bereitstellung, Einfahren in eine sehr schwierige Feuerstellung. Ein Wald war gerade abgeholzt worden, die Stämme und das Buschwerk lag noch auf dem Boden. Kanoniere nach vorn, eine Gasse für den Flankeneinmarsch bahnen. Währenddessen macht die Munistaffel eine Fahrt durch den Wald. Es klappt alles sehr gut, nur viel zu laut. Es regnet sehr stark. Das Abspannen klappt recht gut.

Nachmittags Chefbesprechung in Zundert. Alles, was der Kdr. sagt, scheint mir auf unsere Batterie gemünzt zu sein. Oder meinen das andere Herren auch von sich? Ich reise jedenfalls, mit einem langen Spickzettel bewaffnet, zurück. Ich gehe früh zu Bett.

Mittwoch, den 5. März 1941

Heute war ein finsterer Tag. Es begann schon recht früh. Ob

wir Berittene oder Radfahrer seien, fragte der Kdr., als wir, um unsere Pferde zu schonen, zum Treffpunkt kamen. Das Schießen mit der 5. Batterie klappte gar nicht. Das Einrichten haben v. Stülpnagel und ich nachgeprüft. Aber dann! Ständig lagen die Züge weit auseinander. Die seitliche Beobachtung war natürlich recht ungewohnt. Ich hatte ein recht leichtes Schießen. Andere kamen gar nicht zurecht. Am Ende zeigte der Kdr. die Vernehmungen der Grenzeinheit. Ein ganz anderes Bild. Ich mußte mir sagen lassen, dass meine Uffz. mich über den Löffel barbiert haben. Aber ich hoffe ja immer noch, daß die Vernehmungen, die der Kdr. persönlich vornehmen will, meine Uffz. entlastet. Aber erschüttert bin ich doch, darüber, daß ein lächerlicher Vorfall an sich, durch gute Worte aus dem Wege zu räumen, derartige Weiterungen nach sich zieht. Jedenfalls habe ich sämtliche Uffz. kommen lassen und ihnen meine Meinung gesagt, außerdem noch einmal zur Wahrheit ermahnt.

Es ist gleich 24 h, einen Brief an Erika habe ich schon geschrieben, jetzt muß ich noch an Ulis und Gerdas Geburtstag denken, am 7. und 9. III. Süßigkeiten sind ja immer begehrt. Ich bin abends immer regelmäßig froh, wenn ich annehmen kann, daß die ganze Batterie schlafen gegangen ist. Es sind doch zu viele eigenartige Elemente darunter: Im Einsatz prächtig, aber in der Ruhe recht schwierig zu behandeln: Windhunde.

Donnerstag, den 6. März 1941

Es war Arbeitsdienst angesetzt. Außerdem als zusätzliche Maßnahme: Den Kasernenbereich für den Kommandeur zurechtgemacht, der eine Untersuchung vornehmen will. Also wurden sämtliche Stuben und Flure geschrubbt, der Vorplatz gefegt und geharkt, Flagge gesetzt und Wache aufgezogen. Die Vernehmung war ein juristischer Leckerbissen, die Aussagen stets frisch und klar, kein Wort zu viel oder zu wenig. Besonders klar der Feldwebel Kübel, zu uns kommandiert. Der Kdr. hatte natürlich vor, uns gewaltig zurecht zu stauchen, aber die Aussagen waren völlig den Vernehmungen der Grenzer entgegengesetzt, daß ein klares Bild nicht zu gewinnen war. Ich war sichtlich erleichtert, daß es doch keine so große Affäre war. Uffz. Steinke benahm sich recht schlapp und kläglich. Ich habe ihm das zum Ausdruck gebracht.

Anschließend Fußdienst und Unterricht der gesamten Batterie. Dann Fahrt nach Tilburg zum Vortrag von Major im OKH

Dr. Rudelsdorf über „Wehrwirtschaft im Kriege 1939/40". Sehr interessante Ausführungen, sehr viel Geheimes. Anschließend Bierabend. Ich saß an einem Tisch mit Graf Bernstorff, Lt. Lehmann, Rieckert, Dannenberg. Sehr nett erzählt bis 1.30 h. Dann wurden wir doch recht müde. Ich habe mich ins Auto gesetzt und geschlafen, die übrigen hatten sich oben zum Schlafen gelegt. Schließlich trudelte alles los. Kurz vor Breda Benzin aus, wir mußten auf den Kdr. warten, vor dem wir aufgebrochen waren! Um 10 vor 7 h Uhr war ich zu Hause. Armoneit, mein Bursche, hatte mir die Stiefel schon weggeholt. Kurz rasiert, Kaffee getrunken, dann ging es zur Übung, der letzten vor der Besichtigung. 1. Feuerstellung am Halaliplatz, 2. im Schießgelände. Die Fahrer waren sehr gut, obwohl es durch sehr viele morastige Wege ging. Die Wagen und Geschütze sanken bis zu den Achsen ein. Im Kasino ganz kurz im Sessel geschlafen, dann auf Schreibstube Eingänge erledigt. Ein Brief von Erika bestätigt mir den Eingang der „sagenhaften Reisetasche". Ich bin sehr früh zu Bett gegangen.

Sonnabend, den 8. März 1941

Geduscht, auf Schreibstube die Urlaubsfrage geregelt.

Das Wetter ist hier gleichmäßig schlecht: Man kann ruhig gewiß sein, daß man einmal am Tage mindestens naß wird. Ob der Vollmond den Umschlag bringt? Für die Batteriebesichtigung wäre es wünschenswert. Die Lage dazu habe ich natürlich nicht bekommen. Ich weiß nur, wo die Batterie stehen soll. Das Gelände muß ich mir noch gründlich ansehen. Und selbst, wenn ich das Gelände kenne, gibt es noch Möglichkeiten genug, reinzufallen. Aber Vorarbeiten wollen wir gründlichst erledigen.

Der Film „Bismarck" lief bei uns. Er hat den Holländern gar nicht gefallen. Sie entschuldigten sich damit, sie hätten den Wortlaut nicht verstehen können. Aber was war schön? Eine Ballettszene, die irgendwie am Rande, seitwärts vom Geschehen der Handlung, eingestreut war. Ich sprach lange mit Wachtm. Schöps über Fragen der holländischen „Kultur", die früher einmal blühend war. Vgl. „Dürers Reisen in die Niederlande". Und heute? Was liest der Durchschnittsholländer? Es ist erschütternd!

Am Nachmittag klärte sich das Wetter auf. Ich bin los „gefietst", um das Übungsgelände mir anzusehen. Es kam eine Planpause für die Postenaufstellung. Danach zu urteilen kommen nur ganz wenige Feuerstellungen in Frage. Ich bin viele Wege geradelt, um zu sehen, ob man mit einer Batterie entlangziehen kann. Die meisten Wege enden im Augenblick bei dem ständigen Regen in einer Pfütze. Peinlich, wenn wir bei der Besichtigung in einem solchem „verlockenden" Weg einziehen würden. Das Kartenmaterial ist sehr schlecht. Manche Wege gar nicht eingezeichnet, Wälder meist in natura abgeholzt. Wachtm. Berner kam vom Kursus (vorgeschobener Beobachter in Oudenbosch) zum Wochenende herüber. Ich ging früh zu Bett, der Bierabend Donnerstag – Freitag liegt mir noch sehr im Gebein.

Sonntag, den 9. März 1941

Heute ist Gerdas Geburtstag. Vor lauter Betrieb bin ich nicht dazu gekommen, rechtzeitig zu schreiben. Das wird heute nachgeholt. Heute früh habe ich mit Berner und Schöps einen Morgenritt in die Besichtigungsgelände gemacht. Es kommen praktisch nur 2 Feuerstellungen in Betracht. Ich werde vermutlich die wählen, die unseren Fahrern Gelegenheit gibt, ihr Können zu zeigen: Es ist die gleiche vom Freitag. Es war wunderschönes Frühlingswetter, der Himmel noch leicht verhangen, Enten flogen auf, ebenso Kiebitze und sehr viele Stare. Auch einige Büsche wurden schon leicht gelb-grünlich im Holz: Es tut sich doch langsam etwas.

Das Essen haben wir gemütlich aufgezogen, anschließend Kaffee und Gebäck. Dann ging ich auf Schreibstube. Der ehemalige Batterieangehörige Roloff aus Grevesmühlen schickte einen ersten Stapel seiner wunderbarer Aufnahmen aus dem Kriege. Es wurde mir doch so manche Stunde und Gegend wieder vertraut. Ob ich heute am eigentlichen Kriegstagebuch schreibe? Es würde ja wieder dringend Zeit!

Montag, den 10. März 1941

Ja, gestern nachmittags und am Abend habe ich noch tüchtig an den ersten Seiten des Tagebuches geschrieben: Gerade die Tage, die mit ganz undeutlich vor Augen stehen. Aber bald habe ich mich hierdurch gewunden und gewühlt. Viel taten auch die Bilder von Roloff, ja, sie haben mich bestimmt „inspiriert". Wie schön, wenn ich das Tagebuch bald abgeschlossen Erika schenken könnte!

Heute war ein wunderschöner Frühlingstag. Schon am frühen

Morgen fing es an: Klarer Himmel, aber noch sehr frisch. Unsere Richtkanoniere hatten ihre Geschütze aus dem Schuppen gezogen und putzten mit öligen Lappen, krochen darunter, drehten es in die unmöglichsten Lagen, sodaß das Auge des Regiments-Kommandeurs auch nichts entdecken kann. (Wie ich hoffe!) Die Pferde wurden draußen geputzt, Madeleine fror sehr dekadent und stand wie eine Kuh. Eigenartig: Alle Vollblüter latschen im Schritt ohne Reiter durch die Gegend, aber unter dem Reiter: Herrlich!

Die 5. Batterie zog durch den Ort. Ich fuhr ihr nach und sah mir so einige Sachen an, habe auch für unsere Batterie gelernt. Es ist überhaupt gut, als blutjunger Leutnant sich bei anderen, erfahrenen umzusehen. Ich habe versucht, etwas Näheres über unsere Besichtigung zu erfahren, aber bisher ohne Erfolg. Der Skizze für Sicherungen entsprechend müßte eine Feuerstellung ganz in der Nähe des Monumentes in Frage kommen. Ich war nach dem Essen mit Wachtm. Dulisch, dem Batterieoffizier, da, wir haben uns alles genau angeschaut, Protzenstellung etc. pp. Vorher habe ich noch mit dem Rechnern Zeltbau geübt: Bis auf 10 Minuten haben sie es gebracht. Die Pfähle für die Pferde zum Putzen draußen sind auch eingeschlagen. Der Dunghaufen lässt zu wünschen übrig: Man hat schon seine Sorgen.

Abends mit Schöps die voraussichtliche Entwicklung der Übung besprochen. Es ist schön, zu sehen, wie sich alle einsetzen. In der Batterie wird nun noch gebügelt, alles läuft in Drillichzeug umher, damit der Anzug geschont wird.

Meine neueste Sorge ist: Erika drängt sehr auf einen Pelz. Es hat also nichts genutzt, daß ich ihr Fälle aufzählte, wonach Frau Obergefreite … auch einen Pelz trägt. Sie versucht es mit Bestechung: Dann dürfte ich mir auch einen Ring kaufen. Sehr gut, diese Seite habe ich bereits geregelt. Schöps hat diesen Ring, der mir neulich so gut gefiel, zurücklegen lassen. Schweres, massives Gold mit einem Onyx. Es ist der erste Ring außer dem Trauring, den ich dann trage. Ich wollte mir ja eigentlich bereits nach dem Siege in Frankreich einen Siegelring erstehen, fand aber in Frankreich nichts Passendes.

Wolf Raithelhuber schrieb mir einen seiner lieben persönlichen Briefe, die mir stets voranhalfen. Dieses Mal ermahnt er mich, treu an Gott festzuhalten. Das gelänge am besten in der Gemeinschaft. Ob ich es auch so hielte mit dem gemeinsamen Bibellesen?!! Ich mußte sofort an Obergefr. Weise aus meiner

Batterie denken, der ja stets von P. Kleininger und Etzien erzählt, der selbst ein ganz treuer Christ ist. (Den alle Vorgesetzten wegen seiner Ehrlichkeit und Zuverlässigkeit loben.) Ob ich es wage? Ein Wagnis ist es nämlich ganz bestimmt. Aber ich bin ja komisch: In anderen Dingen setze ich viel aufs Spiel, und hierin bin ich – sagen wir es ehrlich – feige! Wolfs Worte haben mir schwer zu denken gegeben! Wahrhaftig.

Es ist 23 h. Mit dieser Frage gehe ich zu Bett. Über uns surren Flieger. Wir urteilen bereits so leichsinnig: „Sie besorgen uns die Frontzulage."

Dienstag, den 11. März 1941

Tausenderlei Fragen waren noch zu klären, angefangen von der wichtigsten, über die ich nichts erfuhr, wo unsere Feuerstellung sein würde, bis zu den verrosteten Schnallen eines Sattels. So ging es den ganzen Tag. Am Morgen fuhr ich mit Schöps als B-Offizier und Uffz. Finkeldey in das Gelände, um eine neue Fst zu suchen. Wir fanden dann auch noch eine neue, allerdings ziemlich schwierig, teils Wald, teils Heide, teils Acker. Aber es ist eine und die Gegend wird mir dadurch immer vertrauter, jetzt kenne ich ungefähr jeden Weg im Gelände. Am Nachmittag war ein Anspannen im Drillichanzug, das Geschirr war, sogar nach Urteil des Spießes, in Ordnung. Was ist das doch alles für ein Kleinkram. Und doch so notwendig! Dann auf Schreibstube Unterschriften, Beurteilungen, Anforderungen. Unterricht gesamte Batterie: Im Vordergrund stand natürlich die Besichtigung. Es ist ja auch nicht zu verwundern, daß ich etwas aufgeregt bin, wenn ich bedenke, daß mein „alter" Hauptmann von Ondarza nach vielen Jahren regelmäßig wiederkehrender Verbandsausbildung eine Besichtigung hatte, zu der er auch stets aufgeregt war. Abends haben Schöps und ich noch die Pläne fertiggemacht, für alle Fälle Koordinaten wichtiger Punkte abgegriffen und notiert. Und dann habe ich noch, nachdem ich dieses Tagebuch geschrieben haben werde, den Friseur bestellt, der mich als letzten Mann der Batterie „verschönern" soll. Und dann ist alles getan, was zu tun ist. Mir ist zu Mute wie vor 12 Jahren vor dem schriftlichen Abitur. Ich wusste ja sehr genau, welche Lücken ich hatte. Ich wollte nur für mein am meisten gefürchtetes Fach, Mathematik, Pfuschzettel anfertigen und war schon dabei. Da kam Vater und sagte: „Wenn du deine Pflicht getan hast, dann brauchst du keine Sorge zu haben. Aber es ist mir lieber, Du fällst ehrlich durch als bestehst mit diesen Mogelzetteln." Da auf diese Weise ein eventuelles Versagen im Voraus gebilligt war, wollte ich dann auch sagen können: „...aber ehrlich durchgefallen." Ich unterließ daraufhin das Anfertigen von Zetteln.

Dieses Mal kann ich wirklich sagen: Ich habe getan, was ich konnte. Ich brauche mir keine Vorwürfe zu machen. Mit dieser Beruhigung kann ich zum Friseur und dann ins Bett gehen.

Mittwoch, den 12. März 1941

Es war morgens bitterkalt, ohne Mantel. Aber wir wußten ja, daß wir noch „bewegt" werden würden. Die Aufstellung an der Straße entlang klappte, wir hatten ja auch wirklich genug Mühe darauf verwandt, Pferde und Geschirre gut herauszubringen. Die Lage wurde bekannt gegeben. Der Regts–Kdr. kam erst später hinzu: Der Krieg begann. Mit dem Batterietruppp li. nach vorn. Dort wurde ich eingewiesen durch E.A.Wulf, „Batls. Kdr." Die Bstelle wurde eingerichtet, im Galopp zurück und eine Feuerstellung ausgesucht. Zurück auf B-Stelle. Verbindung klappte tadellos, die ersten Schüsse rauschten herüber. Ich hatte Glück: Sie saßen gut. Vorgeschobener nach vorne in das Zielgelände. Ich rückte mit dem ganzen Haufen nach. Die Schüsse von Schöps lagen gut. Ein Geschütz wurde vorgeholt, in direktem Schuß erledigte es ein M.G. Währenddessen Leitungsbau in dieses Zielgelände, von dort aus die letzten Schüsse heraus. Zurück zur Besprechung. Wir ernteten gewaltiges Lob, die Fehler wurden klar, nicht immer gerecht, herausgestellt. Gesamteindruck: Sehr gut. Mein erstes Kommando, nachdem Herr Oberst weggeritten war: „Stahlhelm ab! Mütze auf! Feuer frei." Dann zogen wir glücklich nach Hause. Ich war sehr erleichtert. Bei Tisch tranken wir Sekt auf unseren „Sieg", ich fuhr nach Breda und kaufte mir als Anerkennung einen Siegelring, der mir schon lange gefallen hatte. Mit dem nächsten Autobus zurück, Unterschriften, furchtbare Mengen Tee und Milch getrunken. Ich muß ausgedörrt gewesen sein. Kurzer Bericht an den Chef, gleich muß ich noch die Pakete, die „Frans" gepackt hat, beschriften und dann geht es zu Bett, nun aber genauso wie nach dem Abitur: „Na prosit, meinte Witwe Köhler, nach dem Examen ist mir wöhler."

Donnerstag, den 13. März 1941

Morgens wieder sehr kalt, aber das schöne Wetter hielt sich, gegen Mittag eine wunderschöne Wärme. Ich radelte mit Spieß, Hoth und Ziegler zur Leitungsoffiziersbesprechung nach Zundert. Was macht eine solche Besichtigung am Vortage nicht alles aus! Der Kommandeur, noch vorher wegen des Uffz.-Korps sehr verschnupft, zu mir sehr kurz angebunden, fast grob, die Liebenswürdigkeit selber. Ich soll am Heldengedenktag die Ansprache halten, er selbst sei zu erkältet. Zuerst Feier in Zundert, dann für unsere Batterie in Rijsbergen. Die Lage für die Besichtigung der 5. Batterie wird besprochen: Es wird wieder verschiedene Einlagen geben. Das Radeln in der Frühlingssonne und im scharfen Wind macht Spaß. Um 14 h Pferdeappell, dann Unterschriften, Gesundheitsunterricht bei Stabsarzt Dr. Uhthoff.

Ein Intermezzo mit Riethling: Er heulte bei einem Anpfiff. Warf dann seine Armbanduhr weg: „Deinetwegen habe ich Herrn Leutnant belogen. Ich will dich nicht mehr haben." Ist das Simulantentum? Ist das ein Grenzfall? Ich kann es nicht entscheiden. Aber ich werde ihn dem Stabsarzt zur Untersuchung zuleiten. Mit dem Kdr. habe ich schon deswegen gesprochen. Am Abend war Film: „Wunschkonzert". Ein übervolles Haus, Kdr., Stabsarzt und Tyron erschienen. Sie beneiden mich um den Konnex unserer Batterie mit der Bevölkerung.

Im Augenblick führe ich ein herrliches Leben. Morgens, im hellen Kasino, wird für mich ein Glas Milch besonders serviert, ich trinke in aller Gemütlichkeit dazu noch meinen Kaffee, habe immer Gelegenheit zu reiten, habe gewiß auch meine Arbeit in Hülle und Fülle, dazu große Verantwortung, habe aber gezeigt, was ich leisten kann und stehe im Augenblick recht angesehen innerhalb der Abteilung. Aber das macht mich gar nicht überheblich, weil ich weiß, daß sich das stündlich ändern kann. Es ist 23.15 h. Ich will schlafen gehen.

Freitag, den 14. März 1941

Gestern Abend wurde es bei Pellens doch wieder spät. Es ist ewig das gleiche Getratsche, das mich nicht interessiert. Aber ich werde förmlich gezwungen, den Tee zu trinken. Es wurde nach 12 h. Regelmäßig um 7 h weckt mich mein Bursche Armoneit, laut polternd, aber stets vergnügt. Ein wunderbares Wetter, strahlend blauer Himmel. Als ich mich rasiere, zieht die 5. Batterie zur Besichtigung vorbei, kurz dahinter der Nachrichtenzug. Wie leicht ist mir zu Mut! Das liegt hinter uns! Kurz zur Schreibstube, keine neuen Eingänge. Kaffee getrunken und dann geht es ins Gelände. Das war der schönste Morgen bisher des ganzen Jahres: Vögel singen, überall leichter Dunst. Und dann reiten! Bald läuft der Film ab. Das Übliche: Galopp des Batterietrupps, Feuerstellung, weiter zur B-Stelle. Links davon ist meine Stelle, wo ich die Funker und Fernsprecher erwarte. Die ersten Schüsse fallen, ich habe Zeit, mich im Gelände umzusehen. Kiebitze in hellen Scharen, noch ist Eis auf einigen Gräben. Ich fühle mich so wohl und kräftig, als müßte ich irgendetwas unternehmen. Stellungswechsel. Ein Geschütz im direkten Schuß auf einer Waldlichtung. Dunstig liegt das Zielgelände vor uns. E. A. Wulf und ich stehen vorn und beobachten die Einschläge. Das Schießen klappt nicht wie es sein muß. Und tatsächlich, die Schüsse liegen völlig schief. Und das Schießen wird abgebrochen! Die Besprechung war schonend und aufmunternd.

Strafexerzieren mit Riethling und Günther, als Ausbilder Uffz. Voß und Wachtm. Ziegler. Schlappe Gesellen. Stöhnten furchtbar, anstatt die wohlverdiente Strafe hinzunehmen.

Im Kasino schlief ich in einem Sessel ein, kam aber noch zum Fußdienst zurecht. Paradenmarsch, Präsentiergriff. Dann Gasraumprobe. Unterschriften in rauen Mengen. 3 schlechte Pferde werden wir los, evtl. auch Riethling, allerdings auch unseren Sanitäter, der sich sehr gut geführt hat. Nach dem Abendbrot – das schönste ist immer das Glas Milch – sofort auf Schreibstube, diese Tagebuchseiten geschrieben, Drupke ermahnt, sich den Tag einzuteilen. Ich will früh zu Bett, es ist gerade 10 h durch. Von Erika erhielt ich einen lieben Brief. Ich habe den Eindruck, als würde ich im April vielleicht Urlaub bekommen. Es wird für mich auch hohe Zeit, denn nun sehne ich mich sehr nach Erika und dem kleinen Dicken.

Sonntag, den 16. März 1941

Gestern bin ich nicht zum Eintragen gekommen. Friedel kam und ich hatte mich auf die Ansprache vorzubereiten.

Es war ein herrlich schöner, warmer Tag. Ich war rechtzeitig auf, ich las noch, wie in den letzten Tagen stets, in den Losungen, dann Kaffeetrinken. Ich habe dann geduscht und fühlte mich hinterher so frei und froh, daß ich laut sang, wie lange nicht.

Auch sehr viele Unterschriften konnten diese frohe Stimmung nicht vertreiben. Kam es daher, daß Friedel angerufen hatte, er würde kommen? Er kam mit dem Autobus 1.30 h. Wir saßen noch im Kasino, die Fenster geöffnet. Friedel ist mächtig gewachsen, sieht blendend aus, etwas reichlich dicke Backen, hat aber einen sehr klaren Blick bekommen. Er erzählte viel von Velbert und Hamm. Es war schön, mal wieder von Mutter zu hören, von der ich lange Zeit keinen Brief erhielt. Wir ritten nachmittags auf „Pepita" und „Neger" über Pannehoef nach dem Zielgelände, besahen uns die ziemlich eingeballerte Grundrichtung, sprangen auch über verschiedene Gräben, die den Pferden gewaltig zu schaffen machten, obwohl sie lächerlich klein waren. Wir gingen sehr früh zu Bett, weil Friedel in der letzten Nacht nicht geschlafen hatte: Er hatte einen Batterieabend hinter sich. Friedel brachte mir eine wunderbare Trense und eine Pistole mit. Außerdem hat er seine Schulden bei mir abgezahlt. Kaum lag er, da schlief er aber auch schon. Ich überdachte mir meine Ansprache zum Heldengedenktag.

Heute früh war tiefer Nebel. Aber es lag eine Ahnung darin, als spielte sich bereits der Kampf ab zwischen Sonne und Nebel. Das Beiwagenkrad holte mich zur Feier bei der 5. und 6. Batterie, die auf dem Sportplatz in Zundert aufmarschiert waren. Ich sprach, wie mir scheint, ziemlich kurz und ohne innere Beteiligung. Das war anders bei der Batterie, die vor der Kaserne aufgebaut war: Links von der Batterie der Ehrenzug. Hier konnte ich viel persönlicher sprechen, weil ich ja fast jeden Einzelnen persönlich kenne. Unsere Batterie hat die meisten Verluste. Heute las ich auch die Verluste der Division: 40 Offiziere, 140 Unteroffiziere, 579 Mannschaften. Mittags hörten wir den Staatsakt im Rundfunk. Friedel und ich fuhren - nach heftigem Geseire bei Pellens – um 4 h nach Breda. Um 5 h fuhr ich wieder zurück. Wir hatten noch in Breda über Mann und Frau gesprochen. Friedel scheint eine glückliche Veranlagung zu haben, ihn beschweren diese Dinge noch gar nicht. Und mich wieder! Ich bin ja auch – jetzt in der ansteigenden Jahreszeit macht es sich besonders bemerkbar – ein Junggeselle wieder geworden durch den Krieg. Und das ist nicht immer leicht. Aber ich werde meiner Erika die Treue halten, dafür habe ich sie viel zu lieb.

Komisch, daß ich bei diesen Gedanken kaum an Bübchen denke. Ist er mir doch zu fremd und unbekannt? Ich habe ihn ja doch nur stets im Urlaub gesehen. Und seine kleine Welt ist mir ziemlich unbekannt. Das sind im Augenblick die größten Opfer, die wir Soldaten - und nicht nur wir allein – zu bringen haben. Es gehört aber auch mit zu den Opfern, die wir auf uns nehmen müssen und wollen, die gering sind gegenüber dem Opfer, das unsere Kameraden brachten: Ihr junges Leben. Dieser Tag hat mich doch nachdenklich gestimmt. Mit Ahnungen hat das nichts zu tun. Aber habe ich dem Tode schon einmal ins Auge geschaut? War es nicht bisher für uns ein verhältnismäßig harmloser Krieg? Wir schossen, wurden beschossen, wir verfolgten, griffen an: Aber faßten es als selbstverständlich auf, daß wir siegten. Und winkten förmlich, leicht vertraulich lächelnd, dem Tode als unserem Verbündeten, zu. Es muß aber sehr schwer sein, den Tod vor Augen, doch zu stürmen. Das Ritterkreuz ist wohl doch eine ganz gewaltige Auszeichnung. Ich denke sehr hoch von dem Opfer der Kameraden, und stelle mir vor, ich würde keinen Urlaub mehr erhalten, würde Erika und Hans Jürgen gar nicht mehr vor dem Einsatz sehen und müßte dann vielleicht im Einsatz fallen. Das einmal klar sehen – auch wenn Erika das liest, und sie wird es ja lesen, und sie hat sich das bestimmt schon oft vorgestellt – ist sehr heilsam. Wo bleibt in solchen Fragen, die die Existenz bedrohen, das Gottvertrauen. „...Denen, die Gott lieben..." Da fängt es an. Ich bin aber fest überzeugt, daß dann Gott zu mir spricht. Könnte ich doch Erika hiervon mündlich erzählen! Gute Nacht. Es ist 22.30 h.

Montag, den 17. März 1941

Es war recht kalt heute früh. Und bereits gestern auf dem Nachhauseweg war es sehr dunkel, vom Mond keine Spur. Den ganzen Tag war es so kühl, erst gegen Abend kam die Sonne hindurch. Heute früh habe ich sogar gelesen und am Tagebuch gearbeitet, dann Unterschriften fertig gemacht. Am Nachmittag waren einige Unteroffiziere, meist das Bstellenpersonal, mit mir im Gelände, um die Übung morgen vorzubereiten. Wir haben alles genau vermessen, die Feuerstellung, die Zielpunkte aufgezeichnet, Bstelle festgelegt, sogar das Kabel ist bereits gelegt. Es ist ein ruhiges Gefühl, wenn Vorbereitungen getroffen sind. Dann kam auf Schreibstube die schwierigste Frage: Urlaub. Da ab 20. III. kein Urlaub mehr erteilt werden darf, möchte ich gern vorher noch eine möglichst große Anzahl losschicken. Aber wo ist da die Grenze? Ich habe es versucht, so zu kalkulieren, daß einige auf Sonderurlaub fahren, wie z. B. unsere Weltkriegsteilnehmer. Dann mag es vielleicht angehen. Eine Frage ist jetzt natürlich: Gibt es für mich keine Möglichkeit, nach Hause zu fahren? Ich möchte ja so gerne. Zum ersten Male empfinde ich, trotz der egoistischen Regungen so etwas wie Glück, für andere sorgen zu können, ohne daß ich zuerst an mich denke. Ob aber alles klappt? Heute Abend habe ich am Tagebuch gearbeitet, es geht langsam vorwärts: Bis zum 17. Mai bin ich gekommen. Ich freue mich ja so, wenn ich es Erika schicken kann: Überreichen ist ja wohl ausgeschlossen. Schade! Und als Antwort auf meine Grübeleien gestern Abend las ich heute Morgen: „Gott will ich lassen raten, denn er all' Ding vermag." Es fanden sich noch andere „anzügliche" Worte. Und das ist gut so, ich in ja sehr verhärtet.

Dienstag, den 18. März 1941

Es hatte heute Morgen stark gefroren, die Hufe knallten auf dem Erdboden. Und die Gräben hatte alle Eisschicht. Uns fror ganz gewaltig. Wir machten, obwohl wir Zeit genug hatten, einen kriegsmäßigen Einsatz. Es sind immer wieder kleine Mängel, die abgestellt werden müssen. Aber heute klappte der Geschützführeraufmarsch: Sie hatten genügend Zeit, ihre Geschütze heranzuholen. Die Protzen waren sehr rasch wieder weg. Ein herrlicher Galopp zur B-Stelle. Madeleine ist furchtbar rossig und war früh kaum vom Platz zu „peitschen", nun löst sie sich und es ist ein herrliches Reiten. Wir hören die Schüsse der 6. Batterie, dann wird Feuerpause befohlen: Es ist die Besprechung: Nach längeren Minuten sehen wir den Kommandeurwagen: Also müssen wir uns fertig halten. „Feuer frei!" Ich schieße mich gemeinsam mit den Gehilfen auf die Zielpunkte ein. „Halt." Dann kamen Feuerüberfälle mit 16 und 20 Schuß. Sie lagen zu kurz, diese 4 ersten Gruppen. Ich bezog einen furchtbaren Anpfiff durch die Strippe, – das brauche ich übrigens am frühen Morgen, meist geht es dann gut im weiteren Verlauf; es ist die alte, bewährte Praxis von Leon v. Ondarza, meinem Chef von der Rekrutenzeit – und wurde natürlich etwas nervös. Aber die folgenden Schüsse lagen gut, wir legten einen Gürtel mit der ganzen Abteilung. Es wäre im Ernstfalle niemand durchgekommen: Gefährlich standen die Abpraller gegen den Tannenwald. Als sehr viel Munition verschossen war, erhielten wir die Erlaubnis, ein Punktziel zu bekämpfen. Ein Schuppen, der uns schon lange gewurmt hatte, sollte dran glauben. Dann Besprechung. Der Kdr. teilte den Batteriechefs einige geheimste Dinge mit.

Am Nachmittag – das Schießen war um 15 h beendet - fuhr ich nach Breda und habe mir Zigarren geholt. Auf Schreibstube warteten die Urlaubsscheine auf die Unterschrift. Es ist ein Risiko, das ich eingehe. Aber ich habe ja nur das Beste für die Batterie im Auge. Ein Urlaub wirkt sich auf den Geist der Truppe ganz ungeheuer aus. Ich merke doch, wie das mir immer geht. Wenn man im Urlaub ist, spätestens aber auf der Rückfahrt zur Truppe, hat man ganz gewaltige Energien und Freudigkeit, sich wieder in die Arbeit zu stürzen. Ich bin über die schwierigsten Punkte meiner Urlaubsfrage hinweg: Wenn es nicht im Augenblick geht, gut, dann lauere ich auf die nächste beste Gelegenheit. Und bisher war ich mit Urlaub ja doch sehr verwöhnt. Am meisten leid tut mir Erika: Sie hat sich sicher schon gefreut und nun wird es nichts. Ich muß, weil mir keine andere Möglichkeit bleibt, durch kleine Geschenke zeigen, daß ich an sie denke.

Ich habe noch gewaltig gepackt: Meinen Sonntagsmantel, meinen Kleppermantel und 2 Schachteln Pralinen an Hoth mitgegeben, er wird sie bei sich aufbewahren und die Pralinen an Erika schicken. Einmachzucker bekommt Friedrich Höfener aus Warin mit: Er wird sie in Blankenberg bei dem Bahnhofsvorsteher abgeben. Und die Kisten Zigarren an Adolf Raithelhuber und Hans Rüter sind auch weg. Ich werde mal allmählich in meinem Koffer aufräumen: Hausputz auf meinen Lebenskreis bezogen. Es kann nicht schaden.

Mittwoch, den 19. März 1941

Es hat alles geklappt, wie ich es plante. Nur nachträglich stellte sich heraus, daß viel zu viel Urlauber bereits unterwegs sind. Wenn das nur gut geht! Das Übel wird zwar mit jedem Tag, an dem Urlauber zurückkommen, kleiner; wenn Hoeckner zurückkehrt, ist alles wieder in der Reihe. Heute Vormittag habe ich am Tagebuch gearbeitet, aber ich habe zu dieser Zeit doch nicht die nötige Ruhe. Eine Stute hat gefohlt, die Nachgeburt blieb aus. Der Veterinär war da, er hofft, sie durchzubekommen. Offiziell weiß er natürlich nichts davon; aber es gehört zur Tradition, daß die 4. Batterie pro Frühjahr 2 Fohlen hat, genau wie in Eischeid im Vorjahr. In der Mittagsstunde habe ich auf dem Halaliplatz in der Sonne gesessen und gelesen: „Petra". Ich schlief ein vor Sonnenmüdigkeit. Es war ein schöner Frühlingstag, Falter, Libellen, Eidechsen, Knistern der Rinde der Kiefern. Heute kamen die geheimen Ausbildungsbefehle. Gut, daß wir diese Woche so richtig zum Ausruhen haben, das wollen wir aber auch ausnutzen! Von Hoeckner erhielt ich heute einen Brief: Er hängt mit seinen Gedanken sehr an der Batterie. Ich bin doch heilsfroh, daß ich ihm einen guten Erfolg mitteilen kann. Und der Kommandeur wird ihm das sicher im Urlaub schon mitteilen. Eben las ich das Buch Hausers „Notre Dame von den Wogen" zu Ende. Ein packendes Buch, groß in seiner Ehrlichkeit und Klarheit über tiefste Fragen der Zivilisation, Kultur und Gott. Erschütternd die Ergebnisse der Grübeleien. Groß das Ende Anderssons, des Seemanns.

Morgen früh ist Unterricht für Uffz. Anschließend werde ich ausreiten Es ist 22 h.

Donnerstag, den 20. März 1941

Sehr kalt heute früh. 8 h Uffz. Unterricht. Ich betreibe Schießlehre, um vielleicht ein Scharfschießen für die Wachtmeister und Uffz. zu ermöglichen mit der uns zur Verfügung stehenden Munition: Das würde allen Freude machen. Um 9 h ritt ich mit Berner los, ich hatte „Scholy" nach länger Zeit. Ich bin doch durch Madeleine verwöhnt worden: Das Reiten auf anderen Pferden macht mir wenig Freude. Wir ritten in Richtung Breda und erreichten auf Umwegen ein Gasthaus mit Reit- und Springgelände. Die meisten Hindernisse allerdings sind im Wasser, dazu noch festgenagelt, also sehr ungeeignet für Sprünge. Es ist sehr kalt, an Händen und Füßen. Auf Schreibstube wenig Neues, 14 h Unterricht, abends ein blöder Film, „Die gute Sieben", akustisch sehr schlecht. Schade um diese Zeit, die ich nicht im Bett verbrachte.

Von Erika bekam ich einen sehr lieben Brief mit zwei Bildchen von Hans-Jürgen. Erika hat sich sehr über einen persönlichen Brief gefreut. Wenn sie nur wüßte, wie schwer es ist für einen Anfänger in der Batterieführung, über den Dingen innerhalb der Batterie zu stehen. Und dann noch ganz persönlich zu seiner Frau zu sprechen. Das gelingt nicht oft. Ich glaube allerdings, daß ich sofort, wenn der Krieg beendet ist, wieder schnell in die andere Welt hineinfinde. So elastisch und wendig bin ich noch. Ich spüre das dauernd.

Freitag, den 21. März 1941

Heute früh Unteroffiziersunterricht. Wieder Schießlehre. Auf diese Weise wiederhole ich die Themen auf Waffenschule. Ich müßte eigentlich auch für mich selbst artilleristisch arbeiten. Das darf aber nicht am Abend sein, der soll mir und meinen privaten Interessen gehören. Dann hatte ich wieder genügend Zeit für mich. Ich lese Barbra Ring „Petra". Ein sehr leichter, fröhlicher Roman. Ich muß mich aber hüten, nur dieses Niveau zu lieben. Nie den Willen und Sehnsucht nach oben hin aufgeben. Um 14.30 h Pferdeappell. Der Unterveterinär Dr. Schöpe stellte fest, wir hätten innerhalb der Abteilung den weitaus besten Beschlag. Und das in kürzester Zeit, denn der Vorgänger unseres Oberbeschlagsmeisters Milhing, Soike, war eine Niete. Von ihm und seinen Tiefbauten im Kriege erzählen sich die Kanoniere nette Geschichten. Ich sitze noch mit Schöpe und Milhing bei Kaffee und Kuchen. Dann auf Schreibstube. Im Kasino gelesen und geschrieben. Ich will mit meinem Tagebuch vorwärtskommen, bevor vielleicht ein neurer Abschnitt einsetzt. Denn dann verwischt sich alles noch mehr.

Sonnabend, den 22. März 1941

8 h Uffz.-Unterricht. Ich bespreche Beobachtung nach der Seite und Länge, gebe dazu die notwendigen Beispiele. Es macht Freude: Sogar die Infanteristen können gut folgen. Dann Kaffeetrinken, anschließend Duschen, dann Fahrt nach Breda: Ich erhalte eine Kiste Zigarren mit Vorkriegsbanderolen, die werde ich für mich zurückstellen, für besondere Gelegenheiten im Frieden. Man spricht von einer weiteren Erhöhung der Zigarrenpreise. Man wird sich einen kleinen Vorrat zulegen müssen. Am Nachmittage reite ich mit Madeleine zum ersten Male seit dem 19. Juli 40, dem Tag, an dem ich mir das Bein brach, auf Trense. Sie geht doch gleich ganz anders, viel edler, freier. Sie hat mich ordentlich verwöhnt. Ich merkte es neulich auf „Scholy". Und dieses aufgeregte Prusten, wenn sie etwas Unbekanntes merkt. Es steckt viel Leben und Schwung in ihr. Ich reite in die Gegend, in der die Abteilungsübung am Dienstag spielen soll. Ich bin sehr müde und gehe bald nach dem Abendessen zu Bett Das Buch „Petra" von Barbra Ring habe ich beendet. Ein erfrischendes Buch.

Sonntag, den 23. März 1941

Lange geschlafen: Ich kann es ja jetzt haben, am Sonntag. Langsam fertig gemacht, in aller Ruhe, Ausführlichkeit und Beschaulichkeit Kaffee getrunken. Zu nett, ordentlich hygienisch, wenn die Ordonnanz Schulz z.b.V. den Blutreinigungstee hereinbringt: Von dieser Miene allein muß man gesund werden! Er verachtet diese Maßnahme, aber widmet sich ihr mit großem Eifer. Ich habe lange an Erika geschrieben, ihr auch Bilder von der Parade beigelegt. Darüber wird sie sich sehr freuen. Kurz auf Schreibstube gewesen, einen Urlaub verlängert, Obgefr. Frick, dessen Frau operiert wurde. Nach dem Essen haben Berner und ich uns erzählt, bei Kaffee und Zigaretten. Was können wir uns für Genüsse erlauben! Auf Schreibstube muß ich die eingehenden Sachen erledigen. Dieser Papierkrieg! Aber auch interessante Dinge, von denen ich früher als Kanonier natürlich nie eine Ahnung erhielt. Die Ausbildung wird in ganz bewussten Formen betrieben. Friedel schrieb mir und fragte, ob ich auch bereits wüßte, daß das Regiment nach Polen verlegt würde? Gerüchte noch und noch! Ich kann ihn beruhigen: Ich weiß garnichts. Diese Spekulationen sind ja so töricht wie aufreibend. Ich glaube, wir brauchen nur einmal ein Stichwort auszugeben, wie z. B. „Verpflegungsempfang in Wien", dann tippt alles auf Bulgarien. Es kribbelt uns natürlich allen im Blut. Es ist der Frühling und die Erfahrung des Vorjahres, hinzu kommt die Urlaubssperre, es häufen sich Tausende von Einzelbeobachtungen und schließlich weiß es ein Überschlauer: „Es geht los!" Nach dem Abendbrot ging ich auf Schreibstube und schreibe diese Zeilen.

Heute Nachmittag, als ich die Kaserne aufsuchte, erlebte ich eine nette Sache. Bengen, ein hilfloser, gutmütiger Soldat, schreibt und hat Fotos vor sich liegen. Ich frage ihn, woher er stamme: Von der Insel Baltrum. Ich erklärte ihm, die hätte ich mal von weitem gesehen, ich wäre auf Spiekeroog gewesen. Wie der mich anstrahlte! Er ist nämlich ziemlich einsam. Die Heimat ist doch zu stark in unseren Herzen verwurzelt und unsere Herzen in ihr. Ich glaube, ich habe den Weg zu diesem einfachen Menschen gefunden. Nun betrachtet er mich doch sicher als besten Nachbarn, von einigen Wochen Spiekeroog her.

Sonntag, den 30. März 1941

Ich habe tatsächlich die ganze Woche nicht am Tagbuch gearbeitet. Auch entdeckte ich heute früh, daß heute Sonntag Judika, mithin Prüfungstag der Konfirmanden ist. Vor 2 Jahren hatte ich zu diesem Tage noch mehr zu tun, die ganzen Vorbereitungen nahmen sehr viel Kraft und Zeit in Anspruch. Und jetzt? Es ist eine ganz andere Welt. Da sind die Marksteine: Rekrutenbesichtigung, Verbandsbesichtigung, Scharfschießen, evtl. Urlaub. Das sind jetzt die Gegebenheiten, um die sich mein Leben dreht. Und die anderen Eckpfeiler treten zurück. Darüber bin ich oft traurig, daß z.B. Grundtatsachen meines früheren Lebens verblassen. Wie steht es z.B. mit meinem Bibellesen, Stille Zeit, Gebet? Die jetzige Zeit und der Dienst ist ein scharfes Gericht über meine frühere Auffassung und Bestätigung. Es müßte ja doch so sein, daß diese ruhenden Pole aus dem früheren Leben Bestand haben müßten auch im jetzigen, sodaß sich auch ein so anders geartetes Leben wie das meinige im Augenblick um diese Pole kristallisieren müßte. Es ist hiervon nichts zu spüren. Der Dienst saugt mich auf, gestern z.B. hatte ich ein so unsagbar leeres Gefühl, als wäre ich mittlerweile nur noch ein kleines Rädchen im Gefüge der Batterie, das, einmal in Schwung versetzt, den Gesetzen gehorcht, die ihnen auferlegt werden, ohne innere Selbständigkeit. Ich habe also das erreicht, was mir früher oft als Ideal erschien: Aufgehen in der Gemeinschaft, untertauchen. Schön und gut, aber nun „Ich" bleiben, nicht Massenteilchen, sondern wertvoller Beitrag zur Gemeinschaft. Ich trage natürlich als Soldat, derzeitiger Batterieführer, dazu bei, daß die Batterie irgendwie gelenkt wird. Aber wahrscheinlich nur als Soldat. Und in diesem Soldaten müßte nun ein reifer, reicher Mann stecken, der aus der Form und Haltung des Soldaten hervorleuchtet. Das, was man versteht unter: Der Vater seiner Soldaten. Ich habe mich natürlich bemüht, stets zu sorgen für Abwechslung, Freude am Dienst, Unterhaltung in der Freizeit, Urlaub. Aber ich spürte doch zu sehr das Ungewohnte; die Stetigkeit, die mir ja in der ruhigen Linie fehlt. Es ist eben doch nicht so ganz leicht, eine Verantwortung zu tragen. Und die Unbekümmertheit der ersten Tage und auch während der Besichtigung ist verschwunden. Jetzt erst merke ich, wie viel zu lernen ist. Aber es war doch eine interessante Zeit!

Am 24. III. (Montag) habe ich mit der Batterie Buschkrieg geübt. Zuschauer in einem Walde aufgestellt, Geschütze in einem anderen Wald, und dann hinter der Deckung laden und für den direkten Schuß hervorbrechen. Sofort wieder verschwinden. Um die allzu vorsichtigen Geschützführer in ihrer Sicherheit wankend zu machen, wählte ich ein sehr schwieriges Gelände. Diese Art aber macht Freude, es ist nicht immer das sture Richten aus der Feuerstelle, sondern die Initiative und der Mut des Einzelnen werden gefordert.

Am 25.III. (Dienstag) war Abteilungsübung. Das Wetter anfangs regnerisch, um 6 h mußten wir abmarschieren. Eine nette Probe für die richtigen Berechnungen der Abmarschzeiten: Aus 4 verschiedenen Richtungen kommend, trafen die 4 Einheiten so richtig ein, daß sogar die richtige Aufstellung aus dem Marsch heraus, ohne einander zu stören, gelang!

Es war das Gelände an der belgischen Grenze, sehr viel Heide, schlechtes Kartenmaterial. Wir waren nicht besonders schnell feuerbereit, es lag am nicht gerade intelligenten Meldereiter. Dann furchtbares Tempo bei dem Stellungswechsel der B–stelle. Die Übung mißlang, weil einige Funkapparate nicht intakt waren, daher eine klare Befehlslage ausgeschlossen war. Am Nachmittag habe ich in Breda eine Kiste alter Zigarren eingekauft.

Am 26. III. war ein Marsch im Regen über die Grenze zu dem Karabinerschießen, 10 km hin. Dann das Schießen: Es waren recht magere Ergebnisse. Ich schoß auf 12-er Scheibe mit 3 Schuß (100m) 29 Ringe. Zu Fuß zurück, die Truppe war bester Dinge, sang und flötete und kam gut vorwärts. Am Schluß ein Achtungsmarsch. Nachmittags eine Stunde Unterricht in Zundert. „Einschießungen mit hohen Sprengpunkten." Und dann war die Feier der Kommunion bei meinen Quartierleuten. Ich ließ durch den Befehlsempfänger eine Blume mitbringen. Als weitere Mitwirkung diente meine eigenhändige Zubereitung des Fruchtsalates. Um mich herum die Holländer, ich gab nur Anweisungen. Wenn mich Erika so gesehen hätte! Es war eine tolle Fresserei. Ich mußte oft an Charles de Costers „Tyl Ulenspiegel" denken, der Lamme Goedzak berichtete, daß er furchtbare Mengen vertilgen konnte. So auch hier. Zuerst die Beteuerung, daß wegen der mageren Zeiten ein Diner leider nicht möglich sei, man müsse sich eben einschränken. Das sah folgendermaßen aus: Hors d'oeuvres (frischer Salat, Mayonnaise, Sardellen, Eier), dann 4 verschiedene Arten Weißbrot, bis zum Rosinenbrot, mit Butter und „Kalbsaustern", das sind ganz zarte Kalbskoteletten in Form und Größe wie Austern, wunderbar zart, in Eiern und Paniermehl gewendet und gebraten. Dazu Kaffee bester Qualität. Dann Schinkenplatten, danach Wurst. Dann kam der Fruchtsalat, von allen gelobt und verschlungen. Ich habe mir in Rijsbergen ein Denkmal gesetzt! Nach kurzer Pause Wein, ich entschied mich für Rotwein. Es folgten Torten und Gebäck, zum Abschluß Pralinen, Äpfel und Apfelsinen. Man muß eben auch mit wenigem sich behelfen können!! Ich erfuhr dann auch, daß man als Abschluß Sandwiches und Käsestangen tatsächlich vergessen hatte! Sie standen in der Küche abmarschbereit.

Und noch Herbst 1939 hat die holländische Regierung durch Plakate aufgefordert, mehr Brot, Butter, Käse, Milch etc. zu verzehren, weil man im Überflusse habe. Es stimmt eben doch mit dem Begriff: Habenichtse und Allesbesitzer. Hätte man vernünftig rationiert, brauchte man jetzt nicht zu stöhnen über angeblichen Mangel.

Am 27.III. war mittags Pferdeappell, den ich mir schenkte, weil ich nach Herzogenbusch zum Vortrag von Generalkonsul Frauenfelder fuhr. Die Fahrt war sehr schwierig, ein Holzgasautobus schaukelte mich auf Umwegen schließlich doch noch ans Ziel, mehrmals mußte er allerdings Kohlen tanken. Ich habe einige sehr nette Sachen eingekauft. Für Hans-Jürgen 2 Leinen-Pyjamas für den Sommer und 2 Paar weiße Strümpfe mit grünen Troddeln. Für mich einen hellen Sommeranzug, wunderbarste Wolle. Für Friedel reservierte ich noch einen Extramantel. Einen Fotoapparat allerdings (Kleinbildformat) konnte ich nirgendwo erstehen. Es wird langsam knapp in Holland.

Gerade habe ich mit Friedel gesprochen. Es ist sehr nett, daß ich ihn immer so erreichen kann. Es geht ihm gut, er ist immer sehr angestrengt tätig, das einzig Richtige. Friedel hat ein Sportabzeichen gefunden, das er mir auf dem Dienstwege zuschicken will als Ersatz für mein verlorenes.

Der Vortrag am Abend, von den Offizieren der Division besucht, war sehr interessant, der beste, den ich seit Jahren gehört habe. Der Redner, ein Fliegerhauptmann, streifte sämtliche Probleme der gegenwärtigen Politik, besonders auch das neueste, nämlich Jugoslaviens Seitensprung. Die Art der freimütigen Darstellung, ohne propagandistische Nebenwirkung war erfrischend, zumal die Dinge beim richtigen Namen genannt wurden, eben eine italienische Niederlage auch wirklich eine ist. Das Beste war dann die großdeutsche Schau, Deutschland als Führer Europas, der Reichsgedanke, der vom Redner in mitreißender Form dargestellt wurde. Die Rückfahrt war schaurig, im LKW auf schmalen Bänken.

Am 28. III. war eine Marschübung im Abteilungsverband, die uns nach Belgien hinein führte. Am Abend fuhr ich mit Uffz. nach Breda zu einem Gastspiel des Schweriner Staatstheaters „Meine Schwester und ich", eine Operette von Ralph Benatzky. Sehr gute Aufführung, nette leichte Musik, beifallsfreudige Landser.

Sonnabend den 29.III. gab ich Alarm für einen gedachten Angriff auf Rijsbergen aus der Luft, also Fallschirmspringer. Es wurde ein unheimliches Geknatter und Gebrumme, zumal wir auch mit Manöverkartuschen schossen. Die ganze Stadt war auf den Beinen, einer alten Oma standen vor Angst anscheinend die Tränen auf den Backen. Es war mal wieder Leben in der Truppe und diese Abwechslung tut dringend not. Nachmittags bekamen wir drei neue Pferde, sodaß wir frisch aufgefüllt sind. Abends habe ich meine Päckchen durch Frans Pellens packen lassen: Es sind insgesamt 12 Stück geworden. Was sind hierin für Werte für deutsche Verhältnisse verborgen!

Ich war in einer ganz eigenartigen Stimmung: Eine innere Leere, ein Unbefriedigtsein. Kommt es daher, daß ich mich so nach Hause sehne, wirklich so, wie noch nie sonst? Daß ich sehe, wie langsam aber stetig kleine Vorbereitungen für einen Abtransport getroffen werden – die Zivilbevölkerung weiß natürlich bereits genaue Daten! – dessen Zeitpunkt und Richtung aber niemand weiß? Es ist wohl das Ungewisse, das stets in jedem Warten liegt, das so erregend und nervenzermürbend wirkt. Sehen zu müssen, wie die Tage vergehen, an denen man noch nach Hause fahren könnte, und nicht fahren dürfen, weil ich auf meinem Posten bleiben muß. Wie gerne würde ich meine kleine Familie wiedersehen, mich an Erika und Bübchen freuen! Vielleicht trug sehr viel zu dieser Stimmung bei ein Gedichtbändchen Will Vespers, das mir von T. Schlegelmilch geschenkt wurde: „Briefe zweier Liebender". Ja, den Inhalt dieser wunderschönen Gedichte erleben mit Erika! Das ist mir im Moment das schönste, allerdings unerreichbare Ziel. Es ist ein Opfer, das mir der Krieg auferlegt. Und hierzu ja sagen, fällt schwer. Vielleicht verlangt der Krieg von mir noch größere Opfer? Und hierhinter noch Gott sehen können, ja, glauben, daß alles zu meinem Besten dient, ist sehr schwer. Ob ich allerdings jemals dazu komme? Ich bin ja so jung und das Leben ist ja so stark und die Liebe groß.

Ein ruhiger Sonntag bisher, gelesen und geschrieben. Ich will diese Tagebuchblätter abschließen und sie einem der letzten Urlauber mitgeben, der sie mir persönlich zum Burgwall bringen soll. Dort kann Erika sie abholen. Die Tagebuchblätter für Frankreich sind ja nicht so wichtig, weil diese Operationen fast verjährt sind. Und für die Blätter in Holland muß ich eine neue Regelung finden. Es ist ein gewisser Abschnitt.

Montag, den 31. März 1941

Von 8 – 9 h Uffz.–Unterricht. Dann auf Schreibstube, Mittagspause, von 14 – 15 h Fußdienst. Ein Kanonier Höppner, 28 Jahre alt, fiel mir auf, der bei einer Kraftanstrengung, Parademarsch, hilflos heulte. Nach dem Dienst ließ ich ihn mir kommen. Er ginge dagegen an, aber oft müsse er weinen, wenn er ans Grübeln, besonders zum Nachdenken über seine verpfuschte Laufbahn käme. Er ist technischer Zeichner. Näheres weiß ich nicht. H. ist gottgläubig. Es scheint mir so zu sein, daß H. durch das Warten nervös geworden ist. Hinzu kommt, daß ihn der Dienst als geistig regen Menschen nicht ausfüllt. Daher liegt ein Teil seines Menschen brach. Ich habe ihm von der Kraft der Seele gesprochen, und versprochen, ihm Bücher zu leihen, die seine Seelenkräfte stärken können. (Preußischer Choral, Weisheit des Soldaten).

Im Unterricht gesamte Batterie sprach ich anhand von Beispielen über Verschwiegenheit. Fall „Gustav". Am gleichen Abend war es bereits im Dorf bekannt.

Abends Briefe geschrieben.

Dienstag, den 1. April 1941

Lange geschlafen, auf Schreibstube gearbeitet. Urlaubsliste revidiert. Plötzlich erscheinen Chef und kurz hinterher Eichholz. Was soll ich noch hier? Nun bin ich doch fast überflüssig. Ich kann mich auf meine Güter zurückziehen. Ob ein Urlaub nicht doch vielleicht noch möglich ist? Versuchen will ich es jedenfalls. Nachmittags lange mit Chef und Benno unterhalten. Abends auf Schreibstube. Von Erika erhielt ich einen Brief. Nun weiß sie, daß aus meinem Urlaub nichts wird. Sie ist sehr traurig darüber. Ich übrigens mindestens ebenso sehr.

Mittwoch, den 2. April 1941

Ich habe schon oft einen Anlauf gemacht, endlich wieder deutsch zu schreiben. Ich kann mich aber auch nicht entsinnen, jemals deutsch geschrieben zu haben. Der erste, der mich darauf aufmerksam machte, war Fritz Kosnick, ein Mitschüler. Er war richtig wütend darüber. Wohl haben mir ausgeschriebene deutsche Handschriften, wie die Hans Geilings und Fritz Tielkers besonders gut gefallen. Erika schreibt ja auch nur deutsch, aber meine Schrift kommt mir dann immer so kindlich, unfertig vor. Vielleicht ist es aber auch das Ungewohnte. Also versuche ich es mal wieder, deutsch zu schreiben. Hals und Beinbruch.

Es war ein Abteilungsscharfschießen. Ich konnte den Chef durch meine genauen Kenntnisse des Geländes unterstützen. Es ist doch etwas anderes, als Führer einer Batterie zu fungieren, oder als 1. Gehilfe. Beim letzten Schießen war ich ja sehr nervös geworden, weil der Kdr. mich ständig an der Strippe hatte. Dieses Mal aber brauchte ich nur die Unterlagen herbeizuschaffen, konnte Vorschläge zur Kommandobildung geben: Es war für mich sehr lehrreich. Nach der Besprechung fragte ich Hoeckner, ob ich Urlaub bekommen könne: Ja. Diese Entscheidung erfuhr ich aber erst am Nachmittag, sodaß ich am Abend nicht mehr fahren konnte. Also machte ich Einkäufe. Für Erika einen weißen, wollenen Sommermantel, Stoff für ein Kleid. Abends noch Lebensmittel in rauen Mengen. Abends noch lange Koffer gepackt.

Donnerstag, den 3. April 1941

8 h Abfahrt nach Breda, von dort nach Herzogenbusch. Hier Großeinkäufe, meinen Anzug abgeholt, Friedels Uniformmantel ebenfalls, für Erika entzückende Stoffe. Alles wurde mir an den Bahnhof gebracht und mit Hilfe eines Gepäckträgers konnte ich alles gut verstauen. Die Fahrt verlief zu erstem Ziel planmäßig, ich hatte ein Abteil für mich allein, in Deutschland gab ich 2 Telegramme auf, eins an Erika, eins an Gerda in Hamm. Ich verpaßte sie leider. In Hannover hatte ich 4 Stunden Aufenthalt, den ich im Wehrmachtsheim, auf einer Couch liegend, verbrachte. In Uelzen wieder umsteigen, der Zug nach Rostock fuhr aber erst um 11.54. Also über Hamburg? Da fuhr aber auch schon der Zug, den ich verlassen hatte, ab. Der nächste Zug in 1½ Stunden. In Hamburg klappte der Anschluß. Und in Bad Kleinen hatte ich zum Schluß noch 4 Stunden Aufenthalt, der Blankenberger

Zug nach Brüel war weg, ein Gewitter überraschte mich noch: 28 Stunden Fahrt insgesamt! Erika war gerade vor mir mit dem planmäßigem Zug angekommen. Die größte Enttäuschung war für mich: Bübchen war nicht mitgekommen. Natürlich waren die Gründe vollkommen richtig, aber ich entsah daraus, daß ich mir meine Familie ohne Bübchen gar nicht mehr vorstellen kann. Es war ein wunderschöner Urlaub. Erika und ich haben die Tage so richtig genossen. Viel Zeit nahm das Auspacken der Koffer in Anspruch. Erika saß da und konnte sich kaum rühren vor Staunen und Stoffen. Etwas konnte ich helfen, so z. B. Gardinen aufhängen, die Arbeiten im Garten verteilen bezw. regeln. Die Soldaten haben mit ihren Pferden übel darin gehaust. Ich habe mit dem Spieß des N.Z. alles geregelt, bedaure allerdings nur, daß ich die Ausführung nicht persönlich überwachen kann.

Am Sonntag war Konfirmation. Delfs machte es sehr gut. Vorbereitungen zur Abfahrt nach Weitendorf. Das war der 2. Höhepunkt des Urlaubs, ich habe mich so gefreut, wie auf einen Besuch meiner Großeltern früh in meiner Kindheit. Der Dampfer war weg, da der Zug Verspätung hatte. Es glückte uns, ein Auto zu bekommen. Bübchen nahm keine Notiz von uns, betrachtete uns als Fremde. Ich ließ ihn ruhig laufen und dann kam er endlich an. Erika war zuerst ganz traurig, daß ich den Dicken gar nicht beachtete. Wir gingen früh zu Bett.

Am Morgen tobte Hans-Jürgen mit mir im Bett, lernte fast den Gebrauch der Knips-Taschenlampe. Wir haben viel miteinander gespielt, ich habe die kleine „Kanallje" so richtig genossen. Es war wunderschön. Am 8. 4. war wieder Abfahrt. Erika fuhr mit nach Wismar, Hanning Thiessen brachte uns in ihrem Wagen hin. Bei Mutter Eggers war es richtig schön gemütlich. Mir kam es so wie früher vor, als Erika und ich noch verlobt waren. Erika brachte mich noch zum Bahnhof. Ich glaube, es ist uns Beiden wie im Traum alles gewesen. Und im Zuge habe ich gleich nachgesucht, ob nicht irgendwo etwas Nettes versteckt war. Und richtig! Ein Büchlein – ich kenne doch meine Erika mittlerweile! Die Fahrt verlief recht schnell. Ich habe ab Hannover fest geschlafen. Um 13.30 war ich wieder bei der Truppe. Und mußte am gleichen Tag nach Tilburg zum Herrenabend, Abschied von Hptm. Wüstenberg zur Division. Weil am gleichen Abend bekannt wurde, daß ich am nächsten Tage zum Treffen der evgl. Theologen der Division dort sein sollte, habe ich gleich dort übernachtet. So kam ich dann doch zu dem langen erfrischenden Schlaf.

Donnerstag, den 10. April 1941 (Gründonnerstag)

Schön lange geschlafen, ausführlich gefrühstückt, dann suchte ich die Kirche, in der Gottesdienst und Abendmahl stattfinden sollte. Es war eine recht freundliche, reformierte Kirche. Auf dem Tisch lag die Reichskriegsflagge. Es sammelten sich mittlerweile 25 Soldaten, darunter mein Con-Vikar aus Köln: Zefner. Er war damals von Walsum – Wesel mit einem ganzen Schub nach Rostock gekommen und ist jetzt Gefreiter bei den 27ern. Das war eine Freude! Überhaupt, daß einmal ein Gottesdienst stattfand, war so erfreulich. Daß man einmal wenigsten im Jahr das Abendmahl feiern konnte. Denn ich bin ja doch so richtig geistlich ausgehungert. Ich spüre doch, daß so lange Militärzeit in einer dem Christentum neutral gegenüberstehenden Welt irgendwie verändert. Denn Neutralität ist ja schlimmer als Kampf. Salzkraft vermisse ich bei mir und bei anderen, ein Müdewerden, Trägheit, ein Aufgehen im Dienst. Das befriedigt eine Zeitlang, aber dann kommt die innere Leere. Und aus solch einer Armut, Leere heraus zum Abendmahl gehen können, wo alles das geboten wird, was mir fehlt, das ist ganz herrlich. Und eine schöne Nebenerscheinung: Kirchenpolitische Fragen, die früher totsicher aufgerollt worden wären, als Zivilisten zusammen gekommen, spielten gar keine Rolle. Sind wir träge in diesen Fragen? Ich glaube, es ist ein Fortschritt. Wir sind Soldaten und erkennen alle, daß der Kamerad, also die Verkörperung des Volkes, dem Christentum gegenüber fremd dasteht. Vielleicht ist es Entwöhnung. Wenn er Interesse hierfür aufbringt, so ist das allerlei. Wäre es wenigstens soweit. Daß also der gleiche Mann sich interessieren soll für Streitigkeiten innerhalb der Konfession, was er in seinem sonstigen Leben weit genug erlebt, ist nicht einzusehen. Wie einfach überhaupt, ich spüre auch an mir selber, daß ich als vollbeschäftigter Mann, vor allem körperlich, am Morgen und Abend höchstens ein Wort aus der Bibel lesen kann, vielleicht auch dann noch nicht immer. Aber dann wäre es ja am Schönsten, wenn dann das Wort Gottes wirklich zu mir spräche. Und so wird es auch bei den anderen Menschen sein. Denn ich stehe ja jetzt, geistlich gesehen, nicht als Pastor irgendwie über ihnen, als „Vorbeter", sondern als einer unter, zwischen ihnen. Es ist schon ein ganz anderer Blickpunkt.

Und dann kam die Versammlung in der Sakristei, das Mittagessen und wieder die Abfahrt. Geblieben ist mir eine große Freude darüber, daß ich zum Abendmahl gehen konnte. Als Nebenerfolg: Am Abend sollte ein Abschiedsessen für Martienssen sein, der eine Batterie erhält. Es wäre für mich ein schlechter Abschluß gewesen, bis spät in die Nacht hinein trinken zu müssen und die „Nacht des Herrn" so zu erleben. Ich kam nicht mehr rechtzeitig zurück und konnte daher mit gutem Gewissen früh zu Bett gehen. In Breda habe ich mir noch ein Album für die Fotos des Krieges gekauft.

Freitag, den 11. April 1941 (Karfreitag)

Es war ein sehr ruhiger Tag. Ich bin früh aufgestanden, es war zwar Sonntagsdienst angesetzt. Ich habe am Tagebuch gearbeitet. Eichholz hat nämlich von seinem „Kurhus" in Sissonne wunderbare Karten mitgebracht, die das Kampfgelände unserer Division zeigen. Und nun füllt sich das an sich leere Verzeichnis von Ortsnamen mit Begriffen, wo ich die Marschrichtung sehe. Ich komme recht gut vorwärts. Bis zum 26. Mai bin ich gediehen. Aber ich muß irgendwie in der nötigen Stimmung hierzu sein. Ich kann nicht einfach schreiben, so, wie ich eine Meldung schreibe.

Meine Gedanken gehen so oft in diesen Passionstagen nach Brüel, und es ist immer das eine Jahr 1938/39, das einzige Jahr meiner „friedlichen" Beschäftigung. Ich darf natürlich nicht vergessen, über all' der Sehnsucht und dem Heimweh nach dieser Zeit, daß ich körperlich sehr anfällig war, daß ich fast einmal bei der Anstrengung umgefallen wäre. Denn sonst erscheint mir alles wie ein Ideal, wie verklärt. Aber es ist ja auch wirklich ein Idyll gewesen, dieses erste Arbeiten in der eigenen Gemeinde. Am schönsten erscheint mir immer wieder das eigene Zuhause, unsere schönen Räume, der schöne Garten, wenn er auch ungeheuer viel Arbeit verlangt. Aber dieses Arbeiten auf eigenem Grund und Boden, das Zusammenleben mit Erika, die Freude auf unser Kindchen: Es war zu herrlich. Wann wird das mal wieder eintreten? Lange Jahre zu Hause sein zu können, still und stetig arbeiten? Es dauert wohl noch etwas. Aber wenn dafür unser Bübchen im Frieden leben kann, will ich gern eine Trennung auf mich nehmen.

Sonnabend, den 12. April 1941 (Ostersamstag)

Auch heute wieder ein ganz ruhiger Tag. Ich habe den Dienst in der Batterie kontrolliert, es wurde geduscht, Arbeitsdienst getan. Briefe geschrieben, am Tagebuch gearbeitet, gelesen. Wann hatte ich an einem Samstag vor Predigtvorbereitung so viel Zeit? Ich habe Friedel eingeladen, mich zu Ostern zu besuchen.

Sonntag, den 13. April 1941 (Ostersonntag)

Auf meine Aufforderung kam Weise, Obgefr., zu mir. Wir haben gemeinsam in der Bibel gelesen. Am Vortage habe ich mit ihm gesprochen von der Tagung der Theologen und der Feier des Abendmahles. Ich habe lange herumgewürgt, bis ich es ihm klarmachte. Und dann sagte ich es in militärischer Form: „Sie kommen morgen zu mir um 7.45 h zum Bibellesen." Eigenartig, daß ich gar nicht mehr anders kann, als mich so ausdrücken. Wir lasen Markusevgl. 16, 1-8. Dieser sanfte Zwang ist genug heilsam. Ich komme dadurch viel besser aus dem Bett und habe einen schönen, langen Vormittag. Und dann wurde das Osterfest „militärisch" gefeiert. Nach dem Frühstück, das ich krampfhaft etwas festlich zu gestalten versuchte – Mißerfolg, dazu fehlt uns einfach die Frau – ritten wir, Chef und die Wachtmeister nach der Springbahn den Deyle in Richtung Breda. Zuerst lösten wir unsere Pferde und dann wurde der Parcour abgegangen. Hoeckner sprang zuerst mit den Wachtmeistern, mich ließ er zurück wegen meines Beines. Aber dann bin ich doch noch sämtliche Hindernisse gesprungen. Ich habe an diesem Morgen meine leise Furcht vor Hindernissen begraben. Ich freue mich nur noch auf den Tag, an dem ich mit Madeleine diese Hindernisse springen kann. Es mußten einige Stürze begossen werden. In dem Kasino war eine Gemäldeausstellung eines holländischen Malers, im Wesentlichen Tierbilder. Irgendwie fehlte mir der Zugang zu der Art der Bilder. Ob es vielleicht die Art, die Manier ist? Jedenfalls sind wir aus Deutschland her ja eine großzügige Art, große Landschaften, eine freie Art, den Stoff zu gestalten, gewöhnt. Wie sehr fühlte ich mich in die Blütezeit der holländischen Malerei versetzt: Minutiöse Art, einen Gegenstand zu sehen und zu malen, wunderbar die Plastik eines Kruges z.B. oder das Licht auf dem Fell eines Pferdes. Vielleicht unerreichbar in der liebevollen Behandlung, aber irgendwie fehlte mir etwas. Eine wagende Idee? Aber es gibt ja auch deutsche Stilleben. Sie sind aber ganz anders. Entzückend waren z.B. die vielen Fohlen– und Schafbilder. Ich könnte sie aber unmöglich längere Zeit an einer Wand meines Zimmers hängen haben.

Als wir zurückkamen, war Friedel angekommen. Wir aßen zu Mittag. Und nachmittags fuhren wir in das gleiche Lokal und haben in den wunderschön eingerichteten Räumen uns wohlgefühlt. Es ist wie ein Privathaus gehalten: Ein großer Kamin mit bequemen Sesseln im Landhausstil davor. Echte Stiche und Gemälde, echte schmiedeeiserne Leuchter und herrlich irdenes Geschirr. Die Preise sind denkbar niedrig. Sehr viele Offiziere waren da: Es lebt sich für einen Nachmittag auch ganz herrlich dort. Zeitschriften waren ausgelegt, internationalen Gepräges. In einer von ihnen fand ich auch die Auflösung der Fragen, in welchem Stil das Haus erbaut ist: Das ist der Stil englischer Landsitze. Dann würde es wohl lohnen, nach England zu kommen. Wir haben uns abends noch lange erzählt.

Montag, den 14. April 1941 (Ostermontag)

Wir sind früh aufgestanden und machten einen Spazierritt. Nach dem Mittagessen haben Friedel und ich uns lange unterhalten, ob eine Betätigung in der Spionage für das eigene Land ethisch zu vertreten sei und wie weit diese Konsequenzen gingen. Friedel fuhr mit dem Autobus zurück. Ich habe abends in meiner Post aufgeräumt: 8 Briefe waren das Ergebnis.

Dienstag, den 15. April 1941

Es ist für die Zeiteinteilung richtig, wenn man gleich früh morgens seine Pflicht tut. Seit wir, Weise und ich, morgens die Bibel lesen, bin ich gezwungen, rechtzeitig aufzustehen. W. kommt stets ¾ Std. nach dem Wecken, also nach Beendigung seiner Kaffeepause. So stehe ich dann auch ungefähr so früh auf wie die Batterie. So bin ich früh nach dem Bibellesen gleich ausgeritten auf „Madeleine". Noch recht frisch, aber man spürte, der Tag würde schön werden. Von 10 – 12 Uhr war Fußdienst Die Festtage saßen allen noch in den Knochen, dadurch eine große Trägheit. Nachmittags hatte Hoeckner einige gut veranlagte Reiter und Pferde herausgezogen, denen er vorwärts helfen will. Wir wurden in die Kunst des Longierens eingeführt. Ich werde das mit Madeleine auch fortsetzen. Abends auf Schreibstube.

Mittwoch, den 16. April 1941

Madeleine lernt ausgezeichnet. Sie muß das früher in Frankreich bereits gelernt haben. Denn sie geht auf dem Zirkel vollkommen ohne Hilfe. Sie macht ihre Arbeit sehr gern und geschickt. Mein Bursche interessiert sich sehr dafür, sodaß ich ihm diese Arbeit anvertrauen kann.

Es war am Nachmittag Gaskursus in Zundert. Immer die übliche Tour. Wie oft habe ich das bereits angesehen. Aber das ist beim Kommiß ja stets so, daß nur durch Drill etwas geschafft wird. Wenn übrigens der Feind mit Gas arbeitet, werden unsere Unternehmungen ganz ungeheuer gehemmt.

Auf der Rückfahrt sah ich an einem Wege zwei Soldaten während des Arbeitsdienstes schlafen. Als sie wach wurden und mich ganz erstaunt anguckten, meinten sie, sie müssen auf die Pferde in der Koppel aufpassen. Ich habe einen losgeschickt, Madeleine auf die Weide zu holen. Als ich später zurückkam, fraß M. wie ausgehungert. Das muß ihr doch gut tun, die ständige Bewegung und das frische Gras. Denn sie kann ruhig noch einige Pfunde Fleisch auf der Hinterhand vertragen. Abends auf der Schreibstube.

Donnerstag, den 17. April 1941

3 h Wecken. Unsere ganze Abteilung macht eine Übung mit dem verstärkten I.R. 48. Ich bin als Schiedsrichter eingeteilt. Um 5 h rücken wir los. Mein „Stelldichein" ist der Regimentsgefechtsstand des I.R. 48. Allmählich entwickelt sich alles wie im Manöver: Kraftwagen mit den leitenden Herren tauchen auf, der Divisionskommandeur. Ganz unangenehm ist die Zeit zwischen Befehlsgebung und dem Eintreffen der 1. Meldungen. Bis dahin kann nichts unternommen werden, es seien denn untaugliche Maßnamen. Ich bin mit unserem Pferdehalter ins Gelände geritten, habe Feuerstellungen ausgespäht, lauerte dann schließlich und richtig an der Stelle, an der die Besprechung stattfand. Die Infanterie hat an diesem Tage bis zu 90 km marschieren müssen, während unsere Abteilung nur aus der Haustür zu treten brauchte. Wir hatten ungeheures Glück dieses Mal. Um 14 h waren wir bereits zu Hause. Abends gab es den Film „Operette", der den Kampf zwischen Franz Jauner und der Geißlinger schildert. Die Bilder waren ungemein einprägsam und die Melodien ganz herrlich.

Freitag, den 18. April 1941

Funkübung der Abteilung. Nichts klappt bei uns: Die Hälfte des Geräts hatte man vergessen, die Funker wußten nicht Bescheid, die Prüfungen durch einen Lt. von der Nachrichtenabteilung waren so, daß er auf mein Befragen erklärte: Er fände unser funken stets komisch. Er erzählte mir Dinge, die wie ein Märchen klangen, die Kompanie hat etwa 60 % Akademiker, es fänden während der Wartezeit täglich von 20 – 21 h Vorträge statt, förmliche Kurse, z.B. Mathematik, Biologie, Kunstgeschichte etc., sogar ein Tiefseeforscher ist unter ihnen. Welch' reges geistiges Leben! Und bei uns? Ich muß an einen baltischen Witz denken: Baron Wirx hält sich die Zeitung „Wild und Hund". Daraufhin hält man ihn für einen Bücherwurm.

Die Funkübung hat gezeigt, daß noch ungeheuer gearbeitet werden muß. Ich werde mir diese Aufgabe mal vornehmen.

Mein Bursche Rittmeister, von Beruf Schlachter, macht sich beim Longieren sehr geschickt. Er hat es erreicht, daß Madeleine auf Kommando reagiert. Es ist sehr erfreulich. Dann fuhren Hoeckner, Jeks und ich nach Zundert. „Sieg im Westen". Der Krieg ist anscheinend nur von Panzern und Flugzeugen gemacht worden. Sehr gut war die geschichtliche Einführung Ob der Film nicht noch gewinnen würde, wenn man ihn halbieren und 2x aufführen würde? Auf der Rückfahrt haben wir bei Rückenwind 11 Minuten gebraucht: Es drohte nämlich ein Regen loszugehen.

Sonnabend, den 19. April 1941

Früh aufgestanden. Bibellese. Geduscht, und den ganzen Tag am Tagebuch gearbeitet. Es machte Freude, wieder einmal jene Tage zu erleben. Ich schrieb wahrscheinlich auch unter dem Eindruck des Filmes von gestern. An diesem Tagebuchabschnitt begann ich mit deutscher Schrift (– und ich hatte einige Tage nachzuholen –) und mußte dann aber aufhören, weil die Hand schmerzte. Gewohnheitstier ist der Mensch: Mit lateinischer Schrift ging ich dann weiter bis zum 29. Mai 40, zum Ende der Flandernschlacht. Ich bin früh zu Bett gegangen.

Sonntag, den 20. April 1941 (Führers Geburtstag)

Ich stand früh auf. Herrlich ist das jetzt im Frühling. Ob das Wetter allerdings schön werden würde, war nach dem regnerischen gestrigen Tag nicht genau zu sagen. Um 10.30 h war Appell durch Hoeckner, anschließend war Appell durch Major Joerges, der unserem Futtermeister Bergerow das Kiegsverdienstkreuz verlieh. Leider konnte Hoeckner den Kommandeur nicht wegen meines Urlaubs fragen. Ich habe ein neues holländisches Fahrrad erhalten, mein altes französisches wurde unzuverlässig, die Kette sprang ab. Lieber ein „aufrechtes" holländisches „Fiets" als immer in Sorge zu sein, wie lange es wohl halten mag. Im Kasino tranken wir Sekt, dann kam nach dem Mittagessen Torte und Kaffee und so wohlgestärkt fuhren wir nach dem Gasthaus den Deyle. In diesem gemütlichen Lokal haben wir uns dann wieder „gestärkt", sodaß wir uns den Vorwurf nicht ersparen konnten, als hätten wir uns durch den Tag gefressen. Und nach dem Abendbrot habe ich an Erika geschrieben, ich habe ihr Vorschläge für den Umbau einiger Zimmer gemacht. Ich war so richtig in diesbezüglicher Fahrt.

Montag, den 21. April 1941

Wie schnell man sich doch an etwas gewöhnen kann: Wir halten es für eine Selbstverständlichkeit, daß wir aus Griechenland und Jugoslawien gute Nachrichten erhalten. Es geht uns so wie in Goethes „Faust", daß der Bürger von Krieg und Kriegsgeschrei da ganz hinten in der Türkei etwas hört. Und dabei beruhigen wir uns. Oder sprachen wir deswegen so wenig, weil wir auf die Anderen im Südosten neidisch sind? Denn „wartende Front" ist auf Dauer kein Trost. Wir fahren eine Batterieübung, die gleiche Lage, wie sie in der Regimentsübung vorlag. Es kommt darauf an, daß das Nachrichtennetz klappt. Unterwegs kommt „Panzer von vorn!" Die Verwirrung ist eine vollkommene. Es kommt hier auf eine klare Befehlsgebung an, die hier nicht vorlag. Dann hatte ich die Batterie zu führen. Alles klappte, bis auf die Nachrichtenleute. Major Joerges kam angeritten. Er ist viel im Gelände, anscheinend sucht er sich Übungen aus. Weil die Nachrichtenstaffel nicht gut arbeitete, wurde die Geschützstaffel nach Hause geschickt und die Nachrichtenleute wurden noch einmal eingesetzt. Wieder war das Tempo zu lahm. Aber nun sind die alten Fernsprecher so wütend, daß sie von sich aus wohl Druck hinter die neuen Marschierer setzen werden. Ohne etwas zu asten, haben wir bis 16 h trainiert, um 17 h waren wir zu Hause. Früh zu Bett. Das Büchlein von Erika „Ohne Befehl" (Pegel) ist sehr gut. Ich habe den Eindruck, als ob Erika es besonders für mich ausgesucht hat. Es handelt nämlich von der bedingungslosen Liebe eines Mädchens zu einem „Rebellen", der den Kampf gegen Napoleon 1806 aufnimmt, dem sie folgt, dem zuliebe sie ihr Vaterhaus verläßt: Das Buch in Tagebuchform ist eine Rechenschaft gegenüber dem Vater.

Wie kommt es nur, daß alle seine Mädchengestalten mich an Erika erinnern? Ich glaube, ich mache mir oft gar nicht klar, daß ich eine prächtige Frau habe. Wenn allerdings Erika diese Sätze liest, wird sie böse sein, verlegen werden. Also muß ich diese Blätter erst ihr übergeben, wenn ich wieder abfahre, falls ich Urlaub erhalten sollte. Innerlich sehe ich mich schon ganz hierauf eingestellt, denn ich sehe hier die Arbeit in den Gärten, wie nach einem warmen Regen alles hervorkommt. Und dann denke ich an meinen Garten, der unbedingt bearbeitet werden will. Hoffentlich! Morgen werde ich das Gesuch einreichen.

Dienstag, den 22. April 1941

Ich stand früh auf, las 2. Tim. 2, 1–5 und die Morgenwache. Ich habe in der Batterie mich umgesehen, die Ausbildung der Funksprecher überwacht, mit Jeks mich über sein Reitpferd „Nordost" geärgert, bis ich es dann scharf rangenommen habe.

Es war ein wunderschöner Tag, blauer Himmel, warme Sonne. Ich fuhr nach Breda zum Zahnarzt. Ich spüre, daß ich einige Plomben gebrauchen kann. Und vielleicht lasse ich mir Zahnersatz anfertigen. Der Arzt war eine ausgesprochen sympathische Erscheinung. Er ragte doch weit über den Durchschnittmenschen hinaus. Ich habe sonst keine Einkäufe gemacht. Nur drei Pfund Feigen für Erika und Hans-Jürgen. Zum Abendbrot war ich zurück. Ich habe mich früh zu Bett gelegt und noch Bergengruens „Der Großtyrann und das Gericht" angefangen. Ein wundervoller Stil. Aber ich war sehr müde und schlief bald ein.

Mittwoch, den 23. April 1941

Früh aufgestanden, Ap. Gesch. 8, 26 – 39. Geschichten vom Kämmerer gelesen. Und dann bis gegen 11.30 h diese letzten Seiten eingeschrieben, sodaß ich endlich wieder auf dem Laufenden bin. Wann wird es das nächste Mal wieder abreißen? Vermutlich heute Abend, weil Essen bei der Abteilung ist.

Heute ist ein Geschütz zur Infanterie abgestellt worden, als Vorhutgeschütz. Das ist eine wunderbare Aufgabe! Berner allerdings, der den Einsatz leiten mußte, war anderer Ansicht, man hätte ihn nach infanteristischen Gesichtspunkten eingesetzt, sodaß er z.B. einmal vor der eigenen Infanterie lag, weil die Infanteristen kurzerhand kehrtmachten.

Wir fuhren am Nachmittag nach Zundert zum Offiziersunterricht: Fliegerschießen nach dem Batteriezielverfahren. Weiterhin wurde die nächste Abteilungsübung durchgesprochen. Wir radelten zurück und zum Abendessen erneut zurück. Es war eine sehr ruhige Angelegenheit, um 12 h fuhren wir nach Hause.

Donnerstag, den 24. April 1941

Ein kalter, windiger Tag. Alles steht im Zeichen des Vorkommandos, das unter meiner Führung um 16 h losgeht, Richtung Zundert. Dort sammeln sich auch die anderen. Kommandeur auf dem Motorrad vorn weg, Radfahrer und Reiter hinterher. Wege kreuz und quer, dann eine Feuerstellung, die ehemals ein Heidekrautgelände war. Aber gerade am Vormittag hatten die Bauern alles abgebrannt, damit Ackerland gewonnen werden kann. Wir stampften ständig durch Asche und bei dem herrschenden Wind sah alles schwarz im Gesicht aus. Es klappte nicht mir dem Vermessen und Verpflocken. Dann kam Einrichten der B-Stelle und Legen der Drahtverbindung. Als es dunkel wurde, brach ich die Arbeiten ab und stellte Wachen aus. Lediglich die Rechner hatten zu tun. Es handelten sich um das von Lt. Krüger–Haye ausgeklügelte Verfahren, das sich am Vortage als zu umständlich herausgestellt hatte. Aber nun war ja die ganze Nacht Zeit und so probierte man es. Ich fuhr doch noch schnell nach Rijsbergen und schlief wenige Stunden, um 1.30 h stand ich auf. Es war ganz ordentlich kühl, das Finden des Weges war einfach, nur das Einfahren in die Feuerstellung klappte nicht. Ich hatte 2 Einweiser bestellt, die aber den Weg nicht fanden. Diese Pleite mußte sich ausgerechnet unter den Augen des Kommandeurs vollziehen. Die Stimmung war daher nicht gerade lieblich. Die Arbeiten auf B-Stelle klappten. Dann kam nach langem Frieren der Befehl zum Stellungswechsel. Ein mörderlicher Galopp – wir hatten ja einiges gutzumachen – und eine neue B-Stelle wurde eingerichtet. Leider kam die Batterie langsam heran. Ein Sandsturm tobte und weckte in uns Rommel-Gedanken. Endlich kam das erlösende Kommando: Stellungswechsel. Ich meldete mich gleich bei Major Joerges ab und fuhr mit dem Rad weg. Schnell umgezogen, gründlich die schwarze Kruste weggescheuert, Koffer gepackt und in den Autobus. Dann kam das Übliche: Fahrt von Breda nach Hannover – der Zug hatte Verspätung, sonst hätte ich Gerda aufgesucht – dann Warten und über Hamburg nach Bad Kleinen. Hier wieder ein Aufenthalt von 2 Stunden, den ich mir mit Schreiben sehr verkürzte. Im Zuge traf ich Frl. von Kulbin, die ein Konzert besucht hatte. Den Namen der Sängerin habe ich vergessen, sie hat früher auf Platten gesungen: „Das kann doch eine Seemann nicht erschüttern". Nun hat sie sich ganz dem ernsten Fach gewidmet, singt Arien und geistliche Lieder mit unvergleichlicher Kunst, soll aber in den Proben auch kopfstehend singen können.

Und dann kam der Zug und brachte mich nach Blankenberg. Natürlich war der Zug nach Brüel ausgefallen. Fuhrmann Abel aus Brüel packte von hinten meine Koffer und fuhr sie nach Brüel. Ich ging zu Fuß. Diese wenigen Kilometer habe ich sehr schnell zurückgelegt. Die Überraschung gelang vollkommen. Ich klopfte an und trat ein. Erika fütterte unsere „Kanallje", die mal wieder unheimlichen Hunger hatte. Erikas Erstaunen war mustergültig. Wir brauchten übrigens recht lange, um uns in die Wirklichkeit zu finden. Bübchen guckte ostentativ in die andere Richtung und würdigte mich nur verstohlener Seitenblicke. Aber das legte sich sehr schnell und mit dem ersten Gebäck aus Holland wurde ich sein erklärter Freund. Ich durfte ihn nun schon zu Bett bringen. Wir aßen zu Mittag und besahen uns dann den Garten. Zwei Soldaten arbeiteten gerade darin. Erika hat in den wenigen Tagen fabelhaft viel bereits geschafft. Ich kann mir denken, daß man zuerst, ohne fremde Hilfe, völlig gelähmt ist angesichts der Arbeit. Im vergangenen Jahr war das ja noch viel schlimmer, weil sie damals den ganzen Garten hatte und jetzt nur 1/3. Es reicht aber auch noch völlig. Ich brenne förmlich darauf, ab Montag im Garten arbeiten zu können: da wird aber geschafft!

Wir gehen früh zu Bett. Bübchen haben wir auf unser Zimmer verfrachtet. So ist die kleine Familie wieder versammelt.

Ich bin totmüde. Wann habe ich zuletzt ordentlich geschlafen? Dienstag auf Mittwoch.

Sonntag, den 27. April 1941

Vorschriftsmäßig wache ich wie sonst auf: Natürlich viel zu früh! Hans-Jürgen schläft noch ruhig. Erika stiehlt sich aus dem

Zimmer. Der Dicke merkt auch das nicht! Und als Erika gegen 9 h mal guckt, wird er gerade wach! Von 18.30 - 9 h Der muß ja gedeihen.! Ein Glücksgefühl überkommt mich: Urlaub! Mal nicht wie neulich nach 2 Tagen wieder abfahren müssen, sondern mal in aller Ruhe 14 Tage zuhause sein können. Ich gehe zur Kirche. Es ist kaltes, regnerisches Wetter. Kirchenbesuch: Etwa 10 – 15 Personen! Und dies, wo doch Pastor Schulz predigt! Wie mag das bei Delfs sein? Ich spüre deutlich, wie mich das niederdrückt. 2000 Gemeindeglieder und 10 – 15 davon waren in der Kirche. Wie soll das später nur werden? Ist es aus, oder liegt es an der Person des Predigers? Ich erwäge den Gedanken, ob ich nicht am nächsten Sonntag predigen soll. Mal richtig reinhauen! Schwarzbrot mit Krusten statt Feinbrot: Klar und kantig. Wer flüstert mir diesen Gedanken ein? Ist es der Versucher, der mir vorhält, ich könnte es besser aufgrund meiner Beliebtheit in der Gemeinde? Die Antwort erfahre ich aufgrund des Predigttextes: „Ich bin der gute Hirte". „Der Herr ist mein Hirte." Und auch noch eine andere Antwort: Der Prediger für den nächsten Sonntag ist bereits bestimmt. Es hat wohl so sein sollen! Und es ist gut so.

Es waren einige sehr gute Gedanken in der Predigt. Äußerlich lebt ein Mensch auf einer „grünen Aue", es geht ihm gut, er befindet sich auf der Höhe des Schaffens, des Ansehens, und in ihm ist Öde, Dürre, Trockenheit, er befindet sich innerlich auch zutiefst in der Wüste. Das ist doch meine Situation! Ich freue mich richtig auf die vor mir liegenden Tage des Urlaubs, in denen ich vielleicht etwas mehr zur Besinnung komme als im Dienst. Denn das Wort ist eine furchtbare Wahrheit: „Was hülfe es dem Menschen, so er die ganze Welt gewönne und nähme doch Schaden an seiner Seele?" „Eins ist not, ach Herr, dies Eine…" wurde gesungen. Ich wurde dann regelmäßig an einen Vorgang aus meiner frühesten Kindheit erinnert. Bei den Großeltern am Silberbusch hatte ich mir ein großes Geschichtenbuch mit bunten Bildern entliehen. Den Namen, Dichter und Inhalt weiß ich nicht mehr. Es ist lediglich eine stimmungsmäßige Erinnerung. Es war wohl ein Bauer, der, durch Habsucht getrieben, seinen Besitz ständig vergrößern wollte und dabei auch krumme Wege ging. Als er gerade dabei ist, einen nächtlichen Gang zu machen, auch wieder zu unredlichem Beginnen, sitzt seine junge Frau mit dem Säugling auf dem Schoß und singt: „Eins ist not, ach Herr dies Eine …" Hierdurch wird der Mann erschüttert und die durch die Unredlichkeit ins Wanken gekommene Ehe wird wieder fest und ordentlich und Friede und Rechtlichkeit kehren wieder ein.

Ich habe das Lied erst viele Jahre später im Konfirmandenunterricht gelesen, aber seit dieser Zeit kann ich mir das Lied nicht ohne den stimmungsmäßigen Hintergrund denken. Solche Eindrücke sind wohl die stärksten. Und wenn Ernst Wiechert ein Büchlein nennt „Die treuen Begleiter", so würde in einem von mir zu benennendem Buche dieses Lied seinen Ehrenplatz haben, vielleicht auch der mir unbekannte Erzähler der Rahmengeschichte. Wie es sich vielleicht lohnt, unter diesem Gesichtspunkt die eigenen „Treuen Begleiter" zu suchen und zu ordnen und aufzuzeichnen

Es ist doch anders, ob ich das Tagebuch auf der Schreibstube abfasse, oder bei mir zu Hause im Wohnzimmer und Erika sitzt am gleichen Tisch.

Ich habe natürlich heute viel mit der „ Kanallje" gespielt und getobt, bin mit dem Dicken zum Hühnerstall gezogen, haben gemeinsam 5 Eier geholt, die er ganz vorsichtig streichelte. Beim Kaffe machte er zum ersten Male mit beiden Händchen „Bitte, bitte". Und schleppte mit meiner Aktenmappe durchs Zimmer, spielte Klavier, tobte im Ledersessel. Und müde war ich, nicht etwa Bübchen. Mit Erika habe ich Pläne zum Umbau an den Zimmern besprochen. Wir gingen früh zu Bett.

Sonntag, den 27. April 1941

[Dass mein Vater das Datum des 27. Aprils 1941 zweimal schrieb, bemerkt er später selbst. K.-M. D.]

Es ist Regenwetter. Dementsprechend ist der Kirchenbesuch bei P. Schulz sehr schlecht. Er predigte über Ps.23. Ich mußte mich sehr an seine Art gewöhnen, die viel zu hoch für die Gemeinde ist, etwa für einen akademischen Gottesdienst geeignet ist. Aber nach der vollzogener Umstellung auf die Eigenart des Predigers finde ich sehr viele, feine Gedanken. Z.B. diesen, daß ein Mensch, äußerlich gesehen, auf grüner Wiese stehen kann und es ist doch dürr in ihm! (Habe ich übrigens bereits über diesen Tag Tagebuch geführt? Mir scheint es so!)

Es ist unmöglich, nun heute, am 19. Mai 1941, genau Buch zu führen über den ganzen Urlaub. Ich will es nun andeutungsweise tun, wenigstens, was die ständig wiederkehrenden Dinge angeht.

Am 28.4. Zimmer ungeräumt, so, daß mein Schreibtisch und die Regale in das Wohnzimmer kamen, während Klavier, Erikas Schreibtisch und Schrank ins Amtszimmer kamen. Ein außerordentlich gemütliche Raum entsteht so. An den Büchern haben wir umgeräumt, ich verrichtete kleinere Arbeiten im Hause. Mit Bübchen gespielt, auch mit Lt. Dau gesprochen, der mit seinem sehr überheblichen Ton seine große Unsicherheit verbergen will.

Am 29.4. im Garten gegraben und zwar auf dem früheren Blumenstück und an der Scheune entlang, Dung gestreut. Bübchen war im Garten, lief grundsätzlich über das Geharkte und tobte auf der Wiese. Ich war sehr müde und ging früh zu Bett.

Am 30.4. wieder gegraben, fast das ganze Stück zu Ende. Mit Erika gemeinsam die Einteilung des Gemüsebeetes gemacht, Wege gezogen. Es war gutes Wetter. Erika konnte sich nicht zu einer Einteilung entschließen, es hat uns viel Spaß gemacht, alles gemeinsam zu erledigen: man gehört schon richtig zusammen, auch in diesen Stücken. Abends schrieb ich Briefe wegen eines Treffens in Hamm mit Gerda und Mutter.

Am 1. Mai habe ich auch gearbeitet, die Zeit drängt ja zu sehr. Am Nachmittag waren wir bei Garfs–Kronskamp. Es war ein sehr schöner Nachmittag, der Weg für Bübchen allerdings sehr windig und kalt. Am Abend war Schw. Wilhelmine bei uns. Und am 2. Mai habe ich endlich das frühere Blumenbeet umgegraben. Das Untergraben des Dunges hält ganz gewaltig auf. Mit Erika habe ich Blumen gepflanzt und dann grub ich die Rharbarberecke um: Ein furchtbarer Kleinkram! Wir gingen früh zu Bett. Am Sonnabend, den 3. Mai, kam als Prediger für den Sonntag Missionar Becker aus Doberan, früher Deutsch-Ostafrika, 1939 vertrieben. Es war ein sehr interessanter Besuch, und mehr als das: Ein aufrechter Christ, ein überzeugter Deutscher, der viele Opfer gebracht hat, sein Arbeitsgebiet und seinen Ältesten, der 1940 gefallen ist. Wenn mich auch seine Predigt enttäuschte, so war mir der Umgang mit ihm höchst sympathisch. Am Nachmittag hörten wir die Führerrede. Ein Hochgenuß als Rede, eine Freude wegen der geringen Verlustziffern. Eine Frage bleibt: Welcher Kriegsschauplatz folgt jetzt? Am Montag fuhr Missionar Becker fort, wir haben einen Besuch in Ostafrika verabredet! Am 6. Mai war die Beerdigung von Hans Geilings Mutter. Ich habe während der Gartenarbeit oft an ihn denken müssen. Er hat jetzt ja keine Eltern mehr und seine Frau auch nicht. Der arme Kerl wird doch schwer geprüft.

Holz wird weggeladen und geschnitten. Der Wagen fährt mit den kleinen Stücken auf den Hof, am anderen Morgen lade ich ab, werfe alles Holz in den Pferdestall und lade neues Holz auf.

In der letzten Woche rückte die Garnison Brüel ab. Es herrschte seitdem eine unheimliche Ruhe im Hause. Die Arbeiten auf dem Hof und im Garten sind sehr groß, ich brauche noch einige Zeit, um ihre Spuren zu beseitigen.

Am 7. Mai habe ich mit Propst Delfs eine Unstimmigkeit in der Pfründenabrechnung festgestellt und behoben. Am Nachmittag Schw. Wilhelmine und ihre Schwester Charlotte, die zur Erholung hier weilt. Abends haben wir die restlichen Bücher noch umgeräumt. Am 8. Mai Briefe erledigt, gelesen, in Büchern gekramt, mit Rektor Facklam dahingehend geeinigt, daß der Konfirmandenunterricht weiterhin in der Schule stattfinden kann. Für Erika eine sehr große Erleichterung.

Am Freitag im Hause gearbeitet, gelesen. Am Abend „Mißverständnisse", die aber schnell ihre Erledigung fanden. Am 10. Mai große Schwierigkeiten wegen der Abfahrt: der Zug, den ich meinte, fuhr ohne Halt in Blankenberg durch. Nach Bad Kleinen oder Bützow zu gelangen, unmöglich. Die Oberzugleitung in Schwerin lehnt es ab, den Zug einmal meinetwegen halten zu lassen. Mit dem Auto von Schulz komme ich doch nach Schwerin. Im Zuge treffe ich Walter Warncke. Und dann geht es nach Hamm, wo ich gegen 1.30 h am Sonntag am Hülsenbusch eintreffe. Natürlich wurden die Kinder wach, Mutter war auch gekommen, wir konnten kaum mit Erzählen aufhören. Der Schlaf war sehr kurz, denn sehr früh kamen die Kinder und weckten mich. Ein strahlender Sonntag. Mutter, Dieter und ich gingen über Land zur Kirche nach Berge. Mehr als eine lebhafte Predigt über „Kantate" gab mir der Gang durch den Frühling und die sehr schönen Lieder und das Bewußtsein, Gemeinde zu spüren. Am Nachmittag gingen wir, Gerda und die Kinder, außer dem kranken Gerhard, in die nahen Wälder. Und dann kam noch das traditionelle Abendlied, Tierimitationen auf dem Klavier mit Abschluß: „Der Mond ist aufgegangen". Lange haben Mutter, Gerda und ich uns unterhalten. Mein Zug fuhr 2.41 h. In Maastrich unterbrach ich die Fahrt und suchte Obgefr. Kurt Scheld auf, der verunglückt war. Willi war am Sonntag auf 2 Std. dort gewesen. Er liegt jetzt auf Tr. Üb. Pl. Sisonne bei Laon. Bei Kurt sind 4 Rippen gebrochen und die linke Niere gerissen, abgesehen von den übrigen Schrammen. Er ist ganz der alte Optimist, meint, in 3 Wochen sei alles wieder in Ordnung! Mittags fahre ich wieder und bin gegen 18 h in Rijsbergen. Dort die ersten Erkundigungen, aber der erste Gang geht zu meiner Madeleine, die sich prächtig herausgemacht hat. Und dann geht es den alten Gang mit dem Dienst.

Als ich die letzten Zeilen noch einmal durchlese, und dann auch noch die ganzen Aufzeichnungen über den Urlaub, kommt es mir zu kalt und nüchtern vor. Und so war der Urlaub wirklich nicht. Im Gegenteil! Als wir am Beginn standen, meinten wir, nun nähme der Urlaub kein Ende und in kürzester Zeit kam der Abschied. Die alte Erfahrung, solange Menschen vom Scheiden wissen. Aber wir machten uns einen großen Plan. Im ersten Teil die Arbeit im Garten und im zweiten wollten wir für uns sein, in Freizeit und in der engsten Familie. Das Wetter war auch so, daß nach Regentagen wieder gutes Wetter kam, sodaß ich oft gezwungen war, im Haus zu bleiben, mir wegen des Muskelkaters sehr angenhm. Ich habe wohl noch nie mit so viel Eifer im Garten gearbeitet wie dieses Mal, sogar einige Wurzeln habe ich ausgezogen, auch in Kleinarbeit im Rharbarberbeet gearbeitet: Früher hätte ich es entweder Erika überlassen, oder alles untergegraben. Diese Arbeit für meine Familie war wunderbar. Endlich einmal etwas körperlich, mit den Händen schaffen, ein klares Ziel vor Augen haben, dann auch den Erfolg sehen und sei es auch nur die Einteilung eines Stückes. Wirklich, ich kann jetzt die Lobpreise auf den Bauernstand, auf die Erde verstehen, und immer wieder dachte ich an Weinhebers „Symphonia domestika", ein Gedicht voll entzückender Darstellung.

Aber es war ja nicht nur die Arbeit für die Familie, sondern es war auch für mich eine höchst heilsame Kur. Seit 1 ¾ Jahr Soldat, immer von Hause fort, bleibt nicht ohne Einfluß. Meist noch in fremden Ländern. Es fehlt die Verwurzelung. Es ist eine ganz nüchterne Aussage: Ich mußte wieder körperlich spüren, wo ich denn nun eigentlich zu Hause bin. Und diese Gewißheit brachte mir auch der Urlaub, zuerst einmal der Boden des Gartens, dann die ganze Arbeit im Haus und auf dem Hof, wo die Spuren der Soldaten langsam verschwanden. Arbeit war mir Freude; auch wenn Erika zuerst ein schlechtes Gewissen haben zu müssen glaubte, sie sah es wohl doch ein. Und daß der Urlaub so schön verlief, dafür sorgte Erika und ihre ganze Atmosphäre im Hause.

Wir haben mal wieder umgekramt, so, daß ich jedesmal froh war, wenn ich in das Wohnzimmer kam. Wir haben ein gepflegtes Heim, auch wenn Hans-Jürgen den Papierkorb auskramt und die Schutzumschläge von den Büchern abmontiert. Und die Pünktlichkeit, die ganze Führung des Haushaltes, die gemütlichen Kaffeestunden, das Toben mit Bübchen, die verschwiegenen Stunden mit Erika, die gemeinsame Arbeit: alles das war so schön und von Erika alles so glücklich geleitet, daß ich Erika hierfür unendlich dankbar bin. Wir haben auch manche ernste Frage besprochen, und das so schön. Und der größte Gewinn des Urlaubs ist für mich wohl die immer stärker werdende Sehnsucht, mit meinem Gott ins Reine zu kommen. Ich habe an meinem Schreibtisch gesessen – das gehört aber auch zu einer günstigen Atmosphäre hinzu – und die Bibel gelesen. Und alles, die Arbeit und der Feierabend, der Rhythmus von Tag und Nacht, Haus und Garten, dann die ständige Verbindung mit Erika haben das fertig gebracht: Aus einem geistig verlotterten Christen ist einer geworden, der den Entschluß gefaßt hat, nun sicher seinem Herrn Christus zu folgen.

Mittwoch, den 24. Mai 1941

Wieder ein neuer Abschnitt: Ostpreußen. Was soll ich noch lange erzählen von meinen Erlebnissen in Holland? Stichwortartig: Ausritt mit Madeleine, Vorbereitungen zum Regimentssportfest, Beginn der „Stillen Zeit", wieder mehr gelesen, eine große Regimentsübung (als als B-Offizier eingeteilt) 0.30 h Abmarsch, die Wegerkundung durch Wm. Steiniger war ausgezeichnet, die Kritik verlief für uns günstig. Sehr kaltes Wetter, starker Wind, zurück 19 h. Abends der Film „Unser Fräulein Doktor". Über den Inhalt kann ich nichts sagen, ich habe meist geschlafen. Am Freitag den 16.5. eine Schiedsrichterbesprechung für das I. Bataillon, sehr viel an der belgischen Grenze umhergelaufen. Am Nachmittag „Scholy" geritten. Am Wochenende fuhr ich nach Utrecht. Es war wunderschön, ohne Gepäck in der Bahn zu sitzen, keine Sorgen zu haben und durch das gepflegte Holland zu fahren. Ich habe außerordentlich viele Einkäufe gemacht, meist große Sachen. Immer wieder brachte ich die gefüllte Aktentasche ins Hotel und sauste wieder los, auch brachten mir abends die verschiedenen Geschäfte die Einkäufe: Elektrischer Kocher, Tauchsieder, Handtasche, einen ganzen Koffer voll. Wie ich das allerdings verpacken soll, ist mir unklar. Abends besuchte ich den Film „Traummusik". Sehr gut! Und der Vormittag war ganz herrlich am Sonntag. Gut ausgeschlafen, eine „Stille Zeit" gehalten (ich glaube, in ihr klingt so etwas wie Dankbarkeit hindurch) und den Besuch bei meinen früheren Quartierwirten vereinbart. Die Freude war beiderseits gleich groß. Meinen Hund Aristides suchte ich auf, er heißt jetzt „Astridja" und wohnt bei dem Arzt, den M. Neumans und ich aus dem Kanal gezogen haben. Aber als die Tochter weinte, weil sie ihren geliebten Hund hergeben sollte, habe ich ihn ihr geschenkt: Dort hat er es sehr gut und bei mir hat er eine sehr ungewisse Zukunft und ungeregelte Lebensweise. In Utrecht fand ich eine Stelle, die mir einen Einblick in das alte Holland vermittelte. Und das war mir einversöhnender Abschluß zu Holland, das uns zuvor willkommene Garnison im Winter war, aber das nie zu unseren Herzen sprach, weil wir zu genau merkten, daß der Gulden dort Sinnen und Trachten regiert. „Cente": Das ist dort die Losung und andere Motive und Interessen finden sich nicht oft. Nun aber diese Ecken aus 1657, wie die Häuser anzeigten: Agnietenstraat, eine Verbindungslinie zwischen Oude und Nieuwe Gracht. Die Grachten selbst von trägem, schmutzigem Wasser erfüllt, von beiden Seiten breiteten Linden ihr erstes Grün. Die Kinder spielten, hinter spiegelnden Scheiben hielt man Kaffeestunden, die blankgeputzten Messingklopfer, Klinken und „Bellen", der sonntägliche Friede: Alles das war so ruhig, so aus einer anderen Zeit, so versunken, daß ich erwartete, jetzt müßten Beguinen aus ihren Häusern treten oder galante Männer in ihren Perücken mich als Eindringling betrachten. Und an dieses Idyll will ich denken, wenn ich an Holland denke, weder zu sehr an unser üppiges Leben noch an die Geschäftsüchtigkeit der Holländer, sondern an ein Land, das eine große Vergangenheit gehabt hat und von der Tradition zehrte und jetzt vor der Entscheidung steht: Vergangenheit oder Zukunft. Wie es sich entscheiden wird, kann ich nicht sagen, gegebenenfalls müßte entschieden werden.

Am 20.5. war nun bei großer Hitze die Infanterieübung. Ich war allein in der Batterie, da die übrigen Herren zum Sportfest nach Tilburg waren. Ich habe viel geschrieben und gelesen. Am 21.5. Einkäufe in Breda, sonst nichts Besonderes. Himmelfahrtstag war ich zu Hause, im Kalender las ich: „Früh aufgestanden, in der Batterie, gelesen, geschrieben, auf Schreibstube, Koffer packen, Briefe geschrieben, Rundgang durch die Batterie, Anordnungen für den Abmarsch", der am Sonnabend–Sonntag stattfindet. (Das Vorkommando war seit 15.5. unterwegs). Am 23.5. hatten wir ein festliches Abschiedsessen, mit Spargel, Erdbeeren und Schlagsahne!!! Echter!! Abends war ich noch bei Pellens, die mir einen netten Abschied bereiten wollten. Ich mußte versprechen, nach dem Kriege zu schreiben. Und der 24.5. war Abmarschtag. Der Chef sprach noch, Batterie aufgesessen, zur sich drängelnden Bevölkerung und dann zogen wir nach Roosendaal. Die Vorbereitungen hatten geklappt und so gelang es uns, rechtzeitig zu verladen, trotz riesiger Heu- und Strohmengen, die auf verkehrten Gleisen standen. Es regnete leise und es war sehr kalt. Nach der Verladung gab es einen Weingrog, und dann einen tiefen Schlaf. In Emmerich haben wir uns gewaschen und rasiert. Durch das nördliche Industriegebiet ging die Fahrt, an Zechen und Hochöfen vorüber, Kinder und Erwachsene winkten, einige Sträuße Blumen warf man uns zu. Ich habe sehr viel geschlafen, sodaß ich die genaue Strecke nicht verfolgt habe. Aber Soest, Paderborn, Altenbeken (wunderbare und lange Tunnels), Hameln, die schöne Weserberglandschaft, dann Hildesheim. Und in der Nacht ging es nach Berlin. Wir müssen furchtbar gebummelt haben. Am Montag weiter über Franfurt (Oder), dort lasse ich mich auf offenem Wagen frisieren, dann Schwiebus, Bentschen und das Gebiet des ehemaligen Korridors. Es wird ungeheuer gearbeitet: Landwirtschaftliche Maschinen lagen hier überall, der Warthegau wird sehr reichlich bedacht. Schnurgerade Furchen, ein Inspektor zu Pferde, schmutzige Polenkaten, verwahrloste Halden, Thorn, Posen: Alles sind sehr wechselnde Eindrücke. Riesige Bahnhofsneubauten, Siedlungsplanungen, das ist die neue Linie. Als ich frühmorgens aufwache, (am 27.5.) sind wir in Korschem, und nach zwei Stationen kommt Dönhofstädt, wo ich ½ Jahr zugebracht habe! Bis Insterburg dauerte es nicht mehr allzu lange, wir packen unsere Sachen zusammen, rasierten und wuschen uns aus Eimern im Wagen, ein Kurier überbrachte uns „Geheim" unseren Unterkunftsraumplan. Ausgeladen wurden wir dann bei größter Hitze in Angerapp Ost (früher Darkehmen). Diese Hitze soll hier bereits 6 Tage dauern und das Land lechzt nach Regen. Wir merken den Staub beim Ausladen. Ich treffe Friedel, der einen Strohhaufen für seine Batterie bewachen muß. Wir ziehen über Angerapp auf der Straße nach Insterburg, rasten unterwegs, und dann biegen wir in Königsgarten rechts ab, an der Abteilung vorbei nach Gut Kl. Kallwen. Ich erhalte mein Quartier bei Bauer Rohrmoser, zusammen mir Lt. Berner. Wir wurden gleich zu Kaffee und Streuselkuchen eingeladen. Abends sitzen wir noch mit dem Bauern zusammen. Wir schlafen fest, und sind ärgerlich, als es sehr früh hell wird: Ja, dies ist der Osten! Ich reite auf Madeleine hinaus: Ganz herrlich, diese Feldwege, leichte Erhebungen, Birkenstämme und Tannengruppen. Aber trotz der glühenden Sonne ist noch nicht alles herausgekommen. Es fehlt der Regen. Was ist das herrlich, wieder im Deutschland zu sein! Als gäbe es etwas Schöneres als Deutschland! Und dazu noch in einem Lande, das ich so überaus liebe, seit ich zuerst hier war. Ich räume unser Zimmer ein. Sehr eng ist es, als ich meinen Koffer öffne und auspacke. Aber nun werden alle Einkäufe verpackt und die sollen nun noch nach Hause geschickt werden. Dann hat das Einkaufen und Verschicken von hier aus erst einmal ein Ende. Nun beginnt der umgekehrte Weg, daß wir eventuell Päckchen bekommen. Berner klagt über Halsschmerzen und legt sich zu Bett. Am Donnerstag, den 29.5., habe ich die Unterkünfte der Batterie aufgesucht. Das gleiche Bild überall: Die Pferde sind prächtig untergebracht, in großen Ställen (die Kühe sind ja auf der Koppel) und die Mannschaft weniger gut, meist in Scheunen, oder auf Kornböden. Ich sehe gerade noch, wie ein ObKan. einen Brunnen vertieft: Er ist in seinem Element als Tiefbauarbeiter. Etwas kenne ich mich schon in der Gegend aus: Überall kleine Siedlungen mit knallroten Ziegeln. Wunderschön auch die vielen Hügel und kleinen Wälder. Ich muß an „Die Barrings" denken. Auch an meine Motorradfahrten auf schlechten Landwegen, tagaus, tagein. Nachmittags ist Baden in unserem kleinen See. Zugleich Gesundheitsbesichtigung. Der Eindruck ist deprimierend. Selten sehe ich einen gut gewachsenen Körper, die meisten überarbeitet und keine ausgleichende Gymnastik betrieben. Dann wird es mit eine Mal kühler, ein heftiger Wind tut sich auf und es beginnt langsam zu regnen. Endlich! Für Landschaft und auch für uns, denn der Staub war nicht zu bewältigen. Ich gehe früh zu Bett, lese noch Wittig, Leben Jesu.

Freitag, den 30. Mai 1941

Es hat die Nacht über geregnet. Ich fahre durch die wunderbar frische Natur zur Abteilung, um mein Urlaubsgesuch abzugeben, ich will Pfingsten Hans Rüter besuchen. Es muß dem Regiment schriftlich eingereicht werden. v. Kleist geht mit geschientem Arm durch die Räume. Er hat „Glück" gehabt, denn der Schuß ging am Handgelenk vorbei, ohne den Knochen zu streifen, desgleichen am Hals. Kein Knochen, keine Sehne, kein Nerv. Gibt es Wunder? In der Batterie ist Pferdeappell. Ich prüfe mit einigen Uffz. währenddessen das optische Gerät und lerne so die Gegend kennen. Als ich ins Quartier komme, finde ich eine taktische Aufgabe vor, die bis zum 3.6. zu bearbeiten ist. Da ich mit Urlaub rechne, gebe ich mich sofort daran. Es ist einfach: Die Abmarschzeiten für die Abteilung muß festgestellt werden, damit sie sich zu einer bestimmten Zeit in die Marschgruppe der Division einfädeln kann. Diese Aufgabe macht mir Spaß. Es sind kleine Rechnungen, die man anstellen muß. Ich schreibe das nur zu einer Feststellung: Früher hätte ich bestimmt bis zum 2.6. abends gewartet, nun aber erledige ich es sofort, damit ich die Sache los bin. Ich gehe früh zu Bett. Die Soldaten sitzen noch vor ihren Quartieren und singen zum Schifferklavier. Zapfenstreich 22 h, ohne Alkohol! Was ist das für ein guter Gegensatz zu Holland!

Sonnabend, den 3 1. Mai 1941

Ich bin früh um 4 h wach geworden. Ich wollte aufstehen, aber ich schlief sofort wieder ein. Hätte ich ein Zimmer für mich gehabt, hätte ich noch die Zeit ausgenutzt zum Schreiben und zur Stillen Zeit, aber so unterließ ich das. Um 6 h habe ich die Ställe kontrolliert. Von 8 – 10 h Uhr war Uffz. Unterricht im Gelände, Zielbeschreibung und Orientierung. Wunderbares Wetter. Auf Schreibstube die Arbeit (Taktische Aufgabe) tippen lassen. Und dann habe ich mich endlich an den Brief an Erika gesetzt, den ich mir schon lange vorgenommen, aber immer verschoben hatte. Es ist hier zu idyllisch: Ich saß unter einem Baum im Park. Vom Gutshof her hört man die Arbeiten der Soldaten, die für Pfingsten alles vorbereiten und den Hof sauber fegen. Es ist Löhnungsappell: Ein großer Unterschied zu früher in Holland. Reichsmark, weniger Frontzulage. Abzüglich Kasinoauslagen bleibt nicht mehr viel. Aber ich finde ja auch keine Gelegenheit, Geld auszugeben. Zudem muß ich die Schulden bei der Batteriekasse abtragen. Auch die sind durch die letzten Großeinkäufe recht erheblich. Spät am Abend erfahre ich, daß mein Urlaub genehmigt ist. Besorgungen der Fahr- und Urlaubsscheine dauern oft lange. Bei dem Quartierwirt will man mich bei Schnäpsen verhaften. Rohrmoser erzählt mir wilde Geschichten aus dem Weltkriege. Ich breche ab, am anderen Morgen liegt Berner, mit der Hose bekleidet, zu Bett. Anstrengende Sitzung anscheinend.

Freitag, den 6. Juni 1941

[Mein Vater schreibt einige Tage später über das Pfingstfest am 1./2. 6. 41. K.-M. D.]

Ein Pfingstmorgen, wie ich ihn ganz selten erlebt habe: So klar und frisch, kühl und verheißungsvoll. Um 4.30 h stehe ich auf, mache mich startfertig, bei der Feldküche erbettele ich mir etwas zu essen. Und dann mit dem Rad. Zuerst nach Sodehmen, schlechter Weg, und dann Asphalt bis nach Insterburg. Überall Reiter, meist Zahlmeister und ganze Uffz.-Korps in Halbchaisen, alles mit Maiengrün geschmückt. Das wie im Frieden, aber riesige Benzinkolonnen in Richtung Osten mahnen an die wirkliche Lage. Zu beiden Seiten der Straße herrliche Wälder. Immer muß ich an die „Barrings" denken: Diese herrlichen kleinen Waldstücke sind allerliebst, im frischen Grün. Nie wird es langweilig. Ohne Kontrolle kann ich einsteigen, der Zug ist erst völlig leer. Herrliche Fahrt. Und dann das gemächliche Ende vom Bahnhof bis zum Pfarrhaus: Ich muß 5 Jahre ausfüllen. Wie mag ich Hans Rüter wiedersehen? Seine Frau? Wer ist sonst noch da? Und dann der Augenblick, wo er mir fast um den Hals fällt vor Erstaunen. Und beim Frühstück sehe ich viele Bekannte wieder. Seinen Vater, seine beiden Schwestern, dann neu seine Frau und ihre Schwestern. Der Gottesdienst in der großen und festlich geschmückten Kirche war ein Erlebnis, wenn auch Rüters Art zu predigen unverändert geblieben ist, und damals vor 5 Jahren war sie mir nicht gerade genehm, zu orthodox, lehrhaft. Was soll ich alles erzählen? Das fröhliche Mittagessen, von der Fahrt zum Filial Lamgarben, wo Fritz Tielker später amtieren wird, vom Croquetspiel, von der Kalten Ente, vom wunderschönen Spaziergang durch den Park, von all' der Köstlichkeit, von der wunderschönen Harmonie, die in diesem Hause herrscht, vom Pfingstmontag, an dem der alte Vater Rüter sprach über Ap.Gesch.10., vom Besuch bei Graf Reinhard, von der Fahrt im Pferdefuhrwerk nach Obergefehnen zum Friedhof, von den Besuchen beim Kantor, beim Oberleibkutscher Wustrack, wo ich dann auch erfuhr, daß mein guter alter Saladin „in den Sielen verblichen sei", genau vor einer Woche. Von der Abendmahlsfeier in der kleinen Hauskapelle, vom fröhlichen, fast übermütigem Zusammensein abends. Am Pfingstmontag fuhr Familie Rüter zur Taufe eines kleinen Treulieb nach Manchenguth bei Allenstein. Ich brachte sie an den Zug. Am Vormittag hatte ich Zeit zum Lesen und Schreiben. Verpaßte einmal den Zug, fuhr mit Bärbel Caillé durch den Park, spielte Orgel und landete gegen 22 h bei der Truppe. Erfuhr während des Abendbrotes, daß in der gleichen Nacht Übung sein würde. Den Zeitpunkt verschlief ich, aber holte die Batterie noch ein. Es klappte einigermaßen. Außerordentlich heftiger Wind. Thema: Verteidigung Zurückverlegung der B-Stellen am Draht entlang. (Drachenberg Pkt. 163.) Am Nachmittag (in Lindemarken Rast) geduscht und geschlafen und früh zu Bett.

Am 5. Juni spät aufgestanden, Briefe geschrieben im Park, gelesen. Ich bin immer so furchtbar müde und jetzt schlapp. Woran liegt das? An der Umstellung in der Ernährung? Was habe ich erlebt? Pferdeappell? Die Tage verstreichen hier so schnell. Ich glaube, ich muß den Tag anders einteilen.

Heute, am 6.6., war um 2.30 h Wecken, -1°! Wir machten eine Marschübung durch herrliche Wälder, am Seen entlang, erlebten Einlagen wie Panzerangriffe von allen Seiten, Flieger, Gas, die Hitze wird groß, überall der Staub. Am Vormittag sind wir wieder zurück. Von Frl. Schlegelmilch erhalte ich einen Brief und ein Inselbüchlein „Von Vögeln und ihren Nestern". Ich muß unbedingt an sie schreiben, ich bin längst an der Reihe. Am Nachmittag schreibe ich das Tagebuch bis hierher. Wann ich mal ans Frankreich Tagebuch gehe? Ich habe an sich doch Ruhe?

Christentum – Kirche heute

Über dieses Thema wollte ich meine Gedanken niederschreiben. Da fiel mir bei Rüter das Buch von Paul Schütz: „Warum ich ein Christ bin" in die Hände. Darin fand ich fast wortwörtlich all' das behandelt, was ich mir selbst zurechtgelegt hatte, sodaß ich im Augenblick hierzu nichts Neues zu fragen habe. Vielleicht aber dringt der eine oder andere Gedanke doch in diese Aufzeichnungen.

Sonnabend, den 7. Juni 1941

Ich bin sehr früh aufgestanden, schon um 4.30 h. Das Wetter ist jetzt immer so wunderschön, aber langsam nimmt der Staub wieder zu. Um diese Zeit ist das Badezimmer noch frei, so werde ich sonst zu einem nächtlichen Ruhestörer. Und während Berner noch fest schläft, halte ich auf dem Bettrand sitzend, den Block auf dem Kartenbrett, eine Stille Zeit. Warum nicht schon viel länger? Es ist wunderbar! Dann das Wecken kontrolliert, und um 6.15 h mit Madeleine ausgeritten: den gleichen Weg, wie ihn gestern die Batterie machte. Aber so ganz allein ist ja viel schöner. Unterwegs kann man singen vor Lebenslust.

Ich kontrollierte den Rechenunterricht, leite nachmittags das Schwimmen, ging selbst zum 1. Mal in diesem Jahr ins Wasser und schwamm zugleich mit den anderen, die sich freischwimmen wollten. Von 24 schafften es 20. Darauf war noch Unterricht über Geheimhaltung. Diejenigen, die sich zu freimütig in Briefen geäußert hatten, unternahmen einen Nachtgepäckmarsch. Wir fuhren nach Wartheim zum Stab, wo unser Trompeterkorps ein Ständchen brachte. Mir gingen die Melodien an dem Ohr vorbei. Wo war ich? Was war los? Ich mußte mich zwingen: Im Beruf könntest du so etwas niemals haben, weil du am Sonnabend unter Druck sitzest. Und hier höre ich in Ostpreußen auf irgendeinem Gut den Klängen unserer Trompeter zu.

Ich ging früh zu Bett.

Sonntag, den 8. Juni 1941 (Trinitatis)

Um 6 h stand ich auf. Herrliches Wetter. Am gegenüberliegendem Hang weiden Stut- u. Fohlenherden: Ein wunderbares, für Ostpreußen ganz typisches Bild. Ich fuhr mit dem Rad zum Gottesdienst (Pfarrer Puschke) nach Nemmersdorf. Eine ungemein gute und packende, offene Predigt. Ich habe gleich an Erika einige Gedanken aufgeschrieben. (Siehe „Stille Zeit" vom 9. Juni!) Zum Mittag und zum Kaffee waren wir bei Prellwitz (Gut) eingeladen. Dann rief Friedel aus Kieselkein an, er sei U.v.D., ob ich ihn nicht besuchen könne. Ich fuhr herüber, einfach über Landwege. Es ist schön, solch' ständiges Wiedersehen. Aber immer meine ich, ich könnte Friedel zu wenig sein, als älterer Bruder. Müßte ich ihn nicht zu Gottes Wort anhalten und gerade das besprechen, was allein not ist? Aber es ist immer so schwer. Und ich kann ihm nichts sagen, weil ich selbst noch so sehr im Anfang stehe. Aber vielleicht „wage" ich es doch noch. Früh zu Bett.

Montag, den 9. Juni 1941

Immer die bange Frage: Wird es regnen? Wird der Vollmond den Wechsel herbeiführen? Alles ist ausgedörrt, das Land lechzt nach Regen. Und immer wieder strahlende Sonne.

Ausritt zu 3. schwerer Batterie und zur 2./72, um eine B-Stelle zu erkunden. Auf dem Rückweg kontrollierte ich den A.V.T., den ich jetzt vertretungsweise leiten soll. Dann geschrieben.

Fahrt mit LKW nach Gumbinnen, Vortrag von Stülpnagel über die dortige Schlacht im September 1914. Wunderbares Gelände. Dann in einer Konditorei Kuchen verzehrt, nirgends gibt es Bier! Abends war die größte Überraschung, daß unsere Feldküche Berliner Pfannkuchen gebacken hatte, insgesamt 350 Stück!! Sehr findig, die Köche. Wir sind doch eine große Familie. Diese Pfannkuchen verzehrten wir bei Rotwein mit Frau Prellwitz und Frl. Margot, in die Jeks furchtbar vernarrt ist.

Dienstag, den 10. Juni 1941

Stille Zeit. Dann Abmarsch mit Muni-Staffel, Feindkommando, Überfall, Versuch, eine Panik hervorzurufen, mißlingt.

Ich möchte bei diesem herrlichen Wetter und der herrlichen Landschaft am liebsten laut hinaussingen, wie glücklich ich bin, wieder in Deutschland zu sein. Statt Gesang erlaube ich mir wenigstens ein Flöten.

Zur gleichen Zeit war Karabinerschießen und Chefbesprechung. Als der Chef hiervon zurückkommt, macht er den Eindruck, als sei gewaltig gehobelt worden. Am Abend soll eine Vorkommandoübung sein. Ich bin natürlich mit dabei. Im letzten Augenblick wird abgesagt, da uns Trensen fehlen. Es werden uns Doppelringtrensen geliefert. Über diese Dienstplanänderung sind wir hocherfreut. Ich schreibe an Erika. Abends noch bei Rohrmoser, wo wir Rhabarbermost probieren. Ganz wunderbar.

Mittwoch, den 11. Juni 1941

Ich stehe sehr früh auf 4.30 h, teils, weil mich das Wetter nicht länger schlafen läßt, besonders aber, weil ich mich ungestört ankleiden kann. Und die Stille Zeit am Vormittag wird eingehalten. Ich kontrolliere unseren Rechentrupp und fahre dann zur Übung des A.V.T. nach Wartheim. Beim Stab muß ich nochmals frühstücken. Ich fahre mit dem Rad in Richtung und klettere auf die Drachenberge, um die A.V.T.-Übung auszusuchen. Ein fürchterliches Gestrampele bei dem starken Sturm, der uns den Regen weggetrieben hat, den wir so sehr gut brauchen könnten. Dann ist bei der Batterie der Divisionsveterinär, an dem die Pferde vorübergejagt werden: An einem Vormittag soll er 2 Abteilungen aufgesucht haben.

Am Nachmittag unendlich langweiliger Gasunterricht bei Lt. Wulff. Fj.-Gefr. Schwarz kehrt aus dem Lazarett zurück (ich habe ihn leider nicht aufgesucht) und wird nach Hause geschickt. Ein tadelloser kleiner Kerl, bei allen beliebt, um den sich alle reißen und der sich alles, fast wie selbstverständlich erstaunt, gefallen läßt. Ich bin früh zu Bett gegangen. Wurde gegen 1 h von Berner geweckt, der von Sodehmen zurückkam. „Margot" vom Gute, das Hühnermädchen, wurde von Jeks begleitet, sehr zum Vergnügen der Landser, auch stets in den Hühnerstall. Jeks war mal wieder verliebt. Und Berner holt sie vom B.D.M.-Dienst, während sie Jeks erzählt hatte, das sei verboten. Jeks merkte nichts hiervon!

Donnerstag, den 12. Juni 1941

Um 2.30 h Wecken. Ganz langsam fängt es an zu regnen. Eine Wohltat. Ich lasse mich hinreißen: „Ich will heute gern klatschnaß werden, wenn es nur der Landwirtschaft hilft." Der Landwirtschaft wurde geholfen, aber klatschnaß wurde ich auch. Aber gern? Ich hatte eine A.V.T.-Übung zu leiten. Wir ritten in Gegend Drachenberge. Der Regen nimmt ständig zu. Ich gebe die Lage und den Einsatzbefehl. Und dann beginnt ganz langsam die Arbeit der einzelnen Trupps. Auf dem Drachenberg sieht man an klarem Tagen weit bis nach Insterburg, jetzt, bei den Regenvorhängen, knapp 800m. Die Auswertung erfolgt in einer Feldscheune in Notrienen. Der Regen prasselt auf das Blechdach. Und als ich zu Hause ankam, mußte ich mich völlig umziehen. Aber ich versäumte auf diese Weise einen Vortrag über Gas (Planspiel des I.R.48). Und in dieser Zeit konnte ich schreiben. Oblt. Domansky blieb noch bis zum Essen. Ich hatte unserer Abteilung Schulungsrechnen für den nächsten Tag verschrieben, denn unsere Jungs brauchen unbedingt etwas Ablenkung vom Dienst. Aber es lag etwas von Abmarsch in der Luft, und als nun noch die Chefs zum Kdr. befohlen wurden, der gerade von Regiment zurückkam, bestätigte sich diese Vermutung. Wir feierten für alle Fälle schon mal den Abschied mit Rotwein.

Freitag, den 13. Juni 1941

Der Abmarschbefehl liegt vor. Die Quartiermacher fahren los. Wir beschließen, unser Gepäck zu vereinfachen. Also „opfere" ich meinen großen Koffer und in ihm werden unsere nicht unbedingt erforderlichen Sachen verstaut und zum Rgt. gebracht, Uffz. Mayer als „Batterienachschubführer" wird zurückgelassen. Ich schreibe noch einen Brief an Erika. Wer weiß, wann wir wieder dazu kommen? Abends verabschieden wir uns bei Rohrmoser und Prellwitz. Die „Reitende Doktorin" ist wieder da. Zum Essen waren wir auch eingeladen: Gans in Gelee und Bauernfrühstück, echt ostpreußisch und nahrhaft. Der Rheinwein funkelte zwar gut, war aber gesüßt. 23.30 h war Abmarsch. Es ritt sich gut, auch im Abteilungsverband. Aber das Fahren in der Kolonne will ja auch geübt sein: Bergauf und bergab. Es beginnt zu regnen, aber nur ganz leise. Überall wird in dieser Nacht gezogen; wo gestern in den Dörfern noch Fahrzeuge standen: Alles ist verschwunden! Und von fernher hört man Rollen. Alles ohne Licht. Aber der abnehmende Mond verschafft doch noch etwas Helligkeit durch die Wolken hindurch.

Sonnabend, den 14. Juni 1941

Um 3 h sind wir in Maichen. Ein großer Gutshof. Ich bringe den Batterietrupp unter. Alle Fahrzeuge werden untergezogen. Bald ist gefuttert und getränkt und Kaffee wird ausgegeben. Es ist schon hell, nur leiser Regen. Dann gehen wir zu Bett. Vor uns hat Aufklärungsabteilung hier gelegen, an dem Bettzeug stellten wir längere Benutzung fest. Bis 10 h fest geschlafen. Der Kdr. war bereits da. Ich schlief weiter, gegen ¾ 12 h war ich fertig. Kaffee und Mittagessen war eins, dann etwas geschrieben und gelesen und wieder 2 Std. geschlafen. Chef fährt zur Marketenderei, unsere Jungs kommen mit dem Brot nicht aus: 3 Mann ein Brot. Aber was können sie auch futtern! Unser Spieß sorgt glänzend für die Batterie. Für Berner trifft ein Kuchenpaket ein. Wir halten Kaffeestunde. Schön, diese kleinen Freuden! Und dann schreibe ich bis hierher. Auf dem Tisch steht das Bild von Erika und Bübchen: So wird mir auch der kahlste Raum wie dieser heimatlich gemütlich.

Das Haus ist furchtbar verwohnt und verwahrlost. Morgens gehe ich durch die Küche und ins Badezimmer: Ein Schweinestall. Das kann man mit „Notstandsgebiet" allein nicht entschuldigen. Es kommt doch auch sehr viel Gleichgültigkeit hinzu.

Die Sonne kommt langsam durch. Heute Abend, gegen 21 h soll es weiter gehen. Ob wir uns so langsam und getarnt gegen Rußland vorschieben? Welch' organisatorische Leistung ein solcher Aufmarsch!

Sonntag, den 15. Juni 1941

Gestern habe ich mir an der zu fetten Leber den Magen verkorkst. Und das im Krieg. Mir ist mordselend. Dazu dieser blöde Kopfschmerz vom gesüßten Mosel bei Prellwitz. Aber beim Ritt in den Abend geht es langsam besser. Ich bin beschließender Offizier der Abteilung, also Abteilungsspieß. Es hat aufgehört zu regnen. Es ist sehr klar und kühl, die Wege teilweise grundlos. Wir ziehen aber heute Abend nur wenige Kilometer in den neuen Raum. Die 2. Munitionsstaffel der 5. Batterie hängt ab. Aber in Angerapp fährt sie im Trabe vorbei und kann sich soeben noch einfädeln. Hinter Angerapp (Darkehmen) geht es links ab und vor uns liegt ein Riesengut. Die Fahrzeuge werden in eine Riesen Feldscheune gefahren, die Pferde kommen in feste Scheunen. Gegen 2 h ist alles untergebracht und wir suchen das Gutshaus auf. Wir legen uns in Betten, die nicht belegt sind, das klingt komisch, aber so war es. Wir schliefen fest und um 7 h stand ich auf. Wieder überkam mich, wie meist am Morgen, jenes frohe Gefühl, das in unseren Morgenliedern so schön beschrieben und besungen wird: „Fröhlich vom Schlaf aufstehen wir", aus in dem Lied: „Die güldne Sonn` leucht jetzt herfür". Ich machte mich im Badezimmer fertig, das eine schräge Wand hat, sodaß ich ständig „Knie beugt" sitzen oder stehen mußte. Ich meldete mich zum Gottesdienst ab nach dem Frühstück in einem gepflegten Zimmer. Die Dame des Hauses, groß, schwarz, sehr kultiviert, begrüßt uns.

Ich kam zu spät, denn die Feier begann bereits um 9 h. Ich kam aber zur Predigt noch zurecht, ich glaube, es war Sup. Gemmel. Sehr gut über A.G. 4,32 – 35. Ich saß auf der letzten Bank neben einem Gefreiten. Vor mir eine junge, schwarzgekleidete Frau mit einem etwa 4-jährigen Mädchen. Sie hörte sehr andächtig zu. Was mag sie zu dem Gottesdienst führen? Mir wird immer klarer, daß unsere Kirche zerfällt in den äußeren Formen, weil der Inhalt nicht mehr gelebt wird. Aber dann wird auferstehen die Gemeinschaft der Heiligen, derer, die mit Ernst Christen sein wollen; und hierauf freue ich mich. Oder ist es so etwas wie Abenteuerlust? In gänzlich ungesicherten Verhältnissen leben? Ich ahne ja noch nicht, was das heißt Aber so etwas zu spüren vom Geist der ersten Christenheit: Das muß herrlich sein. So etwas war in Neustrelitz. Ein Satz fiel mir auf: „Seht, wie haben sie einander so lieb! Sie lieben sich, bevor sie sich kennen." (Griechisches Urteil über die ersten Christen.)

Von unserer Batterie sind alle Kranken weiter fortgeschafft, wie man mir mitteilt. Angerapp, mit Militär überfüllt, liegt im Sonnenschein. Bei der Batterie ist grade Appell. Der Kdr. kommt hinzu. Ich führe ihn durch die Unterkunft. Man verteilt gerade Marketendereiwaren. Unvorstellbar, was da noch aus Holland herangeschafft worden ist! Kaffee, Bols, franz. Kognak, Würste, Honig, Keks, Zigarren, ganz wunderbare Genüsse. Nun können die Jungs wirklich schwelgen. Es ist Impfung angesetzt. Über 300 Spritzen hat der Stabsarzt verpaßt, in einem Laden gegenüber dem Ostbahnhof. Und nun sitze ich hier in der Diele des ersten Stocks, die als Lese- und Schreibzimmer ausgestattet ist. Wunderbar eiserne Garnitur, echt Eiche der Tisch, schöne gemütliche Gardinen, die Räume weiß getüncht. Und vor dem Fenster zwei hohe Kastanien. Vor der Schreibtischlampe steht das große Bild von Erika und Bübchen. Wie gut, daß es mich begleitet. Es liegt stets im Kartenbrett, in der Ledermappe, diese auf dem „Moses" = Quartierwagen.

Dort ist auch mein Stenzel = Reiterfuttersack nach dem Vorbesitzer genannt. In ihm Decken, Trainingsanzug, Bademantel. Und in der sagenhaften Reitertasche 2 Paar Stiefel, Gummistiefel und „Katastrophenkoffer" mit Waschzeug. Sehr praktisch alles verpackt.

Um 18 h lese ich den Abmarschbefehl. In dieser Nacht sollen wir 30 km nach Osten marschieren. Die Karte des neuen Raumes zeigt bereits die russische Grenze.

Dienstag, den 17. Juni 1941

Nach dem Abendbrot haben wir auf der Diele gemütlich gesessen, wenige Aufnahmen gemacht und „Apricot Bols" getrunken. Und dann war das Übliche: Abmarsch im Abteilungsverband. Ich war Schließender der Abteilung und ritt daher recht viel mit Lt. Bausch, dem Führer des Regts.-Nachrichtenzuges, der in seinem Gefolge ein Pony des Regts. Kdrs mitführt. Es war ein langer Marsch vorgesehen. Dunkel wurde es in der ganzen

Nacht nicht. Es ging im Wesentlichen über Straßen, aber es kamen auch schwierige Wege dazwischen. Aber unsere Pferde zogen gut, ohne Hemmung ging es weiter. Immer das Übliche: Halte, Absitzen, Marsch, dann die Quartiermacher, die Fahrzeug- u. Staffelführer nach vorn und da lag auch bereits Matzhausen vor uns: Für uns ein großes Gut. Madeleine lahmte und es wurde zusehends schlechter. Der Batterietrupp kam in eine schlechte Scheune, die Mannschaften bauten sich ihr Zelt. Wir kamen ins Gutshaus, der Chef hatte ein Einzelzimmer, wir drei anderen ein anderes. In der Mitte ein großer Tisch, davon aßen wir, und dann wurde geschlafen bis kurz vor 12 h. Hinter dem Hause und seitlich davon ist ein Park, der sich zur Rominte herunterzieht; ein selbstgezimmerter Steg führt über den gestauten Fluß auf die andere Parkseite mit der Mühle, die Berner und ich nachmittags besichtigten. Eine ganz moderne Einrichtung für 70.000 Rm. Am Nachmittag, nach einem weiteren Schlaf, wurden wir zum Rgt. befohlen. Ein Sonderführer sprach über das russische Alphabet und erzählte uns sehr anschaulich über russische Verhältnisse. Daß dieser Gesprächsstoff lange vorherrschte, ist wegen der Aktualität klar. Am Abend erlebten wir einen Höhepunkt in Ostpreußen: die Gastlichkeit. Im Esszimmer, schwere dunkle Eiche, ein reich gedeckter Tisch, wie in Friedenszeiten, dazu Schwarzbrot und Milch. Die Getränke nachher lieferten wir. Das ist so sehr nett, daß wir uns irgendwie „revanchieren" können. Die schon ältere Tochter war da. Wir waren alle begeistert von ihr. So reizend sah sie aus und so blendend war sie in ihrer ganzen Art. Sie hatte ein kürzeres Bein und ihre rechte Hand war auch etwas verkrümmt. Was muß dazu gehören, so frei zu werden, so ohne äußerlich anzumerkende Bitterkeit dieses schwere Leid täglich und stündlich zu tragen! Und nicht allein zu ertragen, passiv, neutral, sondern sogar positiv zum Leben zu stehen. Ich mußte fortwährend an Frl. Schlegelmilch denken. Und an alle Menschen, die irgendwie gehemmt sind und viel Kraft aufwenden müssen, um sich durchzusetzen gegenüber oder mit anderen, glücklicher veranlagten Menschen. Diese erhöhte und vermehrte Liebe und Verehrung entspringt nicht meinem Mitleid, sondern allergrößter Achtung. Wenn es ihnen gelingt, positiv zum Leben zu stehen, sind es ganz besonders wertvolle Menschen. Es soll nicht anmaßend klingen, als wollte ich irgendein Urteil abgeben, als wäre ich hierfür befugt: Wie würde ich mich in diesem Fall verhalten? Ich habe eine derartige Bewährung noch nicht hinter mir!

Dienstag, den 17. Juni 1941

[Dieses Datum steht zweimal im Tagebuch. K.-M. D.]

Ich stand um 7 h auf. Das Wetter immer noch gleichmäßig, ohne eine feste Entscheidung treffen zu können. Ich habe in der Batterie umhergehört: Die „ewige" Hin- und Herzieherei ist allen über. Alle möchten einen baldigen Einsatz. Dahinter steckt aber auch immer der Wunsch, desto rascher nach Hause zu kommen. Ich habe geschrieben. Als Kuriosum: Das Wehrbezirkskommando Schwerin benötigt von mir den arischen Nachweis, verschiedene Erklärungen über Logenzugehörigkeit etc. Ich habe jetzt wirklich nicht die erforderlichen Unterlagen für Ahnenforschung in meinem „Katastrophengepäck". Also vertröste ich zuerst einmal.

Es fällt uns richtig schwer, diesen idyllischen Ort zu verlassen. Aber „wir müssen weiter marschieren", und sei es auch nur ein Weg von knapp 10 km. Wenn ich einmal in dieses Räderwerk von Verkehrsorganisation hineinblicken könnte! So etwas erlebe ich an der Ecke, einem Heldenfriedhof, wo Oberstlt. von Kegler, Kdr. I.R.27 steht. Auf die Minute genau sind die Abmarschzeiten festgelegt. Eine Unpünktlichkeit, ein falsch befahrener bzw. nicht eingehaltener Weg schafft größte Unordnung. Ich war mit dem Fahrrad vorgefahren, weil ich „Feldgendarmerie" spielen mußte. Kinderleichte Aufgabe, nur wichtig, um sich gegebenenfalls anderen Kolonnen gegenüber durchzusetzen. Es ist wunderbarer Sonnenuntergang, alles glänzt wunderbar golden. Was für Truppenmengen sind unterwegs! Alles schiebt sich sprungweise in die vorbereiteten Stellungen hinein. Russische Beobachtungstürme sollen weit hinein ins Land schauen, daher Tarnung und in stillen Nächten Ruhe! Als wir ankommen, stellt der Veterinär fest, daß meine Madeleine zur Veterinärkompanie abgeschoben werden muß: Die Wunde ist aufgebrochen, es hat sich eine Phlegmone gebildet. Wie mich dieser Entscheid traf! Ein Jahr minus einen Tag habe ich Madeleine besessen, nun geht sie weg. Mit ihr geht ein schönes Stück Soldatenleben für mich verloren, denn wann werde ich jemals solch edles Pferd wieder er[...] Nun muß ich irgendwelche anderen Pferde reiten, zu denen ich kein persönliches Verhältnis habe. Wenn ich Zeit habe, werde ich die ganze schöne Zeit mit meinem Lieblingspferd beschreiben.

Wir sitzen noch lange mit unseren Quartiergebern in Grasberg zusammen.

Mittwoch, den 18. Juni 1941

Ich bin früh aufgestanden, weil ich die Batterie wecken wollte. Ein herrlicher Tag! Morgens Nebel, der sich langsam senkte. Ich habe Aufnahmen gemacht, habe mich von Madeleine verabschiedet – Bild des Jammers! – und dann war ich mit Berner zum Gestüt Reiterhof (früher Samonienen, Besitzer Rothe) aus dem Kronos und Absinth, 1. u. 2. Olympiasieger stammen. Wunderbare Pferde, hoffentlich sind die Aufnahmen geworden. Auf dem Rückweg suche ich Lt. Langmann, Pastor aus Neu-Teschendorf, bisher 14/I.R.22 […] Er wird heute Abend bis zur Grenze vorrücken. Dann noch Besuch des Heldenfriedhofes Waldankaken. Sehr schön gelegen und gepflegt. Eigenartige Gedanken überkommen mich: Wie gut könnte ich so irgendwo in Frankreich liegen, oder werde ich irgendwo in Rußland den Soldatentod sterben? Angst habe ich nicht, denn die Worte der Bibel haben mich, gerade in den letzten Tagen, fest gemacht. Und das Buch von Schütz: „Warum ich noch ein Christ bin" haben mir so etwas von der Kirche Christi gezeigt. Nachmittags kommt ein Paket von Erika mit Apfelkuchen an. Bübchen hat daran mitgeholfen: Er hat die Schüssel ausgeleckt. Wir wollen den Kuchen nach dem Abendbrot vertilgen. Der Abmarsch ist um 21 h es geht 12 km weiter nach Osten. Vorsichtsmaßnahmen werden erforderlich. Welche Kombinationen und Vermutungen werden erwogen? Darf 1/6 der Erdschätze brach liegen bzw. verloddern? Muß sich deshalb Deutschland in den Besitz dieses Reichtums setzen? Wir müssen es nicht, wohl aber vermuten wir, daß komplizierte Besprechungen stattgefunden haben werden. Molotow in Berlin? Der Führer in Ostpreußen? Propagandaleiter bei Goebbels? Vielleicht bringen die nächsten Tage die Klärung und die Entscheidung.

Der Flieder blüht überall so wunderbar, man könnte sich im Frieden glauben, wenn nicht überall diese fieberhafte Spannung wäre!

[Hier bricht der Text des Tagebuchs ab. K.-M. D.]

Fortsetzung des Kriegstagebuchs Der erste Notizblock ist mit Fj.Uffz. Schwarz am 1. 8. 41 abgegeben worden, der es an Uffz. Friedel Doering weitergeben soll. Dieser, auf dem Wege über 1.Art.Ers.Abtlg. Schwerin an Erika. (Umfassend 21. Juni bis 31. Juli 1941.)

[Dieser Teil des Tagebuchs ist verloren gegangen. K.-M. D.]

Der letzte Satz muß etwa so gelautet haben:"Ich werde dieses Tagebuch später für Erika abschreiben und das Original soll Bübchen, wenn er groß geworden ist, erhalten."

Donnerstag, den 3 1. Juli 1 9 4 1

An diesem Tage (31. Juli 1941) kam der Abmarsch aus Wolok-Medwedowka. Am Abend vorher waren wir noch aus unserer wunderbaren Ruhestellung aufgescheucht worden: Aus Gegend Riknowa (I/48 und 6. Batterie) Feuerschein. Dort waren ein russisches Lager etc. von uns erbeutet. Der Russe unternahm einen Gegenangriff und steckte es an. Panzerjäger baten mich um Feuerschutz auf der anderen Seite der Brücke. Ich vermittelte nur noch 2 S.M.Gs der San.Kp. Sturmgeschütz lehnte ich ab. Nach diesem Unternehmen verpaßte ich den Weg zur Fst und wäre bei meinem Rundgang fast in eine Tankfalle (2 m tief) gekippt. Das ist nun schon das zweite Male, daß ich in der Nacht die Richtung verfehlte! Dann fester Schlaf im Zelt. (Das war der 30.7.)

Der folgende Tag war ein richtiger Ruhetag. Major Schröder in Badehose kam und erkundigte sich. Unsere Fst waren romantisch, offen aufgefahren wie auf einer Anhöhe, etwa Alter Zoll in Bonn. Am Nachmittag Abmarschbefehl. Ich ging sofort mit Wachtm. Ziegler zum II. Btl, um als Quartiermacher vorauszufahren. Hier zuerst der übliche Anschiß von Major Schröder wegen angeblich eigenmächtigen Quartiermachens. Es gehört mit dazu: Wenn er seine Leute zuerst nicht annimmt, fühlt er sich nicht wohl. Ich vermisse auch bereits etwas, wenn ich nicht zuerst meine „Zigarre" erhalte. Dann zuerst Fußmarsch durch eine Wald-Heidegegend, weil der Pakzug fehlte. Dann ging es wunderbar durch eine Schneise nach Kilowo. Am Nachmittag marschieren bzw. reiten oder fahren, ist doch am angenehmsten. In Bilowa machten wir Quartier, ein großer Karpfenteich links, dann die Brücke rechts an der Vormarschstraße. Das Dorf war vom Kommandant der Division besetzt, also gehen wir am Gutshof (Troß A.A./2) vorüber an den Fluß Sse-

resha. Abhang, Quelle, Fst, künstliche Wälder entstehen. Zelt an der schönsten Ecke, Krebse aus dem Fluß. Früh zu Bett. Leider keine Post von Erika.

Abends hatte ich noch Lt. Weihe (I/A.R.12) getroffen, ebenso Eckermann von 2/12, der mir von Friedel erzählte, der Verpflegungsmeister geworden ist.

Die große Lage: 89), weit zurück im Süden 50.A.K. bei Neweliki, 48) Luki, links zurück 32. I.D.

In unserer Stellung Wolok, Kunowo rückt I.R.27 ein. Täglicher Fliegerangriff der häßlichen Ratas, die den Luftraum an unserer Front völlig beherrschen. Früh zu Stroh.

Freitag, den 1. August 1941

Ein richtiger Ruhetag. Ich war O.v.D. Um 4 h Wachen kontrolliert, um 6 h das Wecken. Kurz nachdem kam der Kommandeur II/12., beförderte Gefr. Schwarz zum Uffz. und ernannte ihn zum Fahnenjunker. Schwarz wird nach Jüterbog zur Schule fahren, Friedel übrigens auch, der zugleich Transportführer ist. Brief an Erika mit Päckchen (Ringe, Filme, Tagebuch aus Frankreich und Rußland Teil I.). Dazu Brief an Friedel. Es ist eigenartig, daß nun einige Kameraden nach Deutschland kommen. Wie beneide ich Friedel, daß er vermutlich ja nach Brüel kommt und Erika und Bübchen sehen wird.

Ich unterhalte mich mit Schwarz. Er ist ein feiner Kerl, ich habe ihn richtig lieb gewonnen.

Ein Gefühl wie Heimweh nach Brüel. Wenn nur das Paket richtig ankommt. Es sind zu wertvolle Sachen drin, besonders die Filme.

Der Nachmittag verläuft völlig normal. Ich lese viel, schlafe und führe ein richtig faules Leben. Nachmittags und Abends kommt Stabsarzt Dr. Oberhoff (San.Kp. 2./12), der unser Nachbar im Dorf geworden ist. Seine Hunde Tell und Stöpsel. Wunderbare Krebse. Der Abend ist sehr kühl. Wir frieren ordentlich. Gegen 22.30 h zu Bett. Kdr. I.R.89, Frh. von Lützow, mit seiner Kapelle vor Vorausabteilung des A.R.!

Sonnabend, den 2. August 1941

Um 3 h Wecken. Aufbruch der gesamten Batterie. Wir sollen einen Angriff nach Norden machen zur Entlastung der 32.I.D., also dem Russen in die Flanke stoßen. Wir sind rechtzeitig am Ende des Bataillons. Batterietrupp reitet nach vorne. Kolossales

Durcheinander: Wege 1) nicht zu finden, 2) für Artillerie nicht befahrbar. Schließlich klappt es doch. Über Koppeln und durch Wald. 7. Kp entsendet Spähtrupp, der angeschossen wird. Wir bringen unser S.F. in Stellung und beobachten Schanzarbeiten der Russen, auch ein feuerndes I.G. Von allen Seiten haut unsere Artillerie hinein, eine Kirche brennt nach wenigen Schüssen lichterloh, wir haben Pech mit unseren Schüssen: Die Batterie feuert schlecht. Alle meine Beobachtungen erweisen sich als richtig, wie mir die Infanterie beweist, die aus allen diesen Ecken und Löchern beschossen wird. Wütendes Gewehr- und M.G.-Feuer der Russen. I.G. fährt zurück und feuert wieder. Einbruch der Infanterie in die Dörfer. Schneise im Wald zeigt lebhafte Bewegung der Russen. Es sollen 100 Russen gewesen sein. Glänzend geführte Nachhut!

Darnach Abrücken. Weiches [...], faules Ei, herrliches Schwarzbrot und Gurken. Der gleiche Weg zurück in das alte Quartier. Unterwegs Essen aus der Feldküche, das erste seit gestern Abend, außer etwas Schwarzbrot. Gegen 17 h zurück, gleich in Quellwasser gewaschen und rasiert! Dann Befehl: Als V.B. zur 7. Kp. Auf dem Weg dorthin (Krad) abgefangen, zum II/48. Völlig neue Lage: Cholm gewonnen, daher kommt die 32. I.D. gut vorwärts und hält uns die linke Flanke frei. Daher am anderen Morgen Erkundung für eine Verteidigung nach Südosten. Früh zu „Bett".

Sonntag, den 3. August 1941

Herrlicher Morgen, gepflegtes Frühstück, herrliches Mittagessen, dann langsame Vorbereitung zum Abmarsch. Major Joerges, Major Schröder bei uns. Abmarsch 17 h. Vorher gelesen, Tagebuch etc. Fst nahe der Brücke mit Cordua und Strack als V.B. zur 6. Kp (Hptm. Wagner) südlich Bilowa gegenüber Pokina etc. Mit Lt. Lüth lange gesprochen, früh ins Zelt.

Montag, den 4. August 1941

Bst eingerichtet. Leutnant Bahrt erkundigt sich nach der Lage. Tagebuch geschrieben, Brief an Erika. Gelesen. Im Schatten gelegen und sehr viel geschlafen. Spähtrupps werden unternommen. Bisher alle mit dem Ergebnis: „Feindfrei". Aber alle Spähtrupps kommen mit Eiern etc. zurück. Leutnant Lüth kommt von einem Spähtrupp zurück: III/27 liegt im beständigen Kampf gegen Russen, ständig russische Spähtrupps. Zur eigenen Sicherung sei eine Brücke bereits gesprengt. Hoffentlich ist Friedel nicht durch diese gefährliche Ecke hindurchgekommen.

Die ganzen Interessen drehen sich um Essen und Verpflegung, und heute auch noch Post.

Im Augenblick scheint es so, als wolle die Front erstarren, bei uns jedenfalls geht es nicht vorwärts. Die 32.I.D. nach Einnahme von Cholm geht nach vorwärts, sodaß wir hoffen können, auch bald wieder weiter zu können, nur das 50.A.R. kämpft noch und kommt nicht vorwärts. Wir haben ja auch diese Truppen gesehen und waren über das Pferdematerial erstaunt. Die konnten nicht mehr. Ich glaube, ich habe großes Glück, daß ich in einer aktiven Division bin.

Ein russischer Bomber erzielte in der 7/48 Verluste: 2 Schwer- und vier Leichtverletzte. Daraufhin wurden bei uns die Zelte auseinandergesetzt und Löcher gebuddelt. Kdr. 48 hat die Spange zum EK I erhalten. Na endlich!

Leutnant Dr. Batho (7/48) die Spange zum EK II, das freut mich ganz besonders.

Was ich gar nicht erwähne, das Wetter ist die ganze Zeit wunderbar schön, wenn auch heiß. Wenn also einmal Regen war, habe ich es getreulichst notiert. In die Briefe an Erika pflücke ich einige Gräser in Gestalt von Herzen. Sie sollen in die Briefe eingelegt werden.

In Erwartung des Essens und der Post.

Herrliche Wurstbrote und dunkler Tee. Wolfgang Raithelhuber, mein lieber Freund, ist am 13. Juli 1941 in Rußland gefallen. Dieser Krieg fordert ungeheure Opfer!!

Herrliche Briefe von Erika mit Bildern vom Dicken und den Sachen zu meinem Geburtstag. Sehr viele Mücken. Nach dem üblichen Abendbummel Unterhaltung im Zelt, in dem die Drei schnarchen, nur gedämpft durch die über den Kopf gezogenen Decken gegen die Mückenplagen. Alle zwei Stunden weckt uns der Posten, damit die Funker Verbindung aufnehmen können.

Dienstag, den 5. August 1941

Um 0 h werde ich wach, auch ohne den Posten. Kommt es nun daher, daß man im Unterbewußtsein doch schon den Posten gehört hat? Daß man aber nicht weiß, wer es gewesen ist, der weckte? Jedenfalls bin ich in der ersten Minute meines Geburtstages wach. Ein warmes Gefühl der Freude und der Dankbarkeit überströmt mich in der ersten Sekunde: Daß ich noch heil und gesund bin, daß ich Post – und so liebe! – von Erika habe, daß dieser Tag so viel schöner als der letzte ist, den ich im Lazarett verlebte, daß ich unter Kameraden bin. Beruhigt schlafe ich wieder ein. Um 2 h, um 4 h, um 6 h wieder wach. Und dann falle ich ins Dösen. Ich wollte so richtig den Tag einteilen, mit Morgenlesung, Stiller Zeit, Briefe lesen und schreiben, statt dessen verbummelte ich alles. Um 8 h auf dem Funkwege riefen Eichholz und Berner an und übermittelten ihre Wünsche. Und dann gratulierten Cordua und Strack. Als ich vom Waschen zurückkam – der kleine dünne Bach lag weit entfernt in einer entzückenden Wiese: Schafgarbe, Margeriten, Enzian und Butterblumen, und die Stille war beängstigend, war es doch weit im „Gefechtsvorfeld" – waren Major Joerges und Oblt. Hoeckner und Uffz. Klingler auf der Bst erschienen, um mir zu gratulieren. Hoeckner mit Koteletten, Joerges mit „Martell", Klingler mit Blumenstrauß vom Batterietrupp. Ein Kotelett mußte ich sofort „eigenhändig" verdrücken, darauf teilte mir der Kommandeur meine Versetzung zur 5. Batterie mit. Leutnant Kaehler kommt zur I/48, weil dort in einer Batterie nur ein einziger Offizier ist. Und so bleibe ich wenigstens in der Abteilung. Dort werde ich ja sicherlich Batterieoffizier werden. Schade, ich habe mein Ziel noch nicht erreicht! Das EK I. Und jetzt wird es wohl aus damit sein. Ich weiß nämlich, daß ich auf Bst mehr leiste als in der Fst. Freuen wird sich Erika, der die Bst immer ein Dorn im Auge war.

Das ist eben Soldatenlos.

Kurz darauf kommt der Befehl zum Stellungswechsel. Weitermarsch. Ich packe meine Sachen, veranlasse den Abtransport und fahre mit LKW zur Bst, wo mich lebhaftes Brutzeln empfängt. Bei Oblt. Dircks gewesen, netter Empfang. Dann nach einiger Zeit Weitermarsch. Kaum sind wir beim Einrichten der Bst, folgt der Befehl zum „Rückmarsch"! Der erste in diesem Kriege! Was ist los? Großes Rätselraten. Parolen: „Verladen und nach Portugal". Wegen der vorschreitenden Jahreszeit einerseits, des langsamen Tempos des 50. A.R. anderseits erfolgt eine Umgruppierung. 32. und 12. I.D. werden aus der NO Richtung abgedrängt und schirmen die rechte Flanke einer Gruppe, die auf Petersburg vorstößt. Es soll dies die Panzergruppe Hoth sein, die aus der Mitte herausgelöst wird. Und um Platz für die 32. I.D. (links von uns) zu schaffen, müssen wir nach rechts weichen, d.h. aber: zurückgehen. Mit Oblt. v. Ledebuhr und Lt. Ehrlich (5./I.R.48) zu Abend gegessen, Reis mit Schokolade. Herrlich. Ungeheurer Drang nach rückwärts, oft 2 Kolonnen nebeneinander. Aber alles planmäßig. Nur die Straßen! Aufgeweicht von Autos, Pferden und Soldaten, wir waten in Mehl-Staub, bis an die Knöchel, über den Straßen und den Tälern dicker Dunst wie Nebel: Es ist Staub! Wir kommen an den bekannten Ecken vorbei: An Bilowa, wo wir solch' schöne Tage verlebten, an Rogosnia und Wolock, wo jetzt I.R.27 sich zäh verteidigt und unseren Weg deckt. Als Quartiermacher nach vorne an Leutnant Bathe vorbei, dem ich zu seiner Spange zum EK II gratuliere. Dann mit Feldwebel Joduleit in ProtzKW nach vorn, furchtbar dreckig und staubig. Der Quartierraum ist ungünstig, da ohne Wasser. Schließlich entdecke ich einen See, dorthin ziehen wir. Es ist 6 h früh.

Mittwoch, den 6. August 1941

Bald ist alles fertig, wir essen noch etwas. Berner und Eichholz debattieren, laut und ohne eine Einigung zu erzielen, über die Burschenfrage. Ich schlafe ein, werde gegen Mittag wach, weil die Sonne mir mittlerweile ins Gesicht scheint. Kleist erscheint und gibt uns die Lage bekannt, bestätigt mir auch, daß ich versetzt werden soll. Nach dem Essen (Grießbrei, Gemüsesuppe und Kaffee) schreibe ich an Erika. Es wurde höchste Zeit, denn der letzte Brief war am 1. August!! Dann am Tagebuch gearbeitet, Briefe und Zeitung gelesen, ein herrlich ruhiger Tag. Das Moospolster ist dick, im Walde Blaubeeren, russische Flieger entdecken uns nicht, wir sind zu tief im Busch. Rasiert und gewaschen, Sachen ausbessern lassen, Weitermarsch soll um 20 h sein.

Immer wieder muß ich an meinen lieben Freund Wolf Raithelhuber denken, der nun nicht mehr lebt. Denn er war ein selten feiner Mensch, so ausgeglichen, so gütig, so ruhig. Er gab sich größte Mühe als Soldat, war tüchtig und schwärmte für seinen Architektenberuf. Ein ganz sauberer Kerl, innerlich wie äußerlich. Daß wir auf einer Stube zusammen lebten, gemeinsam in der Bibel lasen, den Gottesdienst gemeinsam besuchten, oft und viel sprachen und nicht über Alltägliches: Das hat uns zusammengeführt. Wir haben uns nie bei unseren Vornamen genannt, aber gleich im ersten Brief. Es war eine schöne, unausgesprochene Freundschaft. Seine Briefe waren echt und tief, seine

Schrift Spiegelbild seines klaren Wesens. Und wie er mir weitergeholfen hat, wenn mir die christliche Gemeinschaft fehlte! Wie er mir nicht Ruhe ließ, wie er im Tiefsten gegründet war auf Gottes Wort und sich geborgen wußte in der Liebe Gottes. Dieses lebte er aus. Ich weiß nicht, ob ich noch seine Briefe habe, ich schickte sie regelmäßig nach Hause. Mich packt langsam ein tiefer Groll und Haß gegen diesen Krieg, der mir, abgesehen von der Trennung, auch noch diese Verluste und Opfer „beschert". Ich lese Goethes Türmerlied: „... es sei wie es wolle, es war doch so schön." Und Kellers Abendlied „Trinket Augen..." als Schluß. Ein Hausspruch von Ludwig Derleth:

„Gastlich bist du eingeladen.
Brot und Wein sei dir gesegnet!
Und so nimm in Gottes Namen,
Wenn es friert, am Herd die Flamme,
Wenn es schüttet, Dach und Kammer
Gutes Wort zu jeder Zeit." (Neue Schau)

Ich hatte heute Erikas Geburtstagsbrief geschrieben, zugleich Bücher für sie bestellt.

Abmarsch um 20 h. Es geht weiter auf der früheren Vormarschstraße zurück. Der Mond scheint müde durch den Staubdunst hindurch. Durch die Furt, dann der Wald mit den Fliegerbomben – alle entsinnen sich sehr genau und gut dieses Tages und dieser Stunde –, dann der lange Wald, und schließlich sind wir in der blöden Raststelle von Sserka, wo wir auf einer staubigen Höhe rasteten. Wir ziehen in den Wald rechts der Straße. Alles geht sehr schnell, weil wir totmüde sind (und doch nur 20 km Marsch!). Es ist 1.30 h.

Donnerstag, den 7. August 1941

Um 3.15 h Abmarsch des Batterietrupps. Es ist noch fast dunkel, es geht durch ein großes Kolchosedorf, Sserka, das übergeht in das folgende. Hierhin kommt die Fst. Dienstbesprechung mit Major Schröder. In dieser Zeit (Geländebesichtigung) gehe ich mit Feldwebel Joduleit durch das Dorf, erstehen für zwei Zigaretten 2 Paar Bastschuhe, die leicht und bequem sind. Die anderen Angehörigen des Batterietrupps schlafen fest, die Pferde haben Heu. Bst wird auf dem Kirchturm sein. Das Zelt kommt in den Bachgrund. Wir reiten in die Protzenstellung zurück und frühstücken. Die neuesten Parolen von den Versorgungstruppen:

Feldpostamt in Brest (Frankreich oder Brest-Litowsk?), Parolen über Parolen. Eine bewährte Division in die rückwärtige Linie hinein stecken? Fallschirmjäger aus Urlaub zurückgerufen! Also England. Eine Parole jagt die andere! Durch einen Dolmetscher erfahre ich einiges aus der Geschichte dieses Dorfes und seine Kirche, das ich vielleicht morgen zusammenhängend notieren werde. Major Schröder sperrt die Kirche und vertreibt Soldaten und Pferde vom Friedhof.

Ein gewaltiges Gewitter, Blitz zündet in Scheune hinter Fst. Ich lese und schreibe das Tagebuch bis hierher. Es ist um 20.30 h bereits dunkel, schlecht zum Schreiben. Wir wollen früh zu Heu kriechen.

Brief von Mutter aus Hamm. Sie ist jetzt sicherlich bereits in Brüel. Wie ich sie beneide! Um 22 h zu Bett. Der Regen tropft oder, besser gesagt, klatscht immer noch aufs Zelt, aber wir sind beruhigt, weil wir einen Graben um das Zelt gezogen haben.

Eine andere Beruhigung für Geldausgaben: „Ein Bankguthaben von 5,- Rm!"

Freitag, den 8. August 1941

Um 6 regnete es noch immer in Strömen, auch hört man noch leises Grollen des Gewitters, also hatte es insgesamt 14 Stunden gedauert. Um 8 stehen wir auf. Hoeckner und ich sind allein auf der Bst, abgesehen von den übrigen, die im Vorraum der Kirche schlafen. Das Waschwasser holen wir aus dem Bach dicht neben dem Zelt. Dann kommt Anruf, daß im Regimentsbefehl meine Versetzung ausgesprochen ist. Also werden wir am Abend Abschied feiern.

Der Regen hat aufgehört, ich liege am Eingang des Zeltes und schreibe, bis der Kaffee kommt. Eben habe ich die Morgenlesung gehalten. Anschließend Bübchen-Bilder beguckt. Was ist er für ein reizender Kerl!

Das Äußere der Kirche zeigt wohl besser ein Foto. Zuerst der Vorraum ganz kahl und schmucklos, links der Aufgang zum Turm, rechts eine Rumpelkammer. Dann die Eingangstür, ganz aus Holz, überhaupt die ganze Kirche aus rohen Balken gefügt. Der Blick wird durch die große Ikonenwand gefangen, der Grund ist Metall, darauf gemalt die Bilder der Apostel und Heiligen. Einige Leuchter stehen noch da, an den Wänden andere Ikonen, in einer altertümlichen Darstellung, wie ich sie nur aus der Zeit der byzantinischen Kirchen kenne: Die strenge Haltung, die kindlich ungeschickte Stellung der Füße, die Augen und Brauen, der Faltenwurf: Hier scheinen Kunst wie auch die Liturgie stehen geblieben zu sein. In der Sakristei hängen die Priestergewänder, zerschlissen, dazu Liturgien und auf dem Tisch liegt die wundervolle Altarbibel, also im Raum hinter der Wand, dem Chor der Kirche. Mir fällt die Bemerkung eines Rußlandkenners ein: „Wir Russen durften ja nur den Deckel der Bibel küssen." (Um zu erklären, warum die Religiosität des Russen, besonders seine Christlichkeit, nicht tiefer ins Volk eingedrungen sei.) Ich bin in Versuchung, mir eine der echt russischen Bilder mitzunehmen. Aber raubt man den Russen nicht Wertvolles? Es brennen vor den Bildern kleine Öllämpchen, die Blumen sind frisch eingesteckt.

Nach Einsetzung der Kommissare hat man die Glocken gestürzt, den Schmuck aus der Kirche getragen, zerhackt und verbrannt. Was jetzt noch an Inventar da ist, haben die Leute die ganze Zeit über verwahrt: trotz ausführlicher Verbote, und jetzt bringen sie es wieder: Welch' ein Vertrauensbeweis für die Deutschen. Wehe aber, wenn wir die Gegenden einmal räumen sollten wie den Abschnitt der beiden letzten Tage!!

Den Pfarrer hat man zu 10 Jahren Zuchthaus verurteilt, nach den drei ersten Monaten war er verhungert. Man zeigte mir sein Bild: Ein ehrwürdiger Pope mit dem Kreuz auf der Brust. Wie stark muß doch die Religiosität in diesem Volke gewesen sein: 22 Jahre Bolschewismus!

Die Kirchentür war mit einem Riesenschloß verwahrt. Major Schröder ließ sofort ein Schild befestigen: Betreten nur mit ausdrücklicher Genehmigung gestattet.

Pferde und Mannschaften mußten den Friedhof verlassen, ein sehr feines Zeichen, daß ich bei ihm gar nicht vermutet hätte.

Ich erhalte sehr viel Post von Erika, von Mutter Eggers, von Frau Dr. Wehn, die um ihren Jungen sich sorgt, der ein ganzer Filou ist, Schwester Wilhelmine, Herr Garfs, Landesbischof Retsch, der mir Dextro-Energen schickt, das er aber selber brauchen würde, um die Wege zu hacken.

Gerhard Eggers soll eingezogen werden: Das wird bei allen eine gewaltige Umstellung geben. Ich lese im „Reich". Eine fabelhafte Zeitschrift. Jetzt soll Erika wieder einen Brief erhalten.

Brief an Erika mit Beilagen (Zeitungsausschnitten) fertiggestellt. Es hat etwas aufgeklart, der Chef reitet zur Fst zum Unterricht, ich gehe zum Abschiedsessen hinunter. Berner vergaß mir, mein Pferd zu schicken. Daher muß ich über Sturzacker etc. Das Essen: Enten, am Vormittag gegriffen.

Uffz. Lenker zu Kan. Strack: „Herr Leutnant Doering will heute Abschied feiern." Ein Blick und eine Weisung mit der Hand in die Richtung von 3 weißen Enten. Strack hatte in kürzester Zeit begriffen.

Dazu Gurkensalat, Schmorgurken und Tunke. Als Nachtisch Pudding und dann Wodka. Das Festessen in der Scheune, im Hintergrund die Feldküchenpferde. Gegen 10 h waren Chef und ich wieder in unserem Zelt. Ich hatte erwartet, er würde mir aufgrund seines kurzen Trinkspruchs das „Du" anbieten, aber er scheint auf mich zu warten, weil ich älter bin. Ich kann nicht, da dienstjünger. Also unterbleibt es bis auf weiteres. Wir haben uns noch lange sehr interessant unterhalten. (Gefr. Wehm, Peks, Uffz. Schwarz, Berger etc. Hoeckner erzählte mir von den Lebensweisheiten seines Vaters.)

Sonnabend, den 9. August 1941

Um 6 h wach geworden, weiter geschlafen bis 8 h. Immer dasselbe. Erstes Aufwachen um 6 h. Woher nur diese Zeit ausgerechnet. Es regnet in Strömen. Kein erfreulicher Gedanke, heute 15 km über Land zu reiten und die Batterie zu wechseln. Ich packe meine Sachen, verabschiede mich von Major Schröder und seinen Herren, die gerade wach werden, tausche noch Cognac gegen Anis um (prächtiger Tausch), die Pferde kommen, der Gepäckkarren fährt vor. Ich verabschiede mich von der Bst und reite los zur Fst. Hier suche ich noch den Dolmetscher-Sonderführer Pfarrer Staaf auf, der mir interessante Dinge aus Rußland erzählt. Er hatte einen Artikel zusammengestellt über die Kolchose-Betriebe und über die sittlich-religiöse Lage in Sowjetrußland. Er haust dort mit seinen Leuten und Gefangenen, auf dem Tisch lag sein Amtskalender. Er ist 50 Jahre alt, gut aussehend und fühlt sich richtig vereinsamt. Aber ein Besuch bei diesen Wegen? Ich hoffe, daß ich ihn noch einmal besuchen kann. Ich werde seine Erzählungen mal an Erika abgeben in einem Brief, dann verwahrt sie ihn mir, und ich kann sie später dem Tagebuch einfügen. Meine Helden waren viel zu schnell geritten, und ich mußte sie erst wieder einholen. In der 5. Batterie war Kähler noch vorhanden. Er hatte es gar nicht so eilig.

Wir haben erzählt, ich habe geschrieben und gelesen.

Es ist doch gar nicht so einfach, wenn man eine Batterie verläßt und muß sich bei einer anderen einleben. Im Augenblick schwebe ich zwischen zwei Stühlen. Ich halte mich auch vollkommen im Hintergrund, weil Kähler als Batterieoffizier noch da ist. Früh zu Bett.

Sonntag, den 10. August 1941

Gegen 7 h aufgestanden, fast blauer Himmel, die Sonne kommt wieder durch. Etwa 200 m links der Fst ist die Kunia, die tief eingeschnitten ist. Es ist ein herrliches Baden, aber sehr frisch. Ein primitiver Holzsteg geht zum anderen Ufer. In die Böschung eingebaut die Stellung des schweren Zuges des 13/I.R.48 mit Stollen für die Mannschaften. Dann fotografiert, gelesen, geschrieben. Wir haben herrlichen Honig von einer Lehrerfamilie bei der Bst in einer Flasche, unten mit Bast umwickelt. Sieht wunderschön aus und schmeckt herrlich daraus. Ein sehr geruhsamer Sonntag. Oberst Noeldecken in Fst. Abends kommt Lt. Schöps von der Bst. Früh zu „Bett".

Montag, den 11. August 1941

Es regnet. Es ist erstaunlich, wie viel ich schlafen kann. Aber ich habe ja auch mancherlei nachzuholen! Ich gehe zur Abtlg., werde zum Essen eingeladen. Große Preisfrage: Welche Art von Gedenkmünze kommt nach dem Krieg zur Verteilung? Spange? Frontkämpfer? Welche Abgrenzung? Es ist erstaunlich, wie weit das OKW im voraus plant! Ich möchte die Entscheidung hierüber nicht haben. Höchst undankbare Aufgabe.

Zu essen gibt es frische Kartoffeln, Gurken und Koteletten. Man spielt Dauerskat. EK-Vorschläge sollen eingereicht werden. Von der 4. Batterie: Rittmeister und Höppner, meine vorgeschobenen Funker. Es regnet, Gewitter. Den ganzen Vormittag über ballerte es gewaltig, m.E. bei I.R.27 und I.R.89. Bei dem 50. AR sind Stukas etc. eingesetzt, vor ihm sollen 7 Divisionen und 2 vollkommen neue sein. Und wir warten. Das Tagebuch führe ich bis hierher. Es ist ziemlich kühl, irgendwo summt ein Flieger, Lagerfeuer rauchen. Ich zeichne die Lage ein nach dem Stande vom 6. August. Die Leistungen sind doch erheblich. Deutlich zeichnen sich 3 – 4 Kessel ab. Wann wird es beendet sein? Die Taktik ist auch klar: Erst durchstoßen, dann einkreisen und vernichten.

Abendessen ist: Bratkartoffeln, Leber und Gurken, dann Kaffee. Nachtisch Wybert- Tabletten. Abends kam noch Leutnant Bahrt, um sich von Kähler zu verabschieden. 22.30 h zu Bett.

Dienstag, den 12. August 1941

8.30 h aufgestanden (natürlich um 6 h wach!). Im Fluß gebadet und rasiert. Frühstück, Kähler verabschiedet sich. Das Geschützfeuer schwillt an, ab und zu eigenes MG-Feuer. Ob der Russe schon den Druck im Rücken verspürt? (Panzergruppe Hoth.) Ob er einen Durchbruch nach Westen versuchen will? Es wäre seine eigene Dummheit. Aber es werden vermutlich seine Flankensicherungen sein, die mit uns Berührung haben. Härter wird der Druck beim I.R. 27 und 89 sein.

Stabsarzt erscheint. Nichts Neues beim Stab. Nur Kartenspiel. Hptm. Hackbart ist Ortskommandant für Libakowa, einem Dorf von 300 Einwohnern, in dem aber jetzt I.R. 48 liegt. Es ist fast wie im Weltkriege, wo solche Zustände einrissen. Es wird höchste Zeit, daß wir vorwärts kommen, sonst beginnt hier ein Papierkrieg. v. Bremen, mein neuer Chef, hat 6 Semester Jura studiert, ist Pfarrerssohn aus Verden und hat einen Bruder, der auch Pfarrer ist, z.Zt. Gefr. in einer mot. Abteilung. Höchst intelligent, von sehr gutem Aussehen, klarer natürlicher Art, sehr ruhig und sachlich. Ich hoffe, daß wir uns gut verstehen werden, gemeinsame geistige Interessen haben wir zweifellos. Überhaupt eine tolle Zusammensetzung: Chef, Schöps und ich: Offizier, Landrat und Pfarrer.

Der Lesehunger ist überall sehr groß. Voller Freude lesen wir die Soldatenblätter für Freizeit u. Feier. Sehr gut, nur zu Zeiten des Überflusses habe ich sie gar nicht beachtet, aber jetzt! Und in Brüel habe ich eine ganze Bibliothek voll und ungenutzt stehen. Ein Buch ist noch vorhanden: „Heimat am Don" von Kröger. Das werde ich lesen.

Wie werden wir in diesem Kriege bescheiden! Wenn ich nur an Holland denke! Dieser Unterschied der Kulturen. Hier ist man froh, wenn man nur mal einen Tonkrug mit Birkenrinde umwickelt sieht. Übrigens sah ich die gleiche Art auch in Kunstgewerbestätten. Nun eben der gewaltige Unterschied: Hier als primitiver Anfang eines Volkes, das zu leben beginnt – aber wie lange schon? – und dort ein Volk, das am Ende eines langen Kulturweges die Überfeinerungen (vielleicht auch Kitsch!) ablehnt, weil es müde ist und keine weitere Verfeinerung hervorbringt und sich dann müde und resigniert auf die Anfangsstufen zurückfindet. Wir haben diese Entwicklung in Deutschland bereits hinter uns, siehe Jugendbewegung. Karl Fischer und die Werkkunst, die eben jetzt im Begriffe steht, aus der Tiefe in die Breite zu gehen und hoffentlich an Tiefe dabei nicht verliert. Wie erfreulich ist z.B. ein Feldblumenstrauß in einem Tonkrug. Wie ist das z.B. bei mir in Brüel so schön, wo Erika die Blumen über alles liebt und so viele und so schön in den Zimmern aufstellt. Das muß, wenn ich heil aus dem Kriege zurückkomme, ein Blühen im Garten geben. Das Rondell, die Ecken hinter dem Haus müssen alle bepflanzt werden. Was wohl der Efeu auf dem Brunnen macht?

Mittwoch, den 13. August 1941

Ich habe eben die Zug- und Geschützführer versammelt, um sie zu begrüßen. Hoffentlich klappt alles. Es ist am Anfang doch eine gewisse Spannung, wie alles auslaufen wird.

Das Brummen der Einschläge entfernt sich mehr und mehr.

Ich bin doch froh, daß Friedel sein Kommando in Jüterbog erhalten hat: Es gab in der I. Abtlg. einige Verluste. Und so ist Mutter wenigstens für ihn außer Sorge.

Es sind wegen Verlegung des Feldpostamtes drei Tage Postsperre. Die machen sich jetzt bemerkbar. Denn ich weiß ja von Erika, daß sie mir jetzt häufiger noch als vorher schreiben will.

Brief an Erika und Heinz Pöppelmeier.

Chef wegen Erkundung einer neuen Fst unterwegs. Er gibt mir Bescheid, wie der Abmarsch zu erfolgen hat. Es geht alles höchst gemächlich zu. Wir haben ja auch gewaltig viel Zeit. Langsam bringe ich alle meine Sachen unter, ziehe die Batterie (Bst, Troß und Protzen) zusammen. 20.15 h Abmarschbereit: Wir marschieren hinter 3. Kp., die aber recht lange mit dem Antreten auf sich warten läßt. Am Morgen war bekannt geworden, daß Oberstlt. Mandel, Kdr. I.R. 48 zur Führerreserve des OKH versetzt worden sei, ebenso Oberstlt. Pfitzner. Statt dessen Oberstlt. von der Meden, der gerade das Ritterkreuz erhalten hat wegen hervorragender Tapferkeit an der Sarajanka. Vielleicht kommen nun auch endlich für das I.R. und damit auch für uns kampffrohe Angriffstage. Hptm. Wagner, bisher 6. Kp, wird Kommandeur I/48. Über den neuen Regimentskdr. und den Fortgang des alten ist alles höchst befriedigt.

Endlich, gegen 22 h, setzt sich alles in Marsch. Wir marschieren aber nur ganz wenige Kilometer bis nach Gorki (Furt durch die Kunja), dort Rast für die Nacht in einem Roggenfeld, bereits mit Hocken besetzt. Es ist 1 h morgens.

Donnerstag, den 14. August 1941

Nach kurzem Schlaf bis 3 h geht es weiter. Zuerst reiten Chef und Batterietrupp nach vorn zur Erkundung der Fst. Ich führe die Batterie nach. Bald trifft ein Einweiser auf uns. Es ist übrigens der alte Vormarschweg, den wir nun vor langer Zeit – wie lange? – zurück müßten. Einziger Gedanke: Dieses verfluchte 50. A.R., das uns hier so lange festhält. Wo könnten wir sein? Ohne diesen Aufenthalt? Der Weg geht gegen 5 h Uhr durch wunderbaren Wald. Der Weg schlängelt sich, ähnlich wie so manchen Wegen im Thüringer Wald, an Waldwiesen mit dahinter aufsteigenden Riesenstämmen entlang. Ab und zu ein ausgetrockneter Bachlauf. Und dann öffnet sich der Wald, und wir haben ein größere Lichtung. Hier ist die Fst. Wir tarnen alles, so gut es sich machen läßt, und bald ist von der Batterie nichts mehr zu sehen. Nur die Tauspuren im nassen Grase. Von links seitlich hört man lebhaftes Haubitzfeuer, von der Gegenseite antwortet nichts. Ich stelle Posten aus, und dann geht alles bald zur Ruhe. Ich werde geweckt und springe an den Weg, wo Major Joerges und Oberstlt. v. d. Meden mit neuem Ritterkreuz im Kragen im Wagen sitzen. Ich stammele schlaftrunken meinen Glückwunsch, gebe kurz Auskunft und erhalte den Auftrag, den Bachübergang zu reparieren. Nach 2 Stunden ist alles in Ordnung. Bäume werden abgehauen, ein Haus wird abmontiert. Wie mag das sein, wenn wir wieder in Deutschland sind und etwas Brennholz brauchen? Unsere rauen Sitten werden wir dann wohl in die Kiste packen müssen!

Ich hatte Fischkonserve gegessen, mir wurde gewaltig komisch zu Kopf. Den ganzen Nachmittag hatte ich Kopfschmerzen. Das Oel kann unser Magen wohl nicht so recht vertragen. Es regnet, ich liege im Zelt und lese „Heimat am Don". Abends bauten mir Fernsprecher mein Zelt. Es war rührend, wie sie für mich sorgten. Trotz des Heues habe ich wunderbar geschlafen. Abends kamen noch Befehle von der Abtlg. Unser Domorganist wird versetzt, er soll Verwaltungsbeamter werden. Ich will ihm die Tatsache erst morgen bekannt geben.

Freitag, den 15. August 1941

Um 6 h aufgestanden. „Faßt Wasser". Er bringt mir einen Eimer mit Wasser, in dem als Neuigkeit Wasserflöhe schwimmen. Aber auch damit kann man sich rasieren und waschen. Dann kommt das Frühstück und dann Morgenlesung. Tesch, der Domorganist, strahlt über das ganze Gesicht und gibt sofort Teile seines Gepäcks mit der Küche mit. Ich schreibe Erika, weil dieser Brief mit Tesch gehen soll. Außerdem lege ich einen Film mit bei. Hoffentlich kommt alles gut und vor allen Dingen schnell an. Denn die Postsperre ist immer noch deutlich zu merken.

Meine Kopfschmerzen sind völlig verschwunden. Es scheint Regen geben zu wollen. Aber es klärt sich langsam auf. Mein Rechentisch steht neben meinem Zelt im Schatten hinter der Hecke. Von den Geschützen hört man deutlich das Klappern der Karten: Dauerspieler. Dann die üblichen Befehle, Fernsprüche, Mittagessen, herrliche Erbsensuppe. Uffz. Bernitt wird zum Wachtmeister befördert. Tesch fährt mit der Feldküche zur Protzenstellung, von dort mit Verpflegungswagen zum V II, von dort irgendwie weiter. Er fährt nach Deutschland – wir bleiben in der Wildnis.

Tesch hat sich 38jährig freiwillig gemeldet. Ich wurde erinnert an R. Koch: „Kriegstagebuch des Grenadiers R.K." Gerade erscheint mein Rgts.Kdr. Er läßt sich nur durch die Fst führen, erkundigt sich u.a., ob ich von Friedel Nachrichten habe. Der Kursus in Jüterbog beginnt erst am 15. September. Da hat der Glückspilz wohl noch Urlaub in Aussicht. Um 14.30 h ist Appell. In der Batterie ist ein Fall von Filzläusen festgestellt. Heute früh entdecke ich auch eine Wanze bei mir und 4 Stiche. Und ich bin doch wahrhaftig sauber und auf vieles Waschen bedacht. Wenn wir aus Rußland zurückkommen, werden wir bestimmt durch Entlausungsanstalten gehen. Und dann zu Hause das 1. Bad. Herrlich, diese Aussicht! Frische Wäsche und leichte Kleidung! Obst! ... und ... und ... und ...!

Der Appell verlief bei uns ganz planmäßig, kein Befund. Ein Glück!

Ich halte Rechenunterricht mit den Rechnern und entdecke gewaltige Lücken bei mir. Kein Wunder, denn ich bin ja nur noch beobachtetes Schießens gewöhnt. Und Vorschriften sind ja so wenig bei der Truppe.

Die Zug- und Geschützführer klagen über mangelhaftes Essen. Ich bin auch bei der 4. besseres Essen gewöhnt. Es liegt anscheinend bei dem Spieß, der ein Maulheld und Angeber und Flaps ist. Der Nachmittag verläuft ruhig. Lt. Schöps kommt von der Bst. Er hat Möglichkeiten für einen Rückzug erkundet um dann doch noch beobachten und schießen zu können. Es kommen viele Befehle etc. von Abtlg., viel russisches Propagandamaterial, Aufruf an die Bauern zur Bewirtschaftung etc., Zeitungen, Skizzen. Alles geht an die Bst weiter. Ein großes Braten beginnt. Wir haben Kartoffeln gebuddelt. Ohne diese Zutaten sind wir nicht satt zu bekommen. Fernsprecher bauen einen Tisch. Es sieht hier so aus, als würde hier eine Stellung entstehen mit allen kleinen Bequemlichkeiten. Es wird langsam Abend. Post muß noch aus der Protzenstellung geholt werden. Ich warte am Weg. Ganz langsam kommt das Rattern des Motorrades näher und Sack mit Post. Wie drängen sich alle heran! Ein Brief von Erika, ein Päckchen von Frl. Schlegemilch mit „Coelestine" von R. F. Binding. Es kommt gerade sehr gelegen. Dann krieche ich in mein „Stabszelt".

Sonnabend, den 16. August 1941

Herrlich geschlafen, um 4 h wach geworden. Ich war wieder genießerisch und habe meinen Schlafanzug angezogen. Es schläft sich doch viel besser darin als in Kleidern.

Es war wunderschön sonnig aber kühler, fast herbstlich. Bis 7 h weitergeschlafen. v. Kleist rief an, nichts Wesentliches, nur eben die Tatsache, daß man jetzt mit jeder Dienststelle sprechen kann, stimmt nachdenklich. Es ist ein Zeichen für beginnenden Stellungskrieg, d.h., daß wir im Augenblick sehr zum Nebenkriegsschauplatz herabgesunken sind. Wir können es natürlich hier ganz gut aushalten, aber die Sommerzeit vergeht, und vor einem russischen Winter graut mir doch gewaltig.

Wulff, Frick und Dr. Schoepe erscheinen. Frick mit A.V.T.: Auch solch' verdächtiges Zeichen, daß mit Sperrfeuern etc. gerechnet wird. Stellung! Allgemein spricht man von vier Wochen Aufenthalt hier. Aber, wer kann das wissen.

Im Augenblick ist die größte Bewegung ja in der Ukraine und um Petersburg. Nach der Lagenkarte vom 10.8. ist die Stoßrichtung ja klar, und die Sondermeldungen von vorgestern (Westukraine, Odessa etc.) passen vorzüglich dazu. Diesen Krieg erlebe ich wissentlicher als Frankreich, bewußter. Übung macht ja auch wohl hierin den „Lehrling".

Der Chef erscheint, wir besprechen Missstände in der Batterie (Verpflegung etc.), die abzustellen sind. Mittagessen sehr gut! Das Wetter ist auch sehr schön, warm. Ich komme allerdings wenig zum Lesen oder Schreiben, alle Augenblicke ist etwas zu besprechen. Tagebuch bis hierher. In der „Neuen „Schau" gelesen. Immer anregende Artikel.

Der A.V.T. rechnet weiter, obwohl mit einem Stellungswechsel zu rechnen ist. Unser Adjutant ist mal wieder leicht nervös: Spricht von Abmarsch, und wir müssen bereits ständigen Melder bei Abteilung haben. Hierdurch angesteckt, läßt der Spieß bereits schirren. So pflanzt sich das fort. Wir legen uns aber trotzdem ruhig hin. Um 5 h werde ich durch lautes Sprechen wach. Ich gucke verschlafen aus dem Zelt: Die Protzen sind da, aber es geht alles sehr gemütlich.

Sonntag, den 17. August 1941

Großes Erstaunen: Reihenfolge ist beliebig! Zum ersten Male im ganzen Krieg, daß etwas beliebig ist. So ist uns jede Rast freigestellt. Das Wetter ist ganz wunderbar. Allerdings sehr heiß. Es geht zuerst bis Gorki durch die Furt und an der Kunia entlang. Dann in einem Walde links der Straße Rast, in aller Eile rasiert und gewaschen. Große Schwierigkeiten mit dem 4. Geschütz, das schlechte Fahrer hat. Lebhafte Begrüßung bei der 1. Kp. Überhaupt, das Verhältnis zur Infanterie ist prächtig. Rast zu Mittag an einem Walde. Es gibt Schokoladengraupen. Als Getränk „Deutschen Tee". Das Ultimatum an die Küche hat gewirkt. Große Abwechslung, leckere Zubereitung. Warum wollen viele Menschen immer getreten sein? Aber mir ging es vor Examina auch stets so: Erst Pistole auf die Brust gesetzt, dann funkte es glänzend. Aber andere, Zuschauer werden wild. Wir kommen durch hart umkämpftes Gebiet, befinden uns im Bereich der 132. I.D. Ein Massengrab von 17 Kameraden, große „Renommierstraße" mit 10 Fahrzeugbreiten, aber alles im Sand bisher. Und links und rechts Heidekraut, das bereits blüht. Es wird doch Zeit, daß wir aus Rußland verschwinden. Zum ersten Mal sehe ich den RAD, der zu Erntearbeiten und Straßenbau angesetzt ist. Er hat einige Häuser geräumt. Erstaunlich, woran alles gedacht wird. Eine 6 km lange Rollbahn, Bohle an Bohle gelegt!! Enorme Leistung. Wir können es daran messen, weil wir kürzlich erst 20 m gebaut haben! Abendrast: Es gibt Post. Leutnant Schöps hat etwa 15 kleine Päckchen erhalten. Ich nur einen Brief von Oma Flügger. Es wird kühl. Ich unterhalte mich viel mit meinen Zug- und Geschützführern. Obwachtm. Schnell macht einen sehr ordentlichen Eindruck. Aber es ist ja immer so, daß am Anfang alles rosiger aussieht als später. Oder ist es das gleiche Phänomen wie am Morgen, wenn man aufwacht? Oder das Gleiche, daß später Eheleute immer ganz besonders gern an „die Zeit der ersten Liebe" denken? Später aber wird man wissend, voreingenommen, wird das Bild trüb und trüber. So auch meist das Leben. Denn es stimmt ja nicht, daß der Lebensabend immer vergoldet ist. Das ist stets und immer Gnade!

Tief in der Nacht erreichen wir Cholm. (Karteneinzeichnungen.) Diese ursprüngliche Brücke ist gesprengt, statt dessen geht ein Weg schräg am Hang entlang bis zur Talsohle (vor der Stadt fließen Lowath und Kunia, an denen wir schon oft gewacht haben, zusammen). Dann 16 to Brücke und am ostwärtigen Ufer wieder hoch. Kurz vorher ein Feldflughafen, dessen Inhaber in Turn- und Trainingshosen im Graben stehen und warten. Der Platz ist von Russen beschossen worden. Gegen diese Art der Kämpfe sind sie sehr empfindlich! Wir sehen auch die Abschüsse, aber von sehr weit her.

Cholm ist restlos verbrannt. Wir sehen die gespenstischen Umrisse. Durch die Stadt hindurch, es ist Mitternacht.

Montag, den 18. August 1941

Ich schlafe oft auf dem Pferde ein, wir sind diese Märsche ja auch nicht mehr gewöhnt, immerhin 65 km. Der ganze Straßenrand ist bedeckt mit Schützenlöchern, hier muß sehr hart und heiß gekämpft worden sein. Den Brand von Cholm haben wir ja bereits am 4. August gesehen, als wir auf der Höhe von Bilowa lagen. Dann noch wenige Kilometer, eine Brücke, in der ein Brett fehlte (wie sich solche Dinge einprägen!) und dann links in den Wald durch einen Bretterzaun hindurch, dickes Moospolster. Zelt wird aufgebaut, Flugblätter werden gefunden, in denen zum Überlaufen aufgefordert wird. Spaßeshalber beschließen Schöps und ich den nächsten Tag endlich, dieser Aufforderung nachzukommen, da wir doch in den eigenen Reihen nicht sicher sein sollen, lt. Flugblatt: „Erschießt eure Nazioffiziere!". Dieser eine Satz macht alles Vorangehende zum albernen Quatsch. Er geht von russischen Vorbildern aus, wo der bolschewistische Kommissar wirklich ein Schreckgespenst ist (in lebender Ausgabe allerdings). Bei uns? Ich könnte nirgendwo sicherer aufgehoben sein als unter meinen Kameraden, angefangen bei den einfachsten Leuten. Bei uns erlebt man eher das Gegenteil, Beispiele der Aufopferung des Soldaten für den Offizier. Eine völlige Verkennung der Lage in unserem Deutschland. Wenn das allerdings bekannt würde, z.B. bei meinem Ortgruppenleiter Brose, der mich ja nicht für echt hält, daß ich als Nazioffizier beschimpft werde, würde er protestieren. Aber was wird entscheidend sein im siegreichen Frieden? Die Tatsache, daß ich Soldat im Osten war oder ein anderer Maßstab? Hoffentlich nach dem Opfer, „das Jeder für sein Vaterland zu bringen bereit ist". Dann ist alles gut!

In zwei Atemzügen schläft und schnarcht Schöps, dann ich auch. Es ist gewaltig kalt. Ich werde wach von zu großer Hitze, taumele aus dem Zelt und schlafe im Schatten weiter, bin zu müde, um den Schatten richtig abzuschätzen und werde von der wandernden Sonne richtig bösartig verfolgt und bekomme einen Brummschädel. Den aber vertreibe ich durch ein Bad in einem Nebenbach der Lowath. Ich schwimme durch, in der einen Hand Waschzeug und Schuhe, und lande an einem Steinblock, auf dem ich mein Waschzeug ausbreite. Ich selbst stehe bis an den Bauch im Wasser auf einem Stein: So bequem habe ich mich selten rasiert und gewaschen. Hinter meinem Rücken werden Russen abtransportiert, einige Vorsichtige tragen bei der Hitze ihre Mäntel. Das ist übrigens ein ortsübliches Bild, daß man Landser sieht, die sich sehr ungeniert auf Läuse oder Filzläuse untersuchen. Ich tue es ja nicht anders. Und was soll man sagen, wenn sehr reinliche Menschen Filzläuse bei sich entdecken? („Sackratten".) Immer mehr nimmt die Art der Kriegsführung das Gepräge des Stellungskrieges an, vorsichtiges Abtasten von beiden Seiten. Feuerüberfälle der Batterien etc.

Wie ich fast fertig bin, ertönt der Ruf: „5. Batterie: Fertig machen." Es folgt das Übliche: Zusammenpacken, Abmarschbereitschaft melden. Ein schwarzer Himmel, Sturm, Regenwolken, eigentlich müßten wir klatschnass werden. Häßlicher, brauner Staub und Blätter wehen uns ins Gesicht. Abteilungsführer ist Oblt. Hoeckner, Major Joerges ist Artilleriekdr. der zugeführten Artillerie. Peks führt, zugleich sein eigener B-Offizier, die 4. Batterie. Die 4. Batterie fährt vorüber. Es ist erstaunlich, wie oft ich gegrüßt werde. Es ist für mich ein rührendes Zeichen. Ich bin ja auch gerne bei meiner Batterie gewesen. Der Marsch geht durch Cholm, eine ehemalige Stadt von 20.000 Einwohnern, mit Parks („für Kultur und Erholung"!), Schwimmbädern und großen Gaststätten, einer Ziegelei, einer Riesenfabrik. Die Häuser sind alle bis auf die Grundmauern heruntergebrannt. Es stehen noch – das typische Bild – die Kamine bzw. Feuerstellen und sehr große Kaminöfen. Telegrafenmasten sind verkohlt, oft steht nur der Stumpf, in 5 m Höhe der Draht, und an ihm der Porzellanisolator. Wenige Menschen lungern durch die Straßen. Aus einem Teich holt man die Wasserpumpe (Spritze), wahrscheinlich hat man sie beim Brand vermißt, und jetzt ist man vorsichtig, wo es nichts zu löschen mehr gibt. Den Weg über die Brücke zurück. Ich erhalten den Auftrag, für den Haferwagen ein neues Rad zu schnorren. Nach sehr vielem Bereden gelingt es mir bei dem Tross der 14/I.R.48, der sein einziges Ersatzrad abgibt! Dann Fahrt mit Krad (Kan. Junge) zurück, der mich nach sehr vielen Ängsten meinerseits schließlich bei der Munistaffel der 4. Batterie in den Graben setzt. Wachtm. Dulisch meint, das hätte ich von meinem Fortgang von der 4. Kompanie, so fände ich mich wieder ein. Mit SKr. und LKW komme ich dann schließlich dorthin, wo die Batterie in Stellung geht. Links des Weges ein Tal, über einen Bach führt eine Brücke, auf einer Anhöhe steht die Batterie. Zur Korrektur des Deckungswinkels müßten wir eigentlich sofort eine Scheune abbrennen. Aber wir verschieben es, vielleicht kommen wir gar nicht zum Schuß. Wir sind im Gebiet der 123. I.D., die einen ziemlichen zerfetzten Eindruck macht. (Fst bei Pustosch Tschikunowo). Ein Rittmeister übergibt vor der Fst 9 russische Minen, zusammen mit wilden Erzählungen von der Taktik der Russen: Ein PKW der Aufkl.Abtlg. fährt über einen Weg, erhält von vorn Feuer und fährt in der gleichen Spur zurück. In der Zwischenzeit hatten die Russen Minen gelegt. Der Wagen fliegt in die Luft, 2 Leutnante, 1 Obergefr. und ein Gefr. tot. Das Grab liegt sehr schön angelegt, hinter unserer Fst. Der Russe hält sich überall in den Wäldern versteckt, lassen ganze Abtlg. in den Wald hineinlaufen und schließen dann den Wald und eröffnen das Feuer. Auf diese Weise habe seine in einer Abteilung von 550 Mann 150 Tote und entsprechende Verluste. Bereits 12 Tage lägen sie in ständiger Berührung mit dem Feind. Ja, diese Truppen sind müde und bedürfen dringend der Schonung. Und wir sind frisch und ausgeruht und wollen ´ran an den Russen. Unser größter Schmerz ist ja nur, daß wir nicht das Tempo der ersten Tage vollhalten. Und alles wegen des 50. A.R., das ja in diesen Tagen zum Angriff antreten wird. Ein Witz: Das 50. A.R. besteht nicht aus Italienern, sondern aus Sachsen!!

In einem Hause hat man etwa 50 Einwohner festgesetzt, die mit den Roten Verbindung aufgenommen hatten. Ich verstehe nur nicht, daß man diese Kerls noch bewacht: Das bindet doch nur Soldaten! Das Dorf beherbergt ein Schulungslager, und die Hauptbeschäftigung war Schlittenkufen aus Holz herzustellen und Räder ganz aus Holz zu biegen. Das sind Handfertigkeiten, die uns abhanden gekommen sind.

Lt. Berlin erscheint und erkundigt sich, wie üblich, sehr herablassend, nach der Sprechstelle. Nach den üblichen Frozzeleien frage ich ihn, warum er sich nicht wohlfühlt. Da erzählt er mir von seiner Behandlung durch den Chef etc. Daraufhin sage ich ihm, daß er (Berlin) mich auch ganz unglaublich behandelt hätte, aber ich hätte es seiner Jugend zugute gehalten. Ich würde mich sehr freuen, wenn das anders werden könnte. Er schüttete förmlich sein Herz aus, und wir schieden als gute Kameraden.

Wir stellten Sicherungen gegen den Waldrand aus und schliefen. Die Leitungen wurden mehrmals durchfahren, die ganze Nacht gingen Störungssucher los, einige allerdings kamen auch nur bis zum nächsten Wald, wo sie sich aus Angst zum Schlaf bei irgendeinem Troß hinlegten.

Dienstag, den 19. August 1941

Ich werde früh geweckt und melde mich beim Kdr., der im gleichen Haus wie der RgtsKdr. wohnt. Angriff auf Kamenka etc. 4.15 h feindfrei!! So sehen die Meldungen eines leicht angeschossenen Regiments aus, ähnlich zu bewerten wie die Aussagen eines Verwundeten.

Da die Schußrichtung eine andere geworden ist, lasse ich die Batterie umkarren. Nach einiger Zeit, etwa 7.30 h Uhr, Befehl zum Stellungswechsel, nach vorwärts. Es geht noch zu langsam, die Kanoniere werden gleichgültig, weil sie doch nicht zum Schuß kommen. Bisher etwas über 200 Schuß! Das ist ja gar nichts. Als ich bei der Abtlg. vorüberkomme, winkt alles. Wahrscheinlich wegen meines Rotschimmels, den ich reite. Oder weshalb sonst? In Nowetschki ist Fst, der Batterietrupp wartet noch.

An dem Bach das rechte Geschütz, dann über das Kornfeld das 2., dann das 3. im Grund und das 4. auf dem Auberg. Ich lasse mein Zelt im Grund aufbauen. Es entwickelt sich ein gemütliches Leben. Posten gehen als Sicherung nach Westen, Doppelposten im „Lager". Der Troß verblieb in der alten Fst, die Protzenstellung im Walde zurück. Ich lasse tarnen. Unser „Otto", der Aufklärungsflieger, schreitet die Front ab, wir hören heftiges Geknalle in Richtung Kamenka, dort unsere Bst. Drei Berichte des Bst.-Personals: I.R. 418 schwer angeschlagen, verkriechen sich tief in Unterständen, sie haben keine rechte Lust mehr, weil die Verluste durch den Bandenkrieg so groß werden. Und das sind doch meist Pommern aus Ostpreußen! Kann so viel eine nicht klare Führung ausmachen? Anscheinend!

Ein russischer Artillerieleutnant sitzt im Baum über dem I.R. 418 mit Fernsprechapparat und notiert jede Bewegung auf der Straße und gibt sie sehr wahrscheinlich auch durch Draht nach hinten. Den schließlich schnappen sie. Seitenlange Aufzeichnungen. Der Russe schießt nach Kamenka. Der Tag verläuft ruhig. Sicherung für die Nacht.

Mittags waren Pade und Berlin bei mir im Zelt, auch Kleist. Dann kam noch eine schwere mot. Batterie bei mir vorbei, die dann aber den Standort wechselte. Wir haben etwas geschossen, man glaubte, eine feindliche Batterie erkannt zu haben und beschoß sie mit Feuerüberfällen und Planfeuer. Unsere Jungens strahlten über die ungewohnte Tätigkeit. Noch bei der mot. Batterie gewesen und beim Hauptwachtmeister. Nachts wurde ich manchmal vor Kälte wach, ich hatte nämlich die Stiefel angelassen. Auch war mir die ganze Ecke etwas unheimlich als einzige Truppe in einer Waldlichtung. Oder waren es die Erzählungen über die Kampfesweise der Sowjets? Es ist jedenfalls ein schönes Gefühl, wenn der Himmel etwas hell wird, und der Anfang eines Morgengebetes bekommt seine besondere Bedeutung und Tiefe: „Herr ich danke Dir für den Schutz dieser Nacht, das Licht eines neuen Tages!" Diese Urgegebenheiten von Finsternis - Schutzbedürftigkeit, Dämonenglaube, Dank für Licht, Sonnenwende etc. erscheinen mir jetzt in einem ganz besonderen Lichte.

Mittwoch, den 20. August 1941

Ich lasse mir das Rechenzelt aufbauen, es gut mit Stroh ausstaffieren und versuche zu schreiben. Es ist ganz komisch, ich werde im Denken richtig schwerfällig. Auch in den Entschlüssen zu irgendwelchen geistigen Tätigkeiten furchtbar ungelenk. Ich habe ja auch wirklich keine geistige Anregung, abgesehen von einigen kleinen Büchern und der Dienst nimmt mich doch ganz gefangen, und die Themen, die ich zu behandeln habe, sind allgemeingültiger Art, daß ich mich nicht sonderlich anstrengen brauche. Besonders aber werde ich durch das Erleben in Rußland gepackt. Denn es ist doch etwas Anderes: In Frankreich nachts im Auto auf einer Landstraße begegnen wir etwa 200 Franzosen ohne Waffen. Wenn hier ein einzelner Russe ist, hat er Minen und Gewehr bei sich und richtet gewaltigen Unfug an. Plötzlich gegen 11 h ein gewaltiger Feuerzauber aus Richtung Osten. Die Fst 6. Batterie wird angegriffen, wie sich später herausstellt, von 6 Mann. Bald darauf hören wir direkte Schüsse der 6. Batterie. Ich bringe ein Geschütz in Richtung gegen den Waldrand, einen Zug Kanoniere zur Sicherung der Protzenstellung. Aber bald ist alles vorüber. Seit dieser Zeit wächst die Spannung ungeheuer, die Posten nehmen ihre Aufgabe plötzlich wieder ernst. Wozu so etwas nicht gut ist! An diesem Tage kein besonderes Ereignis. Im Rechenzelt schlafe ich gut und warm, ich treffe Leutnant Kalaene (3./I.R.48), der seit 2 h den Wald durchtrabt hat, zur Säuberung. Er ist abends bei mir, und ich kann ihm Kartoffeln anbieten, die mir die Geschütze reihum liefern. Der Zug Kalaene hat einige Gefangene gemacht und einige abgeknipst.

An diesem Tage hatte ich sehr viel Ärger mit der Post zur Bst, die vom Verpflegungswagen wieder zum Troß mitgenommen wurde. Ich ließ die Beiden zu Fuß antraben.

Die Nacht verlief ohne jegliche Störung, denn das übliche Geknalle an den Ecken wertet man ja nicht mehr.

Donnerstag, den 21. August 1941

Ziemlich früh waren einige Feuerüberfälle auszulösen, und zwar von 2 Seiten: V.B. Oblt. v. Bremen und Bst Lt. Schöps. Das I. Btl. griff an von Kamenka nach Porubschka (nordostwärts), Straße vermint, das III. Btl. von Nowetschki nach Porubschka quer durch den Wald. Durch Artillerievorbereitung kam die Infanterie recht gut, fast ohne eigene Schießereien, vorwärts. P. wurde genommen. Ich kann mir ja so sehr gut vorstellen, wie das ist, wenn man vorne dabei ist und hier hinten ist man nur ausführendes Organ. Und plötzlich erhalten wir aus Osten Feuer.

Abschuß – Sausen – Einschlag: 2x nördlich von uns, etwa 500 m entfernt. Wir meinten „20 mehr" eingestellt und wir wären gemeint. Da kommt auch schon dieser Segen. Abschuß – Sausen - Einschlag: 50 m vor der Protzenstellung, wodurch ein Obgefr. eine Schramme an der Schulter erhielt. Ich brauche nichts mehr von Deckungslöchern zu sagen, alle buddelten eifrig, sogar Obw. Schnell persönlich. Und dann wanderte das Feuer weiter nach Süden, wir hatten den Eindruck, als meine der Russe die Dörfer und den Weg, der sie verbindet. So ein Feuer ist doch eine Nervenangelegenheit in dem Falle nämlich, daß man so etwas lange nicht erlebt hat. Man muß nämlich so etwas eigentlich ständig erleben, dann wird man eingewöhnt. Es ist ja doch auch Überraschung des Ungewohnten. Wenn man erst im Feuer ist (als V.B. z.B.), gewöhnt man sich wohl schnell, vorausgesetzt, daß man heil durchkommt. Dann wieder Feuerüberfälle, die mir noch nicht gefielen, es kleckerte zu sehr. Es ist hier in der Rekruten- oder Verbandausbildung nicht ordentlich genug gearbeitet worden, wie mir scheint. Diese Tätigkeit war in der 4. Batterie besser.

Von überall her hört man das Schießen der Batterien, und dann am Nachmittag, als der Angriff der Bataillone beendet ist, kommen 2 Sowjetbomber. Ich brülle eben noch „Fliegerdeckung!", da hört man schon Bomben detonieren im Norden, und da erscheinen sie vor uns in 30 – 50 m Höhe. Man erkennt alles ganz deutlich, aber uns nicht. Ein indirekter Beweis, daß wir gut getarnt sind. Also hat uns dieser Tag so ziemlich alles gebracht, was man erwarten kann. Eigentlich fehlen nur noch die Panzer, aber dafür ist das Gelände zu ungünstig. Abends kommen der Batterietrupp und Chef zurück, für den nächsten Tag sei eine neue Lage, Sicherung der Flanke, also Richtung nach Osten. Kaum sind für diesen Stellungswechsel die Vorbereitungen getroffen, dann neuer Befehl von Abtlg. mit Krad und neue Lage für den nächsten Tag: Angriff nach Norden, gewaltiger Artillerieaufmarsch etc. Gewaltiges Wetterleuchten, wie ich es noch nie erlebt habe. Zuerst war es undeutlich, ob Wetterleuchten oder Geschützabschüsse. Dann allerdings wären wir in einem Kessel. Und bald darauf Regen. Vorher noch Brotsuppe. Oblt. v. Ledebur erscheint und ißt mit uns. Schnell ins Zelt und geschlafen. Mitten in der Nacht höre ich Telefonate, den Angriff betreffend.

Freitag, den 22. August 1941

Wecken um 5 h. Die Protzen sind in kürzester Zeit da, ab geht es. Es hat aufgehört zu regnen, ein Geschütz sackt ab, wird aber wieder flott gemacht. Der Rest der Batterie fährt durch Zaun und Garten. Die gestrigen Einschläge lagen teilweise recht gut auf dem Wege. Überall Protzenstellungen und Fst. Die Wege sind durch den starken Regen sehr aufgeweicht. Das Aufnehmen der Fst macht große Schwierigkeiten, da eine andere Batterie bereits eingefahren ist. Und als wir eine andere Stellung ausgesucht haben und die Geschütze einfahren, befinden wir uns 20 m vor den Rohren einer 15 cm mot. Batterie. Wir karren daraufhin um, sind zur festgesetzten Zeit nicht feuerbereit, aber es macht nichts aus, weil der große Angriff abgeblasen worden ist. Ein motorisierter Verband Berger ist mit seinen Fahrzeugen nicht durchgekommen. Es ist kühl und naß, tiefe Wolken, es regnet manchmal leise. Ich erhalte große Mengen Post, darunter 2 Briefe von Erika mit je einem großen Foto. Wunderschön. Außerdem die Bestätigung, daß Friedel angekommen ist, ebenfalls mein Paket. Erika hat einen gewaltigen Schreck bekommen, als sie die Ringe erhielt, aber der Brief beruhigte sie.

Ich erhalte einige „Zigarren", 1) weil das Geschütz umgekippt ist (stimmt, der Vorwurf ist gerechtfertigt, ich hätte einen noch besseren Weg aussuchen müssen) 2) für schlechtes Feuer eines Geschützes. Dafür kann ich nichts, denn ich habe die Geschützstaffel so übernommen und nicht selbst ausgebildet: in der 4. allerdings klappt es besser und da zeichne ich verantwortlich. Aber u. U. werde ich verantwortlich gemacht. Aber mir genügt so etwas für diesen Tag.

Die Portionen sind ganz wunderbar: Drei Riegel Schokolade, drei Rollen Drops. Ob man uns wegen der schwierigen Lage besonders hätschelt?

Das Wetter klärt langsam auf. Wir schlafen etwas, denn der Russe schoß in Richtung Bst, und da hat sich Lt. Schöps „Herr Landrat" sicher geärgert. Als Auswirkung wunderbar sitzende Gruppen und Abpraller auf dem Waldrand. „Vergeltungsfeuer".

Wir fahren wie 1870 offene Feuerstellungen auf und beobachten von hier aus die Schüsse, häßliche Abpraller.

Dann habe ich am Tagebuch geschrieben und musste sehr viel nachholen seit dem 18.8. Neben uns steht eine schwere mot. Batterie, hinter uns, senkrecht zu meiner Schußrichtung, eine

SFH-Batterie. Vor uns eine andere SFH-Batterie.

Wenn die Russen Artillerie hätten und dazu noch gut ausgebildete Soldaten, gäbe das hier ein furchtbares Morden. Vor den Rohren wird Heu geholt, soweit man sehen kann friedensmäßiger Betrieb. Was bezweckt die ganze Kriegsführung? Will man durch dieses Hin und Her möglichst viele Gegner binden?

Immer wieder betrachte ich die neuen Fotos. Die sind zu schön. Mein Junge ist seit Mai zur Persönlichkeit geworden, mit lebhaftem Ausdruck.

Es ist ein schöner Herbstabend, klare Luft, Abendwolken. Plötzlich Feuerüberfälle unserer mot. Batterie. Die Gruppen liegen im Wald, gut zu beobachten. Dann schießt noch eine weitere Batterie 30 m vor unserer Bst. Der zweite Schuß weiter links. Rote Leuchtkugeln! Die gleiche Sache wie gestern Abend. Wir sollen noch Sperrfeuer erschießen. Ich mache meinen Rundgang durch die Fst. Ich staune nur, wie gut die Kanoniere ihre Löcher gebuddelt haben. „Wir wollen uns nichts vorzuwerfen haben." Dann gehe ich auch zu Heu. Ein hoher Berg an der Zeltwand. Ich schlafe mal wieder kultiviert mit Schlafanzug. Denn morgen ist ja hoher Festtag.

Sonnabend, den 23. August 1941

Erikas Geburtstag

Um 4 h werde ich wach. Ich hatte gestern Abend nur gehört, daß ein Funker um 4 h anrufen sollte: Prompt werde ich zur gleichen Zeit wach. Ein herrlicher kühler, frischer Herbstmorgen. Der Himmel fast durchsichtig klar, eben geht die Sonne auf. Aber es ist mir zu kühl, als daß ich aufbleiben möchte, So schlafe ich weiter. Aber es ist mir schon klar, daß heute Erikas Geburtstag ist. Und ich, während ich mir vorzustellen versuche, wie nun wohl der Geburtstag gefeiert werden mag, schlafe ich wieder bis 7 h. Und dann Waschen, Rasieren und die Morgenlesung, und zum Frühstück bringt Schürmann mir besonders nett garnierte Butterbrote. Dazu aus einer Zitrone eine Blumenvase geschnitten mit Pechnelken. Dazu pflücke ich mir einige Enzian. Auf den Tisch stelle ich die neuen Fotos, und es folgt eine Aufnahme.

Kurz darauf kommt Major Joerges, Einweisung über die Lage und Besprechung von Einzelheiten. Dann kommt Lt. Goebel von der motorisierten Nachbarbatterie, wir unterhalten uns etwas. Dann Briefe geschrieben. Das Wetter wird klar, die Sonne kommt durch. Endlich wärmt man etwas auf. Wir erhalten Rußlandzulage, ähnlich wie das Afrikacorps: Dessen Angehörige werden wohl auch alle eine Erholungskur durchmachen müssen. Welche Strapazen halten die eben auch aus?!!

Über Mittag ist die Sonne sehr heiß. Es gibt als Geburtstagsessen Wasserreis mit Früchten. Alles strahlt und ist begeistert von dem guten Essen der letzten Tage.

Ich lese etwas in den Jahresheften der Hutten-Schule. Den Brief muß ich doch noch schreiben. Am Nachmittag längere Unterhaltung mit Schnell über die Fst und die Leute. Dann Feuerüberfälle der schweren Batterien, die mit Fliegern eingeschossen werden. Unser „Otto" kreist ganz langsam über der Feindbatterie. Es rauscht dort gewaltig, die Wände des Zeltes beben. Ein langer Brief an Erika wird geschrieben. Wie oft mag ich mir schon die Bilder begluckt haben? Dann feuerten wieder die feindlichen Batterien. Lt. Frick kommt mit Koordinaten, und wir rechnen einige Feuerüberfälle aus. Die Tätigkeit der Batterien verstummt, sobald wir feuern. Aber dann rührte sie sich wieder. Und wir konnten genau beobachten: 1 schweres Geschütz, 4 leichte. Und immer die gleiche Kante hatte er als Ziel. Ob da allerdings noch jemand steckt? Ich muß mir mal diese Gegend ansehen. Dann zählen wir die Blindgänger, zuerst 50 %, dann einmal von 8 Schüssen 6 = 150%!! [Das schwächste Fach meines Vaters in der Schule war Mathematik. K.-M. D.] Ständig werden Kommandos errechnet.

Ich beende Brief an Erika. Langsam geht die Sonne unter.

Unser „Otto" kurvt wieder über dieses Feindgelände. Es ist ein friedlicher Sonnabend. Gerade erscheint der Glutball zum letzten Verschwinden durch die Sparren eines baufälligen Hauses links vor mir. Von rechts Ziehharmonika, die Kanoniere reinigen ihre Kochgeschirre: Es kann Sonntag werden.

Sonntag, den 24. August 1941

Der Abend war nun doch nicht so friedlich, wie wir nach dem herrlichen Abend erwarteten. Es wurde Sperrfeuer erschossen, mir passierte die Schweinerei, daß ich ein Kommando oder Fernsprecher falsch hörte und die Batterie statt 4000 auf 5000 feuerte. Der Schuß war daher nicht aufzufinden. Das war mir sehr peinlich. Dann, als ich schlief, noch verschiedene Funksprüche, ein weiteres Sperrfeuer betreffend. Dann habe ich diesem ewigen Gequatsche ein Ende gemacht. Es wird nachts recht kühl, luxuriös geschlafen mit Schlafanzug etc. Es ist komisch: Wenn ich sogar zufällig, irgendwo eine Uhrzeit für den frühen Morgen höre, nehme ich es, auch ganz gegen meinen Willen, auf und wache prompt auf, z.B. 4.30 h mit den Funkern. Man könnte mich also ärgern, indem man mir irgendeine Zahl beiläufig sagt: Ich falle darauf rein. Ich muß mir als Gegenmittel etwa 7 h Uhr scharf einprägen. Das hilft meist. Der Gipfelpunkt soll ja bei den Fischern erreicht sein, die Ebbe und Flut deutlich spüren. Als ich aufwachte (4.30 h) und dann etwa gegen 7 h, ist mir gleich bewußt, daß es Sonntag ist. Aber ruhig war der frühe Vormittag gar nicht. Im Gegenteil: Es begann mit der Nachricht vom Tode des Leutnants Detlef Berlin. Am Vorabend war der Verpflegungswagen (Panjewagen) der 6. Batterie auf dem Wege zur Bst auf eine Mine gefahren und beide Fahrer sowie Pferde verwundet. Sie konnten aber noch zum Batterietrupp kommen. Am frühen Morgen gingen Oblt. Pade, Lt. Berlin und ein Lt. von der Infanterie zu den Pferden, um sich die Verwundungen anzusehen. Auf dem Rückweg kommt anscheinend von einem Ferngeschütz eine Granate und haut in der Nähe ein. Die Beiden konnten noch den Graben erreichen, Lt. Berlin wird von einem Splitter getroffen, Leistengegend, Darm und Magen aufgerissen. Schneller Tod.

Nun erscheint mir unser Gespräch vom 18. August in einem ganz anderen Licht. Wie gut, daß wir untereinander reinen Tisch gemacht haben. Lt. v. Kleist bittet mich, die Beerdigung zu halten. Ich übernehme es gerne.

Dann Vorbereitung zu einem Rot-Weiß-Schießen. Es sind dies Granaten in diesem Anstrich mit normaler Kartusche. Sie zerspringen wie Doppelzünder und enthalten Propagandamaterial, das dann zur Erde herunterfällt. Später sahen wir auch eins dieser Flugblätter. Sie enthalten eine Zeichnung der deutschen Front mit dem Aufruf überzutreten, um so das Blutvergießen zu beenden. Das Flugblatt gilt als Passagierschein für eine beliebige Anzahl von Offizieren und Soldaten. Um 10 h startet ein Feuerüberfall, wie er bildhübscher nicht gedacht werden kann. Es sollte das Zeichen zum Angriffsbeginn sein. Eine Stunde später aber trat erst die Infanterie (I.R.418) an (123. I.D.). Alles, was sich nun erzählen ließe über dieses I.R.418, würde Bände füllen. Es wäre allerdings kein Ruhmesblatt für das deutsche Heer. Ich erspare es mir, erzählen ist leichter. Nur das Eine: 8 Tage lang bereits kämpft dieses Regiment um einige Dörfer. Es hat große Verluste. s.A.A. 526 (mot.) ist als Korpsreserve dort eingesetzt. Dazu III/A.R.143. Wir machen Stellungswechsel nach Norden. Das Dorf Kamenka (und später Nawolok) hat schwer gelitten. Brandbomben durch Sowjetbomber. Und dann vor allen Dingen die Minen! Autos, Kräder liegen umher, die auf eine Mine gelaufen sind. Überall am Wege erhöhte Zahl von Kreuzen. Es folgt eine recht öde Straße, die arg zerschossen ist. Links des Weges wollen wir gerade in Stellung gehen, da kommt Major Thiel und weist uns an eine andere Stelle. Ich bleibe aber an dieser Stelle, weil ich dort durch Krad abgeholt werden soll. Lt. Frick holt mich ab. Der Oblt. Pade verspätet sich wegen des schlechten Weges. Er ist doch sehr mitgenommen. Ich halte eine kurze Ansprache: Das Erschrecken über den Tod trotz 2jähriger Gewöhnung. Kurze Stille und Besinnung. Das Opfer. Kriegerehrung in Brüel. Das Opfer. Geborgen sein in Gott. Des Vaters Hand. Einsegnung. Vaterunser, Segen. Dann sprach der Kdr. zum militärischen Werdegang anschaulich und packend. Dann Ehrung durch Salve. Erdaufwurf. Sehr viele waren erschienen, auch von der Infanterie. Rückfahrt zur neuen Fst. Vor den Geschützen ist ein ganzer Wald entstanden. Links neben uns schwere Batterien, ebenfalls über der Straße rechts. Wir befinden uns in einer ebenen Fst, der man anmerkt, daß sie übereilt verlassen worden ist. Oelkannen und Eimer und Ledermaterial liegt überall umher. Schöps ist da, Chef ist auf Bst bzw. bei dem Bataillon. Wir gehen früh schlafen.

Montag, den 25. August 1941

5 h Uhr werde ich im Rechenzelt geweckt. Befehl für Angriff von der schweren Abtlg, der wir unterstellt sind. Den Befehl schicke ich zur Fst und Stellungswechsel nach Norden, Leermaterial lasse ich an die Straße tragen. Wir ziehen aus der Fst auf einen gefahrenen Wege, neben uns geht ein Sanka hoch, der Fahrer Quetschungen, der SanUffz. tot, der Oberarzt Schädelbruch. An sehr vielen Minenstellen kommen wir vorüber, und wie viel mögen im Wald verborgen liegen? Wir dürfen nur die Wege benutzen!

Neue Fst in Lerrowo. Dann weiter nach Ssopolje. Von hier aus Auftrag, den Troß von Tschikunowo nachzuholen. Erst mit Krad (PKW etc.) zur Abtlg., [...] mehr Konuwka, sondern auf furchtbarem Wege nach Porutschka. Dann dem Troß entgegengefahren, „Meteor" bis K. geholt. Neben Lt. Berlin liegt ein Uffz., der gerade eben beerdigt worden ist (durch Feldwebel Joduleit, 14./I.R.48), der auf eine Mine gefahren ist. Diese Minen können auf die Nerven fallen. Bei Troß 4. Battr. Am Zaun geschlafen, furchtbar gefroren, sternklare Nacht. Es könnte fast gereift haben.

Dienstag, den 26.August 1941

Um 4 h Wecken. Alles läuft umher und vertritt sich die Beine. Es ist jämmerlich kalt, gerade geht die Sonne auf. Mit Oblt. Adam (1/526) fahre ich in Richtung Batterie (Ssokolje), bitterkalt im Kübelwagen. Brücke und Furt. Zur Batterie zurückgefunden. Sehr kalt, am Holzfeuer gewärmt, schnell rasiert und gewaschen, dann Abmarsch über Ostrowa. Hier Mittagsrast. Unser taktisches Zeichen auf der Holzschaufel bewährt sich doch sehr gut. Weitere Einzelheiten von I.R.418 (sowjetischer Spähwagen). Dann sollen wir in Stellung gehen und ein Spähtrupp gegen die Lowath losgehen. Dort soll sich der Feind stark gesetzt haben. Wir gehören nun wieder zur II. Abteilung und damit zum I.R.48 und sind froh darüber. Aber ein derartiges Kommando zu einer anderen Truppe ist auch sehr lehrreich. Man lernt die guten Seiten einer aktiven Division kennen und schätzen. An einer Hauskante auf Flachsbündeln gesessen und geschrieben. Leiser Regen. Nach einiger Zeit kam Kdr. und wies uns eine Stellung an. Mitten in einem Kusselgelände, Wacholder und Birken, stehen die Geschütze mit direkter Richtung. Von der Deckung wird mancherlei weggeholzt und zur völligen Tarnung benutzt. Postempfang. Von Erika, Friedel und Paehl-Zapel. Aussprache mit Chef wegen evtl. Anschisse. Es wird kühl, ein wirklicher Herbstabend. Plötzlich kommt der Befehl zum Stellungswechsel nach Kamenka. Wir waren der 123. I.D. unterstellt, nun sind wir wieder Korpsreserve. Dann gibt es sicher wieder einen Sonderauftrag. Oder ob bald ein Generalangriff kommt? Wir wollen es hoffen, denn wir rechnen bis Mitte September als einen Termin für günstiges Wetter. Ob bis dahin der Krieg beendet ist? Erika wartet doch wohl schon sehr auf mich. Pastor Pollot-Wittenburg gefallen!

Zuerst war der Weg ordentlich, in Deutschland würden wir es Landweg nennen, aber das sind hier in Rußland fast Hauptstraßen. Meinen Fotoapparat hatte ich fast verloren, irgendwo abgelegt und dann vergessen. Auf dem Boden eines Panzerwagens fand ich ihn wieder. Diese Freude! Es wurde empfindlich kalt.

Ich gehe viel zu Fuß, um nicht einzuschlafen, und um mich zu wärmen. Wir kommen durch schwelende Dörfer. In unserem Rücken knallt es. Ich halte es für durchaus möglich, daß der Russe gemerkt hat, daß wir abgezogen sind und dem I.R.418 wieder scharf zusetzt. Dieses Schlappregiment verachten wir gründlich!! Und dann erreichen wir Porutschka, den Ort unseres V.B. der Vortage. Wir haben gerade die Fahrzeuge und Pferde untergezogen, da kommt der Kdr. und wirft uns hinaus, denn das I./48 würde hier Quartier machen. Sehr schwierig, bei völliger Dunkelheit, die Fahrzeuge herauszulotsen. Aber natürlich klappt auch das. Verwirrend war, daß zur gleichen Zeit Teile des I. Bataillons in unsere Unterkunft einziehen wollten. Aber es geht weiter. Kaum sind wir einige 100 m vorgezogen, stellen wir fest, daß der Knüppelkamm restlos verstopft ist. Es liegt an dem Troß des Regiments. Es geht schrittweise vorwärts. Die Sterne sind zwar wunderbar, aber ich achte nicht mehr darauf, ich bin furchtbar müde. Ich gehe nach vorne, um nach der Ursache zu sehen. Diese Arbeiten machen etwas Anregung, so schlafe ich nicht ein. Nur einmal wäre ich fast umgefallen. Ich hatte stehend geschlafen. Plötzlich stehe ich neben einem Soldaten, der ein Pferd hält. Wir schauen uns gegenseitig an, erkennen uns aber nicht. Es ist Wulff, auch völlig verschlafen. Der Schlamm ist ganz unbeschreiblich, so zäh, daß er einem fast die Stiefel festhält, und manche Fahrzeuge stecken bis an die Achsen im Schlamm. Die Inf. Fahrzeuge bleiben oft stecken. Fabelhaft ruhig und gleichmäßig ziehen unsere Pferde. Nur der Haferwagen hat umgekippt. Solch' eine Nacht ist ganz furchtbar: Ohne Schlaf, frierend warten. Schließlich geht es vorwärts. Wir halfen den letzten Fahrzeugen. Bald ist die Unterkunft erreicht, unsere alte Fst von Kamenka. Nach den notwendigsten Arbeiten gehe ich schlafen. Es ist 7 h.

Mittwoch, den 27. August 1941

Ich wurde durch die starke Sonne wach gegen 12 h. Inzwischen soll sich folgendes ereignet haben: Lt. Barth soll dem Chef, der neben mir schläft, über Abmarsch etc. berichtet haben. Daraufhin ist der Chef losgeritten zur Abtlg., weil er nichts kapiert hatte. Er ist zurückgekommen und hat sich wieder schlafen gelegt. Von allem habe ich nichts gemerkt. Ganz schnell gewaschen und gegessen, um 13 h Abmarsch. Der Weg geht über die alte Straße zurück. Beim Abmarsch erleben wir noch, daß ein Pionier auf eine Mine getreten ist. Glücklicherweise nur leichte Verletzung. Unheimlich, diese Minen!

In Tschikunowo treffe ich auf die 4. Batterie. Eigentlich gehöre ich immer noch dort hin, Hoeckner meint genau das Gleiche. Die Sondermeldungen über den Kessel bei Welikije Luki (30.000 Gefangene, 4.000 Tote, 400 Geschütze) wirkt belebend. Mir drängen sich Gedanken über „Höhere Führung" auf. Hat doch das 50. A.R. den Raum am 22.7. beginnend erreicht und wurde hier festgehalten. Man sagte uns, vor ihm liegen 7 Divisionen. Man setzte daraufhin Flugzeuge etc. ein. Man erzählte uns, Otto v. d. Leyen, unser früherer Div.Kdr. sei dort tätig. Das Korps könne nicht vorwärts, und wir hatten hier auch einen kleinen Eindruck bekommen. Und nun diese Erklärung!! Zweifellos ist man unterrichtet gewesen, daß diese Truppe nicht so vollwertig war wie eine aktive Division. (Siehe 12. und 32. I.D. verglichen mit 123. I.D.) Und trotzdem ein Wert! Diese Berechnung der oberen Führung, und dann an der ganzen Front! Daß also die Operationen der Umzingelung bei Newiliki Luki einbezogen in das Ereignis der Ukraine und anderswo.

Mir ist das eine Parallele zu Gottes Meinung über uns Menschen. Er kennt uns und unsere Schwächen, setzt uns so ein, wie wir es leisten können und führt seinen Plan doch, mit und trotz uns, durch. Aber Einsatz ist gefordert, Fehltritte und Schwächen werden eingerechnet.

Ich mache mir oft Gedanken über „Demut und Hoffahrt". Ist Demut ein Wort für das Verhältnis von Mensch gegenüber Gott? Oder gilt es auch für Menschen untereinander? Ich werde durch die Erfahrungen dazu gebracht, einen ähnlichen Standpunkt wie Luther anzunehmen: Freier Christenmensch als Herr aller Dinge und niemandem untertan.

Wir haben bald die Unterkunft erreicht. Kurz vor Cholm, ein Busch an einem Flüsschen, links des Weges. Es regnet erst langsam, dann immer stärker. Aber unser gutes Zelt, auch wenn es schon Löcher hat, hält. Schnell eine Karte an Erika geschrieben. Post erhalten von Erika, Friedel und Paehl. Gegessen, dann auf Flachs geschlafen. 20.30 h zu Bett, Schöps gab noch Bahlsen-Keks, bei deren Verzehrung ich einschlief.

Donnerstag, den 28. August 1941

Um 7 h aufgewacht. Leiser Regen. Es ist anscheinend ein Ruhetag. Ruhig fertiggemacht, dann gelesen und Briefe geschrieben. Stülpnagel kommt und leiht sich Bindings „Coelestina". Kirschlikör als Empfang. Herrlich. Nach dem Mittagessen (Erbsensuppe, wunderbar) gelesen und geschrieben. Endlich muß doch mal meine Korrespondenzen erledigt werden. Sonst nichts Neues, Abmarsch etwa 20 h, Tagebuch bis hierher geschrieben.

Beim Abmarsch regnet es, stockfinster ist die Nacht, und die Wirkung bliebt nicht aus: Das Geschütz der 6. Batt. bleibt stecken, ein Geschütz der 4. hängt nach und folgt uns. Eine lange Stockung mitten auf der Straße vor Cholm. Grund: eine mot. Kolonne versperrt die Brücke. Es ist recht kalt, aber diesmal haben wir Mäntel an. Ich setze mich an mein Haus und schlafe wohl ein. „Fertig machen." Und schon ist der Batterietrupp in der schwarzen Nacht verschwunden. Wohin nun? Ich reite vorweg und merke am Geräusch der Hufe, daß ich auf einer gepflasterten Straße bin. Vor mir nichts. Es ist der Geruch von verbrannten Häusern in der Luft. Cholm. Links Geräusche. Die nächste Straße links ab. Nach einigen Gräben und Telefondrähten lande ich auf der richtigen Straße. Alles geht durch Zuruf. Eine Holzbrücke, ein Stop. Es ist ein Bohlensteg. Gut, daß wir hier gelandet sind. Und dann beginnt die Anfahrt zu der 2. Brücke über die Lowath. Steil abfallend. Paul Wulff von der 4. hat umgekippt, ebenso unter lautem Geschrei unser langer Knabe. Sein Wagen hat nämlich keine Bremsen. Wenn nicht an manchen Ecken ein Mann mit Taschenlampe stünde, wäre der Weg nicht zu finden. Einige helfen sich, indem sie sich ein Handtuch unter den Stahlhelm binden, das über den Rücken herunterhängt. Quer durch Cholm geht unsere Fahrt, aber zunächst noch ohne Verbindung nach vorn. Ich sammele mit dem Spieß gemeinsam die übrigbleibenden Reste der Batterie, und den gesamten Troß. In der Stadt findet sich noch die Feldküche. Schließlich holt uns ein Melder zu Pferd ab. Zum Glück, wir atmen auf. Etwas heller ist es auch schon geworden, und bald stoßen wir auf die Batterie. Der Chef teilt mir mit, ein Geschütz von uns sei verschwunden, und es müsse mir gefolgt sein. Ich verneine, es sei nur eins von der 4. hinter mir und ich sei doch oft am Ende geritten! Gut, also reite ich zurück und suche mein Geschütz. Und tatsächlich! Im Dunkeln habe ich nicht gemerkt, daß hinter dem einen Geschütz noch unserer eigenes fuhr. So groß war die Finsternis.

Freitag, den 29. August 1941

Wir sind viel zu Fuß gegangen, immer an dem Bach entlang, einem Nebenfluß der Lowath. Der Schlamm war unbeschreiblich, eine Zeitlang auch Kalk, so daß das Lederzeug gelblichweiß aussah, fast so wie in Frankreich in der Champagne. Einen gewaltigen Schock haben wir jetzt vor Tretminen. Das ist das Blödeste was es gibt und es braucht ja nicht nur russisch zu sein, vielleicht auch eigene, die man nicht aufgenommen hat. Wir waren alle sehr müde, im wesentlichen sieht man Vergleiche von einer Nacht in Polen. Bei den Oxhöfter Kämpfen, wo es noch dunkler und noch nasser gewesen sein soll, aber ich muß gestehen, daß mir diese Nacht durchaus genügt hat.

Gegen 6 h kamen wir in Morschowo an, vorher lagerte die 4. Batterie. Wir zogen durch das Gelände, das wir Ende Juli bereits beschossen hatten. (Ssopski, das Entlastungsgefecht für die 32. I.D.) Ein eigenartiges Gefühl. Wir rasten in einem Kiefernwald, mir wird feierlich zumute, als ich nach vielen Wochen des Herumkriechens im Sumpf und Busch endlich einmal wieder einen Hochwald sehe. Wir liegen einfach links und rechts des Weges. Bald ersteht unser Zelt, und ich komme mir vor wie in einem Fliegerhorst. Kiefern, weicher, ausgetrockneter Boden, ein schnurgerader Weg, alles gut durchgeforstet. Es tut gut, mal wieder etwas zu sehen. Und vor dem Zelt, vor der Tür, eine Lichtung mit Heidekraut und Preißelbeeren. Es fehlt nur noch die Drahtumzäunung, und es könnte der Naturpark fertig sein. Und wunderbar, mal wieder auf trockenem Boden zu liegen! Wir essen schnell etwas, schlafen ein bis Mittag äußerst konzentriert. Nach dem Mittagessen wieder geschlafen, während Chef und Schöps losreiten müssen, um die Bst etc. zu erkunden. Zum ersten Mal bin ich zufrieden, daß ich Batterieoffizier bin und jetzt faul sein kann. Ich schreibe einen Brief an Erika und lege Heidekraut mit ein, rotes und weißes. Ich bin richtig glücklich und froh über diese schöne Umgebung. Der Angriff für den nächsten Tag wird um 24 Stunden verschoben. Wegen der schlechten Wege ist die mot. Artillerie noch nicht herangekommen. Ich gehe früh schlafen, kurz vor 9 h.

Sonnabend, den 30. August 1941

Bis 7 h fest geschlafen. Ich ging mit Eimer bewaffnet an einen Tümpel und habe mich gründlich gesäubert. In einer Scheune droschen 4 Frauen mit Flegeln das Korn. Es ist für den Russen das ständige neue Wunder, daß er das Korn nicht abzugeben braucht, daß er es behalten darf. So ist fast überall das Korn auf den Feldern mindestens gemäht. Auch die Flachsernte ist im vollen Gange. Es ist übrigens das erste Mal, daß ich diese Art von Dreschen sehe. Wohl entsinne ich mich, daß Vater uns oft erzählt hat, daß er es im Winter auf der Tenne angesehen hat und daß 4er-Schlag am anstrengendsten sei. Das ist mir jetzt alles klar.

Ich gehe zur 4. Batterie; ich hatte immer noch im Koffer eine Schachtel Zigaretten (500 Stück) vorsorglich gekauft, nun kann ich sie ja mal abgeben. Peks ist etwas krank, Hoeckner wie immer sehr nett, Berner, wie so oft, unrasiert. Auf dem Rückweg gehe ich mit dem Stabsarzt.

Große Wäsche bei mir. Daher muß ich meinen Leinenrock anziehen. Es ist sehr heiß. Am Nachmittag reite ich mit dem Vorkommando zur Erkundung der Fst und evtl. Vormarschwege. Insgesamt 5 Std. im Sattel. Es ist ein herrlicher Herbsttag, noch schön warm, aber der Schein der Sonne wird goldener. Am Wege ein Grab mit vier Infanteristen, I.R. 4, das in den Abwehrkämpfen größere Verluste gehabt hat, jedenfalls mehr als im Angriff. Wir erkunden eine Furt, eine Brücke ist gesprengt oder verbrannt. Um 6 h bin ich zurück. Geldempfang. Ich schicke zu Bübchens Geburtstag 120,- Rm. Das lasse ich auf sein Konto gehen. Denn jetzt habe ich Geld in rauhen Mengen. Aber es hat ja absolut keinen Wert für uns. Was habe ich gespart: Erst 250,- Rm Schulden abgetragen, und außerdem stehen noch viele Gelder aus, die ich für Zigarren und Zigaretten verauslagt habe: Das Geld bekommt Erika. Für die 120,- Rm kann vielleicht Bübchens Zimmer bezahlt werden oder seine Möbel oder sonst irgendwas für ihn, oder es kommt aufs Sparbuch.

Wasserreis mit Obst und Tee. Ich lege mich hin. Um 24 h ist Abmarsch.

Sonntag, den 31. August 1941

Es ist noch dunkler als in der vorletzten Nacht, aber trocken, einige Sterne. Es muß an einigen Stellen mit Licht gearbeitet werden, sonst geht es nicht. Trotzdem kippt ein Munitionswagen um, und der Gefr. Niemann kippt mit und hat eine leichte Nierenquetschung. Ich verliere meinen Umhang, den ich mir vorsorglich über meinen Sattel gehängt hatte. Ich reite zurück und finde – eine Zeltbahn. Aber das merke ich erst viel später. Einen Umhang kann ja doch nur ein Offizier tragen. Es ist also zu erhoffen, daß ich den Umhang zurückerhalte.

Das Einfahren klappte ganz gut, völlige Dunkelheit. Als die Batterie feuerbereit ist, lege ich mich etwas hin. Kurz vor 5 h heftiges Geknatter der Infanterie. Der Angriff beginnt, und schon kommen die ersten Feuerkommandos, dann abwechselnd vom V.B. und der Bst über Funk und Draht. Nach kurzer Zeit ist die 1. Staffel leer und die 2. fährt ein. Und über Mittag, im strömenden Regen, muß auch noch die 1. Staffel zum Munitionsempfang. Es regnet sehr heftig. Nach dem ersten Regen, den ich schlafend unter einem Wacholder verbrachte, leicht eingeschlafen, ließ ich das Zelt aufbauen, dafür ist es ja da, und so sitze ich nun und schreibe das Tagebuch bis hierher. Der Angriff ging nicht so schnell vorwärts, wie wir das erhofft und erwartet hatten. Der Russe klebt zu zäh am Boden. Aber schon macht die Art.Abl.526 (s.mot.) nach vorn Stellungswechsel, und das ist für uns auch ein gutes Zeichen. Zum ersten Male im Kriege mußten es mir Kameraden sagen, daß heute Sonntag ist. Daher auch der Angriff und der Stellungswechsel: Kommt doch immer nur zum Wochenende! Und darum erschien mir gestern der Nachmittag ganz besonders sonnig. Wie ein Spazierritt war das Ganze ja, fast ohne Waffen in der warmen Herbstsonne, in fast übermütiger Stimmung mit Trabs und Galopps etc.

Wachtm. Franke, ein Trompeter, stets lustig und auf Draht, meldet sich binnen einer Stunde zurück. Er hat Munition bei der 32. I.D. erhalten. Der andere Staffelführer kam nach 7 St., völlig durchnäßt, zurück. Und dann kam das, was wir alle befürchtet hatten: Ein Stellungswechsel nach vorwärts! Es regnete in Strömen, irgendwo starkes Wetterleuchten, die Straßen grundlos, die Gefahr des Abrutschens sehr groß. Einen Teil der Munition ließen wir zurück, 106 Schuß, die am nächsten Tag nachgeholt werden sollten. Ansonsten ist das Liegenlassen von Munition strengstens verboten, da der Nachschub bei diesen Entfernungen natürlich sehr schwierig ist. Wir kamen auch verhältnismäßig gut bei der Bst an, und dann begannen die Schwierigkeiten. Ein Geschütz blieb stecken und kam erst gegen Morgen an. Der Chef machte mir Vorwürfe daraus, daß ich nicht dabeigeblieben war etc. pp. Ich erklärte mir das aus seiner Spannung heraus. Denn der Kampf war sehr heftig gewesen. Im Bataillon 75 Ausfälle, davon 20 Tote, im ganzen Regiment 105 Ausfälle! Aber es war ja auch so, daß an einer Stelle die Linie durchbrochen werden mußte, damit die anderen es leichter und weniger verlustreich haben könnten. Uffz. Angermann, 4. Batterie, erhielt einen eigenartigen Schuss, Genick, Steckschuß ins Schulterblatt. Hoffentlich nicht auch noch Lungenschuss. Er war ein tadelloser Soldat und lieber Kerl, er war ja auch immer bei mir auf Bst. Der Russe hatte sich ausgezeichnet verschanzt. Scharfschützen spielten eine große Rolle, und so war der Erfolg um so höher zu bewerten. Wir zogen in das völlig abgebrannte Borodino am Tuderfluß. Hier waren wir bereits vor vier Wochen. Dann begann ja unsere Ringfahrt.

Es war eine schaurige Nacht. Strömender Regen und große Kälte. Dann große Müdigkeit. Man könnte eine kleine Idylle schreiben: Regen. Und dann die Panne mit dem einen Geschütz, das im Graben versackte. Vor der Brücke mußten wir lange suchen, und ich ritt noch einmal zurück, ohne Erfolg. Dann legten wir uns für kurze Zeit hin, nur auf Zeltbahnen angewiesen. Tee mit Rum machte mich so müde, daß ich trotz Kälte und Nässe einschlief: 1 h.

Montag, den 1. September 1941

Um 2 h sollte die Abtlg. uns endgültig einweisen, entweder endgültige Stellung hier oder Vormarsch. Nichts von Befehl! Um 4.30 h wecken, und ich ritt nach dem Geschütz zurück, das immer noch nicht eingetroffen war. Ich fand es in einem Walde an Abhang. Furchtbare Wühlerei, um es wieder flott zu kriegen. Der Spieß, für diese Sachen wunderbar zu gebrauchen, half mit. So zogen wir dann zum Lager. Ich habe mich sofort wieder hingelegt. Und bald kam dann auch der Befehl zum Abmarsch. Ein Glück, daß wir aus dieser nassen Wiese herauskamen. Dann begann ein leiser Regen einzusetzen, der uns langsam aber sicher durchnäßte. Der Weg wurde immer schwieriger und schwieriger. Wir kamen durch das Kampffeld von gestern. Granaten haben sehr gut gelegen und gewirkt. Die Stellung der Russen fabelhaft angelegt. Überall Spuren des russischen Rückzuges: Gasmasken, zerbrochene Gewehre, Helme, auch einige Tote. Patronen in riesigen Mengen. Es ging recht langsam vorwärts, denn Inf.Fahrzeuge schafften es einfach nicht, und auf diese mußten wir warten. Schwierigkeiten machte mir auch der V-Troß, der so weit zurück war, daß er uns nicht erreichte und die Frage der Verpflegung Sorge machte. Mittagsrast 2 Std., rings umher war noch Kampflärm zu hören. Wir aßen auf einer Wiese, Regen vertrieb uns allerdings an eine Hauswand. Ich las gerade auf der Protze, da lädt mich Paul Garbe, 2. Koch der 4. Batterie, an der Sowjetküche zu Graupen und Pflaumen ein. Das war ein Genuß! Rührend die Anhänglichkeit. Weitermarsch. Beim Verlassen des Dorfes bricht Deichsel des 2. Geschützes. Kurz darauf ist auch bereits der Rastraum erreicht. Zeltbahn, Heu, bald bin ich verschwunden und schlafe wunderbar. Es regnet.

Dienstag, den 2. September 1941

Um 4.30 h ist Wecken. Es regnet stark, ich habe den einen Wunsch: Wenn doch nur die obere Führung ein Einsehen hätte, und uns liegen ließe. Aber dieser feige Wunsch erfüllt sich nicht. Wir marschieren los und warten auf einer Dorfstraße. Ein zäher Brei ist die Straße. Links des Weges hat sich die 6. Batterie Zelte gebaut. Die Straße geht etwas steil bergab. Schon bleiben die ersten Fahrzeuge stecken. Bis an die Achse müssen sie hinein. Und dann kommt die Hauptschwierigkeit: eine Furt hinter der Karelkino und dann ein gewundener Hohlweg mit 30cm tiefem Schlamm. I/48 stellt Schiebekommando. Wir kommen ohne fremde Hilfe hoch.

Vorher habe ich noch erst Hoeckner in seinem Zelt besucht. Er hatte sich wieder hingelegt, als er das Tempo des „zügigen" Vormarsches sah. Irgendwie ist doch bei der 4. Batterie meine Heimat. Tut es die Tatsache, daß Hoeckner und ich unausgesprochene Freunde sind? Mit v. Bremen werde ich irgendwie nicht warm, obwohl ich mich gefreut hatte, ihn näher kennen zu lernen: irgendwie umgibt er sich mit einer kühlen Reserve und ist trotz aller Freundlichkeit hochmütig-herablassend. Ich komme nicht recht dahinter. Allerdings habe ich mich auch manchmal übel blamiert, so mit falscher Kommandoauffassung, falscher Streuungsberechnung, dann das Schießen vom Sonntag, das dem Chef zu langsam erschien, sodaß er die Geschützbedienung zum Vorwurf machte. Darüber habe ich mich sehr geärgert, da es bestimmt an der zu langsamen Übermittlung lag. Das habe ich auch dem Chef ganz klar ausgedrückt.

Nach der Furt und dem steilen Berg zogen wir einen neuen Weg links ab und erreichten bald die alte Vormarschstraße, die recht gut befahrbar war. In einem Dorf kurze Mittagsrast, damit die Brücke nicht durch andere Truppenteile versperrt wurde. Großes Feuer auf dem Dorfplatz, Essen an der Feldküche. Stahlhelm im Feuer glühend gemacht. Wir benutzten die Vormarschstraße der 32. I.D., deren Kdr. zwar wütend, aber ungehindert ziehen läßt. Es war Korpsbefehl, daß wir die Tagesziele auf befestigten Wegen erreichen konnten. Nach einigen Kilometern eine wunderbare Dorf- und Gutsanlage mit Allee und großer Kirche. Ich besehe sie mir von innen. Reich ausgestattet war sie, wunderbare Ikonen, als Andenken leider zu groß. Alles verwüstet und zerstört, Stroh auf dem Fußboden. Kurze Fahrt mit Sturmgeschütz, dann Stabswachtmeister Hasselfeld getroffen, der mir erzählte, er habe in Cholm einem orthodoxen Gottesdienst beigewohnt.

Der Rastraum war kurz danach. Viel Stroh, viel Heu, viele Kartoffeln. Es gab Bratkartoffeln mit Champignons, Brot mit Wabenhonig. Nach 2½ Tagen endlich wieder rasiert und gewaschen. Früh zu Bett. Es war bitter kalt. Und bei jeder Gelegenheit machten wir uns ein Feuer und stehen herum. Ein paar Kartoffeln ins Feuer geworfen, erinnern mich an frühere Herbste, wenn wir mit Vater die Kartoffeln ernteten. Steckmöhren und Rüben sind sehr beliebt. Es ist das Wenige, was wir in diesem Lande finden. Die Nacht war bitter kalt, schon sieht man den Hauch des Atems.

Mittwoch, den 3. September 1941

Früh aufgestanden. Überall langer Halt. Einige Jäger flogen über uns, ohne etwas zu unternehmen. Links und rechts von uns knallt es von Geschützen, unbekümmert ziehen wir weiter. Irgendwo ist wieder eine große Stockung, wir kommen nicht weiter. An einem Feuer habe ich meine in Auflösung befindliche Reitgerte verbrannt, sie hat mich seit Juni 40 in Frankreich begleitet. Dieses Rußland verzehrt sehr viel. Mittagsrast war sehr ausgedehnt. Verpflegungswagen ist immer noch nicht da. Das Schlachten kann daher beginnen. Jetzt ist eine sehr günstige Gelegenheit. Ich schreibe das Tagebuch bis hierher, liege auf einer Weide.

Danach wieder Marsch und immer wieder diese Stockungen, hervorgerufen durch Infanteriefahrzeuge. Und dann rege Fliegertätigkeit der Sowjets über einer Furt, die wahrscheinlich dicht verstopft ist. Wie ich erfahre, hat die 4. Batterie 1 Toten und 8

Pferde Verlust. Es ist empfindlich kalt, es geht ständig bergauf und bergab durch viel Wald, jeden Augenblick tauchen Jäger auf (Ratas), werfen wohl auch Bomben, denn kurz darauf erhebliche Brände am Horizont. Und unabsehbar zieht die Marschkolonne. Immer wieder Fliegerdeckung im Walde. Ich gehe nach vorne, eine Zeitlang mit Stülpnagel. Wir verstehen uns in letzter Zeit sehr gut. Auf einem Hügel steht der Kdr. und verfolgt den Vormarsch seiner Abtlg. Es geht durch dichten Wald in ein Dorf, in dem Teile der 32. I.D. auf Einfädelung warten. Schwere Granatwerfer der Russen erbeutet. Sie hängen hinter einem LKW, der mit Munition voll bepackt ist. Nun erklärt sich auch der rasche Stellungswechsel dieser flächigen Spitzen. Ich hole Teile des Trosses nach, die sich haben abdrängen lassen. Schwere Flak fährt auf. Enorm, wie der Nachrichtendienst klappt.

Es war richtig kalt, so ein frischer Wind, etwa Anfang Oktober in Deutschland. Mein Schäfer Mallow erläutert mir die Wetteraussichten, nach seiner Ansicht sind sie nicht günstig, allerdings legt er sich auch nicht fest. Wir rechnen alle mit Vollmond als den Grund des Umschwungs zum Guten. Hauptmann Hürter (13./I.R.48) erzählt vom A.R., daß die Aussichten günstig seien. Auch sei der günstige Wetterumschwung in Rechnung gestellt. Demnach sei mit baldigem Kriegsende zu rechnen, was uns nur recht sein kann.

Gespräche und Fragen. Wann kommt der Verpflegungswagen? Post? Bleiben wir im Winter hier?

Es ist sehr kalt auf den Waldaihöhen. Mir geht durch den Kopf: Was würde geschehen, würde einer aus der Batterie kommen und sagen: Ich will nach Hause!? So etwas kommt gar nicht in Frage.

Bald ist die Unterkunft erreicht. Das Unterziehen geht sehr schlecht. Ein Geschütz fährt gleich das Tor um, ein anderes den Lokus (daraufhin entsetzlicher Gestank). Dann ein Bienenhaus. Sie haben geschlachtet. Das Fleisch ist auf Trichinen untersucht, es wird verteilt. Beim 1. Geschütz lade ich mich zum Abendessen ein. Ich bekomme Salzkartoffeln und ein ganzes Huhn, sie suchen ihre Ehre darin, mir das Beste vorzusetzen. Und im „Kasino", einer nicht stinkenden Bauernstube, esse ich Kotletten. Heu wird hereingeschafft, der Ofen zum Qualmen gebracht gegen evtl. Ungeziefer, Und um 24 h liegen wir. Es regnet draußen leise.

Donnerstag, den 4. September 1941

Um 6 h werden wir wach. Der Bursche weckt uns mit Bratkartoffeln. Brot gibt es nicht. Ohne uns zu waschen gehen wir heran: Sie schmecken wunderbar. Es regnet nicht mehr, ist überhaupt etwas wärmer geworden. Der Abmarschbefehl lautet auf 11 h. Infolgedessen gehen wir in sehr gemächlicher Weise an alles heran. Der Verpflegungswagen fehlt immer noch. Daher kein Brot! Was würden wir jetzt ohne Kartoffeln anfangen?

Ich lasse mir von Kan. Mähmann, einem Imker, Honig aus den Kästen nehmen. Wunderbare goldgelbe und bernsteinbraune Waben, einen ganzen Teller voll. Ich schlecke den Honig, Erzählung aus der Kinderzeit tauchen auf, und wie oft habe ich mir das gewünscht: Echte Bienenwaben zu essen. Ich lasse sie im M.G.-Wagen unterbringen. Der Besitzer kommt zurück, ist sehr erstaunt, daß er noch nicht erschossen wird und bietet mit überschwänglichen Gebärden seine Dienste an, ein Feuer anzumachen. Sonst saß er den ganzen Tag auf dem Hof und schaute zufrieden dem Feuer zu. Unsere Landser brutzelten, daß es nur so knatterte. Und dann eine große Bewegung, Hafer- und Verpflegungswagen kommen! Alle Entbehrungen (wenn man das so nennen kann!) sind vergessen. Post wird verteilt (ich habe leider gar keine) und dann wird Verpflegung ausgegeben, gegessen, schnell noch geschrieben, dann kommt langsam der Abmarsch.

Es ist das erste Mal, daß ich in einem russischen Haus geschlafen habe. Abneigung war unberechtigt, das Haus war wirklich geruchfrei, von Ungeziefer nichts zu merken. Natürlich hatte ich mich zu dick eingedeckt. Gewaltig warm.

Endloses Herumstehen auf den Straßen. Die Straße ist ganz ordentlich, nur an einigen Stellen sehr steil und dann stockt alles. Wir ziehen Mäntel an, eine herbstliche Stimmung, mit nassem Nebel. Wir liegen zur Nacht in einem Dorf, fast Kolchosenbetrieb. Der Natschalnik ist noch überzeugter Kommunist, früher in deutscher Kriegsgefangenschaft. „Was wir haben, wissen wir, was wir bekommen, wissen wir nicht." Es gehört doch unendliche Stupidität dazu, sich mit den „Segnungen" des Bolschewismus abzufinden. Diese Dörfer sind jetzt alle etwas wohlhabender geworden. Die Stuben sind immer mit Brettern verschalt, Blumen, auch einige Töpfe, die obligatorischen Bilder von Stalin und Lenin aus einer Zeitung herausgeschnitten.

Es gibt Brotsuppe, dazu werden Fleischstücke gebraten, Bratkartoffeln und je ein Spiegelei, ganz herrlich. Wir schlafen bald ein.

Freitag, den 5. September 1941

Um 6 h werde ich durch lautes Knattern wach. Ich hatte auch noch von MGs geträumt. Es ist der Chefbursche, der Fleisch brät und Bratkartoffeln bereit hält. Als ich aus der Tür trete, bietet man mir Hühnersuppe mit Reis an! Es ist ein Schlemmerleben, das wir im Augenblick führen. Abmarsch war auf 11 h festgesetzt, aber plötzlich abgeändert in „sofort". Alles läuft reibungslos ab. Die Fahrzeuge, die in der Allee gestanden hatten, machen kehrt, und schon rollt alles. Die Ursache: Der Kdr. will uns wegen der schlechten Wegeverhältnisse vor der Infanterie durchschleusen. Bald erkennen wir die Notwendigkeit. Steile Berge, die unsere Pferde gut ziehen, aber die den Infanteristen bestimmt große Schwierigkeiten bereiten werden. Eine Zeitlang geht es noch über die Rollbahn, aber dann gingen wir seitlich in die Gebüsche, und es fängt ein furchtbares Karren an. Der Waldweg wird eng und enger, und es beginnt zu regnen. Nach kurzer Zeit ist alles schmierig und glitschig. Die 4. Batterie ist vorne und feuert, und wir stehen mitten im Wald und können nicht vor und zurück. Der Wagen des Div.Kdrs. steht eingeklemmt. General v. Seydlitz geht zu Fuß nach vorne, von wo Gewehrfeuer zu hören ist. Ein blödes Gefecht hat sich angebahnt. I.R. 4 (32.I.D.) hat den Feind vor sich hergetrieben, sodaß er vor unseren Streifen von links kam, etwa 6 Std. Zeit hatte, sich einzugraben. Das besorgte er gründlich. So lag er mit 400 Mann vor uns, als unser II./48 auf ihn traf. Er wehrte sich verzweifelt, war aber bereits von 3 Seiten umgangen, als er sich ergab. Etwa 250 Gefangene, 50 Tote. Ich sah mir die Gefangenen an, meist ältere Leute, eingezogen (als Rekord!) am 25.8.! Ohne vorherige Ausbildung. Übergelaufen waren sie unter Anstiftung eines Soldaten aus Tarnopol, der sich als „a Jud" bezeichnete, etwas Deutsch (Jiddisch) sprach. Er ahnt wohl noch nichts von der deutschen Rassenpolitik. Gewehrmunition hatten sie bei sich, ebenfalls ihre Gewehre, aber nach unten gekehrt. Dies waren die ersten Zeichen einer nachlassenden Kampfkraft der Sowjets, die wir bemerkten. Anderswo soll es ja schon länger so sein. Jedenfalls ließ sich im Anfang nichts Derartiges feststellen.

Diese Gefangenen traf ich in unserer improvisierten Fst am Hang. Alles klatschnaß, sämtliche Protzen hinter uns im Gebüsch.

Überall liegen Tote und sterbende Russen umher. Lt. Dr. Bathe kam, ich half ihm, sein Fahrzeug den Berg hinaufzuschleppen. Er aß bei mir Honigbrot. Ein famoser Kerl, wir sind sehr gute Bekannte geworden. Dann Stellungswechsel nach vorwärts ins nächste Dorf, in Wynokuscha. Wir ziehen, wenn möglich, jetzt immer ins Haus, bei mir ist bereits wieder jenes prickelnde Gefühl wie in Frankreich: Wo mögen wir die Nacht verbringen? Aber wesentlich schmutziger als die vorige Nacht, gut, daß es bei unserem Eintreffen bereits dunkel war. Abends noch Feuer aus russischer MP auf unsere Lagerfeuer, die ich daraufhin löschen ließ.

Sonnabend, den 6. September 1941

Früh wach geworden, sehr kühl, aber langsam sich erwärmend. Vor unserem Haus drei Gräber von Gefallenen des Vortages. Keine Bekannten. Vom Wege weiß ich nur, daß es über Wischenka, Ogarkowo, Uljanino nach Nowiki führte. Ich hatte mich, wie auch die anderen, beim Vorrücken der Batterie verspätet, sodaß kein Halt kam. Wir mußten hinterher laufen. Dann sahen wir uns wunderbar aufgebaute Feldbefestigungen an. Was haben die Russen hier für Arbeit verwandt. Herrliche Pakunterstände mit weiter Sicht, gut ausgebaut mit Balken. Laufgrabensysteme wie im Weltkrieg, und alles zur Verteidigung. Der offensive Charakter des Feldzuges fehlt den Russen in diesem Stadium gänzlich. Aber in der Verteidigung ist er Meister!

An einem Hang wurde Essen ausgegeben, danach fertig machen. Das geht mich jetzt so herrlich wenig an, das gilt jetzt stets für den geplagten B-Offizier, der immer kalte Kost bei sich haben muß, während mir der Teller mit dem Essen stets auf den Tisch gebracht wird. Aber interessanter ist es für den B-Offizier. Aber ich bin ja auf diesen Posten hingestellt. Aber von hier aus bis zu dem „freudig die Pflicht verricht!" ist ein weiter Weg. Die Fst war wenige Kilometer weiter bei Teterino im Grunde.

Im Dorf lag das ganze III. und I. Bataillon. Das II./48 war angesetzt auf Odojewo, das am Tage vorher wieder aufgegeben war. Schöps als V.B. 5./48 war eifrig am Schießen, 119 Schuß. Es sollte Sturmgeschützbatterie 666 in Marsch gesetzt werden auf dieses Dorf, aber auf vielen Umwege von hinten. Wegen unmöglicher Wege aber kamen sie nicht vorwärts. Wir richteten uns für die Nacht ein. Zum Teil sehr rege Fliegertätigkeit, immer 3 Ratas und 4 Ratabomber, und dagegen 4 deutsche Zerstörer, die offensichtlich die Aufgabe hatten, die Rollbahn der 32. I.D. zu schützen, auf der 2 Panzerdivision nach Nordosten rollen. Wir hören auch ständig deren Rollen und Brummen. Abends Bratkartoffeln mit Huhn. Tagsüber furchtbaren Regen, auch schon Hagel. Die Nacht war mondhell. Der Nachmittag, abgesehen von Fliegerei, in seiner ganzen Stimmung mit Sonne und Wolken und Dunst ein richtiger Vorabend zum Sonntag. Bei Zeltbeleuchtung habe ich noch gelesen!

Sonntag, den 7. September 1941

6 h Abmarsch. Ich führte die Batterie auf einem Umweg nach Odojewo, die Wege waren nicht zu befahren. Ich ritt weit vor der Batterie und überlegte mir (der Weg war nicht zu verfehlen), ob ich Grund zum Danken hätte. Und da fand ich so viel, daß ich ganz von selbst das Lied „Nun lob' mein Seel' den Herren" sang. Und diese frohe und dankbare Stimmung hielt einen ganzen Tag an. Der Weg führte über Wachnowa (hier Rollbahn der 12. I.D.), Lawrowo, Tukowitsch. Es war sehr frisch, kalt. Ein sehr scharfer Wind und am frühen Morgen bereits Fliegerbetrieb. Unsere Flak an dieser Stelle schießt tadellos. Eine Gruppe von häßlichen schwarzen Flocken am Himmel verjagt sie, die auch bereits bei den ersten Schüssen ausreißen. Heimatbriefen zufolge soll man Engländer oder Russen in dieser Eigenschaft unterscheiden können: Die Engländer sind hart und fliegen weiter, der Russe brennt aus. Nach einiger Zeit war Odojewa erreicht, das sonst nur 3 km von Teterino entfernt war. Im Dorf begegnen uns etwa 50 Gefangene, am Schluß marschbereit eine Krankenschwester, die recht gepflegt aussah, mit Wasserwellen! Wir sind allerdings auch recht anspruchslos geworden! Obwohl dies alles nur kleine Gefechte sind, so verlangt die Art der Buschkriegführung große Opfer: Lt. Ehrlich schwer verwundet (Lungensteckschuss), Lt. Markgraf gefallen. Wir zogen an seinem Grab vorüber. Es ging gleich weiter: Vormarsch im Batterieverband. Lt. Schöps fand noch in einem Baumstamm, der zerkleinert werden sollte, zaristische Geldscheine, viele tausend Rubel: Er verteilte sie spaßeshalber. Ich habe einige aufbewahrt. Ein wunderbares Wetter, herrliche Wolkenbildungen, dazwischen einige Schauer. Rege Fliegertätigkeit, die uns aber verschonte. Zum Mittag gab es Reis mit Obst, dann plötzlich Einsatz der 4. Batt. Wir wurden verschont

und konnten ruhig weiterziehen. Eine nette Episode: Das 3. Geschütz rutschte an einem glitschigen Hang ab und überschlug sich mit der Lafette, sodaß sich ein Rad in der Luft drehte. Jeder Zivilist hätte vor Entsetzen aufgeschrieen. Uffz. Schulz, Zugführer, meinte nur: „Schade, nun ist der ganze Honig ausgelaufen!" (Er befand sich in der Freßkiste auf der Lafette.) In kurzer Zeit war das Geschütz wieder auf die Räder gestellt. Über Galitschina, Lug nach Stobuja, über die Brücke rüber nach Ossujag, Pferde kamen alle in Scheunen unter, ich habe Möhren gefüttert. Zur Vorgeschichte des Ortes Ossujag: Sämtliche Einwohner waren geblieben, mit Ausnahme der Kommunistenfamilie, deren Haus man uns jetzt als Kasino anbot. Ein gewisser Wohlstand war vorhanden. Kurzes Abendessen, dann Schlaf. Leider zog ich nur meinen Pullover an und keinen Rock, so dass ich gewaltig fror, ohne die Entschlußkraft aufzubringen, mir etwas überzuziehen.

Montag, den 8. September 1941

Und ich werde denn ja auch mit steifem linken Hals wach und konnte kaum den Kopf drehen. Aber der größte Luxus: Eine Rasur vor einem Spiegel mit den Ausmaßen 60 x 90! Da habe ich mich nach etwa 3 Monaten wieder gesehen. Ich hätte fast „Spiegelgespräche" geführt. Und dann fand ich hinter vielen Ikonen, die ziemlich kitschig waren, eine Messingplatte mit Relief des St. Georg oder Michael mit hellblauem und dunkelblauem Emaillegrund. Eine wunderbare Entdeckung! Mittlerweile war die Frau zurückgekommen: Ihr Schwiegersohn war Kommunist, ihr Mann im Weltkrieg gefallen, ihre Söhne sind jetzt Soldaten. Ich habe ihr die Ikone abgekauft. Den Kauf muß ich mir noch von Lt. Schöps bestätigen lassen. Aber weiter zur Vorgeschichte. Ein ehemaliger Kriegsgefangener hatte die Dorfbewohner überredet zu bleiben. Als er mit uns ins Gespräch kam, stellte sich heraus, daß er in Erfurt gewesen war. Seine Aussprache des Deutschen war gründlich sächsisch. „Erfurt ä gläne Stadt!" Und das im Waldaigebiet, in der Nähe der Wolgaquelle! Und unsere Kommunistin hatte sich wohl bei ihm erkundigt, wie man uns begrüßt. Infolgedessen trat sie bei mir ein: „Morchen!" Dann bot uns die Frau aus ihrem wundervollen echten Samowar zu trinken an. Schweres Messingzeug mit vielen alten Stempeln, wie ich sie aus dem Baltikum kenne in Rüters Haus. Das Wasser kochte, der Samowar „summte" wie in vielen Romanen, wir warten und warten. Endlich muß doch der Tee gezogen haben? Da stellte sich heraus: Ihr fehlte der Tee. Sie bat uns darum! Und das im Lande des Tees, der doch nie, in keiner ärmsten Hütte, fehlen durfte, der zum ganzen russischen Milieu hinzupaßte, ja, dieses erst ausmachte. Wie arm ist Rußland geworden!

Abmarsch. Aus einem kurzen Marsch wird ein mühsamer Weg bis 15 h nachmittags, über sehr viele Höhen und durch Schluchten. Das 2. Geschütz hängt ab, Pferde schlapp: An einem riesigen Bombentrichter vorüber, der eine Brücke sperrte. Dann Fst bei Jeskino, vorbei an sehr eifrig angelegten Befestigungen der Russen, die im Tarnen, überhaupt in der Verteidigung, wahre Meister sind, die sich dem Gelände so ungeheuer geschickt anpassen. Während wir – nach dem Urteil des russischen Generals – abgesehen von dem besseren Material an Mensch und Gerät uns „wie die Kinder benehmen". Wir sind eben auch harmlos, zünden Feuer an usw.

Die Fliegertätigkeit ist sehr rege. Ständig zwei Ratas in der Luft, die immer wieder an einer Stelle angreifen wollen (anscheinend die Rollbahn), aber sofort durch Flak vertrieben werden. Am Morgen in Pugowa erscheinen plötzlich ganz niedrig 2 Bomber. Seemann von der 4. Batterie wurde verwundet. Wir tarnen uns doch schon etwas besser, dem Gelände angepaßt. Es ist toll: Hierin sind wirklich unsere Jungs wie die Kinder: Auf einer Wiese tarnen wir mit Stroh, auf einem Stoppelfeld bestimmt mit Gras oder Sträuchern.

Die Fst ist, was die friedlichen Angelegenheiten angeht, sehr ungünstig: Wasser fehlt, Kartoffelfelder fehlen! Wir graben ein Loch, und das Sumpfwasser quillt hervor, ist ja auch feucht. Ich verlege unser Zelt hoch an den Hang, damit ich möglichst dem Sumpfe fern bleibe. Herrlich geschlafen, nur ist meine linke Schulter ziemlich steif. Erkältung? Rheuma?

Dienstag, den 9. September 1941

Ich werde spät wach. Es ist sehr schönes trockenes Wetter. Ich spreche mit Hoeckner, um 2 Friseure zu pumpen, da bei der 5. Batterie keine sind, und unser Haarschnitt allmählich wüst ist. Diese erscheinen auch gegen Mittag und sofort beginnt ein wüster Ansturm auf die Träger der Zivilisation. Was sind das für Genüsse! Mal wieder anständig geschoren zu sein. Es ereignete sich das Übliche: Stiefel wurden zum Schuster gebracht, die Deichsel wird angeschweißt, der Schneider hat Hochbetrieb. Leichter Regen. Und plötzlich Stellungswechsel! Wir hatten uns auf einige Ruhetage gespitzt. Große Enttäuschung! Was soll das bedeuten? Es wurde mir später klar: Wir liegen an einer Seenkette, ähnlich der Lötzener Seenhöhe in Ostpreußen. Es handelt sich um Seliger-See, Stersch-See, Wolga-See. Diese erstrecken sich von Osten nach Westen, lassen eine etwa 10 km breite Landenge frei und knicken nach Süden ab. Diese Enge ist nun von entscheidender Wichtigkeit für den Russen. Die Seen sind eine natürliche Befestigung, gelingt es ihm, die Landenge zu halten, braucht er kilometerweit keine Truppen an den Seen entlang und die Rollbahnen im Hinterland stehen ihm zur Verfügung. Für uns bedeutet diese Enge eine ständige Bedrohung unserer rechten Flanke, zumal die Russen das I.R.89 mit überlegenen Kräften angegriffen hatten. Also soll I.R.48 diese Landenge besetzen und die Flanke sichern.

Der Abmarsch war bei herrlichem Wetter. Wir waren fast in übermütiger Stimmung, bekamen allerdings sehr bald einen Eindruck von der Befestigung der Russen. Der Weg führte nach Ratschki, einem lang gestreckten Dorf mit einer weithin leuchtenden weißen Kirche. Dann rechts ab bis zum Dorfe Gorbowo Der Stangenfahrer des 2. Geschützes, Krellenberg, hatte schlecht gefahren und das Geschütz stak im Graben. Hierdurch wurde die ganze Batterie aufgehalten. Ich habe ihn furchtbar beschimpft, er tat mir fast selbst leid. Ich ließ ihn ablösen, er wird unter dem Spieß irgendwo wieder fahren. Als wir noch tränkten, kam Befehl von III. Battaillon, sofort in Stellung zu gehen. Wir fuhren nur nach rechts den Abhang hinan und befinden uns schon an Ort und Stelle. Die üblichen Arbeiten zur Feuereröffnung, dann früh ins Zelt gekrochen.

Mittwoch, den 10. September 1941

An der Tarnung gearbeitet. Ein sehr lebhaftes Schießen etwa von 9 – 14 h. Der Feind hat an der Landenge sehr gute Befestigungen, die ihm langsam entrissen werden. Eine Tankfalle mit Bohlen ausgelegt etc. Die 11. Kp., links angesetzt, hat sehr starke Verluste, ein Lt. von der 10., den ich am Vortag traf, gefallen. Hptm. Ernst 10./I.R.48 Schuß durch beide Beine. Ich kann mir kaum die Lage vorn vorstellen. Es muß aber sehr heftig gekämpft werden. Heftiges Gewehrschießen, übergroße Granatwerfer auf russischer Seite. Unser Kabel wird oft durchschossen. Die Bst macht oft Lageveränderung. Und bei uns ist alles so friedlich! Nur der normale Betrieb. Die Krankenwagen rollen ständig in unser Dorf. Hier ist ein Sammel- und Umschlagpunkt. Wir beschäftigen uns mit Tarnung. Wachen müssen besonders wach sein, da der Russe immer angreift. Er vermutet wohl unseren Angriff und versucht, dem vorzukommen.

Donnerstag, den 11. September 1941

Man müßte eigentlich einen zusammenhängenden Bericht über das Leben in der Fst schreiben, was so alles an einen herankommt, was zu erledigen ist etc. Denn so gleicht ein Tag dem anderen außerordentlich. Der heutige Tag stand unter dem Zeichen der russischen Flieger. Immer wieder erscheinen sie zu dritt, kreisen und beobachten. Fst 4. Batt. hatte sich anscheinend schlecht getarnt, wir sahen, wie sie immer wieder aufflogen und beobachteten die Leuchtspurgeschosse aus dem starren MG. Erfolg: Oberkanonier Musselh, 30 Jahre alt, Bauer, erhält Oberschenkelschuß, vermutlich Amputation. Unser Wachtm. Franke, der gerade dorther Munition holte, erhält Streifschuß rechte Backe unter dem Auge. Das Dorf Trestino, in dem die Abtlg. liegt, wird in Brand geschossen (Phosphorkugeln!). Am Morgen war dort Waffenappell und Pferdedurchsicht gewesen. Ein sträflicher Leichtsinn! Verschiedenes Gerät verbrannte mit. Alles das, was sowieso Fehlbestand war. Das Ärgerlichste sind natürlich Decken und Mäntel.

Mein früherer Bursche Armoneit gefallen. Er flickte die Leitung, Granatsplitter am Kopf und Brust und Arm. Hinter ihm „lütt Ohde", einen Splitter in den Arm, leicht verletzt.

Von der 5. Batterie Kan. Spindler gefallen, Kopfschuß. Gefr. Treber erhält Granatsplitter im linken Ellenbogen. Er stand unmittelbar vor dem Chef. Die Bst hält mancherlei aus in diesen Tagen. Die haben allesamt das EK verdient.

Die Jäger werden frech und frecher. Einer erscheint etwa 30 m über unserer Fst. Nichts hat er gesehen. In der Nacht kontrolliere ich die Wachen. An jedem Geschütz ein Posten, falls Sperrfeuer geschossen wird, außerdem Doppelposten vor der Fst. Der Sanikraftwagen fährt noch immer! Ich gehe in das Haus und verteile Zigaretten. Ich möchte heulen vor Wut über das Elend, das ich sehe. Im dunklen Raum fiebert ein 20jähriger und spricht von seinem Kochgeschirr. Ein riesenlanger Gefreiter humpelt am Stock, spricht nicht von seinen Schmerzen (Knieschuß), sondern tröstet seinen Kameraden mit Lungensteckschuß. Fabelhaft diese prächtigen Typen. Ich bin richtig stolz auf unsere 48er. Aber es ist ja furchtbar, was an Leid in unserem Abschnitt sich ereignet hat. 15 Infanteristen in Kokowkino, unser Spindler wird der 16. sein.

Freitag, den 12. September 1941

Um 6 h gehe ich durch die Fst und finde sehr viel Arbeit vor. Tarnung, Deckungslöcher. Ich selbst buddele mir einen Unterstand vor dem Zelt. Von der Fst ist nicht viel zu sehen. Zwei Geschütze als Kornhocken, zwei im Gebüsch, das wir eigens hierzu anpflanzen.

Mein neuester Luxus ist: Gegen 7.30 h meldet mir der 34jährige Vich, Fahrer des MG-Wagens, daß das Wasser warm ist. Da gehe ich oben ins Haus und rasiere und wasche mich mit heißem Wasser. Man sollte es nicht tun, um sich nicht etwas anzugewöhnen, das man nicht ständig vollhalten kann, aber ich genieße es so richtig. Es regnet langsam aber stetig. Pfützen bilden sich, wie mag es jetzt den armen Infanteristen in vorderster Linie zumute sein, die sich in ihren Löchern nicht rühren können, weil sonst der Russe ständig schießt? Wir gut haben wir es! Wir können in unser Zelt kriechen, ich trage Gummistiefel gegen den zähen Lehmschlamm. Aber schon, wenn man ins Fernsprechzelt kriecht, bekommt man nasse Kniee. Allmählich verstehe ich das, was man mir vom Weltkrieg erzählte: Wasser in den Unterständen!! Das Zelt hält verhältnismäßig dicht, der Regen übrigens hat einen Vorteil: Die Russen kommen nicht! Ob deren Piloten sich auf Blindflug nicht verstehen? Ob das Material die Feuchtigkeit nicht recht vertragen kann? Wieder früh zu Zelt, ich brauche jetzt mindestens 9 Stunden Schlaf und verstehe Erika in ihrem Schlafbedürfnis sehr gut. Allerdings, wohin soll das führen, wenn die Tage immer kürzer werden? Dann wird man um 14 h sich schlafen legen.

Sonnabend, den 13. September 1941

Das Wetter wird wieder besser. Major Joerges erscheint, kurz darauf Oberstlt. v. d. Meden im Sturmgeschütz, kalt, mit Monokel. Sie fahren nach vorne, um sich die Lage der HKL anzusehen. Frick bleibt in der Zwischenzeit hier. I./A.R.48 wird angekündigt und erscheint auch kurz danach und geht rechts neben uns in Stellung. Kähler besucht mich, Neuigkeiten seit 12. 8. werden erzählt. Oblt. Flor (1./12) verwundet, sein Nachfolger Oblt. v. Österreicher verwundet, so geht es eine ganze Reihe lang. Die 4. Batterie wird wieder angegriffen im Tiefflug. Pferde und Kanoniere verwundet. Stabsarzt Dr. Uhthoff bei mir.

Es wird heftig geschossen am Nachmittag. Auf russischer Seite befinden sich an Artillerie: 1 Schnellfeuerkanone, 4 leichte Geschütze, mehrere übergroße Granatwerfer, die der Infanterie gewaltig geschadet haben. Gefechtstärke der Kompanien durchschnittlich 50 – 60 Mann. Für uns kommen 5 Mann Ersatz. Auftritt mit OKan. Becker wegen Faulheit (wachen!) und Gefr. Stuke (Überheblichkeit).

Hier gleicht doch ein Tag sehr dem anderen. Es ist schwierig, jedem Tag sein besonderes Gesicht zu geben! Wie mag das erst im Winter werden?

Sonntag, den 14. September 1941

Diesen Tag habe ich so richtig genossen. Spät aufgestanden, langsam rasiert und gewaschen (natürlich mit heißem Wasser!) und dann sehr viel gelesen. In den Losungen, dann „Als Christ und Kompanieführer im Weltkrieg" von E. Schnepel. Dann in der „Deutschen Frömmigkeit" das März/Juni Heft. Sehr interessante Artikel, dann den Literaturteil der Zeitungen durchstöbert, nach dem herrlichen Essen sehr gut geschlafen, durch die Abschüsse der schweren Batterie geweckt, außerdem kamen noch Flieger. Und dann habe ich wieder gelesen, etwas am Tagebuch geschrieben und sehr viel Zeit mir gelassen. Dann kamen die üblichen Telefonate. Von weitem hörte man das I.R. 89 und I./A.R.12 von Westen an die Seenplatte herankommen, auch dadurch deutlich, daß die Flieger mehr diese Gegend aufsuchen. Am Abend nach tüchtigem Schießen (der 1000. Schuß aus dieser Stellung!) ging ich zu Kähler, der mich zum Abendbrot eingeladen hatte. Es fängt an zu regnen, und zwar erheblich! In der Nacht wache ich verschiedentlich auf, weil mein Kopf feucht wird. Ich träume von sehr viel Wasser, Meer etc., und vom Zeltdach tropft es herunter, sodaß mein ganzes Kopfkissen (Hülle mit Schlafanzug) feucht wird. Und dann bis 9 h geschlafen, von 21 – 9 h. Ob das nicht genügen muß? Ich hatte noch Post erhalten, einen Brief von Friedel und Lesestoff von Frl. Schlegelmilch: Schäfers Anekdoten (Auswahl). Ich lese noch einige im Scheine der Kerze im Fernsprecherzelt.

Wieder einige Verwundete hat dieser Tag gebracht. Auch tote Pferde bei der 4. durch Fliegerbeschuß.

Es drängen sich manche Fragen auf: Ich bin jetzt 31 Jahre, stehe also in den besten Jahren, wie einem versprochen wird von den Jahren bis 35. Wie lange mag der Krieg dauern? Und diese Jahre verbringe ich, abgetrennt von meinem Beruf, fern von der Familie. Und wenn ich nicht nach Hause komme? Damit muß ich ja ebenso rechnen wie so manch meiner gefallenen Freunde und Bekannten. Es muß schon ein überragender Gedanke sein, für den man kämpft und die besten Jahre opfert, sonst wäre alles sinnlos. Und ich erblicke ihn darin: 1) Die russischen Horden von Deutschland und dem übrigen Europa abgehalten zu haben. 2) Für mich persönlich: Daß ich „Ja" gesagt habe zu dem Willen Gottes, der mir sehr unsympathisch ist, der meine sämtlichen Wünsche durchkreuzt, und zwar völlig. Von hier aus allerdings ist es noch ein weiter Weg zu einem „Lobe den Herrn, meine Seele und vergiß nicht, was Er Dir Gutes getan hat." Das habe ich heute früh systematisch gepaukt, weil ich ärgerlich war über den Sturmangriff vom 22. 6., der für uns Artilleristen nicht gewertet wird. Und sind doch ganz minimale Gesichtspunkte, die mir die große Sicht verdeckten.

Montag, den 15. September 1941

Sehr spät aufgestanden. Der Regen rauscht noch immer, dann ist es im Zelt am gemütlichsten. Spät fertig geworden mit dem luxuriösen Zeremoniell des Rasierens. Die Scheiben zitterten, als die schwere Batterie von nebenan schoß. Ich ordne Einiges, lasse meine Kiste ins Zelt holen, krame nach, telefoniere, sehe die Tarnung nach. In Zeitungen gelesen. Mittags scheint die Sonne sehr schön warm. Bei Obw. Bahleke Bilder bestellt, teilweise sehr gute Aufnahmen! Man bringt mir einen Brief von Frau Raithelhuber, der Mutter meines gefallenen Freundes. Ich muß noch feststellen, ob es sich um das Barawucha handelt, das ich damals beschossen habe (22. Juli). „Sein Neues Testament erhielt ich zurück, inliegend eine Karte, zittrig mit Rotstift geschrieben nach seiner Verwundung: ‚Liebe Mutter, ich glaube, daß Jesus Christus lebt.' Sonst nichts. Seine Wertsachen waren ihm genommen worden, nur dieses Testament ließen sie ihm."

Dieser Brief und das Bild haben mich tief gepackt. Es muß doch etwas daran sein, wenn ein schwer Verwundeter einsam stirbt, ganz verlassen von seinen Kameraden, und nach drei Tagen aufgefunden wird, seiner Wertsachen beraubt. Und das Einzige, was er schreibt, ist dieses Bekenntnis. Sonst hat er nichts mehr zu sagen, alles andere ist ihm nebensächlich, ja überflüssig. Was mag in den letzten Stunden in ihm vorgegangen sein? Bei Vater war ja auch sein letztes Wort: „Jesus!" Alles andere war vorher gesagt und geregelt worden. „Wenn ich einmal soll scheiden, so scheide nicht von mir, wenn ich den Tod soll leiden, so tritt Du dann herfür!" Und Er tritt dann ja groß und herrlich hervor aus der Verborgenheit, aus der Ecke, in die wir Ihn hineingestellt haben, weil uns das Andere wichtiger erscheint.

Darf das bei mir so bleiben?

Erikas und Bübchens Bild habe ich in den Glasrahmen gestellt, davor steht nun Wolfgang. Wenn ich gesund und heil nach Hause komme, ist die Anordnung allein schon eine Verpflichtung zur ständigen Dankbarkeit.

Kan. Pusch leicht verwundet. Wachtm. Bernitt ebenso. Diese leidige Schnellfeuerkanone. Rege Tieffliegertätigkeit: Ein Jäger huscht in 30 m Entfernung über uns hinweg. Den hätte man runterschießen können.

Schnell einen Brief an Erika geschrieben, weil der Verpflegungswagen wegfuhr. Wird er mir Post bringen? Zum Abendbrot kommt Lt. Kähler herüber, an der Feldküche essen wir Graupen. Sonst der übliche Kleinkram an Telefonaten, Gespräch und Anordnung etc. Es wird gegen 7 h bereits dunkel. Langsam ziehen Sterne auf, wie Messing auf schwarzem Samt. Im Zelt klönen v. Saß, Stuke und ich noch recht lange. Ich staune über die literaturgeschichtlichen Unkenntnisse der Beiden. Aber wird es bei mir nicht auch bald dorthin kommen, wenn ich derart wenig mich hierin weiterbilden kann? Was für Arbeiten muß ich noch leisten, um so einigermaßen „gebildet" zu werden! Oder eine „weise" Beschränkung? Das wird das Ergebnis sein, aber nicht durch Weisheit diktiert, sondern durch Notwendigkeit. In dieser Weise verwünsche ich den Krieg, der mir und uns allen den Frieden raubt mitsamt allem, was wir friedlich leisten könnten. Aber erst auf dem Grunde und Hintergrunde des Krieges erstrahlt der Friede um so leuchtender. Ich gehe früh zu „Bett".

Dienstag, den 16. September 1941

2 Ereignisse in der Nacht 1) Eine Maus arbeitet gewaltig unter den Blechen, ich vertreibe sie durch Klopfen. In den Mannschaftszelten haben sich auch Mäuse eingestellt. 2) Ich habe sehr viel und auch sehr schön von Erika geträumt, und zwar trug sie ein langes hellblau seidenes Kleid mit einem Bolerojäckchen aus weißer Wolle, das wie ein Netz aussah. Dazu ihr blondes Haar, es wirkte fast golden. Und dann war ein großes Fest, sehr gepflegte Gesellschaft, sehr viel Offiziere. Es war unser Regiment. Erika sah aus wie ein junges Mädchen, höchstens 18 Jahre, ganz reizend. Wir tanzten, wir aßen in einer Ecke, zurückgezogen, wir tranken Sekt und waren übermütig und sprangen wie ausgelassene Kinder durch den Saal. Und dann drängte Erika nach Hause. Sie trug ein großes Cape aus Silberfüchsen und eine pelzausgefütterte Kapuze dazu – sie sah aus wie ein mittelalterliches Schloßfräulein – und wir gingen nach Hause, das war aber Brüel. Alle einzelnen Szenen waren so wie in Wiener Filmen, und dann gingen wir ins Haus, und das große Schloß quietschte, und wir gingen die Treppe hinauf, schauten ins Kinderzimmer, und da saß in seinem Bettchen, goldig, strahlend, ganz festlich angezogen unser Junge, als wollte er auch zum Fest gehen. Und dann sind wir 3 wieder umgekehrt, und Bübchen war der Liebling aller, klaute überall Obst, das am Buffet herumstand, schleppte Pralinen zusammen und tanzte mit seiner Mutti.

Ein reizender Traum!

Um 7 h stand ich auf, ordnete das Notwendigste an, rasierte mich (aus dem Haus war vorher schon gerufen worden: „Das Wasser für Herrn Leutnant ist heiß."). Dann habe ich die neuesten Wehrmachtsberichte verlesen.

Als ich noch lag, wurde mir Post gebracht. 2 liebe Briefe von Erika und vier Wochenschauen von Ulrich Hahn.

Dann Morgenlesung, Frühstück, gelesen. Dörrgemüse, sehr lecker. Zwei Mann neuer Ersatz, Fernsprecher, Tagebuch bis hierher.

SanUffz. Rabe macht mir ein Schaffell zurecht für die Nieren- und Magengegend. So bereitet man sich langsam auf den Winter vor! Auch die Leitartikel in den Zeitungen sprechen von dem „Sieg im Osten, der noch nicht den Endsieg darstellt". Und Erikas Mitteilung, daß Bauhandwerker für den Bau von Baracken in Rußland verpflichtet werden, haut in die gleiche Kerbe.

Vorne ist alles ruhig, auf beiden Seiten fällt kein Schuß. Um so intensiver beobachten wir, daß der Russe sich ungenierter aufführt.

Rabe bringt mir den bearbeiteten Nierenschutz, herrlich warm!

Beschwerde des Uffz. Schulz über Gefr. Stuhr. Längere Vernehmung.

Es ist bitter kalt, ich schwanke noch, ob ich mir den Mantel anziehen soll.

E. A. Wulf erscheint und will zur Bst. Wir beschauen uns neue Rußland Bilder. Es müssen noch interessante Bilder fehlen!

Geldempfang, ich habe wieder Schulden abzutragen: Zigarren. Gestern habe ich übrigens seit langer Zeit eine Zigarre geraucht.

In unserer Nähe steht leichte Flak. Russische Flugzeuge sind nicht mehr zu sehen.

Lt. Tyron als V.B. ist von Steinen getroffen worden. Grabenrand ist eingeschüttet. Lt. Frick ist zur Vertretung hin, Tyron soll sich etwas erholen.

Ob wir bald hier herausgelöst werden?

Das Bild von Erika und Bübchen schmücke ich mit den wahrscheinlich letzten Kornblumen.

Wachtm. Ernst (1/I.R.48) kommt mich besuchen. Ich denke, ich bin über einen schwierigen Punkt meines Charakters hinaus. Ich war wohl zu egoistisch und zog immer strenge Grenzen um mich her, wollte also von allen in meiner „Besonderheit" gewertet werden. Das war natürlich Egoismus, Hochmut oder wie man das nennen will. Jedenfalls eine höchst dumme Einstellung. Wenn ich nicht so viel aufbringe ganz von selbst, daß die anderen mich anfassen und nehmen wie ich bin, also dann eventuell in meiner Eigenart. Ich glaube den entscheidenden Ruck hat mir der Tod von Detlef Berlin gegeben.

Eben die Tatsache, daß ich mit einem Schlage die Beziehung zwischen zwei Menschen abgebrochen sein kann und man hinterher bedauert, daß es nicht zu einem herzlicheren Kontakt gekommen ist. Es ist dies die Schau sub specie aeternitatis, die ich theoretisch schon lange kannte, aber jetzt anfange zu exerzieren. Und siehe da, die Menschen kommen nun eher zu mir. Es ist ein natürlicheres Verhältnis geworden, auch zu meinen Leuten. Viel verdanke ich auch der täglichen Lesung.

Hptm. Müller (Karlchen Müller) und Lt. Lehmann sind gefallen!

Nach dem Abendbrot habe ich noch einen kleinen Bummel durch die Fst gemacht, an einigen Feuern gestanden und erzählt. Dann in das Haus oben gegangen und mich am offenen Feuer etwas aufgewärmt. Herrlich, diese offenen Feuer mit Birkenholzscheiten. Wenn ich diesen Genuß doch auch Erika später bereiten könnte! Kombinierter Kamin? Als ich mich hinlegen will (die große Lampe brennt), kommt Oblt. Blonne aus der Umgebung von Lübz (O.O. bei I.R.89) ins Zelt und bittet um eine kurze Verpustung. Er ist am Hals verwundet, als Hptm. Müller fiel. Über den Kartentisch in einem Raum gebeugt standen Major Thiel (Kdr. s.Art.Abt.526, sein Adjutant und Hptm. Müller und Lt. Lehmann. Im Hintergrund saßen oder standen der gesamte Stab I./82, Lt. Karius, Veterinär, Lt. Trochlisch, Arzt und Oblt. Blonne. Granaten schlagen um das Haus herum ein, aber noch etwas entfernt. Da ein Volltreffer auf den Kartentisch. Die 4 Offiziere fallen, das Haus geht in Flammen auf. Die Leichen sind nicht mehr zu bergen. Alle anderen sind verwundet, meist aber leicht. Oblt. Bl. wartete auf den Sanka und hofft auf Heimatlazarett. Als ich ihn nach längerer Zeit des Wartens zum Wagen brachte, meinte er: „Wie bin ich meinem Herrgott dankbar! Ja, in solcher Situation lernt man wieder das Beten."

Allerdings wußte er, daß ich Pfarrer bin.

Dann ging ich schlafen, zum ersten Male auf dem Schaffell mit dem Nierenschutz.

Mittwoch, den 17. September 1941

Herrlich warm geschlafen. Mein Zeltdach innerhalb des Zeltes (Regenumhang über Stuhl, darunter ich und Kopfkissen) hat sich bewährt. Ebenso das Schaffell. Es ist regnerisch, allerdings wird der heftige Wind die Wolken vertreiben. Waschung im Haus mit warmem Wasser. Lesung. Frühstück. Chef kommt von Bst zurück, ziemlich abgerissen und verfroren. Er war schwer erkältet. Interessante Berichte über I.R.89 und I.R.418, auf das noch weniger Verlaß ist als bisher. Brief an Erika begonnen, schnell beendet, da Verpflegungswagen losfährt. Wunderbare Erbsensuppe. Gelesen und weiteren Brief an Erika geschrieben. Vorher das Zelt gemütlich gemacht: Fensterscheiben eingesetzt, Eingang zugeschnürt, Stuhllehnen in die Erde gegraben. Ein wunderschöner Platz für meinen Schreibtisch ist so entstanden. Tee ist in der Feldflasche. Ich kann richtig ruhig schreiben. Man wird ja so anspruchslos, und das ist gut so. Dann erfaßt man auch später das normale Leben nicht als selbstverständlich, sondern als Geschenk. Ob ich wohl Post bekomme? Das ist stets die Frage.

Post erledigt. Es wird aber auch allerhöchste Zeit, daß ich mal aufarbeite.

Keine Post erhalten, es kam auch nur ganz wenig zur Verteilung. Abendbrot gab es: 4 Scheiben Brot und Tee. Dann noch wieder am Ofen gestanden, lange mit Schürmann und Stuhr erzählt: Handwerkliche Kunst etc. Winterpläne geschmiedet. Ich rief bei der 4. Batterie an, eine Granate hat dort große Verluste gefordert: Gefr. Theo Weiß tot, Gefr. Pankratz und Heier und Kan. Kopp schwer verwundet, Wülfing und ein Neuer leicht. Die 4. hat doch schon große Verluste, auch „Lütt Ohde" ist an seinen Verletzungen gestorben.

In der Nacht mußten wir ein Sperrfeuer einstellen, das aber nicht ausgelöst wurde. Ich wurde in der Nacht mehrfach wach, weil das Zelt einfach nicht dicht hält und mir die Tropfen auf den Kopf fielen.

Donnerstag, den 18. September 1941

Um 8 h wurde ich durch den Chef geweckt, der mir mitteilte, daß ich heute zur Bst müsse. Lt. Schöps erhalte das EK II und müsse in der Fst erscheinen. Es dauert lange, ehe ich fertig bin: Eine Woche lang im Zelt wohnen, da verstreut man seine Klamotten um sich her. Ich packe meine kleinen Gepäckstücke. Es regnet furchtbar. Der Chef erzählt, daß wir den Winter über in Rußland bleiben. Wenn wir nur erst einmal an der endgültigen Stelle sind, dann wollen wir uns schon gut einrichten. Ich habe mich schon damit abgefunden: Es ist der Reiz des Neuen, der mir immer über solche Dinge hinweghilft. Und so male ich mir alles aus, wie es sein wird. Mir schwebt ein „Gelehrtendasein" vor mit viel Bücherlesen, abends Schach u.s.w.

Es ist eine Schweinerei vorgekommen: Die Zwischenstelle hat zuviel gefuttert. Komisch, daß ich ständig derjenige sein muß, der diese Essensfragen zu klären hat.

Mein Pferd Rosalinde ist seit etwa 8 Tagen im Stall gestanden und sehr mulig und kennt nichts mehr: Scheut vor jeder Pfütze. Furchtbare Wege sind es hier, für Geschütze unpassierbar. Bis zu einer Mulde darf geritten werden, dann geht es zu Fuß weiter. Ich werde abgeholt. Links und rechts des Weges Infanteriebunker, mit Glasfenstern und Schildern: „Bürger, schützt Eure Anlagen vor einigen Grasbüscheln." Es herrscht völliger Grabenkrieg. Durch einen sowjetischen Panzergraben. Das Dorf scheint ausgestorben, aus Bunkern und Kellern steigt ab und zu ein Soldat. Ich muß an Bilder vom Westwall denken, aus dem Niemandsland. Durch Zäune gedeckt, an Hausecken vorbei, geht es zum Steinhaus, in dem unser Bst-Personal sich aufhält. Ein Kaufmannsladen. Alle sind noch unter dem Eindruck einer heftigen Detonation unmittelbar vor dem Hause. Alle Fensterscheiben sind zersplittert. Es wird gegessen und repariert. Schröder zeigt mir die Bst und Umgebung. Nichts Besonderes. Sehr gemütlicher Abend bei Huhn und Kartoffeln. Warmer Ofen und Petroleumlampe. Gespräch über den kommenden Winter, Samowar, ostfriesischen Tee etc. (Machert stammt aus Emden) Gegen 22 h schlafen gelegt.

Freitag, den 19. September 1941

Um 4 h durch MG-Schießen geweckt. Becker durch Granate verwundet. Alle umstehenden Häuser kaputt, Volltreffer in unser Erdloch. Langsames Abebben. Sperrfeuer vor 9. und 11. Kp. Leitungen ständig zerschossen, Funk klappt wider Erwarten. Dann gegen 6 h zur Beobachtung nach draußen gegangen. Granatwerfer, Pak, „Ratsch-Bumm" (Schnellfeuerkanone). Am See schießt ein Scharfschütze. Dann Ruhe. Oblt. Seegner beklagt sich über mangelnde Artillerieunterstützung, er stellt sich immerwährendes Störungsfeuer vor! Es hat seine Nerven stark in Mitleidenschaft gezogen, in dieser Nacht 6 Gefallene, darunter sein Zugführer Feldwebel Merz.

Der erste Schnee. Chef und Schöps kommen. Meine Ablösung. Ich bin froh, denn diese Nacht war eine Hölle los, ein derartiges Artilleriefeuer habe ich noch nicht erlebt. Und dann über die Lage völlig im Unklaren, ebenso die Schießunterlagen. Lt. Schöps war aber zur EK-Verleihung in die Fst befohlen. Furchtbarer Schlamm. Gewaschen und aufgewärmt. Früh schlafen gelegt. Der Tagesspruch lautete: „Die zum Herrn rufen in ihrer Not (Und Er errettete sie aus ihren Ängsten), die sollen dem Herrn danken um Seine Güte und um Seine Wunder, die Er an den Menschenkindern tut." Das will ich nie vergessen. Sondermeldungen! Kiew!!

Sonnabend, den 20. September 1941

Um 7.30 h aufgestanden, im warmen Wasser gewaschen und rasiert, gefrühstückt und einen Gang durch die Batterie gemacht. Verwundete vom I.R.89 werden bei uns verpflegt. Besuch bei Oblt. v. Husen. Leckere Erbsensuppe. Im Zelt gelesen und geschrieben. Es ist kaltes, nasses Wetter. Richard (Hauptwachtmeister) meldet mir, daß 2 Batt.Angehörige Zigaretten entwendet haben. Bald sind Beide geständig. Mit v.Husen und Lt. Groeger erzählt. Apfelreis. Gelesen. Geschrieben. Früh schlafen gegangen. Es regnet in Strömen. Ich muß sehr an die Bst denken. Bei der Zeltbeleuchtung im Neuen Testament gelesen. (Luk. 17.)

Sonntag, den 21. September 1941

Um 7.10 h durch Fernsprecher geweckt: „Feuerkommando!" Binnen kurzer Zeit rauschen 60 Schuß heraus. Vermutete Granatwerfer. Was hat sich ereignet? Russischer Feuerüberfall auf Kokowkino. Das Dorf brennt, das Steinhaus stürzt ein und brennt, nur die erste Bst, die Mittelschule steht noch, allerdings auch zertrümmert. Wachtm. Bernitt, früh morgens oben angekommen, an der linken Brustseite verwundet, er kann aber noch allein zurückreiten. Die Bst wird daraufhin zurückverlegt, nur der V.B. mit Funk bleibt bei der Kp. Die Lage wäre ja auch ein langsamer Mord für uns.

Dann Beschuß einer vermuteten Bst. Längere Zeit mit v. Husen erzählt. Mittagessen. Währenddessen Vernehmung der beiden Kanoniere, die die Zigaretten geklaut haben. Schade um den schönen Sonntag. Danach geschrieben und gelesen. Brief an Erika, kleinere Postsachen. Abends noch Alarm: 400 Russen wollen durchbrechen. Eine Russin, „Flintenweib", die auch zu diesen 400 gehörte, war übergelaufen und machte diese Aussagen: Aus N.W., Versuch, durch die deutschen Linien zu den Russen überzulaufen. Abends noch Sicherungsmaßnahmen getroffen, außerdem noch Sperrfeuer geschossen. Gegen 22 h zu Bett. Sondermeldung: Ösel! 150 000 Gefangene als 1. Ergebnis von Kiew.

Montag, den 22. September 1941

100 Russen sind also bereits gestern Abend durchgekommen, alle ohne Waffen, unter der Führung eines Obersten mit Karte und Kompaß, 20 Kommissare und 30 Offiziere. Ein jüdischer Kommissar, verwundet, fällt in unsere Hand. Er spricht fließend

deutsch. Im Laufe der Nacht gelangen etwa 300 Russen auf die andere Seite. Gut, diese richten hinter unserem Rücken keinen Unfug mehr an. Aber die Spannung war doch eigenartig: Ist es eine Täuschung? Statt dessen Angriff aus Südosten? Und dann die Nacht mit dem unheimlichen Aufblitzen am Horizont und den anscheinend englischen Bombenfliegern, die ständig abwerfen.

Die größte Sorge ist der Nachschub. Lt. v. Stülpnagel als Leiter des Versorgungsbetriebes. Schweineholkommando, Bäckereibetrieb, „Mühlenwerke" etc. Wir müssen uns im Wesentlichen auf Kartoffeln stürzen. Ich versuche, Kartoffeln in Kaffee und Wasser zu braten: Gar nicht zu verachten. Und vielleicht sind es nur einige wenige Tage. Aber besser ist Vorsorge als Optimismus. Schäfers „Anekdoten" gelesen. Sehr schön. Besonders: „Beethoven und das Liebespaar". Ich weiß allerdings nicht genau, welches die angeführte und so wundervoll beschriebene 16. Sonate ist. Ich glaube aber, ich habe sie bereits oft gespielt, freue mich aber schon jetzt darauf, sie in dieser Schau vielleicht einmal später spielen zu können.

Um 16.30 h Feuerüberfall auf die durch Lichtmeß festgestellte Feindbatterie, die seitdem schweigt.

Es ist doch beschämend, wie sehr man in Sorge um das Essen und die tägliche Nahrung ist, wenn man „arm" ist, d.h. aber, wie der einzelne Mann sich Sorgen um sein Essen macht. Wir machen uns Sorgen aus Fürsorge für die Truppe, liegt also auf einer ganz anderen Ebene!

Wir finden irgendwo Salz: Das Wichtigste!

In den Kellern vergraben finden sich Fässer und Kisten voll Roggen und Mehl. Das Backen kann beginnen. Sauerteig ist schon in Mache.

Ich habe meine sämtliche Post erledigt, die aber nicht abgeht, da der Verkehr in beiden Richtungen stockt. Vielleicht aber trocknet der scharfe Wind auf? Bis 21 h bei Karbidlampe gelesen, im „Reich". Soviel Ruhe und Gemütlichkeit habe ich selten gehabt, daß ich eine Zeitung vom 1. – letzten Blatt auslesen konnte.

Es ist stockduster, es regnet leise, aber anhaltend. Im Zelt ist es sehr kalt. Sperrfeuer II (Süd) wird eingestellt.

Dienstag, den 23. September 1941

In der Nacht werde ich mehrfach wach, es regnet. Ich baue mir mein Regendach über den Kopf. Heftige Gedanken an Brüel.

Um 6 h werde ich durch Munitionsfahren wach: Sperrfeuermunition wird in die Bunker gebracht, eine Reservemaßnahme. Mallob weckt mich und hat warmes Wasser bereitet. Flieger werfen Bomben weit im Hinterland. Zwei Scheiben Brot werden zugebilligt. Ich mache mich fertig: Plötzlich der Ruf: Post und Marketenderempfang. Das ist eine Freude. Demnach scheint die erste große Sorge behoben zu sein und der Nachschub gesichert. Mit dem Backen soll heute begonnen werden. Feuerkommandos. Die Nacht war ruhig, nur am Morgen schoss der Feind etwas. Also: Vergeltungsfeuer. Ich schreibe das Tagebuch bis hierher. Ich muß mich einmal um die wirtschaftlichen Dinge bekümmern.

Es ist wunderbar warmes Herbstwetter. Wandernde weiße Wolken, tiefblauer Himmel, ein sehr herber, fast scharfer Wind.

Die ersten 25 Brote sind gebacken, sie sehen wie Vollkornbrote aus. Schön, daß das alles so gut funktioniert. Auch ist der Spieß sehr groß im Einrichten und Veranlassen.

Nach einer sehr leckeren Kartoffelsuppe habe ich Post sortiert. (1 Brief von Erika vom 7. 9. 41! Ich fürchte, sie erhält auch von mir keine Post! Ein nettes Bild von Oma und Bübchen.) In den Zeitungen gelesen. Eine Reihe von 14 Flugzeugen wirft Flugblätter, hinterher Bomben. Wir spüren die Bomben weit irgendwo. Ich muß mir noch einen Neubau ansehen, ob ich den beziehen kann, falls wir hier noch länger liegen bleiben, und das könnte ja durchaus sein. Im Augenblick habe ich gar keine Sorgen, wie früher, als ich mich stets vorbreiten mußte für den kommenden Tag. Jetzt nichts dergleichen, jetzt nur: Inneneinrichtung meiner „Wohnung". Da muß irgend etwas getan werden. Ob ein Ofen drin ist? Das ist die Hauptsache!

Stille Zeit. Allmächtiger Schöpfer! Mache mich still und innerlich ruhig. Führe und stärke mich aus Deiner Kraft! Amen. „Alle eure Sorgen werfet auf Ihn, denn Er sorget für Euch."

1) Was wird hier über Gott gesagt? „Er sorgt für mich." Das habe ich bereits ein ganzes Leben lang erfahren. Besonders damals in der Zeit nach Herchen, wie ich in so unglaublich kurzer Zeit in Brüel unterkam. Ebenso im Kriege, als Bübchen geboren wurde. Dann auch mit seiner Sprache. Und jetzt wieder mitten im Kriege, ganz unverwundet bisher, durch viel Not und Gefahr behütet. Auch mit der Kohlenfrage. Mit Friedels Beruf. Ich kann es immer nur dankbar bekennen: Gott hat für mich stets so gesorgt, daß ich nur staunen muß. Eben so, wie der Allmächtige es nur kann!

2) Was sagt der Text über mein Leben? Ist in 1) beantwortet.

3) Wozu ruft Gott mich auf? „Alle eure Sorge werfet auf Gott!" Das ist ein Angebot, wie es freundlicher nicht gedacht sein kann. Etwa: Alle eure Schulden will ich bezahlen. (Von einem reichen Mann gesagt.) Dann brauche ich mich um die Sorge nicht zu kümmern, ich brauche sie nur weiterleiten an den richtigen Empfänger. „Werfen" heißt wohl auch etwas Gewaltsames, wegwerfen, sie von uns losreißen, nichts mit ihr zu tun haben wollen. Die Sorge nicht auf andere werfen oder wälzen, sondern weit weg auf Gott. Habe ich jetzt noch Sorgen? Gestern Abend eine ganz gierige Frage: Woher bekomme ich einen Samowar? Das erfüllte tatsächlich mein ganzes Sinnen und Trachten. Wie überhaupt die Frage der Winterbaracken. Andere Sorgen habe ich nicht. Doch, immer das gleiche, daß Erika sich zu sehr um mich sorgt und bangt. Und manchmal auch die Sorge um die Entwicklung nach dem Kriege für meinen Beruf. Aber auch hier: Alle diese Sorgen will ich auf Gott werfen, denn Er sorgt für mich.

4) Welche Worte sollen mich durch den Tag begleiten? Heute will ich alle meine Sorgen auf Gott werfen. Er sorgt besser für mich, als ich es für mich tun kann.

Mittwoch, den 24. September 1941

Gestern Abend habe ich mir das Haus angesehen. Es ist groß und sauber, aber ohne Ofen. Wehrmachtsbericht verlesen. (Ösel etc.) Gespräch mit Hptm. Hoeckner im Dorf. Chef rät mir zu Erdbauten. Das soll morgen alles besprochen werden. Ich habe beim Schein einer Karbidlampe in der Zeitung gelesen und im Zelt noch lange den „Abendsegen" und den Merkzettel „Stille Zeit" von P. Pacher. Das will ich gleich morgen ausführen.

Es war eine wunderbar sternklare Nacht, so, daß die Sterne sich in Pfützen spiegelte. Wegen starken Kartoffelgenusses war ich mehrmals wach. Nur das Stapfen der Wachen war zu hören, sonst nichts. Und das Scharren der Pferde in den Ställen. Gegen Morgen war alles bereift und gefroren. Ich werde um 6.30 h vor Kälte wach. Es wird höchste Zeit, daß wir uns in der Erde verkriechen. Besprechung mit Zug- und Geschützführern. Handwerker sehr gefragt. Dann Stille Zeit. Zu essen hat es noch nichts gegeben. Also faste ich einmal. Verhungern tue ich nicht. Das Wetter ist wunderbar. Und dann brachte mir der B-Wagen Bratkartoffeln: Herrlich schmeckten die! Gang durch die Batterie. Überall reges Arbeiten: Ausschachten, auf Schlitten werden Steine herangeholt, um die Öfen zu setzen, Öfen werden gesetzt, Fensterscheiben sehr gefragt. Herrliches Essen: Dörrgemüse. Ich probiere von den ersten Broten. Es ist reines Roggenbrot. Eine wunderbare Abwechselung gegenüber dem Kommissbrot. Es erinnert mich sehr an das rheinische Schwarzbrot.

Ein eigenartiges Erlebnis: Ich hatte mir ja vorgenommen, mir wegen eines Samowars keine „Sorgen" zu machen. Da bietet mir der Spieß Samoware an! In Erdlöcher versteckt. Ich ließ sie aufgraben und fand 2 Stück, die ich zuerst einmal sicherstellte, zugleich einige Untertassen und Gläser und eine Teekanne! Das war überhaupt das Hauptereignis. Ich habe den Samowar eigenhändig gereinigt, gleich ausprobiert und es klappt! Sogar das in der russischen Literatur verbreitete Summen des Samowars habe ich festgestellt.

Einige Aufnahmen von unserem Schaffen für die Winterquartiere. Ich habe mir Zucker und Tee geholt. Noch einige Anordnungen getroffen, wenige wichtig. Schöps kommt von Bst zurück, überhaupt ist große Ablösung, u.a. der kleine Hermann, 18 Jahre, der ziemlich fertig ist.

Abends zum 1. Male Tee aus dem neuen Samowar. Natürlich schmeckt es besonders gut. Auch seit langer Zeit aus Porzellan, auch wenn es nur Steingut ist.

Am Vormittag an Erika geschrieben wegen Winterbekleidung. (Pelz etc.) Am wichtigsten allerdings sind mir ordentliche Bücher. Wenn ich nur Ruhe habe, wird das ein ganz wunderbares Einsiedlerleben. Eine Gummipflanze für mein Haus habe ich auch bereits gefunden. Ich vermute, es wird höchst „mondän": Exotische Pflanzen, zierliche Teegläser, „Pelze" usw.

Abends gab es Bratkartoffeln und 2 Scheiben Brot. Verpflegung ist gekommen. Danach gelesen und geschrieben, bis etwa 21 h. Dann wieder Baubesprechung mit Uffz. Schulz. Der 1. Bau ist bereits ausgeschachtet. Wir rechnen pro Tag einen Bunker. Und der letzte wird unser Haus.

Um 23 h Sperrfeuer, danach wieder Ruhe.

Donnerstag, den 25. September 1941

Bis 6 h geschlafen. Etwas Regen. 7 h Wasser und Waschen, danach Rundgang durch den Ort, überall wird gearbeitet: Der erste

Ofen ist fertig, Ställe werden repariert. Chef kommt gegen 9 h von Bst. Die Frage der Kisten wird akut: Wie kommt die Winterkleidung heran? Chef macht mit Abwaschen, Koffer packen etc. furchtbare Unordnung. Rundgang durch das Dorf: Unterkünfte und Ställe werden besichtigt, besonders die Bäckerei: Kostproben. Es regnet leise. Der Bau der Häuser nur langsam.

Wir können Briefe durch Offz. der Infanterie nach Deutschland geben, damit unsere Winterbekleidung uns erreicht. Könnte ich doch Transportführer sein! Abends reitet der Chef wieder weg, seine unpersönliche Art mag ich nicht. Dann kehrt Ruhe ein. Abendbrot: Bratkartoffeln, Brot. Und dann wieder Samowar. Ich erhalte Post: 3 Briefe von Erika, einen von Mutter. Dann wunderhübsche Bilder von Bübchen und eine weitere Serie meiner Fotos aus Rußland. Kähler ist auch da, völlig verfroren, wir tauen ihn durch Tee wieder auf.

Freitag, den 26. September 1941

Heute ist Bübchens Geburtstag. Irgendwie festlich muß ich das begehen. Wie reich sind wir durch unseren Dicken geworden. Ein Leben ohne ihn ließe sich kaum noch vorstellen. Wie schön hat Erika es durch ihn: Wirklich ein Inhalt. Und er entwickelt sich anscheinend sehr erfreulich und rasch. Eine große Festtagswäsche veranstalte ich (nach bergischer Gewohnheit am Freitag!). Ganz frische Wäsche, neue Klamotten; die alten gebe ich zum Schneider zur Reparatur. Es stellt sich heraus, daß die Frau von Lt. Schöps auch heute Geburtstag hat. Das müssen wir feiern! Zumindest Karten schreiben.

Große Feuertätigkeit. Der Russe hat sich gewaltig verstärkt und greift immer von Neuem an. Neue eigene Taktik. Wir machen Reiheschießen auf MG-Löcher und Stände, reißt der Russe aus, knallen ihn unsere MGs ab. Auf unserer Seite nur ein Verwundeter. Feldstellungen, Truppenansammlungen werden bekämpft. Es kostet uns allerdings auch nur 336 Schuß!!

Herrliches Wetter. Der Bau der Bunker geht erst mittags los. Munition holen. Ein Haus brennt ab. Wir laden v. Kleist zum Tee ein. Der Samowar schafft tatsächlich einen geselligen Mittelpunkt. Schöps stiftet Kekse, ich einige Bonbons: Was haben wir auch für andere Sachen?

Russische Fliegertätigkeit. Ich muß noch einmal nach den Bauten sehen!

Ständige Feuertätigkeit, ich betätige mich als Fernsprecher. Dadurch (durch das ständige Schießen) kommt unser Bauen stark in Rückstand. Aber der 1. Bau ist bereits gedeckt.

V. Kleist und v. Stülpnagel kommen und berichten, was der Div.Kdr. neulich bei ihnen erzählte. In der letzten Nacht hatten wir einen Angriff des 1.Sib.Kos.Regimentes abzuwehren. Dadurch erhöht sich auch unsere Unsicherheit. Es ist sehr gemütlich bei schwarzem Tee und Gebäck. Man muß das öfter machen. Ich gehe in die Fst, um nach der Munitionslage zu sehen. 471 Verschuß! Aber Munition wird rangeschafft. Doppelposten werden verstärkt. Ich sitze noch und lese Zeitung: „Das Reich". Für die Nacht wird alles vorbereitet. Meine neuen weißen Wolldecken sind ganz herrlich, wunderbar warm. Es ist aber auch schauderhaft kalt im Rechenzelt. 4.30 h Posten im Dorf revidiert. Anschließend war ich zu kalt, um wieder einzuschlafen.

Sonnabend, den 27. September 1941

Um 7 h aufgestanden, ein Brief von Erika vom 31.7. wurde mir gebracht. Wo mag er gesteckt haben? Morgenlesung. Berner hat Geburtstag: Anrufen. Kaffee getrunken. Ich bevorrate mich selbst und fahre besser dabei. Ich kann sparen, während sonst alles aufging. Meine Aussteuer an Gläsern und Porzellan wächst. Wenn ich erst einmal mein eigenes Haus habe! Hieran merke ich, daß ein starkes Wanderleben für mich nichts ist, ich brauche einen Ruheort, einen schlechten Ersatz für Brüel. Die Losung heute: „Wo der Herr nicht das Haus bauet, so arbeiten umsonst, die daran bauen." Dieses „Umsonst" schwebt ja täglich über uns in Gestalt der Ratas, die unsere Arbeit von Tagen und Wochen in wenigen Sekunden vernichten können. Es ist dies kein Freibrief für Faulheit – wir müssen schon arbeiten – aber in unsere Hand ist nicht die letzte Entscheidung gelegt. Und so ist es auch mit allen Dingen. „Wo der Herr nicht die Stadt behütet, da wachet der Wächter umsonst." Das heißt nicht: Die Posten einziehen, die müssen angespannt aufpassen, besonders vorne bei der Infanterie, sogar mit Einsatz des Lebens. Aber über Schicksal und Gedeihen einer Stadt wachen nicht die Flak und Luftschutz – notwendig und gut sind diese – sondern das liegt in der Hand Gottes. Es ist dies die demütige Haltung der Menschen gegenüber Gott. Ein Mensch, der seine Grenzen kennt.

Ich will so auch mein Geschick in Gottes Hand legen. Das

gestrige Wort: „Befiehl dem Herrn deine Wege" braucht ja nicht eine müdes Resignieren sein, sondern kann auch bedeuten: Den Wegen den strikten Befehl geben, sich in Gottes Hand zu geben. Also Befehl! Das heißt aber, daß man auch den Willen hat, die Wege aus seiner Hand (der eigenen Hand) zu lassen. Also Vorsicht auf alles eigene Tun (nur eigene!). Die Entscheidung liegt bei Gott. Dieses Verhältnis von Gott – Mensch wird mir im Krieg immer klarer.

Es ereignet sich nichts Besonderes: Hin und Her zwischen den „Bauvorhaben". Geschossen wird nicht, völlige Ruhe herrscht, entgegen dem Vortage. Major Joerges erscheint, erzählt von den Vorbereitungen zum 50. Geburtstages des Stabsarztes. Es ist empfindlich kalt. Am Abend trinken wir Glühwein. Kähler stiftet Rotwein (einen Samowar hat er auch schon besorgt). Es war recht gemütlich und Schöps und ich waren sehr müde und sind fast eingeschlafen. Sehr unsolide erst gegen 22 h zu Stroh.

Sonntag, den 28. September 1941

14 Wochen liegen wir bereits in einem Kriege mit Rußland! Wir hatten zuerst wohl auf 6 Wochen gerechnet, aber diese ungeheuren Weiten und der nicht erwartete erbitterte Widerstand haben es hinausgezögert. Aber wenn man die Weiten überschaut: Unvorstellbar, was geschafft worden ist. Morgenlesung. Der Chef kommt, und bald herrscht große Unruhe, dazu Husen und Kähler. 5 Menschen sind zu viel in einem Raum von diesen Ausmaßen. Und dann noch der kleine Tisch, an dem man sich wäscht und rasiert, frühstückt und schreibt. Hätte ich nur erst mein eigenes Haus! Ich „inspiziere" wieder die Arbeiten. Es geht wunderbar flott voran, der erste Ofen qualmt bereits tüchtig. Bunker II ist gedeckt, Bunker III fast ausgeschachtet. Es macht den Jungs ordentlich Spaß, zu arbeiten am Eigenen. Ist das nicht auch so in der Heimat, daß die Arbeit im eigenen Garten besonders schön ist? Daher die sehr weise Bodenreform Damaschkes auch so weiter geführt wird. Gerade denke ich an den alten Grafen Posadowsky, der hierfür warb. Am Nachmittag habe ich wegen Überfüllung der Bude einen Spaziergang gemacht, zu Berner zur 4. Battr. Es war eine Herbststimmung, wie bei uns am Totensonntag. Das Laub verfärbte sich nur bei den Birken, das andere Laub fällt unmittelbar herunter. Ich mußte lebhaft an meine Spaziergänge mit Vater denken, besonders während mei-

ner studentischen Ferien. Diese Erinnerungen sind doch sehr stark, verbunden mit den Stimmungen, die der Herbst zwangsläufig mit sich bringt.

Hoeckner will bald weg, ich habe alle Bilder gezeigt, sie werden später wohl rege bestellt werden. Berner hauste im Erdloch, zu seinen Füßen ein Erdschacht als Fensterloch. Sehr gemütlich erzählt. Ich fühle mich doch stark zur 4. Battr. hingezogen. Vor der Dunkelheit war ich wieder zurück. Abendbrot, dann kam noch Post an, ein sehr lieber Brief von Erika und ein Brief von Friedel. Ich bin früh ins Zelt gekrochen, die Bude war mir zu voll und ungemütlich. Herrlich warm geschlafen.

Montag, den 29. September 1941

7 h aufgestanden, furchtbar hungrig, trotz Bratkartoffeln am Vorabend. Ein leichter Nebel, trotzdem rege Fliegertätigkeit über den Wolken. Dann gewaschen und rasiert, Brief geschrieben, da Verpfl. Wagen fährt. Am T-Empfänger slawische Musik gehört. (Ungarische Phantasie von Liszt, dann Schmidt-Walter „Es war, als hätt' der Himmel die Erde still geküßt".) Was ist das für eine fremde Welt für mich geworden! In Zeitungen gelesen, Rundgang durch Gorbowo: Bauten besichtigt. Stimmt es, daß wir noch verlegt werden, hier in der Umgebung? Daß all' unser Bauen in der Erde doch für uns unnötig ist? Die Bunker wachsen fabelhaft schnell aus der Erde, die Jungs sind mit Eifer dabei, ihr Haus für den Winter zu bauen. Und an der Front ist alles ruhig, man hört kein Schießen, auch hier ist keine Feuertätigkeit. Nach dem Essen Spaziergang mit Kan. Hermann, der mit den Nerven ziemlich fertig ist. (Nervöse Magenstörungen.) Dann kurz in der Protzenstellung der 4. gewesen. Große Debatten um Krieg und Frieden. Als ich zurückkomme, erscheint Lt. Tyron. Lange erzählt, auch Fragen erörtert, die sich meist um den Winter drehen und über die Art, den Winter zu überstehen. Davor ist mir gar nicht bange, wo ich so schöne Bücher erwarte oder auch schon hier habe. Nur erst mein eigenes Haus!!

Nach dem Abendbrot las ich ein Reclam-Heft: Otto Gmelin: „Konradin reitet". Eine wunderbare Erzählung, besser Dichtung. Wo der Dichter in der Gestalt des Deutschen sein eigenes Wesen hineinlegt, ein deutsches Wesen. Wunderbar, wie er die Entwicklung vom Kinde zum Knaben und Jüngling andeutet. Das ist echte Dichtung. Ich möchte es so gerne Friedel schenken, damit er auch ein Deutscher der Sehnsucht wird.

Um 18 h abends ist es dunkel. Und Karbid ist sehr knapp. Wenn nun die Tage immer kürzer werden?

Ich mußte das Urteil vorlesen wegen des Diebstahls der 100 Zigaretten: 3 Monate Gefängnis. Um 20 h gehe ich ins Zelt hinüber. Vielleicht stehe ich etwas früher auf. Aber zum Schlafen komme ich jetzt, ich habe ja auch viel nachzuholen.

Dienstag, den 30. September 1941

Die Novelle von Gmelin verfolgt mich immer noch: Sie ist sprachlich und vor allem dem Gehalt nach wunderbar. So, daß sie Sehnsüchte weckt. Und das ist ja nach dem Urteil eines Dichters Aufgabe der Dichtung im weitesten Sinne. Ich muß an die Jungens des Kreises um Schloßmacher denken: Mit einer Spannkraft, einer Begeisterungsfähigkeit, von einer verhaltenen Energie sondergleichen. Die sich begeistern konnten innerhalb ihrer natürlichen Grenzen, die Jungen sein wollten innerhalb der Jahre, in denen man Junge ist, die nichts vorwegnahmen, was späteren Jahren vorbehalten ist. So aufgefaßt ist es ja der Sinn jedes „Zeitalters" im Leben. Ich denke auch an meine tiefe Freundschaft mit Heinz Pöppelmeier. Und finde verwandte Züge und stelle mich mit Friedrich v. Oesterreich parallel, während Heinz P. stets der führende, ich der mäßigende, ruhigere war. Vielleicht auch der treuere?

Man müßte dieses Buch in einer schöneren, wertvolleren Ausgabe haben. Oder selbst abschreiben? Vielleicht habe ich Zeit im Winter.

Um 6.30 h aufgestanden, gleich das Tagebuch für heute geschrieben und dann gewaschen. Es ist trübes Wetter, die Nacht war vollkommen ruhig, auch nicht kühl oder tut es meine mittlerweile fachmännische Einwicklung der Decken, die ein raffiniertes System an Vertäuungskünsten und „Verwicklung" darstellt?

Schöps schreibt, weil er um 9.30 h zur Bst reitet. Ich habe dann das Reich für mich allein und schreibe in aller Ruhe einen Brief an Erika. Kurz vor Mittag erscheint Kleist. Ißt bei uns. Bleiben wir hier? Oder vorübergehend an einen anderen Ort? Vielleicht entscheidet es sich heute. Aber die Häuser werden weiter gebaut. Endlich einmal sehen wir deutsche Jäger am Himmel. Ein wunderbares Gefühl der Sicherheit, wo wir bisher nur die russischen Ratas sahen. Ein Russenbomber wirft in die ganze Umgebung Bomben, auch bei der schweren Batterie. Am Nachmittag Rundgang. Es ist wunderbare Herbstsonne, die Bauten gehen rasch voran. Plötzlich „Feuerkommando!" Ganz ungewohnt! Und dann schießen wir etwas. Spät am Abend Sperrfeuer, weil ein russischer Spähtrupp Handgranaten in die deutschen Stellungen geworfen hatte. Dann feuerten wir Doppelzünder, eine Gruppe auf 3 verschiedene Seiten und Entfernungen, um das Feuer der russ. schw. Batterie herauszufordern, die am Nachmittage weit in unser Gebiet hinein gefeuert hatte. Und tatsächlich! Sie antwortet und unsere Lichtmeßbatterie kann den Feuerschein anschneiden und eine unserer Batterien bekämpft sie. Die Wirkung war nicht zu beobachten. Ein deutsches Flugzeug knipst über unseren Reihen Licht an. Fast wie im Frieden! Dann Ruhe um 21.30 h. Lange Zeit mit v. Bremen seine gelesenen Bücher durchgeguckt. Sehr interessant!

Mittwoch, den 1. Oktober 1941

Die Nacht war ruhig. Die Decken waren vom Reif naß, besonders da, wo ich geatmet hatte. Um 7 h aufgestanden, Morgenlesung, Tagebuch bis hierher.

Am Abend vorher haben v. Bremen und ich seine gelesenen Bücher (nach einem Oktavheft) durchgesehen. Es stellte sich heraus 1) eine ungeheure Menge von Gelesenen 2) eine verblüffende Anzahl von Büchern, die ich auch kannte, teilweise in den gleichen Jahren gelesen hatte. Leider fehlt mir ein ähnliches Verzeichnis meiner Schüler- und Studienjahre. In den letzten Jahren habe ich ja regelmäßig aufgeschrieben (Amtskalender). Ich komme mit v. Bremen jetzt etwas besser aus, er ist ein ordentlicher Kerl, vielleicht habe ich mich ihm auch etwas zurückhaltend gegenüber verhalten, weil er mich manchmal ungerechtfertigt beschuldigt hat, im Ton oft sehr schnodderig war. Hoffentlich wird es immer noch besser.

Alles fragt nach meinen Bildern, die aber erst im Kleinformat vorliegen. Sie sollen erst noch vergrößert und dann ausgelegt werden.

Gang zu den Bunkern. Rege Tätigkeit! Beförderungsvorschläge aus der Fst.

Lt. Berner kommt zu mir. Sehr nett, wir machen nur eine Feldbegehung. Vielleicht kann ich der 4. Battr. einen Samowar vermachen. Berner erzählt mir von meinem Jungen, seine Braut ist verliebt in Hans-Jürgen.

Übrigens habe ich gestern den Samowar für 5 Rm gekauft. Ein weiteres Stück für meinen späteren Einzug in Brüel. Dort steht ja bereits mein Messing-Kohlebecken.

Chef und ich reiten zur Abtlg. Dort erfuhren wir, daß wir umziehen müssen. Also ist für uns die geleistete Arbeit umsonst. Aber die Arbeit kommt ja den Nachfolgern zugute. Und wir haben die Erfahrung. Allerdings auch unser Material verbraucht. Meine Bilder gefallen sehr. Auf dem Rückweg erhalte ich Post von Erika und Mutter Eggers. Das Gemütliche, das mich begleitet, ist mein Samowar und mein Porzellan. Ob wir es noch schaffen, den Russen in diesem Jahr zu erledigen? Es wäre herrlich! Ich lese viel.

Lt. Kähler erzählt von seinen Erlebnissen bei der Division. Bald gehen wir zu „Bett". 21 h.

Donnerstag, den 2. Oktober 1941

9.30 h Sperrfeuer. Sowjetischer Stoßtrupp wird zurückgeschlagen. Ich gebe der Batterie unseren „Stellungswechsel" bekannt. Großes Bedauern wegen der prächtigen Bunker. Ich bin gleich aufgeblieben. Morgenlesung, Tagebuch bis hierher.

Heute ist Hindenburgs Todes- und nach 2 Jahren Beisetzungstag. Ich entsinne mich noch deutlich des Staatsaktes in Tannenberg.

Die Wand hinter meinem Rücken ist mit Zeitungen aus dem Jahr 1938 beklebt. Ich fand eine Karikatur: An einer Felsenspitze, die weit über einen Abgrund hervorstößt, hält sich an einem riesigen Henkerbeil ein „Nazi", anscheinend Hitler selbst. Schreckverzerrt das Angesicht, denn ein Riemen um seinen Körper hat geschlungen stumm ein Knochengerüst und versucht, ihn in den Abgrund zu zerren. 3 Jahre lang versucht es das Gerippe. Und diese Zeitung muß es erleben, daß wir tief in Rußland stehen und wahrhaftig dem Bolschewismus genügend bereits zugesetzt haben.

Ich las in G. Hauptmanns „Hochzeit auf Buchenhorst". (Reclam.) Eine andere Welt, aus der der greise Dichter schreibt. Fein ist die scharfe Beobachtung und Schilderung der Gemütsregungen.

Und dann große Aufregung: Verlegung. Chef ist fort zur Erkundung, gegen Mittag kommt Roettich, er hat das Kriegsverdienstkreuz erhalten. Er ißt mit mir, wir trinken Tee aus dem Samowar. v. Bremen kommt zurück, verheerende Ergebnisse. Die schwere Batterie erkundet bei uns. 8./12 wird auch eintrudeln: Ein Befehl jagt den anderen. Ich suche mit Martinssen

(Chef 8./12) eine Fst aus, abends kommt er zu uns, wir essen zu Abend gemeinsam. Um 21.30 h zu „Bett". Morgen soll alles ausgesucht werden.

Freitag, den 3. Oktober 1941

Ich habe wegen Platzmangels (die Zelte waren bereits abgebrochen) im Haus geschlafen, sehr hart, aber sonst gut. Mit benommenem Kopf aufgewacht, da Stube geheizt: War zu erwarten. Morgenlesung, Rasur etc. Frühstück. Auf 9 h sind die Pferde bestellt. Ich lese einen Auszug aus dem Tagebuch eines russischen Offiziers, sehr interessant. Ich werde es ausschneiden.

Dann Erkundung der Fst. Wir waren in Fst 4. Batt. Berner kam mit uns, Kdr. begegnete uns. Sie liegt an einem Hang. Wasser und Brennholz ist in der Nähe. Vorbereitende Arbeiten. Vor Mittag bin ich wieder zurück. Wir müssen solange bleiben, bis die 8./12 sich eingeschossen hat. Es ist wunderbarer Sonnenschein. Ich gehe zur 8./12 herüber, ich treffe meinen Rekrutenspieß Otto Kister, jetzt Leutnant. Dann Abmarsch. Es ist ein ganz eigenartiges Gefühl: Wir haben uns ein Heim erbaut, in das jetzt andere einziehen und wir haben nichts, sondern müssen in Zelten schlafen. Viel schwerer fällt so ein Abschied als während des Vormarsches. Anweisungen, wie die Fst einzurichten ist. Dann reite ich zurück, erfahre vom Aufruf des Führers an die Soldanten der Ostfront. Dann haben wir wohl Aussicht, etwas vorwärts zu kommen. Ob wir vor dem Winter noch nach Deutschland kommen? Wir wollen deshalb uns zuerst behelfsmäßige Löcher in die Erde bauen.

v. Gadow, Forstassessor, wärmt sich bei uns auf. Abendbrot mit Bratkartoffeln. Dann Tagebuch bis hierher. Ich will noch einige Briefe schreiben, weil morgen genügend zu tun ist und ich vermutlich wenig zum Schreiben kommen werde. Ich soll auf Bst zur 6. Kp., Lt. Bathe, auf ihn sowie auf die anderen Herren freue ich mich schon sehr. In der Stube wanzenfrei geschlafen. Es beginnt leise zu regnen, aber bald kommt ein scharfer Wind auf, der die Wolken wegtreibt und es ist ein wunderbares Schauspiel: Der Mond hinter jagenden Wolken.

Sonnabend, den 4. Oktober 1941

Wunderbares Herbstwetter. Um 6 h stehen wir auf. Es ist also feste Tatsache, daß v. Bremen die 2. Batterie erhält. Für ihn bestimmt nicht einfach, ein Reisechef zu sein. Ich ordne meine Sachen und mache mich langsam fertig. Oberst Noeldecken erscheint: v. Bremen erhält das EK I, Oblt. Eichholz wird die 5. Batterie bis zur Rückkehr Oblt. Domanskys führen.

Dann reite ich ab. In der Fst wird gewaltig gebuddelt. Fast sind einige Bunker bereits im Rohbau aus der Erde heraus. Der Weg führt durch Sumpf und über Fußpfade, Richtungsschilder sind angebracht. Dann landen wir bei Kp-Stand 6., Lt. Bathe. Es ist eine richtig herzliche Begrüßung. Auch bei mir ist es, als spüre ich wieder alte, vertraute Luft: Vorne bei der Infanterie. Mir wird klar, welch' kümmerliches Dasein man führt, wenn man Batterieoffizier ist. Hier vorne, hart am Feinde (der sich allerdings weder zeigt), ist gleich etwas anderes. Und persönlich freue ich mich auf Dr. Bathe, der ein ganz famoser Kerl ist.

Ich lasse mir die Stellungen zeigen. Alles ist für uns vorbereitet. Die Bst, auch ein Bunker für die Nacht. Hier läßt es sich schon aushalten. Dazu die herrliche Herbstlandschaft, Abendsonne, gelbe Birken, schwarzgrüne Tannen, blauer Himmel, vor uns der kleine See: Ein wunderbares Bild. Nur schade, daß ich keinen Farbfilm eingespannt habe. Ich schieße mich auf einige Geländepunkte ein, ein Sperrfeuer liegt rechts vom See, eines oben an der Straßengabel, eines am Stacheldraht. Gefährlich nahe sausen sie an uns vorüber. Ich erzähle mir abends noch mit einigen Infanteristen. Um 21.30 h zu Bunker. Leise rieselt ab und zu etwas Sand zwischen den Balken hindurch. Eine Petroleumlampe brennt qualmend. Auf allen Vieren nur gelangt man an sein Lager. Ich schlafe fest und warm, nur einmal durch Schüsse irgendwo geweckt. Vollmond.

Sonntag, den 5. Oktober 1941

Erntedankfest

Um 5 h werde ich durch heftiges Artilleriefeuer wach. Wie ich später erfahre, liegt es vor dem I. Bataillon, wo der Russe angriff. Bei uns alles ruhig. Eine herrliche Vorwinterlandschaft: Alles mit Reif bedeckt, klare Konturen, wunderbares Laub, herrliche Farben. Ich begegne Bathe und gehe mit ihm den Postenbereich ab. Es ist ein herrlicher Spaziergang quer durch den Wald. Birkhähne balzen; ich denke an Herbstspiergänge mit Vater. Etwa von Velbert nach Neviges über Hardenberg. Mit Bathe läßt sich schön erzählen, selten geistig rege, ungeheuer sprudelnd. Dann erscheint unser Morgenkaffee, dazu schwarzes Brot mit reiner

Butter und dann dieser herrliche, blanke Herbstag: Ganz wunderbarer Sonntagmorgen. Morgenlesung. Dann lange beobachtet und Tagebuch geschrieben. Mittagessen, Spaziergänge, Beobachtungen, Aufnahmen: Um 18 h ist stockfinstere Nacht. Leider war nicht der erhoffte Vollmond, sondern trüb verhangener Himmel. Im Erdloch früh schlafen gegangen. Der Sand rieselt immer noch. Eine Wand fällt ein.

Montag, den 6. Oktober 1941

Ein sehr kalter Tag. Morgens Sonne, dann leichter, leiser Hagel. Es gibt nur ganz wenig zu beobachten: Das einzige Lagerfeuer brennt nicht mehr. 2 Russen sind gesichtet: C'est tout. Ab und zu lebhaftes Geschieße seitens des Russen. Ein russischer Spähtrupp wird gesichtet. III. Zug 6. Kp. (Lt. Lüth) wird abgelöst. Es ist grimmig kalt. Essen bleibt aus. Ich mache einen langen Spaziergang, dem Essen entgegen. Wieder Spaziergänge, um warm zu werden. Dann fangen wir mit der Arbeit an: Wir bauen einen festen Bunker und einen Windschutz. Dann brennt bald das Lagerfeuer. Noch ein Rundgang bei den Posten und ich gehe schlafen.

Dienstag, den 7. Oktober 1941

Um 7 h werde ich durch Lt. Bathe geweckt, der mich bittet, auf einen Spähtrupp zu schießen. Der 2. Schuß sitzt recht gut. Es ist ein herrlicher Herbstmorgen, golden, farbenfroh. Ich mache mich fertig zum Ritt in die Fst. Abschied von den Infanteristen, herrlicher Ritt durch den Herbstwald. Bald in Fst. Veränderung: Bunker sind sehr weit gediehen, meiner wird bald angefangen. v. Kleist und v. Stülpnagel sind Oberleutnante geworden. Frick kommt zur 3. Batterie, Eichholz als Führer zu 5. Batt., Schöps als stellv. Adjutant zum Stabe, Wulff zur 4. Batt., Hoeckner ist leicht krank.

Ich mache mich gründlich sauber. (3 Tage lang nicht rasiert und gewaschen.) Schöps packt seine Klamotten zusammen und reitet ab. Ich besorge mir Fensterscheiben und gehe zur Fst. Karte an Erika, die noch mit Verpfl. Wagen mitgeht. Abends noch mit Frick geklönt, früh zu Bett.

Mittwoch, den 8. Oktober 1941

Ich bin recht früh aufgestanden, weil mancherlei zu erledigen war. Morgenmeldung an die Abtlg., *die Nacht war ruhig. Morgenlesung und -toilette. Dann als wichtigstes ein Gang in die Fst, um mich nach dem Stand der Arbeiten umzusehen. Einige Bunker sind bereits fertig, meiner ist in Arbeit. Es regnet langsam und leise, also höchste Zeit, daß ich ein Dach über den Kopf bekomme. (*Stimmt nicht, es wurde Sperrfeuer zum I. Btl. angefordert, das noch berechnet werden mußte. Uffz. Zierke stößt mit Obw. Schnell zusammen.) Mittags kommt Martienssen, und wir Drei leeren eine Flasche Machandel. Eine sehr gefährliche Sache. Martienssen wird laut. Plötzlich bestätigt sich das Gerücht, wonach wir weiterziehen im Rahmen der großen Entscheidungen vor Moskau. Kdr. bestimmt mich zum Führer der Batterie. Frick ritt zum Stab und Schöps zur Batterie zurück. Der Umzug soll morgen früh beendet sein. Es fällt mir recht schwer, die richtigen Entscheidungen zu treffen. Aber dann rollt alles wie am Schnürchen. Die Nacht über habe ich wenig geschlafen, da ständige Anrufe der Abtlg. etc. Planziele wurde errechnet, aber nicht gefeuert. Mein Magen rebelliert eruptivermaßen. Dieser üble Alkohol!

Donnerstag, den 9. Oktober 1941

Um 5.30 h war Abmarsch. Ein übles Regenwetter, die Wege ganz verheerend, unsere Pferde nicht zugfest. Überall Bewegung, auch bei der Infanterie. Ob die schweren Mörser wohl herankommen? Es wird dann eine gewaltige Artillerievorbereitung. Der Weg geht über die Rollbahn an Trestino vorbei. Wunderbares Gelände, immer wieder Birken- und Kiefernwald. Diese Farben. Bald ist die Fst erreicht. Nicht gerade sehr glücklich, aber Notbehelf. Ich habe die Planpause verloren mit all' den Zielpunkten. Sehr peinlich. Ich reite auf Bst und fertige mir mit kalten Fingern einen Ersatz an unter Hilfe von 4. und 3. schwerer Batterie. Gefr. Stuhr muß rechnen. Es folgt das Einschießen. Feuerüberfall. Sturmgeschütze fahren vor. Feuerschläge auf den Wald, MG-Feuer. Lt. Schöps als V.B. Der Angriff geht langsam vor, weil alles vermint ist. Üble Schweinerei: Ein Sturmgeschütz auf Mine gelaufen, der Getriebeblock ist zerrissen! 2 andere fahren sich im Sumpf fest. Aber es geht auch ohne diese! Unsere Infanterie greift an. Detonationen von Minen! Auf der Bst ist es sehr kalt und windig. Gulasch, riesige Fleischmengen. Gegen 16 h entdecken wir ganz in der Ferne auf einer Lichtung Feindbewegungen, beim Einschießen stellt es sich aber als zu weit heraus. 9 km lang, etwa 4 km zu kurz! LKWs und Fahrzeuge der Russen türmten aus Glasuny nach Osten. Bst eingezogen und im

Dorf Sswapuschtscha geschlafen. Wunderbares Feuer im Herd. In der Nacht Abmarschbefehl. Ich gebe die Befehle durch Draht weiter. Vom V.B. fehlt jede Spur.

Freitag, den 10. Oktober 1941

Abmarsch um 8 h. Ich fahre auf Krad nach vorne, durch wunderbaren Wald. Aber es hat sehr stark gefroren. Reif. Am Wege, links und rechts, Sprengtrichter neben Sprengtrichter! Und wie viele mögen noch liegen und wieviele Menschen mögen noch drauflaufen? Ich gehe längere Zeit mit Kpchef 5./48, Oblt. von Ledebur. Wir haben uns sehr gut angebiedert. Molotow-Cocktails werden ausprobiert. Flugblätter werden aufgefunden. Grabmal links des Weges: Ein Pfahl in der Erde mit Schrift und rotem Stern. Durch Wachtm. Schröder lasse ich Quartier machen. Große Marschstockung, da III./48 einen nicht vorhandenen Weg gezogen. Meldung bei Abtlg. Nichts Neues. Spät am Abend kommt die Batterie. Wir brauchen nicht in Stellung zu gehen. Alle Pferde und Männer kommen unter. Wir mit 25 in einem kleinen Raum. Ich reite mit Pferdehalter in Richtung Gorka. (II./48) 4. Batt. ist Vorhutbatterie. Am Morgen Besprechung mit Major Joerges auf T.P. 256,6. Es war die Höhe, wo wir den feindlichen Verkehr beobachtet hatten. II./48 erhält Feuer und muß sich durchboxen. Überall Verluste durch Minen. Auf dem Rückweg Schnellfeuerkanone auf T.P. eingerichtet. Früh zu „Flachs".

Sonnabend, den 11. Oktober 1941

In der Nacht gegen 1 h zur Abtlg. gerufen. Aus der angezapften russischen Leitung erfuhr man: Der Kommissar, der am Vortag geschlagen worden war, ist von den Russen erschossen, ein Politruk eingesetzt. Angriff der Russen geplant gegen 5.30 h, falls Munition für schwere Geschütze vorhanden. Ich fahre in Stellung. Eiskalt. Schöps geht als V.B. los, tief in der Nacht, Begleitung durch 2 Gruppen Infanterie. Werden sie durchkommen? Kein Feuer! Nur Bekämpfung einer schweren Batterie auf 10.600 m!! Die Fensterscheiben platzen, obwohl Batterie etwa 250 m entfernt. Im Dorfe lebhaftes Getümmel: Sturmgeschütze, Pioniere, Infanterie etc. Streit um Räume.

Abmarsch gegen 15 h. Morgen soll großer Angriff steigen. Ich reite vor und suche eine Fst vor Boljschoje Shdanskoje. Später aber sucht der Kdr. eine andere für mich. Ich lasse Quartier für die Protzen und Pferde machen, Heu in rauen Mengen! Die Batterie kommt und Schöps meldet mir, daß Gefr. Boldt und Uffz. Müller auf eine Mine gelaufen sind, neben dem Wege, um sich ein Feuer anzuzünden. Trotz Warnung und Verbot, von der Straße abzuweichen. Boldt tot (furchtbar verstümmelt), Uffz. Müller vermutlich leicht verletzt. Der Kdr. schimpft ihn furchtbar aus. Völlig zu Recht. Schneetreiben. Gefr. Herzberg übernimmt das 4. Geschütz, wir gehen in das Bst-Haus unten am See. Brotsuppe. Sehr gut geschlafen.

Sonntag, den 12. Oktober 1941

Früh aufgestanden, 5 h Uhr. Herrliches Wetter, die Sonne geht leuchtend auf, Scherenfernrohr im Stall. Wunderbare Sicht. Aufnahmen durchs Glas. Grab geschaufelt. Russe schießt ins Dorf, u.a. ein Volltreffer am Abtlg.Gef.Std. Um 9 h Angriff. Große Feuerüberfälle, die ausgezeichnet liegen. Dann beobachtetes Feuer. Weg von Sevjagino. Die einzelnen Phasen könnte man im großen Umfang erzählen: Flugzeug im Wasser, galoppierende Reiter, flüchtende Russen, galoppierende Feldküche. Schneidiger LKW. Gruppen ins Dorf, ich schieße ein Haus in Brand. Interessantes Panorama. Man hat mich in Stroh eingepackt. 14.15 h ist Sevj. erreicht. Nur ganz wenige Verwundete. Der Feind geht gewaltig schnell zurück. Kdr. erscheint. Sturmgeschütz in Sevjagino, dann Abbau der Bst und Beisetzung vom Gefr. Karl Boldt. Dann Abmarsch des Bst.Personals nach Drosdowo. Schwere russische Geschütze feuern. Verheerender Eindruck! 26 russische Gefangene in tadelloser Disziplin. Drosdowo brennt teilweise. Wir beziehen eine kleine Hütte. Alles andere ist besetzt. V.B. in Sevjagino. Wieder schwere russische Geschütze. Übel. Funkverbindung und Draht klappen nicht. Schlafen gelegt: Ich fürchtete ständig einen Volltreffer.

Montag, den 13. Oktober 1941

Voller Dankbarkeit wache ich auf. („... und den Schutz dieser Nacht.") Gang zum V.B. Rundgang durch das Zielgelände. Schwere russische Batterie feuert. Interessante Beobachtungen. Zerstörte Häuser, viele Verwundete und Gefallene. Im Hause eines Popen schöne Ikonenecke. Zurück nach Bst. Gewaschen und rasiert, gegessen, dann nach Rundgang durchs Dorf Abtritt zur Protzenstellung. Warmes Zimmer in gestriger Bst. Abendbrot (Bratkartoffeln, Glühwein, Fleisch), Post gelesen, verschiedene Anrufe von Abtlg. Brief an Frau Boldt, Brief an Erika, Tagebuch nachgeholt. Päckchen für den Urlauber nach Deutschland zurechtgelegt.

Und so kann ich nun schon das 2. Tagebuch abschicken. Daß ich einen 3. Teil anfangen mußte, hätte ich zu Beginn des Krieges gegen Rußland nicht gedacht. Wie wird Erika sich freuen, denn nun kann sie sich wieder ein klares Bild machen von dem, was ich so erlebt habe.

Und so schicke ich dieses Buch an meine geliebte, treueste Freundin, meine liebste Erika. Könnte ich es nur selbst überbringen. Aber Du, mein Kind, weißt das ja alles längst und so begleiten Dich mit diesem Heft, das ich Dir wieder schenke, genauso wie das Frankreichbuch, meine allerliebsten Grüße.

       Gott behüte Euch!
       In herzlichster Liebe
       Euer Jung und Vati

PS. Schokolade, eine Ikone und 1 Film kann ich leider nicht schicken. Diese Dinge liegen beim Troß und dieser ist 6 km weit zurück. Vielleicht bei nächster Gelegenheit.

Dienstag, den 14. Oktober 1941

Bis 23.30 h geschrieben, um alles klar zu bekommen, dann noch sehr gut geschlafen. Was war das gemütlich: Glühwein, Bratkartoffeln und warmer Herd.

In der Nacht, d.h. als ich noch schrieb, wurde ich mehrfach zum Fernsprecher gerufen: Abmarsch etc. Und dann alle Anordnungen an Battr. Trupp etc.

Abmarsch 8.40 h aus Fst. Schönes Marschwetter, noch gefroren. (Lütt und Jörn [...]deten 1 Std. früher als befohlen. Die waren närrisch vor Freude.) Der Weg über Knüppeldämme und durch den Wald zurück, an der Stelle vorbei, wo Boldt in die Luft flog (– es befanden sich noch einige Tuchfetzen in den Sträuchern –) an den gefährlichen Stellen vorüber, nach Glasuny. Hier Vorbeimarsch an Kdr. Dann Weitermarsch. Sehr viel zu Fuß, wegen der Kälte. Aber langsam wurde es wärmer, und wir konnten reiten. Ungeheure Wirkung unseres Feuerschlages in dem Wald: Bäume bis zu 25 cm Durchmesser glatt durchschlagen! An den bolschewistischen Gräbern vorüber. Lange Gespräche mit Schöps – wie soll der Bolschewist sein Grab zieren? Kreuz ist unmöglich, [...] selbst schaffen. Und das war dann auch entsprechend: Weißes Holz, knallrote Schrift mit Sichel und Hammer beim Kommissar. In Sswapuschtscha Rast. Eine Stunde. Dann über Lepuscha, furchtbare Wege nach Gorbowo. Sehr bekanntes Gelände. Schwierigkeiten beim letzten Berg mit den Pferden. Unser Quartier ist übel verwahrlost. Im alten Haus. Viel Ärger mit den Burschen. Früh zu Bett, da keine Beleuchtung.

Mittwoch, den 15. Oktober 1941

Wecken um 3.30 h. Sehr kalter Wind und Schneesturm. Vormarsch bis Skatschki. Dort langes Warten in kaltem Schneesturm auf den Anschluß. Endlich. Dann muß gestreut werden. Die größte Strecke zu Fuß. Alles bekannte Wege, Anfang September müssen wir hier gewesen sein. Längere Gespräche mit Schöps. Unterkunft im alten Dorf mit der Ikone. Osuja. Ich bringe noch die Mannschaften überall unter. Trotz Belegung durch Div.1b. Ein wunderbares Quartier bei Lt. Schmidt, herrliches elektrisches Licht und saubere Möbel, Sessel aus Autobus etc. Langer Brief an Erika. Oblt. Domansky soll sich bereits im gleichen Dorf bei der Abtlg. befinden. Dann gegessen: Brot mit Butter. Dann Tagebuch bis hierher. Es ist 22 h. Das elektrische Licht brennt noch immer, ein unerhörter Luxus, der von uns weidlich ausgenutzt wird. Aber es ist doch eine andere Welt. Wir mit Feldflasche und Kommißbrot und Taschenmesser, einer Konservendose mit Fleisch, zugleich die Butter und dann die Küche, die mittags Klops und abends Gulasch liefert. In meiner Rolle fühle ich mich wohler. Das ist das gemeinsame Erleben, das uns mit dem Lande verbindet.

Donnerstag, den 16. Oktober 1941

Die Sonne scheint wunderschön, als wir um 6 h aufstehen. In der Nacht war der Abmarschbefehl gekommen, und ich hatte die nötigen Befehle gegeben. Um 8.30 h sollte Abmarschbereitschaft sein, um 7 h erscheint Oblt. Domansky, noch sehr behindert, das rechte Bein, Granatsplitter unter dem Knöchel, nachziehend. Er erkundigte sich über Einzelheiten der Batterie, überall nachforschend, unruhig, so wie ich ihn kannte. Ich muß gestehen, daß mir etwas vor der Zusammenarbeit bange ist. Wir sind doch zu verschiedene Naturen. Aber wenn ich meine Pflicht tue – das beabsichtige ich ja – wird wohl die so geleistete sachliche Arbeit anerkannt werden.

Und warum soll es zu dem gleichen Ergebnis führen wie mit

seinen Batterieoffizieren Dannenberg, Barth und Kähler? Es ist vielleicht eine Aufgabe, die ich habe, indem ich mich unterzuordnen lerne. Jedenfalls ist seine Begrüßung mit Rum sehr herzlich. Er fährt an diesem Tage noch mit dem Auto, da die Wege glatt sind und das Reiten noch zu sehr anstrengt.

Abmarsch, gleich am ersten Berge kommen wir nicht hoch, der Weg muß umgangen werden, der Acker war zu weich. In Ssaborowja erreichen wir die Rollbahn, wunderbar glatter und reibungsloser Marsch. Wir gehen viel zu Fuß, da es zu Pferde außerordentlich kalt ist. Wir haben 30 km vor uns. In Mowotizy liegt das Korps. Wunderbar große Häuser, fast Villen, viele Gefangene bei der Arbeit. Feldpostamt nimmt meine Post auf. Wir erhalten einen leichten Eindruck von der Arbeit hinter der Front. Die Rollbahn wird bald schlechter. Gefangene schlachten ein Pferd und verbessern so ihre Nahrung. Lange Gespräche mit Schöps über Kriegsgefangenschaft, Reichsstatthalter Hildebrand und Partei etc. Es ist erfreulich, wie Schöps und ich uns menschlich näherkommen. Fast könnte man es herzliches Verhältnis nennen.

Der Fieseler Storch kreist langsam und bringt Erkundungsergebnisse. Es ist doch eine ungewohnte Nacht gewesen, ohne durch Schießerei gestört zu werden. Wie wird das später erst ungewohnt sein! Ferne hören wir ab und zu das Grollen der Front. Aber wir sind noch weit entfernt.

In einem Dorf (Beli) ist Mittagrast: Ganz herrliche Erbsensuppe! Es ist erstaunlich, wie unsere Köche sich gemacht haben. Der Weitermarsch in anderer Reihenfolge: Stab, 4., 5., 6. Es geht zügig vorwärts. Es ist aber auch sehr kalt. Immer das gleiche Bild: Hände tief in den Manteltaschen und dann leicht vornüber gebeugt vorwärts. Ab und zu 2 km Ritt und wieder zu Fuß. Die Straße wird von wenigen Gefangenenscharen gebessert, sogar Streugut ist schon von den Seiten aufgeschüttet. Es wird bald dunkel. Eine riesige Kirche leuchtet über das Land. Im Inneren (Seitenflügel) eine Schreibstube eines Pi-Bau-Bataillons, der Hauptraum ist leer und wird als Kartoffelkeller verwandt. Am Himmel gehen dunkle Schneewolken hoch. Die Färbung des Waldes ist wunderbar im goldenen Abendlicht. Endlich das Dorf. Es ist mittlerweile völlig dunkel, glatt auf dem aufgefrorenen Wege. Wir stolpern durch ein riesiges Dorf, in dem schon Panzerjäger liegen, und in dem die vor uns marschierende 4. Batterie den Weg verstopft. Dann fließt alles ab. Die Pferde kommen sämtlich in einem riesigen Stall unter, der sogar elektrisches Licht hatte, vermutlich von Demjansk aus, aber jetzt ist die Leitung unterbrochen.

Wir finden für uns vorbereitet ein Quartier, das durch die Küche zu erreichen sind. Mit angehaltenem Atem müssen wir hindurch. Ein großes Zimmer mit sehr viel Blattpflanzen. Wir essen zu Abend, bei mir recht kümmerlich, da die Verpflegung alle ist. Dann erscheinen Hoeckner und Pade, und wir feiern die Rückkehr von Domansky. Bis 23.30 h sitzen wir bei Zigarre, Rum und Rotwein. Und sind von der kalten Luft so furchtbar müde. Herrlich geschlafen.

Freitag, den 17. Oktober 1941

Um 7 h aufgestanden. Noch ist keine Befehl zum Abmarsch eingetroffen, also lasse ich mir den Koffer kommen und kleide mich um (nach etwa drei Wochen). Die Wäsche lasse ich gleich kochen und frühstücke sehr ausgiebig. Dann Rundgang durch die Batterie. Ich ordne einige Sachen um: So wechsele ich den Pferdepfleger, mache Mallow zum hauptamtlichen Burschen. Denn nun bin ich ja wieder Batterieoffizier. Hoeckner erscheint, wir erzählen uns. Herrliches Mittagessen. Schöps und ich fressen vier Teller und entschuldigen uns gegenseitig mit der zunehmenden Kälte und dem größer werdenden Bedarf des Körpers an Fetten. Ich schreibe Tagebuch und erledige Briefe.

Anscheinend haben wir heute einen Ruhetag, nur merkt man es immer erst spät, da wir immer in Erwartung des Abmarschbefehles leben. Roettig erscheint, seichtes Geplätscher. Ob wir Armeereserve sind? Als eine Division, die am wenigsten laediert ist?

Friedel hat mir geschrieben. Es ist so überaus erfreulich, daß er so großes Zutrauen zu mir hat. Es ist, glaube ich, das gemeinsame Fronterlebnis. Noch andere Briefe erledige ich. Ilse Ramm, Ursel Klingenstein, Frau Raithelhuber, Mutter lege ich Friedels Briefe bei. Sie soll sich auch hierüber freuen können.

Es gibt Brotsuppe, die wunderbar schmeckt. Ich fresse mal wieder unheimlich. Die „Freßkiste" soll eingeführt werden, weil wir soviel zu viel Papier auf dem Tisch haben und leere Konservendosen. Wir gehen früh zu Bett. Halt, vorher noch: Die alte Frau des Hauses stellt mir ein Glas Milch auf den Tisch und bügelt meine Wäsche. Dienstbare Geister! Slawische Unterwürfigkeit.

Abends gehe ich noch einmal durch die Batterie. Überall

brennen Lagerfeuer, an denen sich die Jungs wärmen. Der große Stall ist wunderbar für den Winter geeignet. Aber für uns heißt es ja: Vormarsch und nicht wissen, wo wir landen.

Sonnabend, den 18. Oktober 1941

Mitten in der Nacht kommt der Befehlsempfänger, Abmarsch 6 h. Wir schlafen noch ganz herrlich weiter. Es ist so schön warm im Hause. Ein klarer Morgen, hart gefroren. Im Waschwasser ist bereits Eis. Systematisches Training zum Helden! Oblt. Domansky reitet wieder. Ein famoses Bild! Hoffentlich überanstrengt er sich nicht! Wir gehen den ganzen Weg zu Fuß. Es ist schneidend kalt, besonders der Wind. Unterwegs treffen wir das I. Batl., lebhafte Begrüßung. Es sind doch prima Kerls, besonders der kleine Vietinghoff. Demjansk. Wir kommen am Gefangenenlager vorbei. Die Insassen frieren gewaltig. Die Ernährung ist aber auch kläglich. Trockenes Brot, ab und zu, wenn das Glück hold ist, ein erschossenes Pferd. Daß die Arbeit dann nicht so klappt, ist zu verstehen. D. ist ziemlich heil geblieben. Längst nicht so zerschossen wie Cholm. Wir sehen eine Etappenstadt mit sehr vielen Wegweisern. Feldpostamt, Lazaretten, Ortskdtr. etc. pp. Dann noch 8 km. Auf einer gefrorenen Rollbahn. Der Wind pfeift immer kälter, die Unterhaltung wird wegen des Windes immer spärlicher. So trotten wir vor uns hin. Ich denke wohl an „Armee hinter Stacheldraht" und „Zwischen Weiß und Rot" und versuche mir zu erklären, ob die Fähigkeit zum Denken und zur Erzeugung einer Kultur überhaupt anderswo als in gemäßigtem Klima möglich ist. Denn sowohl in den Tropen, wie auch im Eis erlahmt die Denkfähigkeit irgendwie. Endlich – gegen 11 h – ist das Ziel Pleski erreicht: Die Unterkunft der Pferde ist leidlich, die Kanoniere müssen sich stapeln, dann mag es gehen. Domansky hat sich natürlich übernommen und muß sich schonen. Es ist schaurig kalt, ich kann kaum den Löffel an der Feldküche fassen. Ich gehe in eine Sauna, wo man es vor Qualm kaum aushalten kann, aber es ist wenigstens warm. Nach dem Essen gehen wir in eine kleine Bude, deren Inhaber zwar gern auf dem Ofen schlafen würden, den wir aber kurzerhand rausauswerfen. Ça, c'est la guerre! Die werden schon bei anderen Nachbarn einen Unterschlupf finden. Ich lese und schreibe am Tagebuch. Es ist ein Jammer, wie kurz der Tag dauert. Während der Dämmerung rasiere ich mich. Dann weiter Briefe. Domansky ist über v. Bremen ärgerlich, weil er zu viele und zu früh befördert hat. Hoeckner erscheint und lädt uns zum Abendbrot ein. Aber wir müßten Alkohol selbst mitbringen. Wir heizen noch einmal ein und gehen herüber. Hühnersuppe, Brote, Hühnerfleisch, Wodka. Sehr gemütlich, bis der Vorbefehl zum Abmarsch kommt. „Voraussichtlich in der Frühe." Wir gehen früh schlafen. Herrlich warm. Es schneit große Flocken. Wie mag das morgen auf dem Marsch sein?

Sonntag, den 19. Oktober 1941

Abmarsch um 6 h. Als wir aufwachen, ist das Zimmer durch einen Brand hell. 4 Pferde sind tot. (6. Batterie.) Wir ziehen den Berg herunter, den wir gestern mit viel Mühen heraufgezogen sind. Wir sollen zur Unterstützung des I.R. 89 los. Es ist bitterkalt. Ein scharfer Wind. Der Weg geht über Krasnaja Gorka, Mamajowschinkana, Kurgan, Smelaja Wetorch, Lukino. Die Wege sind erdenklich schlecht. Ich habe jetzt immer unbändigen Hunger. So futtere ich Schokolade, Knäckebrot, Drops, nehme von Roettig, mit dem ich längere Zeit spreche (er hat das EK verliehen bekommen!), noch ein Wurstbrot an. Den ganzen Weg gehe ich zu Fuß. Suchaja Wetosch liegt unter feindlichem Feuer, daher von Fahrzeug zu Fahrzeug 20 Schritte Abstand. Aber alles ging gut. Dann stockte alles, weil der Weg unpassierbar war. Die 4. Battr. zog daher einen Umweg, und gerade als wir heran waren, war der Knüppeldamm fertig. Die 4. saß unheilbar fest. In Lukino tolles Durcheinander. Wir zogen weiter und wurden dann abgestoppt, weil weiter vorwärts keine Fst möglich waren. „Fahrzeugweise kehrt." Tränken, Futtern und Essenausgabe. Scheidende Kälte. In Lukino tolle Ansammlung von Infanterie, Artillerie, Sturmartillerie, [...] Abtlg. Als ich gerade Platz machte, Domansky saß auf dem B-Wagen, hatte ich das schönste Erlebnis des Tages. An der Ecke steht ein tadellos gewachsener Infanterist stramm und ich erkenne ihn sofort: Horst Rieder aus Köln, aus Schloßmachers Jugendgruppe. Stramm, klares Auge, ein echter Soldat. Das war eine herzliche Begrüßung! Ein langer, fester Handschlag. Was wir sprachen, war nebensächlich, aber dieses Wiedersehen! Die Menschen freuten sich. Wir haben natürlich, wenn möglich, ein Wiedersehen vereinbart. Schwerer Weg zurück, wir können uns vorstellen, wie ein Rückzug sein muß. Dann Fst, Zelt aufgebaut, wir haben noch gerechnet, 19 Zielpunkte. Dann das Lager fertiggemacht. Toll eingepackt, es ist nämlich bitter kalt, dann regnete es, sodaß Glatteis entstand. Oft gestört, aber dann doch fest geschlafen.

[Am Rand des Tagebuchblattes ist vermerkt: Reisbrei mit Obst. K.-M. D.]

Montag, den 20. Oktober 1941

Um 7 h aufgestanden. Naßkalt, ganz übles Wetter. Frühstück. Überall, auf allen Seiten, Artilleriefeuer, sodaß die Lage völlig ungeklärt ist. Ich lasse tarnen, Löcher graben, gehe durch die Fst, friere. Unsere Stimmung ist ziemlich mies. Oberst Frh v. Lützow, Kdr. I.R.89, verwundet, man befürchtet Bauchschuß. Am Nachmittag: Oblt. Eichholz verwundet. Durchschuss rechter Oberschenkel. Lazarett.

Rasiert, indem ich Schnee im Kochgeschirr auftauen ließ. Dann Karte an Erika, Tagebuch bis hierher. Ich kann außerordentlich viel essen, der Körper braucht wohl mehr Fett als sonst. Und was erlebt man sonst noch an einem solchen Tage? Oft geht man an das Feuer, wärmt sich auf, raucht eine Zigarre, ißt eine Scheibe Brot, schießt etwas, sorgt für Stroh zum Lagern. Es ist alles so müde und matt, weil es nicht vorwärts geht. Das ganze I.R.89 ist eingeschlossen, der verwundete Kdr. ist mit einer Kp. Begleitung zurückgebracht worden. Eichholz liegt noch immer vorne verwundet. Wir gehen früh schlafen, was soll man sonst anfangen? Störungsfeuer des 4. Geschützes von 20.30 bis 23 h. Das geht so die ganze Nacht hindurch, von der anderen Batterie fortgesetzt. So etwas muß doch den Russen ärgern!

Dienstag, den 21. Oktober 1941

Wunderbar geschlafen, wenn auch oft gestört durch Telefonate, Schnarchen, Schießen etc. Vom Lager aus gefrühstückt, dann den ganzen Tag über unregelmäßig gefeuert, weil der Russe manchmal angriff. Das Störungsfeuer der Nacht hat jedenfalls bewirkt, daß der Russe das Dort geräumt hat. Aber wegen der schlechten Wege kein Vorwärtskommen, daher gräbt sich alles ein. Sobald aber Frost eintritt, soll es vorwärts gehen. Hoffentlich bald. Denn Stellungskrieg ist nichts für mich. Ich erhalte neue Verpflegung, eine leichte Mandelverdickung, den Befehl, mich morgen 7 h startbereit nach vorne zu halten, als Ablösung für Lt. Schöps. Ich schreibe Briefe und Karten, Tagebuch, bereite alles vor, dazwischen Berechnungen und Feuerkommandos. Gegen Abend: Ich soll nicht starten, da die Essensträger nicht durchgekommen sind. Eine völlig unerklärte Lage. Ich esse viel, gut, daß wir so reichlich Butter erhalten. Die Hälfte der Besatzung kann im Dorf schlafen. Ich bleibe in der Fst. Gegen 19 h lege ich mich schlafen.

Mittwoch, den 22. Oktober 1941

In der Nacht die regelmäßigen Telefonate, Barbarameldungen, [...] berichte. Die große Sorge: Wie schaffen wir das Wasser aus den Löchern? Es regnet leise, manchmal mit Schnee dazwischen. Eine trostlose Lage. Durch das Dach des Zeltes regnet es, auf den Tisch tropft es. Wenn man sich die Zeltbahn über den ganzen Körper zieht, geht es ganz gut. Tritt man auf den ausgebreiteten Flachs, quatscht es richtig. Also eine neue Schicht. Auch diese ist bald durchweicht. Und der Schlamm auf den Wegen: Gut, daß ich meine Gummistiefel habe, sie sind unbezahlbar! LKWs kommen nicht mehr durch, nur mit Hilfe von großen Zugmaschinen geht es. Ich gehe zur Abtlg., wo der Stab in einem Bunker haust. Auch hier tropft es durch die Balken. Der Russe greift den ganzen Tag über an, immer wieder. ½ Feuerüberfälle sämtlicher Batterien. Das Feuer wird durch Hptm. Hoeckner und A.V.K. Lt. Frick geleitet. Unser V.B., Lt. Schöps, ist ohne Funkverbindung, also praktisch ohne Wert dort vorne. So friert er vor sich hin und kann nichts ausrichten. Aber zurück kann er nur in einem Geleitzugsystem. Oblt. Eichholz wird heute über den Lazarettweg einer anderen Division weggeschafft. Es soll ihm verhältnismäßig gut gehen.

Kdr. I.R. 89, Oberst Frh. v. Lützow hat das Eichenlaub erhalten. Diese Freude und Begeisterung bei seinem Regiment! Wir alle freuen uns mit ihm und hoffen, daß seine Verwundung nicht so ernst ist, wie sie aussieht. Ich bleibe in der „Wohnung" im Dorfe. Ganz netter Raum. Morgen sollen unsere Maurer einen Ofen einbauen. Nette Manieren, dem russischen Besitzer einfach in die gute Stube einen Ofen aus Ziegelsteinen hinzusetzen. Ich lasse mir ein Feldbett in die Fst, ins Rechenzelt schaffen. Vielleicht nehme ich es mit. Die Nacht soll ich im Haus schlafen. Ich gehorche dem Befehl, denn sonst bliebe ich lieber da, wo mein Platz ist. So geht es auch den Kanonieren, die am liebsten bei ihren Geschützen bleiben. Am Abend der Kdr. in der Fst. Gerade sehen wir, wie eine grüne Leuchtkugel hochgeht: Wir schießen sofort Sperrfeuer, das gute Wirkung hat. Der Russe versucht wieder, anzugreifen. Wahrscheinlich steckt der Kommissar dahinter. Wir trinken Kirschlikör, rauchen und lesen. Um 20 h kommt Post. Ich bin reichlich bedacht. Das soll morgen alles erledigt werden. Gegen 21 h zu Stroh.

Donnerstag, den 23. Oktober 1941

Es hat in der Nacht erhebliches Störungsfeuer für den Russen gegeben. Wir wurden oft wach. Aber besser in der Nähe der Abschüsse als der Einschläge.

Um 7 h stehe ich auf, gehe zur Fst und frühstücke. Es regnet leise, mehr Schnee darunter.

Ein russischer Leutnant und ein Sergeant sind übergelaufen. Aufzeichnungen über russische Artilleriestellungen. Hoffentlich können wir das auswerten. Ich gehe zum Haus zurück, mache einen weiten Umweg durch die Wiesen, sehe mir die Einschläge der russischen schweren Granaten an. Er hat sehr stur immer auf die selbe Stelle gefeuert, meist in den Sumpf. Über die Lage ist nichts Neues bekannt. Ich lese noch einmal die Post durch. Sehr erfreuliche Nachrichten und nette Bildchen von Bübchens Wagenfahrt in Brüel. Ob der Ogefr. Lüth mittlerweile eingetroffen ist, um die längst bereiten Sachen abzuholen? Was werden das für Schätze sein! Sogar das Taschenmesser aus Solingen ist dabei. Wie ich mich auf alles freue!

Die Maurer tragen Steine herbei, brauchen aber erst sehr lange Zeit, um sich alles anzusehen. Sprichwörtlich! Aber dann mauern sie doch, und gegen Abend ist der Ofen gesetzt, aber der Abzug klappt noch nicht recht.

Mittags gab es an der Feldküche der Stabsbatterie Kohlsuppe. Sie schmeckte herrlich, lag nur sehr schwer im Magen. An das Essen knüpfte sich eine längere Unterhaltung wegen unseres Sudelkoches mit Wachtm. Oelkers. Abends haben wir noch geklönt. Es wird ja auch bereits um 16 h dunkel und um 17 h planen wir, ob wir nicht zu Bett gehen sollen. Aber wir halten uns sehr eisern an 19 h als frühesten Termin. Am Nachmittag war ich noch einmal in Fst. Großes Haarschneiden durch Gefr. Röpke von der 4. Batterie.

Freitag, den 24. Oktober 1941

Wir erhalten die ausgewerteten Aussagen des russischen Artillerieleutnants mit beigefügter Skizze. Sehr interessant. Es ist klar, da sich hieran (Kampfmoral etc.) lange Diskussionen knüpfen. Morgens in der Fst. Mein Stellvertreter bleibt am liebsten ständig in der Fst, während ich doch ganz froh bin, daß ich mal an einem vernünftigen Tisch schreiben kann.

Am Nachmittag lange Unterhaltung mit Oblt. Domansky über die Zwischenzeit. Sehr gefährliches Gespräch, um nicht ungerecht zu werden gegen v. Bremen, der mich ja so taktlos wie selten jemand behandelt hat. Am Nachmittag brennt unser Dach. Die Panzerjäger im Keller haben zu toll geheizt und so fing das Schindeldach Funken. Während fast alle ihre Sachen packten, stieg ich auf das Dach und konnte es noch löschen. Brandwache. Unser neuer Kamin macht noch erheblichen Kummer mit Rauch. Spät abends kommt noch Schöps mit einem 6-Tage-Bart zurück. Er ist völlig ausgedurstet, verdreckt und erschöpft. Er kann aber auch erzählen! Dagegen komme ich mir hier wie in der Etappe vor.

Der Russe greift immer wieder an. Rot-Weiß-Munition wird verschossen und hat guten Erfolg. Es ist in der Wohnung richtig gemütlich, wenn tüchtig aufgeräumt wird. Ich lese einen Kriminalroman „Programm mit Truxa". So weit ist es mit mir gekommen. Übrigens habe ich sämtliche Briefschulden abgearbeitet. Ein ganz seltener Zustand! Die schönste Tageszeit ist für mich von 5 – 7 h. Schlafen kann ich ja dann nicht mehr und zum Aufstehen ist es noch zu früh und dunkel. Dann wandern die Gedanken sehr oft in die Heimat, überhaupt in alle Richtungen. Denn soviel Zeit hatte ich ja nie zum Schlafen. Ich merke aber zu meinem großen Entsetzen, daß die geistige Regsamkeit erheblich nachläßt. Oder ist es die ständige Unruhe um mich her, die das bewirkt?

Sonnabend, den 25. Oktober 1941

Um 7 h stehe ich auf. Domansky reitet zur Protzenstellung, um einen Diebstahl aufzuklären. Es ist eine Freude zu beobachten, wie Schöps sich sauber macht, nach 6 Tagen Schmutz in einem Erdloch. Ich schreibe Briefe u.a. auch an die Brüeler Angehörigen von Gefallenen. Dann gehe ich zum Stab. Nichts Neues. Essen an der Feldküche. Roman „Truxa" beendet. „Erhebend!" Geschrieben am Tagebuch bis hierher. So muß die Zeiteinteilung sein: Schreiben bei Tageslicht, dann Revisionen etc. in der Dämmerstunde.

I.R.89 hat die Stellungen etwas zurückgenommen. Ob der Russe es bald merken wird? Ziemliche Ruhe an allen Fronten. Sondermeldung: Charkow genommen! Wir werden wohl den Krieg hier im Waldaigebirge beenden? Endlose Diskussionen: Bleiben wir im Winter in Rußland? Es ist sehr gemütlich hier: Das Holz knackt im Ofen, eine wohlige Wärme umgibt uns.

Divisionspfarrer Roettig erscheint. Mir ist es unerträglich, wie er spricht, selten überheblich, als wie beschlagen auf allen Wissensgebieten, überall orientiert. Er hört ja hier etwas, dort etwas. Und das plappert er uns herunter. Ich frage mich nur: Was ist das Spezifische an ihm? Er ist doch Pfarrer? Hat er überhaupt eine innere Vollmacht? Aber wie oft mag ich auch schon so betrachtet worden sein? Habe ich eine innere Vollmacht als Christ?

Der Ofen raucht. Es ist Wochenende. Ich halte an der Zeiteinteilung von 19 h als Bettzeit fest. Gerade, wie ich liege, kommt Hptm. Hoeckner zurück. Ziemlich erschöpft. Er säubert sich provisorisch, ißt und schläft fest und tief.

Sonntag, den 26. Oktober 1941

Um 7 h aufgestanden, es ist eine furchtbare Wühlerei in der Stube: Alles wäscht sich, Stiefel werden geputzt, gefegt, Frühstück hereingebracht. Das Erhebendste ist aber, mit welcher Andacht und Ergriffenheit Hoeckner seinen Körper reinigt: Von Kopf bis Fuß, immer wieder rufend: Wie herrlich! 2 Stunden braucht er. Ich denke an meinen Vater, der im Weltkrieg einmal 37 Tage vorn gelegen hat, ohne sich waschen zu können. Während ich als wasserscheuer Junge das nicht begreifen konnte, daß nun das Waschen nach 37 Tagen eine solche Wohltat gewesen sein soll. Ich wünschte mir im Gegenteil solche lange Zeit waschfrei, auch noch länger. Ich schreibe an Erika einen längeren Brief, bei dem ich das beglückende Gefühl hatte, daß die Kräfte der Seele durchaus aus einem solch' prosaischen Ort heraus weiteste Räume überspannen können und auch nicht an die gleiche Sache gebunden sind. Ich denke so intensiv an zuhause.

Es ist erschütternd, wie wenig sich D. mit sich selbst beschäftigen kann. Er ist allerdings auch sehr defekt durch seine 2 malige Verwundung, sehr nervös. M. E. muß er stets Gesellschaft haben, und so sind es stets die gleichen Themen, die erörtert werden: Thema I: Bleiben wir im Winter in Rußland? Thema II: Wenn nein, wohin kommen wir? Thema III: Wenn ja, warum geht es nicht?

Nach dem Mittagessen mit Hoeckner (D. ist beim Stab, Schöps ist zur Protzenstellung geritten) bleiben wir noch bei Kaffee und einer guten Zigarre und einigen Plätzchen von Reuter-Eischeid sitzen. Es ist außerordentlich gemütlich und wir Beide spüren wohl auch, daß wir gut zusammenpassen. Dann packe ich meine Sachen und gehe zur Ablösung in die Fst. Es ist empfindlich kalt, ein nasser Schnee liegt noch. Es werden gerade Sperrfeuerräume erschossen, die ich noch fertig stelle. Dann kommen noch die üblichen Anfragen, Einrichten für die Nacht. Es ist bitterkalt im Zelt. Stuhr erzählt mir von seinen Wanderfahrten mit Segelboot.

Es ist dringend erforderlich, daß ich wieder einige Tage und Nächte in der Fst bleibe. Im Wesentlichen meiner selbst wegen: Es hilft nämlich nichts, daß ich die Infanteristen vorne bedaure, die ja in diesen Tagen Übermenschliches leisten müssen. Ich muß bereit sein, dasselbe auch mir zuzumuten. Es fällt mir übrigens gar nicht schwer, es ist selbstverständlich.

Spät abends kommt noch Post, so reichlich wie noch nie: Pulswärmer, Kopfschlauch, Ohrenklappen mit Pelz, dazu zwei Briefe, sehr liebe, von Labi ein Bericht, von Weskott ein Päckchen mit Drops und Zigaretten, Karte von Gerda und Brief von Hans Geiling. Alles gute Nachrichten.

Ein schöner Abschluß dieses Sonntags.

Montag, den 27. Oktober 1941

Ich wache früh auf, es hat tüchtig geschneit. Die Zeltwand ist hart gefroren und klatscht hart im Wind. Meine Verpackung ist noch nicht so restlos gut, wie ich mir dachte. Jedenfalls habe ich mich erkältet.

Den ganzen Tag über am Lagerfeuer gesessen, frühmorgens gab es Röstbrot, in Butter geröstet, eine Delikatesse! Ich werde mir einen Röstapparat zu Weihnachten wünschen. Wie ja überhaupt alle meine Wünsche aus dem augenblicklichen Mangelzustand zu erklären sind. Ich lese alles das, was ich angefangen habe. DAZ, rassepolitische Schriften, Illustrierte, kurz, ich räume auf.

Neulich meinte der „geistreiche Plauderer" Roettig, die Verbindung zu der Heimat reiße mehr und mehr ab. Ich kann nur das Gegenteil feststellen. Noch niemals, trotz allergrößter Entfernung, habe ich so stark das Gefühl engster Verbundenheit mit der Heimat. Am stärksten natürlich mit meiner engsten Familie. Aber auch das Volk merkt wohl doch, daß dieser Krieg kein Spaziergang ist, sondern ein „heiliger und opfervoller Krieg", wie ich heute nochmals in der Führerrede las. Auch wenn wir keinen Dank wollen, die Anerkennung ist uns gewiß.

Man hört (der vorüberreitende Kdr. sagt es mir), daß die Front weiter zurückgenommen werden soll, die Ausfälle seien zu groß. Erfrierungen etc. Was müssen unsere Infanteristen aushalten! Den Hauptteil der Last tragen doch sie und nicht andere!

Wir schießen verschiedene Male, der Russe greift immer wieder an.

Abends werden Kartoffeln gekocht und gebraten. Tagebuch bis hierher. Es ist 17 h, fast schon dunkel.

Es ist gemütlich zu sehen, wie man sich unter bescheidensten Umständen wohlfühlen kann. Der eine holt Kartoffeln, Esser schält, Stumer schneidet Zwiebeln, Uffz. Zenker hält die Pfanne, jeder legt auf, und so erhält jeder seine Pfanne voll Bratkartoffeln, die herrlich schmecken. Erfreulich ist zu sehen, wie alles gerecht verteilt wird. Unser neuester Sport ist Brotrösten: Man geht in den Busch und schneidet sich eine Astgabel, legt eine Scheibe unten drauf und hält sie über die Glut. Zuerst dampfen Kälte und Feuchtigkeit aus der Brotscheibe, dann trocknet alles ab und es bildet sich eine braungebrannte Schicht. Die steifgefrorene Butter wird in kleinen Klumpen drauf verteilt, sie zerfließt bald: Es schmeckt herrlich! Nur ißt man meist, wenn es so gut schmeckt, viel zu viel. Und dann anschließend die Zigarre. Außerordentlich gemütlich!! Lange sitze ich noch bei den Nachrichtenleutendiensten. Uffz. Schulz erzählt von seiner Nazikampfzeit. Spät erst – 20.20 h – gehen wir in die Klappen.

Dienstag, den 28. Oktober 1941

Die Nacht war ruhig, wir brauchten nicht zu schießen. Einmal stand ich auf, alles war wieder tief verschneit. Nur das Stapfen der Posten war zu hören, ab und zu irgendwo Abschüsse und Detonationen. Ab 4.30 h liege ich wach. Daß das schön sein kann, habe ich früher nie feststellen können, weil ich ja stets viel und fest schlief bis in den frühen Morgen. Anschließend, ab 7 h, habe ich lange mit Gefr. Stuhr gesprochen, der auf der anderen Seite des Zeltes auf einer Matratze liegt.

Ich habe sämtliche Bücher, die mir zur Hand sind, gelesen. Was nun? Da muß sich also mein Geist in irgendeiner Richtung betätigen. Er tut es, indem er die täglichen Ereignisse ordnet, in die Vergangenheit wandert und die Zukunft abschreitet. Mit der Gegenwart ist es mangels Ereignisse bald geschafft. Bleiben die weiten Ebenen der Vergangenheit. Ob ich meinen Bildungsgang wieder so einrichten würde, nur theologisches Studium, Verbindung mit allen Abhaltungen? Eines ist mir klar: Ich würde versuchen, ein möglichst großes Feld zu übersehen, also neben Philosophie besonders Germanistik, Musik und Kunstwissenschaften. Denn wo ich den starken Drang nach allen diesen Gebieten in mir verspüre, tut es mir leid, daß ich derartiger Ignorant bin. Und damit ist der Weg für die Zukunft bereits klar: Wenn ich heil aus dem Kriege nach Hause komme, muß ich mir meine Arbeit sehr scharf einteilen, vertrödelte Zeit darf es dann nicht geben. Ich stelle es mir eher so vor: Im Frühjahr und Sommer, je nach Witterung, wenn ich im Garten arbeiten kann, früh aufstehen, etwa 5 – 7 h Gartenarbeit, eventuell auch noch früher aufstehen. Um 8 h muß das Frühstück beendet sein, damit ich gleich anschließend die Post erledigen kann. 8.30 h wird diktiert, längstens bis 9.30 h, dann Privatarbeit bis 11 h. Von 11 h bis zum Mittagessen notwendige Besuche oder Briefarbeiten, vielleicht auch Predigtarbeit, wissenschaftlich arbeiten. Mittagessen, dann in den Garten bis 16.30 h, dann (vielleicht stiftet Frauchen Kuchen und Kaffee) werden Besuche gemacht und bis zum Abendbrot, und dann ist aber auch wirklich Feierabend. (Diesen Satz wird mir Erika wahrscheinlich immer wieder vorhalten!) Er dient der Musik, Radio, und guten Büchern, Fotoarbeiten, kurz: Was einen Feierabend schön macht: Gäste, Besuche etc.

Und meine Arbeitsgebiete (neben der eigentlichen Berufsarbeit!) sind mir auch klar geworden: In der deutschen Geschichte den Anteil des Christentums ausfindig zu machen: D.h. a) eine intensive Kenntnis der deutschen Geschichte anhand eines großen Historikers und der Quellen und b) eine intensive Beschäftigung mit den Persönlichkeiten, die als Christen deutsche Geschichte gemacht haben.

Es wird wohl bei diesen Arbeiten ein Studium Luthers mit

im Mittelpunkt stehen, zugleich aber wird auf die anregenden Arbeiten der „Deutschen Christen" eingegangen werden müssen. Wie ich mir das im Einzelnen denke? Z.B. eine Figur, Wolfram v. Eschenbachs „Parzival" wird bearbeitet. Was ist das Wesensmerkmal?

Was ich mir für später wünsche, ist ein Kreis von Freunden, mit denen man sich so findet in der gleichen Schau. So könnte z.B. „Die Neue Schau" aus dem Bärenreiterverlag als Richtschnur dienen. Musik, Literatur, Kunst: Meine Sehnsucht danach ist riesengroß.

Denn was mir fehlt an Bildung, muß ich mir irgendwie und irgendwann nachholen. Auch wenn ich mit Beendigung des Krieges schon recht „bejahrt" bin, ich vielleicht auch niemals diese Dinge „verwenden" kann, ich möchte einem Bildungsideal nachstreben, das mir im Augenblick vorschwebt – und nicht erst jetzt! Oder ob ich später noch einige Semester studiere? Etwa Bibliothekswissenschaften? Oder sieht das auch nach Vorbereitung zur Flucht aus? Ein solcher Posten würde mir nämlich sehr gut gefallen! Kurze Artikel über Bücher schreiben etc. pp. „Kandare anziehen!"

Und doch ist in einer Weise mein Leben insofern gut verlaufen, als ich durch die Verbindung mit Kreisen in Berührung kam, die sich mir sonst nicht geöffnet hätten. Und auch ist mir durch Heinz Pöppelmeier und durch sein drängendes, nicht ruhendes Wesen etwas vom Begriff Leben, nein vom Leben selbst, klar geworden. Denn ich war ja durch meine Erziehung allein sehr auf normale Bahnen angesetzt worden. Und was sich in mir gestaut hatte an Sturm und Drang, an romantischem Gehalt der Entwicklungsjahre, jetzt konnte es hervortreten, geweckt durch die selten-herrliche Freundschaft mit Heinz. Was wir da erlebten an nächtlichen Bummeln, Kahnfahrten, Gesprächen, Festen, die wir ja alle gemeinsam erlebten, ist ja ein ungeheurer Gewinn gewesen. Und voller Verachtung schauten wir auf die nur Studiker, die wirklich nichts anderes kannten als Studium und die ihre Freizeit noch in einer Fachschaft gestalteten, mit aller Problemquatscherei. Nein, da war unsere Freizeit und auch Studiengestaltung doch herrlich frei. Und was ich auf diesem Gebiet erlebte – ich denke nur an die herrliche Freundschaft mit den 3 Mädels – kann mir kein nur wissenschaftlich ausgewertetes Semester ersetzen. Und schließlich lernte ich ja auch meine Erika nur auf diesem Wege kennen, allein schon Grund genug, diese Entwicklung zu rechtfertigen und anzuerkennen und zu bejahen. Denn, was mir fehlt an Wissenschaft, läßt sich, ist erst wieder Friede, nachholen, aber das Leben niemals. Und das habe ich damals so richtig genossen, daß ich es nicht zu bereuen brauche.

Dieses Alles habe ich am Lagerfeuer geschrieben, oft den Platz wechselnd, wenn mir der Rauch die Augen beizte oder die Glut mir zu sehr an den Beinen zu schaffen machte. Aber es geht, auch wenn ich oft die rechte Hand anwärmen mußte, um weiter schreiben zu können. Am Nachmittag wurde ich abgelöst und ging ins Dorf, wo nach vielen Umständen (Frozzelei zwischen Hoeckner und Domansky) doch noch ein recht gemütlicher Kaffee mit Anis, Röstbroten und Speckscheiben zustande kam. Wir haben dann noch bis 21.30 h gesessen und erzählt. Bei mir allerdings verstärkt sich der Vorsatz, im endgültigen Winterquartier einen Einzelbunker zu bauen. Dann bin ich mein eigener Herr und kann mein privates Leben gestalten, ohne ständig durch unwichtige Frozzeleien gestört zu werden.

Mittwoch, den 29. Oktober 1941 (geschrieben am 31.10.41)

Unsere große Sorge sind die Ungeziefer aller Art. In der Wohnung befinden sich Flöhe, Wanzen und Läuse. Und nachts beginnt deren Haupttätigkeit: Das läuft und beunruhigt. Ich bin in der glücklichen Lage, wenig angegriffen zu werden. Aber Domansky leidet sehr darunter. Vormittags Briefe geschrieben, Post erledigt, gelesen. In aller Ruhe meine ganze Aktentasche aufgeräumt. Was ist das schön, auch einmal auch unter primitivsten Verhältnissen (der Ofen raucht doch sehr tüchtig!) seinen privaten Neigungen zu leben.

Am Tage selbst nichts Besonderes erlebt, am Nachmittag kam Roettig, um sich zu verabschieden. Er hat endlich eingesehen, daß er den Herren der Abteilung den Platz wegnimmt.

Ich rauche jetzt mit großer Freude gute Zigarren

Am Nachmittag ließ der Kdr. mich nach dem Abendbrot zu sich bitten. Ich vermutete, er benötigte mich als Assistent zum bevorstehenden Abschied von Roettig. Ich ging ungern hin. Unser Abendbrot dehnte sich auch recht lange hinaus. Denn H. hat mit seiner Freßkiste Kultur in unser Haus gebracht. Und sein neuer Bursche, Brinkmann, 19 Jahre, mit einer Mädchenstimme, sorgt sehr nett und ist rührend besorgt und gibt sich die allergrößte

Mühe. Ich stolperte durch die hart gefrorenen Furchen zum Kdr.Bunker. Im notdürftig erhellten Raum liegen Barlob und Dr. Schoeps bereits in der Falle, damit Raum für die Bänke da ist. Kdr. lädt mich zu einem Schnaps ein und als ich mich setzen will, teilt er mir eine Überraschung mit. Er habe mir im Namen des Div.Kdrs. für meine Tätigkeit als V.B. das EK I zu überreichen. Und dann heftete er es mir an. Ich war die ganze Zeit über derartig erstaunt, daß ich es nicht glauben wollte und es mir wie eine Täuschung vorkam. Dann Gratulation (wozu die Beiden ganz kurz aus ihrem Bunker kamen und dann wieder verschwanden). Wir tranken noch einige Anis und es war fabelhaft, wie nett sich der Kdr. mit mir unterhielt. Er hat doch eine sehr gewandte Art, einen auszuzeichnen. Dann ging ich nach „Hause". Ich stolperte förmlich vor Freude und Glück über diese Auszeichnung, die mir völlig überraschend kam, zu unserem Haus, wo ich von den übrigen Herren erwartet wurde. Hoeckner richtete einige Worte an mich, in denen er betonte, daß dieses EK I schon längst fällig gewesen sei wegen meiner Tätigkeit in der 4. Batterie, da doch alle übrigen Beteiligten das EK erhalten hätten. Und er dankte mir für meine Mitarbeit. H. ist in jeder Weise ein feiner Kerl. Wir tranken einen wunderbaren Medoc aus Silberbecher. Ich war noch lange vor Freude und Glück wach.

Donnerstag, den 30. Oktober 1941

Um 7 h aufgestanden. Dann ausgiebig gefrühstückt und darnach 2 Std. lang gewaschen, von Kopf bis zu Fuß. Die Wäsche hänge ich draußen in die eisige Luft, da sollen die Biester sich zuerst erkälten. Ich habe nämlich eine Laus gefunden. Und peinlich ist es mir gar nicht. Am ganzen restlichen Vormittag habe ich Post erledigt, mich um den Ofen gekümmert. Ich soll nun doch nicht, wie es zuerst befohlen war, als V.B. los, sondern dafür Wachtm. Schröder und Uffz. Buß. Am Nachmittage Verleihung der EK an die Angehörigen der Abteilung. Im Dämmern, also ab 15 h, gehe ich zur Fst, wo tüchtig entlaust wird. Ratas treiben ihren Unfug und greifen mit Bordwaffen unsere Protzenstellungen an. Nur geringe Verluste.

Rgts.Kdr. 89, seit 4 Tagen erst in dieser Stellung, ist während der Nacht gestorben! Es gibt in diesem Regiment einige Kompanien, die ihren Chef bereits 7x gewechselt haben.

Die Front wird weiter zurückgenommen. Wann mag dieser

Krieg hier ein Ende nehmen?

Am Nachmittag hatten wir zu Kaffee, Anis und Röstbrot und Rauchwaren Kdr., Frick und Roettig bei uns. Das Thema war allgemein: Erlebnisse aus der Garnison. Mir ist dieses Gebiet zwar allmählich nicht mehr ganz fremd, aber erschüttert bin ich über den Tiefstand der Unterhaltung. Aber gemütlich war es zweifellos. Nettes Abendbrot. Früh zu Bett.

Freitag, den 31. Oktober 1941

Um 7 h aufgestanden, fertiggemacht und dann zur Fst. Dann etwas rumgemeckert über schlechte Tarnung etc. Essen kontrolliert, im Abtlgs.Bunker habe ich mir die Illustrierten angesehen, dann die Schnitzarbeiten von Wachtm. Karlob, der Figuren für ein Schachspiel anfertigt. Ganz besonders nett der Bauer. Einige Aquarelle gefielen mir weniger gut.

Ein russisches Flugzeug stürzt brennend aus den tief ziehenden Wolken auf die Erde.

Vorschläge zum EK bereiten große Schwierigkeiten.

Es ist erschütternd, wie dunkel es bereits um 15 h ist. Nur undeutlich ist alles zu sehen. Man muß dann eben schon lesen. Früh zu Bett, es gab noch Post.

Sonnabend, den 1. November 1941

Um 7.30 h aufgestanden. Hoeckner und ich heizen den Ofen an. Tüchtig Briefe geschrieben und gelesen. Für den Nachmittag nehmen wir uns vor, eine neue Fst auszusuchen. Das Wetter ist warm.

Um 1.30 h gehen wir los, wunderbar verschneite Wege, leuchtende Sonne. Richtung Mitruschino liegt ein verbranntes Sowjetflugzeug. Wir finden eine Fst, ganz wunderbare Lage. Eine 2. und 3. findet nicht so unseren Beifall. Das Gehen über Äcker und durch feuchte Sümpfe (es taut etwas auf) ermüdet gewaltig.

Es ist erstaunlich, wie sich zwischen Domansky und mir ein nettes Verhältnis herausbildet. Er fragt mich ungeheuer oft um Rat, erzählt mir auch viel von seinen Familienverhältnissen (sein Vater hat einen Herzkollaps erhalten und weiß nicht, wer das Gut Klein Roge bewirtschaften soll). Der Rückweg führt über einen Soldatenfriedhof in wunderschöne Lage mit weitem Blick über die Waldaihöhen. Die Abendsonne beleuchtet das große Kreuz. Herrlich, dann in das warme Haus zu kommen. Der Kamin brennt tüchtig, es ist rauchfrei. Wir sitzen am Boden und lesen im Schein des Kamins, denn Beleuchtung ist sehr knapp. Ich lese im Buch „Warum ich noch ein Christ bin". Es gibt viel zum Nachdenken, ich lese es bereits zum 2. Male. Pastor Kleininger-Schwerin, schrieb mir, daß sein Junge vor Kiew gefallen sei. Er schickt mir eine Schrift von Schnepel mit: „Mein Weg zur Bibel". Auch darin fand sich mancherlei zum Nachdenken. Z.B., daß es eigenartig sei, wenn ein Verlobter den Brief seiner Verlobten tagelang ungelesen bei sich in der Tasche trage. Dann sei das Verhältnis irgendwie gestört. Genauso sei das mit der Bibel. Die dürfe nicht ungelesen bei uns sein, das Wort Gottes wolle als ein wichtiger Brief angesehen und gelesen sein. Dieser Vorwurf traf mich sehr. Denn das ist ja auch meine Lage und Schuld. Ich habe Besserung gelobt.

Abends haben wir wieder geschlemmt: Röstbrot, Kohl und Brote. Es ist fast zu warm im Raum.

Dann schlafen wir, gut und warm. Die Ratte vom Dienst nagt an der Decke.

Post von Erika.

Sonntag, den 2. November 1941

Zuerst ist es mir gar nicht klar, daß Sonntag ist. Nach den üblichen Verrichtungen aber werden meine Gedanken auf Gott gelenkt durch die Losung. Ich habe für unendlich vieles zu danken. Ich schreibe an Erika, dieser Brief soll noch zu Mittag weggehen. Nach dem Frühstück machen wir uns zur Geländebesprechung auf zum Kdr.: Erkundung der B stellen. Der Weg führt hinter den vordersten Linien entlang, durch sumpfige Wiesen und durch herrliche Winterwälder, in denen ich mich schon einen Winter lang aufhalten möchte: Einige Bunker liegen wahrhaftig idyllisch. Wir gehen nach Rai, finden dort einige Bunker, die vom A.R. 32 aufgegeben und von uns gleich belegt werden. Schwierig ist nur die Frage der V. Bstellen. Der Umzug soll morgen sein. Ich bin ganz ohne Mantel gegangen, es war auch nicht allzu kalt. Geschossen wurde kaum.

Der Rückweg (nach allen Besprechungen) war über die gleiche Strecke. Es war sehr nett. Dann wieder das Gefühl des Geborgenseins im warmen Zimmer. Die Kohlsuppe war dünn, die Stabsbatterie koch sehr schlecht, wir sind froh, daß wir wieder an unsere eigene Küche kommen. Nach dem Essen Butterbrote (!!)

und Kaffee. Tagebuch bis hierher.

Briefe etc. Das Übliche bis zum Abend. Kaminstunde und dann die allergrößte Freude des gesamten Feldzuges: Die Pakete von Erika, schon lange erwartet und dann immer näher kommend und angekündigt, kommen an. Ein Riesenballen, es sind alte Teppiche und 2 Kartons für mich, für Schöps 1 Koffer und Paket. Es war uns allen wie zu Weihnachten zu Mute. Ganz aufgeregt habe ich zuerst einmal die Kartons geöffnet. Ein wunderschöner Duft von sauberer Wäsche und Äpfel. Und dann lagen da zwei Schichten sorgsam eingepackter Äpfel. Ich habe längst nicht alles ausgepackt, nur mit vollen Händen hineingetastet und Äpfel und Makronen herausgeholt. Wie haben wir alle gefuttert! Taschenmesser, Glasschneider, Ohrenklappen, alles erregt ungeteilte Freude bei den Beteiligten bzw. Mitfreude an meiner Freude. Wir haben furchtbar viel gegessen, besonders Äpfel und Kuchen, sodaß wir alle für eine sehr unruhige Nacht fürchten.

Oblt. Domansky hatte Nachricht, daß sein Vater zum 2. Male einen Herzkollaps habe und der Hof stehe nun ohne jede Aufsicht da. Que faire? Urlaub? Ersatztruppenteil? Furchtbar, diese Unentschlossenheit.

Spät zu Bett.

Montag, den 3. November 1941

Um 6 h aufgestanden, da heute Umzug ist. Es ist kalt, aber doch Neigung zu Schnee- und Tauwetter. Ab 8 h rollen die ersten Geschütze und Muni-Wagen. Das 1. Geschütz fährt sich fest, bis an die Holmen im Sumpf, sodaß der Befehl für die weiteren Fahrzeuge kommt: Umweg über Lukino, der nach Aussagen der Stabsbatterie gut befahrbar sei. Dies erwies sich allerdings als falsch. In der Sonne wurden die Wege glatt, und als die starke Steigung kam, machten die Pferde fast schlapp. Tiefer Schlamm, 8-spännig und Mannschaftszug schafften erst etwas. Wir kamen mit dem Rest der Batterie um 16 h an, d.h. aber: Für einen Stellungswechsel von 3 km braucht man 8 Stunden. Ein erschütterndes Ergebnis. Für den Abend richten wir uns in Zelten ein. Ich schlafe in einem Loch der Nachrichtenleute, in meinen Pelz gewickelt. Meine Sachen stehen unter einer Zeltwand außen, im Dunkeln habe ich mir noch einige Sachen ausgepackt. Herrlich warm, da eng geschlafen. Man hörte im Erdboden das Ächzen der Tannen im Wind.

Dienstag, den 4. November 1941

Es ist mir zu Bewußtsein gekommen, daß heute Oma Flügger Geburtstag hat. Man wird feiern, und wir schlafen im Schnee im Zelt oder in der Erde! Diese verschiedenartigen Welten! Ich sehe mir im Dorf ein Haus an, das abgerissen und in einzelnen Lasten zur Fst herüber gefahren wird. Wir finden Schlitten und Panjepferde. Ein Schimmel ist sogar so willig, daß er, auf den richtigen Weg gesetzt, zum Dorfe zieht. In der Fst rege Tätigkeit! Wir haben fast das ganze Dorf für uns. Fensterscheiben etc., Türen, Stühle etc. Wir dehnen uns etwas im Dorf aus, 2 Räume für Kanoniere, 1 für Nachrichtenleute, einer für Munistaffel. Bunkerbau in der Fst.

Mittwoch, den 5. November 1941

Ich habe im Dorf geschlafen bei der Munistaffel, habe mich sauber gewaschen und rasiert, auch geschrieben. Dann zur Fst. Der Kdr. erscheint und zieht ins Dorf.

Meine Jagdhütte wird im Rohbau gegen Abend fertig, ich lasse mein Bett aufstellen und meine Sachen reinschaffen. Es ist doch sehr kalt zum Schlafen. Sehr viel in der Fst herumgelaufen: Es geht gut vorwärts.

Donnerstag, den 6. November 1941

Lt. Schöps will einige Sachen aus der Protzenstellung holen, daher gehe ich zu seiner Ablösung nach vorne auf V.B. Der Chef zeigt mir die HKL. Ein wunderbarer Weg durch den verschneiten Wald. Interessant, wie unsere Sperrfeuer liegen. Schöps schießt noch am gleichen Vormittag ein Sperrfeuer auf die Naht zur 32. I.D. In einem Bunker treffe ich Lt. Lemke aus Malchow auf Poel. Wir haben uns sehr viel erzählt. Mitten im Walde, 300 m vom Russen entfernt. Um 16 h marschiere ich zurück. Schöps ist im Anmarsch.

In der Fst ist der Ofen gesetzt und er brennt auch, ist aber noch zu klein und ohne Züge. Die Posten müssen nachts innen frisch auflegen.

Freitag, den 7. November 1941

Gerade, als ich mich im Dorf wasche, erscheint der Kdr. in der Fst und berichtet von einer franz. Sperrfeuerbatterie, die im Anrollen sei. Rechts von der Fst soll sie aufgestellt werden. Große

Überlegungen, wie die Einteilung zu machen ist. Am Spätnachmittag war ich bei der Abtlg., um mich nach Einzelheiten zu erkundigen. Es brennt bei der Abteilung elektrisches Licht, ganz unerhörter Luxus!! Ein Sperrfeuer wurde nicht schnell genug eingestellt, großer Stunk zwischen Chef und mir. Ich erkläre, daß mir ein Kommando, Sperrfeuer nach Zeit einstellen, unbekannt ist. Entweder „Sperrfeuer" und die Granaten rauschen heraus oder „Sperrfeuer einstellen" und dazu nehmen wir uns genügend Zeit. Wir müssen Wache stehen. Gut! Also stehen wir alle gemeinsam Wache. Als ich in mein Haus komme, brennt der Balken hinter dem Schornstein. Ich lasse den Ofen einreißen. Ein Unglück ist verhindert worden.

Sonnabend, den 8. November 1941

Der Ofen ist neu gesetzt und brennt nun aber wunderbar, so, daß ich zeitweilig die Tür öffnen muß. Es ist Friedels Geburtstag. Ich wollte (da die Feste gefeiert werden müssen) v. Kleist zur Einweihung der Hütte bitten, aber durch den Ofenbrand wurde alles für einen Tag hinausgezögert. Walterschy arbeitet mir allerlei nette kleine Sachen: Eckregal, Bücherbrett, Riegel, Borde etc. Gegen Nachmittag ist alles schön eingerichtet, der Ofen brennt mit rotem Schein, ich spendiere mir eine Kerze, die zwar nicht hell brennt, aber dafür um so mehr mit Wachs träufelt: Am weißen Birkenstamm, der als Kerzenständer dient, sieht das laufende Wachs wunderbar aus. Die Kerzen übrigens stammen aus Vron. Ich veranstalte eine gemütliche Kaffeestunde für mich, meine sämtlichen Sachen sind gekommen, ich kann endlich mal wieder auspacken. Abends lade ich mir Zug- und Geschützführer ein. Sehr gemütlich.

Sonntag, den 9. November 1941

Es war solch' geruhsamer Sonntag. Ich habe mich in aller Ruhe gewaschen und rasiert, gefrühstückt mit Kuchen als Abschluß. Dann gelesen und eine kleine Morgenandacht gehalten, dann geschrieben und gelesen. Es ist wunderbar ruhig. Ich möchte so gerne hier den Winter verbringen, mit Lesen und Schreiben und sehr viel Einsamkeit.

Kaffee getrunken. D.h. Kuchen gegessen. Am Spätnachmittag werde ich zur Abtlg. gerufen: Bier- und Schnapsabend. Es war kein schönes Ende für einen herrlichen Sonntag.

Montag, den 10. November 1941

Ich ging um 8 h mit Wachtm. Weniger zur Bst. Ich sollte den Dienst eine Woche lang übernehmen. Der B-St.Bunker wird geheizt, ich richte mich ein, wasche und rasiere mich, schreibe und lese. Unsere IG. schießen sich ein, allerdings etwas kurz. Das Essen kommt. Und dann der Anruf von Domansky, daß ich zur 4. versetzt bin, da Berner verunglückt ist (Dach eingestürzt, leichte Gehirnerschütterung, Schnittwunden). Also mache ich mich fertig und gehe zur Fst. Auf dem Wege hatte ich Zeit, die verschiedensten Beweggründe zu untersuchen. Ich kam zu keiner Lösung. In Mitroschino bei Lt. Schöps Tee getrunken. In der Jagdhütte lange mit Domansky erzählt. Er versucht, mich für die 5. Batterie zu behalten. Ohne Erfolg. Wir sprechen lange Zeit politische Fragen durch.

Dienstag, den 11. November 1941

Ich betrachte mich als Gast in der Fst. Ich lese und schreibe viel. Zum Nachmittag lade ich Kdr. und Adju. ein. Tee (aus dem Samowar), Röstbrot und Brüeler Marmelade, Honigkuchen und Keks. Der Kdr. bringt Kirschlikör mit. Ich erfahre nichts über die Gründe meiner Versetzung. Es ist sehr gemütlich. Lange Unterhaltung mit Domansky, abends noch die beiden Zugführer bei mir.

Mittwoch, den 12. November 1941

Umzug mit Schlitten. Kurzer Abschied von der Fst, die ich sehr ungern verlasse. Es ist landschaftlich ganz herrlich. Lt. Dannenberg kommt gerade, am 22.6. verwundet. Ich treffe Schöps, dann zur Fst 4. und zur Bst. Ich treffe Hoeckner im Bunker, Mittagessen, gelesen, geschrieben. Für den Abend planen die Russen einen Überfall, daher wird ein V.B.-Uffz. nach oben geschickt. Früh zu Bett. Oblt. Aldinger bei uns.

Donnerstag, den 13. November 1941

Es schläft sich wunderbar unter dem Schafspelz, die Füße in den kleinen Pelz eingepackt! Im Bunker ist es völlig dunkel wegen der guten Verdunkelung. Es schlafen außerdem noch die Uffz. der Bst bei uns. Das Pferdefrikassee ist mir sehr gut bekommen.

Hoeckners Mausefalle funktioniert nicht recht. Brot geröstet, ausgiebig gefrühstückt.

H. geht ins Dorf.

Beschuß um die Mittagszeit. Am Tagebuch gearbeitet, nachmittags in der Fst gewesen. Die Arbeiten werden langweilig ausgeführt, es liegt an der schlechten Organisation. Oder bin ich durch die 5. verwöhnt? Es soll anders werden!

Die Kälte nimmt zu, am Abend −20°. Ich lese sehr viel. „Der Vater" von Klepper ist ein spannendes, packendes Buch. Ich spüre, wie die Atmosphäre langsam mich packt, Schritt um Schritt. Prächtig die Schilderungen des Übergangs von Friedrich I. und Friedrich-Wilhelm: Prunk und Sparsamkeit. Ich gehe um 19.30 h zu Bett.

Freitag, den 14. November 1941

Vaters Todestag. Ich schreibe an Mutter einen Brief. Wie gerne würde ich mit Friedel zusammen an Vaters Grab gehen und ihm zeigen, daß wir als Soldaten etwas geleistet haben. Und wie gerne mit ihm sprechen.

Es ist sehr kalt, etwa -20°. Ich geh mit H. zur Fst und betrachte die Arbeiten. Es geht wegen der großen Kälte nur langsam vorwärts. Die übrigen Leute stelle ich noch an. Es herrscht eine furchtbare Bummelei: Ich werde das aber noch abstellen. Zu Mittag gibt es Reis, anschließend Röstbrot.

Gelesen, geschrieben, Tagebuch bis hierher: Es war über eine Woche nachzuholen. Die Stalllaterne brennt, ich warte auf das Abendbrot, das Brinkmann, der wie ein Mädchen aussieht, bringen wird: Pferdefrikadellen. Ein Hochgenuß! Heute hat der Russe nicht nach hier geschossen, ob er es in der Nacht nachholen wird? Ich überlege mir, was ich Erika zum Advent wohl schicken kann. Im Päckchen einige Tannenzweige, die Weinbrandbohnen, etwas Tee, Sardinen? Mehr habe ich leider nicht zur Verfügung. Der 1. Advent ist am 30. November. Es muß bald geschehen!!

Nachmittags noch mal in der Fst, sonst im Bunker gelesen und geschrieben, abends bei Oblt. Aldinger, Chef 7./12. Ein sehr persönlich eingerichteter Bunker mit sehr schönem Ofen. Eine Benzinlampe, sehr hell, aber mit furchtbarem Getöse. Wir trinken Himbeergeist, Oblt. Martienssen und Lt. Totenberg sind noch da. Als wir schon längst gegangen sind, hören wir, daß ein „Dachstuhl"brand den Bunker ungenießbar gemacht hat. Martienssen schläft bei uns.

Sonnabend, den 15. November 1941

Wir stehen früh auf. Das Übliche wie Ofen anzünden etc. Das Frühstück ist immer ausgedehnt gemütlich. Ich beginne einen Brief an Erika zum Advent, Dann Gang in die Fst. Es ist erstaunlich, wie faul das Volk ist. Am liebsten hocken sie in ihren Erdlöchern und dösen vor sich hin. Das muß ja disziplinwidrig sich auswirken. Ich trage die Sachen für das Päckchen für Erika zusammen. Ein Tannenzweig findet sich an. H. ißt bei der Abtlg., Oberst Noeldeken ist da, EK I für Teks und Schöps. Die Fst 5. hat allen sehr gefallen. In der neuen fühle ich mich auch noch nicht wohl. Abends kommt noch ein Päckchen von Erika: Apfelkuchen, wird sogleich vertilgt. Ein Hochgenuß. Wo mögen nur die Briefe stecken? Ich habe unendlich lange keine Briefe mehr erhalten. Gegen 21 h zu Bett. Vorher noch eine Flasche weißer Burgunder und Zigarre.

Sonntag, den 16. November 1941

Das Übliche. Dann gegen Mittag im Dorf spioniert nach Einrichtungsgegenständen. Es finden sich einige irdene Töpfe und ein Wasserglas. Alles für das neue Haus. Wenn der Ofen doch erst fertig wäre, dann könnte ich einziehen, die Arbeiten etwas mehr überwachen, denn so wird ja doch nichts geleistet. Mangelnde Organisation. Dr. Uhthoff sagt sich zum Mittagessen an.

Draußen ist Nebel und Raureif. Zuhause wäre das ein Erlebnis. Hier muß erst alles durch das Filter des „Feindeslandes" hindurch. Allerdings sind einige Eindrücke ja auch so stark, daß dieses Filter gar nicht erscheint, so z.B. die Stelle für den Heldenfriedhof. Oder auch eine Birken- oder Tannengruppe.

Dr. Uhthoff erscheint. Er ist womöglich noch stiller geworden seit dem Soldatentode seines Sohnes. Ich begleite ihn noch ein Stück, über die Fst hinaus. Wir reden über Alltägliches. Es ist so schwer, ihm menschlich näher zu kommen.

In der Fst geht es etwas besser voran, aber kein Schwung steckt dahinter.

Ich lese, am Vormittag habe ich einige Päckchen gepackt, eines für Advent und Zigaretten für Otto Eggers.

Nach dem Abendbrot erscheint Lt. Frick (unser Ludwig Frick war am Nachmittage bei uns gewesen), 1/I.R.48, der die Posten eingewiesen hatte, uns zu bewachen. Denn seit dem Russenspähtrupp von heute früh, der über den See entwich, ist es ein etwas ungemütliches Gefühl, so ganz ohne Aufsicht zu sein.

In der Nacht lebhaftes Artilleriefeuer, wovon sogar ich wach wurde. Der Russe hatte gestern Munition gekarrt, wie wir deutlich hören konnten. Der Rückweg von der Fst war in vieler Hinsicht lehrreich. Außerordentlich schlechte Sicht, Bodennebel, dafür aber sehr gutes Hören auf weiteste Entfernungen. Vielfaches Echo. Eine unbeschreibliche Stimmung, weil der Schnee stark blendet und man nach einiger Zeit nur schwarze Flecken sieht. Auch lastet über dem Ganzen solch' schwere Stimmung. Das Dorf, in dem wir liegen, liegt unter dem schweren Himmel wie an den Boden geduckt. Ich überlege mir, ob es möglich ist, eine derartige Stimmung in Worten festzuhalten. Es bedarf hierzu wohl einer „äußersten Zucht des Wortes", um mit Binding zu sprechen. Oder viele Versuche, wie die Naturalisten sie anstellten, wie z.B. eine Pfütze eines Landweges bis in die kleinste Einzelheiten hinein fotografisch genau festhielten und an Hand ihrer Aufzeichnung dann am Schreibtisch haargenau das Lokalkolorit (= Ortsfärbung) schufen. Vielleicht habe ich einmal Zeit hierzu, derartige Übungen anzustellen.

In der Nacht schoß der Russe 3x je ½ Stunde heftig, auch in unser Dorf hinein. Es ist ein ungemütliches Gefühl, wenn der Dreck leise rieselt und die Waschschüssel umfällt.

Montag, den 17. November 1941

Nach dem gestrigen nebeligen Abend der strahlendste Sonnenschein mit Rauhreif. Aufnahmen vom Bunker mit direkter Sonne. Ganz unbekannte Helligkeit – trotz der Karbidlampe, die wir gestern geliefert erhielten.

Derart starken Rauhreif, den ganzen Tag über, habe ich noch nie erlebt. Die Kabel dick kristallisiert, die Birken vor den zerschossenen Häusern wie Kristalle, dazu der blaue Himmel: Es ist eine Freude. Knirschender Schnee. In der Fst habe ich einige Fotos versucht, kleine Zweige in der Art von Defner-Aufnahmen. Vielleicht, daß ich den Film an Roloff-Grevesmühlen schicke, und er macht für Erika zu Weihnachten einige Vergrößerungen?

Rittmeister von Ribbentrop kommt zu uns. Er ist Bewerber für die Generalstabslaufbahn.

Ich finde Handschuhe. Diese, mit Tannengrün und Tannenzapfen, sind vielleicht nette Päckchen für die Vorweihnachtszeit. Es ist eine kleine Größe. Außerdem einige Sachen für die Jagdhütte und der Fst. Wieder Spaziergang zur Fst. Die russische Artillerie feuert lebhaft in unser Dorf, Kan. Fiedler wird leicht verwundet.

Herrliche Landschaft, sie spricht zu mir, auch wenn es Feindesland ist.

Über allen Ländern und Zonen ist ein herrschender Geist. Wie soll ich es ausdrücken? Die Losung dieses Tages führt in die gleiche Richtung: „Unser Wandel ist im Himmel". Und: „Mitten wir im Leben sind und dem Tod umfangen. Wen suchen wir die Hilfe tut? ... Das bist Du, Herr, allein!" Es ist die theologica viatoris, die hier spricht, ein Glaube angesichts des Todes. Was ist das Bestehende? Was ist Gehalt? Ist es Ehre, unser Leben? Nein, das ist alles vergänglich. Mir kommt also als Vergleich das Bild des Teppichknüpfers, der von oben das Muster sieht, wir aber sitzen unter den Maschen und verstehen nicht die Verwirrungen. Wo ist ein Sinn? Auch die politischen Antworten versagen da, sie sind nur vorletzte Antworten. So z.B. angesichts des Sterbens und Leidens. Alle meine Gedanken drängen zu einer Klärung in diese Richtung.

Oblt. Aldinger (7./A.R.12) kurz bei uns. Langes Abendessen. Ich erhalte reichlich Post: 2 Briefe und 2 Päckchen von Erika. Ich öffne eines: Honigkuchen, wird gleich probiert: Er schmeckt herrlich! Unterhaltung mit H. und v. R. Ich lese Erikas Briefe, sie klingen etwas betrübt und sorgenvoll, die letzte Post war vom 21. Meine arme kleine Erika. Wie wird sie sich ängstigen! Aber das ist ja nun auch wieder vorbei, und nun wird sie wissen, daß ich das EK I habe. Nun wird sie strahlen. Und doch wieder neue Sorgen. Tagebuch bis hierher. Sehr gemütlich. Die Karbidlampe brennt hell und H. sitzt mir gegenüber am Tisch und liest. Eine neue Art der Kameradschaft entsteht: Nicht so sehr Vorgesetzter, sondern wirklich: Kamerad.

Heute habe ich wenig gelesen, denn mein Haus ist langsam fertig und da muß ich oft nachsehen, damit alles richtig und nach meinem Geschmack wird. Und dann Einzug! Wie lange werde ich wohl da wohnen bleiben können? Manchmal habe ich übergroße Sehnsucht nach Hause. Mal gefahrlos leben können, ohne die ständige Spannung! Herr Gott, schenke uns den Frieden! Sieh' an die Not unserer Frauen!

Es ist 21.20 h, ich gehe zu Bett.

Dienstag, den 18. November 1941 — Freitag, den 21. November 1941

(Geschrieben am Sonntag, den 23.11.) Wenn ich auf die letzten Tage zurückblicke, dann ist kein festes Gesicht zu erblicken. Der Tagesablauf war eigentlich immer der gleiche. Gegen ¾ 8 h Aufstehen, weil es vorher einfach nicht hell wurde, dann jeden 2. Tag Rasur, Morgenlesung, Brot rösten, langes Frühstück. Gang zur Fst. Dort hielt ich mich nur kurz auf, weil ich nichts machen konnte. Und die Arbeit muß ihren langsamen Lauf nehmen, die Kanoniere wollen es anscheinend nicht besser haben.

Ich habe viel gelesen, auch einige Briefschulden abgetragen.

Gegen Mittag regelmäßig Abwehrfeuer der Russen, auch auf unser Dorf. Immer von 13.30 h an, oft bis 15.30 h, und stur in die gleiche Richtung.

Hoeckner erschießt mit Ribbentrop Sperrfeuer am jenseitigen Ufer des Sees, eine Batteriebreite neben der anderen. Dem Russen soll die Lust vergehen, immer über den gefrorenen See zu kommen.

Am Donnerstag lasse ich meine Sachen in die Fst bringen, der Ofen brennt. Ich richte alles langsam ein: Die Regale bedecke ich mit weißem Tapetenpapier, die Bücher und einige Töpfe finden Platz. Mein Bettgestell lasse ich mit Flachs und Stroh auspolstern und mache mir mein Lager. Zum Abendbrot gehe ich ins Dorf: Bratkartoffeln. Ich stolpere in der Dunkelheit in die Fst zurück.

Erika hat Nachricht von meinem EK I. Wie hat sie sich gefreut. Darauf war ich am allergespanntesten. Denn das wichtigste „Lob" ist das von Erika. Päckchen trudeln ein, von Mutter und Erika. Wunderbare Sachen: Kniewärmer, Marmelade, Makronen, Honigkuchen, Bouillon, Rasierklingen, von Friedel Briefpapier und ein Film. Dazu schickte Erika mir die ersten Vergrößerungen. Ich bin erstaunt über die Schärfe der Aufnahmen. Erst so kommt das Bild zur Wirkung. Nun kann bald das Bestellen losgehen. Aber wer macht mir die Fotoarbeiten?

Sonnabend, den 22. November 1941

Ich stand sehr früh auf, um 5.30 h, machte Feuer und wärmte Wasser. Dann Ganzwaschung und reine Wäsche. Sogar den Luxus einer Kopfwäsche mit französischem Nelken-Puder leiste ich mir. Und als der Kaffee um ¾ 8 kam, war ich sauber und in der richtigen Verfassung, dem Frühstück entgegenzusehen. Ausgiebig mit Röstbrot und allen Schikanen. Dann gelesen und geschrieben. Nach dem Mittagessen weiter geschrieben, es waren meist Vorbereitungen für Weihnachten. Ich habe mich an verschiedene Verlage wegen Bücher etc., auch Kunstsachen gewandt. Bahn-Schwerin erhält den Hauptauftrag. Außerdem hat Erika geschrieben, wir wollten vernünftig sein und keine unnützen Geschenke machen. Lieber das Geld für eine größere Sache aufsparen. Ich denke dann ja immer an einen Flügel oder auch an ein Cello. Ich schicke 150,- Rm nach Hause und für den gleichen Betrag konnte ich damals in Lille das beste Instrument kaufen. Wenn mir diese Gelegenheit noch einmal geboten würde! Sofort zufassen!

Und dann richte ich alles für den Sonntag, decke den Tisch mit Papier und der bunten Japandecke von Erika. Bild, Wecker und Buch. Das sieht sehr ordentlich und gepflegt aus. Hier würde sich auch Erika wohlfühlen können. Wenn ich mir das vorstelle, Erika hier im Zimmer. Mißbilligend würde sie wohl doch zu dem vertrockneten Mist an den Deckenbalken aufschauen, auch die Ölflecken an den Seitenwänden monieren. Aber Freude würde ihr machen: Der glühende Ofen und die Uhr, vielleicht auch, daß ich hier bin. Aber erschrecken würde sie regelmäßig, wenn der Rote seine schweren Sachen in die Orte schickt. Es heult ja auch entsetzlich, saust und pfeift und wummert zuletzt stark, wie gebremst, bis dann der Krach alles andere übertönt. Wir schießen mit der Lichtmeßbatterie 6 Ldg. Die Pappdosen kann ich sehr gut gebrauchen. Dann kommt Hoeckner von der Protzenstellung. Wir trinken Tee aus dem Samowar und essen Brot mit Marmelade, vorher noch Fleischbrühe. Die Kerze brennt viel zu schnell. Ich bringe H. noch auf den Weg. Wir sollen eine Sperrfeuerbatterie erhalten.

Und dann schreibe ich einen 6 Seiten langen Brief an Erika. Es ist so außerordentlich gemütlich. Um 23 h gehe ich in die Pelze.

Sonntag, den 23. November 1941

Heute ist Totensonntag. Ein bleicher grauer Tag. Um 7.15 h stehe ich auf, für die Kanoniere ist Feiertag, sie müssen auch einmal an ihre Wäsche und ihren Körper denken. Ich suche (nach den üblichen Verrichtungen des Morgens) eine Fst für die Sperrfeuerbatterie aus. Dann schreibe ich am Tagebuch bis hierher. Vor der Türe sitzen und flattern zwei wunderbare Vögel, ich kann nicht sagen, ob es Finken sind. Ich werde versuchen, sie etwas bei mir anzusiedeln, denn Brotkrümel sind immer übrig.

Heute kam ein Gefr. Nach langem Hin und Her (er wollte

sich Fotos aussuchen) fragte er, ob er nach dem Krieg nachträglich kirchlich getraut werden könne. So sind die Mecklenburger!

Gestern Abend teilte mir Ziegler noch den Tod von Mölders mit! Und vorher Udet. Welches Geheimnis liegt in diesem neuen Flugzeugtyp? Das sind die ersten Gedanken. Und dann erst: Die ärmsten Familien! Tagebuch bis hierher.

Am Nachmittag rief Schöps an, ob ich kommen wollte. Ich erfuhr dann auch, daß die Sperrfeuerbatterie noch nicht heute kommt. Also ging ich los. Sehr schlechter Weg. Es war sehr gemütlich im altbekannten Haus. Tee, Röstbrot, Bahlsenkeks, Branntwein. Ein Gang durch die Fst ging voraus. Wenn wir auch erst soweit wären. Spät in der Dunkelheit ging ich zurück. Der Gang tat mir sehr gut, ich hatte Kopf- und Magenschmerzen, wahrscheinlich vom zu leckeren Reisbrei des Mittags. Bald eingeschlafen.

Montag, den 24. November 1941

Sehr früh aufgestanden, um 5.30 h. Es sind alles Versuche, das Tageslicht 100%ig auszunutzen. Ofen anzünden, Bett machen, Morgenlesung, Aufräumearbeiten, Vorbereitung zum Waschen und Frühstück. Das sind alles Möglichkeiten und Tätigkeiten für die Dämmerung und dann Rundgang noch im Dämmern. Etwas gelesen und geschrieben. Ins Dorf gegangen, um mir ein Haus auszusuchen. Lange bei Hoeckner gesessen, dann zum Bataillon. Zaristische Zuckerdose gefunden. Der übliche Mittagsbeschuß ohne viel Wirkung. Bei H. gegessen. Dann in der Fst umhergesehen. Abends 18.30 h Diensteinteilung für morgen. Um 22.30 h lege ich mich schlafen. Bei Kerze gelesen.

Dienstag, den 25. November 1941

Um 7 h Wecken. Den ganzen Vormittag gelesen und geschrieben. Alle meine Briefschulden sind abgetragen. Ein frohes Gefühl, mit dem man auf neue Post lauert, die wird man postwendend erledigen können. Auch zum Mittagessen kaum aufgestanden, immer wieder geschrieben. Der Kdr. kommt mit seiner Flinte durch die Fst. Er weiß wenig Neues zu berichten. Woher auch. Den ganzen Tag Bomber. Sie warfen anscheinend die Dörfer in Brand. Gewaltige Detonationen. Abends kommt Hoeckner: Tee aus Samowar, Zigarre und Zigarette, Rum, ich trinke abends für mich noch Grog. Ich lese H. einige Abschnitte vor aus „Der Vater" und „Kammermusik", eine entzückende

Novelle von Leitgeb. Wir unterhalten uns angeregt über Musik. Aber, als sei das schon zu persönlich gewesen, meckerte er zum Abschied über die Zustände in der Fst. Aber ich kenne ja meinen Chef. Er ist dann stets so etwas verlegen. Um 20 h wird wieder feste bombardiert. Slawizy brennt.

Mittwoch, den 26. November 1941

Um 6.30 h aufgestanden, alles klappt: Noch in der Dämmerung trinke ich Kaffee. Um 8 h bin ich bei den Arbeiten. Dann Brief an Erika, Pellens und Tagebuch. Der Russe hat versucht, mit einem Inf.Regt. und mit Panzern anzugreifen bei der 32. I.D. Bisher ohne Erfolg. Wir stellen Sperrfeuer ein. Das normale Leben geht weiter. Aber auch die russischen Bomber greifen unentwegt an. Vor allem mit Bodenwaffen. Der 1. Zug ist zur Entlausung zur Protzenstellung, damit die neuen Bunker nicht verseucht werden. Verpflegung. Ich gebe zwei Päckchen zu Erika mit. Bald gehen weitere mit. Nach dem Essen mache ich einige Fotos: Das kleine Messingbild und den Kerzenhalter. Dann Tagebuch bis hierher.

Am Nachmittag kamen die polnischen 10-cm Kanonen (14/19 p.) an. Sie sind noch nicht gebrauchsfertig. Ich lese etwas, H. kommt von der Abtlg. zurück. Ich heize ganz gewaltig ein. Am offenen Kamin lese ich Engelkes „Korintherbriefe". Sie lesen sich sehr gut und flüssig, sind auch so tief miterfühlt, daß sie viel leichter verständlich sind. In der Nacht wird regelmäßig von den Posten eingeheizt.

Donnerstag, den 27. November 1941

Um 5 h werde ich durch lebhaftes Artilleriefeuer wach: Es muss im Bereich SS I.Div. sein. Es steigert sich womöglich noch. Ein unheimlicher Gedanke, wenn dort der Russe durchbrechen würde! Wo unsere Front so außerordentlich dünn ist. Ich lese „Kor. Briefe" zu Ende. Gang durch das Revier, dann K. Richard Ganzer „Geist und Staat im 19. Jhdt.". Geist = Kultur, Staat = Politik. Wartburgfest 1815: Resignation, daß diese beiden Pole sich nicht vereinigen. Ein Höhepunkt: Kampf zwischen Kaiser und Papst, weltlich und geistlich.

Friedrich der Große ahnt die Größe des Geistes kommen, sein Staat hatte sie nicht. Potsdam - Weimar 1813: Geistige Führer schaffen ihre Erkenntnisse ins politische um (Fichte, Arndt).

Leider Reaktion 1848: Geist gegen Staat. Dann Eindringen des Liberalismus. Das II. Reich zerbricht. (Bismarck etc.) Auseinanderklaffen der Pole, Staat nicht möglich und beständig ohne schöpferische Kräfte des Geistes. Geist nicht möglich, nur abstrakt, ohne Bindung an den Staat, Volk. Aufrufe zur Tat in der Gegenwart (Tragik von Wagner, Uhland, Keller, Nietzsche, Lagarde). Schlusssatz: „Nie wurde ein Geschlecht, dessen geistige Schicht aufgetan sei für die Gewalt des staatlichen Anspruchs, und dessen politische Schicht aufgetan sei für das Lebensgesetz eines mitdenkenden und entrüstenden Geistes, zu einem stolzen Auftrag auserwählt."

Sehr flüssige Sprache. Ich sehe, hier im Bereich des Geistigen, auch meine berufliche Möglichkeit: Rüstung schaffen für den Menschen. Bin ich aufgetan für „die Gewalt des staatlichen Anspruchs"? Hier offenbart sich oft die Tragik von Menschen zum Staat, zur Politik. „Sie konnten zueinander nicht kommen, das Wasser war viel zu tief." Und den Dienst der falschen Nonne tut manchmal Einer, der das Verlangen vieler Geistiger in falsche Bahnen lenkt, es verdächtigt und diffamiert.

Mittagessen. Der Geschützdonner hat den ganzen Vormittag angedauert. Manchmal scheint es, als würde unsere ganze Front in Mitleidenschaft gezogen. Sind es deutsche Vorstöße? Sind es Ausbruchsversuche der Russen? Selbst wenn sie durchkommen, macht es auf die große, allgemeine Entwicklung nicht viel aus. Es wird örtlicher Schaden angerichtet. Wieder russische Bomber mit sehr eifrigen Bordwaffen und Bomben.

Wie ich höre, hat der Russe vor der Front der SS, d.h. längs der Straße Demjansk – Waldai angegriffen. Ohne Erfolg. Als Strafe veranstaltet man ein 13-stündiges Trommelfeuer. Munition muß genügend vorhanden sein!!

Hoeckner kommt, wir trinken Tee und klönen noch ausführlich. Dann noch lange vor dem Feuer gelesen. Es kam noch Post.

Freitag, den 28. November 1941

6.30 h aufgestanden. Post erledigt. H. erscheint in der Fst und meutert über schlechte Tarnung. Er hat Recht. Russische Flugzeuge erscheinen oft, bisher noch nichts gemerkt. Eifrig gelesen und gearbeitet. In der Dämmerung zu H. ins Dorf, gemütliche Teestunde und Abendbrot. Lange erzählt über Musik, Literatur, Dienstliches. 23 h war ich in der Fst. In Raj brennt es, ebenfalls ins Richtung Lukino. Der kleine klapprige Bomben [...] hat Brandbomben geworfen.

Sonnabend, den 29. November 1941

Um 6 h aufgestanden, Ganzwäsche. „Bad am Samstagabend". Ausgiebig gefrühstückt. Revier abgegangen, geschrieben und Tagebuch bis hierher.

Gelesen. Sonst nichts Bedeutendes. Ich lasse Adventskränze für alle Bunker anfertigen. Mein Bunker soll am Montag begonnen werden. Ich mache eine Skizze für den Ausbau der Fst mit Bericht. Am Nachmittag viel gelesen. Ich bin vom Vorabend noch sehr müde, bin auch während des Lesens eingeschlafen. Am Vormittag 3 Kapitel aus 1.Kor.Brief übersetzt! Sehr ungewohnt, aber dem ist ja abzuhelfen. Abends Nebel, übles Glatteis. Ich telefoniere noch mit H. Rittm. Ribbentrop berichtet mir von einem Brief von Erika, den Lt. Dannenberg irrtümlich geöffnet. Also weiß ich, daß ich morgen Post erhalte. Vorfreude! Um 20.30 h zu „Pelz".

Sonntag, den 30. November 1941 1. Advent

6.30 h aufgestanden. Rasiert, obwohl gar nicht an der Reihe und dennoch! Des Festtages wegen. Das Anzünden des Feuers klappte erst beim 3. Mal. Pleite! Die Lesung zum 1. Advent stimmte mich ein. Ich habe gesungen! Spaziergang durch die Fst und den Wald. Dann gab es Post. 3 Briefe von Erika mit Bildern, die ich nach dem Mittagessen geordnet habe, Beilage von dem gefallenen Sohn Hurtzig und ein Brief von Hans Geiling. Alle Post ist bereits erledigt. Es gibt mir doch zu denken, wie Hurtzig alles geordnet hat. Ist es nicht von mir unverantwortlich, wenn ich alles so lasse und nichts ordne? Gehört das nicht auch zum Wachsen des Christen? Klarheit und Mut, auch diesen Dingen ins Auge zu sehen? Wenn mich etwas davon abgehalten hat, dann war das törichter Aberglaube! Ich werde mir das ernstlich überlegen! Sollte ich fallen, dann ist es für Erika ein großer Trost und eine große Hilfe, wenn sie etwas von mir über meine letzten Dinge weiß.

Es ist 15 h, fast schon zu dunkel zum Schreiben. Der Russe schießt mit Granatwerfern ins Dorf. Draußen schneit und stürmt es. Ich will noch einen Gang durch die Fst machen und dann alles zur Adventsstunde vorbereiten.

Aus der stillen Adventsstunde wurde nichts, denn H. kam. Es

war eine Plauderstunde, nicht mehr, bei Tee und Röstbrot. Schade! Aber vielleicht hat es ihm gefallen. Er blieb nämlich recht lange, bis 19.30 h. Mir fiel auf, daß ich irgendwie gedämpft, feierlich sprach, so als könnte lautes Reden den Advent stören. Das war mir peinlich. Aber wie oft mag ich so feierlich unnatürlich gewirkt haben? Am Abend habe ich noch gelesen und im Adventsbüchlein gelesen. Gegen 22 h zu Bett.

Montag, den 1. Dezember 1941

8 h antreten. Ich teile die Arbeiten ein. Denn in dieser Woche muß etwas geschafft werden. Und dann gelesen und geschrieben. Die Post bringt mir eine große Überraschung, 2 Pakete. Eines von Hans Rüter! Dieses Weihnachtsgeschenk hat mich gerührt. Denn das ist ein Opfer für ihn, der doch so an Kerzen hängt und sein geistliches Leben fast nur mit Kerzen zu führen imstande ist. Es ist hier etwas von urchristlichem Schenken zu spüren. Ich komme gar nicht davon los. Ich habe jetzt Beleuchtung für den ganzen Monat Dezember.

Es ist ein herrlich klarer Tag. Gestern Abend Nebel, und diese Feuchtigkeit ist gefroren und glitzert in der strahlenden Sonne. Ich gehe zum Heldenfriedhof des I.R. 4 und mache Aufnahmen. Es wird übrigens Zeit, daß ich meine Weihnachtspost aufgebe, sonst kommt sie nicht mehr an.

Tarnung der Fst mach einige Fortschritte, aber mir genügt es noch lange nicht.

Was habe ich sonst gemacht? Nicht viel, ich hatte zu viel draußen zu tun. Früh zu Bett.

Dienstag, den 2. Dezember 1941

8 h Einteilung. Wenig für mich geschafft. Kdr. kam und besah sich die Fst und Bunkerbau. Als wir ins Dorf gehen wollten, schoß der Russe ständig. Wir kehrten um, der Kdr. aß bei mir Mittag, anschließend bei Tee eine Zigarette und Zigarre. Dann noch in der Fst revidiert, am Bunker geschaufelt, verschiedene Telefonate und dann Abendbrot. Ich esse, glaube ich, zu viel, denn ich spüre einen förmlichen Schmerbauch, der durch die Uniform nur noch gehemmt wird. (Bouillon, Kakao, Tee, wenig Brot.) Dann am Feuer gelesen, und bei der Kerze geschrieben bis hierher. Heute kein Brief an Erika, sonst fast täglich. Vielleicht kann ich es morgen früh nachholen. Denn das gehört jetzt un-

gefähr zu meinem Tageslauf. Und dann muß ich jetzt täglich mindestens einen Weihnachtsbrief oder eine Karte schreiben.

Mittwoch, den 3. Dezember 1941

Die ganze Nacht und den ganzen Tag schoß der Russe aufs Dorf. Die B-Abtlg. beobachtete eifrig, und so wurde am Nachmittag einer Feuerüberfall von 100 Schuß verübt auf eine Feindbatterie. Erfolg: Der Russe hört mit Schießen auf, er muß sich mächtig erschrocken haben.

Sonst der übliche Tagesablauf: 6.30 h aufgestanden, Feuer angezündet, gelesen, 8 h Einteilung. Bis 12 h der Bunker ausgeschachtet und die ersten Balken werden eingezogen. Aber um 15 h ist es ja schon dunkel. Mittags habe ich die letzten Aufnahmen des Films gemacht. Er soll für Weihnachten fertig werden (Roloff-Grevesmühlen). Abends die große Kerze angezündet und geschrieben, einen langen Weihnachtsbrief an Erika. Hoffentlich ist er auch lieb genug geraten. Denn, wenn es Urlaub geben sollte, dann vielleicht von Februar an bis Mai, wir können im Augenblick noch nicht los. Wenn der Russe merken würde, daß wir Urlaub gewähren, würde er bestimmt angreifen. Um 9 h gehe ich zu Bett.

Donnerstag, den 4. Dezember 1941

Wunderbar fest geschlafen. Heute früh eisig kalt, es ist einer der üblichen Thermometerstürze. Gestern Abend verhältnismäßig mild, etwa 0°, mit leichtem Schnee und jetzt mit einem Male etwa −15°. Es ist zu schade, daß wir kein Thermometer haben. Ich krieche fast ganz auf den Ofen, trinke Kaffee davor, komme mir aber fast selbst wie ein Einsiedler oder eine alte Frau vor, die ihre Kruke mit Kaffee am Feuerchen wärmt. Ich bekomme dieses Haus einfach nicht warm. Aber das ist ja nur ein Übergang.

Die Losung des Tages: „Ach, daß Du doch den Himmel zerrissest und führest herab!" Was würde dann Christus sehen müssen? Eine Welt in Aufruhr und im Weltkrieg und Christus würde wahrscheinlich als Eindringling und ungebetener Gast angesehen und zumindest nicht beachtet. Ich würde mich freuen, ich würde mich offen ihm bekennen. Und in der Zwischenzeit? Mein Gott, ich will Dir ja gehören! Stärke mich!

Am Nachmittag kam Hoeckner und holte mich zum Kaffee ins Dorf. Der Russe schießt als letzte Errungenschaft mit Brandgranaten, die als Doppelzünder krepieren und dann etwa 10 – 15

Brandstücke (Größe einer Tube Zahnpasta). Bisher wenig Wirkung, insgesamt nur 2 Häuser in Brand geschossen. Die Kälte nimmt zu. Beim Weg ins Dorf spüre ich, daß mein rechtes Ohr dick und steif wird. Es ist wohl etwas angefroren. H. dichtete erst das Fenster ab, heizte den Ofen, telefonierte, kurz, es war selten gemütlich. Noch bis 22 h gesessen und erzählt. Ich bleibe zum Abendbrot. Der Rückweg war gar nicht mehr so kalt. Der Ofen in meinem Eispalast war aus!!

Freitag, den 5. Dezember 1941

Ich wurde nachts vor Kälte wach. Alles gefroren: Brot, Butter, Zahnpasta, Waschwasser, Samowar. Es war sehr ungemütlich. Feuer angezündet, das Einsiedlerleben fortgeführt. Es ist bitterkalt, -20°. 8 h Einteilung. Am Nachmittag ziehe ich um in den Bunker Wachtm. Finkeldey. Denn mit der Fertigstellung des Bunkers kann es noch etwas dauern. H. erscheint und macht noch Vorschläge zur Weihnachtsfeier. Die Möglichkeiten sind gering. Aber ich werde mal sehen.

Im warmem Bunker und bei Kerze herrlich gelesen und dann geschlafen. In einigen Tagen werde ich „Der Vater" beendet haben.

Sonnabend, den 6. Dezember 1941

Ein Geschütz fährt weg zum Schießen. Es ist noch immer bitterkalt. Viel gelesen und Brief an Erika. Um 4 h war Angriff der Russen, der aber abgeschmiert wurde: Sie ließen viele Tote zurück, da sie in unser Sperrfeuer gerieten. Sonst wieder das übliche Geschieße des Russen.

Gegen Abend verabschiedete sich Uffz. Beyer zur Waffenschule in Jüterbog. Dieser Glückliche. Er soll einige Sachen mitnehmen, u.a. auch dieses Tagebuch. Herrlich geschlafen.

Sonntag, den 7. Dezember 1941 2. Advent

Um 7 h geweckt. Das Übliche. Ich gehe zum Kdr., um ihm meinen Glückwunsch zur Verleihung des „Deutschen Kreuzes" zu gratulieren. Vorher schreibe ich noch das Tagebuch bis hierher.

Es soll mit Beyer mitgeschickt werden. Könnte ich es doch nur selber überbringen!

Dir, meiner liebsten Erika, die allerherzlichsten Grüße!
In Treue und Liebe
stets Dein Jung.

Sonntag, den 7. Dezember 1941 2. Advent

Die letzten Tagebuchblätter habe ich Uffz. Beyer mitgegeben, der zur Waffenschule nach Jüterbog soll. Ich gratuliere dem Kdr. wegen seiner hohen Auszeichnung, dem Deutschen Kreuz in Gold: Er trägt es aber noch nicht. Auf dem Hinwege treffe ich Stülpnagel, der zu H. will. Wir verabreden uns für den Nachmittag bei H. Als ich vom Kdr. zurückkehre, brennt der Zugführer-II-Bunker. Man will nichts unternehmen. Ich lasse die Erde von der Decke abnehmen und den Brand löschen. Wm. Finkeldey hatte einen dürren Adventskranz verbrannt und der Hanf an der Decke brannte sofort. Dann zum Kaffeetrinken nach oben. Große Gesellschaft (Ribbentrop, Aldinger, Dannenberg, Schirrmacher, Riedel). Zum Abendbrot geblieben. Gelesen Hamsum „Viktoria". Eine reizende Liebesgeschichte, mit allen Irrungen und Wirrungen. Sie erinnert mich an Hamsums „Pan"!!

Um 22 h in die Fst gegangen, ein recht scharfer Wind. In der Vermittlung geschlafen.

Montag, den 8. Dezember 1941

10.30 h holt mich H. ab zum Kdr. Verleihung des Deutschen Kreuzes an Kdr. Div.- und Regts. Kdr. erscheinen. Wir beobachten ihr Eintreffen durch das Fenster. Festessen: Hühnersuppe mit Reis, dann Apfelkonserve. Thema Horst Lieder wird berührt. Wir bleiben noch recht lange zusammen bei Kognac und Wodka und Rauchwaren. Sehr interessante Unterhaltungen. Spät gehen H. und ich nach Hause. Sehr hoher Schnee.

Dienstag, den 9. Dezember 1941

In der Fst überall umhergerannt. Mit Polenbatterie beschäftigt, der schwierigen, unübersichtlichen Schußtafel, dann mit Wacheinteilung. Es muß alles viel schärfer konzentriert werden. Zur Wache in der Fst noch ein Posten für die Wohnbunker. Die Zeit drängt für die Weihnachtsbriefe.

Viel telefoniert. Mein Bunkerbau schreitet schleppend weiter. Es fehlen Steine etc. Mein Vertreter muß tatsächlich auf alle Sachen gestoßen werden. Ich lerne viel an Organisation hinzu. Am Abend ziehe ich in den Zugführer-Bunker zurück. Wm. Finkeldey geht zur Bst. Die letzten Seiten im Buch „Der Vater" gelesen. Der Ausgang ist ergreifend.

Es ist etwa 0° Wärme. Aber der Schnee taut nicht weg. Es ist zu kalt.

Mittwoch, den 10. Dezember 1941

Mancherlei Telefonate, Wacheinteilung, Briefe erledigt, 12 Stück. Post kommt: Sehr reichlich: Äpfel, völlig zerfroren, schmecken ganz herrlich! Friedel hat für mich noch Briefumschläge gehamstert.

Die neue Wachordnung geht ab heute 18 h. Bisher große Befriedigung. Bisher war nämlich in jeder Nacht die ganze Fst auf Posten gewesen, wenn auch nur 1 Std. 10 Min, also eine lächerliche Zeit. Jetzt: 6 Mann, wie in der Kaserne, dazu Bunkerwache von 17h – 7 h.

Bratäpfel! Wo steckt das Paraffin? Mein neuer Ofen brennt! „Der Vater" geht an Oblt. v. Stülpnagel. Bis 21 h geschrieben.

Donnerstag, den 11. Dezember 1941

Bereits um 5.30 h nach wunderbarem Schlaf aufgestanden, fertiggemacht und Briefe geschrieben. Es gehen von mir 12 Briefe weg, bald ist die Flut zu Weihnachten erledigt. Es wird kälter, etwa -10°. Es bewährt sich die neue Wacheinteilung, es geht alles viel straffer. Langsam wird mein Bunker beziehbar: Tür und Fenster werden eingesetzt, der Mist wird von den Wänden abgewaschen. Dann Vorbereitung für das Schießen mit der Polenbatterie. Welche Granaten? Welche Stricheinteilung? Der Waffengott erscheint, er hat auch keine Ahnung. Post kommt, je ein Päckchen von Ilse Eggers und Ilse Hansen. Die wunderbaren Kuchen esse ich so nebenher.

Das Schießen mit der Polenbatterie ist eine Pleite. Der 1. Schuß ging in die eigene Linie, ohne Verluste. Große Aufregung. Woran liegt der Fehler? Ich kann zu keiner Lösung kommen, auch nicht bei wahrheitsgemäßer Prüfung aller Momente. Aber ich werde morgen noch einmal alles überprüfen. Um 15 h Führerrede im Bunker der Nachr.Leute. Nun ist der Weltkrieg im umfassenden Sinne da, eine Tatsache. Ich mache mir meine Gedanken: Wenn schon der Rassengedanke alleine beherrschend ist, wo ist seine Anwendung auf Japan? Denn daß das arisch bestimmte Völker wären, kann man doch nicht sagen. Und so kämpfen Gelbe gegen Weiße, sodaß die gelbe Gefahr eine Bedeutung gewinnt.

Großartig die Skizzierung des „Abendlandes" bzw. Europas. Ich müßte eigentlich „Abendländische Entscheidung" lesen. Aber erst einmal die hiesigen Bücher. In der Rede vermißte ich, trotz der Erfolgszahlen, etwas die Freude, die aus den Worten des Führers sprach. Vielleicht hat er wieder einmal furchtbar schwere Tage und Nächte hinter sich und das Ende sieht er ja auch nicht. Was für eine Verantwortung! Es muß mein tägliches Gebet werden, für den Führer um Erleuchtung zu bitten. Wie tief demütig er sprach!

Dann noch die Bunker durchgegangen. Abendbrot, Tagebuch, gelesen. Draußen ist es sehr dunkel, links auch heftiges Gewehrgeknattere und vereinzelt Artilleriefeuer.

Um 22.30 h ist alles ruhig, die Jungs sind zur Übertragung der Führerrede. Ich habe gerade noch meinen Lebensversicherungsantrag fertiggestellt. (10.000,- Rm, auszahlbar, entweder im Sterbefall oder in 20 Jahren.) Lange Begründungen für Erika, die mehr eine Art Aussteuer-Versicherung für H.J. hat. Wie schwierig ist doch die Verständigung über so weite Räume! 1 Monat vergeht über Frage und Antwort.

Freitag, den 12. Dezember 1941

Ich werde zu spät geweckt bzw. ich war wach, hatte aber kein Licht, daher erst 7.20 h aufgestanden. Einteilung. Die ganze Nacht über hatte es geregnet, daher tropfte das Wasser überall hindurch. Auch in meinem Sommerhaus, aber die Bücher blieben unversehrt. Und dann scharfer Wind mit Eiskristallen, zunehmend kälter. Plötzlich erscheinen Fahrzeuge der 5. Batterie, die die Polenbatterie wegholen sollen. Ich mache 3 Kreuze dahinter. Geschützpflege, da bei dem Tauwetter noch mal alles zu reinigen geht. Wer weiß, wann wieder? In meinem Bunker geht es gut vorwärts. Viel Lauferei, Frage nach Munition, Geschützen etc. Ich lese etwas in Walter v. Molo. Verpflegungsausgabe, 5 Brote fehlen, dann auf Bst. Ich prüfe in den Bunkern nach, ohne Ergebnis. Am Nachmittag viel Abhaltung. Gegen 17 h gehe ich ins Dorf zu H. Abendbrot (Bratkartoffeln und Brot). Mancherlei Dienstliches (Sturmabzeichen, Stellenbesetzung etc.). Rückweg in ziemlicher Dunkelheit. Tagebuch bis hierher. Es ist 23.15 h. Ich muß aber zuerst noch mein Bett von Büchern etc. freimachen.

Sonnabend, den 13. Dezember 1941

Um 5 h aufgewacht, um 6 h aufgestanden, Feuer angezündet, gewaschen, gelesen, gefrühstückt. Bei der Dämmerung Dienstanweisungen für O.v.D., U.v.D., G.v.D. und die Wache gemacht.

Dann Briefe geschrieben. Lt. Schöps kommt zur Bst und will Richtkreis holen, aber hier ist keiner. Mein Bunker wird eingerichtet, Regale angebracht, Fußboden geschrubbt, Ofen gesetzt, Holz zerkleinert etc. Furchtbares Schneetreiben, auf diese Weise werden wir bald versinken im Schnee. Ich lese Ribbentrops politische Rede vom 28.11. vor den Vertretern der Antikominternmächte. Sehr interessant und aufschlußreich nach der Führerrede vorgestern.

Mittags gibt es Grießsuppe, wunderbar.

Am Nachmittag habe ich meine Sachen in den Bunker bringen lassen, ich wollte unbedingt noch einziehen. Es war auch ganz angenehm warm. Ich habe wunderbar geschlafen.

Sonntag, den 14. Dezember 1941

Die Sonne scheint mir gegen 8.30 h ins Fenster. Es ist sehr hell im ganzen Raum. Wunderbar, wie die Schneeverwehungen glitzern. Geträumt habe ich nichts Besonderes, die 1. Träume in einem neuen Haus sollen ja in Erfüllung gehen, heißt es. Ich hätte dann vielleicht von sehr viel Schnee etc. träumen müssen.

Große Wäsche, so richtig mit Genuß nach 2 Wochen Pause!

Dann ausgiebiges Frühstück. „Es ist eine Lust zu leben!" kann ich nur sagen, wenn auch nicht inbezug auf das humanistische Zeitalter, so doch wegen des eigenen Hauses. Das Fenster ist sehr breit und groß, die Sonne scheint über die Bücherrücken, in der Ecke der Samowar. Ich richte mich langsam ein: Toilettensachen in den Schrank, mein Bursche wäscht ab, fegt, ich decke den Tisch mit alten Landkarten. Es sieht recht festlich aus. Am Mittag erhalte ich Post, u.a. die „Münchener Lesebogen". 5 Bändchen. Eine herrliche Ausgabe. Sogleich lese ich mich fest! Gegen 15 h walze ich los, hole H. ab (vorher noch Sperrfeuer ganz links erschossen) und wir gehen zu Oblt. Aldinger. Sehr nette, ruhige Stunden bei Adventskranz und Kuchen und Zigarre. Lt. Todtenberg ist Philologe (Mittelalter, Deutsch, Englisch) und wir finden uns sehr bald im fachlichen Gespräch. Er gibt ein Buch seines Straßburger (bisher Leipziger) Lehrers Heimpel mit, das ich lesen will. Wir brechen früh auf, weil Überläufer aussagten, daß am Montag ein Angriff versucht würde. Alles begibt sich auf Alarmstationen. Es ist ein eigenartiges Gefühl, zu wissen: Er kommt. Und dann doch nicht: Wann?

Jetzt, beim Schreiben, fällt mir die Parallele ein zu Jesu Worten vom Warten auf seine Wiederkunft. Es ist ja eine ganz starke Spannung. Nur eben: Hier ist der furchtbare Feind und bei Christus ist es der Herr, der die Seinen kennt. („Bräutigam.")

Gegen 22 h schlafen gelegt.

Montag, den 15. Dezember 1941

Gegen 4.45 h Alarm. Der Russe greift an: Starkes Artilleriefeuer an allen Ecken, wenig MG. Wir feuern etwa 100 Schuß, schwenken dann nach links und nach rechts, weil überall Durchbruchsversuche der Russen stattfinden. Die 5.Batt. verfeuert mit 2 Batt. 700 Schuß. Ob das nicht billiger zu machen ging? Überall ist der Russe abgeschmiert!

Ein morgendliches Bild: Wir stehen noch im Schatten. Der Berg hinter uns und der Heldenfriedhof sind schon rot-rosa von der aufgehenden Sonne beleuchtet. Und langsam gleiten die Strahlen tiefer in die Senken. Jetzt ein Farbfilm!

Durch diesen Alarm kommt meine ganze Tageseinteilung ins Wanken.

Furchtbar habe ich den 2. Zug angenommen, weil sie nicht getarnt hatten. Die tarnten die Kaffeepause hindurch. Aufräumarbeiten in der Fst. Gefr. Walterscheidt kommt und arbeitet mir verschiedene Holzsachen. Er wird mir auch einen Sessel aus Birkenholz machen.

Gegen Mittag neuer Angriff der Russen.

Gegen 14.30 h beschießen wir Lobanowo (Planziel), das zugleich beobachtet wird. Der Russe hatte anscheinend dieses Dorf als Ausgangspunkt für seinen Angriff, jedenfalls karrte mit LKWs Sachen zurück. Ein Volltreffer in LKW. Dann von 17 – 18 h Störungsfeuer auf diesen Ort. Den Feuerplan mache ich, während ich Röstbrot bestreiche: H. hat sich angesagt. Teestunde bei mir. Üblicher Verlauf, fast wie ein früheres Essen in Mecklenburg mit den festgesetzten Gängen. Statt Fisch und Braten bei mir: Röstbrot, Kuchen, Zigarre, Tee.

H. bleibt noch zum Abendbrot. Bis 22 h erzählt. Ein furchtbarer Sturm, der Schnee treibt ins Zimmer. Widerlich auch, daß die Tropfen von der Decke mir in den Kragen fallen!

Um 22.30 h lege ich mich hin, Telefon am Kopfende.

Dienstag, den 16. Dezember 1941

8.45 h Alarm. Der Russe greift an. Dabei waren die gestrigen

Verluste recht erheblich! Dann Störungsfeuer mit einem Geschütz.

2 Arrestanten, Rost und Nölte, je 21 Tage verschärften Arrest.

Gegen Mittag versucht Klingler zu schießen, ein Bunker soll bekämpft werden. Aber das Schießen mit Eisspornen ist schwierig.

Stabsarzt erscheint. Er erzählt mir, daß in Staraja Russa 2 Waggons mit Post verbrannt seien. Ich fürchte sehr um meine Weihnachtspäckchen von Erika. Ich habe bisher überhaupt viel zu wenig mit der Möglichkeit der kriegsmäßigen Einwirkung gerechnet.

Lt. v. Vietinghoff besucht mich. Er fühlt sich in puncto EK I sehr zurückgesetzt und packt aus. Er will wiederkommen, weil es bei ihm unruhig ist (Stab I./28). Ich freue mich, daß ich vielleicht auf diese Weise manchem irgendwie helfen kann und sei es nur durch eine ruhige Stunde.

Dann Brief an Erika. Post kommt: Ein 3 Bogen langer Brief von Erika. Sie hat mit einem Schlag 4 Briefe und 1 Päckchen erhalten! Bericht über Berner.

Tagebuch bis hierher.

Ich sitze mit dem Rücken zum Ofen, sehr schön warm. Heute will ich aber früher zu Bett, weil der Russe vermutlich ja doch wieder in der Nacht unruhig wird.

Buchhandlung Bahn hat meine Bestellung ausgeführt, sodaß die Bücher rechtzeitig zu Weihnachten da sein werden. Es ist zu schön!

Mittwoch, den 17. Dezember 1941

Ich werde mich regelmäßig früh schlafen legen, wenn ich dadurch erreiche, daß der Russe dann morgens nicht angreift. Um 5.30 h aufgestanden, es war herrlich ruhig, sodaß ich schon Briefe erledigen konnte, besonders mal wieder an Erika schreiben. Einteilung wie üblich, gegen 10 h Rundgang durch die Fst. Es ist notwendig, daß ich das häufiger mache. Gegen Mittag kommt der Chef zum Essen runter, er will weiter zur Abtlg. Von den 2 ausgebrannten Waggons ist nunmehr keiner mehr wahr. Gerüchte! Aber ein Glück, daß ich mich trotzdem auf einen Ernstfall eingerichtet habe. Nachmittags Arbeitsdienst, kurze Feuertätigkeit auf einen Scharfschützenbunker, der uns schon einige Verluste gekostet hat. Ich schreibe sehr viel, fast meine gesamten Briefschulden ab. H. kommt kurz auf dem Rückweg durch die Fst. Wenig neue Nachrichten, höchstens die von der Post in Staraja Russa, und das ist allerdings höchst erfreulich.

Einige Nachrichtenleute sind vollkommen verlaust, starren überhaupt nur so vor Schmutz und Dreck. Was macht man nur mit diesen Drecksäcken?

Viel gelesen und geschrieben.

Eine russische Munitionskolonne können wir nicht fassen, da 14 km entfernt. Um 20 h höre ich die Nachrichten durch den Fernsprecher, anschließend etwas Musik; um 19.45 h noch ein Feuerüberfall auf einen Sperrfeuerraum, aber ich habe den Eindruck, als würde zu eifrig Sperrfeuer angefordert. Dann schlafe ich ein.

Donnerstag, den 18. Dezember 1941

Um 6.30 h aufgestanden, Tagebuch, Einteilung, im Atlas geblättert. Chef fährt zur Protzenstellung. Mein Adventskranz wird angebracht, ich lese viel.

Allmählich wird in der Fst etwas Ordnung geschaffen: Munitionskästen werden fast fertig. Die Arbeiten in der Fst reißen nicht ab. Ich versuche, alles noch straffer zu organisieren, es ist später die halbe Arbeit.

Das 2. Geschütz will italienisch lernen, daran beteilige ich mich vielleicht.

Oblt. Pade übernimmt einen Bunker, dessen Chef vor wenigen Tagen durch Volltreffer getötet wurde! Pade hat mehrere dieser Erlebnisse hinter sich: Lt. Berlin fällt neben ihm, schwere Granate. Am Seliger-See wird seine Bst eingeschlossen, starker Beschuß, er kommt durch, es bildet sich in kriegerischen Zeiten der Nimbus der Unverwundbarkeit. Wie auch bei Frh. v. Lützow, den es dann aber doch schnappte.

Heute früh stutzte ich bei dem Worte: „In Deinem Licht sehen wir das Licht." Was heißt das?

Gegen 10 h kommt Oblt. v. Stülpnagel mit Skiern, bleibt zum Mittagessen bei mir und dann erzählen wir noch recht lange. In der Fst wird eifrig getarnt.

Alle beneiden mich um meinen schönen, großen Bunker. Ich glaube es ja auch fast selbst, wenn ich nicht sowieso hiervon überzeugt wäre. Er bleibt bis 15.30 h bei mir. Wir verstehen uns sehr gut, er bittet mich um Erlaubnis, bald wiederkommen zu dürfen. Ich freue mich ja so, wenn mich jemand besucht, der gerne ruhig liest oder dgl. Um 15.40 h muß ich bereits die Kerze anzünden. Holz habe ich einen großen Stapel bis unter die Decke. Ein Vorrat muß ja auch für Weihnachten vorhanden sein. Lt. Dannenberg hat sich zum Tee angesagt, es dauert aber länger als verabredet. Seine Ablösung ist noch nicht da. Also schreibe ich bis hierher und lese dann.

Dannenberg kommt, ebenfalls H. Wir bleiben lange zusammen. H. geht um 18.30 h, Dannenberg erst gegen 21.30 h. Viel Dienstliches, aber auch Menschliches. 22 h zu Bett.

Freitag, den 19. Dezember 1941

Um 6 h aufgestanden, sehr schön bis zum Wecken um 7 h fertig geworden. In der Fst gelesen, geschrieben, Päckchen geschnürt für Erika und Frl. Schlegelmilch. Gestern erhielt ich ein Päckchen meiner neuesten Freundin, Bärbel Caillé aus Königsberg. Wunderbare Kuchen, Feigenbrot, Briefpapier, Bleistifte etc. Und alles sehr nett verpackt, dann eine Hummel-Karte. Ich muß Erika doch etwas mit Bärbel ärgern. Aber rührend ist es doch, wie die Heimat an uns denkt und sich Manches vom Munde abspart.

H. kommt zum Mittagessen, er will zu Domansky, außerdem wird sein Ofen umgebaut. Er bleibt bis 15 h. Ich lese, u.a. Gunnarsson: „Advent im Hochgebirge" und einen „Münchener Lesebogen" und einige Seiten im „Tagebuch eines Landgeistlichen". Wir haben den Weg von der Fst zum Dorf mit Kiefern markiert, weil man sich bei Schnee gewaltig verirren kann. Oblt. Diercks und ein Feldwebel erscheinen und sagen sich für ein anderes Mal an.

Es ist wunderbar warm in meinem Bunker, so, wie ich es nicht gehabt habe bisher, sodaß ich leicht schläfrig werde.

Ich müßte eigentlich lesen: Sauer: „Abendländische Entscheidung". Aber es ist nicht hier und so will ich lieber hier zuerst meine Bücher auslesen und nach Hause schicken und dann neue zulegen. Lektüre habe ich noch genügend.

Ich habe mich, nach den üblichen Telefonaten, um 19 h hingelegt. Ich war furchtbar müde, aber wovon nur? Um 20 h kamen die Abendmeldungen, sodaß ich noch einmal geweckt wurde. Es war eine wunderbare Musik, nur traf sie mich sehr schläfrig.

Sonnabend, den 20. Dezember 1941

Ich war natürlich nachts manchmal wach, außerdem ist zu wenig Stroh in meinem Lager. Die 5. Batterie schoß gegen Morgen, vermutlich fdl. Spähtrupptätigkeit. Um 6.20 h aufgestanden, gründliche Säuberung. 8 h Antreten, vorher Telefonate (H. ist bei der 5. Battr. geblieben). Dann Kaffeetrinken. Ich will einmal sehen, ob ich mich heute für die Lebensversicherung untersuchen lassen kann.

Auf meinem Tisch liegt jetzt ständig ein Spruchblatt: „Das Licht scheint in der Finsternis." Für die jetzige Jahreszeit besonders passend und auch eindrücklich. Gestern Nachmittag las ich von Gunnarsson „Advent im Hochgebirge". Sehr feine Erzählung. Das Büchlein stammt von Kleininger, der es mir kürzlich schickte. Obwohl sein Sohn gefallen ist. Oder: Gerade weil…?

Gestern habe ich vormittags noch Päckchen gemacht für Erika und Frl. Schlegelmilch. So kann ich auch etwas zu den weihnachtlichen Vorbereitungen beitragen.

Die Arrestanten haben 5 Tage „abgebüßt". Rost ist bereits völlig gebrochen, Nölte hält sich sehr stramm. Sie stehen nachts abwechselnd Wache, um das Feuer unterhalten zu können. Furchtbar, diese Strafe! Das ist wirklich eine Strafe!

Ich habe sehr viel gelesen, förmlich geschwelgt: „Warum ich noch ein Christ bin", „Erinnerungen eines Landpfarrers", Heimpel „Deutsches Mittelalter". Um 14 h ist Feierabend. Es ist in der Nacht leichter Schnee gefallen. Die „Allee" zum Dorf hinauf ist fertig. H. kommt von der Abtlg., wie immer auf Skiern.

Herrlich, dieses Lesen. Und morgen ist vielleicht wieder solch ein Tag, der ganz für mich ist.

Nach dem kurzen Abendbrot packe ich das Paket von Beinhauer aus: Reizend die Verpackung und die netten Sachen. Am drolligsten finde ich die Grüße: „Viele liebe Weihnachtsküsse von Moni". Das muß ich unbedingt Erika schicken.

Von Erika erhalte ich einen Brief mit Amtsblatt von meiner Auszeichnung. Abends wieder durch Fernsprecher die Nachrichten gehört. Ganz zum Schluß las ich „Vom reichen Jüngling". „…so ihr Vertrauen auf Reichtum setzen".

Es ist 21.15 h. Ich will mich hinlegen.

Sonntag, den 21. Dezember 1941

Um 6 h bereits aufgestanden, die üblichen Erledigungen. Der

Schnee wächst immer mehr. Vor meinem Fenster muß geschaufelt werden. Es ist sonntäglicher Friede in der Fst. Nur 2 Mann sägen noch. Die behaupten, gestern keine Zeit gehabt zu haben. Herrlich ruhiger Vormittag, geschrieben, gelesen, in der Morgenmusik ein Orgelkonzert von Vivaldi. (Heitmann) Vor mir steigen Orgelstunden auf: In Halle mit Erika, (Rebling), im Kölner Dom, Schwerin, und überall sonst noch die vielen Stunden, die ich an der Orgel zugebracht habe. Wenn es mir nicht so gut ginge, wäre es ja zum Brüllen und Weinen, daß all' das Schönste vom Leben – von der Ehe und Familie ganz zu schweigen – im Kriege ruht. Aber ich bin es ja nicht selbst, der ich mir mein Leben gewählt habe, es ist ja über mich verfügt und so muß ich es nehmen und leben. Zugleich aber, um mit Carossa zu sprechen: „Raubt dem Drachen das Licht aus dem Rachen!" Und da will ich wirklich erfinderisch sein, um dem augenblicklichen Leben die schönsten Seiten abzugewinnen, nicht nur im Sinne des Genießens, sondern auch eines Dankes gegen Gott: Daß ich noch lebe! Leben darf! Wo so viele andere unter dem Schnee ruhen. Und was ich hier erlebe und lerne, ist ja für mein weiteres Leben bestimmend. Hierüber wollte ich immer schon einen besonderen Aufsatz schreiben.

Für den Nachmittag sagte ich mich bei dem Stabsarzt zur Untersuchung für die Lebensversicherung an, werde vom Kdr. zum Kaffeetrinken eingeladen. H. erscheint bei mir zum Mittagessen, wir rauchen noch eine gute Zigarre und gehen dann los. Tiefer Schnee. H. schimpft über die Pflege der Pferde, bzw. über die Verantwortlichkeit der oberen Stellen. Lange Unterhaltung, bei trübem Licht mit Behelfsmitteln. Dann Kaffeetrinken bei der Abtlg. Ich habe meine Bilder zur Bestellung weggebracht. Wulff hat das EK I erhalten, was wir kräftig mitfeiern. Sehr lebhafte Unterhaltung. (Martienssen ist da, auf dem Wege zur 5.) Stülpnagel schnitzt unverdrossen an einer Ritterfigur, Haslob an einer Frauengestalt, die für den Kreis dort zu schade ist, weil Frick etc. doch nur ihre dreckigen Bemerkungen machen, wie mir überhaupt der ganze Ton sehr wenig gefällt. Es ist eine frauen-entehrende Menge von Männern, nicht frauen-los. Aber es kommt darauf an, ob man sich damit abfindet, daß man von seiner Frau getrennt ist – zumindestens nicht davon spricht – am wenigsten mit anderen – oder ob man nun nach „der" Frau – nicht immer die eigene! – schreit und sich, da es keine gibt, in Andeutungen schadlos hält. Ein Glück, daß ich mein Königreich für mich habe, in das mir niemand hineinredet, und aus dem ich ungebetene Gäste beliebig fernhalten kann. O ja, ich habe es schon gut. Ich schlafe bei der Abtlg., weil der Schneesturm ziemlich stark ist.

Montag, den 22. Dezember 1941

Um 7 h aufgestanden, bald anschließend gestartet, zur Einteilung um 8 h kam ich gerade noch rechtzeitig. Ich habe meine Kontrollgänge gemacht, habe viel gelesen. Die Post bringt mir ein Päckchen von Dr. Hahn mit 24-Std. Lichtern und einem Esbit-Kocher, ein Päckchen von Mutter mit „Berliner Brot" und Makronen. Als ich die esse (und ich habe gar nicht aufgehört) weiß ich: Das ist der Gruß aus der Heimat, meiner Geburtsheimat, zu Weihnachten. Das andere lasse ich alles noch im Karton. Dazu noch eine Dauerwurst von Erika über Mami: Nun habe ich aber Vorräte!! Nachmittags ruft der Kdr. an: H. hat das Deutsche Kreuz in Gold! Ich soll ihm aber vorsichtigerweise entgegen gehen. Durch den tiefen Schnee stapft, auf seinen Max gestützt, etwas schwankend, mein Chef. Er ist ganz gerührt und sichtlich beeindruckt. Wie oft wiederholt er: „Genau genommen…" Er geht dann durch die Fst dem Dorfe zu. Ich lese noch und höre Nachrichten. Ich bin sehr müde vom Vortage.

Es ist doch eine gewaltige Auszeichnung: Im ganzen Regiment tragen es: Der Oberst, Major Joerges und H. Und 2/3 befinden sich in der II. Abtlg. Wie wird Hoeckners Frau strahlen!

Dienstag, den 23. Dezember 1941

Um 7 h aufgestanden. Ich habe von Erika geträumt, aber was, weiß ich nicht mehr recht. Einteilung um 8 h, ich muß vorher herausgeschaufelt werden! Die Wege werden geschaufelt und mit Bäumen markiert.

Ich lese und schreibe Tagebuch bis hierher und Briefe. Morgen müssen die Vorbereitungen für die Weihnachtsfeier getroffen werden. Voraussichtlich hole ich die gesamte Fst zu einer Ansprache zusammen und dann wird in den Bunkern gefeiert. Schwierig ist nur die Verteilung des Alkohols.

Ich lese und lese, mache Rundgänge, telefoniere. Abends kommt noch Post: 2 Briefe von Erika, dem Format nach müssen es die Bilder sein. Trotz Verbot öffne ich: Wunderbare Aufnahmen! Diese Freude. Aber gut, daß ich sie nicht Heilig Abend öffne, vielleicht würde ich dann doch kniewiech. Früh zu Bett. 8 h.

Mittwoch, den 24. Dezember 1941

Um 7 h aufgestanden, dann Einteilung um 8 h. Tiefer Schnee. Es war Sturm in der Nacht. Dann kamen die Schlitten mit den Paketen und den Weihnachtsgaben. Dazu noch ein echter Weihnachtsmann im weißen Mantel und großer Mütze. Kdr. erscheint im Pelz. Verteilung der Sachen. Mein ganzer Bunker ist vollgepackt. Aufteilung auf die Geschütze etc. Kerzen werden anmontiert, aufgeräumt, letzte Päckchen gepackt. Dann versammeln sich alle in meinem Bunker. Ansprache. „O du fröhliche...", von uns allen gesungen. Dann kam das Essen, Gulasch. Ich packte bei meinen Sachen herum und suchte die einzelnen Bunker auf, ebenso die Arrestanten. Telefonate mit Chef, v. Vietinghoff und Domansky. Und dann für mich Heiliger Abend. Gelesen, die Weihnachtsgeschichte, die Bilder um mich versammelt und an Erika geschrieben. Um Mitternacht in die Fst gegangen. Es wird sehr kalt: eine Sternschnuppe. 0.30 h zu Bett.

1. Weihnachtstag

Um 6.30 h aufgestanden: Ein strahlender Sonnenaufgang, violett gegenüber der Sonne, feuergelb im Osten. Und das Licht und die Schatten. -27°C. Man spürt es lediglich an den Füßen. Und am Foto. Ich mache einige Aufnahmen und bringe den Arrestanten je ein Paket. Dann Tagebuch und in dem Bunker aufgeräumt. Geschrieben. Mit H. zur Abtlg. Verleihung des EK I an Lt. Wulff und Wachtm. Soll. Oberst Noeldecken ist da. Reizende Unterhaltung, nur will er dann nicht mehr weggehen. Schlittenfahrt. Dann Kaffee, Kuchen, Cognac, Rum, Abendbrot. Das finsterste Weihnachtsfest, das ich je erlebt habe. Frick schweinigelte, um mich zu ärgern, den ganzen Nachmittag umher, wurde oft taktlos, bis ich ihm denn contra gab. Es waren verlorene Stunden. Ich habe mich schandbar geärgert und werde auch Schritte unternehmen, daß ich einigermaßen gegen diese Schweinereien gesichert bin. Um 22.30 h mit H. zurück: -27°C, mit Rock und Pullover und Skistock. Trockene Kälte, in Deutschland hätten wir schon längst eine Lungenentzündung weg.

Der Bunker ist kalt. Ich finde Post vor, ein Brief von Erika vom 7.12., in dem sie mir u.a. von Berner erzählt. Ich habe noch Feuer angemacht, es wäre sonst zu kalt geworden, und habe die Briefe gelesen. Auch ein Päckchen von Zigarren-Schulz geöffnet. Herrlichstes Marzipan. Zigaretten.

2. Weihnachtstag

Dieser Frick! Sogar im Schlaf habe ich mich über diesen Kerl geärgert. Der Morgenspruch hatte sehr viele Beziehungen: Titus 2,11 u. 12 „...gottselig leben in dieser Welt." Es wird einem verflucht schwer gemacht!!

Langsam fertiggemacht. Ich erhalte 7 Pakete mit einem Schwung und einen Brief von H. Pöppelmeier, in dem er mir mitteilt, daß er der Bremischen Kirche den Dienst aufgesagt habe. Stellte er sein Pfarramt zur Verfügung?

Kdr. fährt durch die Fst zum Chef, beide fahren nach Kurgan zur Division um das Deutsche Kreuz in Gold sich abzuholen. Prächtige Bilder: Schlitten, Schafspelze etc.

Ich packe meine Päckchen aus. Gewaltige Arbeit. Welche Herrlichkeiten! So reich bin ich noch nie bedacht worden! Und das nicht aus Reichtum heraus, sondern aus einem armen Deutschland! Die schönsten Päckchen mit soviel Sorgfalt und Liebe kann doch Erika packen, trotz meiner Freundinnen Bärbel, Renate und Moni!! Das muß ich Erika doch auch noch schreiben, denn bisher habe ich sie nur immer damit geärgert.

Ich schreibe nach dem Essen 2 Briefe, für den Tee haben sich v. Stülpnagel und v. Vietinghoff angesagt. Es ist sehr gemütlich: Ohne Alkohol, nette Unterhaltung, wir Drei sind alle aus der Jugendbewegung hervorgegangen. V. hat mir als Geschenk sogar ein Buch mitgebracht: Schirach: „Die Fahne der Verfolgten". Um 8 h brechen sie auf, gerade fährt der Kdr. durch die Fst und nimmt sie mit. Ich lese etwas zu Abend und blättere in den Büchern. Es ist doch eine Freude, so nette Stunden zu verleben! Die gestrige Pleite ist fast vergessen. Gege 22 h zu Bett.

Sonnabend, den 27. Dezember 1941

Kurze Einteilung, dann gelesen und geschrieben. Aber immer steht mir noch die unbereinigte Affäre mit Frick vor Augen. Ob er sich freiwillig entschuldigt? Zum Mittagessen bin ich bei H. Es ist, wie stets, sehr gemütlich: Wir sitzen in seiner gemütlichen Ecke und sprechen die Affäre Frick durch. Er ist mit meinen Plänen, die Sache zu bereinigen, einverstanden. Er geht zur 7. Batterie und ich bleibe noch bei Wm. Riedel, mit dem ich mich über erzgebirgische Krippenkunst unterhalte. Wunderbarer Kakao mit Kuchen, aus Jena. Im Schneesturm wieder zurück. Mein Bursche Tank hat mir das Feuer unterhalten und dabei einen

Brief an seine Frau geschrieben. Stolz erhebt er sich aus seinem Sessel. Ich mache noch Ganzwäsche und schlafe – zum ersten Male seit wielange? – ohne Hose. Herrlich. Bis 4 h durchgeschlafen und dann wieder bis 8 h.

Sonntag, den 28. Dezember 1941

Um 7 h aufgestanden. H. fragt mich nach meinem Entschluß. Um 9 h gehe ich los zur Abtlg. Ich stelle den Tatbestand dar. Kdr. verhört dazu Frick. Dann leistet Frick Abbitte. Eine Flasche Sekt besiegelt den Frieden. Zuletzt erfahre ich, daß ich in H. Abwesenheit die 4. Batterie führen soll, Schöps soll dann als mein Battr.Offz. hinzukommen. Ich bin sehr froh über diesen Ausgang, zurück zur Fst gegangen und habe H. berichtet, der sich sehr mit mir freut und hofft, daß hierdurch vielleicht einmal ein Aufhorchen käme, evtl. ein Erschrecken über das geistige Niveau. Siegergefühle über Frick habe ich nicht, nur möchte ich ihm gern einmal klarmachen, warum ich den Vorfall bedauere. Aber wird er verstehen, daß es mir leid tut um der Seele eines Menschen willen? Ich bin nur froh und glücklich, daß ich im Kampfe gegen den Schmutz nicht zurückgeschreckt bin.

Ich lese sehr viel und erledige einige wenige Briefe. 17 h hole ich mir die Uffz. in meinen Bunker. Grog und Kuchen und Zigaretten. Wir besprechen die Schulungsarbeit des Winters: Kurse etc. Erfreulich, wie viele sich hierfür interessieren, auch wohl selbst den Wunsch gehabt haben. Früh zu Bett.

Montag, den 29. Dezember 1941

Einteilung (bereits um 5 h aufgestanden!), Verkündung des Schulungsplanes. Ich mache meinen Rundgang durch die Fst. Oblt. Domansky lädt mich zum Kaffee ein, aber da H. noch nicht zurück ist (er war bei der 8. Batt.), kann ich nicht weg und so kommt D. zu mir. Sehr gemütlich bei Tee und Kuchen; ich staune selbst, wie mir fast alle Namen der 5. Batt. geläufig sind. Gegen 18 h kommt H., wir essen zu Abend. Lange erzählt. Ich bringe D. noch ein gutes Stück auf den Weg. Wunderbare helle Nacht. Auf dem Rückweg stelle ich fest, daß ich vollkommen ohne Waffe bin: An der Front gibt es ja auch keine Partisanen und man lebt dort am sichersten. Gegen 22 h zu Bett.

Dienstag, den 30. Dezember 1941

Kurze Einteilung, Päckchen und Briefe erledigt. H. fährt durch die Fst zur Protzenstellung. Der Glückliche kann durch Deutschland nach Chalons-sur-Marne fahren!! Viel gelesen. Josef Nyrö: „Keiner trägt das Leben allein". (Ungarnminderheit in Rumänien, ergreifende Einzelschicksale, Bilder von unvergeßlicher Stärke, wunderbare Sprache, Naturschilderungen. Tiefer Gehalt des Inhalts. Ein starkes, stärkendes Buch.) Erika hat es mir geschenkt. Ich bin ihr dafür sehr dankbar.

Am Nachmittag trinken Wm. Riedel und Uffz. Cordua bei mir Tee. (Der Samowar versagt kläglich!) Gemütlich unterhalten. Abends noch gelesen. Um 22 h in Pelzen geschlafen.

Mittwoch, den 31. Dezember 1941

6 h aufgestanden und gelesen und geschrieben, Einteilung. Myrö zu Ende gelesen, dann Hans Thoma: „Kunst und Leben" (Briefauszüge). Sehr gut. Brief an Landesbischof. 15 h Waffenappell, 16 h bei H. mit Uffz. zusammen. Es ist sehr kalt. Lange mit Wülfing gesessen. Ein Kerl mit eigenen Ideen. Voller Zutrauen zeigt er mir die Bilder seiner Braut. Lange Gespräche über Glauben etc. Könnte ich ihm doch helfen!

Überall Leuchtkugeln, lebhaftes Geschieße. Ich gehe durch die Bunker und wünsche allen ein gutes Neues Jahr. Wie gehöre ich doch zu meinen Kameraden!

Meine Gedanken die gehören Erika, Bübchen, meiner Mutter, allen Lieben und Freunden.

[Es fehlen zwei Blätter des Tagebuchs. K.-M. D.]

Draußen heult ein gewaltiger Sturm und treibt den Schnee in hohen Schanzen zusammen. Da ist es im warmen Bunker ganz besonders gemütlich, zumal bei Kerzenbeleuchtung und einem Buch, sogar der […] 20.30 h lege ich mich schlafen.

Donnerstag, den 8. Januar 1942

In der Nacht werde ich wach vor Kälte. Kein Wunder, denn der Sturm hatte tatsächlich die Tür, die sonst schließt, geöffnet. Mit Hilfe von Mänteln arbeite ich der Kälte im Raum entgegen und um 5 h habe ich Feuer angezündet, wollte mich wieder hinlegen, aber da tat es mir um die schöne Morgenstille leid, und ich blieb auf. Kontrollgang und dann gelesen, wieder tüchtig übersetzt (1.Kor.4). Es müßte doch möglich sein, diese Arbeit fortzusetzen.

Einteilung. Die Schneemassen sind von solcher Art, daß mein Fenster fast bis […]. Ein Flieger fliegt ganz niedrig über uns, […], am Rumpf hängen die guten Brocken.

Ich schreibe einen Brief an Erika, den Uffz. Cordua nach Deutschland mitnehmen soll. C. meldet sich bei mir ab. Ich teile ihm noch meine Beurteilung mit. Ich habe ihn richtig gern gewonnen. Nur fürchte ich für sein Erbteil von Vaters Seite.

Dann wieder geschrieben, und zwar einen Brief an Pfarrer Hans Bruns. Dieser Brief bittet um Einschaltung in den großen Kreis der Gruppe, die mich irgendwie immer wieder anzieht und fesselt. Hätte ich nur erst die Freude wieder, die ich damals nach Neustrelitz empfand! Der Brief ist sehr sachlich und knapp und ehrlich. Ein so erfahrener Seelenkenner wie Br. wird schon spüren, was dahinter steckt.

Ich bin in Feiertagstimmung. Die nutze ich aus, indem ich nachmittags […] dem Rechenschieber für mich ganz allein Tee mache. Dann wird Rotwein ausgegeben, und abends nach dem Essen, zu einer festlichen Zigarre, trinke ich ein Glas gut temperierten Weines. Ein herrlicher Genuß! Die Feste müssen gefeiert werden! Und man sollte viel mehr Gründe finden zum Feiern als normalerweise. Um 20 h gehe ich zu Bett, „im Bewußtsein, einen genußreichen Tag verlebt zu haben." Ich denke naturgemäß viel an Erika und Bübchen.

Freitag, den 9. Januar 1942

Ich habe wunderbar geschlafen. Erst um 6.30 h aufgestanden. Morgens liege ich immer wach und es stürmen […] Gedanken auf mich ein. Alles, was am Tage zu erledigen ist, was vom Vortage übrig blieb und die Gedanken, die gerne spazieren gehen.

Rost und Nölde melden sich ab zum „Skikommando". Sie ahnen wohl nicht, daß dies ein ziemlicher Schlauch sein wird. Verpflegung kommt, zugleich die Bücherkiste. Ich habe mich gleich hingekniet und habe mal wieder geschmökert. Sehr gute und ordentliche Bücher teilweise. Die anderen habe ich wie damals in Holland gleich ausrangiert.

Es gibt im Augenblick nur Sauerkrautsuppe, Eier nur wenig, fast gar kein Fleisch und Kartoffeln. Für Sonntag habe ich aber Hühner zurückstellen lassen. Wahrscheinlich waren das Hühner zu Neujahr, wie vor einer Woche die Puten zu Weihnachten.

Ich schreibe an Erika einen ziemlich verliebten Brief – so wird Erika es mir bestimmt bescheinigen. Aber das macht nichts. Ich bin auch in meine Frau verliebt.

Am Nachmittag laufe ich Ski zur Bst herauf, um einige Batterien einzuschießen. Wegen des Schnees ist die Sicht sehr schlecht, auch sehr schwierig, die Lage der Schüsse anzusprechen. Ein Nebel beendet das Schießen.

Abendbrot, dann noch Sperrfeuer. Der Russe hatte sich durch den Schnee herangeschaufelt und wollte wohl einmal sehen, was los war. Den ganzen Tag über erhöhte Tätigkeit. Unser Feuer soll sehr gut gelegen haben. Es bleiben zehn verwundete Russen liegen. Und deren Stöhnen war zu hören. Dieser Erfolg erfüllt mich noch mit Genugtuung. Major J. ruft an und erzählt von einigen Einbrüchen der Russen, so auch nach St., weswegen unsere Urlauber auch zurückkehren. Bis auf das nächste Mal! Aber alle Gefahr sei bereits beseitigt. Wird es sich auf die Verpflegung auswirken?

Ich trinke wieder mein Glas Rotwein, auch heute schmeckt er mir wieder ausgezeichnet. Ich glaube, ich komme allmählich in das entsprechende Stadium. Tagebuch bis hierher. Ich habe erhöhte Alarmbereitschaft befohlen.

Sonnabend, den 10. Januar 1942

Das war nach langer Zeit mal wieder ein unruhige Nacht. Acht Kanoniere, die den Befehl „Alarmbereitschaft" als Scherz aufgefaßt hatten und trotz ausdrücklicher Weisung doch noch ohne Stiefel schliefen, wurden vom O.v.D. etwas im Schnee gewälzt. Gut, daß alle so auf Disziplin bedacht sind. Und dann kam Anruf auf Anruf: Von Abtlg. wegen Pferdegestellung, von V.B. über Russenvordringen, von Infanterie wegen Sperrfeuer, von 7. Batterie über Munitionssparen etc. pp. Um 0.30 h haben wir nochmals Sperrfeuer geschossen, zum Schluß auch zur Beruhigung der Infanterie. Dann war Ruhe für den Rest der Nacht.

Am Morgen wurde vom Batl. angerufen, unser Feuer haben sehr gut gelegen. Man hat beobachtet, wie der Russe seine Verwundeten zurückgeholt hat, die furchtbar gejammert haben. Aber er hat sie auf halbem Wege liegen und dadurch erfrieren lassen, sodaß vor der 2. Kompanie die Zahl der toten Russen 12 beträgt, vor der 9. Kompanie zählte man 15 Tote, die noch am Vormittag weggeholt werden. Der Zusammenhang war so: Von Waldai aus werden auf LKWs Stoßtrupps zusammengestellt und herausgefahren (daher auch am Vormittag die erhöhte Bewegung im Gelände). Diese hatten den Auftrag, zwei Bunker zu knacken. Sie schaufelten sich nun Wege im Vorfeld und buddelten sich ein. Schneehemden und schwarze Gesichtsmasken ließen sie wie Birkenstämme erscheinen. Dann aber wurden sie von MG-Feuer vertrieben und gingen zurück und liefen da in unser Sperrfeuer hinein. Wer verwundet liegen blieb, erfror. Wenn von 100 Mann 30 Tote sind, und es kommen noch Verwundete und Erfrierungen hinzu, dann ist die Kampfkraft ziemlich perdu. Am Mittag fuhren Vietinghoff und ich auf Skiern nach vorne, um uns das Gelände einmal anzusehen. Fahrt durch den Märchenwald! Prächtige Jungs, diese Infanteristen. Die ganze Nacht nicht geschlafen und wieder auf Posten. Am Tage ist es ja auch halb so schlimm. Wir mußten oft Wegstrecken, vom Gegner einzusehen, durchlaufen. Vorne saß Dannenberg und schoß eifrig mit der [...] Batterie. Und der russische Kollege beobachtete auch mit Doppelglas. V. aß noch bei mir zu Mittag, je einen Teller Sauerkrautsuppe. (Das Stammessen!)

Dann habe ich gelesen, sehr viel dienstlich telefoniert. Owachtm. Ziegler las aus Tarnow vor (er muß erst in Übung kommen, sonst ist es kein Genuß), und dann weiter gelesen. Uriel Vesper, „Das harte Geschlecht" habe ich beendet. Ein wunderbarer Roman. Diese knorrigen Recken sind prächtig. Herrlich, stets mit Streitaxt zwischenzuhauen, bei geringfügigen Meinungsverschiedenheiten. Heute sagt man: „Vorausgesetzt, daß ich richtig unterrichtet bin!"

Um 9.00 h zu Bett gegangen. Vorher noch herrliches Abendessen: Bouillonsuppe und Kakao. Die Brotrationen sind um ein Drittel gekürzt, ebenso Fett, wegen des Nachschubs. Also muß man längen und strecken. Hubertus Wehn hatte vor zwei Tagen schon seine ganze Verpflegung verdrückt. Es wird erheblich kalt draußen.

Sonntag, den 11. Januar 1942

Es ist furchtbar kalt. Wie man mir meldet, um 7 h – 31° C. Das Holz ist ziemlich morsch und dabei nicht gut: Es hält keine Hitze. Nach all' den verschiedenen Dienstverrichtungen (Unterschriften, Telefonate, Anordnungen etc.) beginne ich Lagerlöf „Gösta Berling". Diesen bekanntesten Roman von Selma Lagerlöf kenne ich tatsächlich noch nicht. Der Lesehunger ist sehr groß. Ständig holt der Bibliothekar neue Bücher.

Gestern Abend war Preisskat. Wir spielen für das WHW, Ertrag 12,- Rm. Außerdem wird für jedes entliehene Buch 0,20 Rm genommen. So kommen ganz nette kleine Beträge zusammen. Es gibt Sauerkrautsuppe. Morgen lasse ich ein Pferd schlachten.

[An dieser Stelle findet sich folgender Eintrag, dick mit blauem Stift geschrieben:
„Hier folgen die Aufzeichnungen der kleinen Notizblätter. (Soenneken.)
(12. I. 42 – 17. II. 42)"
Es sind aber nur die – teilweise beschädigten – Blätter vom 15. II. – 17. II. 42 vorhanden. K.-M. D.]

Sonntag, den 15. Februar 1942

Nachdem Wülfing die [...]buchblätter mitgenommen hat, kann ich also wieder von vorne beginnen.

Es war ein wunderbares Wetter, Sonnenschein, so stark, daß der Schnee von den Dächern taute. Die Pelzmäntel werden abgelegt, die Russenmützen verschwinden, man geht ohne Dienstmantel, aber das ist alles sicherlich verfrüht. Aber ich bekomme Frühjahrsgedanken, ich habe keine Ruhe mehr wie in der dunklen Jahreszeit in der Bude. Ich versuche zu lesen: Es wird nichts. Einen Brief schreiben: Auch Pleite! Es ist das, was ich stets feststelle im Frühling: Diese Unrast, dieses Drängen und Treiben. Wie groß muß mein Hunger nach Licht gewesen sein, daß schon beim ersten Sonnenstrahl alles aufbricht! Ich telefoniere, gehe früh zu Bett. Der andere Grund für meine Unrast ist: Wenn jemand nach Deutschland fährt, wacht alles mit einem Schlage auf, was verschüttet bzw. sorgsam zugedeckt war, damit es nicht an die Oberfläche komme. Aber wie viel Kraft braucht man, um diese Sehnsucht und alle Gedanken an Deutschland wach zu halten!

Montag, den 16. Februar 1942

Gegen 8 h fahre ich zu Protzenstellung. [...] war nicht beim Schlitten, daher lasse ich ihn hinterher traben, bis er mich einholt. Die Stellung ist tadellos, auch Heu und Stroh ist noch da. Verschiedene Fragen besprochen: Verteidigung, Sperrfeuer, Verpflegung, Kanoniersersatz etc. pp. Herrliche Sonne. Die Schlitten aus der alten Feuerstellung sind angekommen, meine Kiste hat man offenbar beklaut: Seife, Kerzen, Bücher. Schweinerei, wenn so etwas in der eigenen Abteilung passiert, wie mag es dann aber erst in der Etappe aussehen!! Besprechung beim Batl. und bei der Abtlg. Zivilrussen machen Angaben über eine Bst im Kirchturm zu Polja. Das […], weil der Russe in die Nähe ihres Dorfes schießt. Eine Karte 1 : 50.000 erhalte ich vom Batl. zur Einsichtnahme. Wunderbar, das gibt für uns gute Schießgrundlagen.

Eine russischer Angriff ist abgewiesen worden, allerdings wurde der B 7 in Brand geschossen. Oblt. Toede leicht verwundet. Wir schießen Sperrfeuer. Die Nacht war sehr ruhig. Schöps lud mich zum Abendbrot zu Reibekuchen ein, weil sein Vater Geburtstag hatte. Herrlich.

Endlich hat man Rittmeister aus dem Walde bergen können. Er wird morgen nach hier gebracht werden.

Dienstag, den 17. Februar 1942

Früh wach geworden. In der Nacht haben wir Störungsfeuer geschossen, ich habe nichts gemerkt, ebenfalls nichts vom Feuer des Feindes. Alles was zu tun ist, habe ich gestern erledigt. Auch einen längeren Brief an Erika geschrieben, in dem ich alle Briefschulden abtrage. Der Div.Kdr. hat sich angesagt, ich muß die Fst auf Schwung bringen. Zwischendurch wird wieder geschossen, da der Russe unter Wodka-Einwirkung einen Angriff starten soll. Allerdings recht lendenlahm.

Die Verbindungen zum rechten Nachbarn (artilleristisch) ist hergestellt. Rittmeister wird herangeschafft. Ich nehme von meinen Burschen […] VB-Funker Abschied. Sein […] mir sehr schmerzlich, weil er stets solch lieber Kamerad und guter Soldat war, auf den man sich verlassen konnte. Dann bei Abtlg. Nichts Neues, Schöps fährt zur Protzenstellung, mittags haben wir bei schönster Sonne fotografiert. Olpke zurück.

Sonst nichts Neues. Früh zu Bett.

Mittwoch, den 18. Februar 1942

Eine Fahrt zur Protzenstellung. Immer etwas Schönes, weil der Weg mit dem Schlitten eine wunderbare Angelegenheit ist. Der Fahrer Jörn meldet sich bei mir, trägt meinen Pelz hinein, hilft mir hinein, und dann geht es los, meist Trab. In der Protzenstellung Stallbesichtigung, Material, Schreibstube und zum

Schluß ein Essen mit anschließender Tasse Bohnenkaffee. Dann werden alle Sorgen der Batterie besprochen: Die Lage, Versorgung, Hafer (immer das schmerzlichste Thema), personelle Fragen, Beförderungen, Auszeichnungen. Dann geht es zurück. Ein kurzer Besuch bei der Abtlg. […] bei dem Bataillon, innerdienstliche Arbeiten und abends, beim Batl. gab es Sekt, zwar kein besonderer Anlaß, nur daß es Sekt gab. Die Ereignisse für den morgigen Tag werden besprochen.

Donnerstag, den 19. Februar 1942

Das Hauptereignis war der Angriff des Batl. Trucke. Auftrag: Überraschung und Vernichtung eines Waldlagers bei Pkt. 137. Alles gelang lautlos. 2 Kp, 3 schwere Werfer, acht sMG, 13 lMgs., 1 V.B. der 3. Batterie. Russischen Posten dösen vor sich hin. Ohne jede Vorbereitung geht Oblt. Finke in das Lager. Daraufhin wüstes Feuer der Roten, Eigener Rückzug. Bei Finke muß es sich um eine momentane geistige Störung gehandelt haben. Er war stets sehr nervös.

Meine Kiste kommt. Es fehlen mir 100 Zigarren. Was sonst noch fehlt, ist im Augenblick nicht zu übersehen! Übel, diese Klauerei. Anhaltspunkte fehlen völlig.

Uffz. Martens hat die Posten nicht pünktlich aufziehen lassen und versuchte, sich herauszureden. Ich löse ihn als Geschützführer ab und bestrafe ihn mit 3 Tagen geschärften Arrest. Abends noch bei Abtlg.

Freitag, den 20. Februar 1942

Ich fahre mit dem Schlitten und Oberwachtm. Frank (zur Bewährung ins Regiment versetzt) zu B 3 und 5. Wir beziehen mit dem Scherenfernrohr eine neue Bst gegenüber den 3 Fichten. Von dort aus sieht man die russische Feldwache. Besuche in den einzelnen Bunkern. Bei mir tauchen auf Lt. Wulf und Barth. Später Briefe, Post. Lt. Barth hatte verschiedene dienstliche Angelegenheit zu klären und kam mit hoher Tourenzahl bei uns an. Wir behandelten ihn außerordentlich zuvorkommend und liebenswürdig, Tee und Zigarre und regelten alles, später, sehr nette Einigung, vor allen Dingen habe ich für die Batterie nette Sachen herausgeholt. (Draht und Funker).

Zu der Mittagszeit Richtübungen etc. Denn durch Erfrierungen etc. haben wir viele Ausfälle, gerade bei den Richtkanonieren.

Sonnabend, den 21. Februar 1942

Fahrt mit dem Schlitten nach Lebesk zur Erkundung einer neuen Bst. Bei Major Vogel und Lt. Weber zur Einweisung. Es ist heftiger Nebel. Ich erfahre nähere Einzelheiten über das Unternehmen. Nachmittags bin ich bei Abtlg. Major Joerges trifft ein und bringt, wie üblich, neue Nachrichten. Im übrigen: Ein ruhiger Sonnabend-Nachmittag.

Sonntag, den 22. Februar 1942

Dieser Tag steht ganz im Zeichen des Besuches des Adjutanten des Führers, Generalmajor Schmundt. Um 8.30 h ist er da, besucht das Batl. und fragt kurz, zeigt sich außerordentlich gut orientiert, und die Fahrt geht auf Schlitten weiter. In den vordersten Linien kriecht er umher und zählt tote Russen.

Ein herrliches Gefühl zu wissen, daß der Führer außerhalb es Dienstweges zu unterrichten ist, daß er sich um uns Eingeschlossene bekümmert! Er umgibt sich mit Männern, die genauso unerschrocken sind wie er selbst, denn er hätte ja auf dem Regiment Schluß machen können. Vermutlich ist die ganze Angelegenheit von Oberst Regler inszeniert, der ja persönliche Beziehungen zum Führer hat.

Hptm Rödiger und E. A. Wulf trinken bei mir Kaffee.

Fahrt zur Protzenstellung. Dort treffe ich Major v. Duisburg. Herrliches Wetter. Beim Batl. erfahre ich Einzelheiten zum General-Besuch. Bei Abtlg. EK-Verleihung an Uffz. Heydolph, Gefr. Saam, Gefr. Raabe. Ich erhalte das Sturmabzeichen verliehen. Antreten der Fst, Befehle. Dann gelesen, noch mal beim Batl. Vorbereitungen zum „Tag der Roten Armee".

Montag, den 23. Februar 1942

3.30 h Feuerüberfall aller Batterien auf die Waldlager nach genauem Feuerplan. Rege Lufttätigkeit, wir schieben das natürlich auf den gestrigen Besuch zurück. Es rauscht nur so, Bomben auf Mohrolizys Umgebung. Den ganzen Tag kreisen die Bomber, meist 6 zugleich, über den Hauptanmarschstraßen der Roten.

In der Nacht wurde das Batl. Scharff herausgezogen und nach Budjikowo in Marsch gesetzt, weil dort die 1.2.3. Division. nachgegeben hat und der Rote nachdrängt. Dadurch werden einige Orte unbesetzt: Kuschelowo, Linje, Weino. Nur ein kleines Kommando bleibt da mit dem Auftrag, die Kamine zu heizen und so ein besetztes Dorf vorzutäuschen. Die 3. Batt. muß daher auch aus Belj Süd und nach Tschernaja. Der Weg ist zwar freigeschaufelt, aber die Geschütze sacken ab. Hptm. Roediger beschimpft mich mächtig. Mit allen verfügbaren Leuten lasse ich mit anpacken. Es geht: Das Geschütz wird, ohne Protze, auf den Schneepflug gehoben. C-Funktrupp des Regiments trifft ein. Furchtbare Drückeberger, die ich an die Arbeit stelle.

Vom Korps trifft eine Mordsskizze unserer Lage ein. Die Wirklichkeit? Sie ist doch etwas anders. Abends lange mit Olpke unterhalten.

Dienstag, den 24. Februar 1942

Der Weg nach Tschernaja wird weitergeschaufelt, mit Olpke bei Abtlg. und dann eine Wechselstellung erkundet. Es kann ja sein, daß der Russe zwischen Mohrolizy und Djagolewo durchbricht und im Rücken unserer Bunker erscheint, Gegenangriffe von Südosten unternimmt und dann in einem Kessel uns erledigt. Dann müßten wir uns auf die Duisburglinie zurückziehen, und wir gingen seitlich der Straße in Stellung, zugleich auch für Panzerbeschuß. Belj würde dann Festung mit Pak gesichert etc. pp. Mein Gefechtsstand wäre dann die augenblickliche Abteilung.

Auf dem Batl. befinden sich Gefangene, die aussagen, daß sie das Fleisch ihrer Kameraden gefressen haben!!

Briefe geschrieben, Schneetreiben, Bomber über M!! Angriff des Russen auf Djagilewo ist abgeschmiert. Hptm. v. Hassel und Oblt. Buse bei mir zum Tee und Zigarren.

Mittwoch, den 25. Februar 1942

Briefschulden erledigt. Mit Hptm. Roettiger bei wunderbarem Wetter die neue Fst angesehen. Erkunden beim Batl. über Lage. Mit Battr. Offz. am Nachmittag nochmals zur Fst zur Einweisung. Mittags taut es regelmäßig, herrliche Sonne, rege Lufttätigkeit. Der Russe zieht seine Kräfte von hier, der Straße, ab und zieht sie um M. herum und setzt sie westlich an: Namnowo, Novaja Russa etc. Arbeitskommandos rollen von allen Seiten heran, wir stellen insgesamt 51!! Viele Telefonate etc. Um 23.30 h Angriff der Russen bei 6./7 und 4. Eine unruhige Nacht.

Donnerstag, den 26. Februar 1942

Von 2 – 4 h telefoniert. Der Russe wiederholte seine Angriffe.

Eine Ratsch-Bumm sollte in Stellung gebracht werden. Lt. Lahnstein gefallen!

Major Joerges sagt sich an, fährt an der neuen Bunkerlinie entlang und landet in der Protzenstellung. Herrliches Wetter, Riedel wird Leutnant, aber er erfährt es noch nicht!

In der Mittagsstunde wir eine Ratsch-Bumm vernichtet: Direkter Pakbeschuß wird überdeckt durch unser Feuer. Volltreffer. Major Joerges überreicht mir für die Bst eine große Schachtel Pralinen. Herrlich!

Ab heute Nichtraucher! Brief und Päckchen an Erika über R.V.I. Schrötter, der in einer besonderen Verwendung nach Deutschland fliegt. Aus dem Kessel heraus. Gelesen, früh zu Bett. Eine störungsfreie Nacht.

Versorgt werden wir aus der Luft mit V-Bomben, die an Fallschirmen herunterschweben. Der Kessel ist fertig!

Freitag, den 27. Februar 1942

6.30 h stellte sich der Feind zum Angriff gegenüber bei B 7 - 8 bereit. Ratsch-Bumm wurde in Stellung gebracht. Unter dem vereinigten Feuer der Batterie, der Granatwerfer und l.I.G. (Kommando Lt. Olpke) brach dieser Angriff zusammen.

Es ist sehr kalt. Sehr viel Lauferei, Kleinigkeiten. Unterschriften etc. Fahrt zur Protzenstellung. Pferd vor dem Schlitten macht schlapp. Nachmittags in neuer Fst, wo Wege freigeschaufelt werden. Bei Abtlg. und Batl. Schöps schießt 3. Batterie ein. Schreibstubenarbeit: Beurteilungen, Meldung etc.

Wir erhalten Munition. Oblt. (Dr.) Bell und Lt. Bausch erscheinen. Früh zu Bett. Festessen für Lt. Riedel.

Sonnabend, den 28. Februar 1942

Es ist recht kalt, aber klar. Ab 9 h Begehung der neuen Linie mit Regts.Kdr. und großem Gefolge. Nach Erreichung meiner Grenze fahre ich mit Schlitten zurück und auf Skiern eine Bst ausgesucht. Das herrlichste Wintersportwetter! Schimmernde Schneefelder, Pulverschnee, die Sonne wärmt. Ich laufe ohne Mantel: Das Schönste, was ich in diesem Winter in Rußland erlebte. Am Nachmittag zur Fst. Oblt. von Bremen sagt sich an, ich treffe ihn auf dem Wege. Major Joerges trifft ein und bringt neue Nachrichten mit, die darauf hinauslaufen, daß der Kessel immer enger wird und auf der Straße zwischen M. – Djagilewo bereits eine Lücke von 2 – 3 km ist. Und die Männer, die sie schließen sollten, haben sich rückwärts konzentriert. Sie nennen das: Der Gegner hat sich abgesetzt! Eine tolle Bande! Kein Verlaß. Mit Schöps gemütlich gegessen. Bummel durch die Fst. Früh zu Bett. Der Kessel wird eng und enger!

Sonntag, den 1. März 1942

In diesem Tage beglückwünschen wir uns: Jeder verstrichene Tag ist ein gewonnener. Ganzwäsche. 2 Läuse zur Strecke gebracht. Gemütlich Kaffee getrunken, mit Schöps geklönt. Die Nacht war völlig ruhig, höchstens russische Spähtrupps. Brief an Erika. Uffz. Schulz, Schlachtersohn aus Brüel, erscheint: Zur 4. Battr. versetzt. Das hat tadellos schnell gegangen.

Ruhiger Nachmittag. Vet. Schoepe trinkt Tee bei uns. Südwind. 18.15 h Furtwängler-Symphoniekonzert bei der Abtlg. gehört. Herrlich, und sogar die Anwesenden waren ruhig! Sogar Wulf!! Das Schönste war die Symphonische Dichtung von Richard Strauß „Don Juan". Herrlicher Klangkörper. Es ist gut, wenn einleitende Worte gesprochen werden.

Es ist auch schön, wenn man aus der Welt der Wirklichkeit untertauchen kann in diese herrliche, nicht minder wirkliche Welt! Abendbrot. Bis 22 h erzählt. Alarmierende Nachrichten. Russische Panzer in [...]ikuscha! Skibataillone vor Antonowo und Androweskoje. Spähtrupp bei Tobolka. Allerdings betragen die russischen Verluste bei M. 1280 Tote auf dem Schneefelde!

Montag, den 2. März 1942

Ein sehr ruhiger Nachmittag. Intermezzo mit C-Funktrupp, der sich systematisch zu drücken versucht. Bei Abtlg. mit Major Joerges gesprochen. Ebenfalls wegen Oberwachtm. Frank, der sich nicht entschließen kann, freiwillig auf Spähtrupp zu gehen: Schlechte Füße, schlechte Augen, schlechte Ausbildung: Mit einem Wort: Feigheit. Er wird zum Bataillon v. H. kommandiert und wird vom Bunker aus sämtliche Spähtrupps laufen und Posten stehen. Diese Rigakämpfer!

Bei Abtlg. erhalte ich 3 Paar Skier aus der Spende der Heimat. Von Hptm. Roediger leihweise Skistiefel. Reger Flugverkehr, fast alle 5 Minuten ein Flugzeug: V-Tross. Lauwarmes Wetter. Belj wird Festung! Kleinkram in der Batterie erledigt. Bereits um 20 h zu Bett. Kommt es daher, daß ich mir sonst um diese Zeit mit einer Zigarre die Müdigkeit vertreibe? Das fällt weg!

Dienstag, den 3. März 1942

Um 6 h aufgestanden. Mit Skiern unterwegs, über neue Bst zur Fst. Hoher Schnee, trotz Skiern bis zu den Knien eingesackt. Vorher Erkundung des Vorgeländes. Viele Wildwechsel. Es hat in der Nacht tüchtig geschneit.

2 Stoßtruppunternehmen sind unglücklich abgelaufen, da die Feldwache „3 Fichten" stärker als sie angenommen (ohne Spähtrupps!) besetzt war. Batterie zerschlägt Bereitstellung.

Ich bin von der Skifahrt furchtbar müde. Oberwachtm. Ziegler hat Geburtstag, ebenso Uffz. Meyer. Am Tagebuch geschrieben, bis hierher. Ersatz kommt. Hptm. Roediger und Lt. Wulf kommen aus M. zurück. 6. Batterie hat bisher drei Geschütze zerschossen. Abendbrot um 19 h. Unser Tank, in weißer Kellnerjacke, hat eine ganz besondere Überraschung: Zwiebelsuppe mit Klößen. Wir ernennen ihn dafür zum Obertank.

Ein Wachtm. (O.A.) Hunger, Königsberg (Pr) V.B. der 1./526 kommt. Ein prächtiger Kerl, 20 Jahre, wegen Tapferkeit zum Wachtm. befördert. Klares Auge, hübsches Gesicht. Wenn ich solch' prächtige Jungs sehe, erfaßt mich stets Sehnsucht nach der Jugend, und ich meine immer, ich hätte meine eigene Jugend nicht richtig erfaßt. Aber die Tatsache, daß ich noch Sehnsucht habe, nicht nur nach der Vergangenheit, sondern nach dem, was stets jung ist (und nicht in onkelhaftem Wohlwollen) ist für mich Beweis, daß ich selbst noch jung bin und mich fühle.

Beim Batl. erfahre ich nur noch, daß ein Ort bei Tobolka wiedererobert wurde unter starken Verlusten für die Roten. Auch sonst sieht man zuversichtlich, und das ist bei diesem Batl. eine große Seltenheit. Gegen 22 h zu Bett.

Mittwoch, den 4. März 1942

Gestern Abend spät kam noch Post: Päckchen von Erika mit Handschuhen, selbstgestrickt, wunderbar warm, und ein Brief von Hauptmann Bruns aus Marburg, z.Z. Heeresbekleidungsamt Frankfurt/Main. Sehr nett, daß er für mich Zeit hat.

Heute früh die üblichen Meldungen, Spähtrupp auf Waldlager vor 11/12. Als V.B. geht Schöps mit. Ich stehe um 6.30 h auf und mache mich sehr ruhig und gemütlich fertig. Tagebuch bis hierher und ein Brief an Erika.

Im Dorf wird ein neues MG 34/41 ausprobiert. Eine Schußfolge von 1400 Schuß. Man sieht nicht, daß der Patronengurt sich bewegt, man sieht nur, dass er mit einem Male leer ist. Für Flugzeuge fabelhaft, günstige Trefferzahl. „Die neuen und besseren Waffen für den Frühling."

Am Nachmittag gelesen und geschrieben, dann mit Hptm. Roediger zu neuer Fst, anschließend mit Oblt. Bell und Lt. Wulf Tee getrunken, lange geklönt, über die große und kleine Lage.

Man hat uns unsere eiserne Ration geklaut, insgesamt 130 Pfund Fleischkonserven. Wie soll man das wieder einsparen?

Dann gelesen. Schöps hatte insgesamt 11 Briefe erhalten. Wahnwitzige Arbeit, die alle zu lesen. Das Verhältnis hat sich zu meinen Ungunsten verändert. 376 zu 347 Briefen. Ich gehe um 21 h zu Bett.

Donnerstag, den 5. März 1942

6.30 h aufgestanden. C-Funktrupp geht auf Empfang für Aufklärungsflieger. Es ist sehr kalt gewesen in der Nacht, am Morgen strahlende Sonne. Der gestrige Spähtrupp erbrachte kein positives Ergebnis, höchstens, daß unsere Beteiligung zwecklos ist, da der Wald keine Beobachtung zuläßt. Schöps war 5 Std. durch den Schnee gestapft. Spezialfreund U:1, Frank, hat für die Dauer seiner Infanterietätigkeit auf seine Sterne verzichtet und steht Posten wie jeder andere und macht Spähtrupp mit als Spurer. Vielleicht wird er so noch etwas.

Mittags bei Abtlg. Die 6. Batterie soll aus dem Kessel von Molwotizy heraus, ich muß 4 Pferde stellen. Wie mag das im Frühjahr bei dem Vormarsch erst einmal sein! Können wir denn überhaupt mit unseren 65 Pferden noch vorwärts?

Am Nachmittag gelesen. Josef Pontens „Rheinisches Zwischenspiel" ist mir zu langweilig. Aber der eigentliche Grund ist wohl der, daß ich mir in der augenblicklichen Umgebung dieses herrliche Rheinland, das Ponten so anschaulich schildert, nicht vorstellen mag und will: Die Sehnsucht würde zu groß werden. Daher greife ich zu einem Tatsachenroman. Walter von Molo: „Schillerroman", der mir in den Anfängen bekannt ist und sehr gut gefällt. Kaffee mit Olpke und Riedel getrunken. Abends herrliche Klopse aus Pferdefleisch. 21 h wieder zu Bett.

*Hochzeit mit Erika Eggers am 17. 6. 1938 in Weitendorf/Poel
Mecklenburg, links und rechts die Mütter*

Als Student in Halle, 1932

*Mit Frau und Sohn Hans-Jürgen,
Frühjahr 1940*

Dienstalltag in Holland mit Hauptmann Hoeckner

Vor der Batterie mit Wachtmeister Dulisch, Holland 1940

Pferdeappell in Ostpreußen 1941

Überquerung der Lowat bei Cholm, Sommer 1941

Rast beim Vormarsch, Sommer 1941

Besprechung beim Regiment

Mit den Batterieoffizieren Schwarz und Staudinger

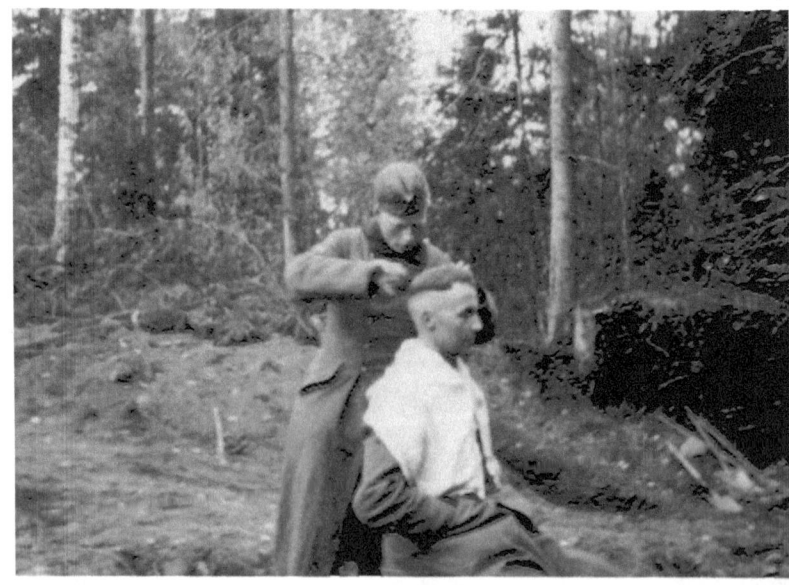

Beim Freiluftfriseur

Zubereitung einer Mahlzeit in einem russischen Dorf

Als vorgeschobener Beobachter

Stillleben auf dem Arbeitstisch im Bunker

Beisetzung von Leutnant Berlin am 16. 8. 1941

Grimmige Kälte, Winter 1942/43

Vor dem Bunker, Winter 1942/43

Es kommt Weihnachtspost, 1942

Der letzte Heimaturlaub August 1943

Brennende Stadt in Russland

Grabstätte auf dem Soldatenfriedhof Polozk/Weißrussland

*Der Bruder Friedrich („Friedel")
Wilhelm Doering
(8.11.1921 — 19.1.1944)*

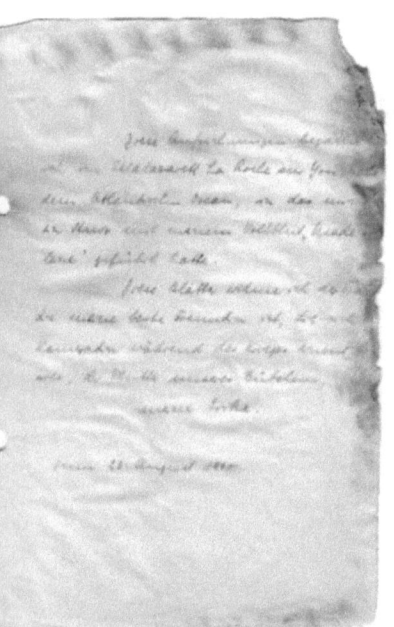
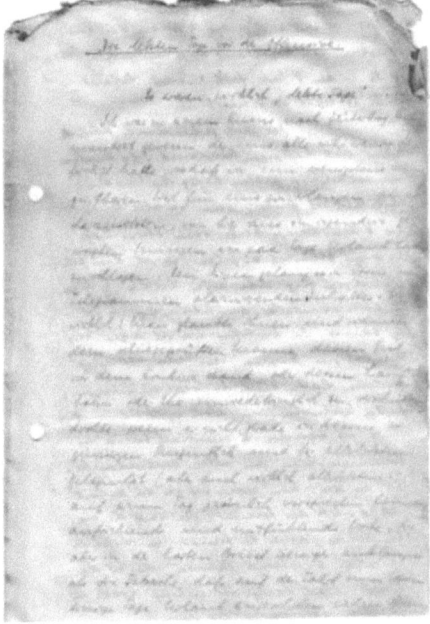

Tagebuchblätter

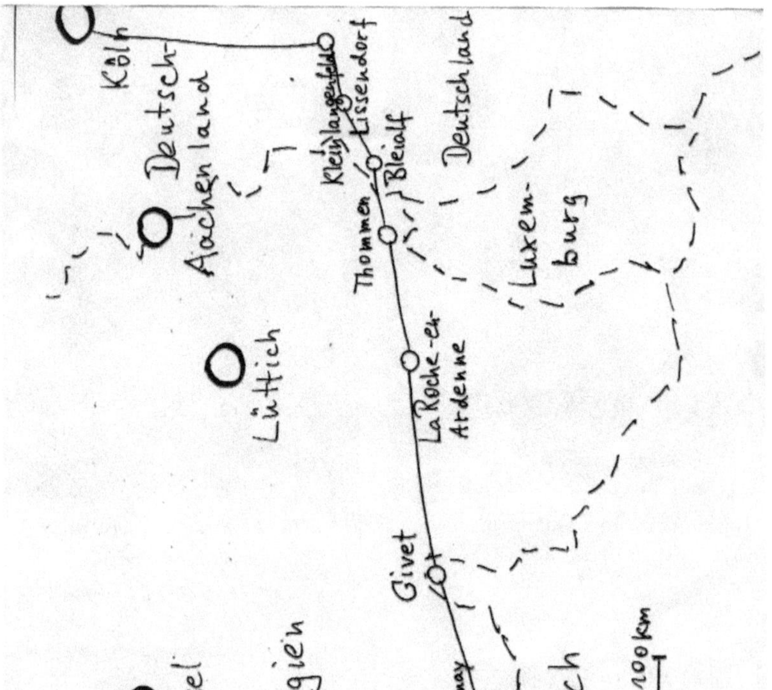
Köln
Deutsch-
land
Aachen
Lüttich
Brüssel
Belgien
Lille
La Bassées
Lens
Douai
Arras
Cambrai
Cateau
Trélon
Chimay
Givet
La Roche-en-
Ardenne
Thommen
Bleialf
Kleinlangenfeld
Lissendorf
Deutschland
Luxem-
burg
Frankreich
0
25
50
75
100 km

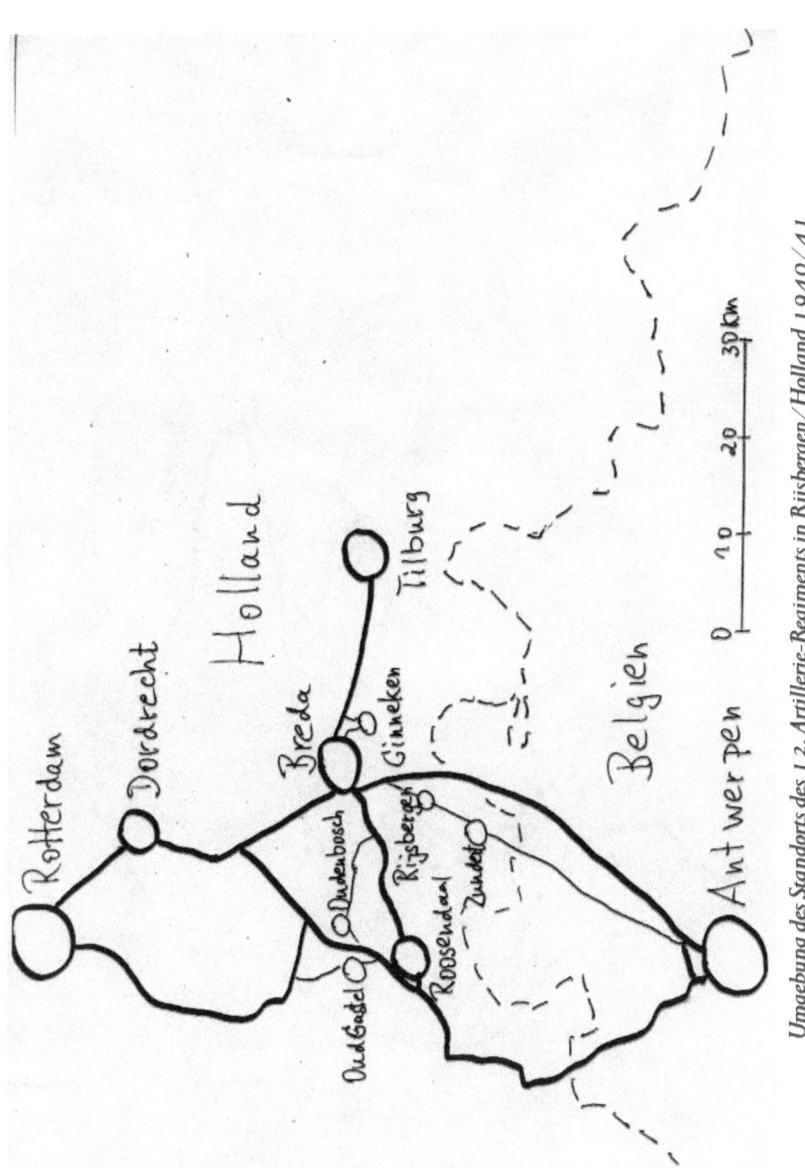

Umgebung des Standorts des 1.2. Artillerie-Regiments in Rijsbergen/Holland 1940/41

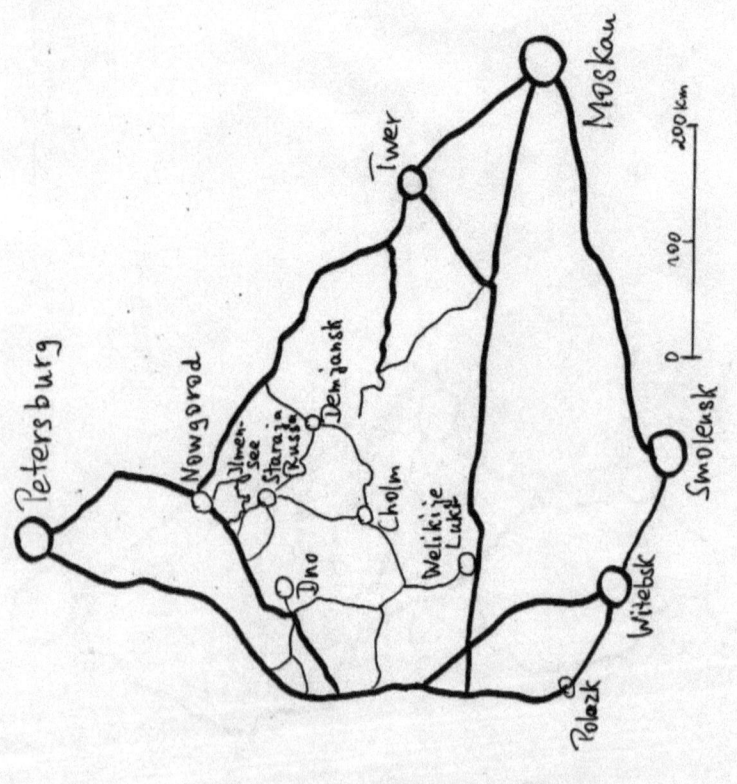

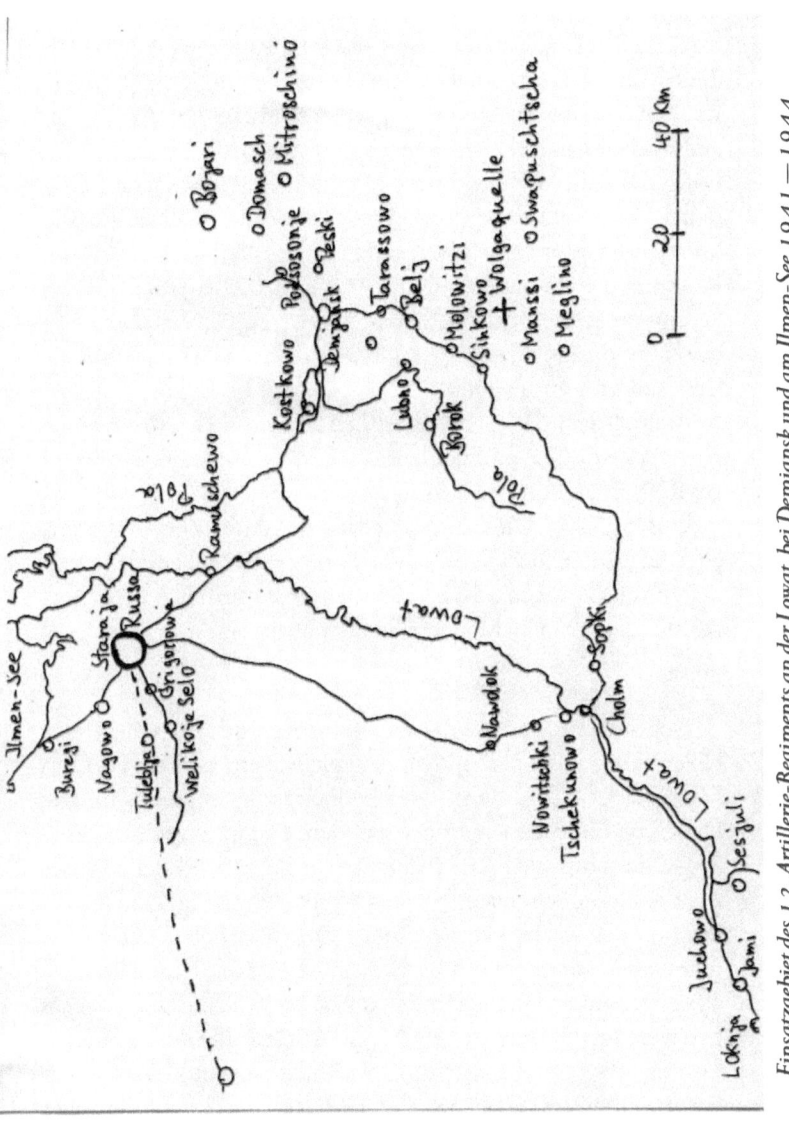

Einsatzgebiet des 1 2. Artillerie-Regiments an der Lowat, bei Demjansk und am Ilmen-See 1941 – 1944

Freitag, den 6. März 1942

Die Nacht war ruhig und sehr kalt, -36° C. Tagebuch geschrieben, die Briefschulden habe ich fast erledigt, allerdings auf dem Wege über Postkarten. Vormittags gelesen und um 11 h Abmarsch nach Penjkowo, wo wir OKan. Rittmeister auf dem Heldenfriedhof begraben haben, dort liegen bereits 75 Soldaten. Es war nur eine kurze Trauerfeier, die eigentliche Beisetzung war gestern, aber man hatte vergessen, uns zu benachrichtigen. Es war bitter kalt. Anwesend waren Freunde und die Nachrichtenstaffel. Dann Fußmarsch zurück über die Feuerstellung, die bald bezogen werden kann. Nach dem Mittagessen erschien Pfarrer Roethig, der immer nervöser, fast wunderlich wird. Es ist ein Jammer, rein menschlich. Er reist umher, sagt „Guten Tag", ist nervös und fährt wieder weg. Und so ganz ohne Vollmacht. Wie kann ich ihm nur helfen?

Abends dann Post: Friedel ist Leutnant und er schrieb einen entsprechend übermütigen Brief aus Velbert! Der Glückliche!! Bis 22 h noch Post beantwortet.

Unser „Sack" wird immer kompletter. Außerdem werden ja auch die Gerüchte nicht gerade weniger. Die näheren Einzelheiten über unseren „Sack" kann ich im Augenblick nicht aufzeichnen, aber anhand einer Karte ist alles klar.

Sonnabend, den 7. März 1942

Der Stellungswechsel rückt immer näher, und die neue Fst ist bezugsfertig. 7.30 h Besprechung mit Wachmeistern und Uffz. Molwolizy wird geräumt werden. Zeitpunkt unbestimmt. Die Duisburg-Linie wird bezogen werden. Stellungswechsel des 2. Zuges wird befohlen. 7.45 h Antreten gesamte Feuerstellung. Die Lage erläutere ich. Dann Fahrt zur Protzenstellung, wo alles für den Stellungswechsel vorbereitet ist. Quartiermacher sind bereits unterwegs. Auf Schreibstube Geheim- und Geh.Kommandosachen Sachen eingetragen und Vernichtungsverhandlung. Das hat geschafft. Fragen besprochen, Fahrt zurück, herrliches Wetter. Dann bei Batl. und nachmittags bei Abtlg. Dort großer Pulk von der III. Abteilung. Gefechts- und Verpflegungsstärken! Ein toller Kleinkram, der einem als Batterieführer anhaftet. Dann noch bei der neuen Bst. Man hat von dort aus einen wunderbaren Überblick, es ist mehr eine Abtlgs. – oder sogar Regiments-Bst. Es ist gar nicht kalt. Dann Fragen wegen der Umbesetzung, wohin kommt das Bst-Personal? Ein Bunker muß ganz neu gebaut werden, nur für B-Offz. etc. Platz zu bieten. Frage der Leitungen! Abends gibt es Knödel in Zwiebelsauce. Sehr lecker, aber schwer im Magen liegend. Bis 22 h schreibe ich Briefe, u.a. einen sehr deutlichen, werbenden Brief an Heinz Pöppelmeier, meinem besten Freund von früher, von dem ich innerlich, trotz aller entgegenstehenden Meinungen, nicht loskomme.

Sonntag, den 8. März 1942

Um 6.30 h aufgestanden. Morgenlesung, langsames Erwachen von Olpke und Riedel. Kaffeetrinken. Hptm. Roediger verabschiedet sich, er erzählt (Dienstliches nur ganz kurz streifend) von seiner Ahnenforschung. Ich habe selten einen so offenen und ehrlichen Menschen kennen gelernt, so ohne jedes Falsch und ohne Berechnung. Er wird es oft schwer haben. Gang durch die Fst, dann mit Uffz. Schmidt zur neuen Fst. Welche Koordinaten sind nun richtig? Uffz. Schmidt hat sehr genau gearbeitet. Am Nachmittag Einschießen des neuen linken Zuges auf Bachgrund und 3 Fichten. Wenn dann der rechte 1. Zug einfährt und die Stellung aufgegeben wird, liegt das Sperrfeuer auf der Straße und bei gefährdetsten Punkten. Schöps kann von der neuen Bst aus alles genau überwachen, besonders deutlich ist der Einschnitt der Straße bei Bunker 9, T.P. 135,1 zu beobachten.

Pellkartoffeln mit Zwiebelsauce. Ich erhalte unheimlich viel Post, etwa 6 Briefe allein von Erika. Abends erfahre ich beim Batl., daß der Rückzug geplant ist. Molwolizy brennt. Das wird der Russe zum Anlaß nehmen, sofort nachzustoßen. Wenn er Schneid und Panzer hat, stößt er durch, wird allerdings bei uns übel auflaufen.

Montag, den 9. März 1942

Die Nacht verlief wider Erwarten völlig ruhig, also hat der Russe seine Chance doch nicht erkannt. Batl. v. Oertzen hält Lechowo, der Russe allerdings drängt heftig nach (Arbeiter-Batl.) Wir schießen nach Lechowo. Im Laufe des Tages sollen die einzelnen Bunker verlassen werden. Wir schießen Störungsfeuer nach Lechowo mit sichtbarer Wirkung. Wir bereiten Stellungswechsel vor. Mit Schöps begehe ich die neue HKL längs der Straße und treffe Oberstlt. Stuppi, Regimentskommandeur, der sich berichten läßt. Die Straße ist vermint, gegen Panzer sicher, viele Pak aufgefahren und tadellos getarnt. Die Ablösung vollzieht sich reibungslos. Die Bunker sind alle vermint und warten auf die Russen, die die Tür öffnen werden. Um 15.30 h zieht das erste Geschütz aus der Stellung, in der Dämmerung das zweite. Es klappt alles. 90 Schuß Munition empfange ich von der 123. I.D., die Morgenluft wittert. Viele Anrufe, Anfragen etc. Kleinkram, der aber alle bei mir landet. Zugleich Einzug der Protzenstellung, der Feldküche, der eigenen Behausung. In solch' einer Lage zeigt sich, ob ein Laden eingespielt ist oder nicht. Mittagessen bereits in dem neuen Haus, Tank sorgt sogar für Kaffee, und abends gibt es sogar Bratkartoffel und Pferdekoteletten. Früh zu Bett, da die Nacht u.U. unruhig wird.

Dienstag, den 10. März 1942

Auch diese Nacht war ruhig, wahrscheinlich ruhiger sogar. Heute ist Geländebegehung längs der Straße. In der Nacht war Lt. Schöps V.B. in „Feldwache 2". An der HKL wird lebhaft gebaut. Verbindungsgräben gezogen etc. Hier werden wir bei der Schneeschmelze eines Tages völlig ungeschützt im Gelände stehen. Horchposten etc. abgegangen. Plötzlich entdecken wir ein Batl. Russen auf der Straße bei B 5, welcher brennt. Eine Ratsch-Bumm fährt auf. Wir bekämpfen Geschütz und die Russen gehen zurück. Also wissen wir, wo wir den Iwan zu suchen haben. Längs der HKL Kornewo, Lunewo, Tschernaja tastet er wohl vor. Lt. Olpke bleibt gleich auf der Feldwache 2. Nach dem Mittagessen: Schöps zum Bunker auf Bst, dann zu den beiden rechten Bst (Lt. Pochhammer, Lt. Moldenhauer) bis zur Bst Birke. Vom Russen nichts zu sehen. Es ist ein ganz feuchter Schnee, fast Plackschnee. Abends Briefe erledigt, um 22 h zu Bett.

Mittwoch, den 11. März 1942

Um 4 h Wecken. Meldung von Kp. Lüdemann, daß der Russe sich bereitstellt. Einschießen durch Lt. Riedel. Lt. Olpke schießt auf B III, 250 m weiter rechts. Um 5 h stehe ich auf. Morgenlesung, Wäsche, Kaffeetrinken, endlose Telefonate. Hilferufe von der Infanterie wegen Sperrfeuer etc. Wo sollen wir aber bloß die Munition hernehmen, wenn wir ständig schießen sollen? 2 Kp. Russen beziehen Bereitstellung. Man kommt mit 2 V.B. kaum noch aus. Riedel schießt. Unser Dorf liegt unter Beschuß (Ratsch-Bumm), Volltreffer in Vermittlung, unser Schornstein wird abgeschossen. Daraufhin beziehen wir den Bunker und bauen ihn zu Ende. Alle Leitungen zerschossen! Major Joerges und Hptm. Hoeckner (frisch aus Deutschland zurück) besuchen mich. Erheblicher Beschuß, auch Artillerie. Hilferufe von allen Seiten: Kuschelewo, Straße, Abschnitt rechts, Pleite mit Funkern, die nicht zur richtigen Stelle fanden. Am Nachmittage gehe ich zum rechten Abschnitt zum Einschießen vor Kp. Lüdemann und Moldenhauer.

Tagesbefehl des Führers an uns hier im Sack.

Gegen 20 h zurück, bei Kp. Lüdemann (Leitung dorthin und Karte). Gegessen, Dienstsachen erledigt. Telefonate. Um 22.30 h zu Bett.

Donnerstag, den 12. März 1942

Die Nacht war ruhig, nur einzelne Gewehrfeuer. Der Russe macht Feuer in der Scheune! Ab 4 h Alarm, da Iwan sich nach links schiebt, anscheinend um Granatwerfer in Stellung zu bringen. Telefonate, Störungsfeuer, Morgenlesung. Tagebuch bis hierher. Vielleicht kann ich einige Briefe schreiben, obwohl wir ständig auf den russischen Angriff rechnen, der sich jetzt unser Dorf vornimmt als Schlüsselstellung. Einige Häuser sind bereits in Brand geschossen. Gestern in der Batterie Kan. Wolter leicht verwundet.

Am Bunker Bst wird eifrig gearbeitet. In der Mittagszeit ebbt das Feuer etwas ab, sodaß am Nachmittag ein Schießen mit Panzergranate 89 rot stattfindet. Olpke vertritt mich, sodaß ich mal nach der Bst und Fst gehen kann. Ich beabsichtige, Riedel abzulösen, damit er sich einmal waschen etc. kann. Mit Olpke bespreche ich manche Fragen über Organisation etc. Ich spüre doch, daß die vielen Telefonate etc. sehr anstrengen. Lege mich, ziemlich erschöpft, um 20 h hin. Wer weiß, wann es losgeht! Brief an Erika geschrieben.

Freitag, den 13. März 1942

Um 6 h wachgeworden. Die Nacht war verhältnismäßig ruhig, ich muß eine Umbesetzung der Bst. vornehmen. Olpke kommt nach Sebesk (Schießender für 3. und 4. Batterie), Schöps, eben von Bst zurückgekehrt, muß wieder zurück. Gestern ist Linje vom Russen erobert worden, trotz zähester Gegenwehr. Und nun geht es munter los: Hilferufe der Infanterie, Anfragen bei Abtlg., Munitionssorgen, Verpflegung, Feuerzusammenfassung, Artilleriebeschuß (etwa 60 ins Dorf, ungezählte, mindestens 100 Ratsch-Bumm-Geschosse, Granatwerfer). Dann Angriff längs der Straße, in der rechten Flanke. Keil zwischen B I und Feldwache 2. Schöps ist abgeschnitten, keine Munition. Ich laufe zur Bst, um die Besatzung eventuell herauszuschießen. Aber Schöps ist kriechend zurückgekommen. Große Freude. Dann schießt er weiter. Was geschah später? Der Russe kriecht bis an die Straße zum s.MG-Stand und erscheint mit 26 Mann. Alarm, weil der MG-Stand nur mit einem Mann besetzt ist. Im Gegenstoß wurde diese Stellung zurückerobert. 25 tote Russen!!! Aber der Bunker 1 ist von den Russen genommen, und so beherrscht er die ganze Gegend mit diesem Bunker. Anschließend werden die Sperrfeuer erschossen. Wir ziehen in den Bunker. Oben ist es einfach zu gefährlich. Ständig die Explosiv-Gewehrgarben, dieses Bellen (als schlüge man mit der Rückseite eines Beiles an trockenes Kiefernholz) und dann die unangenehmen Ratsch-Bumm, die die Hauswände durchschlagen und in Brand stecken. Der [...] brennt im Bunker, wir schaffen die Sachen herunter, lassen einige überflüssige Koffer verschwinden (Fst) und dann Bratkartoffeln. Einige schriftliche Arbeiten für die Batterie und dann Tagebuch bis hierher.

Das war der anstrengendste Tag im militärischen Verschuß. 100 Schuß, aber für wie viele Stellungen, viele Einzelobjekte: Störungs- und Vernichtungsfeuer, Geschützbekämpfung etc. pp. Und die endlosen Telefonate. Wenn man heil herauskommt, ist es ja recht interessant. Aber einen meiner Obergefreiten, Riechhoff, hat es erwischt! Granatsplitter in Luftröhre und Schlagader. Fabelhaft, wie tapfer er sich hielt! Da er zur Bewährung auf Bst eingeteilt war, kann ich das jetzt voll und ganz bejahen. Gegen Abend wird es ruhiger. Ganz unwahrscheinlich! Ein ruhiges Gefühl ist es, im Bunker zu wohnen. Wenn auch nicht 100%ige Sicherheit, so doch das Bewußtsein, splitterfrei zu wohnen, natürlich nicht sicher gegen Volltreffer. Aber das Haus wollen wir abreißen und die Balken wild schichten und ein zerschossenes Haus markieren.

Herr Gott, ich danke Dir, daß ich noch lebe und heil und gesund bin. Das ist mir gar nicht selbstverständlich!

Das Schlimmste, wenn ich an meinen möglichen Soldatentod denke, ist nicht der Tod als Schrecken, sondern der Gedanke an das Leid meiner liebsten Menschen. Das macht mir den Gedanken an ein mögliches Abschiednehmenmüssen so sehr schwer. Ich hänge ja auch so an meinem Leben. Aber der Gedanke, daß Erika leiden würde, ist mir so schmerzlich und macht mir Sorge. Und sonst? Ich kann sagen, daß ich mich bemüht habe, Gottes Kind zu werden, aber habe oft gefehlt, habe sehr viel versäumt und rechne daher nur darauf, daß Gott mir das alles vergibt und wie ein Vater mich versteht. Ich habe ja meinen Herrn Jesus Christus nicht wegen meines Berufes, sondern weil mein Leben ohne Christus leer sein würde. Herr Gott, hilf mir, laß mich glaubensfroh sein. Ich hoffe auf Dich!

Um 21.30 h zu Bett.

Sonnabend, den 14. März 1942

Die Nacht war unwahrscheinlich ruhig, auch was Telefonate anging. Allmählich sieht man den gestrigen Tag als Ganzes: Der russische Angriff von etwa 1000 Mann hat 400 gezählte Tote gekostet! „... unter hohen blutigen Verlusten für den Feind."

Um 5 h bittet mich Kp. Chef Oblt. Lüdemann zu sich. Bekämpfung einer Feindansammlung. Ich gehe heraus zu Stabsfeldwebel Lübbert und erschieße Sperrfeuer. Nach Ansicht der Infanteristen lag es blendend, denn: „es hat laut geknallt." Grimmig kalt. Dann zu Feldwache II, wo ich Schöps antreffe.

Der Blick aus der Stellung war insofern interessant, als man dem Gegner von hinten in die Karten sieht. Man müßte, wäre es nicht zu kalt, eine Skizze anfertigen.

Zur neuen Haupt-Bst. Es ist noch längst nicht so, wie ich es gern hätte. Also bestelle ich die Leute auf den folgenden Abend. Sie sollen arbeiten, bis alles fertig ist. Und man kann nur in der Dunkelheit arbeiten, eine wunderbare Sicht dort oben.

Der Russe greift mit starken Kräften von Süden und Osten an. Der Angriff, der übrigens nicht forsch vorgetragen wurde, bricht im zusammengefaßten Feuer von vier Batterien zusammen. Ungeheure Verluste der Russen. Volltreffer in Scheune. Die Infanterie braucht kaum einzugreifen! Schwierigkeiten wegen der Leitungen, die in der Nacht umgebaut worden sind. Tagsüber geht es nicht. Ich sitze im Bunker und lese und bin ziemlich müde vom gestrigen Tag. Abends Bratkartoffeln mit Uffz. Schulze. Dann Tagebuch und Brief an Erika. Es ist Sonnabend. Ob es ein festlicher Sonntag wird? Oder ob der Russe bei uns angreift? Anscheinend fährt er ein Geschütz in Stellung, denn man hört auf dem Schlittenwege Traktorengeräusche. Wir schießen einige Schuß Störungsfeuer, weil auch im Wald dort Lärm ist. Um 21.30 h zu Bett. Hoffentlich lassen die Telefonate (4 an der Zahl) mir Ruhe.

Den ganzen Tag fiel kein einziger Schuß nach Belj hinein. Ganz unwahrscheinliche Stille!!

Sonntag, den 15. März 1942

Erst um 8 h aufgestanden, dann allerdings sehr rasch. Russische Artillerie schießt in den Ort. Überall brennt es. Und zwar sind es meist Ratsch-Bumm, die uns zu schaffen machen. Meist aber schwere Artillerie von weither. Die Leitungen sind unterbrochen. Sofort gehen Störungssucher los und flicken: Ein ganz übles Geschäft. Ich gehe los, um evtl. einspringen zu können. Denn überall ist unsere Hilfe notwendig. Schöps bekämpft ein Geschütz, das offenbar aufgefahren ist. Riedel ebenfalls. Von der Haupt-Bst tue ich das gleiche: Ratsch-Bumm am Waldrande aufgefahren. Anschließend erscheint Major Joerges. Leider gerade schwere Artillerie auf unsere Bst. Er rennt ziemlich schnell weg. Was soll er auch hier? Wir sind hier eingesetzt und haben unsere Stelle zu halten. Kp. Chef Lüdemann verwundet, Nachfolger Lt. Tolle ebenfalls, die Kp. übernimmt Lt. Pochhammer. Es ist immer das Gleiche: Die Kp. rufen nach der Artillerie und melden anscheinend große Angriffe und von dort aus wird das Art.Rgt. angerufen, warum wir nicht schießen. Ich gebe nur nüchterne Meldungen und stehe oft da wie ein Trottel, der nichts bemerkt. Deswegen erschien Major Joerges, um die Sache nachzuprüfen. Ich hatte gemeldet: Russische Artillerie aller Kaliber beschießt den Ort, infanteristisch alles ruhig. Die Kp. meldeten: Große Angriffe der Russen. Was ist richtig? Major Joerge stellte fest, daß tatsächlich der ganze Ort brannte, daß aber kein Gewehrschuß fiel. Das war meine Rechtfertigung. Meine V.B's beobachteten also richtig und sind alle Drei sehr passioniert. Mittags noch einmal großer Feuerüberfall auf das Dorf. Unser Haus ist nicht wiederzuerkennen! Ich gehe los zum linken Zug, um mir das Gelände anzusehen. Das Vorfeld voll von toten Russen! Kein Angriff. Der Russe hat einen unserer Bunker umgelegt, der mit allem Wertvollen brennt. Dann noch bei Schöps, der gerade einen russischen Angriff abgewehrt hat. Auf unser Konto kommen heute: 5 russische Geschütze zum Schweigen gebracht. Eine nette Summe. Im Bunker treffe ich Friedels Freund Karl-Heinz Sauer aus Velbert. Ein kräftiger, gut aussehender Kerl, der Infanterist ist. Dann Abendbrot. Die Leitungen werden umgebaut. In meinem Bst-Haus wohnt Hptm. v. Oertzen-Rittendorf vorübergehend. Es wird einige Tage dauern. Solange bleibe ich im Bunker wohnen. Karte an Erika, dienstliche Sachen, Tagebuch bis hierher.

Ich bin froh und dankbar über jeden Tag, den ich erlebe und hinter mich gebracht habe. Was kann man anders tun, als Aushalten und Kämpfen. Und heute ist der Russe schon wieder abgeschmiert an vielen Teilen der Front. Aber wie unmittelbar ruft man zu Gott, wie oft ein Stoßgebet und dann der kurze Dank: Herr Gott, ich danke dir für die gnädige Bewahrung an diesem Tage. Bleibe bei mir in der Nacht. Ich baue auf dich allein und nicht auf die festen Wände des Bunkers.

Montag, den 16. März 1942

Eine unwahrscheinlich ruhige Nacht. Lediglich die 9. Batterie hat die ganze Nacht geschossen, in einem Wäldchen war eine feindliche Bereitstellung. Nach Gefangenenaussagen zwei ganze Bataillone, 600 Mann. Ein Spähtrupp stieß vor und stellte fest: 66 Tote (dabei hatten die Roten die ganze Nacht hindurch Tote fortgeschleppt). 7 l MG, 6 MP., viele Gewehre und Ausrüstungsgegenstände, ein schwerer Granatwerfer. Man schätzt den Gesamtverlust auf 200 Tote, ohne die Verwundeten. In gleicher Zeit griff bei Oslejedy eine Elitetruppe an, vier Jahre Ausbildung: Gezählt wurden 140 Tote vor unseren Linien. Diese Ausfälle müssen sich doch bemerkbar machen.

Am Vormittag erschien Hauptmann Roediger und Lt. Barth. Sorgen wegen Kabel, das oft zerschossen ist, auf 150 m 20 mal. Mir werden Kabel und Munition zugesagt. Brief an Erika, Fotos vom zerschossenen Haus angefertigt, gelesen, verschiedene Fragen der Organisation, nachmittags auf Bst. Die Stellung, die ich beschossen habe, ist aufgefrischt, aber ohne Geschütz! Durchs Scherenfernrohr hat man eine wunderbare Sicht, ohne selbst gesehen zu werden. Hptm. v. Oertzen ist noch immer da, es wird wohl noch dauern, bis er umziehen kann. Dann zurück in den Bunker. Ständig brennt die Petroleumlampe, wir erleben weder Tag noch Nacht. Aber das ist alles besser zu ertragen als Beschuß durch schwere Artillerie. Heute nur 6 Schuß. An der Front tiefste Ruhe. Von weitem, aus Richtung Staraja Russa und Cholm, hört man regelmäßiges Grummeln wie von einem Bombardement.

Ob das unsere Befreier sind? Man wagt es kaum noch zu hoffen. Um 22 h zu Bett.

Dienstag, den 17. März 1942

Um 8 h aufgestanden, es ist schön warm im Bunker, herrlich geschlafen, fast ohne jedes Telefonat. An der Front alles ruhig.

Unser Dorf ist nicht wiederzuerkennen. Die Hälfte der Häuser zerschossen und ausgebrannt, Zivilisten getötet, der Schnee ist weithin schwarz von Einschlägen. Aber hier soll der Russe nur anrennen, hier holt er sich blutige Köpfe. Es ist herrlichster Sonnenschein, nur der Wind ist empfindlich kalt.

Ich habe mit Hptm. Hoeckner ein Treffen in der Protzenstellung verabredet, um laufende Fragen zu besprechen. Ich gehe zu Fuß zur Fst, wo ich in den letzten Tagen nicht gewesen bin. Es ist sehr tüchtig gearbeitet worden, jedenfalls ein Unterschied zu dem Bilde, als Wachtm. Weniger und ich das ganze einmal planten. Damals tiefer Schnee und jetzt doch überall Fußsteige. In der warmen Frühlingssonne ein munteres Leben: Holzhacken, Tarnen der Fst, Ausbau der Bunker. Dann kommt ein schwerer Schlitten, holt die Kisten und mich und Brinkmann ab und wir fahren im sanften Schritt über Penjkowo nach Ikandowo. Der Weg ist sehr schmal, die beiden Pferde drängen immer gegeneinander: Mein Fahrer Gen sagt: „Sie machen sich das Leben unnötig schwer." In der Protzenstellung gutes Mittagessen und herrlicher Bohnenkaffee. Gang durch die Ställe. Stabsarzt, der stets zur unpassenden Zeit kommt, erzählt, Hoeckner berichtet von Frankreich. Mit einem kleinen Traber zurück. Herrliche Farben: Dunkelblau, roter Westhimmel. Und dann wieder in den Bunker, wo es herrliche Bratkartoffeln gibt. Gegen 21 h zu Bett.

Am Morgen ein eigenartiges Schauspiel um die Sonne: 2 sich senkrecht schneidende Lichtkreise. Regen- oder Sonnen- oder Schneebogen?

Eigenartige Weltanschauung muß das ergeben, wenn man ständig aus der lichten Sonnenwelt durch eine Klappe in den Keller steigt, wo nur ein dunkles Petroleumlicht brennt. Und da das Fenster kaputt ist, ist es ständig mit einem Sack verhängt. Auf die Dauer muß das ja gelbe Gesichter geben.

Postempfang.

Mittwoch, den 18. März 1942

Wunderbar ruhig geschlafen. Ausgiebig Kaffee getrunken, es gab Röstbrot und guten Bohnenkaffee. Dann wollte ich ja eigentlich Briefe schreiben, aber die Sonne war zu schön. Und so bin ich spazieren gegangen! Warme Sonne, ein richtiger erster Frühlingstag. Am Scherenfernrohr konnte ich ohne Mantel stehen. Auf der Feindseite war kaum etwas zu sehen. Der Ofen wird wieder umgebaut. Ich besuche das Batl. v. Oertzen, da muß sich unser SchneeKdo dumm benommen haben, denn schon setzt der Russe schwere Brocken auf unsere Bst, der Richtung nach gut, aber zu weit. Vielleicht vermutet er dort auf der gegenüberliegenden Höhe eine Bst? Dann soll er dort, womöglich aber noch weiter, seine Sachen abladen. Mittagessen im Bunker (Reis mit Fleisch). Am Nachmittag den Bunker eingeräumt. Der Umgehungs- und Versorgungsweg ist geschaufelt. Nun kann eigentlich kein Verdacht aufkommen, wenn die letzten Schneewälle aufgerichtet sind. Abends kommt „Kalle" Saam aus Velbert zum Abendbrot. Wir packen alte Erinnerungen aus. Dann dienstliche Sachen erledigt. EK-Vorschläge, Telefonate, eine Wäschetasche brennt. Um 22.30 h zu Bett. Tagebuch bis hierher.

Ein derartiger Frühjahrstag, wenn auch hoher Schnee liegt, ist wunderbar. Gleich ist der Mut höhergestimmt.

Donnerstag, den 19. März 1942

Der Morgen wie üblich. Major Joerges kündet seinen Besuch an und erscheint mit Gerullis und Bausch. Sehr viel telefoniert. Als die 3 weggingen, streut der Russe mit schweren Brocken durch. Der Adjutant lag sehr schnell flach. Ein wüstes Artilleriefeuer auf Tschernaja. Ich vermute, daß Batl. von Hassel sich nach einer anderen Behausung umsehen wird. Es ist doch eigenartig, wie stur man wird. Ist das Geschieße etwas entfernt, tut man so, als ginge das uns nichts mehr an. Und dabei erleben die doch das Gleiche, wenn nicht noch schlimmer, als wir am Sonntag. Der Soldat lebt doch aus der Hand in den Mund! Mal so, mal so! Verschiedentliches Geschieße über unserer Bst, aber immer noch gutgegangen.

Mein Bursche macht sich tadellos. Er hat Freude am Kochen und beteiligt sich auch an den Genüssen. So bekommen wir, solange der Vorrat reicht, Bohnenkaffee, zum Abend Bratkartoffeln und Koteletten. Dafür wird dann ein anderes Mal gespart. Ich schreibe und lese im Schillerroman.

Unsere Jungs, die bei der Infanterie eingesetzt sind, werden verwundet, bisher 3. Steffen, Krüger, Schlurith (schwer). Um 22 h zu Bett. Oben, wenn auch sehr eng, schläft es sich sehr schön warm und ruhig.

Heute begann die Beobachtung während des ganzen Tages. Es werden so viele kleine Einzelbeobachtungen gesammelt, die sich zu einem größeren Bild verdichten.

Freitag, den 20. März 1942

Um 7 h aufgestanden. Die Sonne scheint wunderbar in den Raum. Herrliches Frühstück mit Bohnenkaffee und Röstbrot. Ich schreibe, telefoniere und spüre, daß sich der Verdacht der Beobachter gegen einen bestimmten Punkt im Gelände steigert. Um 11 h feuert dieses bisher nicht klar erkannte Etwas. Daraufhin beschieße ich das Geschütz. Deutlich erkannt: 3 Munitionsstapel getroffen. Balken der Tarnung fliegen weg, viele Baumkrepierer. Das Geschütz feuert nicht mehr. Großangriff auf Lunewo. Der Batl.Stab von Hassel kommt aus dem Umziehen nicht mehr heraus. Russen sind bei Grothefendt eingebrochen, deren Posten offensichtlich geschlafen haben müssen. Im Gegenstoß wird diese Sache von Kp. Moldenhauer beseitigt. Das Batl. wußte noch nichts davon!

Fübs von 4 Batterien dorthin, denn wir haben genügend Munition erhalten. Woher??? Also machen wir eine kleine Reserve. Am Mittag besuchen mich Stabsarzt, Adjutant und Veterinär. Wir trinken Tee und erzählen uns. Die Beobachtung ergibt, daß das Geschütz verlassen ist. Herrlicher Sonnentag. Spät abends kommt noch Post, 2 Briefe von Erika und ein Brief von Mutter Eggers. Um 22 h zu Bett.

Sonnabend, den 21. März 1942

Frühlingsanfang mit -30° C. Aber was macht das. Der scharfe Wind dreht langsam nach Süden und wird sanfter. Ich löse Schöps ab, damit er sich einmal gründlich waschen kann. Ich gehe zur Feldwache II, gehe dann die Stallungen ab, beobachte etwa 2 Stunden, aber ohne Ergebnis. Die Gegend ist wie ausgestorben. Zwei Russen tragen Balken nach vorn, vermutlich für einen Geschützstand. Am Nachmittag lese ich sämtliche vorhandenen Zeitungen und unterhalte mich lange mit Karl-Heinz

Saam über Verhältnisse in unserer Vaterstadt. Er ist der Typ des gleichmütigen Velberters, ohne viel Schwung, sich in die günstige gegebene Lage hineinzufinden. Ich staune nur, daß ich so sehr viele Namen noch kenne. Denn zum letzten Male war ich doch 1929 in Velbert, dann nur noch im Urlaub und in den Ferien. Gegen Dämmerung schlafe ich ein, obwohl ich weiß, da der Bunker stramm voll Läuse sitzt. Ich gehe in der Dunkelheit nach Hause und finde riesige Stapel Post vor, alles Briefe aus der Zeit von Weihnachten bis Neujahr. So erfahre ich jetzt, kurz vor Ostern, wie Bübchen sein Weihnachtsfest erlebt hat. Ich habe Kopfschmerzen und lege mich früh schlafen. Es war Ruhe wie an friedlichen Wochenenden.

Sonntag, den 22. März 1942

Um 6 h aufgestanden. Es ist herrlicher Sonnenschein und ich beschließe, einen größeren Spaziergang zu unternehmen. Auf meinem Versorgungsweg zurück zur Fst, spreche kurz die Mannschaften, berichte von heftigen Angriffen der Russen auf Lunewo – Kornewo, der in unserem zusammengefaßten Feuer zusammengebrochen ist und spreche die Anerkennung des I.R.-Kdrs aus. Das russische Artilleriefeuer auf Tschernaja war heftig und dauerte den ganzen Tag über.

In der Nacht übrigens wurde eine neue Abtlg. unter Hptm. Hoeckner aufgestellt, jede Batterie gibt 1 Geschütz ab, einschließlich Bedienung und Pferde. Es sind nämlich 2 Brigaden gegen den Westrand unseres Kessels im Anmarsch und diese gilt es abzuwehren. Unsere Verluste steigen auf 8, es waren Kanoniere, als Infanteristen eingesetzt.

Es ist ein wunderbarer Weg, ich gucke in fast jeden Bunker hinein, Lt. Knorre, Führer des s.I.G. Zuges, dann bei Riedel, dann bei Hornung, dann Moldenhauer (dort sogar gab es Hennessy!). Im dortigen Abschnitt versuchte ich eine Ratsch-Bumm auszumachen, aber ohne Erfolg. Mich packt oft das Jagdfieber oder eine Freude am Beobachten, auf der Lauer liegen. Denn die Abschußzahlen unserer Geschütze könnten ja noch erhöht werden. Wärmende Sonne, dampfender Gasboden an wenigen bloßgetrampelten Stellen des Weges, schwache Vogelstimmen. Und über allem der blaue Himmel: Frühling. Fast, scheint mir, quellen die Birken, obwohl der Schnee kaum eingebüßt hat. Ein Fernspruch, daß Kräftegruppe Seydlitz am 21.3. südlich Staraja Russa eingesetzt ist. Der Angriff macht gute Fortschritte.

Zu Mittagessen um 16 h gibt es Gulasch und Bratkartoffeln. Dann hole ich mir Lt. Pochhammer, einen 19jährigen Kompanieführer, zum Kaffee und Röstebrot. Sehr nette Unterhaltung. P. sieht sehr gut aus, ist ein feiner Kerl aus guter Familie. Ich glaube, es kann etwas mit uns werden. Er erinnert mich an Typen aus der Jugendbewegung. Er hat vor 3 Tagen das EK I erhalten. Dann noch einige Briefe geschrieben und gegen 22 h zu Bett.

Montag, den 23. März 1942

Um 0.30 h großer Lärm. Überall Geknalle aller Kaliber. Wir schießen Sperrfeuer vor B 1, bis sich herausstellte, daß der Russe an allen Ecken Kampflärm vortäuscht und bei Moldenhauer eine Überraschung vorhatte. Bis auf 30 m war er heran, lief aber in das MG-Feuer. Auf seinem Rückzuge haben wir das Kastenwäldchen mit 4 Batterien belegt. Langsam ebbte das Feuer überall ab. Dann ruhig bis 6.30 h geschlafen. Morgenmeldungen, aufgestanden, der normale Ablauf, das Tagebuch bis hierher.

Gelesen, Briefe geschrieben, mittags geschlafen, etwas am Scherenfernrohr beobachtet (Schanzarbeiten der Russen). Füb auf Waldlager vor Abschnitt Olpke. Sonst alles ruhig. Früh zu Bett.

Dienstag, den 24. März 1942

Um 7 h aufgestanden, es hat geschneit, aber so feuchter Schnee, daß es durch die Decke kommt. Der übliche Verlauf bis 9 h.

Marsch nach Sebesh, um Olpke aufzusuchen. Nasser Schnee. Dort ist alles ruhig, man zuckt zusammen, wenn auch nur ein Schuß fällt. Nebel behindert die Sicht. Zum Mittagessen zurück, gelesen, Briefe erledigt. Ich habe fast keine Briefschulden mehr. Am Abend war Lt. Pochhammer bei mir zu Bratkartoffeln und Pferdefleisch. Ein sehr netter Kerl. Leider werden wir sehr durch Fernsprecher gestört. Außerdem noch Unterschriften. Am Abend großes Konzert der Russen durch Lautsprecher: „Lilli Marleen", Propagandasendung und „Das muß ein Stück vom Himmel sein". Wir antworteten mit einigen Gruppen in die Richtung. Autohupen und Motorengeräusche. Gegen 22 h zu Bett. Wunderbar geschlafen.

Mittwoch, den 24. März 1942

Um 7 h aufgestanden, das Übliche. Es ist dicker Nebel, völliges Tauwetter. In wenigen Tagen muß der Schneewall heruntergeschmolzen sein. Was machen dann nur unsere Infanteristen ohne Wall? Ich beobachte an der alten Ecke zunehmende Tätigkeit der Russen. Es wird etwas hin- und hergetragen, Munition. Vorsorglich schieße ich dorthin, einige Volltreffer, wie mir scheint. Ein unruhiger Mittag beginnt. Lt. Knorre erscheint (Führer s.I.G.-Zug) und beobachtet, ein großer Pessimist. Lt. Riedel geht mit Funk nach rechts von Moldenhauer, weil dort russische Bereitstellungen. Tartarennachricht. Sperrfeuer erschossen. Auf dem Rückweg werden Riedel und Funker Höppner leicht verwundet. Und in diesem Sperrfeuerraum stellt sich später der Rote bereit (Matroseneinheit) und wird zusammengeschlagen. Inzwischen haben Lt. Knorre und ich eine Ratsch-Bumm vernichtet. Wunderbar die Einschläge der Minen! Daraufhin wütendes Feuer der russischen Artillerie auf unser Dorf und Bst und vorher bereits auf Kastenwald Moldenhauer. Was mag das für Verluste geben! Wir schießen nach allen Richtungen: Dem Schall nachgehend auf eine Batterie, Störungsfeuer in Waldlager 137,0, Sperrfeuer Riedel, Feuerüberfall auf angreifende Russen. Die 3. Batterie schießt auffallend wenig, anscheinend keine Verbindung. Insgesamt 298 Schuß, aber Munition kommt nach!! K.O.B. Werner (Sohn des gefallenen Majors Werner) erscheint. Gut, daß ich ihn nicht gleich zu Anfang in das Dorf schickte, es wäre ihm übel bekommen, dieser Feuersegen der Russen.

Gegen Abend wird es ruhiger. Herrliches Gefühl. Außerdem Post: 5 Päckchen (17, 18, 20, 21, 22). Und der Inhalt! Herrlichste und leckerste Sachen. Dazu ein Brief: Schöne Bilder von Bübchen. Das war ein Fest.

In der Nacht haben Russen Igoslewo überfallen: 6 Offiziere, 31 Mann tot, allerdings auch 175 Russen. Aber was hilft das! Unter anderem unserer Regimentsadjutant Oblt. Gerullis.

Viele Sorgen wegen Stellenbesetzung. V.B.-Nachwuchs. Denn wie soll z.B. ein Offizier abgelöst werden? Um 23 h zu Bett.

Donnerstag, den 26. März 1942

Es war eine unruhige Nacht. Furchtbarer Sturm, völlige Dunkelheit, teilweise sogar Regen und nasser Schnee. Überall Geknattere an der ganzen Front. Russische Artillerie schießt einen Leuchtfallschirm und anschließend Füb. Aber m.E. ganz stur auf den gleichen Fleck, ohne zwischendurch Korrekturen einzustellen, denn dazu ist die Feuerfolge zu schnell. Unser Dach droht wegzufliegen, aber es hält sich noch. Ich kann vor Läusegekrabbel nicht schlafen, stehe auf und lese 6 Stück ab. Furchtbar deprimierend. Riedel schießt Sperrfeuer, weil ein russischer Spähtrupp wunderbar ausgerüstet (jeder 300 MP-Schuß, Schuhcreme in dem Brotbeutel!) sich der eigenen Linie näherte. Im Sperrfeuer verfolgt. Im Morgengrauen wird unser Dorfbunker in Brand geschossen, nichts passiert: Fast alle Ausrüstungsgegenstände sind mit verbrannt.

Lt. Olpke wird abgelöst und wandert zu Riedels Abschnitt herüber. Die Abtlg. ließ wegen einer anderen Lösung nicht mit sich verhandeln. Gemeinsames Kaffeetrinken, Brief an Erika, Telefonate etc. Der Russe schießt ab und zu Störungsfeuer in das Dorf. Wo mag unser Befreier stecken? Allmählich machen sich die ersten Zeichen einer leichten Nervosität bemerkbar. Denn Beschuß Tag um Tag und nun auch in der Nacht sind nicht erfreuliche Erscheinungen. Ein Fahnenjunker, Werner, Sohn des in Frankreich gefallenen Majors Werner, meldete sich bei mir gestern. Gut, daß ich ihn nicht in die Dorfbunker steckte, wie zuerst geplant: So ein blöder Anfang kann lange nachwirken.

Wachtm. Dulisch mit Uffz. Martens werden als V.B.-Uffz. angelernt.

Ich gehe über den Versorgungsweg zur Fst. Fürchterliches Schneetreiben, der Weg ganz zugeweht. Bis an den Bauch sinke ich ein. Die Fst ist kaum zu erkennen, der s.I.G. macht Stellungswechsel, in unmittelbarer Nähe sind Einschläge zwischen Geschütz und Haus. In Fst allerlei besprochen, dann zurück. Am Nachmittag zu Kuchen Lt. Pochhammer, der trotz seiner 20 Jahre einen sehr müden Eindruck macht.

Ich erfahre Einzelheiten über Tarassowo: Angriff von etwa 400 Mann, es blieben liegen etwa 200 Mann. In den umliegenden Wäldern Verwundete. Oblt. Langmann, Pastor, Chef 14./27 soll gefallen sein, ebenfalls v. Ledebur, ein sehr guter Bekannter vom Vormarsch her. Es ist ungeklärt, wo sich der Russe verborgen hält. Am Nachmittag hat man einige Spähtrupps bei Ikandowo und Maslowo gesichtet. Verstärkung ist dorthin gezogen.

Leckeres Abendbrot: Rinderschnitzel, Bratkartoffeln und Sauerkraut. Dann noch Brief an Erika und um 20.30 h zu Bett. Da die ganze Lage ungeklärt ist, lasse ich ab 00.00 h Posten stehen. Von 1 – 2 h übernehme ich Telefonwache, in dieser Zeit schreibe ich an Erika und von 2 – 3 h habe ich Außenposten, seit 1937 zum ersten Male. Russisches Artilleriefeuer auf der ganzen Front. Wir schießen Sperrfeuer von 3 – 3.30 h. Rote und grüne Leuchtkugeln bei Iwan, vermutlich, um den Eingeschlossenen den Weg zu zeigen, oder Fliegersichtzeichen. Bis hierher Tagebuch.

Sonnabend, den 28. März 1942

Ich habe schlecht geschlafen, friere und habe Kopfschmerzen. Bei Olpke ist wieder Betrieb, denn der Russe greift an und Olpke wehrt mit Sperrfeuer den Angriff ab. Mittags lege ich mich hin und schlafe, am Spätnachmittag gehe ich zur Fst und sehe die Posten nach. Alles ist für den Alarmfall vorbereitet. Mittags ein Füb auf eine Batteriestellung nach Gefangenenaussagen! Wenn 3 VBs melden, daß sich dort und dort eine Batterie befindet, so gilt das weniger, als wenn ein Überläufer aussagt, was nicht kontrolliert werden kann. Olpke ist zur Beerdigung der Opfer von Igoshewo gefahren, abends ruft Roettich noch an wegen der Anschrift von Oblt. Langmann. Mein Magen und mein Kopf rebellieren heftig. Ich lege mich sehr früh schlafen. Und...

Sonntag, den 29. März 1942 (Palmsonntag)

...am Morgen ist alles wieder in Ordnung. Herrlicher Sonnenschein, blauer Himmel, weiße Wolken. Ganzwäsche. 4 Läuse, Rasur, Frühstück mit Marmelade. Dann Lesung und Spaziergang zur Stellung mit Kan. Werner. Schöps hat heute seinen „freien Tag". Der Weg ist wunderbar, die Sonne richtig warm. Überall vor den Bunkern Friedensbetrieb: Decken hängen heraus, Landser sonnen sich, schlagen Holz. Herrliche Stille und Friede. Am Morgen allerdings hat Schöps den Angriff einer Kompanie abgewehrt. Dann zur Fst, ein Fliegerschießen soll starten, aber es unterbleibt. Herrlich schmackhaftes Mittagessen. Dann gelesen und geschrieben. Es gab Tee und Kuchen (von Schöps). Heinz Pöppelmeier hat mir einen ganz tollen Brief geschrieben, über den ich nicht hinwegkomme, so aufrichtig ist er.

Abendbrot, mit Post, auch Brief von Erika. Gerhard soll zur Front. Nette Unterhaltung mit Schöps. Herrlicher Mondschein. 22 h zu Bett, vorher Briefpost erledigt.

Montag, den 30. März 1942

In der Nacht große Aufregung: Ein russischer Spähtrupp von

unbekannter Stärke treibt sich hinter der Linie herum. Eine Gruppe wird ihm entgegengeschickt, da er sich auf dem Weg befindet, der so ziemlich vor unserem Haus endet. Diese l.MG-Gruppe vertreibt ihn und kurz neben Olpkes Bunker werden 3 Mann umgelegt, einer trägt an den Schultern 4 Sterne, auf jedem Ärmel 1 Stern. Dienstgrad? Dann ruhig geschlafen, um 7 h aufgestanden. Herrlicher Sonnenschein. Briefe. Gelesen. Abmarschiert, um Barth zu seinem Geburtstag zu gratulieren. Ein furchtbarer Schneesturm von Westen. Ich sehe unterwegs die Spuren der Spähtruppler. Bei der Abteilung leckerer Reisbrei mit Milch! Am Nachmittag erscheinen Major Joerges und Oblt. Husen, Major Wrede und Lt. Krisp. Die eingeschlossenen Truppen im Walde zwischen Kornewo und Lunewo werden furchtbar zusammengeschlagen, ständig Feuerüberfälle in diese Fläche. Man schätzt bisher 500 Tote. Die Verwundeten werden durch Flugzeuge nachts weggeholt, der Rest der Einsatzfähigen betätigt sich als Baumschützen.

Schöner Rückweg. Bis 24 h als Telefonwache gesessen, weil ein Posten vor der Tür stehen mußte. (Die ablösenden Fernsprecher) So hatte ich sehr schöne Zeit, meine sämtlichen Briefschulden zu erledigen. Dann noch gelesen. Pralinen gefuttert. Der Ofen war schön warm, heißes Wasser kochte und ich goß mir im Kochgeschirr Tee auf. Erhöhte Bereitschaft wegen der umherstreifenden Russen.

Dienstag, den 31. März 1942

Um 6 h bereits beobachtet, aber kaum Feind zu erkennen. Rechts von Lunewo vermehrte Tätigkeit. Nach Gefangenenaussagen sollen 4 Regimenter Russen den Eingeschlossenen Entsatz bringen. So konnte noch beobachtet werden, daß von außen schwere Waffen in Stellung gebracht wurden. Diese Bereitstellung wurde zerschlagen. Iwan schießt in das Dorf mit Ratsch-Bumm und mittags mit schwerem Kaliber. Wir bekämpfen mit Artillerieflieger eine Feindbatterie bei Drosdy und eine etwa 200 m daneben. Der Beobachter meldet Gruppen im Ziel. Ich bin diesen Erfolgsmeldungen sehr skeptisch gegenüber. Aber vielleicht veranlassen wir sie zum Stellungswechsel und das ist auch schon etwas. Es erreicht uns die Meldung, daß Seydlitz-Kurzbach mit Hauptmasse an der Lowat stehe. Er benötige Aufräumkommandos für die Leichen, die ihm den Weg versperren.

Widerliches Abschlachten.

Tank macht uns Kaffee, ich habe viel zu telefonieren. Ruhiger Abend, ich lese, schreibe bis 10 h.

Mittwoch, den 1. April 1942

Um 3 h habe ich Telefonwache und lese in „Seelsorge um die eigene Seele" (Ulrich Schrick). Ein wunderbares Buch, weil es in nüchterner Kürze klaren Durchblick gibt. Auch gibt es Anregungen, die ich sofort in die Tat umsetzen, indem ich an Frau Major Gentner schreibe, die ich lange versäumt habe. Ich will dieses Buch an Erika schicken, es ist eine wirkliche Hilfe.

Um 2.30 h Störungsfeuer auf Schlittenweg, weil Iwan Handgranaten wirft. Seitdem ruhig. 4.30 h Störungsfeuer auf B 5, dort Transportgeräusche. Ob er seine Batterien von Drosdy umkarrt? Um 6.15 h stelle ich die Morgenmeldung zusammen. Der Tag ist sehr ruhig, ich beobachte eine Zeitlang durchs Scherenfernrohr: Kaum Bewegung. Mittags in der Sonne gesessen. Für den Nachmittag gehen Riedel und ich zu Lt. Pochhammer. Tee und Toast mit Radiomusik. Nette Unterhaltung. Ich rauche zum ersten Mal seit einem Monat eine Zigarre. Abends früh zu Bett. Berner wird mir für den folgenden Tag angekündigt.

Donnerstag, den 2. April 1942 (Gründonnerstag)

Sehr früh kommt Lt. Schöps, er will wegen Eiterung am Zahn zur Zahnstation in Borok. Wir trinken gemeinsam Kaffee und dann fahren wir mit Schlitten los. Bis Penjkowo fahre ich mit. Dort schwerer Artilleriebeschuß (am Vortage 5 Tote, 11 Verletzte durch 8 Granaten!). Ich gehe zur Abteilung. Artilleristischer Großkampftag. Ekelerregende Schilderung vom Gemetzel im Wäldchen bei Lunewo. Spähtrupps haben das Gelände durchsucht. Ein Flugzeug durch Artilleriebeschuß verbrannt. Wir melden uns zur Flak! Dann Feuerüberfälle in der gesamten Abteilung. Kilometerweise wird durchgestreut. Es ist ein Vergeltungsfeuer, weil der Russe seit 5 h ununterbrochen feuert, mindestens 2000 Schuß. Infanteristisch betrachtet ist nicht viel los.

Bei der Abteilung machen wir Zimmerschießen auf Streichholzschachteln und Kerzen. Und zwischendurch Feuerüberfälle!! Gegen Mittag erscheint Berner, am Nachmittag gehen wir zu Bst, werden dort gleich mit leichtem Kaliber empfangen. Schöps ist auch da und wir trinken Tee und essen Kuchen. Berner erzählt. Wir gehen um 24 h zu Bett, weil ich von 9 – 12 h Wache habe. Ich lese, schreibe und erzähle mit Berner. Dann aber totmüde zu Bett.

Ich denke doch oft an frühere Gründonnerstage. Wie lange war ich nicht mehr zum Abendmahl? Pfingsten 1941 bei Rüter.

Karfreitag, den 3. April 1942

Spät aufgestanden, ich war noch sehr müde. Es ist völlige Ruhe, kein Schuß fällt. Es ist ziemlich trübes Wetter, leider kein Flugwetter. Wie mag es unseren Befreiern gehen? Wir hören nichts, auch keine Nachrichten über den Stand der Ereignisse. Ob es eine Osterüberraschung werden soll? Langsames Frühstück. Ich gehe den ganzen Tag nicht aus dem Haus, lege mich mittags schlafen und trinke Tee, erledige Unterschriften und gehe früh schlafen.

In diesem Jahr kann ich kein rechtes Verhältnis zum Karfreitag und überhaupt nicht zur Leidensgeschichte finden. Die ganzen Sprüche, die ich in den Losungen lese, drücken mich zu sehr. Liegt es an der Nervenbelastung? Oder ist es die Tatsache des Ärgernisses?

Karsamstag, den 4. April 1942

Heute vollzieht sich bei uns die Ablösung der V.B.'s. Olpke kehrt nach Sebesh zurück, Schöps geht in die Fst, so hatte ich mal wieder alle bei mir, außer Riedel, der ja nun längere Zeit bei mir gewesen ist und der Olpke ablöst. Ein sehr gemütliches Mittagessen, und zum Tee gab es den Rest meines Kuchens aus dem Päckchen. Wir haben uns sehr nett unterhalten. Olpke geht, ich bringe Schöps zur Fst, wo er Schwung anbringen soll. Es ist ein herrlicher Abend, ganz ruhig. Unsere größte Frage ist: Wird der Iwan zum Osterfest irgendetwas unternehmen? Ich gehe früh zu Bett.

Die Wachen entfallen, da die eingedrungenen Truppen anscheinend völlig aufgerieben sind.

Ostersonntag, den 5. April 1942

Ein ganz wundervoller Morgen mit Sonne. Feststimmung, Morgenlesung. Ich mache den Festtisch fertig, mit aufgeklebten Kunstkarten für alle Raumbewohner. Bouillon gibt es zum Frühstück. Dann Spaziergang mit Berner zu Riedel, herrliche Sonne, überall taut es schon etwas, und der Boden ist warm. Ich besehe mir Rußlandbilder eines Berichterstatters. Ganz herrlich. Er macht Aufnahmen von uns, ich bestelle ihn zu einer Serie in die Fst. Schöps besucht. Der Spieß kommt geritten! Verpflegungsausgabe, reichlich Zutaten. Umtrunk mit Uffz. und gemütliche Plauderei. Als Festessen Gulasch. Nach dem Essen schlafe ich. Zum Tee erscheint Oblt. von Maltzahn, wir unterhalten uns sehr lange und angeregt. Er ist ein prächtiger Kerl und hat vor allen Dingen seine Unnahbarkeit verloren, die er in Frankreich sehr betonte. Leider konnte ich auf diese Weise Pochhammer nicht besuchen, diesen Besuch hole ich aber gegen 20 h noch nach. Welch' Unterschied: Herrliche Abendstimmung draußen, kaum, daß ein Schuß fällt und dann im Bunker diese Finsternis. Pochhammers Bursche überreichte mir Zigarrenringe für Bübchen, die er aufgespeichert hat. Ein ganz rührender Zug. Ich geh früh zu Bett.

Ostermontag, den 6. April 1942

Früh aufgestanden. Morgenlesung. Für mich ist unauflöslich mit dem 2. Ostertag die Geschichte von Emmaus verbunden. Ich glaube, seit ich damals in die Versammlung der „Kirchlichen Gemeinschaft" an der Oststraße ging. Und dann durch das wunderbare Schäferbild mit dem herrlich-plastischen Rahmen des Fensters. Diese Geschichte ist mir so anschaulich, und so etwas wie eine Sehnsucht klingt immer darin auf. Und einige Sprüche haben mir früher immer vor Augen gestanden: Herr bleibe bei uns... war, so glaube ich, eine Handarbeit von Tante Hedwig und auf der Rückseite dieses Neukirchner Abreißkalenders standen die Worte „Brannte nicht unser Herz in uns..." und dieses diente als Fidibushalter und war mir daher immer vor Augen, wenn wir Postdrucksachen aufteilten zu Fidibussen, die ja der Vater so sehr für seine Mutzpfeife brauchte.

Dann zur Fst. Haarschneiden, mit Kan. Werner zu Fuß zur Abteilung, hier Chefbesprechung, vorher wunderbares Saunabad und dann Reispudding. Dann Fußmarsch nach Ikandowo zur Protzenstellung und zum Batl. v. Hassel, hier große Wiedersehensfreude mit Hennessy, Cointreau, Kaffee und Honigbrot und Zigarre. Die versprochene russische MP habe ich noch immer nicht. Rückweg mit Panjeschlitten. Leider kam ich zu spät zur „Pastorale" von Beethoven. Aber erfuhr dann später, daß Pochhammers Apparat abgeholt worden sei. Große Trauer. Nach leckerem Abendbrot früh zu Bett. Es erscheint noch Oblt. Habicht (?), Staatssekretär, Bekannter von Berner, aber ich lasse mich nicht stören. Ich bin durch den Fußmarsch einfach zu müde geworden.

Vorher noch Tarnen der Bst.

Osterdienstag, den 7. April 1942

Von 6 – 6.30 h beobachtet, aber nichts zu sehen. Hätte man doch wenigstens Nachrichten über unsere Befreier! Luftkämpfe, 1 russischer Bomber wird von unserem Jäger abgeschossen, aber 4 Jus abgeschossen bzw. am Boden zerstört. Dann Schreibarbeiten. Es ereignet sich bei uns kaum etwas. Es taut, auch sogar in der Nacht.

4 Kurzschüsse, Gefreiter Stemmer wird mit 3 Tagen verschärften Arrests bestraft.

Am Nachmittag erscheint Hptm von Oertzen, um sich die Stellungen anzusehen. Rutschend gelangt er zum Scherenfernrohr. Pochhammer ist bei mir zum Tee und Brot. Ich mag ihn sehr gerne leiden, er hat eine sehr anständige Gesinnung, ist leider etwas müde für seine 20 Jahre. Aber wer von uns hat keine Fehler? Der Abend verlief ruhig, keine Post, leider. Um 20.15 h lag ich bereits zu Bett.

Von der größeren Lage erfahre ich nichts. Ich habe den ganz persönlichen Eindruck, als zöge sich der Russe zurück, aus mir unbekannten Gründen. An der ganzen Front ist es ja auch ruhig. Ich habe Pläne für die Ausbildung (Rechenunterricht, Richtkanoniere, Bst). Ich komme viel zum Lesen.

Mittwoch, den 8. April 1942

Um 6 h aufgestanden. Fertiggemacht. Gelesen und geschrieben. Dienstliches geregelt (Lehrgänge etc.). Brief an Erika. Vom Russen ist nichts zu hören und zu sehen, ganz selten fällt ein Schuß. Es hat die ganze Nacht getaut. Der Bst-Bunker an der Rollbahn wird bald fertiggestellt sein.

Ich hole gegen 14 h Oblt. von Maltzahn ab, wir gehen zur Fst, wo gerade geschossen wird. M. darf mal abziehen. Er holt sich Bücher aus unserer Feldbücherei. Dann gehe ich auf dem Rückweg noch zu einem Bunker und zu Pochhammer. Es regnet. Es wird ganz übel nasses Wetter geben. Hptm. Hoeckner ist zur Abtlg. zurückgekehrt. Ob er die Batterie übernimmt? Gegen 21 h zu Bett. Bis dahin noch gelesen.

Donnerstag, den 9. April 1942

Sehr spät aufgestanden, aber das Wetter war auch gar nicht verlockend. Etwa um 7.30 h. Gegen 4 h hat Ziegler geschossen, weil der Russe auf der Straße Schanzarbeiten verübt hat. Dann gegen 9.30 h feuert ein Geschütz ins Dorf. Ich kann mich nur auf den Schall verlassen und feuere daher einige Gruppen. Der Himmel bezieht sich langsam und es regnet leise. Berner rüstet sich zur Übersiedlung nach vorne. Ich erhalte die russische MP von Batl. Hassel geschenkt mit 2 Magazinen.

Ich lese und schreibe, beginne auch mit meinem Testament. Es ist gut, wenn ich alles klar regele. Eine Ratsch-Bumm schießt in den Ort und streut die ganze Gegend ab, sie muß aber sehr weit weg stehen.

Heute gab es wieder keine Post für mich. Aber ein Grund zur Besorgnis besteht ja nicht. Dienstliche Sache geregelt, viele Telefonate geführt, um 21.30 h zu Bett.

Ich las heute verschiedene Kunsthefte durch, z.B. „Die Pause" mit dem Mozartgedenken. Ganz nett, dieses Schmökern. Hptm. H. sagt sich für morgen an.

Freitag, den 10. April 1942

Um 7.30 h aufgestanden. Das Regenwetter ist zu deprimierend! Überall stehen Pfützen. Der erste Schritt vor die Tür bringt nasse Füße. Ich veranlasse, daß meine Gummistiefel geholt werden. Ich kann mir so helfen, aber die Infanteristen vorn im Graben? Vor denen der Schneewall sinkt und in deren Löchern Wasser steht? Es mehren sich die Fälle von Grippeerkrankung. Die Nächte stockfinster. Gut, daß der Russe nicht vorwärts kann, sonst würde er bestimmt Unfug anrichten. Wir beschießen einige Feldstellungen, weil Iwan ins Dorf schießt. Auge um Auge! Leichtes Schneetreiben. Lt. Pochhammer, der sich das Schießen morgens ansehen wollte, hat 2 Ausfälle durch Baumkrepierer. Wir sollten dennoch noch mehr in die Wälder schießen. Die Wirkung muß ja verheerend sein. Abends schießt Olpke nach Kuschelowo (Vergeltungsfeuer) und erzielt Abpraller (90%).

Ich schreibe an Erika einen Brief über meine erste Liebe, aber vorher noch einen vernünftigen Brief. Viel gelesen, dienstliche Sachen geregelt, keine 20 m weit gegangen.

Schillerroman ausgelesen. Nun soll Molos „Fridericus" steigen, das ist wohl etwas flüssigere Kost als der erste!

Sondermeldung über japanische Erfolge: Ein Flugzeugträger etc. Oberstlt. Dr. Rudelsdorff ist Kommandeur unseres Regiments. Wohin mag Joerges gehen? Um 21 h zu Bett.

Sonnabend, den 11. April 1942

Um 7.30 h aufgestanden. Es ist ein eigenartiges Gefühl zu sagen: So, nun habe ich aber Feierabend! Und doch ist es tatsächlich so! Höchstens einige Briefe, dann Lektüre. Für die Batterie habe ich meine Einteilungen getroffen. Es ist ein beruhigendes Gefühl, daß Lt. Schöps in der Feuerstelle ist und dort aufschwungt. Nach dem Kaffee habe ich mit einigen Schüssen, die wunderbar lagen, ein MG-Nest vernichtet, zuerst Baumkrepierer, dann Volltreffer. Das 1. Geschütz schoß sehr gut.

Heute habe ich zum ersten Mal eine Lerche gehört. Die Stare sind auch schon eifrig im „Betrieb" (Singen, Aufzucht). Sonst nur fette Krähen, die ja sehr reichlich zu fressen haben.

Iwan schießt seine üblichen Schüsse ins Dorf, ohne erkennbare Wirkung. Olpke sitzt in Lebesh auf der Lauer und wartet nur auf den Augenblick, wo er den feindlichen Kollegen sieht. Iwan nimmt große Sprengung vor, ob er Panzerfallen baut? Mehr Bildaufklärung!

Nach dem Essen lege ich mich hin. Hptm. Hoeckner sagt sich für den Nachmittag an. Lt. Riedel hat ohne Verschulden einen Kurzschuß bei Kp. Moldenhauer, 1 Schwer-, 3 Leichtverwundete. Ich rufe gleich an: M. ist natürlich sehr vernünftig und er meint, er sei froh, daß bei dem vielen Schießen nicht schon mehr passiert ist. Aber wir können bei der enormen Streuung auch nichts machen (Baumkrepierer).

Der Schwerverwundete ist mittlerweile gestorben, Splitter im Gehirn.

Gegen 5 h kommen Hoeckner und Schöps aus der Feuerstellung, wo H. sehr viel zu beanstanden hatte: Er sieht ja auch alles und ist naturgemäß in einer kritischen Stimmung, weil ihn das Nichtstun beim Stabe ärgert und reizt. Aber es war sehr nett und gemütlich bei uns. Wir haben so manche Dinge besprochen, die ich ihm bereits notiert hatte. Als er weggeht, schießt am Hang gegenüber ein müdes Feldgeschütz, das ich sogleich bekämpfe: Ich erziele einige Volltreffer und sehr viele Baumkrepierer.

Es scheint ein schöner Sonntag zu werden, das Wetter wird milder. Und das Wasser! Überall! Wir leben immer nur auf Inseln, man hört bereits die Dymzewka rauschen. Gegen 21 h zu Bett.

Ich habe so richtig eine Frühjahrsmüdigkeit in den Knochen. Stets benommener Kopf, oder kommt es vom vielen Schlafen in rauchiger, warmer Luft?

Sonntag, den 12. April 1942

Um 6 h aufgestanden, um mit steigender Sonne das Geschütz zu beobachten. Ein Geschützstand ist neu entstanden. Die Einschläge der Granaten vor dem MG-Nest sind sehr gut zu beobachten. Ich schieße auf dieses Geschütz, das ich zwar ringsum treffe, aber der erhoffte Volltreffer bleibt aus. Das ist immer zu ärgerlich.

Dann kommen aber auch in meine Morgenlesung hinein die Telefonate. Viele Störungen. Ich habe lange geschwankt, ob ich nun den sonntäglichen Frieden stören soll oder nicht. Aber ist es nicht stets so: In die Harmonie hineinkommt der Mißklang, in den Frieden der Krieg, in das Heilige der Teufel. Gegen 11 h gehe ich zur Fst, esse dort Mittag (süße Graupen). Wir schießen mit Fliegerbeobachtung auf ein Waldlager bei B 9, das ich auch auf den Luftbildern festgestellt hatte. Wir streuen den ganzen Wald durch und anschließend Füb der ganzen Abteilung. Dann noch Unterschriften. Den ganzen Tag über schoß Iwan von sehr weit her mit schwerer Artillerie auf Belj, Tschernaja und Kornewo. Von uns sieht es nach völligem Lösen des Gegners aus. Kaum eine Postenablösung. Es ist herrliches Wetter. Es taut und treibt. Die Dymzewka ist mächtig breit und saust um die Kurven. Ich besuche Berner in seiner Sommervilla, die im Frühling geradezu idyllisch liegen muß: Oberhalb des Baches, 10 m entfernt, ganz versteckt hinter einem Hang. Gegen 21 h gehe ich nach Hause.

Montag, den 13. April 1942

Um 6 h werde ich von lebhaftem Artilleriefeuer wach. Es ist, wie sich herausstellt, bei Lunewo. Bald feuern auch unsere schweren Batterien. Ich beobachte ab 5 h, aber nichts ist zu sehen, dann tarne ich etwas die Bst. Ab 6 h gelesen, fertiggemacht, Kaffee getrunken. Wieder herrliche Sonne, es hat allerdings etwas gefroren.

Aber dieser Kampflärm ebbte bald ab.

Wir bilden uns als Spezialisten für Fliegerschießen aus. Ein Waldlager bei B 9 wird bekämpft. Wie der Flieger meldet, sind sogar einige Schuppen durch Volltreffer eingestürzt. Den Rest des Tages fliegt er Aufklärung gegen russische Batterien. Er wird heftig mit Flak beschossen. Es gelingt ihm, 4 Batterien zu entdecken. Ich bleibe den ganzen Tag im Bau, lese, sonne mich. Der Russe schießt sein übliches Artilleriefeuer in höchst unfeiner Weise. Früh zu Bett.

Dienstag, den 14. April 1942

Gegen 7 h aufgestanden, herrlicher Sonnenschein. Es ist erstaunlich, wie schnell der Schnee schmilzt. Man hört deutlich das Rauschen der Dymzewka in 200 m Entfernung vom Haus.

Am frühen Morgen veranstalten wir Fliegerschießen auf die bekannten Batterien. Der Flieger ist hell begeistert von der Lage der Schüsse, er braucht allerdings auch nur kleine Korrekturen zu geben. Dann Feuerüberfall der ganzen Abteilung auf eine Batterie bei Kuschelowo. Wir schießen uns nach und nach auf 4 Batterien ein. Diese Lorbeeren der Aufklärung hätte sich ruhig der Flieger holen können, denn das ist ja seine Aufgabe und nicht unsere.

Hoeckner sagt sich an. Er erscheint gerade in der Feuerstellung, als das letzte Schießen beendet ist. Große Nachforschungen nach dem verlorenen Seesack und dem übrigen Gerät. Essen bei Schöps. Dann gehen wir los zu Riedel. Die Wege sind Flußbette, tüchtige Strömung. Gut, daß wir Gummistiefel haben. Beim 2. Zug hat man das Schmelzwasser dem Russen in die Stellung geleitet. Hoeckner erkundigt sich nach dem Baumkrepierer. Auf dem Rückweg verliere ich H., gehe allein zu Berner, der bereits Tee vorbereitet. Dann erscheint H., wir trinken Tee. Aber H. ist irgendwie ungeduldig. Auf dem Wege durch das Dorf schießt der Russe mit 12,5 cm Granaten hinter uns her. Wir können uns nur noch eben hinpacken in den Schnee, und dann geht es auch herunter! Man hört den Abschuß, hört das Sausen und Pfeifen und 5 m neben uns geht sie herunter. Schnee spritzt hoch, keine Splitterwirkung. Wir rennen in großen Sprüngen weg, 3 Häuser brennen lichterloh, darunter eines mit Munition. Es ist doch ein herrliches Gefühl, mit dem Leben davongekommen zu sein. 5 m!! Ist nicht viel und reicht doch aus!

H. und ich gehen noch zum Batl. von Oertzen, von dort zur Fst. Ich selbst gehe wieder zurück zu meinem Haus. Meine Nerven sind doch sehr erregt. Meine Leute erzählen mir, sie hatten mich im Pulverqualm verschwinden, aufspringen und wieder verschwinden sehe. Ich gehe sofort zu Bett.

Mittwoch, den 15. April 1942

Für diesen Tag hatte man ja, den Überläuferaussagen nach zu urteilen, einen Großangriff der Russen erwartet. Der blieb aus. Nur die feindlichen Störungsfeuer auf dem Dorf. Bald sind alle Häuser zerstört, es wohnt ja auch kaum mehr ein Mensch darin. Oberstlt. Stuppi und Hptm. von Oertzen mit großen Gefolge erscheinen zu meinem Leidwesen und benehmen sich völlig unkriegsmäßig, erscheinen oben auf der Bst, gestikulieren. Und all' meine sorgfältige Tarnung ist umsonst. Rücksichtslos ist dies Verhalten!

v. Oertzen erzählt sehr interessant von dem Brigadekdr. Tarassow.

Die Folge bleibt nicht aus. Iwan schießt noch lebhafter als sonst. Es ist ja ein Wunder, daß ich nicht schon längst hier getroffen wurde.

Tagsüber gelesen, besonders in dem Buch von Antoine de St. Exupery „Wind, Sand und Sterne", das mir sehr gut gefällt. Diese ungeheure Verbundenheit mit der Natur, trotz Flugzeug oder durch das Flugzeug?

Ich schreibe auch den Brief vom 13. April weiter, bei dessen Abfassung ich merkte, daß ich innerlich völlig leer und ausgehöhlt bin. Mir fiel nichts ein. Es geht mir aber nicht allein so. Dieses halbe Jahr Winterkrieg geht uns mehr an die Nerven als alles andere vorher. Es ist ein Nervenkrieg geworden.

Am Abend gehe ich zum Batl. von Oertzen, der mich zu Bratkartoffeln eingeladen hatte. Die Unterhaltung ist mühsam, ist ja auch nicht anders möglich. Feldwebel Schwabe, ein eingebildeter Kerl, weiß alles besser. Ich werde mich noch mit ihm reiben, vermutlich ja wegen des Umgehungsweges. Gegen 22 h zu Bett.

Donnerstag, den 16. April 1942

Gerade eben, als ich dieses Tagebuch schreibe, passiert mir etwas Eigenartiges. Ich muß mich tatsächlich nach dem Wochentag und dem Datum erkundigen. Aber das ist ganz typisch: Man freut sich auf den Abend, weil dann der Russe meist nicht mit Artillerie schießt. Denn was er heute nach Belj geschossen hat, war reichlich genug: Etwa 200 Schuß sicherlich. Und einige waren doch so, als hätte er meine Bst gemeint. Und so freut man sich über jeden Tag, den man heil und gesund übersteht. Die Spannung ist doch immer zu groß: Vom Lärchensang und Frühlingswind und Zitronenfalter und blauem Himmel und warmer

Sonne bis zum heulenden Pfeifen, Krach der Detonation und Pulverqualm, und dann dem langsamen Niederfallen der Splitter und Erdklumpen.

Und alles wegen des falschen Umgehungsweges. Alles rennt an meiner Bst vorüber, und daher liegt auch sehr viel Art.Feuer bei mir und in unmittelbarster Nähe.

Vormittags um 7 h besuche ich den Rechenunterricht in der Fst. Ordentliche Ergebnisse!

Dann Kaffee getrunken. Pochhammer, vom Granatfeuer im Dorf vertrieben, kommt zu mir, bleibt zu Mittag und Tee, wir unterhalten uns sehr nett. Anschließend erscheint Lt. Lehmann. Den ganzen Tag über schießt Iwan! Was ist zu tun? Aushalten!

Morgens beschießt Olpke die Bst bei 183,5 mit gutem Erfolge. Am Spätnachmittag erscheint ein russischer Spähtrupp bei Zug III, wird aber abgeschmiert.

Sind die Minen auf den Straßen aufgenommen, oder nicht?

Ich lasse Balken für unser Haus heranschaffen, es muß ein neues Dach haben. Ich schreibe das Tagebuch von Montag an bis hierher.

Immer noch keine Post. Gut, daß man die Gründe weiß, sonst hätte ich Sorgen.

Freitag, den 17. April 1942

Wieder herrliches Wetter. Es taut ganz unvorstellbar stark. Bei geöffneter Tür lese und schreibe ich, draußen sitze ich auf der Bank, beobachte etwas, kann aber nichts genau ausmachen. Iwan muß verschiedene Bst eingerichtet haben, jedenfalls leitet er des Feuer und zwar: 1 Geschütz, 1 Granatwerfer, eine Ratsch-Bumm zu gleichen Zeit. Eine derartige Bst bekämpft Olpke bei Punkt 183,5 mit dem Erfolg, daß seitdem Ruhe ist, jedenfalls aus dieser Richtung. Dafür wird ein anderer russischer VB ausgemacht bei B I, dessen Bekämpfung auf den folgenden Tag bei guter Beleuchtung festgesetzt wird.

Ich habe Ärger wegen des Umgehungsweges. Aber zuletzt klappt es doch noch! Das Geschieße hält den ganzen Tag an, es wird unerträglich. Und zu sehen ist nichts mehr! Von den Waldrändern hat er sich verzogen.

Riedel schießt eine Pak oder ein Feldgeschütz zusammen. Erfolg? Sie feuert nicht mehr, aber wird anscheinend noch weggezogen. Schüsse in dieses Unternehmen schaffen Verwundete.

Am Spätnachmittag gehe ich zur Sommervilla und besuche Berner. Auf dem Umgehungsweg sehr viele Einschläge und Blindgänger. Auf dem Rückwege treffe ich Pochhammer, der gerade von seinem Bunkerneubau kommt. Das Buch von Antoine de St. Exupery „Sonne, Wind und Sterne" (oder: Sand, Wind und Sterne) habe ich beendet. Es hat mir sehr gut gefallen. Herrlich die Naturschilderungen.

Ich gehe früh zu Bett.

Sonnabend, den 18. April 1942

Um 7 h aufgestanden. In der Nacht schoß der Russe als Antwort auf unser Störungsfeuer in den Wald einige schwere Sachen ins Dorf, in ziemlicher Nähe, so daß ich aufwachte. Dieser hellwache Schlaf ist nicht sonderlich erholsam. Immer auf dem Sprung sein! Und meine Träume drehten sich um Pistolenschießen gegen meinen Vater und ähnliche schaurige Dinge. Und am Morgen begann der Iwan wieder seine Schießerei. Auf diesen Augenblick hatten wir gewartet. So hatten wir einen Grund und haben wenigstens nicht von uns aus den Streit begonnen! Aber gefeuert hätten wir trotzdem!

Zuerst der s.I.G.-Zug. Der 3. Schuß war ein Volltreffer in den Bunker hinein. Er platschte förmlich von oben herab. Furchtbares Schreien der Verwundeten. Die Splitter flogen in die eigenen Stellungen. Und zur allgemeinen Verwirrung schoß Berner noch einige Gruppen in die Stellungen und links in den Wald: Baumkrepierer und Abpraller. Das Artilleriefeuer des Gegners verstummte schlagartig. Der Kommissar auf dem Motorrad und Hupe erschien kurz darauf.

Etwas später vernichtete Lt. Olpke einen Bunker mit s.M.G, etwa 400 m vor der eigenen Linie. Ein a.Z.m.V. ging genau in den Sehschlitz und detonierte später. Ein Abpraller tötete 2 Russen.

Um 9 h gehe ich mit unserem Burschen Tank los nach Wyssokuscha zur Abteilung. Tank hat sich sehr zu seinem Vorteil gemacht. Er hat sich ganz auf mich eingestellt, angefangen vom Waschwasser, Zahnputzglas und dem Reisenecessaire, das er mir, genau wie ich es brauche, hinlegt. Außerordentlich aufmerksam.

Wir nehmen ein Bad, viel zu heiß, so daß ich Kopfschmerzen bekomme. Mittagessen bei der Abteilung. Nach dem Essen gehen wir nach Penjkowo, um dort den neuen RgtsKdr. Oberstlt. Dr. Rudelsdorf zu begrüßen. Ich muß immer denken: Ist es nicht unverantwortlich, derart viele Offiziere auf einem Haufen? 2 Abteilungen können durch einen russischen Feuerüberfall führerlos werden! Kurze Ansprache, die nichts Neues besagt, und dann Kaffeetrinken. Während dieser Zeit Bombenangriff auf Leonicha. Die gleichen Erwägungen wie eben. Wir hören, nachdem der RgtsKdr. gegangen ist, den Bericht über die Vernehmung des Fallschirmjäger-Brigadekdrs Tarassoff. Sehr interessant! Dann gehen wir wieder in unsere Stellungen zurück. Ich habe blöde Kopfschmerzen und Übelkeit. Das war für längere Zeit die letzte Sauna! Ich gehe sofort zu Bett, nachdem ich mit Berner Bratkartoffel gegessen habe.

Ich bin übel aufgefallen, weil ich als „Sturmartillerist" kam, d.h. ohne Reitstiefel. Da ich keine habe, ist der Fall ja klar!

Sonntag, den 19. April 1942

Um 6 h werde ich durch die wunderbare Sonne wach. Richtig warm, obwohl es in der Nacht gefroren hat. Lärchen, Stare, Birkhähne. Ich mache einige Aufnahmen, lese und schreibe. Denn Wachtm. Nordt fährt nach Deutschland und soll Post von mir mitnehmen. Ich gehe zur Fst und gebe die Briefe ab, bleibe zum Mittagessen da und sitze mit Schöps in der Sonne. Am Nachmittag hören wir über Funk den Aufklärer, der 5 russische Panzer beobachtet und mit Geschützen vertreibt. Dann fliegt er für uns, und wir bekämpfen eine Batterie von 3 Geschützen bei T.P. 135,1, dazu zwei Flakgeschütze, die den Aufklärer eifrigst zu stören versuchen. Sie schweigen seitdem. Nach dem Füb schießt ein schweres russisches Geschütz hart hinter die Fst. 200 m kürzer und…!! Ich bin auf dem Wege zur Bst, als die Koffer ankommen. Schöps meldet mir aber, daß nichts passiert ist. Ich esse zu Abend, schreibe am Tagebuch und warte auf Post. Vorher noch gelesen: „Die Botschaft Gottes". Die Post ist diesmal reichlich, u.a. ein Brief von Erika vom 8.4. Herrlich, nun kann ich zu Bette gehen. Morgen, zu Führers Geburtstag, ist allerlei Betrieb, Beförderung mit Ansprache, Besuch des neuen RgtsKdrs, dann Weg zur Protzenstellung. Vielleicht aber unternimmt Iwan irgendeine Schweinerei, was ja sehr gut möglich ist. Wir sind aber bereit!

Ein wunderbarer Sonntag, obwohl Iwan tüchtig geballert hat, aber im Hinterland merkt man das ja nicht so.

Montag, den 20. April 1942 (Führers Geburtstag)

Iwan war bei uns ruhig, nur bei Lunewo griff er mit 100 Mann an, die aber keine rechte Lust hatten. Wir schossen 12 Schuß Störungsfeuer.

Um 7 h aufgestanden, wieder herrliches Frühlingswetter, nur starker Wind. Wenn Iwan ruhig bleibt, kann ich den Weg zur Protzenstellung machen. Der RegimentsKdr. sagt sich für 11.15 h an. Vorher schreibe ich noch einen Brief an Erika, den ich zum Regiment geben will. Auf dem Batl. v. Oertzen pumpe ich mir Handschuhe! Ich muß doch einmal unbedingt an meine Kiste in Meglino, allein schon, um die notwendigen Sachen herbeizuholen und Unnützes zurückzuschaffen. In der Fst jage ich nochmals alle durcheinander (Stubenordnung, Anzug etc.). Dann gehen Oberstlt. Dr. Rudelsdorf, Major Joerges und Hptm. Roediger die Stellung durch. Im Anschluß fahren wir im Kübelwagen bis Penjkowo. Von dort aus zu Fuß zur Abteilung. Major Joerges in Gummistiefeln trägt seinen Kommandeur auf Huckepack über einen Bach. Zum Böllern. Essen bei der Abteilung. Hoeckner und ich gehen zu Fuß nach Ikandowo, die übrigen reiten. Antreten der Protzenstellung, Ansprache des Kdrs., Verleihung von 2 KVKs, Beförderungen, dann Kaffeetafel beim Spieß. Herrlicher Kaffee, Röstbrot mit Butter und Marmelade und Schokolade, dann etwas Schnaps. Anschließend kurz bei Batl. von Hassel, dann Ritt (wirklich: Ritt!! auf einem richtigen Pferde) zur Abtlg. Völlig ungewohnt. Aber doch ein stolzes Gefühl. Viele Kombinationen über Stellenumbesetzung, aber nichts Bestimmtes. Der Russe schießt wie wild mit seinen schweren Batterien. Wie sollen wir hiergegen an? Es grummelt am ganzen Horizont entlang. Selbst wenn Seydlitz kommt, ändert das an unserer Lage ja gar nichts! Wir brauchen zur Bekämpfung der russischen Artillerie Stukas! Hoffentlich gelingt es, sie von ihren vielfachen anderen Verpflichtungen loszumachen!

Um 20 h in Fst Beförderungen bekanntgegeben. Dann mit Schöps einige Fragen besprochen, um 21 h bei mir Abendbrot, ganz besonders gut schmeckt mir Fisch in Tomatensauce. An der Front lebhafte MG-Tätigkeit, um 22.45 h zu Bett. Wird Iwan uns in Ruhe lassen?

Dienstag, den 21. April 1942

Nein, er hat uns nicht in Ruhe gelassen! Ab 00.00 h pausenlos

MG-Feuer, Rabatz an allen Ecken. 1 Posten bei Kp. Hubert ausgenommen, man hofft, daß er nur tot in die Hände der Russen gefallen ist. Bei Riedel war der Iwan im Schutze der völlig finsteren Nacht in den Graben eingedrungen und hat 2 Tote und 5 Verwundete auf unserer Seite verursacht. Handgemenge. Ich gehe mit Lt. Pochhammer zu diesem Grabenabschnitt. Großer Mißmut. Und dann die guten Ratschläge! Zu töricht das Ganze. Als hätten nicht alle ihr Bestes versucht! Durch tiefes Wasser patsche ich wieder nach Hause. Am Nachmittag gehe ich zum Kaffee zu Lt. Pochhammer, sehr gemütlich, vor allem läßt Iwan uns in Ruhe. Wir können uns sehr nett unterhalten. Der Div.Kdr. ist im Gelände und ist in meiner Abwesenheit auch auf der Bst gewesen. Ich sehe mir die neue Sondermunition für 3,7 Pak an. Das ist ein kleiner Ausschnitt von: „Neue und bessere Waffen" aus der Rede des Führers. Ich gehe um 20 h zu Bett. Von der vorhergehenden Nacht sehr müde.

Mittwoch, den 22. April 1942

Um 6 h aufgestanden, die Stellungen besichtigt, bei Berner. Lange in den Gräben (Lehm und Wasser) umhergekrochen, um 9 h wieder zu Hause, Kaffee getrunken, fertiggemacht, gelesen und geschrieben, dann in Fst, um die Planungen für Geschützstände (unter der Erde) und die Bunker zu betrachten. Denn es ist unumgänglich, daß wir uns gegen Beschuß sichern. Ein Teil der Truppenfürsorge, auch wenn alles zuerst stöhnt.

Ein Überläufer beim 1. Zug meldet, daß ein s.MG durch Sperrfeuer der Nacht vernichtet wurde. Verpflegung sonst gut, Stimmung mies.

Nach der Besichtigung in der Fst großer Rundgang im Gelände, ob panzergünstig oder nicht. Vorläufig tiefer Sumpf. Aber dann! Auf Umwegen komme ich in mein Haus und erfahre da die Meldung, daß Seydlitz den Anschluß an die übrige Front hergestellt hat. Also nicht mehr Sack, sondern Sack mit schmalem Schlauch! Nicht mehr Insel, sondern Halbinsel. Eine ereignisreiche Meldung! Ob der Rundfunk etwas davon bringt? Als Siegesfeier gibt es Bohnenkaffee und Röstebrot. Sehr viele dienstliche Schreibereien und Anordnungen. Alles befindet sich in gehobener Stimmung als „ehem. Kesselangehörige". Um 20.30 h gehe ich zu Bett, werde aber oft gestört durch belanglose Anfragen etc. Es hat am Nachmittage übrigens Post gegeben, darunter 2 Briefe von Erika und schöne Kunstpostkarten.

Donnerstag, den 23. April 1942

Um 7.30 h aufgestanden, 10 Überläufer bei Olpke sagen interessant über Kuschelowo und Linje aus, außerdem über Belegungsstärken und Feuerstellungen. Es wird ein Feuerüberfall dorthin gemacht, um die Bst in Kuschelowo etc. zu vernichten. Der Iwan grault sich am meisten vor unseren Abprallern. Der Artillerieflieger kreist ständig, um die von uns aufgeklärten bzw. vermuteten Batterien zu finden. Auf den Straßen lebhafter LKW-Verkehr. Vermutlich karrt Iwan Munition gegen uns.

Lt. Schöps soll als Verpflegungsoffizier zum Regimentstab und Eicholz wird statt meiner die Batterie übernehmen, und ich soll als O I zum Regiment. Ganz neue Perspektiven. Ich kann mir unter diesem Posten sehr wenig vorstellen, ist m.E. ein Harmonika-Bereich, je nach Passion umfangreich oder eng umrissen. Es gibt ja eine gewaltige Umkarrerei durch den neuen Regts-Kdr.!!

Am Nachmittag gingen Berner, Riedel und ich zur Fst, um Schöps wegzubringen. Es fällt uns allen recht schwer, uns von ihm zu trennen, da er ein so prächtiger Kamerad ist. Und was er für die Infanterie geleistet hat – für uns alle mit! – ist groß. Und die Fst hat er in wenigen Tagen auch in Schwung gebracht.

Dann kommt Lt. Pochhammer zum Abendbrot. Ich gehe dann noch mit zu seinem Bau, esse Nudelsauce und höre Musik. Und dann was ganz Eigenartiges: Kurz vorher haben wir Linje in Brand geschossen. Pulverdepots detonierten, Iwan kann nicht mehr löschen. Wir sitzen vor dem Haus auf einer Bank und sehen in den Feuerschein, so gewaltig, wie bisher selten. Der Mond steht als Sichel zwischen weißen Wolken. Und wir hören: Beethovens 9. Symphonie. Dieser Abend war zu eigenartig: Krieg in grausiger Form und dann diese herrliche Musik, die zu den Herzen sprach. Neben mir Pochhammer, wir sind Freunde geworden. Und keiner von uns konnte das sagen! Und ich als Älterer hätte natürlich etwas sagen müssen. So blieb es unausgesprochen. Ich weiß jetzt, was es heißt: Ein verschlossener Mensch zu sein. Sprechen wollen und nicht können! Das hat bei mir der Krieg gemacht. Man fürchtet sich vor jeder Regung, beargwöhnt jedes Wort, das das Sachliche vielleicht verläßt und ins Seelische abgleitet. Und dann diese herrliche Musik, die eine Bahn zwischen P. und mir schuf. Zu traurig!

Um 24 h ging ich ins Bett, Iwan schießt mit 17 cm nach Ssebesh, wahrscheinlich, weil ihn Linje geärgert hat! Wie mag es da aber auch aussehen!

Freitag, den 24. April 1942

In der Nacht nur 2x Störungsfeuer bei Riedel und Berner. Dann 7 h aufgestanden. Ich muß die Berichte anfertigen über unsere „Leistungen" während der hiesigen Kampfperiode. Wir kommen auf recht beachtliche Dinge: Abgeschlagene Angriffe, zerschlagene Bereitstellungen, zerstörte Geschütze etc. Brennende Dörfer!

Gestern kam noch Post, u.a. ein Brief von Erika mit Fotos vom 31.1. und ein sehr ausführlicher Brief von Fräulein Schlegelmilch.

Ich habe alle Briefe und auch die dienstlichen Sachen fertiggestellt. Es ist eine Beruhigung, denn nun muß ich ja bald den ganz Krempel übergeben und dies wird mir zur Gewißheit durch A.T.B. Am 26.4. um 12 h ist Übergabe zu melden. Ich bespreche diese Einzelheiten mit Hptm. Hoeckner.

Oblt. v. Maltzahn besucht mich ausgiebig zu Kaffee und Röstbrot. Batterie macht ein Fliegerschießen auf eine Batterie bei Kuschelowo. Kaum ist das beendet, schießt sich der Russe auf unsere Fst ein. Und dann kommt der Feuerüberfall von 2 Batterien. 1 Granate schlägt neben dem Vermittlungsbunker ein, OKan. Ferl schwer (Lungendurchschuß), Ogefr. Wulf leicht verwundet. Andere Granaten, auch Blindgänger, in, vor und hinter der Fst. Ich gehe zur Fst und treffe meine Anordnungen. Die Hälfte der Kanoniere verläßt die Fst und schläft beim Batl. und beim s.IG-Zug. Der Russe schießt Störungsfeuer in der ganzen Umgebung, auf Belj, Fst leider auch und auf die Straße. Pochhammer hatte sich angemeldet, blieb aber zu Hause, da er in eine Granate fast hineingelaufen wäre. Es ist so: Wenn man auf Bst Beschuß hat, so gehört das eben dazu, aber die Fst ist es nicht gewöhnt, und es sind dort auch zu viele Menschen. Hoffentlich geht alles gut. Um 22.30 h zu Bett.

Sonnabend, den 25. April 1942

Die Nacht war sehr unruhig. Alle Viertelstunde schoß der Iwan Störungsfeuer, oft 2 Schüsse zugleich. Aber die Schüsse lagen alle zu weit. Aber die Angst um das Leben der Kameraden. Neue Fst ausgesucht, vorher noch alles andere geregelt. Dann nach Senjkowo mit Hptm. Roediger und Hoeckner und Eicholz, um die Fst auszusuchen. Dann zur Bst. Nachmittags bei Riedel, Moldenhauer, Hornung, Batl. v. Oertzen. Am Abend, nach herrlichen Bratkartoffeln, gehen Eicholz und ich noch zu Berner und dann noch zu Pochhammer. Gegen 22 h zu Bett. Für Morgen ist mancherlei geplant, viele Wege etc.

Sonntag, den 26. April 1942

Um 7 h stehen wir auf. Wieder herrliches Wetter. Es scheint so, als könne es hier gar nicht viel regnen. Nach dem Frühstück erscheint Pochhammer. Er schenkt mir ein Bild von sich. Danach scheint er mich doch zu vermissen, wenn ich einmal weg bin von der Batterie. Ich bringe es sogar fertig, ihm zu sagen, wie leid es mir tut, daß wir uns trennen müssen, denn wir wären gute Freunde geworden! Er macht noch einige Aufnahmen von mir. Er geht noch ein Stück mit.

In der Fst verabschiede ich mich. Alle arbeiten Tag und Nacht, um den Stellungswechsel schnell zu vollziehen. Berner und Riedel schießen sich bereits ein: Also ist die Infanterie keinen Augenblick ganz ohne Feuerschutz.

Zur II. Abtlg. Ich melde meine Beförderung, die mir gestern Abend mitgeteilt wurde. Mittagessen. Alle sind besonders nett zu mir. Kommt es, weil ich befördert bin? Weil ich jetzt aus dem Dreck heraus bin? Am Nachmittag gehen Eicholz und ich zur Protzenstellung. Antreten, Ansprache, Spiegeleier zum Abschied, Strafbücher, Brieftagebuch. Rückmarsch. Abendbrot bei Abtlg. Führerrede in Wiederholung. Mir wollen immer die Tränen kommen. Ist es die Ruhe nach der Nervenanspannung? Gegen 22 h zu Bett.

Montag, den 27. April 1942

Ich habe unruhig geschlafen, vermutlich, weil alles viel zu ruhig war: Kein Geschieße!

Dann langsam Packen der Klamotten („Katastrophengepäck!") und Abfahrt mit dem Beiwagenkrad nach Igoshewo. Meldung beim Kdr. und Adj. 1. Einräumen und Eintasten. Völlig neue, fremde Umgebung. Der Adju. teilt mir meine Arbeitsbereiche mit. Am Nachmittag fahren Kdr. und ich zur Fst 4. Batterie, suchen Feuerstelle für 8. und 9. und schwere Batterie aus. Die 4. hat einige Schuß gefeuert, schon feuert Iwan mit schweren Sachen in die alte Fst! Das macht Freude. Andererseits: Man hält den Atem an, wegen der Gefahr, die über uns geschwebt hat. Glückwunsch zur Beförderung von Oberst Stuppi. Rückfahrt.

Es ist doch recht kalt. Intendanturrat Dr. Engel hat Courvoisier mitgebracht. Ein herrlicher Tropfen. Lange erzählt, bis 24 h.

Dienstag, den 28. April 1942

Um 6 h aufgewacht, aber erst um 8 h aufgestanden. 9 h Frühstück. Ich gehe zum Geschäftszimmer und lese Regiments- und Divisionsbefehle. Wehrmachtspfarrer Roethig besucht mich, und ich begleite ihn in sein Haus: Sehr nett eingerichtet, persönliche Note! Mittagessen, dann Kartenarbeit. Berichte für das Kriegstagebuch des Regts und das Propagandawerk „Festung Demjansk" gesichtet. Weg zu Fuß und mit Motorrad nach Jermakowo erkundet, unpassierbar für Kübel. Lange in den Berichten geblättert.

Der Russe versucht, die Dörfer in Brand zu schießen. Gestern 114 LKW der SS T-Div. verbrannt. Also müssen wir raus aus den Dörfern.

Der Kdr. ist ein sehr arbeitsamer Mann, der alles in Schwung bringt. Ein Geschütz der schweren Abtlg. soll zur Südfront geschafft werden. LKW der Flak wird hierzu losgeeist. B-Abtlg. 5, Lichtbilder von den Fst etc.!!

„Wenn einmal diese ganze Welt
zerschlagen wird, in Staub zerfällt,
am Jüngsten Tag, nach Gottes Rat:
Dann bleiben auf den Trümmern steh'n
und werden sich ins Auge seh'n
der ew'ge Gott und der Soldat."

Dieses Gedicht las mir der Kdr. vor. Es soll ein Flieger gedichtet haben. Es ist 24 h.

Mittwoch, den 29. April 1942

Ich bin gleich eingeschlafen, es ist ja eine ganz andere Tageseinteilung als sonst. Spät aufstehen, spät zu Bett. Und sonst: Früh zu Bett, früh auf, da richtete man sich nach dem Iwan. Aber wie weit ist man hier von den „Natur"gegebenheiten entfernt. Hier schiebt man alles in die richtigen Bahnen: Ia, Ib, etc. Während vorne die Granaten sprachen! Hier ist elektrisches Licht, eine gepflegte Tafel, nichts Besonderes, aber sehr kultiviert. Eine sehr anregende Unterhaltung. Und Radio!!

Frühstück um 7.30 h, Abfahrt 8 h mit Kdr. zur I. schweren Abtlg. Größerer Ärger über eine steckengebliebene Zugmaschine der 1./s.AA 48. Hptm. Ehlers, Oblt. Hardt werden angekurbelt. Dann Ritt zu den Batterien, 2./48 bei Domaschinanski, 1./48 beim Stellungswechsel, 10. Beutebatterie, die ziemlich verwahrlost aussah. Dann Rückritt über den vorbereiteten Waldweg. Essen bei der Abtlg. (süße Graupen), Weiterfahrt zum I.R. 89. Schöne russische Teppiche an den Wänden, sehr gepflegte Umgebung. Wir sehen einen russischen Tiefangriff von Ratas, die Benzinbomben abwerfen. Podsossonje brennt. Wir kommen nicht durch den dichten Qualm: Fahrzeuge, Benzin!! Warum geht nicht alles in den Wald? Ich wäre froh, wenn wir aus dem Dorf heraus wären, denn sicher ist man in der HKL vor den Fliegern. Auf einem Umweg geraten wir fast in den Morast. Schwierig, den Wagen wieder flott zu kriegen! Dann in Demjansk Vorbereitungen, einen Stalintrecker zu erhalten. Ein Angehöriger der Korpsnachr. 50 verteidigt ihn sehr zäh, ein kleiner Gefreiter, 22 Jahre alt, „Bubi" genannt, Werkstattkompanie aufgesucht. Gefangenensammelstelle. 388 Gefangene, davon 100 arbeitsfähig. Wir bestellen davon 20 Stück!!! Abendbrot, die besprochenen Punkte werden notiert zur Erledigung am kommenden Tag. Vorbereitung für morgen.

Ich habe Post erhalten. Und für die Rückreise steht mir, auf Anerbieten des Kdrs. der Luftkurier zur Verfügung!! Sodaß alle Briefe bis Berlin im Flugzeug mit Kurier gehen. Wie wird sich Erika freuen! Um 23.30 h zu Bett.

Donnerstag, den 30. April 1942

Um 7 h aufgestanden. Bei Radiomusik Morgenlesung! Tagebuch! Gerade wird gespielt „Hochzeitstag auf Troldhangen". Ein kurzer Brief an Erika, der mit Kurier fort soll. Mancherlei Besprechungen, Telefonate, Stalintrecker etc. 10 h Abfahrt zur Südfront. Fst der schweren Batterie besichtigt, dann zur III. Abtlg. Dort Mittagessen. Hptm. Hoeckner erhält die II. Abteilung. Am Morgen fuhr Major Wrede in Urlaub. Ob für längere Zeit? Er ist überglücklich.

Dann Rückfahrt über Meglino, Batterie Stern.

Am Vormittag Überreichung des EK I und EK II an Bahlke und Kilian wegen Abwehr der nächtlichen Angriffe der Fallschirmjäger auf St. Tarassowo.

Sperrfeuer werden besprochen.

Kaffeetrinken. Oberwachtm. Schröder 5./12 erhält das EK I verliehen. Sein brummiges Gesicht, auch bei freudigen Dingen, macht mir sehr viel Spaß. Er erhielt es für die Verteidigung am

Sterch- und Sseliger-See. Dann bei Oblt. Bausch Essen, Eau de vie getrunken. Sehr viel erzählt. Es war eine sehr offene Unterhaltung seinerseits. Er ist außerordentlich schwankend nach beiden Seiten. Abendbrot. Unterhaltung. Kdr. erzählt tolle Streiche: Leitungsprobe, Luftschutzwart, Verkauf eines Eßzimmers. Mir taten die Kiefer weh vor Lachen. Gegen 23 h zu Bett. Das muß noch früher werden.

(Aussagen eines übergelaufenen russ. Artillerie-Lts!!)

Freitag, den 1. Mai 1942

In der Nacht verschiedene Anrufe wegen Sperrfeuer etc. Man rechnet mit Angriffen anläßlich des 1. Mai! Tag der Weltrevolution. Aber groß können sie nicht gewesen sein. Um 7 h aufgestanden, Brief an Erika, der mit Kurier weg soll.

Anruf Oberst Stuppi, der sich beklagte, die Artillerie hätte in der Nacht „versagt". Großes Toben durch Kdr., der deswegen vermutlich ins Gelände fahren will. Und ich wollte mich doch endlich an das Kriegstagebuch begeben. Es ist notwendig, daß ich mich abseits vom Geschäftszimmer aufhalte, denn sonst werde ich erheblich beschäftigt. Aber ich muß „Ausweich-Bst" haben.

Am Nachmittag fahren Kdr., Oblt. Bausch und ich nach Penjkowo, um dort den Ausbau der Fst anzusehen. 1./48, 8. und 9., die wieder umziehen soll und muß, da Iwan erheblich in die Gegend geschossen hat. Sehr schöner warmer Tag, und die Wolken sind wie an einem herrlichen Sommertag. Am Abend ereignet sich nichts Besonderes. Um 24 h zu Bett. Das ist mir viel zu spät.

Sonnabend, den 2. Mai 1942

Um 7 h aufgestanden, wieder nichts Neues. Ich sehe mir die Fst des Panzergeschützes bei Igoslewo an, ändere etwas ab, treibe mich in der Umgebung herum, habe nichts zu tun, aber Briefschulden in rauhen Mengen. Das kommt daher, daß ich meine Zeit nicht so einteilen kann, wie ich wohl gerne möchte. Außerdem ist es eine Tatsache, daß der Kdr. in seiner intensiven Arbeitsvitalität alles in Bewegung halten kann. Ich bereite eine große Planpause vor (Fst, Sperrfeuer etc.), auf die der Kdr. größten Wert legt. Nach dem Essen reiten Kdr. und ich aus. Es macht Spaß, nach langer Zeit mal wieder Galopp zu reiten: Wann war es wohl das letzte Mal? Ich weiß es nicht mehr. Aber es war mir eine Freude zu spüren, daß trotz der traurigen Erlebnisse mit den Pferden im Winter die Freude am Pferde sofort wieder erwacht.

Dann gehen wir zur Feier des 2. Mai auf den Platz mit dem Maibaum. Volkstänze: Es beginnt ein kleines Mädchen, das ganz reizend tanzt. Jede Tänzerin gibt ihren Tanz an die Nachfolgerin ab, indem sie vor ihr aufstampft. Leider können nur die Älteren die Volkstänze. Ein Bursche, sehr gelenkig, tanzt ganz ausgezeichnet. Ansprache des Ortskommandanten mit Dolmetscher. Dann feiern wir im Stab bei Kaffee und Röstbroten den 2. Mai. Immer sehr nette Unterhaltungen. Und so vergeht der Abend, ich mache einige Rundgänge, erhalte einen Brief von Erika, den ich zu beantworten versuche. Nach dem Abendbrot noch lange erzählt, vorher Saunabad. Um 23 h zu Bett.

Sonntag, den 3. Mai 1942

Um 7 h aufgestanden. Es hat geregnet, leise und warm, deutlich ist das Wachsen zu spüren, auch während der Fahrt, die Kdr. und ich zur 123. I.D. machen. Jeratowo, dann zu Oberst Kowall (A.R. 123), sehr müde, resigniert und nervös. Er besitzt kaum noch eine intakte Batterie, alles aufgegeben bzw. vernichtet. Dann zu Hptm. Lany (I/526), Nachfolger von Major Thiel, der mit Hptm. Müller fiel. Wir essen dort zu Mittag, sehr netter Adjutant (Ostpr.). Dann Rückfahrt. Kaffeetrinken. Ich mache einige Besuche, schreibe vorher, während Kdr. schläft, an Erika. Dann gehe ich zu Major Aßmann (Kdr. Nachr.Abtlg.). Hptm. Wiese (Ic), wo ich Oblt. Blohme treffe, der mich nach seiner Verwundung in Gorbowo im Rechenzelt aufsuchte. Fabelhafte Erscheinung, auch damals seine Haltung.

Abendbrot, nachher Gespräche im engsten Kreise über die Grenzen von Philosophie, Theologie und Religionsphilosophie. Sehr interessant, auch dient es zur eigenen Klärung. Kdr. ist Jurist, daher besonders für klare Formulierung! Meine Beobachtung: Eine Zeitlang, beim Stellungskrieg an der Nordfront, hatte ich manchmal „Sprachstörungen", mir fehlten die richtigen Worte. Ich spüre jetzt, daß es nur mangelnde Übung war. Gut, daß ich jetzt etwas mehr Gelegenheit habe. Wir tranken leicht Cognac.

Montag, den 4. Mai 1942

Um 7 h aufgestanden. Heute brauche ich nicht mit dem Kdr. zu fahren. Nebenbei ist es kühl und regnerisch. Also werde ich wohl schreiben und arbeiten können. Plantisch-Arbeiten müssen erledigt werden. Am Vormittag verstärkt sich langsam aber sicher der Eindruck, daß an der Nordfront (Slodary, Bojary) sich etwas zusammenbraut: Durch einen Einschnitt sieht man über einen Hügel lange Kolonnen von Infanterie, etwa 3000 Mann insgesamt, ziehen, meist in kleineren Trupps, die, als sie Beschuß von uns erhalten, im Laufschritt vorübertraben. Als vorsorgliche Maßnahme wird die Batterie Stern dorthin angesetzt. Zuerst einmal Stellungswechsel vorbereitet, am Nachmittag arbeite ich am Kriegstagebuch, habe viele Pläne, ordne zuerst einmal die ganzen Aktenstapel. Mit Hptm. Husen trinke ich Kaffee. Es ist ein nettes Arbeiten mit ihm, und ich erhalte hier einige Einblicke in die ganze Arbeit eines Regimentstabes. Gegen 20 h kommen Kdr. und Bausch zurück, Beide frieren. Herrliches Abendbrot, Birkhahn mit Tunke und Kartoffeln. Und da der Kdr. zur Division geht, gehe ich um 21 h zu Bett. Das tut auch mal gut. Herrlich geschlafen.

Dienstag, den 5. Mai 1942

Um 7 h aufgestanden, es hat geschneit und ist dementsprechend kalt. Kaffeetrinken, es gibt Marmelade. Erstaunlich, wie sehr man auf Süßes gierig ist. Gestern habe ich eine halbe Tafel Schokolade sofort verschlungen. Meine Ernährung war während des Winters wohl doch sehr einseitig. (Sauerkraut, niemals frische Gemüse in Konserven, meist nur Trockenbohnen etc.) Obwohl man mit Vitamin-Tabletten und Drops sehr vorsorglich war. Ich arbeite am Kriegstagebuch. Nachmittags fahren Kdr. und ich an die Südfront. Bei III./12, dann zur Fst 4./12, die nicht gut aussieht, dann zum Batl. v. Oertzen, dann zum Batl. Vogel. Dieses hat sich ganz besonders schön angesiedelt. Leider treffe ich trotz Vereinbarung Lt. Pochhammer nicht an, irgendwie haben wir uns verfehlt. Es tut mir furchtbar leid. Wir besprechen die Frage des Kriegstagebuches. Denn diese Sache drängt gewaltig.

Herrliches Abendbrot, Bratkartoffeln. Ich gehe früh zu Bett. Am Vormittag wurde ich gegen Typhus geimpft. Furchtbare Schweinerei, anschließend wird mir sehr übel.

Mittwoch, den 6. Mai 1942

Abfahrt um 8 h Uhr nach Demjansk, dort Unterredung mit Oberst Schulz wegen Munition, dann Weiterfahrt durch teilweise schwierige Wege (es lag Schnee!) bis Krasnaja Gorka. Dort stehen Reitpferde. Widerlicher Weg, die Pferde sanken bis an die Knöchel ein, ständig Schritt, über Pessi Konez und Krinokino nach Fst 5. Dort Besichtigung: Ich traf meine alten Bekannten wieder. Domansky war typisch aufgeregt, furchtbar ängstlich, leicht übelnehmerisch. Dann Mittagessen bei Hptm. Günzel, Weiterritt zur Batterie von Zydowitz, einem Jahrgangskameraden von mir. Ein frischer, lebhafter Kerl, wir hatten manche Erinnerung. Dann Besichtigung der 7. Batterie, Abritt nach Kriokino. Dort Besuch bei I.R. 48, Oberstlt. Schröder, meinem alten Batls.Kdr., der mich immer, wenn er mich sah, gewaltig anschiß. Ich konnte es am Schluß nur als Zeichen seines Wohlwollens buchen, aber die Form war so eigenartig. Ein sehr netter Bunker, riesige Kamine, schöne Bilder. Ein militärischer Polterkopf, aber grundehrlich. Weiterritt, bei furchtbarem Schneesturm und eisigem Wind. In Gorka gehe ich zu Oblt. Ummus, meinem alten Kameraden vom Vormarsch, der uns mit heißem Tee, übrigens ganz echtem, empfing, der uns wunderbar gut tut. Die Rückfahrt ging ganz gut, nur wurden die Wege immer weicher. Herrliches Abendessen. Mir fallen die Augen fast zu. Ein Kurzschuß bei der 10. Beutebatterie.

Donnerstag, den 7. Mai 1942

Um 4 h ging der Apparat. Es zeichnet sich deutlich ab, daß der Russe seinen Aufmarsch beendet hat und zur Bereitstellung übergeht. Artillerievorbereitung, die Einschläge gehen weit ins Hinterland (s. T.F., „Tiefengliederung"). Einige Bomber und Jäger werfen über Demjansk Bomben, gewaltiger Rauch. In Krutiki sind 11 Panzer, an anderer Stelle ebenfalls. Wir schießen mit allen Rohren in diese Ziele. Die Panzer wollen vorwärts, aber die Infanterie macht nicht mit. 11.35 h Stukaangriff, leider nicht auf Krutiki, sondern auf Bol. Samoshje. Vielleicht waren dort noch größere Ansammlungen? Es ist ein ziemlich lebhafter Tag. Der Kommandeur rennt ständig umher, ruft reihum die Abschnittskdr. an, meldet, läßt sich melden. Es ist ja auch sein erster „Kriegs"tag als RegtsKdr. Ich gestehe, ich bin ganz ruhig und schreibe am Tagebuch. Da waren ja wahrhaftig auch ganz andere Tage in Belj. Es gibt jetzt so etwas wie: Alte Fronthasen.

Lt. Ihlefeld (2./12) gefallen, Stabswachtm. Uhthoff leicht verwundet. Und so vergeht der Tag. Ich habe wenig freie Zeit, muß ständig auf Draht sein, ständig Meldungen entgegennehmen.

Sehr lange dauert die Zusammenstellung der Meldungen. Erst um 23.30 h ist alles fertig. Während bei der Batterie das Tagewerk um 20 h geschafft war!

Freitag, den 8. Mai 1942

Ich bin sehr müde. Wenig ausgeschlafen, da die ganze Nacht das Telefon ging. Sperrfeuer, Störungsfeuer etc. Das Unangenehmste waren ja die Panzer, die auftauchten, vor der Front stehen blieben und feuerten. Rege Fliegertätigkeit, Bombenwürfe. Wir hoffen, daß wir bald unsere Bunker beziehen können. Und dann den ganzen Tag über Angriffe mit Panzern. Sie sollten zweifellos der Infanterie den Weg bahnen, taten es auch, brachen auch in die eigenen Linien ein, aber die russische Infanterie folgte nicht. Man stelle sich einmal vor, wir hätten Panzer! Das gäbe eine üble Überraschung für den Iwan.

Wir verfolgten die Taktik, die Panzer von der Infanterie zu trennen. Dies gelang auch: Feuergürtel dazwischen. Um 16 h dringen 4 Panzer ein. Einzelne Panzer werden durch Einzelkämpfer erledigt (Oblt. Osterhold etc.) Unsere Verluste sind schwer. Andere Panzer rollten nach Hause. Den ganzen Tag über schweres Artilleriefeuer.

Und was habe ich gemacht? Ich kann mich noch nicht an die völlige andersgeartete Tätigkeit gewöhnen. Sonst war ich immer mit eingesetzt und machte Meldungen, jetzt nehme ich Meldungen entgegen.

Tagebuch, wieder erst um 23 h zu Bett. Und zu eigener Tätigkeit komme ich gar nicht. Kaum einmal zum Schreiben.

Sonnabend, den 9. Mai 1942

Es ist ganz eigenartig, sich die Taktik des Russen vorzustellen. Die höchste Führung ist glänzend, Transportwesen etc. Unvorstellbar die Mitte. Es versagt die mittlere Führung. Eine Systematik ist nicht zu erkennen. Mal Fliegertätigkeit, ohne daß etwas nachfolgt. Dann Artilleriefeuer ins Hintergelände, dann ein Infanterieangriff, aber ohne Artillerievorbereitung. Oder aber: Panzer fahren in Schußweite auf, feuern, und die Infanterie folgt nicht. Anstatt durchzustoßen und der nachfolgenden Infanterie den Weg zu bahnen.

Viele Telefonate. Das erschütterndste war das über die Verwundung und den raschen Tod von Oblt. Bölt. Mit mir in Jüterbog, zur gleichen Zeit im Regiment, er jung verheiratet, hat seinen Sohn Hans-Jürgen noch nicht gesehen. War lange im Regimentsstab, meldete sich freiwillig wegen Unstimmigkeiten mit Oberst Noeldecken zur Front. Es erschüttert mich tief. Die arme junge Frau! Dazu wohnt sie noch in Rostock, wo in den letzten Tagen die furchtbaren Bombenangriffe waren.

Sonntag, den 10. Mai 1942

Von hier ab nur kurze Eintragungen, da die Ereignisse an der Front und die Rückwirkungen mich stark beschäftigen. Und außerdem bin ich jetzt ja nicht mehr Herr meiner Zeit wie in der Batterie: Hier bin ich eben 3. Rad an einer zweirädrigen Gig (Kdr. und Adj.). Aber es wird mir schon gelingen, irgendwie meinen Modus zu finden.

Spät aufgestanden, sehr müde und schlapp. 10 h Sauna-Bad mit anschließenden Kopfschmerzen.

Harte Kämpfe an der Nordfront: Flieger, Artillerie, Panzer. Nur der Russe ist laurig und folgt nicht den vorgehenden Panzern. Große Aufregung hier auf dem Gefechtsstand. Ich habe großen Ärger mit der Abendmeldung, die nicht rechtzeitig eintrifft und dann muß ich noch jedes Wort rechtfertigen. Kleinkram! Heftige Kämpfe um „Kalte Ecke", „Naht", Stützpunkt Hartmann. Stukaangriff. Viele Verluste. Verschüttung von Bst. Um 22 h zu Bett.

Montag, den 11. Mai 1942

Warmes, bedecktes Wetter, teilweise Regenschauer, Beisetzung von Bölt und Ihefeld und Webel. Husen und ich bleiben hier. Ich klappe etwas mit den Nerven zusammen und muß mich hinlegen. Der Arzt findet natürlich nichts Besonderes. Weihe und Stern sind nachmittags da, Stern mit 4 Stalin-Zugmaschinen: Große Parade. Ich kann jetzt immer früh zu Bett gehen. Als ich vor dem Zubettgehen noch auf die Straße gehe, treffe ich Obervet. Dr. Reuter, mit dem ich sehr schnell in Kontakt komme. Er fragt mich in konfessionellen Dingen um Rat. Er ist katholisch, seine Braut evangelisch, seine Mutter alt, seine Schwiegereltern sehr streng denkend. Es scheint, als würde ich hier doch nette Kameraden finden.

Dienstag, den 12. Mai 1942

Warmes Wetter. Kdr. und Bausch fahren bei gutem Wetter an

die Nordfront, besichtigen einige Batterien und suchen den SS-T-Nachbarabschnitt auf. Abends bringen sie Oblt. Arno Breitmeyer (Mörserchef), ich kann mich aber um 23 h zurückziehen.

Es ist toll, was ich alles tun soll: Kartenwesen, Plantisch, Feindbatterien, Vitamintabletten und Lebertran zum Essen, Pünktlichkeit beim Essen. Alles Dinge, die sonst niemand angreift. Aber das regt mich im Augenblick nur auf, weil mir die Nerven etwas weggesackt sind. Abends werden Hechte mitgebracht, die mit Handgranaten gefangen wurden. Natürlich!

Wir essen Birkhähne, die eigentlich zum Abschiedsessen für Major Joerges bestimmt sind.

Breitmeyer, kolossal von sich eingenommen, mit gespreiztem Wesen, widerlich.

Mittwoch, den 13. Mai 1942

Regenwetter. Breitmeyer fährt ab. Ich erledige mancherlei Schreibkram. Am Nachmittag will Kdr. zur Südfront fahren, aber das Wetter ist zu schlecht. Also Kaffee, Berichte, Schreibkram. Mißliche Stimmung. Ich werde sehr scharf angefahren, weil ich eine Meldung wegen Zuführung einer frz. Beutebatterie 5 Minuten nach Eingang der Meldung mache und nicht sofort! Gut, daß man zwei Ohren hat. Abends Major Aßmann und Lt. Dichelmann (Nachr.Abtlg.) bei uns zu Gast, rauchten unsere letzten Gästezigarren auf.

Donnerstag, den 14. Mai 1942 Himmelfahrt

Zuerst Regen, dann Sonne. Fahrt zur Südfront, dort Essen. Fst 9. Batterie, Ritt zur Fst 3, Protzenstellung 4. und 3. in einem Bachgrund. Kaffee bei II./12, meiner alten Heimat. Neue Fst für den Mörser ausgemacht, Fahrt nach Sabolotje etc. Bei Oberst Stuppi, der im Keller beim Abendbrot saß. Rückfahrt bei herrlicher Abendbeleuchtung. Ich habe mein Herz an diesem kümmerlichen Boden hängen, den man so lange Zeit umkämpft hat. Und dann sitzt ja immer noch mein Freund Werner Pochhammer, den ich oft anrufe. Könnten wir uns doch bald wieder treffen!

Freitag, den 15. Mai 1942

Regenwetter. Der Bunker ist bald bezugsfertig, es ergeben sich aber noch viele Probleme, wie die Räume zu belegen sind. Jedenfalls brauche ich nicht in den Bunker zu ziehen, sondern werde einen eigenen Bunker beziehen, in der Reihe der Bunkerkolonie. Viel am Kriegstagebuch gearbeitet. Es ist trockene, mechanische Arbeit. Früh zu Bett.

Seit Dienstag ist Schöps mit den LKWs unterwegs, um Marketenderwaren aus Staraja Russa zu holen. Eine nicht ganz ungefährliche Sache, da die Straße noch nicht ganz frei ist. Er ruft aber bereits aus St. an und hat gute Erfolge.

Sonnabend, den 16. Mai 1942

Nichts Besonderes, am Nachmittag um 4 h bin ich bei Roettich zum Kaffee. Spaziergang bei herrlichem Wetter.

Es gibt ständig Unruhe wegen irgendwelcher Neuerungen, die angegriffen werden: Mal ist es der Mörser, mal die B-Abteilung, mal die Beutebatterie, mal die Treckerfrage. Das Bedauerliche: Keine Dienstzeit, aber auch keine Freizeit. Es wird hohe Zeit, daß ich einen eigenen Bunker einrichten lasse. Was sonst sich an diesem Tage ereignet hat, weiß ich nicht mehr.

Sonntag, den 17. Mai 1942

Sehr viel Betrieb mal wieder. Morgens kommt Hptm. Pade, Chef 6./12, der nach Hause in Urlaub fährt. Er ist ganz zappelig.

Fragen wegen Ballonbatterien, die sowohl den Ballon steigen lassen als auch Leute für die Beutebatterie abgeben sollen. Zur Klärung erscheinen die Chefs etc. Außerdem Mörserfrage. Unsere Torte können wir kaum essen, übrigens ein Meisterstück an Findigkeit vom Obergefr. Stephan: Apfelsinen, Sahne, leichter Boden. Ganz erstaunlich!

Der Bunkerbau macht gute Fortschritte, aber: Grundwasser. Es quietscht bereits durch die Ritzen! Que faire? Ein Graben muß gezogen werden mit Strauchdrainage. Das leitet unser Bursche, der Landschaftsgestalter Nitsch mit Russen, die sehr viel Geschick hierfür haben.

Reger Flugbetrieb. Großer Ärger wegen Tagesmeldung. Ich muß um jedes Wort feilschen. Ich werde es anders machen: Streichen, was mir zu viel erscheint und kurze knappe, wesentliche Sätze.

Montag, den 18. Mai 1942

5 h aufgestanden in Kdrsbunker gelesen und geschrieben: Das war sehr schön, vor allen Dingen ruhig. 11 h Fahrt zur Südfront (1./48), wunderschöne Bunker, Essen bei III./12. Dort zufällig

Flivo zur Luftflotte Generaloberst Keller, Oberst Lorenz, I.R. 376, V.B. 8./12: Herrliche Landschaft. Kaffee und süße Kuchen bei Hptm. Wolf, der in einem schönen Walde wohnt und, wenn erregt, wie Rudolf Artur Roberts spricht. Prächtig, dieser Weltkriegsteilnehmer, Studiendirektor, der immer vorne ist, wenn es windig ist. Ich werde durch den langen (?!) Weg sehr müde. Dann noch zur Mörserstellung, aber ohne Mörser. Nach Demjansk, wo wir den Lt. Vogel mit einem Teil seiner Last treffen, und in Trab bringen. Abendbrot. Post vorgefunden, früh zu Bett. Ein schöner Sonnentag!!!

Dienstag, den 19. Mai 1942

8 h aufgestanden, am Kriegstagebuch gearbeitet. Nichts Besonderes hat sich ereignet.

Mittwoch, den 20. Mai 1942

Großkampftag an der Südfront. Viele Einzeldinge und Telefonate hin und her. Volltreffer in Feuerstelle 1./48, 2 Geschütze ausgefallen, viele Verwundete. Zwischendurch wird der Mörser feuerbereit gemacht. Lt. Schöps geht zum Batl. Vogel, um als V.B. für den Mörser zu wirken und die Verbindung als AVKo herzustellen. Große artill. Vorbereitung durch den Russen, gewaltiger Munitionsaufwand. Rege Lufttätigkeit. Ein russischer Bomber stürzt brennend in unser Dorf. 10 Häuser brennen ab, darin die Stabspferde der Division. 8 Tote, manche Verwundete. Detonationen. Der Stab muß flüchten und kehrt bei uns ein. Oberstlt. v. Collani arbeitet als Ia weiter. Stukas im Hintergelände. Feldwache ist in russischer Hand. Beim Gegenstoß fällt außer Feldwebel Meyer auch mein lieber Freund Werner Pochhammer. Ich hatte die letzten Tage immer eine bange Ahnung seinetwegen. Wir hatten verabredet, uns bald zu treffen. Selten hat mich ein Tod eines Kameraden so erschüttert wie dieser. Denn ich hatte ihn so liebgewonnen; diesen etwas müden, aber durchaus ehrlichen und vornehmen Kerl. Dieser verfluchte Krieg. Alle meine Freunde raubt mir der Krieg! Felix v. Ludwiger, Wolf Raithelhuber und nun noch Werner Pochhammer. Abgesehen von manchen, die mir nicht so nahe standen. Es ist ein Jammer. Und dann seine Eltern! Erschütternd sein Heldentod. (Mit diesem Wort bin ich sehr sparsam!)

Am Abend ist es ruhig, herrlicher Abendhimmel. Ich schlafe

im Bunker auf einem Feldbett des Kdrs., der mich in seiner Nähe haben will, falls etwas passiert.

Donnerstag, den 21. Mai 1942

Wieder ein Großkampftag stärksten Ausmaßes. Stukas waren versprochen, konnten aber wegen der tief hängenden Wolken nicht starten. Die hätten Maßarbeit leisten können. Pausenlose Angriffe der Russen auf breiter Front. Riedel macht sich ganz groß und kämpft wie ein Löwe: Zerschlägt Bereitstellungen, vernichtet MGs etc. Leider sind Panzer bei Mal. Wragowo in unsere Stellungen eingedrungen. Unser Betrieb hier: Telefonate, Verschönerungen des Bunkers, Kartenarbeit, Briefe, kleine Spaziergänge, Sorgen um Munition, um Zugmaschinen, qualmendes Holz, Tagesmeldungen, lange Gespräche mit dem sehr nervösen Kdr., der alles nicht schnell genug hat, für den es keine Schwierigkeiten gibt, wenigstens nicht für andere. Er ist eine ständige Unruhequelle. Das muß noch anders werden. Um 23.30 h zu Bett (Feldbett).

Freitag, den 22. Mai 1942

Sehr viele Telefonate des Panzerschutzes etc. Was mich stört, ist das ständige Mißtrauen, das der Kdr. gegen seine Untergebenen zeigt. Es ist nämlich nicht mehr Friede, wo das berechtigt ist, sondern Krieg, wo es um das Ganze geht. Und wir alle haben bewiesen, daß wir wußten, worum es geht.

Ich fahre einmal rasch nach Borok, wo die Beerdigung von Lt. Pochhammer stattfindet, ebenso die von Feldwebel Meyer. Ein sehr schöner Friedhof, gut angelegt, sehr gepflegt. Ich nehme Abschied.

Anschließend versuche ich, einige Kameraden aufzusuchen.

Rege Flugtätigkeit, Stukas, etc. Aber nun soll es an anderen Stellen losgehen, bei Staraja Russa? Wieviel Verluste mag der Russe haben? Vor Ssebesh allein 600 Tote!! Aber was sind das alle gegen unsere Verluste! Ein Werner Pochhammer wird ja dadurch nicht ersetzt.

Sonnabend, den 23. Mai 1942

Es ist trübes Wetter, Die Ju 52 fliegen nichts als nur Munition. Vor Kp. Vogel zählt man 1600 tote Russen. Und wieder beginnen die pausenlosen Angriffe. Unsere Leute können kaum in die Stellungen, so zäh und klebrig ist der Lehm. Gegenstoß?

Ganz unmöglich!

Wie macht es der Russe? Aus 3 Divisionen werden 2 gemacht: Neuer Angriff, aus 4 Regimentern 2: Neuer Angriff. Bisher fehlt nur noch ein frisches Regiment. Aber auch das wird wohl noch erscheinen.

Ich habe Schreibarbeiten zu erledigen. Was eigentlich? Es ist ja alles so belanglos! Und vorne fehlt es allenthalben. Was schaffe ich tagsüber? Der Tag wird begrenzt durch Morgen- und Abendmeldungen und den steten Ärger.

Am Nachmittag Fahrt mit Kdr. zu 1./48 und Ballonbatterie. Bei 1./48 Beschuß. Die Bedienung räumt die Fst. Wir legen uns auch platt. Besuch bei Oberst Stuppi. Munitions- bzw. Transportsorgen. Der PR-Mann Lt. Ploetz erscheint. Sehr nett unterhalten. Bis 24 h gelesen, bei Benedictine. Es gab Post und 8 Zigarren.

Pfingstsonntag, den 24. Mai 1942

Morgens sieht es zuerst recht freundlich aus, aber nasses Licht. Alles ist mit Birkengrün geschmückt im Bunker, auch draußen die Häuser. Das ist wirklich ermutigend und erhebend, daß der Deutsche seine Bräuche überallhin mit hinnimmt. Das Festgeschenk waren 8 Zigarren, gute Holländer. Ein Genuß nach dem leckeren Bohnenkaffee. Dann wieder Regenwetter.

Pausenlose Angriffe auf Kulotino. Überläufer berichten von den schweren Verlusten der Russen. Unruhiger Vormittag, ständig Telefonate, die sich nach der Lage erkundigen. Am Nachmittag zu Tee und herrlichem Gebäck General und Oberst v. Collani. Nette Unterhaltung. Oberzahlmeister Gehrmann erscheint. Es wird Skat gespielt. Deswegen kann ich mich verdrücken. Ich lese Ulrich Sander: „Der Mittwochnachmittag". Sehr nett. Um 22 h zu Bett.

Pfingstmontag, den 25. Mai 1942

7.30 h aufgestanden. Regen, Regen! Mörserchef Oblt. Busch erscheint und fährt weiter zum Batl. Vogel. Lt. Wolter übernimmt die frz. Beutebatterie. Ich ziehe mich zurück zu schreibe: Im Bunker ist mir zu viel Lärm und Betrieb. Jedes Wort und jedes Telefonat muß man sich mit anhören, um auf dem laufenden zu sein. Wäre ich heute bei meiner Batterie, es wäre ein beschaulicher Tag, trotz Kampflage.

Die Munitionierung ist wegen Regen und Schlamm sehr schwierig. Kämpfe bei Charkow! Eine Festzigarre, das ist jetzt das

Schönste. Ich handele des Obersten Zigarren gegen Zigaretten.

Heute ein schwerer Tag für die 4. Batterie: Volltreffer auf Bunker, 3 Tote. (Hole, Stank, Hoffmann) Der Bunker war zu groß und zu wenig fest. Jetzt werden stärkere und kleinere in die Erde hineingebaut. Ich gehe um 23 h zu Bett.

Dienstag, den 26. Mai 1942

6 h aufgestanden, um Briefe zu schreiben. Artileristische Lagemeldung ist fällig, Ich mache die Vorarbeiten den ganzen Tag über. Abends gelesen, Spannung zwischen Stuppi und Hoeckner. Regen, Regen. 23 h zu Bett.

Mittwoch, den 27. Mai 1942

Es ist etwas heller geworden. An der Lagemeldung gearbeitet und sie beendet. Viel gelesen: „Olga, das Mistvieh" von Hermann A. Funke. Ulrich Sander: „Sturm in den Dünen". Der Oberst ist unterwegs, dann kommen Husen und ich zum Arbeiten. Ballon steigt hoch. Ruhiger Verlauf an den Fronten. Regen hat etwas nachgelassen.

Donnerstag, den 28. Mai 1942

Ich komme nicht mehr aus dem Bunker raus, nur Schreibkram, Telefonate, Meldungen etc. Ich werde langsam, aber sicher, nervös.

Kdr. fährt weg, zum Mörser, zur 1./48. Dann ist es immer sehr ruhig und gemütlich. Abends großer Umtrunk. Vor den Bunkern gestanden, sehr interessante Charakteristiken.

Freitag, den 29. Mai 1942

Wunderbar Sonne, es ist so herrlich nach all' den Regentagen. Um uns her entsteht ein Park. Kdr. fährt mit Bausch über Land zur Südfront. Ballon steigt hoch, Artillerieflieger schießt mit 8./12 und bekämpft eine Batterie. Schöps kommt von seinem Auftrag bei Batl. Vogel zurück. Post, Bilder. Berner ist schwer verwundet. Schöps und ich fahren nach Meglino, um eventuell während der Nacht bei ihm zu bleiben. Als wir hinkommen, ist er bereits ½ Stunde tot. Um 24 h zu Bett.

Sonnabend, den 30. Mai 1942

Das Wetter ist recht brauchbar. Man bekommt allmählich Frühlingsgedanken, so schön warm ist es. Im Nebenraum gesessen und geschrieben, Brief an Erika. Große Mückenplage. Mein Bunker wird bald fertig sein. Furchtbar gelangweilt. Telefonate, Besprechungen. Obervet. Dr. Leuschow erscheint. Kaffee im Park. Post von Erika. Bilder von Roloff. (Film) Es ist so schönes Wetter, daß ich einen Waldlauf mache. Draußen, auf einer Waldwiese, habe ich mich, richtig taumelig vor Frühlingslust, auf dem Boden gewälzt. Anschließend in die Sauna gegangen. Das Abendbrot stehend verzehrt, da zu viele Mücken. Um 21.30 h zu Bett. Wunderbar geschlafen.

Sonntag, den 31. Mai 1942

Ich wollte ganz früh aufstehen, um endlich mal freie Zeit für mich zu haben, werde auch um 5 h wach, aber schlafe wieder ein. Um 6.30 h gelingt es mir, mich zu erheben. Es ist herrliches Wetter. In Nametschi ist Pferdeverteilung. Wunderbares Material aus Deutschland und den Ostgebieten. Letten sind mitgekommen, ein toller Pferdemarkt!

Am Nachmittag ist Beerdigung von Lt. Berner in Borok. Anschließend Kaffeetrinken mit Gebäck beim Regimentsstab. Schöps, Leuschner etc. pp. sind da. Ziemlicher Betrieb. Ich fuhr noch mit Krad ins Lazarett, um Lt. Wolter aufzusuchen. Vermutlich hat er Fleckfieber. Bausch hat Uffz. Abend und ist morgens ziemlich erschossen, der Oberst ist beim General. Daher kann ich früh zu Bett gehen. Bald wird mein Bunker fertig sein. Darauf freue ich mich, auf die etwas private Sphäre.

Montag, den 1. Juni 1942

Regenschauer. Am Vormittag besucht Kdr. den schwer verwundeten Wüstenberg. Sonst nichts Neues, keine direkte Arbeit: Arbeit strecken, umherstehen. Um 14.30 h Start zur Südfront. Zuerst zur 9. Batterie, die wir um 14.30 h beim Skatspielen überraschen. Die 4. bei heftigster Arbeit (ich hatte schnell anrufen lassen!), dann zur 8. und zum Ballon. Es war sehr viel zu laufen, wir kamen müde zurück. Bis 24 h geklönt. Ich wäre fast umgefallen vor Müdigkeit.

Dienstag, den 2. Juni 1942

Um 7 h aufgestanden, recht müde und schlapp, unlustig. Es ist nur elender Schreibkram zu erledigen. Friedel wird angekündigt, er würde heute erscheinen, und schon ruft er selbst aus

Demjansk an. Einige Stunden später erscheint er mit Krüger-Haye und Staudinger.

Major v. d. Hude (A.R.123) erscheint. Abends lange mit Friedel erzählt; herrlich, einiges aus Brüel zu hören.

Oblt. Neumann und Lt. Eßlinger (Ballonbatterie) bringen Rundbilder mit.

Mittwoch, den 3. Juni 1942

In der Nacht wird Höhe 130 von den Russen besetzt. Oblt. Hubert im Gegenstoß schwer verwundet.

Die 3 Leutnants fahren ab. Friedel aus Familientradition zur 4., Staudinger zu 8. und Krüger-Haie zur 9.

Kdr. und ich fahren zum Korps. Besprechungen mit Major Kramer (wegen Major Wrede) mit dem Flivo. Oblt. Eichholz schwer verwundet auf meiner Bst. Augenlicht! Auf der Fahrt nach Meglino treffen wir Oblt. Huber in Sanka. Eichholz treffen wir in Meglino, als er verladen wird. Am Nachmittag ist der General zum Kaffee bei uns.

Sehr viel Post. Ich habe Ärger wegen der Abendmeldung. Es ist furchtbar: Wegen eines Ausdrucks oder einer Zahlenangabe (völlig belanglos!) kann der Schreiber dann alles neu tippen. Der Oberst muß noch sehr viel ruhiger werden.

Donnerstag, den 4. Juni 1942

6 h aufgestanden. Im Bunker Brief an Erika geschrieben. Man muß sich die freie, mir allein gehörende Zeit stehlen. Oblt. Köster übernimmt die 4. Batterie. Mittags Lt. Plötz. (PR-Mann) Ich vertrete den Adjutanten. Major Lang erscheint. Sehr lange und nette Unterhaltung. Post erhalten, Brief an Mutter.

Ich glaube, ich fülle deswegen meinen Posten nicht aus, weil mir dies hier alles wie Etappe vorkommt und ich an die Front gehöre. Anstelle, daß sich meine Nerven erholen, werde ich immer nervöser und gereizter und dadurch ich selbst mit mir selbst unzufrieden. Entweder, ich komme wieder an die Front oder aber ich werde nervöser.

Freitag, den 5. Juni 1942

Heute ist Hans Geilings Geburtstag.

Furchtbare Mückenplage. 6 h aufgestanden, Tagebuch ergänzt. Neumann erscheint, außerdem Hptm. Günzel und Oblt. Jung.

Sie wollen Beide versetzt werden, furchtbare Streiterei. So erreicht man beim Oberst nichts. Dann wird er ärgerlich und kühl. Ich kenne das sehr gut.

Übrigens lerne ich ja beim Stabe sehr viel. 1) Sehr viele Menschen und Dienststellen. 2) Etwas vom Schriftkram. 3) Das ist das Wichtigste: Es wird überall mit Wasser gekocht und es sind alles Menschen. Beziehungen spielen die allergrößte Rolle. Kenne ich den Leiter des Sägewerkes, müßte es doch komisch zugehen, erhielte ich dadurch nicht Bretter außerhalb des Dienstweges. Etc. pp. Diese Liste wäre noch beliebig zu verlängern.

Vorbereitungen für das Fest am Abend.

Oberstlt. Joerges erscheint: Ehrenzug. Kaffeetrinken im kl. Kreise, AbtlgsKdr. der Südfront. Zwischendurch Briefe geschrieben und Abendmeldung. Ein herrliches Essen, Rotwein. Erschütternde Szenen zwischen Kdr. und Oberstlt. Joerges. Um 6 h Schluß.

Sonnabend, den 6. Juni 1942

Alles ist sehr müde, teilweise weintot. Ich halte die Stellung bis 14 h, dann zu Bett. Abends Sauna. Früh zu Bett.

Sonntag, den 7. Juni 1942

Kdr. fährt an die Nordfront, daher ruhiger Tag im Bau. Gelesen, dann Lagemeldung (10 Tagesmeldung), sehr ausgedehnte Mahlzeiten. Abends früh zum Bunker, u.a. Brief an Erika geschrieben, bis 23.30 h. Gegen 0.45 h ruft Friedel an. Alles in Ordnung, herrliches Wetter war heute. Rege Fliegertätigkeit.

Montag, den 8. Juni 1942

7 h aufgestanden. Warmes Wetter. Gelesen, geschrieben. OB bei Division. Telefonate. Zahlmeister kommen. Kdr. zum Pakschießen. Geschrieben.

Neue Erkenntnis: Ich muß mich sehr viel zurückziehen, um zu mir selbst zu kommen!

Angriffe vor Belj: 200 Russen in eigener Stellung, Lurtonhöhe. Hat Lt. Jarchow versagt? Große und lange Telefonate deswegen. Oblt. Fischer nimmt die Stellung im Gegenstoß.

Oblt. v. Hartwig erscheint. Ballon wird beschossen, ohne Erfolg. Friedel berichtet nichts Neues. Bis 22 h geschrieben. Rege Fliegertätigkeit.

Ich habe jetzt Sorge um Friedel, denn ich weiß ja, wie es dort unten dreckig sein kann. Nun verstehe ich aber auch, wie furchtbar die Spannung für Erika sein muss. Ich kann schnell anfragen, Erika ist auf meine Briefe angewiesen.

Dienstag, den 9. Juni 1942

Um 7 h aufgestanden, geschrieben, Haarschneider. Nach dem Essen geschlafen. Skizzen über Feindbatterien. 16.30 h Oberstlt. Joerges und Oblt. Langenstein mit Hptm. Müllensiefen und Lt. Weyel (Aufklärer) zum Kaffee. Lange Erzählungen. Briefe und Bilder von Erika. Herrliche Aufnahmen. Um 22 h zu Bett.

[An dieser Stelle steht – dick blau umrandet:
Hier fehlen die Tage vom 10. – 12. Juni 42
K.-M. D.]

Sonnabend, den 13. Juni 1942

Ich fahre zur Nordfront: I. Abtlg. Major Luhmann und Oblt. Froelich, 2. Batterie, Artillerieberg. Auf dem Rückweg SS–A.R.-Führer aufgesucht. Sehr interessante Einblicke. Aufnahmen von Fst etc. pp.

Regenschauer auf dem Rückweg. Jus starten in rauen Mengen: Imposantes Bild, obwohl mir ein D-Zug-Wagen auch sehr sympathisch wäre.

Abends gemütlich bei Rotwein und Zigarre gesessen bis 24 h. Es war sehr gemütlich: Nach des Tages Arbeit...

Sonntag, den 14. Juni 1942

Ruhiger Vormittag. Ich habe Briefe geschrieben, die Stellungskarte bearbeitet. Nach dem Essen Pistolenschießen (II. Preis). Und dann Besucher am laufenden Band, sodaß es sogar dem Kdr. zu viel wurde. Herren vom A.R. 123, von der Division etc.

Abendmeldung.

Kurzschüsse bei der 8. durch Lt. Staudinger.

Besäufnis Oblt. Köster bei Hptm. von Oertzen. Schriftliche Meldungen und endlose Telefonate. Rotwein und Benedictine. Lange und laute Gespräche zwischen Bausch, Todtenberg und mir.

Montag, den 15. Juni 1942

Ich soll die 4. Batterie übernehmen. Eine verfängliche Frage des Kdrs: „Sie freuen sich doch wohl?" Ich antwortete: „Es kommt sehr überraschend." Es sind sehr zwiespältige Gefühle. Ich freue mich riesig. Erika wird sehr traurig sein.

Lt. Staudinger wird vom Oberst verhört und gestaucht. Mittags Verhör Oblt. Köster. Ich fahre mit Hptm. Hoeckner und Oblt. Köster zur Südfront. Zuerst zur Abteilung, dann noch spät zu Bst.

Dienstag, den 16. Juni 1942

1 h Ankunft. Oblt. Bahrt schlief sehr fest. Bis 7 h gepennt und dann zur Fst. Friedel meldet. Lange mit ihm erzählt. Mit Hptm. Hoeckner getroffen. Wir gehen beide zu v. Oertzen. Abends mit Friedel zur Abtlg. Sehr netter Abend. Hoeckners Rede auf Gebrüder Doering. Mit Friedel und Staudinger zurück. 1 h zu Bett.

Und vor vier Jahren war Polterabend. Ich schreibe in diesen Tagen verliebte Briefe an Erika.

Mittwoch, den 17. Juni 1942

Auf Bst Schreibkram aufgearbeitet. Telefonate etc. Einige Einschläge. Ob sich der Feind absetzt?

Stellung an der Rollbahn abgegangen. Große Veränderungen seit dem Winter. Ein eigenartiges Gefühl, den KpGefechtsstand zu betreten, in dem zuletzt, als ich dort war, mein Freund Werner Pochhammer wohnte. Überhaupt die Erinnerungen! Unterhaltung mit Oblt. Fischer.

Abendbrot. Gegen 22 h zu Bett. Die Nacht verlief ruhig. Kan. Werner erscheint auf Bst, Obergefr. Ohde jage ich wegen Dickfälligkeit weg. Und vor vier Jahren war Hochzeitstag. Ich denke doch sehr viel daran.

Donnerstag, den 18. Juni 1942

5.30 h aufgestanden. Brief an Erika. Mit Tank zu Lt. Riedel (V.B. rechts) und dann zur Fst. Ritt zur Protzenstellung (Taps). Besprechung, Schreibstubenarbeiten, Ritt zur Abtlg. Abendbrot und Sekt. Rückmarsch zu Fuß. Lebhaftes Geballere an der Rollbahn. 24 h zu Bett.

Freitag, den 19. Juni 1942

Mutters Geburtstag.

Gelesen, Telefonate, geschrieben. Fübs auf B I. Einschläge sehr nahe bei uns. Mittags geschlafen. Sehr viele Telefonate: Es ist klar, nun stürzt sich alles auf den neuen Führer, und er muß sich erst allmählich hineinfinden. (Heydolph, Blumerich zum Trompeterkorps) Austausch der VBs. Kaffeetrinken anläßlich Mutters Geburtstag. Gang zum Batl. Vogel. (mit Kan. Werner). Graaf Egbert-Zigarre!!

Mörserchef Busch. 200 Schuß für ihn freibekommen. Krähen über uns. 0.30 h zu Bett. Das ist ungefähr die Zeit, bis zu der der Russe angreift. Und so lange bleibt man zweckmäßig auf, weil man sonst doch stets durch Telefonate gestört wird.

Sonnabend, den 20. Juni 1942

8 h aufgestanden. Gelesen, geschrieben. In der Fst aufgeräumt: Es war alles naß, verschlammt, ein wenig erfreulicher Anblick, außerdem etwas schläfriger Betrieb. Es ist doch deutlich zu merken, daß in letzter Zeit häufig Wechsel war. Das muß völlig anders werden. Außerdem habe ich ja auf meinen Besichtigungsfahrten genügend Fst gesehen. In der Fst zu Mittag gegessen. Am Nachmittag bei Kp. Schulz. Es war Regenwetter. Eine wunderbare Krähe „Jakob" ist bei Schulz. Den Rest des Tages auf Bst. Früh zu Bett.

Sonntag, den 21. Juni 1942

Ein sehr beschaulicher Sonntag: 9 h aufgestanden, es gab Brotsuppe zur Streckung der Portionen. Lange mit Werner erzählt, meist aus der Heimat. Gelesen, geschrieben. Salat gepflanzt. Nachmittags ausgiebig Kaffee getrunken, (Gebäck, Marmelade), gute holl. Zigarre geraucht. Früh zu Bett.

Montag, den 22. Juni 1942

Mit Lt. Staudinger zu Lt. Riedel, Scherzer, Hornung und Moß. Auf dem Rückweg völlig durchnäßt. Ich hatte es mir so gemütlich vorgestellt: Umziehen und dann einen warmen trocknen Bunker zu haben: Auch mein Bunker leckt! Wir helfen uns so etwas mit Zeltbahnen. Die einzig trockene Stelle ist über den Betten und das ist allerdings sehr viel wert! Ich ziehe mich um und lege mich zu Bett. Geraucht und geschlafen. Große Mückenplage. Unter dem Schleier geschlafen. Viele Telefonate.

Mein Umzug hat sich reibungslos vollzogen: Es ist ja meine alte Batterie!

Dienstag, den 23. Juni 1942

Wir haben gestern sehr viel vom 22. Juni vorigen Jahres gesprochen, und wenn man einmal im Erzählen ist, hört man so leicht nicht auf. Könnte man in der Verfassung wie vor einem Jahr noch einmal einen anständigen Vormarsch mitmachen! Wo mögen wir den 22. Juni 1943 verbringen?

Gelesen, geschlafen. In der Nacht erscheint ein Spähtrupp vor Kastenwäldchen: Viele Telefonate. (Milch für Reis, alles Batteriekleinkram, aber wesentlich. Höchst wichtig sogar!) Nachmittags mit Wulff und Staudinger zum Batl. Vogel (Baumbeobachtung) zur Höhe 130 und zu Oblt. Fischer. Viele Mücken, zwischendurch Regen. Russische Fübs im Hintergelände. Er hat von uns gelernt: Feuerzusammenfassungen.

Im Bunker ist bald alles wieder trocken. Herrlich ruhiger Abend.

Mittwoch, den 24. Juni 1942

Ottos Geburtstag.

9 h aufgestanden, Brief an Erika, gelesen Ziemlich viel Lärm bei Höhe 130. Oblt. Weihe erscheint. Er soll mich für einige Tage vertreten, damit ich ungestört mich um die Protzenstellung kümmern kann. W. geht die Stellungen ab. Stärkeres Art. Feuer auf unsere Fst. Steht ein russischer Angriff bevor? Oder hat der Russe Scheinbatterien und karrt während der Nacht umher? Es knallt wenigstens während der ganzen Nacht. So hat man mir erzählt. Gehört habe ich selber nichts.

Donnerstag, den 25. Juni 1942

Über Fst und Abtlg. gehe ich zur Protzenstellung. Mit Dulisch zum Batl. v. Hassel, wo man uns einen starken Negrita-Rum einflößt. Sehr gefährliches Zeug. Ich bin sehr müde. Abends erscheint noch Friedel, der zum 2./48 an der Nordfront kommandiert ist und deswegen sehr schimpft. Wir unterhalten uns längere Zeit abends. Ich schlafe im Hause des Wachtm. Dulisch. Es ist rührend, wie er für mich sorgt. Wenn ich komme, stehen immer Himbeeren und Milch da oder Eier aus dem Dorfe.

Freitag, den 26. Juni 1942

Geburtstag von Hptm. Hoeckner. Ich rufe bereits morgens an, die Einladung gilt erst für 16 h. Friedel ist weg. Er fährt irgendwie mit einem Krad zum Regiment. Nachmittags erscheint der RegtsKdr. zum Kaffee. Abschließend große Fete. Hptm. Pade, Roediger, etc. Ich mache viele Bilder von der Terrasse. Es ist außerordentlich gemütlich. Ich schlafe bei der Abtlg, weil mir der Weg zur Protzenstellung zu lang ist. Bis 0.30 h getagt, gewaltige Mückenplage.

Sonnabend, den 27. Juni 1942

Morgens nach dem Kaffeetrinken zur Protzenstellung. Gewitter kommt auf. Telefonate. Gelesen, unterhalten, Unterschriften in großer Anzahl. So richtig gefaulenzt. Abends Uffz. Abend. Es war recht gemütlich.

Sonntag, den 28. Juni 1942

Spät aufgestanden. Es ist ein Idyll: Ich benutze Dulischs Waschsachen. Gelesen, Radio. Für diese Erholungstage in der Protzenstellung habe ich mir den Apparat kommen lassen. Mittags zur Abtlg. Domansky ist da. Ich erzähle ihm von Wachtm. Schulz, daß er selbständiger Schießender ist. Daraufhin wird er ihn wohl gerne zurücknehmen. Tatsächlich!

Mit Schöps zur Protzenstellung zurück. Er macht einige Aufnahmen. Gelesen und geschrieben. Wunderbares Konzert!! Spät zu Bett. Es ist aber auch zu gemütlich: Vor der Tür der Bach.

Montag, den 29. Juni 1942

Ursel Klingenstern hat Geburtstag.

9 h aufgestanden. Gelesen, unterhalten. Briefe geschrieben. (Ich habe nämlich einige Sachen von Bst kommen lassen)

Abends wieder wunderbares Konzert. Schoepe war hier, wir haben uns angeregt über Fotos unterhalten. In der Nacht Regen. Glewe erscheint. Früher Vertrauensperson für die Artilleristen bei der Infanterie. Er hat sich aber alle Arbeit weggeschustert und einen Mitarbeiterstab um sich versammelt. C'est tout. Ich lüfte ihn gewaltig.

Das Konzert aus Straßburg war sehr gut, meist unbekannte Meister.

Dienstag, den 30. Juni 1942

Spät aufgestanden. Der letzte Urlaubstag. Es regnet. Briefe geschrieben, restliche dienstliche Sachen erledigt. Stabsarzt Dr.

Uthoff ißt bei mir zu Mittag, zum Tee gehen wir zur Abtlg. Kdr. und ich gehen zur Fst zur EK-Verleihung. Kdr. geht zu einem Trunk zu v. Oertzen, ich zur Bst. Alles in bester Ordnung. 23 h Lärm. Kleiner Angriff oder Spähtrupps bei Riedel.

Mittwoch, den 1. Juli 1942

Kurzschüsse an der Rollbahn. Wie meist, ist so etwas nicht zu klären. Jedenfalls lange Telefonate.

9 h aufgestanden. Brief an Erika beendet. Mittags geschlafen. Zum Kaffee Oblt. Fischer bei mir, aktiver Jungbannführer in Malchin, der mir gegenüber recht kühl und abwartend ist. (Es wird festgestellt, daß das Geschütz 200 m zu kurz schießt.) Wachtm. Schulz, der die ganze Zeit hier auf Bst einen erdenklich faulen Tag führte, begibt sich auf mehrfaches Drängen an die Front!!! Sewastopol ist gefallen.

Es gibt Post. 22 h zu Bett.

Donnerstag, den 2. Juli 1942

6.30 h aufgestanden. Brief an Erika und Hptm. Husen, dessen Vater gestorben ist. Gelesen. Briefschulden aufgearbeitet. Nachmittags gelesen, an der Front sehr ruhig. Wir arbeiten abends an unserer Bst, bauen einen neuen Bunker für das Scherenfernrohr und tarnen. Um 1.30 h zu Bett. Anruf Husen: Regimentsgeschichte ist nicht richtig geführt worden. Ich bin ziemlich platt. Das muß doch ein Irrtum sein, dann ist da irgendeine Mappe nicht aufgefunden worden.

Freitag, den 3. Juli 1942

9 h aufgestanden. 10. Kp. und ich haben starken Beschuß. Von Artillerie ist nichts zu sehen. Infanteristisch ist nichts los. Große Aufbauschung nach oben hin. Das Regiment (I.R.) meldet: „10. Kompanie hat Stellung geräumt" an A.A. Dieses gibt das wieder über unseren Dienstweg zurück, und so erfährt Lt. Schulz, daß seine Kompanie die Stellungen geräumt haben soll. Nun Beschwerde von unten herauf. Gegen Mittag geht der Ballon hoch: Sofort hört das üble Geballere auf. Das Essen wird später. Anschließend völlige Ruhe. Was bedeutet das Ganze? Verschuß der letzten Munition vor dem Stellungswechsel. Geschrieben. Abends schießen wir Vergeltungsfeuer auf die vorderen Linien des Russen.

Sonnabend, den 4. Juli 1942

9 h aufgestanden. Über Batl. v. Oertzen zur Fst. Dort zu Mittag gegessen (Graupen mit Milch). Dann zu den Kp. rechts der Rollbahn (Sonnenberg, Hornung, Moß). Völlige Ruhe überall. Herrlicher Spaziergang bei herrlichem Wetter. Um 23 h Angriff des Iwan bei Vorpostenwäldchen. Tolles Geballere. Anschließend Ruhe.

Sonntag, den 5. Juli 1942

9 h aufgestanden, mit Lt. Schulz, der mich auf der Bst besuchte, MG-Stände bekämpft. Bis 12 h erzählt. Plötzlich ein Angriff genau wie in der Nacht! Nur statt der roten Leuchtkugeln ein Pfiff des Kommissars. Man hat den Eindruck, als müßte es geübt werden, weil es in der Nacht nicht geklappt hat. Diese Sturheit, an der gleichen Stelle anzugreifen, wo unsere Geschütze doch genau eingerichtet sind!

Dann zur Fst. Kaffeetafel der Uffz. Röstbrot mit Schokoladenpudding. Sehr gemütlich. Mit Dulisch und Begerow zu Pferde über die Rollbahn. Iwan schießt auf uns. Wir entkommen ihm aber. Dann zur Abtlg. Um 23 h zurück.

Brief von Horst Lieder und Frau v. Stenglin.

Bis 1 h geschrieben.

Montag, den 6. Juli 1942

Vaters Geburtstag.

9 h aufgestanden, geschrieben, gelesen. Ich verbringe jetzt gern einige ruhige Stunden am Scherenfernrohr. Am Nachmittag bekämpfe ich einen Baumbeobachter mit gutem Erfolg. Baum zersplittert!

Gelesen, Tank und Blumerich erhalten Urlaub. Tank und wir alle sind ganz aufgeregt vor Freude.

Kaffee und Zigarre. 22 h zu Bett. Um 23.45 h Angriff von Riedel abgeschlagen.

Es wird bald zu einer Gewohnheit: Entweder er kommt um 23.45 h oder um 0.45 h. Vorher – das hat man so im Gefühl – wird alles eingerichtet, und dann geht es wie ein Uhrwerk los.

Setzt er sich ab, daß er immer diesen Angriffsschwung vortäuscht? Denn tagsüber ist jetzt nichts mehr zu sehen.

Dienstag, den 7. Juli 1942

8 h aufgestanden. Ich halte jetzt am S.F. immer so eine Art Stille Zeit. Es ist die schönste und beste Gelegenheit. Ich bin jetzt auf Baumbeobachter scharf. Urlaubsfragen für Tank.

Gelesen und geschrieben. Wir machen eine Zigarettenspitze aus Birkenholz. Es ist sehr heiß. In der Nacht sehr reger Flugverkehr („Krähe") mit Brandbomben um unsere Bst. Um 1 h wird Tank wach: „Herr Oblt., ich kann gar nicht schlafen." Wir alle sind mit ihm ganz aufgeregt!!

Mittwoch, den 8. Juli 1942

6 h aufgestanden. Tank fährt ab. Zeit am S.F. Keine Beobachtung. Es ist sehr heiß. Nachmittags gehe ich zur Abtlg., treffe unterwegs den Mörserchef, Oblt. Busch. Ich fahre im Beiwagen mit. Wachtm. Weniger warnt uns. Wir fahren weiter und geraten in Granaten, die den Verkehr am Heldenfriedhof meinen. Von meinen 6 Überläufern, die auf dem Rückweg von der Feuerstelle sind, 3 tot, 2 verwundet. Wir kommen gut durch, etwa 80 km-Tempo durch Schlaglöcher.

Besprechung bei der Abtlg. Abends erfahre ich, daß auf dem Rückweg Oblt. Busch verwundet und sein Fahrer getötet wurde. Da wird mir doch etwas anders zumute. Dank für Errettung. 00.00 h zurück.

Donnerstag, den 9. Juli 1942

Kaum Artilleriebeschuß. 9 h aufgestanden. Wieder am S.F., dann zu den Kp. Schulz und Fischer. Nach dem Mittagessen gelesen und geschlafen. Dann über Batl. v. Oertzen, Fst, Scheinstellungen, Bunker dazu ausgesucht. Mit Ziegler und Roßband im Gelände. Lt. Riedel aufgesucht. Abends kalte Nudeln mit Schokolade! Rotwein. 0.30 h zu Bett. Eine ruhige Nacht.

Freitag, den 10. Juli 1942

8 h aufgestanden. Schwüle Luft. Scherenfernrohr. Brief an Erika. Völlige Ruhe bis zum Mittag. Diese Zeit gewöhnt sich Iwan für sein Störungsfeuer an. Telefonate. „Hungerpastor" von Raabe gelesen. Zum Tee Oblt. Sonnenberg. Briefe von Erika. Abends erscheint Lt. Staudinger. V.B.-Besetzung geregelt. 23 h zu Bett. Wir erhalten ein neues Rohr!

Sonnabend, den 11. Juli 1942

8 h aufgestanden. Staudinger geht zur V.B.-Stelle rechts. Telefonate. Bei dem Batl. v. Oertzen Besprechung mit Flakhauptmann. Zur Fst. Zur Scheinstellung und zur Kp. Grotefendt. Alles nur durch den Busch und durch Wiesen und Felder. Über Lt. Riedel zurück. Iwan übt eine neue Tour: Mit 4 Geschützen (7,62) karrt er mächtig umher und macht wilde Feuerüberfälle, meist ins Hinterland.

Wird es Regen geben? Päckchen von Erika. Brief an Erika. 22 h zu Bett. Schönes Wochenende.

Sonntag, den 12. Juli 1942

9 h aufgestanden. Telefonate, gelesen. Zu Mittag Milchgrieß. Geschlafen, gelesen, Kaffee, dazu Päckchen von Weihnachten!! Es war ein wirklich geruhsamer Sonntag. Iwan schoß zwar Feuerüberfälle, aber nicht in unsere Gegend, weit ins Hinterland. Ich habe lange Jahre hindurch nicht mehr so viel gelesen wie heute. 23 h zu Bett. Verhältnismäßig ruhige Nacht.

Montag, den 13. Juli 1942

8 h aufgestanden. Es ist ganz furchtbar mit mir. Ein toller Aberglaube: Am Montag soll man nichts beginnen! Literarisch ausgesprochen bei Hans Franck: „Die Krone des Lebens". Daher – ich stelle das sachlich fest – gehe ich meist montags nicht aus dem Bunker. Ich habe dadurch meist 2 faule Tage.

Trübes Wetter, gelesen, geschrieben, mittags gab es Post! Nach Tisch geschlafen. Das Essen kommt aus Fst meist gegen 1.30 h. Am Mittag Oblt. Fischer und Lt. Fiedelmeyer bei mir. Die Bank draußen eingeweiht. Nette Unterhaltung. Abends Briefe geschrieben. Fliegerschießen. Post von Erika.

Recht lebhafte Nacht. 0.30 h zu Bett. Kein Angriff der Russen.

Dienstag, den 14. Juli 1942

8 h aufgestanden. Telefonate wegen Urlauber. Briefe, gelesen, geschlafen. Es regnet ein wenig. Kdr. war zum Batl. Vogel und hat sich anschließend verritten. Dann holte ich ihn ab. Kaffee getrunken. Hinterher wieder auf den Weg gebracht. Briefe geschrieben. Um 1 h zu Bett. Telefonate wegen Kurzschüsse.

Mittwoch, den 15. Juli 1942

Morgens bei Kp. Fischer. Mit dem K 1, Obergefr. Ruhrberg, durch die Stellungen gegangen, um die Kurzschüsse festzustellen. Vernehmungen. Anschließend Vernehmungen in der Fst. Warnung an Uffz.Korps, einen zu gemütlichen Ton in Dienstsachen einreißen zu lassen. „Feuerkommando ist keine Gefälligkeit." Klare Feuerkommandos! Querbeet zur Abtlg. Kaffee getrunken. Mit Kdr. zur Protzenstellung geritten. Beförderung von Dulisch zum Oberwachtmeister. Mit Rum gefeiert. Erhebliche Ansprachen, Vermahnung etc. Über Abtlg. zur Fst und Bst.

Donnerstag, den 16. Juli 1942

8 h aufgestanden. Brief an Erika. Am Scherenfernrohr. K.b.V. Telefonate. Ruhrberg mit 3 Tagen geschärften Arrest.

In Protzenstellung findet ein Pferdeappell vor RegtsKdr. und Div.Vet. statt. Es hat blendend geklappt.

Gelesen, geschlafen. Uffz. Wülfing, der zu dem ROA-Kursus kommandiert war, aber dort keinen Erfolg hatte, besucht mich. Er möchte gerne zur alten Batterie zurück. Er ist ein prächtiger Kerl. Ich bringe ihn noch ein Stück. Wird er sich als ehemaliger Rekrut der Batterie auch als Uffz. in der gleichen Batterie durchsetzen können? Er kommt zur 3. Batterie.

Abendbrot, dann Telefonate. Ein deutscher Bomber wird abgeschossen, leider über russischem Gebiet.

23 h zu Bett.

Freitag, den 17. Juli 1942

4.30 h aufgestanden. Es ist schön ruhig um diese Zeit. Brief an Erika. Gelesen. 9 h mit Pferden zur Protzenstellung. Platzkonzert bei der 3. Batt. Schriftliche Arbeiten, Geheimtagebuch, Strafbuch etc., Urlaubsliste. Zum Platzkonzert in Wyssokuscha geritten, zur Protzenstellung zurück. Erdbeeren. Meine Kiste vom Regiment angekommen. Spät zurück auf „Lore".

Sehr unruhig geschlafen.

Sonnabend, den 8. Juli 1942

8 h aufgestanden. y-3-Tag. Ziemlicher Feuerzauber. Am Scherenfernrohr. Major Vogel und Lt. Olpke besuchen mich. Ich bleibe den ganzen Tag hier, nachmittags geschlafen, Füb der Abtlg. vorbereitet etc. Gelesen, geschrieben, erzählt, telefoniert. 23 h zu Bett.

Sonntag, den 19. Juli 1942

1940 bin ich mit meiner „Madeleine" gestürzt und brach mir das Bein.

Um 10 h aufgestanden. Karte an Erika, Telefonate. Iwan macht Großangriff bei Kulotino mit Trommelfeuer, Stalinorgel und Panzern. Bei uns alles ruhig. Es ist eigenartig, daß das auf bestimmte Abschnitte begrenzt bleibt. Geschlafen, gelesen: Karrasch, „Stein, gib Brot". Meine Leute gehen zum Kabarett und kommen begeistert wieder. Abends gibt es Kakao. Wir erhalten Munition. Brief von Erika.

Montag, den 20. Juli 1942

00.00 h Füb. Angriffe bei Kulotino. Wunderbares Wetter. 5 h aufgestanden. Gelesen, Briefe, Telefonate. Nach dem Mittagessen geschlafen. Post.

Den ganzen Tag Artilleriefeuer bei Kulotino und bei mir alles völlig ruhig. Gewitter. 22 h zu Bett.

Dienstag, den 21. Juli 1942

5 h aufgestanden. Briefe, Telefonate. Mit Kdr. zu Riedel und v. Oertzen. Kdr. geht allein zu Höhe 130, in der Zeit schlief ich. Dann gemeinsamer Kaffee. Sitzecke gezimmert. Bei Oblt. Fischer sehr gemütlich. In der Bücherkiste gekramt.

Art. völlig ruhig.

Mittwoch, den 22. Juli 1942

6 h aufgestanden. Gelesen. Joh. 15 gelesen. „Simplicissimus" begonnen. Telefonate, gelesen, geschlafen: Sämtliche Briefschulden erledigt. 23 h zu Bett.

Donnerstag, den 23. Juli 1942

5 h aufgestanden, Brief an Erika. Zur Fst, Abtlg., Protzenstellung. Kabarett, Abendbrot. Rückritt mit Kdr. Bomben auf Senjkowo und anderswo. Sehr unruhige Nacht: Überall Bombenwürfe, auch in großer Nähe. Unheimlich. Wie mag das erst in einer Großstadt sein! Hier ist unendlich viel Platz!

Freitag, den 24. Juli 1942

9 h aufgestanden. Briefe geschrieben. Scherenfernrohr, Telefonate, gelesen, geschlafen. Geburtstagsfeier von Dorothea (Deida)

Werner. 22 h zu Bett. Sehr schön von zu Hause geträumt.

Samstag, den 25. Juli 1942

5 h aufgestanden. Stille Zeit. Gelesen, geschrieben. Es regnet. Bei Lt. Schulz. Mein neuer Tisch vom Regt. kommt. Wir reißen einen Pfosten aus, damit der Tisch stehen kann. Wunderbarer Abendhimmel. Viele Bomben in ziemlicher Nähe. 23 h ins Bett. Oft aufgewacht.

Sonntag, den 26. Juli 1942

Es gab Post!

6 h aufgestanden, sehr trübes Wetter. Es hat wohl auch in der Nacht geregnet. „Stille Zeit". Das ist jetzt bei mir immer die gleiche Regelung: Fertigmachen, Stille Zeit, Brief an Erika. Meine Briefschulden sind aufgearbeitet, daher könnte es ruhig neue Post geben. Und dann habe ich gelesen: Predigt von Schloßmacher. Grimmelshausen ist beendet, Zeugnisse moderner Menschen. Zu Mittag gab es „längs der Rollbahn". Geschlafen. Das brauche ich jetzt, wenn ich immer so früh aufstehe. Aber schön ist diese Tageseinteilung. Zum Bohnenkaffee waren Oblt. Fischer und Lt. Müller (3./I.R.27) da, es gab außerdem noch Griesbrei. Ganz herrlich schmeckte das. Untere Terrasse haben wir so eingeweiht. Lange unterhalten. Ich habe mich bemüht, entsprechend der Erkenntnis der „Stillen Zeit" zu leben und mich auch zu unterhalten: Jeden Haß mit Liebe beantworten. Dazu gehört auch Abneigung. Es klappte alles wunderbar. Dann habe ich noch einen ruhigen Abend verlebt, lediglich mir bei Riedel verbeten, daß über einen wirklich guten Kaffee gemault wird. Denn man muß auch mal loben können. Das habe ich bei Zeplin getan. Um 22 h zu Bett. Seit ich „Stille Zeit" halte, wird jeder Tag zum Abenteuer und zum Prüfstein auf die Wirklichkeit des Wortes Gottes. Heute viel geschossen, „Ursula".

Montag, den 27. Juli 1942

5 h aufgestanden. Stille Zeit. Hans-Martin Geilings Geburtstag. Herrlicher Sonnenschein. Brief an Erika ist mir 2. und sehr liebe Gewohnheit geworden. Telefonate, die unbedingt zu führen waren. Gang zur Fst. Ansprache, RegtsBefehl, dann zu Oblt. Sonnenberg. Als ich dort war (die beiden VBs badeten in einem Granattrichter), riefen der Kdr. und Leuschow an, sie tränken bei

mir Kaffee, hätten mir aber dafür Blumen mitgebracht.

Oberstabsarzt Dr. Uhthoff erscheint zur Impfung sämtlicher Bst-Besatzung. Furchtbare Metzelei hebt an. Anschließend noch gemütlicher Kaffee mit Zigarre. Anschiß Staudinger wegen geöffneten Rockes. EK II für Werner. Große Freude und Feier. Er wurde abends richtig gesprächig. Dann gab es sehr viel Post, ein ganzer Stoß allein für mich, und alles sehr liebe und erwünschte.

Abends wurde mir der Regts.Kdr. für morgen angemeldet. Lange noch mit Werner unterhalten. 23.30 h zu Bett.

Dienstag, den 28. Juli 1942

5 h aufgestanden. Stille Zeit, Brief an Erika. Es gibt Brotsuppe. Ein Teller genügt völlig zur Sättigung. Dann gehe ich mit Werner zur Fst. Oberst erscheint, sehr freundlich, aber noch matt von seinem „Durchmarsch". Besichtigung der Fst klappte ausgezeichnet. Na, wenn ich auch nicht seine Tips kennte, die er den anderen Chefs gab! Ich gehe mit Stock zu Fst zurück, während die Herren zu den Bataillonen reiten. Bausch knipst und filmt am laufenden Band. Bei mir Besichtigung der Bst, des Abschnittes, dann Kaffeetrinken. Viel Spaß machten meine Fotos. Es dauerte lange, ehe man sich zum Gehen entschloß. Es war für die Batterie ein Erfolg. Etwas aufgeregt war ich doch, obwohl mir ja nichts passieren kann: Trotz schlechtester Leistungen wird man mich nicht nach Hause schicken. Aber man hat ja auch als Chef seinen Stolz. 22 h zu Bett.

Mittwoch, den 29. Juli 1942

5 h aufgestanden, Stille Zeit, Brief an Erika und andere Postsachen erledigt. Gelesen. Ich war ganz allein auf Bst, Werner besuchte die Rollbahn, Zeplin holte Essen. Werner soll zum Kursus des KOB nach Igoshewo. Fast trage ich meine Briefschulden ab!! Als ich mich nach Tisch hinlegen will, ruft Lt. Schulz an, er wolle mich besuchen. Aber dann bin ich doch noch schnell eingeschlafen. Kaffee getrunken, sehr lange erzählt. Recht gemütlich. Gelesen. Dienstsachen. Briefe von Friedel, Bauchbinden von Roettig und Todtenberg.

Gelesen. Tagebuch wieder aufgearbeitet von Sonntag an bis hierher. Vielleicht schaffe ich so viel, daß ich das ganze Stück von Mai bis heute zu Erikas Geburtstag abschicken kann.

H. will mich in die Protzenstellung verbannen. Ich mag nicht.

Ich bin stur und möchte gerne auf Bst bleiben. Er meint, ich könnte Erholung vertragen. Dann soll man mich nach Hause schicken, in Urlaub.

Ab Morgen soll Kino sein. Vorbereitungen dazu. VB Stelle rechts soll von Lt. Staudinger allein verwaltet werden. Dazu Uffz. Roßband. Riedel ist seit März, abgesehen von einer kleinen Unterbrechung anläßlich seiner Verwundung, dort am Kastenwald gewesen. Er hat eine Ausspannung sehr nötig. Und Staudinger muß ja auch einmal selbständig werden. 22 h zu Bett.

Donnerstag, den 30. Juli 1942

5 h aufgestanden. Stille Zeit über 2.Kor 5,17. Die Stille Zeit ist für mich dringend notwendig, um Klarheit über mich selbst zu bekommen. Aber wie ich mich nach Gemeinschaft sehne! Hätte ich doch Kinzel oder Beinhauer oder... Ich will nicht aussuchen, sondern warten auf den, den Gott mir schickt.

Brief an Erika, Frau Werner, Frau Pochhammer, Lübbe-Thurow.

Ich mache mich fertig zum Gang zur Abtlg. Ziemliches Regenwetter, Lehm. Kurz bei Kröplin (9. Batt.), dann bei der Abtlg. zu Mittag gegessen. Lt. Trefz hat einen Kopfstreifschuß! Er sitzt bei der Abtlg. Mit Hoeckner auf dem Weg zur Kirche Tarassowo zum Kino. Personalfragen beredet. Ich konnte leider meine Urlaubswünsche nicht anbringen. Aber vielleicht hat er schon etwas unternommen! Wochenschau „Charkow". Ergreifend der Vormarsch der Infanterie. Könnte man das noch einmal miterleben! Der Film „Der lachende Dritte" eine derb-komische Angelegenheit um eine Mistgrube. Um 18 h Chefbesprechung, anschließend Abendbrot und kleiner Umtrunk. Ich war sehr müde. Auf dem Nachhauseweg warf die „Krähe" erhebliche Bomben in die Nähe der Bst. Dort fand ich viel Post vor. Es ist deutlich zu merken, daß ich in der letzten Zeit mehr geschrieben habe.

Mit H. bespreche ich: Welches ist das einigende Band um Europa? Die Rassenfrage ist es ja nicht, denn Rasse sondert ab (siehe Slowaken). An dem Formübungen anläßlich der Begrüßung verschiedener Staatsoberhäupter erkennt man ja auch die Verlegenheit. Die Abwehr gegen den Bolschewismus? Ist nur eine negative Formulierung. Es muß eine positive Idee sein. Typenbildende Kraft. Europa war ja bereits einmal zur Zeit der Slawenstürme und der Kreuzzüge geeint unter der Idee des Kreuzes. Das band ja auch über Rassen und Nationen hinweg.

Zwang ist auch nicht ein Bindeglied von langer Dauer. Eine derartige Einung müßte folgende Voraussetzung haben: 1) Freier Zusammenschluss der Beteiligten, 2) Einig in einer positiven Idee, die all verbindet und missionarische Wirkung nach außen hat, Werbekraft.

Nach August Winnig „Europa" war es bereits einmal das Christentum, das Zeichen des Kreuzes.

Um 24 h zu Bett.

Freitag, den 31. Juli 1942

Kan. Werner ließ ich schlafen, daher erst um 8 h aufgestanden. Regenwetter. Dichte Schleier! Kein Schuß fällt. Stille Zeit über Luk. 15,10. Brief an Erika. Tagebuch nachgeschrieben. Nachrichten gehört. Richard Strauß: „Ein Heldenleben" in 6 Bildern. (Der Held, allegro; Des Helden Widersacher, Des Helden Gefährtin, Des Helden Kampf mit den Widersachern, des Helden Friedenswerk, des Helden Weltflucht und Vollendung.) Wunderbare kräftige, farbenreiche Musik.

Dann Entwürfe für Regimentsgeschichte.

Sondermeldungen über 167.000 versenkte Feindtonnage. Es ist kühl und regnerisch. Feuer kann man schon sehr gut gebrauchen.

Nach dem Essen erscheint Major v. Oertzen. Aber dann habe ich doch noch geschlafen. Kaffeetrinken und zugleich Abendbrot um 17 h. Post, auch verbotene von Erika, die ich erst zum Geburtstag öffnen sollte. Aber da ich Bilder vermute, bin ich trotz schärfster Verbote ungehorsam gewesen. Reizende Bilder! Ein Jammer, hätte ich mich um diesen Genuß gebracht. Ich habe eine prächtig aussehende Frau! Dann im „Völkischen Beobachter" gelesen. Das Buch zum Geburtstag über Weinheber habe ich noch nicht begonnen. Ich muß doch Schwerpunktbildung im Bücherlesen betreiben.

Viel Dienstpost!! Um 22 h zu Bett. Hoffentlich lässt uns die „Krähe" in Ruhe.

Uffz. Schulze und Feldwebel Jakobs wollen mich besuchen, auch Friedel hat Urlaub zu meinem Geburtstage. Ich freue mich riesig darauf!

Sonnabend, den 1. August 1942

Die „Krähe" war die ganze Nacht nicht da. Ich habe wunderbar geschlafen, bis 6 h. Dann das Übliche: Fertig machen, Stille Zeit. Der Brief an Erika dauerte etwas länger, weil sehr viel Dienstliches vorlag. Dann war ich ganz allein. Werner holte Essen, Zeplin ging zum Kino. Ich habe an dem Bericht für die Regimentsgeschichte geschrieben. Es ging nicht besonders gut von der Hand. Aber ich hatte völlige Ruhe, wenig Telefonate. Dann Essen, Schlafen und Werner machte den Kaffee: Lange erzählt. Krebs futtert sich bei uns satt. Ein lieber Kerl, ewig hungrig, kann über jede Scheibe Brot strahlen. Dann noch Post, 2 Briefe von Erika, meist zum Geburtstag. Alle so lieb; zu nett Jürgis Ausdrücke. Ich kann mir ja kein Bild von seiner Entwicklung machen.

Fabelhafte Meldungen: 876.000 to im Monat Juli, Krasnodar ist allgemeine Richtung. Wohin mag das noch gehen! Um 22.30 h zu Bett. Es ist zu schön, daß ich jetzt so rechte Ruhe habe. Batterie ist und bleibt Batterie!

Sonntag, den 2. August 1942

Die Nacht verlief völlig ruhig, insgesamt 6 Schuß Störungsfeuer. Dunkel, regnerisch, unheimlich. Ab und zu Gewehrschüsse. Ich bin doch sehr weit in der Etappe hinter meinem Berg! 5 h wecken, Ganzwäsche, Stille Zeit, Brief an Erika. Herrlicher Bodennebel deutet auf gutes Wetter. Die Sonne scheint! Das tut gut. Die drei KOB melden sich ab. Dr. Uhthoff erscheint zum Impfen. Eine Pak schießt genau über meine Bst in Richtung Waldbunker. 20 Schuß kurz hintereinander. Ich lese und schreibe. Einige Telefonate. [...] Oblt. Fischer kommen, aber da erscheinen Feldw. Jakobs und Uffz. Schulze, beides Brüeler. Kaffee getrunken, erzählt, geknipst. Abends noch telefoniert und gelesen. Die Nacht ist ziemlich unruhig. Iwan haut ganz gewaltig. Das mag er ja ruhig tun; wenn wir nicht angreifen, ist das belanglos. 23 h zu Bett.

Montag, den 3. August 1942

5 h aufgestanden. Herrliche Sonne. 3 Bomber werfen u.a. Flugblätter. Russische Flak schießt sehr genau, ein Splitter bei unserer Hütte. Meine übliche Morgeneinteilung. Dann Gang zum Batl. Vogel, der in Urlaub ist, dafür Hptm. Krusch, Oblt. Weber, Leutnant Bauch etc. Bei Olpke auf dem B-Baum. Ob Ab-

lösung für den Russen ist? Mittagessen. Tee mit Likör. Dann Gang zu Oblt. Fischer. Lt. Müller hat Geburtstag. Sehr nettes Zusammensein. (Dickmilch, Kaffee, Zigarre etc.) Es freut mich, daß Fischer mit einem Male viel menschlicher geworden ist. Vorher war er nur rein dienstlich, das ist völlig anders geworden. Er fährt am Freitag in Urlaub. Gegen 20 h zurück.

Bald zu Bett gegangen. Wunderbar geschlafen, zuerst einige Telefonate.

Brief von Mami.

Heute war wunderbare Sonne.

Dienstag, den 4. August 1942

5 h aufgestanden. Ziemlich kühl. Meine Leute, Zeplin und Kleiner, haben mir gestern Abend noch Himbeergrütze und Nudeln gemacht, heute soll es zum Himbeerpflücken losgehen. Ob Friedel heute bereits erscheint? Stille Zeit über „Kleine Dinge".

Sonst nichts Besonderes. Mittags rief Friedel aus Fst an. Zu Fuß von Demjansk. Mittagsschlaf. Friedel erscheint. Krüger-Haye und Staudinger. Sehr gemütlich bei Bohnenkaffee und Zigarre. Abends noch lange mit Friedel geklönt. Ein warmer Sonnentag. Russ. Art. prüfte die Grundrichtung = Bst!! (Himbeermarmelade gekocht).

Mittwoch, den 5. August 1942

00.00 h gratulierten Olpke und Hageböck. Dann kam Uffz. Menk mit Aschenbecher (Uffz-Korps), dann Hptm. Hoeckner und Dulisch. (Sekt, Buch, Eier, Honig) Marsch zur Fst. Festessen (Milchgraupen mit Pudding und Himbeersaft.) Ritt nach Borok. Trauerfeier für 36 Gefallene. Kriegspfarrer Dr. Wagen, Oberst Rudelsdorff, Oberst Lorenz. Ich werde vom Oberst zur Chef der 4. ernannt. Friedel kommt zur 8. zurück und erhält gleich 48 Stunden Nachurlaub […] aufgesucht. Ritt mit Hoeckner […] Sommerwiesen. In Fst mit Uffz. Korps Sekt getrunken. Schöner Spaziergang nach Hause. Hier waren sehr viele Gratulanten bzw. hatten telefoniert. Abendbrot (Spiegeleier), Milchgraupen und Himbeersaft. Sekt mit Friedel. Voll Übermut draußen gerauft. Um 23 h zu Bett.

Donnerstag, den 6. August 1942

5 h aufgestanden. Stille Zeit, Briefe, Bericht. Mit Friedel geklönt, Tagebuch. Telefonate. Sonst nichts von Bedeutung. Mittag

geschlafen von 14 – 17 h. Kaffee getrunken, Post von Erika und Mutter. Zeitung gelesen. 22 h zu Bett. Eine sehr ruhig Nacht. Es ist doch zu merken, daß wir nicht schießen. Gewitterregen.

Freitag, den 7. August 1942

5 h aufgestanden, Stille Zeit, Brief an Erika. Dienstsachen, Telefonate. Mit Friedel über Fst zur Abteilung. (Ob Friedel das Abitur nachmachen will? Nein!) Friedel geht zur Protzenstellung. Oberstlt. Joerges erscheint. Wunderbares Mittagessen. Oberst Rudelsdorff. (Hors d'oeuvres, Huhn mit Reis, Käse, Rotwein, Likör, Kaffee!) […] Unterhaltung. Krisp fährt auf Urlaub. Zum Kaffee kommt Friedel. Wir bleiben bis zum Abendbrot. Rückmarsch zur Bst. Nette Unterhaltung. Um 23 h zu Bett.

Sonnabend, den 8. August 1942

5 h aufgestanden. Stille Zeit. Brief an Erika. (Geburtstagsbrief.) Dann mit Friedel zur Fst (Friedel kehrt vorher um), von dort mit Pferden zur Protzenstellung. Unterschriften, Geheimtagebuch etc. Oberstabsarzt Dr. Uhthoff verabschiedet sich zur San.Kp. 1/12 nach Peski. Vermahnung Zieglers wegen dummer Redereien durch den Draht.

Kriegsverdienstkreuz. Abends Festessen bei Abteilung zum Abschied von Dr. Uhthoff. Um 24 h zurück. Post. 1.30 h zu Bett.

Sonntag, den 9. August 1942

8.30 h aufgestanden. Ohne „Stille Zeit" los. 9.30 h Pferde ab Feuerstellung. Zur Protzenstellung. Verleihung der Ostmedaille an die Batterie. Scharfer Ritt zur Fst, dort ebenfalls Verleihung. Essen mit den Uffz. Spaziergang zur Bst. Nach kurzem Schlaf erscheinen Lt. Fiedelmeyer und Müller (3./27). Bei Bohnenkaffee sehr angeregt über Nietzsche, Psychoanalyse und Pädagogik unterhalten. Dann las ich Gedichte. […] Heimweh nach Brüel. Früh zu Bett.

Montag, den 10. August 1942

5 h aufgestanden, wunderschön von Erika und Bübchen geträumt. Im „Schlauch" erhebliches Geballere. Ist unsere Division zum Angriff angetreten? Hoffentlich kommen sie gut vorwärts, wenn sie angetreten sind. Gestern wunderbare Sondermeldung: Krasnodar und Meikop!

Stille Zeit, Brief an Erika.

Spaziergang zum vorgeschobenen VB Staudinger und mit diesem zu den einzelnen Kp, um die Bändchen zur Ostmedaille zu verteilen. Kp. Grotefend, Winter, Petersen, Steglich. Zum Schluß noch Oblt. v. Hartwig mit mir gegangen. Herrlicher Spaziergang. Mallow, meinen Burschen aus der 5. Batt. getroffen. Schöne Sonne, nur einmal Gewitterregen. Und abends noch zur Rollbahn, um den VBs das Band zu verleihen. Lange bei Lt. Müller im Bunker gesessen. Üble Knallerei. Sehr müde. Sofort zu Bett.

Dienstag, den 11. August 1942

5 h aufgestanden. Stille Zeit, Briefe. Dann gelesen, vor allen Dingen einmal die Zeitungen aufgearbeitet, die ich jetzt in großer Anzahl erhalte. Ich habe tatsächlich einen Muskelkater. Viele Telefonate, mancherlei Anordnungen.

Heute fliegt bereits Ziegler nach Hause, weil er den 1. Preis in der Preisaufgabe für Regimentsgeschichte erhalten hat.

Mittags lange gelesen und geschlafen, bis 18 h. Dann kam Lt. Schulz, er wollte Skizzen der Sperrfeuerräume holen. Wir haben Salat gegen Marschgetränk gehandelt. Es gab reichlich Post. Wunderbare Briefe von Erika. Früh zu Bett.

Herrliches Wetter.

Mittwoch, den 12. August 1942

5 h aufgestanden, Stille Zeit, Brief an Erika und andere Briefschulden erledigt. Das Ereignis: Wir bekommen eine zierliche graue Katze von Ignaz aus Ikandowo. Es ist doch schön, ein lebendes Wesen zu haben. Nach Tisch lese und schlafe ich. Sondermeldung von der Vernichtung der 63. Armee westlich Kalabsch.

Tank und Blumerich sollen aus dem Urlaub zurück sein.

Neue Strohmatte im Bett.

Wunderbares Wetter.

Die Katze sitzt, während ich hier am Tagebuch schreibe, auf meinem Schoß und schnurrt. So muß man langsam für den Winter vorsorgen: Katze und Samowar. Tank und Blumrich und Heini erscheinen. Lange erzählt. Mein Paket enthält verdorbenen Kuchen und Marmelade. Wir essen Aal!! Unsere Uschi ist weg! Sie hat eine Maus gefangen und ich wollte sie mit Milch füttern!

Ich bin ganz aufgeregt wegen eines eventuell zu erstehenden Flügels. Viel neue Zeitungen erhalten.

Ich will versuchen, jetzt täglich im Tagebuch eine ganze Woche nachzuholen. Dann bin ich bis nächsten Freitag fertig. (8 Wochen sind nachzuholen!) Es ist 22 h, nach dem Nachrichtendienst will ich zu Bett gehen.

Donnerstag, den 13. August 1942

5 h aufgestanden, auf der neuen Strohmatte sehr gut geschlafen. Stille Zeit über Matth. 5,9. Brief an Erika. Die Sonne ist sehr stark. Batl. v. Oertzen aufgesucht. Über Mittag gehe ich zur Fst, besichtige die Erntearbeiten. Überall liegt Heu in großen Schwaden. Es ist nur schwierig, alles abzutransportieren, weil der Hügel vom Iwan einzusehen ist. Also muß es in der Nacht abgefahren werden. Dann gehe ich weiter zur Fst der 8. Batterie. Sehr netter gemütlicher Nachmittag bei Oblt. Matthies und Friedel. Fst besichtigt. Alte Erinnerungen. Spät mit Friedel zurück. „Armbanduhr".

Freitag, den 14. August 1942

Um 5.00 Uhr aufgestanden, Stille Zeit, Brief an Erika. Mit Ass.Arzt Dr. [...] zur Protzenstellung. Pferde auf der Weide besichtigt. 200 Zentner Kleeheu in Mieten. Himbeeren zum Nachtisch. Ich habe gebadet und meinen Koffer umgepackt. Es kann mancherlei nach Hause geschickt werden und ich erhalte wenigstens einen kleineren Koffer. Überhaupt muß in all' diese Angelegenheiten Ordnung gebracht werden. Zum Kaffee wieder Himbeeren mit Zucker und Milch, herrliche Schlemmerei. Um 19 h wieder zurück. Ich finde schöne Post vor, leider von Erika kein Brief. Noch lange in Illustrierten geblättert und gelesen. 23 h zu Bett.

Sonnabend, den 15. August 1942

7 h aufgestanden. Stille Zeit. Tagebuch bis hierher. Telefonate, gelesen, geschrieben, Radio. Nach Mittag kurz geschlafen, dann zur Fst, Meldung. Ogefr. Ruhrberg vom KOB-Kursus zurück. Gang querbeet zur Fst 8. Friedel besucht. Spärliches Abendbrot. Ich muß ihm unbedingt etwas aufhelfen. Auf dem Rückweg leichter Regen. 21.00 Uhr auf Bst angekommen.

Sonntag, den 16. August 1942

5 h aufgestanden. Stille Zeit, Brief an Erika. Lange beim Frühstück mit Tank über die Heimat unterhalten. Es regnet seit 3 h,

klart aber etwas auf. Es ist völlig ruhig an der Front. Ich schreibe nach einigen Briefe am Tagebuch, hole nach vom 1.-19. Juni 1942, das Ding muß doch irgendwann einmal abgeschlossen werden. Zu Mittag gibt es Milchnudeln. Herrlich. Dann geschlafen. Nach dem Kaffee endlich mal wieder einmal eine Zigarre, die letzte holländische.

Kan. Werner ist vom Kursus zurück, Zeplin geht zur Fst. Telefonate (Kino, 2 Urlauber, 2 Pferde gegriffen, Kessel zurück von Batl. v. Hassel, laufende Versorgung, Kdr. bei Abtlg. etc.) Herrlich ruhiger Nachmittag. Viel mit Katze gespielt, die sichtlich auflebt. Stockfinstere Nacht. 22 h zu Bett.

Montag, den 17. August 1942

5 h aufgestanden. Dichter Nebel. Stille Zeit. 7 h Nachrichten. Churchill seit dem 13.8. in Moskau!!!

Brief an Erika. Dann Tagebuch vom 20.6 – 1.7. nachgeholt, so daß mir die Hand steif wurde. Verschiedene Anrufe, aber sonst sehr ruhig. Ich bemerke jetzt bei mir ein ständig wachsendes Interesse an den neuesten Nachrichten und den Zeitungsartikeln, immer in Verbindung mit dem Atlas. Ich muß andererseits auch feststellen, daß bisher eine furchtbare Unkenntnis der Lage z.B. von Ländern vorhanden war. Aber jetzt kann ich die Ereignisse anhand von Karten verfolgen. Ist zu lehrreich. Man braucht allerdings auch viel Zeit dazu. Aber es lohnt sich auch.

Werner und Kleiner gehen auf Himbeersuche. Tank und ich, die treuesten Einwohner von Belj-Nord, trinken ausgiebig Kaffee. Ein Freßpaket (Brot und Marmelade) ist an Friedel abgeschickt. Er sah richtig hungrig aus.

Dann gelesen, mit der Katze gespielt, Dienstpost, Brief an Erika, erzählt.

Die Tage vergehen ja so rasch. Bald wird man an den Winter denken müssen. Ob ich vorher doch noch in Urlaub fahren kann? Und weit von uns ab grummeln die Artillerieeinschläge. Ist es bei der 30. Division? Im OKW-Bericht hört man ja von starken Abwehrkämpfen nördlich Demjansk. Um 23 h zu Bett. Sternenklare Nacht. Wunderbare Musik: Sonate A-Dur (W.A. Mozart) (Edwin Fischer). Konzert für zwei Geigen und Orchester (J. S. Bach).

Dienstag, den 18. August 1942

5 h aufgestanden. Stille Zeit: „Selig sind die reinen Herzens

sind…" Wer könnte das wohl von sich behaupten? Aber die starke Sehnsucht nach der Reinheit des Herzens besteht so stark.

Geschrieben, gelesen. Vormittags zu Lt. Schulz und Oblt. Prigann, dort auch Mittagessen. (sehr leckere Sauerkrautsuppe.) Gegen 14 h zur Bst zurück, gelesen, geschlafen. Richtig gemütlich. Tageseinteilung für morgen. Gegen 22 h zu Bett, wunderbar geschlafen.

Herrliches Wetter.

Mittwoch, den 19. August 1942

5 h aufgestanden, herrliche Sonne. Heute muß etwas geschafft werden. Daher zuerst Gang zur Fst, nur ganz kurz durchgegangen. Sie ist völlig vereinsamt, alles ist auf dem Feld. Ich treffe Oblt. Lehmann und Feldw. Schoknecht aus Keez. Er trägt EK I und Panzerabzeichen für Einzelkämpfer. Große Freude. Wir vereinbaren ein Treffen der Brüeler auf meiner Bst.

Dann durch die Wiesen. An einer Stelle wird Heu gewendet. An einer anderen wird gemäht. 7 Mann in einer Reihe. Wunderbares Bild: 2 alte Landarbeiter, wunderbar gleichmäßig in Schwung und ganz zuletzt ein kleiner Lette, der furchtbar hastig mit dem ganzen Körper mäht. Es liegen etwa 250 Zentner gemäht. Dieses Heu wird zuerst in der Fst auf Mieten gesetzt und nach und nach zur Protzenstellung geschafft. Dort sind bereits 3 Mieten, insgesamt 270 Zentner. Wie lange mag das reichen? Dann über Fst zurück zum s.I.G.-Zug. Dort hat man uns Holz weggeschafft. Dann zum Batl. v. Oertzen. Sehr nette Aufnahme, Rotwein, in der Sonne gesessen, dann zur Bst zurück. Geschlafen, sehr gemütlich Tee getrunken. Lange unterhalten. Zum Abendbrot gibt es Bratkartoffeln!! Woher? So genau darf man nicht fragen. Ein langer Brief von Erika. Abends noch ein Haus besichtigt für neuen Bunker. Sondermeldung von Landungsversuch der Engländer am Kanal. 23 h zu Bett. Unruhig geschlafen: Mücken.

Donnerstag, den 20. August 1942

5 h aufgestanden. Herrliche Sonne. Werner geht zum Regt., um mit dem Oberst das I.R.89 mit dem Bild seines Vaters aufzusuchen. Am S.F. K.b.V. Lt. Schwarz und Kern werden angekündigt. Stille Zeit. Brief an Erika. Gelesen. Dann zur Fst und zur Heuernte. Milchnudeln bei Uffz. gegessen. Herrlich ge-

schmeckt. Dann zur Abtlg. gegangen. Herrliches Wetter. Überall Ernte in vollem Gange. Chefbesprechung. Kaffee getrunken, Abendbrot. Gemütliche Unterhaltung. Ob ich Urlaub bekomme? Es scheint sich so langsam anzubahnen. Um 22 h Start zur Bst. Wunderbar warmes, mildes Wetter. Überall der Heuduft und Roggen. Es ist verhältnismäßig ruhig an der Front.

Es werden die Balken für meinen neuen Bunker geschleppt. Hoffentlich wird das ein guter Bunker, den ich in einem friedlichen Winter ungestört bewohnen kann.

Nur: Es fehlen Materialien.

Abends noch bei dem Patienten Oblt. Bahrt gewesen. Es schien mir so, als wäre er ganz besonders aufgeschlossen. Sein langes Lager gibt ihm zu denken. Ich muß ihn häufiger besuchen.

Obergefr. Sauerbrey hat an der Vermittlung geschlafen. Nach etwa 10 Min. meldet er sich und sagt, er sei für 10 Min. ausgetreten. Ich bestelle ihn sofort zu mir in die Bst. In unglaublich kurzer Zeit kommt er furchtbar pustend an, Angstschweiß auf der Stirn und Angst in den Augen. Er hätte geschlafen und wüßte, wie schwer das wiege. Ich habe ihm nur gesagt, daß ich mich auf meine alten Leute doch gern verlassen möchte und derartige Enttäuschungen müsse er mir unbedingt ersparen. Den brauche ich nicht zu bestrafen, der ist schon bestraft genug.

Freitag, den 21. August 1942

5 h aufgestanden, Stille Zeit, geschrieben, dienstliche Telefonate, gelesen. So wenig Schlaf ist doch unerfreulich und daher lege ich mich nach Mittag gleich hin. Es wird ein Dauerschlaf bis 16.30 h. Um 17 h erscheinen Lt. Staudinger, Schwarz und Kern. Wir trinken Tee. Es ist erstaunlich, wie sehr St. sich geändert hat. Einsamkeit etc. sind ein gutes Heilmittel. Wenn erst einmal sämtliche Haarwässerchen, Parfüms und Cremen aufgebraucht sind, die Zigaretten verschmaucht, die Bücher feucht, der Bunker trieft von oben und unten: Dann ist Aussicht, daß aus einem selbstsicheren, blasierten Mann ein brauchbarer Kerl wird. Staudinger ist auf dem besten Wege. Auf dem Rückwege begegnen wir Krüger-Haye, der noch kurz mit mir reinkommt. Noch gelesen und erzählt.

Heute war Kdr. zum Regiment, um personelle Dinge zu besprechen, u.a. meine Dinge […] mir Schwarz in die Batterie geben und meine Anfrage wegen Urlaub. Hoffentlich klappt es.

Holz wird hereingetragen.

Sonnabend, den 22. August 1942

5 h aufgestanden. Stille Zeit, geschrieben an Erika. Kdr. ruft an, daß er mit mir das Gelände abgehen will. Statt um 10 h erscheint er aber erst um 12.30 h und ohne Mittagessen geht es los. Batl. Lürfer, Batl. Vogel. Dort gegessen, aber da wir mit 4 Mann erscheinen, lehnt der Kdr. für uns ab. Das war eine Qual! Es dreht sich um die Frage der Bst für die neu hinzugekommene 6. Batterie. Wir tauschen die Bst, so daß mein rechter VB ganz nach links hinüberkommt. (Riedel und Haslob sind da.) Kdr., Hageböck und Oblt. Jakobsen gehen nach vorne, um eine neue VB-Stelle auszusuchen. Es ist eine unfreundliche Ecke, da der Russe das Gelände von drei Seiten aus einsehen kann, etwa so: [Eine kleine Skizze ist beigefügt. K.-M. D.] Gerade bepflastert er den Kp.-Gefechtstand. In der Küche trinken wir einen Becher Kaffee, dann über Batl. Vogel zurück. Kdr. sagt mir, daß nach langem Hin- und Herreden Schwarz in meine Batterie kommt. Urlaub allerdings erst Ende Oktober, Anfang November. Das ist ein Schlag für mich, weil ich doch gehofft hatte, ich könnte vielleicht gerade zu Bübchens Geburtstag zu Hause sein. Aber der Oberst ist stur. Auch meine dem Adjutanten mitgeteilten Hauptgründe (Mutter in Brüel, Erika noch zu Hause) haben ihn nicht überzeugt. Es gibt sofort bei meiner Rückkehr Abendbrot. Lt. Schwarz kommt strahlend und meldet sich. Er bleibt die Nacht über hier. Lange erzählt.

Sonntag, den 23. August 1942 Erikas Geburtstag

5 h aufgestanden. Stille Zeit war sehr ergiebig über Urlaub. Er sorget für Euch. Dann kurzer Brief an Erika. Roloff hat Bilder geschickt, so daß auch Erika heute bestimmt Bilder von mir hat. Und ein „lachendes" sogar! Wenigstens eine Überraschung.

Tank hat Blumen auf den Tisch gesetzt und Kakao gekocht. Dann mit Schwarz zum Scherenfernrohr. Sehr scharfer und genauer Beobachter! Gründlich. Da man laut Überläuferaussagen einen Stoßtrupp auf Lurtenhöhe vermutet, überprüfen wir mit 3 Batterien zu ganz unregelmäßigen Zeiten die Sperrfeuer. Viel mit Schwarz unterhalten. Nach dem Mittagessen geschlafen. Kafféééééé * getrunken und wieder unterhalten. Kleinen Spaziergang bis zum Bombentrichter und zurück. Zum Abendbrot gab es Kartoffeln (gebraten). Dazu Tee mit Rotwein und einen kleinen Cognac. Holz wird getragen zum Bunkerbau. Rege Fliegertätigkeit.

* [Kafféééééé, so steht es im Tagebuch. Mein Vater lebte in Mecklenburg, dort sagt man „Kaffee" mit der Betonung auf der 1. Silbe. Im Rheinland, woher mein Vater stammte, betont man die 2. Silbe. Dies wird als feiner empfunden. K.-M. D.]

Zeplin wird in Urlaub fahren und soll diese Tagebuchblätter mitnehmen. 23 h zu Bett. Es ist doch wesentlich einfacher, selbst Geburtstag zu haben, als mit den Gedanken bei Erika zu sein an ihrem Geburtstage. Etwas wehmütig war mir denn doch zumute. Haben wir denn schon einen Geburtstag gemeinsam gefeiert? Ja, 1940. Nun habe ich auch nicht mehr die Aussicht, zu Bübchens Geburtstag zu Hause zu sein. Dessen Geburtstag habe ich noch nie gefeiert. Das sind eben Opfer, die der Krieg von uns fordert. Gut, daß wir dem Siege ein ordentliches Stück nähergekommen sind. Denn das andere wäre furchtbar. Und dieser Krieg muß siegreich für uns ausgehen, sonst ist es das Ende der ganzen Welt, zuerst aber Deutschlands.

Im Schlauch sind wieder heftige Angriffe. Bei uns Ruhe, von einzelnem Störungsfeuer abgesehen.

Ich habe den Eindruck, als würde es mit Schwarz ein gutes Zusammenarbeiten werden. Er ist ein Mensch mit vielen feinen Anlagen.

So, und diese Blätter soll nun Zeplin mitnehmen, und vielleicht hält Erika in wenigen Tagen sie in der Hand. Dann soll sie wissen, daß ich stets herzlich an sie denke und ihr in treuer Liebe verbunden bleibe. Und daß ich glücklich bin, das zeigen vielleicht auch die vielen kleinen Notizen über „Stille Zeit".

Immer Dein Jung und Vati.

Montag, den 24. August 1942

Um 5 h aufgestanden. Stille Zeit und Tagebuch abgeschlossen, damit Zeplin es mitnehmen kann. Als Geburtstagsgeschenk für meinen Jungen packe ich 1 ½ Tafel Schokolade ein. Wird das ein Fest für ihn werden. Es ist recht kühl und wolkig. Aber die Sonne arbeitet sich durch. Der RegtsKdr. will heute die 6. Batterie besichtigen und dann auch nach links zu Lt. Staudinger. Ich halte mich dort in der Nähe auf. Statt 11 h wird es aber 14 h. Ich unterhalte mich mit St. und Wachtm. Schmidt (6. Batt.). Nach dem Mittagessen schlafe ich auf dem Rasen ein. Dann erscheint der Oberst, erkundigte sich und deutete an, daß mein Name schon in Zshg. mit Urlaub genannt wird. Das ist allerdings schon allerlei. Ich gehe mit Hptm. Huerter zum Batl., trinke kurz Kaffee und gehe zur Hauptbst zurück. Man rechnet mit Post! Die fiel später sehr kärglich aus.

In der Nacht pausenlos Bombenangriffe, in unmittelbarer Nähe gehen viele Bomben nieder, auch Phosphorbrandbomben. Es ist unheimlich: Die „Krähen" stellen den Motor ab, man hört ein Rauschen und dann den Detonation. Wie muß das erst in der Stadt wirken, wo jede Bombe trifft. Aber hier ist ja unendlich viel Platz! In solcher Situation fühlt man sich völlig hilflos. Gegen Granaten hilft eventuell eine Deckung, aber hier?? Ich gehe zuletzt zu Bett und schlafe auch ein. Man steht in Gottes Hand, völlig, schlechthin abhängig.

Dienstag, den 25. August 1942

Bin ziemlich erschossen und müde. Man denkt mit leisem Grauen an die kommende Nacht. Aber zuerst einmal ist lachender Sonnenschein. Um 11 h gehe ich durch die glühende Hitze zur Fst und zur Heuernte. In der Fst mit Lt. Schwarz und Uffz. gegessen, dann nach kurzer Pause mit Schwarz zu Friedel, der ziemlich koddrig aussieht. Er hat irgendein Sumpffieber und muß sich sehr schonen. Wir wechseln die Hemden und waschen uns im Bach, dann kalter Salat, Marschgetränk, Zigarre und Schokolade. Dazu nette Unterhaltung mit Oblt. Matthis: Kriegsaussichten etc. Mit Schw. zurück. Ich bin wirklich froh, diesen netten, aufgeweckten Menschen zu haben. Sehr eifrig, interessiert. Die Nacht verlief ohne wesentliche Bombenwürfe. Es ist auch zu mondhell draußen. Aber man ist dankbar für ruhigen Schlaf.

An der Front alles ruhig.

Mittwoch, den 26. August 1942

5 h aufgestanden. 8.30 h mit Pferden zur Protzenstellung. Es ist sehr schwül. Pferde angesehen; Weg, der uns zur Wartung übertragen ist, angesehen. Furchtbare Arbeit. Nach Mittag geschlafen im Schatten auf der Wiese. Weitere Fragen mit Dulisch besprochen. Uns ist Holz geklaut worden. Rückweg über die Fst, es wird gerade gefeuert. In der Fst merkt man gleich, daß ein Offizier da ist: Die Verantwortung ist für einen Unteroffizier doch zu groß. Da es in der Protzenstellung wunderbar starken Kaffee gegeben hat, kann ich nicht einschlafen und wandere viel umher. Wetterleuchten und irgendwo weit ein Gewitter.

Donnerstag, den 27. August 1942

5 h aufgestanden. Heute bleibe ich zu Hause. Gelesen, geschrieben, am Nachmittag an den Schachtarbeiten am Bunker teilgenommen. Es gräbt sich leicht: Sandboden, wir finden manche Skelette. Hamlet: „Sein oder Nichtsein, das ist hier die Frage!" Es gibt Post, aber kaum erwähnenswert: Nur Zeitungen. Mückenplage. Kurz vor dem Zubettgehen nochmals Post, die ich aber nicht abholen lasse, da reger Flugbetrieb ist: Bomben (81) auf Penjkowo und Phosphorbomben auf Wyssokuscha. Bei uns alles ruhig.

Freitag, den 28. August 1942

Um 5 h aufgestanden. Stille Zeit, dann zur Fst. Beförderungen, mit Schwarz nach Lenjkowo ([...]uben) und weiter nach Tarassowo. Dort auf den LKW gewartet. Brief gelesen. Fahrt nach Ligeiza zur Panzerbekämpfung. Sehr interessant. Viele alte Bekannte getroffen, Rückfahrt mit LKW zur Abtlg., gegessen, geschlafen, mit Olpke unterhalten, dann über Fst mit Schwarz zur Bst. Es gab Post. Abendbrot. Furchtbar heiß im Bunker. Mücken und Fliegen. Spät ins Bett. Die Nacht herrlich ruhig.

Sonnabend, den 29. August 1942

5 h aufgestanden. Stille Zeit. Brief an Erika. Es ist furchtbar schwül und drückend. Bunker ausschachten verzögert durch Bergrutsch. Alte Unterstände werden freigelegt. Langes Telefonat mit Kdr. wegen eines Gefr. Warein, den ich abschließend beurteilen soll. Urlaubsaussichten etwa 10. September? Das wäre ja kaum zu glauben! Aber ich freue mich schon hierauf. Nach dem Essen gründlich geschlafen. Viele Telefonate. Meldungen von KOB-Gefr. Putzig und Warein. Ich erhalte einen Oberwachtm. Richter vom II./48 Perleberg und 4 Mann Ersatz. Es ist doch eine große Beruhigung, daß ich Schwarz in meiner Fst habe. Alles wird tadellos und mit größtem Eifer erledigt. Ich lese das Buch „Oberst Hagenachs Gäste" von Helmut Vogel in einer Tour aus: So muß man das eigentlich können: Konzentriert und durch nichts anderes abgelenkt. Abends kommen noch sehr viele Befehle und Unterschriften, außerdem Bilderzeitungen von Feldwebel Jakobs.

Ich beschäftige mich mit dem Urlaub doch schon mehr, als ich dachte. Wie oft ertappe ich mich, daß ich mir Situationen zu Hause ausmale! 23 h zu Bett.

Sonntag, den 30. August 1942

5 h aufgestanden, Ganzwaschung, Stille Zeit. Telefonate. Ich plane sehr viel für den Tag: Um 10 h zur Fst, Meldung von Ow. Richter (Spieß aus II./48 Perleberg) und 4 Mann Ersatz. Mittagessen mit Schwarz vor dem Bunker, mit Uffz. Bürmann zur Abtlg., kurzer Aufenthalt dort. Zum Kino in der Kirche: Lauter Liebe. Sehr netter Spielfilm. Lt. Hoppe, Freund von Werner Pochammer, getroffen. Auf dem Rückweg über Fst 8, Friedel aufgesucht. Skatspiel, Friedel wird vom Stabsarzt Mallmann zu Bett geschickt. Auf dem Rückweg von Kan. Werner abgeholt. Sehr viel dienstliche Sachen, Urlaubsregelung. 23 h zu Bett.

Montag, den 31. August 1942

5 h aufgestanden. Das Übliche. Oberst Rudelsdorff hat sich angesagt. Zu VB Rollbahn begleitet und zu Hptm. Wust. Dort gelesen. Lange mit Schöps unterhalten. Rückweg über Oblt. Prigann, dort zu Mittag gegessen. Anschließend geschlafen. Kaffee getrunken. Dann Vernehmung des Gefr. Varain wegen Wachvergehens. Abends Telefonate. Lt. Olpke hat wegen hervorragender Tapferkeit ein Anerkennungsschreiben vom Führer erhalten. Großer Trubel bei der Abtlg., die mich gegen 2 h anruft. Großer Trall! 23 h zu Bett.

Dienstag, den 1. September 1942

5 h aufgestanden. Es ist herbstlich, frisch, fast kalt. Stille Zeit, Briefe an Erika fertiggestellt. (3 Tage gebraucht!) Zimmermannsarbeiten am Bunker. 8.30 h Pferde zur Fst, Vernehmung Uffz. Steffens wegen Varein. Lt. Schwarz reitet den Taps. Dann zur Abtlg. Gratulation Lt. Olpke,. Mittagessen: Süßer Reis. Zur Protzenstellung. Es wird eifrig gebaut: Scheunen, Bunker, Straße. Heu herangefahren. Schriftliche Arbeiten. 2 Mann können in den Urlaub fahren. Rückritt bis zur Fst. Lange naturkundliche Gespräche mit Schielke. Mit Lt. Schwarz gemeinsam zum Bombentrichter. Alles gemeinsam besprochen. Telefonate. Um 22.30 h zu Bett.

Mittwoch, den 2. September 1942

5 h aufgestanden. Oberwachtm. Richter um 5.30 h auf Bst, dann Rollbahn und „VB rechts". Gewaltiger Unterschied zwischen Auftreten in Feld- und Ersatztruppe (Richter – Weniger). Ich schreibe an Mutter. Die Seitenwände meines Bunkers wach-

sen. Ich schachte auch aus. Kan. Lübbert hat Schuhcreme bei der Abtlg. geklaut. Ich hetze ihn von Protzenstellung zur Fst, von dort zur Bst. In seiner Verwirrung übersieht er den Eingang zur Fst. Demnach ist sie gut getarnt. Milchgraupen. Telefonwache, alle arbeiten draußen. Dann etwas geschlafen, um 5 h Lt. Schwarz und Staudinger zum Bohnenkaffee. (Mittags war Lt. Hoth bei mir: „Austausch von Erfahrungen.") Gemütlich mit den Beiden erzählt. Es ist erstaunlich, wie gewaltig Staudinger sich geändert hat. Man kann sich jetzt mit ihm unterhalten. Er hatte Schwierigkeiten und muß überall um Rat fragen. Erst um 20.30 h hauen sie ab. Ich freue mich sehr auf den neuen Bunker. Der wievielte mag es sein? Bisher zog ich […] jedes Mal um, wenn einer fertig war. Aber darauf kann man sich ja nicht verlassen. Oder ob dieses Mal der Urlaub so dazwischen kommt?

Kdr. hat bei Varain völlige Verlausung und verrosteten Karabiner festgestellt. Regimentssonderbefehl für Lt. Olpke.

Keine Post.

22 h zu Bett.

Donnerstag, den 3. September 1942

5 h aufgestanden. Stille Zeit über das Fasten mit günstigen Ergebnissen.

Gestern Abend mußte ich noch umgruppieren. Uffz. Hermann kommt zum Stab als Ia-Schreiber, Uffz. Schmidt muß dafür auf Schreibstube. Kan. Lübbert meldet sich bei mir. Ich gewinne bei ihm den Eindruck, daß der manchmal geistig etwas „bewölkt" ist.

Ich arbeite Briefschulden auf und lese. Geschlafen. Am Nachmittag leichter Gewitterregen. Ich gehe zur Fst. Alarm für Panzerbeschuß. Führung Gefr. Varain: Eine glatte Null. Dann Unterricht. Schwarz zurück, der gewaltigen Katarrh hat. Großes Festessen auf Bst: Kartoffeln gebraten, Salat, rote Grütze und Kaffee. Heini Lamcke, der Koch, war eingeladen. 22 h zu Bett. Brief von Erika.

Freitag, den 4. September 1942

5 h aufgestanden. Stille Zeit. Brief an Erika. Dienstliche Sachen erledigt. 9 h zu Lt. Staudinger und Lt. Hornung, der zum Batl. Lemcke kommt. Mit Staudinger zu den Bombentrichtern, dort zu Pferd allein zur Protzenstellung. Verleihung der KVK an Kes-

sin und Berg. Dann nach dem Essen mit Dulisch nach Meglino geritten, Geschirrkammer besichtigt, Hauptverbandsplatz aufgesucht, Oberarzt Dr. Fe [...]er, Mull für Verpflegungsraum ergattert. Rückritt: [...] treffe ich Hptm. Hoeckner, der lange mit mir über Varain spricht. Über Protzenstellung und Fst zurück zur Bst.

In der Nacht wird erheblich Roggen ge[...]. Auf diese Weise erhalten wir einen anständigen Vorrat für die beiden Küchen. In der Nacht muß gemäht und weggefahren werden, da das Korn bereits zu reif ist und die Körner ausfallen.

Alle Stellen bauen Bunker, und es muß Holz gekarrt werden. Alles reißt sich um das letzte Holz in Belj.

Sonnabend, den 5. September 1942

5 h aufgestanden. Viele Telefonate, Oblt. Sonnenberg erscheint, wir beobachten den feindlichen Bunkerbau. Lange unterhalten über Holzdiebstähle etc. Man wird zum Gutsbesitzer, der für viele Menschen zu sorgen hat. Friedel erscheint, blass, schlapp. Rührend, daß er den weiten Weg macht. Wir unterhalten uns über alles Mögliche. Mein Bunker erhält den Rohbau: Vorbau, Grasdecke und Sand, Türen ohne Angeln, Fußboden etc. Ob ich Ende der nächsten Woche einziehen kann? Schlaf nach Mittag. Oblt. Fischer jammert nach Munition: Ein furchtbares Geschäft, begreiflich zu machen, daß wir sparen müssen. Viel mit Friedel unterhalten. Gemütlich Kaffee getrunken.

Es war heute wunderbares Wetter, blauer Himmel, weiße Wolken.

Hptm. Dehn ist bei der Abtlg. Alles spricht von meinem Urlaub, nur ich weiß nichts Positives. „Es wird schon was Wahres dran sein!" Gegen 22 h zu Bett.

Sonntag, den 6. September 1942

6 h aufgestanden, ziemlich müde, woher? Brief an Erika, Plan für den Urlaub unterbreitet. Gelesen, telefoniert, um 12 h zogen wir zur Kp. Fischer. Man will mich mit einem sehr guten Mittagessen bestechen, Munition herauszugeben. Aber das liegt ja gar nicht bei mir, sondern an der Zuteilung. Kartoffeln mit Gulasch, süßer Reis, Vanillepudding mit Schokoladensauce, Kaffee, Zigarre, Pralinen. Hptm. Hinsch ist auch da. Eine sehr nette Unterhaltung, die immer so gesteuert wird, daß die Munitionsfrage unerörtert bleibt. Als H. geht, verabschiede ich mich auch, sodaß mir Fischer bedauernd sagt: „Schade, nun haben wir über das

Eigentliche gar nicht mehr gesprochen." Worüber ich schließlich heilfroh war, am Sonntag etc.

Kan. Werner zum Gefreiten befördert. Fest-Kaffee mit Schichttorte aus Wendelstorf. Herrlich. Wenn man die Augen schließt, könnte man sich zu Hause fühlen. Mit Werner zur Fst. Schwarz ist auf dem Wege [...]. Einige Punkte besprochen, vor allen Dingen das Festessen zum nächsten Sonntag. Rückweg z[...]. Wir treffen die Fahrzeuge, die Balken fahren. In dieser Nacht Balken, Roggen und Ziegelsteine. Ich habe Wache bis 2 h, weil OKan. Pingel Steine abputzt in Tschernaja. Vielleicht kann ich Briefschulden abtragen. Sehr viele Telefonate wegen Fahrzeuggestellung, verirrten Fahrzeugen und Leuten. Etwas gelesen, um 24 h allerdings wurde ich sehr müde. Mit Briefen wurde es nicht viel.

Montag, den 7. September 1942

0.30 h bin ich zu Bett gegangen. 5 h geweckt. Stille Zeit, und um 8.05 h Granatwerfer unmittelbar hinter dem Haus, sodaß statt Scheiben nur noch Mull infrage kommt. Ich lese und schreibe und treffe Anordnungen. Nachmittags kurz geschlafen. Endlich fällt mir der Titel eines Films ein, dessen Hauptmelodie mich tagelang verfolgt: „Ehe in Dosen". Gegen Abend schieße ich mich grob auf die alte Ratsch-Bumm-Stellung ein, um für die Nacht ein Störungsfeuer zu schießen. Kp. Fischer schreit wieder nach Munition. Am Abend ein wunderbares Konzert. (Beethoven-Variationen über Mozartsche Arien; Händel, Concerto grosso in D-Dur) Ganz herrlich! So ein Konzert im Urlaub! Ich dachte natürlich an die musikalischen Abende bei Fräulein Schlegelmilch!

Stockfinstere Nacht, starker Regen. Post war sehr reichlich[...] allein von Erika. Um 0.30 h zu Bett gegangen.

Dienstag, den 8. September 1942

5 h aufgestanden. Mein neuer Bunker hat [...]. Zimmerleute arbeiten bereits. Es gibt eine wunderbare Tür! Ich gehe zur [...] sich mit Varain beschäftigt. [...] anstanden findet. Mittagessen (süße Nudeln) in Fst. Kdr. hat Grippe und sieht fürchterlich elend aus. Schwarz geht mit zur HBst und trinkt bei mir Kaffee. Dann Gang zu Staudinger und Oblt. Popitz. Gute Zigarren an beiden Stellen. In der Dunkelheit zurück. Sehr laue Nacht. Sternenhimmel. Wir schießen etwas Störungsfeuer, Anruf Fischer, ob

Richtfehler? Es handelt sich um ein Störungsfeuer vor dem Abschnitt rechts. Gegen 23 h zu Bett.

Mittwoch, den 9. September 1942

5 h aufgestanden. Ich bin noch richtig verärgert wegen Fischer. Und so etwas schleppt sich ja in jede andere Befähigung hinein. Jedenfalls wird mir klar, daß solche Dinge zweckmäßig sofort bereinigt werden. Sonst setzt sich etwas fest.

Dienstsachen erledigt. Brief an Erika. Ich kann mich im Augenblick sehr schlecht konzentrieren, ich sitze minutenlang und träume, döse. Um 10 h Geschützrevision, die nicht besonders gut [...]. [Ab hier ist das Tagebuchblatt bis zum nächsten Tag sehr schadhaft. K.-M. D.] Ich muß Varain wieder vergattern, eben- [...]. Schwarz ist, glaube ich, über meine [...] persönlich stark beunruhigt. [...] weil er doch recht schwach [...] und muß diese Dinge alle lernen [...]. Nach dem Essen gehe [...] schlafe etwas und arbeite dann [...]. Telefonate, Aussprache mit [...] nicht so gemeint hat. Ich [...] Telefonwache bis 23 h und arbeite etwas am Tagebuch und Brief.

Donnerstag, den 10. September 1942

Sehr müde, 6 h aufgestanden. Stille Zeit. Es klappt nicht mit den Steinen. Jörn hat nur ganz wenige angefahren. 6 Bomber und 6 Jäger (russ.) in niedriger Höhe. Zu unverschämt! Unsere Jäger sind nicht zur Stelle.

Herrliche Sonne, aber die Vorahnung des Herbstes liegt in der Luft, noch stärker gestern Abend, als alles vergoldet dalag. Zu schön - zu traurig.

Wienke (8. Batt.), Bursche von Mattes und Pötter aus Zahrensdorf, erscheint. Die Steine müssen herangetragen werden. Varain als Wegeerkunder mit Hilfsarbeiter Lübbert. Der Ofenbau geht rasch vorwärts. Ich schreibe, arbeite, lese, höre Musik etc. Pingel (Maurer) lebt richtig auf, als er mal wieder mit Steinen hantieren kann. Sehr gemütliches Abendessen.

Sehr viel telefoniert, natürlich alles Kleinkram, aber daraus besteht nun einmal mein augenblickliches Leben. Und es ist ja auch wirklich sehr gut zu ertragen. [Ab hier ist das Tagebuch über einige Zeilen sehr schadhaft. K.-M. D.] trübes kühles Wetter. Sehr reich [...] bald beantworten will. Gegen [...] muß sehr viel Schlaf nachholen.

Freitag, den 11. September 1942

5 h aufgestanden. Stille Zeit. Vormittags bei Staudinger (Bunkerbau) und Fst. Dort Mittagessen. Vorher Pützig (KOB) meinte, er würde zurückgesetzt als K 1. [...] ließ ich ihn richten. Lauter Fehler. Zudem Versuch, mich zu belügen!

Inzwischen ist Friedel angekommen. Ich bin nach Rückkehr zur Bst völlig matt und lege mich hin. Da Oblt. Mattes Besuch von Herrn Oberst und einem Inspekteur erhält, kann er nicht rechtzeitig kommen und daher verabreden wir einen anderen Termin. Sehr gemütlich mit Friedel. Ich bringe ihn noch bis zur s.I.G.-Stellung. Dort regele ich die Rückgabe des abgeholten Holzes. Dann zur Bst zurück. Sehr dunkle Nacht, aber ziemlich ruhig. Um 21 h zu Bett.

Sonnabend, den 12. September 1942

6 h aufgestanden. Sehr unruhig geschlafen: Der Bohnenkaffee tat seine Wirkung. Werner fährt los, um Brötchen bei der Bäckereikp zu holen. Es regnet. 9 h Pferde am Bombentrichter, Ritt mit Lt. Schwarz zur Protzenstellung, mal Regen, mal Sonne. Es ist erstaunlich, was an Stallausbau geleistet worden ist. Schreibkram aufgearbeitet. Beim leckeren Kaffee erschienen Schoepe und Fischer. Gemeinsamer Rückritt. Tee bei Abtlg. Kdr. besucht, recht krank noch. Zu Fuß zurück, auf Bst alles ruhig. Nachrichten um 22 h, 22.30 h zu Bett. Anruf bei Friedel. Ich bin sehr müde. Am 15. Sept. kann ich vielleicht in Urlaub fahren!

Sonntag, den 13. September 1942

5 h aufgestanden, es ist herrliches Wetter, aber sehr kühl. Das übliche morgendliche Beginnen: Stille Zeit, Brief an Erika. Mirko Jehnrich: „Der Soldat" beendet. Um 11 h mit Staudinger vom Bombentrichter zur Fst. Großes Festprogramm: Schöps und Olpke erscheinen. Im neuen Bunker noch keine Fenster, der Tisch besteht aus dem umgekehrten Wagenboden von Jörn. Herrliches Festessen: Gulasch mit Kartoffeln, Erbsen und Möhren, dann Pudding und nachmittags Kakao und 2 Brötchen mit Schmalzfleisch. Sogar die Protzenstellung erhält 2 Brötchen pro Mann. Diese Freude. Ansprache von Schwarz, Schöps und mir. Sehr nett gemütlich. Bis zum Spätnachmittag in der Fst gewesen. Abends noch gelesen und geschrieben, Wolter ist bereits in der Fst eingetroffen. Ich schlafe auf Bst.

Montag, den 14. September 1942

6.30 h aufgestanden. Ich lese und schreiben. Die Pferde um 10 h bringen Wolter und mich zur Protzenstellung. Dort Besprechung der notwendigen Punkte. Pferdehalter Schielke orientiert mich über die Küchenverhältnisse in der Protzenstellung. Demnach muß Uffz. Gans dringend gestaucht werden. Er ist jetzt im Urlaub. Das Essen unter dem neuen Koch Riedel tadellos. Nudeln mit Fleisch und Tomatenmark. Anschließend gehen wir zum Variete nach Tarassowo. Oblt. Troitsch vor der Kirche. Die Sketche teilweise sehr gut, aber im Großen und Ganzen ist es nicht bedeutend, obwohl fast alles Berufsleute mitmachen. Als wir zürückkehren, erfahre ich, wann ich Urlaub habe. Rückritt zur Bst, dann zur Abtlg. Es ist eigenartig, wie man die einzelnen Etappen hinter sich bringt: Zone des MG-Feuers, dann Zone der Artillerieeinschläge, nur die Bomben kann man ja nicht unterlaufen. Es ist eine sternhelle Nacht. Von der Abtlg. im Beiwagenkrad zum Regiment, kurz aufgehalten, die dienstlichen Sachen erledigt und dann im Bunker von Bausch geschlafen, etwa von 0.30 h bis 4.30 h, etwas reisefiebrig bin ich doch.

Dienstag, den 15. September 1942

5.15 h aufgestanden, um 6 h Kaffee im Kdrsbunker. 6.30 h Abfahrt mit Krad über Div.Meldekopf-Demjansk zum Flughafen. Dort lange gewartet, inzwischen Flak angesehen, Focke-Wulf erklären lassen. Herrliche Wolkenbildung, ein Bild wie im Thüringer Wald: Schwarze Konturen, sanfte Hügel, tief hängende dicke Wolken. [...] dann landen die Jus, halten sich sehr kurz nur auf, ich steige ein, und schon geht es los. Sie huschen nur so über die Wälder hinweg. Ich sitze ganz allein in der Kabine. „Wie im Fluge": Unsere Stellungen, Pola, Lowat. Viele Einschläge am Boden. Und dann sogar sollen einige Flak geschossen haben. In Tulebja Landung. Ein Oblt. vertröstet mich auf eine Maschine, die evtl. am [...]mittag nach Pleskau fliegt. In der Zwischenzeit sehe ich mir den Hafen an. Es landen einige Jäger, u.a. Ritterkreuzträger Oberfeldw. Stolz, der gerade 1 russischen Jäger heruntergeholt hat. Ich gratuliere ihm und kenne ihn gar nicht. War das eine Freude! Dann auf dem Kdr.Geschäftszimmer geschrieben und Kartoffeln gegessen. Sie hatten mir deswegen kein Essen angeboten, weil es gerade schlechtes Essen gegeben hätte: Kartoffeln mit Weißkohl. Ich erzählte, daß wir am 13.9. zum ersten Male in diesem Jahr Kartoffeln gegessen hätten. Und das nur einige Kilometer außerhalb des Kessels! Schließlich ist der 4. Einsatz geflogen, eine einzelne Maschine landet: Für uns! Herrlicher Flug in die Abendsonne hinein. Ganz dunstig liegt alles da. Landung in Pleskau. [...] die 6 km zur Stadt. Auf der Straße warteten viele Soldaten, die die 6 km scheuten. Im Haus Ostland wunderbares Empfangsprogramm: Asphaltstraße, Steinhäuser, der Krieg ist fast spurlos vorübergegangen. Abendbrot (Kartoffelsalat, Gurken, Kalbfleisch). Ein Glas Bier. Der Hauptstuf verspricht uns (Oblt. Haller, A.R.5, Ulm und mir) für 5.30 h einen Wagen zum Flughafen. Wir gehen früh schlafen. Ich friere erbärmlich unter einer Decke und kehre reumütig zu Hose und Mantel zurück.

Mittwoch, den 16. September 1942

5 h Wecken, schnell einige Scheiben Brot, dann im LKW zum Flugplatz. Eine Ju soll starten. Ich treffe Oblt. Osterhold, der in den Kessel zurückfliegen will. Ich habe die Sache noch vor mir. Er rät mir von [...] aus zu fliegen mit Lufthansa. Abflug 8.35 h, an [...] Riga. [...] die notwendigsten Gänge: Erkundigungen, ob Maschine der Lufthansa fliegt, ja, aber ist besetzt, daher 12 h.

Entlausung, Frühstück.

Dieser Flug ist mir wegen starker Böen schlecht bekommen. Nachdem Oblt. Haller sehr reiherte, rang ich mir auch etwas ab. Scheußliches Gefühl.

Nun sitze ich im Offiziersheim der Horstkommandantur Riga und warte auf die Maschine um 13 h. Der Übergang ist gar nicht so gewaltig? Vorgestern Abend ritt ich noch im finsteren Rußland und jetzt sitze ich in einer gepflegten Umgebung, habe schon sehr viel Pflaster getreten. Ein gewaltiger Unterschied, [...]

[Ab hier fehlen die Tagebuchblätter bis zum 31.12.1942. Die Blätter vom 31.12.1942 – 10.1.1943 sind sehr schadhaft und weisen große Lücken auf [K.-M. D.].

Donnerstag, den 31. Dezember 1942 Silvester

Nach den üblichen Arbeiten auf der HBst (wie Aufstehen, Entgegennahme der Morgenmeldung, Fertigmachen, Kaffeetrinken) fuhr ich zur Fst. Hier noch einige Anweisungen. Oberwachtm. Ziegler ist sehr wach, immer genau orientiert, wann ich komme und steht dann immer auf der Straße, um mich abzufangen. Ich habe immer den Eindruck, als wäre immer [...] Wir „unterhalten" uns aber doch immerhin über kirchliche Dinge! Vielleicht aber hält er mich als Mecklenburger nicht ganz für echt? Aber vielleicht ist es auch etwas der Dienstrang?

Inzwischen ist der Einspänner-Schlitten da und wir fahren (Gen, ein richtiger Bauer) zur Fst. Hier ist gerade ein Schießen. Es klappt recht ordentlich. Kurze Ansprache an die Fst. Aber entgegen meinem Plan bleibe ich und mache die Silvesterfeier mit. Zuerst gab es Bohnenkaffee und die Ballen, von denen ich allerdings nur einen [...] essen konnte. Sie waren zu fett. [...] Versteigerung der Ballen, 1000 Reichsmark. Eine Illumination wie im Frieden. Dann habe ich noch gelesen und um 1.30 h kam Oblt. Hoffmann. Bis 2 h erzählt. Totmüde ins Bett.

Freitag, den 1. Januar 1943

7 h aufgestanden, Brief an Erika. Gelesen. Um 15.20 h zum Bataillon Lemm. Vorher aber noch bei Lt. Schwarz, der es, wie stets, sehr nett gemütlich aufgeräumt hatte. Man merkt aus allem, daß er einer sehr gepflegten Familie entstammt. [...] wie im Frieden [...] Hoffmann war ebenfalls [...] nett, gute Unterhaltung und [...] scharfe Trinkerei. [...] Mit Hoffmann und [...] zurückgestolpert. Wir sind vom [...] sofort zu Bett.

Sonnabend, den 2. Januar 1943

[...] 2 Gläser mit Grog getrunken und als schöne Überraschung kam ein Päckchen von Erika, das Wachtm. Schulz mitbrachte: 1 Paket Lichter, einige kleine Äpfel, völlig heil, und ein Paket Kekse. Ich habe geschlemmt! Und durch den Grog kam ich auch in eine milde, versönliche Stimmung, sodaß ich eine Lobeshymne auf die Batterie gesungen habe, also etwa das Idealbild einer Batterie gezeichnet habe. Oder besser gesagt: Ich habe die positiven Seiten gesehen und geschildert. [...] ich mir dann klar machen, [...] Ärger ich mit einigen Wachtm. Und Uffz., [...] die irgendwie undiszipliniert [...] muß ich beachten. Aber, [...] alle [...] begeistert sein. Hieraus wird uns [...] eine positive Haltung allein [...] Und nicht eine negative [...] 22.30 ist der Aufsatz fertig.

[Der Text dieses Aufsatzes befindet sich im Anhang. K.-M. D]

Sonntag, den 3. Januar 1943

[...] große Verwehungen. Taps, der zuerst [...] ungebärdig ist und vor Kraft strotzt, ist gar nicht mehr so heftig, sondern trabt gleichmütig. Eine wunderbare Silhouette! In der Protzenstellung diktiere ich den Bericht in die Maschine und dann gibt es Mittagessen: Süße Nudeln in Milch. Ganz herrlich! Im starken Schneesturm fahre ich zurück über Batl. Lemm zu Oblt. Lieck, der Oblt. Salzmann, Lt. Schwarz und mich eingeladen hat. Ein sehr netter, ruhiger, nicht strapaziöser Nachmittag. Es ist der Gefechtstand des Ritterkreuzträgers Lt. [...]. Eine große Bücherei mit ordentlichen Büchern ist da, der Raum erinnert übrigens an Café Modern in Utrecht: Rumslokal. Bezeichnend für den Wirkungskreis eines Kp-Chefs: Oblt. Salzmann wußte nicht den Weg zum Gef.Std. seines rechten Nachbarn. Er würde nur hin [...], wenn er den Graben [...] ginge! Und so geht es vielen! Wie gut habe ich es. Ich bin frei beweglich und komme überall herum. Schwarz bringt mich noch nach Hause. [...] abends [...]brot essen. Dazu bei Rotwein [...] eine sehr feine Unterhaltung [...]. Woher es komme, daß man sich [...] interessieren könne. [...] In einem war er mir [...] während mein Bericht doch schon um [...] fertig war, schusterte er noch um 8 h daran umher. Wenn Erika ihn zum Manne haben würde, wäre sie vermutlich noch nervöser! Ich dachte nur an die Examensarbeit, die bei mir zum 1. I. 34 in Langenberg sein mußte und 24 h abends vorher war sie ja auch fertig. Neujahr früh allerdings mußte sie noch gebunden werden! Und ebenso ging es ja auch mit der 2. Examensarbeit in [...]. Komisch! Und nun ist Hans-Jürgen genau so.

Eine solche Unterhaltung mit Schwarz ist wirklich fein. Mein Eindruck allerdings ist, daß er zu gut für diese Welt ist. Aber erfreulich, solche guten Menschen zu finden!

22 h zu Bett.

Montag, den 4. Januar 1943

Viel geschrieben, um die Briefschulden einigermaßen aufzuarbeiten, aber es schafft noch nicht. Ich las mit größtem Interesse – und mehr noch – die Ausführung von J. F. Laun in seinem Konzept. Ganz wunderbar. Ich muß das noch mehr durcharbeiten. Wenn ich solch' fleißige Arbeit sehe, erwacht in mir die Lust, auch wieder etwas zu schaffen, zu leisten, irgendeine schriftliche Arbeit, mal etwas Bleibendes. Aus diesem Grund vielleicht habe ich das Tagebuch wieder begonnen. [...] Nachmittags erscheint Schulz und erzählt von Brüel und Wismar. Sein Töchterchen, 1 ½, muß zwei Jahre in Gips liegen, weil die Hüften nicht fest sind. Vorgeburtliche Ursache, Schreck? Man vermutet Fliegeralarm etc. Ich gehe mit ihm zur Fst, habe sehr viel auszusetzen, mache eine Alarmübung. Es ist Tauwetter. Seit Silvester haben wir jetzt auf Bst Leuchtkugelposten und tagsüber Scherenfernrohrbesetzung.

Ich nehme die Umbesetzung der VB-Stellen vor. Wachtm. Weniger ist vom Urlaub zurückgekehrt. Ich bin sehr müde. 21 h zu Bett.

Dienstag, den 5. Januar 1943

Es hat Marketenderwaren gegeben. Rasieressig, Zahncreme, Haarwasser etc. So etwas gibt es zu Hause kaum.

Heute Beerdigung von Oberst Lorenz, Kdr. G.R. 176 in Borok.

Ein sehr heftiger Wind, Glatteis, Morgenrot: Eissturm. Es sieht alles nach Wettersturz aus. Posten an Scherenfernrohr beobachten nichts Besonderes. Ich schreibe am Tagebuch, packe einige Sachen [...] Erika. An Aufgaben für die [...]

Ich muß [...] Bücher für Geh.- und Geh.Kdo.-Sachen aufarbeiten, da morgen die Bücher zur Prüfung vorgelegt werden müssen. Hier habe ich den Wert deren täglichen Arbeit gemerkt. Dadurch, daß unsere Bücher stets laufend gehalten waren, habe ich wenig Arbeit. Und da ich für [...] Tinte haben mußte, habe ich gleich den längst fälligen Briefe an General Noeldecken, unseren alten „Kaiser Nolli", geschrieben.

Es gab noch Post von Erika (27.12.), von Mutter Eggers und Frau Pochhammer. Sehr liebe Post. Ich habe noch gelesen, um mit den kleinen Büchern mal aufzuräumen: Es drängt sonst so viel.

Ich habe in diesen Tagen eine besondere Besorgnis wegen Friedel. Meine Besorgnis wegen Erika war also berechtigt. Seit 27.12. im Bett. Und das bei meiner so gesunden und starken Erika. Ich bin in rechter Sorge. Hätte ich doch gerade in dieser Zeit mehr geschrieben! Kleines Glas Rotwein.

Mittwoch, den 6. Januar 1943

Kältesturz, zum 1. Male! [...] Eisiger Wind! [...] Staudinger ab zu einem Treffen [...] habe ich es gut, daß [...] Roethigs Vorliebe. Übrigens ein sehr guter Gedanke, den ich mir auch bereits notiert habe. Alle bisher nicht gelesenen Zeitschriften wie „Zeitwende" oder „Eckard" langsam nach und nach schicken lassen: So erhält jeder Monat ein eigenes Gesicht. Ich schreibe sehr eifrig Briefe, meist im Kleinformat, weil ich sonst nicht durchkomme. Lese einige kleine Novellen und trinke nachmittags Tee und esse ein Röstbrot mit Erdbeermarmelade aus Brüel. Ein Genuß! Sehr viele dienstliche Schreiben. St. und Schw. sind spät zurück, da der Kdr. persönlich da war und sie länger beurlaubt hat. Gegen Abend wird es etwas wärmer, wenigstens läßt der sehr eisige Wind etwas nach. Ein wunderschöner Sternenhimmel, man erkennt deutlich die Tiefe des Weltenraumes, daß einzelne Sterne näher sind als andere: Sehr plastisch. Was man ganz übersieht: Daß hier der leuchtende Sternenhimmel nur deswegen so klar ist, weil die Luft ohne jede Beimengung ist. Solch' einen Sternenhimmel konnte ich [...] wegen der Dunst [...]

Früh zu Bett.

Donnerstag, den 7. Januar 1943

[...] klarem Wetter und glitzerndem Schnee wollte Taps angaloppieren, aber Krato ließ sich etwa 200m weit schleifen. Tadellos! Ich habe ihn zum Gefr. befördert (außerdem dient er bald 2 Jahre). Als ich ankomme, ist Hoppe bereits da, hat heizen lassen und liest. Wir unterhalten uns über Musik, Lebensstil und über Menschenbehandlung. St. und Schw. erscheinen ganz kurz. Es war sehr viel zu telefonieren, ein ziemliches Kommen und Gehen. Tank meldet sich, strahlend wie immer. Leider muß Hoppe viel zu früh weg. Ich hätte mich ohrfeigen mögen, daß ich wieder diese scheußlichen Hemmungen hatte. Aber schließlich sind wir ja auch ohne förmliche Erklärung gute Freunde. Aber man will es ja auch gerne wissen, mal aussprechen.

Die Arbeiten der Uffz. laufen ein: Langsam entwickelt sich ein Plan, [...] Bürmann, Paam und Ogefr. Grieger fahren in Urlaub.

Brief von Erika und Otto. Was hat der Bengel nicht alles erlebt! Furchtbar! Ich erfahre durch den RegtsAdj., daß Friedel keine Meldungen macht. Das muß ich ihm schnell [...], sonst versaut er sich seine Stellung im Regiment, und er hat sich dann als Battr.Führer nicht bewährt. Ob er nicht alles auf die leichte Schulter nimmt?

Frl. Schlegelmilch schickte mir nette Zeitungsausschnitte.

Es gab heute Brotsuppe und abends aß ich bei mir. Anschließend „Stabsbesprechung" mit Lenker. [...] Weihnachtsfeier sind

sind 2 Fl. Sekt aus der [...]verschwundenen. Singen die Kerls Weihnachtslieder und klauen Sekt! C'est la vie! Wenn nur nicht die Uffz. unter sich eine kleine Feier veranstaltet haben!

Es ist 23.30 h. Ich gehe schlafen. Draußen etwas heftigeres MG-Schießen als sonst. Wie mag es Erika gehen?

Freitag, den 8. Januar 1943

[...] dann rücksichtslos durchgreifen werde. Ich stelle fest, daß einige Kanoniere nur ½ Fl. Sekt erhalten haben. Es ist allerdings in einer Gemeinschaftsfeier getrunken worden, sodaß sich Genaues nicht ermitteln läßt. Eins steht fest: Ziegler hat mal wieder meinem Befehl entgegen gehandelt, der lautete: Für 2 Mann eine Flasche.

Dann Fahrt zur Protzenstellung. Taps ist sehr manierlich.

Richter ein gebrochener Mann und ist sehr nervös geworden: Er soll jetzt in Urlaub fahren.

Ich muß Uffz. Meyer und 3 Mann zur Infanterie kommandieren: Es sind alles Blüten! Viel Schreibkram.

Dann Kaffeetrinken mit Kuchen von Dulisch, [...]Marmeladenbrot. Rückfahrt ist sehr kalt. Abendbrot. Brief an Erika anläßlich des [...] Januar [...], der sehr wehmütig klingt. Dann Tagebuch. Ich überlege ernstlich, ob ich Lt. Hoppe schreiben soll, daß ich zum Sprechen einfach zu schwerfällig geworden bin. Ich trinke ein Glas Rotwein auf Erikas und Bübchens Wohl und habe viele Wünsche in diesem [...].

Sonnabend, den 9. Januar 1943

[...] recht trübe. Aber hier setzt dann die bewußte Dankbarkeit ein für alles, was man trotzdem an Gutem erfahren hat. Ich brauche nur Ottos Bericht zu lesen, um zu sehen, wie heiß es an anderen Frontabschnitten hergeht. Und Friedel sitzt ja auch ziemlich in der Patsche.

Mit Staudinger suche ich eine Stellung für ein weit vorgezogenes Geschütz aus. Wunderbarer Raureif, aber zunehmende Kälte. Nach dieser Erkundung gehe ich zur Fst, esse kurz zu Mittag und vernehme insgesamt drei Stunden lang Kanoniere und Uffz. wegen der Sektzuteilung zu Weihnachten. Ergebnis: Es sind mindestens 3 Flaschen „irrtümlich" geleert worden, die dann an anderer Stelle fehlten. Ziegler hat also meinem Befehl entgegengehandelt und in kleinen Klubs Sekt getrunken. [...] die Sache sehr verdrießlich. Mehr habe ich nicht nachweisen können. Ich bin aber überzeugt, daß Ziegler froh ist, ohne Bestrafung davongekommen zu sein. Dann im [...]zur Bst. Tee und Röstbrot. Tank zerbricht 2 Untertassen, [...] als Geld. Ich lese viel. [...] Außerdem 2 Päckchen an Erika und Mutter mitgegeben. Wie mag es Friedel gehen? Es ballerte dort wieder gewaltig. 21.30 h zu Bett.

Sonntag, den 10. Januar 1943

6 h aufgestanden. Ich wollte gerade einen schönen, gemütlichen Sonntag zelebrieren mit Lesen und Schreiben, als mir gemeldet wurde, der Kdr. sei unterwegs zu unserem vorgezogenen Geschütz. Ich ging also auch dorthin. Staudinger leitete alles sehr ordentlich, umsichtig. Kdr., Hptm. Hinsch und Lemm erscheinen zufällig. Beide Batl. Kdr. durften zum ersten Mal in ihrem Leben abziehen und wurden dann zu „Ehrenkanonieren" ernannt. Das Schießen machte den Kanonieren Spaß: 10 Schuß in 52 sec., eine beachtliche Friedenszeit. Die Kufen sind wunderbar. Die Heimat hat wie wild gearbeitet, ich erfahre zufällig, daß Waggonfabrik Wismar auch solche herstellt.

Dann zur Bst, gegessen, gelesen. Sondermeldung über 13 versenkte Tanker. Das ist fast kriegsentscheidend. Daraufhin gemütliches Kaffeetrinken auf Vermittlung. Tank hat Gebäck mitgebracht. Wir rauchen eine Zigarre, kaum noch zu genießen. Mitteilung, daß [...]. 21 h zu Bett. [...] Ich habe mir heute Mittag vorgestellt, daß ich nun [...] Gegend so vertraut bin, daß ich nun schon [...] Erika [...] führen möchte und ihr alles zeigen: Hier zogen wir im Herbst 41 nach Norden, hier im Jan. 42 nach Süden, hier waren die Angriffe, dort ist die Stellung und hier ist mein Bunker. Und wohlfühlen kann man sich hier bestimmt.

Montag, den 11. Januar 1943

Ruhiger Tag. Ich bin mit mir unzufrieden. Warum? Ich gehe zur Sauna. Wunderbar im Schnee gewälzt. Der Heizer, Freiwald, kennt nur einen Ehrgeiz: Möglichst viele vom höchsten Brett herunterzuheizen. Ich schreibe und lese, beginne vor allem den „Paracelsus", nachdem ich die „Marcellusflut" von Joachim v. d. Goltz beendet habe. Ein selten eindrückliches Buch.

Abends hat Tank eine Überraschung: Grießklöße. Enorm, was der Kerl alles versteht.

In der Nacht ein russ. Spähtrupp vor 1. Kp., der einen Mann zurückläßt.

Früh zu Bett.

Dienstag, den 12. Januar 1943

Dieser Russe war völlig unverletzt und ist von einem eigenen Spähtrupp geholt worden. Ganz brauchbare Aussage.

Um 6 h Uhr aufgestanden. Auf Skiern zur Fst. Eine Schneemauer wird im Gelände bezeichnet. Über Gefechtsstand Hoffmann (Boullionsuppe) […] Ob ich den Ofen neu setzen lasse? Reichlich kalt augenblicklich!

Ein Brief von Erika, Anfrage, ob sie nach Marburg fahren soll? Das wäre ja herrlich! Neue Anregung, Konzerte, liebe Menschen, Vorträge. Erika schrieb, daß es seit der Hochzeitsreise das erste Mal sei, daß sie dann über Mecklenburgs Grenze hinauskäme. Das ist mir gar nicht aufgefallen, weil ich ja in der Zwischenzeit etwas in Europa herumgekommen bin.

Ich lese eifrig im „Paracelsus".

Tank bereitet Pferdefleisch. Sehr gemütlich ist nachmittags die kleine Teestunde. Ein Vergleich mit dem Jahre 1942 zu der gleichen Zeit macht mich doch sehr dankbar und bewußt ziehe ich immer Vergleiche. Wie gut habe ich es! Überhaupt wir alle. Ich will noch schnell einen Brief an Erika schreiben! Dieser Brief ist persönlicher geworden als so manche andere.

Mittwoch, den 13. Januar 1943

Früh aufgestanden, sehr nebeliges Wetter, wunderschöner Raureif. Mit Schlitten über Fst, wo die Schneemauer gute Fortschritte macht, nach Wessowo. Oblt. Troitsch ist tatsächlich der Oberprimaner, der 1917 in Weitendorf war. Mutter Eggers hatte mir das Gedicht aus dem Fremdenbuch abgeschrieben. Wir sprachen längere Zeit über Weitendorf. Kino: Wir bitten zum Tanz. Ein […] fröhlicher, harmloser […] Moser und Hörbiger […] bester Lustspielfilm. Nachher traf ich Hptm. Steglich. […] recht mitgenommen von den harten Kämpfen am Schlauch (und einem Abschiedsabend). Er fährt in Urlaub nach Ruppichteroth, wo mein Studienkamerad Rehmann aus Siegburg jetzt sitzt. Zu ulkig! Rückfahrt mit Hptm. Osterholt bis zum Stuppi-Grund und dann zur Protzenstellung. Die Bekleidungskammer sieht gut aus. Ich habe viel Schreibkram zu erledigen (Urkundenfälschung von Budde und Heise). Mit einem Winteranzug, einem Stück Pferdefleisch und einer Flasche Likör fahre ich wieder los. Von der Feuerstellung aus nehmen wir noch 2 Kanoniere mit. Die Beleuchtungsfrage ist zu ärgerlich, mal ist der Zylinder kaputt (wir schneiden sie uns immer selbst aus alten Flaschen), mal klappt es mit der Karbidlampe nicht.

Oberwachtm. Dulisch hat Sorge wegen seiner Frau, die alles recht schwer nimmt und gar keine Bekannten oder Freunde oder Verwandte in der Nähe hat. Nun will sie reisen: Ihre Verwandtschaft allerdings wohnt sämtlich in luftgefährdeten Gebieten.

Ich lese noch etwas und gehe schlafen. Um 24 h ruft mich das Batl. an, man wollte mir eine gute Nacht wünschen. Verrückte Bande!

Donnerstag, den 14. Januar 1943

Strahlender Wintertag: Blauer Himmel, glutrote Sonne und bläuliche Schatten, Raureif, körniger Schnee. Ich überlege mir, ob ich nicht spazieren gehen soll? Aber daß man irgendwo hingeht, nur aus Freude an der Natur, das hat man sich ja fast [...] abgewöhnt. [...] Die reine Freude an der Natur genießt man [...] so nebenbei. [...] noch nicht einmal zum Genießen kommt es, weil man zu sehr in das ganze Gebiet als Soldat eingespannt ist.

Ich nehme mir einige Briefe vor, die ich unbedingt erledigen muß. Die Briefschulden werden immer weniger, da kaum Post hinzu kommt. Ich bin wirklich fleißig. Gegen Mittag kommt das Radiogerät. Es ist doch wunderbar! Und dann lese ich im „Paracelsus". Ich bin glücklich, daß ich ein Buch habe, in dem ich mich festlesen kann. Nicht, wie als Kind oder als Junge mit hochrotem Kopf, aber doch, daß ich Zeit und Raum vergesse. Es ist allerdings auch besonders die Schilderung des großen Engelweihfests.

Die Musik zur Dämmerstunde war wieder hörenswert. Werke von Händel, Symphonie d-dur von Haydn. Hätte ich doch die Klavierauszüge hier! Oder ist es nicht vielmehr so: Hätte ich doch noch mehr jede freie Stunde der Musik gewidmet. Dann könnte ich jetzt davon zehren.

Ich telefoniere mit Lt. Hoppe, zu dem es mich mit einer starken Gewalt hinzieht. Ich brauche einen Freund nicht nur in der Ferne, sondern auch zum täglichen Umgang. Und Hoppe ist ein Mensch, der über das Alltägliche hinausreicht. Ich staune nur über sein sicheres Urteil und seine Belesenheit in jeder Beziehung. Ich rufe ihn an, als ich die „9. Symphonie" im Radio höre. Ich bekomme einen Schreck: Das letzte Mal hörte ich sie mit

Werner Pochhammer bei […] Linje! Um 21 h Uhr zu Bett.

Freitag, den 15. Januar 1943

Es ist klirrend kalt. Ich fahre mit Schilke zur Abtlg. zur Chefbesprechung. Allgemeines Geklöhne. Hptm. Domansky ist zurück. Wir besichtigen abschließend Uffz.-Lehrkdo. Fabelhaft, was Lt. Riedel aus denen herausgeholt hat. Dann mit Schlitten zur Protzenstellung. Einige Beurteilungen. Mit Troika (3 Füchse) nach Hause. Unterwegs friert mir fast die Nasenspitze ein. Dulisch und ich fahren abwechselnd. Es macht Spaß, auch bei der ungeheurer Kälte. Zu Hause trinke ich einige Liköre, höre mir gute Musik an. Abendbrot, Grog.

Anruf bei Hoppe, dem ein Bunker durch 12,2 cm Volltreffer zerstört wurde. 1 Uffz. und 8 Mann sind nicht mehr herausgekommen und sind verbrannt.

Tagebuch bis hierher.

Oblt. Fischer lädt mich ein zum Mittagessen. Erster Anruf seit Silvester. Er ist mir zuvorgekommen, ich wollte ihn längst anrufen.

Sonnabend, den 16. Januar 1943

Früh aufgestanden, gelesen, dienstliche Sachen erledigt, verschiedene Anordnungen. Dann Sauna. Wunderbar ist anschließend die frische Wäsche.

Mittagessen und als Alarmmeldung: Panzer und Infanterie gesichtet. Ich benachrichtige alle VB's. Dann gehe ich zu Oblt. Fischer, kombiniere unterwegs: Nachtaufklärer, Einschläge in der Fst, […], Panzeraufklärung, Gefangenenaussagen. Es ergibt ein ziemlich klares Bild von Angriffsvorbereitungen. Sehr kalt, bei Oblt. Fischer, ich ziehe mir seine Überhose und eine Pelzweste an. Tee und Kuchen, Lebkuchen und Zigarre. Wir unterhalten uns sehr angeregt über Kolbenheyer, seine Reise und vieles Andere, natürlich auch über die Kompanie und andere dienstliche Sachen. Dieser Wechsel bei Fischer ist sehr auffallend. Liegt es an seinem genossenen Urlaub oder weil er im wesentlichen mit seiner Arbeit fertig ist? Ich lese noch lange im „Paracelsus". 22 h zu Bett.

Sonntag, den 17. Januar 1943

5.30 h aufgestanden. Ap. Gesch. 21 – 24 gelesen. Zum Frühstück gibt es Post, darunter 2 Briefe von Erika, eine Todesanzeige von Arnold Kristian Hedde und ein Brief von I. Schlegelmilch. Ich habe viele dienstliche Telefonate. „Paracelsus I. Teil" beendet. Wunderbar. Soll ich nun gleich weiterlesen oder zuerst die anderen kleinen Sachen?

Mir wird auch klar, was die „Vorworte" zu den einzelnen Büchern bedeuten. Sie sind „Ouvertüren", die ja auch in nuce die ganze Oper enthalten, stichwortartig. Daher muß man die „Ouvertüre" noch einmal lesen, nachdem man die „Oper" gesehen hat. Ich lese im „Reich" vom 20.12. Spannender Artikel. 14.30 h Schwarz und Staudinger. Unfug mit Staudingers Paket, das er wegen unserer klaren Andeutung öffnen muß. Herrliches Gebäck. So wurde mir aus der Verlegenheit geholfen. Sehr nette Unterhaltung. Dann Brief an Erika, Haydns „Symphonie mit dem Paukenwirbel" und bei einem Gläschen Diero Portwein. Tagebuch bis hierher. Aufklärer-Meldung über Panzer-Bereitstellungen. Welikoje Lub aufgegeben!! 22 h.

Montag, den 18. Januar 1943

Ich telefoniere mit Friedel. Er scheint ganz gewaltig mitgenommen zu sein von der „Ansprache" des Oberst. Ich kann mir vorstellen, daß er zusammengehauen wurde. Denn seine Batterie übernimmt Oblt. v. Hartwig. „Den Umständen entsprechend" ginge es ihm gut. Vielleicht ist es ganz gut, wenn er mal so richtig gestaucht wird, er glaubte ja, er wäre ein routinierter und fähiger Batterieführer. Während ich doch von mir selbst weiß, wie viel man falsch macht im Anfang. Und auch jetzt noch ständig.

Ich entdecke, daß ein Brief an die Eltern eines Gefallenen 8 Tage lang irgendwo sich umhergedrückt hat. Kein Ergebnis. Ich gehe zur Panzernahkampfschule. Es macht mir ordentlich Spaß, einen Panzer aus […] anzuspringen, mich mal ordentlich hinzuwerfen und die Minen anzudrehen. Ich esse bei Oblt. Hoffmann, dessen Kdr., Hptm. Rosental (Polizist aus Bremen), auch erscheint. Dann zu meiner HBst. Viele Telefonate, ich vertreibe mir die lampenlose Zeit auf diese Weise. Dann beginne ich Colin Ross: „Die westliche Hemisphäre". Ein wunderbar geschriebenes Buch. Dann gemütlich Tee, auch mit mir allein. Das ist der Höhepunkt des Tages.

Berlin bombardiert, und als Vergeltung London. Große Abwehrschlachten im Osten. Wann mag die Rote Armee ausgeblutet sein?

Mildes Wetter, es schneit. Ich gebe einen Brief durch Lt. Harm in die Heimat. Ob allerdings der Brief mit Urlauber durchkommt, ist fraglich, da das OKH den Urlaub für die Ostfront gesperrt hat. 21 h zu Bett.

Dienstag, den 19. Januar 1943

6 h stehe ich auf, schreibe einen langen Brief an Erika. Telefonate, Gang zur Fst. Das Auto von Oberst Stuppi begegnet mir. Die Schneemauer ist ganz gewaltig. Ich versuche, hinüberzuspringen: Sehr schwierig. Wem es gelingt, wird von unserem MG gefaßt. Auch das Astverhau mit Stacheldraht ist nicht ganz ungefährlich. Frierend gehe ich zurück, mir begegnet Oberst Stuppi, wir sprechen kurz miteinander. Er ist sehr herzkrank und muß häufig stehen bleiben.

Der Aufklärer kreist sehr rege über dem Feindgebiet. Alles spricht ja von zu erwartenden Angriffen, eventuell mit Panzern. Rückweg über Oblt. Hoffmann. Der Lehrgang ist entlassen. Ich habe bereits 12 Ausgebildete in der Batterie. Zu Mittag gibt es Jägersuppe, dann gelesen, meist dienstliche Sachen.

Tank ist raffiniert: Gerade wollte ich mir Tee machen lassen und Röstbrot in meinem Bunker, da ruft er mich zum Kaffee herüber. So […] ich nun dem Höhepunkt des Tages. Der allerdings liegt bei dem Abendbrot, das aus Grießbrei mit Orangensaft besteht. Tank zaubert solche netten Dinge. Ich lese in Colin Ross und schreibe Briefe.

Ich war richtig froh, als ich heute früh merkte, daß ich noch einigermaßen geistig rege Briefe an Erika schreiben konnte. Liegt es nicht vielleicht an einer gewissen Gedankenträgheit, daß ich oft gar nicht daran denke, in einem Brief einen geistigen Anlauf und Aufschwung zu nehmen, sondern nur so eben gleichmäßig dahinschreibe? Das soll mir nicht wieder passieren, denn Erika muß mit Recht anspruchsvoll sein.

Kdr. ruft an wegen Schlitten und Kommandierung von Wachtm. Finkeldey zur 18./12. Friedel ist bereits bei der ersten Batterie. Kdr. weiß einige Dinge und wird mir das mündlich mitteilen. Hoffentlich ist nichts Ehrenrühriges dabei!

Mittwoch, den 20. Januar 1943

6 h aufgestanden, 7.30 h Kaffee, mit Wachtm. Finkeldey über Fst (hier Bestrafung von OKan. Jörn, der keine Leitungskontrolle gemacht hat) zur Pr.St. Es ist sehr kalt, scharfer Wind. Nach dem

Essen fahren Dulisch und ich nach Meglino zur Kammer und zum H.V.Platz Ich treffe einen alten Bekannten wieder, Oblt. v. Gadow, den Forstmann von III/48. Große Freude. Viel erzählt. Dann noch Roethig getroffen, der mir mitteilt, daß am Sonntag Treffen in Tarsowo ist. Dann Kaffee getrunken.

Beförderungsvorschläge. Bei der Durchsicht des Sperrvorratbunkers fand ich 2 Fl. Bols „Aprico" vor, von denen ich vorsorglich annehme, daß sie niemandem so gut schmecken wie mir. Ich nehme mir eine. Das es so etwas gibt! Erinnerungen an Holland werden wach. Mit Schlitten und Schielke zurück. Abendbrot, lange erzählt. Dann in meinen Bunker gegangen, der umgebaut wird, das Bett nahm zu viel Platz ein. Vorläufig noch große Unordnung, aber es wird geräumiger. Gegen 22 h zu Bett.

Donnerstag, den 21. Januar 1943

9 h mit Lt. Schwarz auf der Rollbahn getroffen. Lt. Staudinger fand sich auch ein. Sein Skistock war gebrochen, daher zu Fuß. Ein ganz wunderbares Wetter, -22°C, Sonne, nur kam bald ein Dunst auf. 9 h Offz.Unterricht. Allerlei Kleinkram. Kdr. war mal wieder nicht praepariert, ein sehr dürftiges Gestammele über Disziplinverordnung. Allerlei Kleinkram. Mittagessen, recht kühl im Bunker, dann Qualm, ungemütlich. Ich erfahre vom Kdr. Friedels Verhalten, das Anlaß zu Beschwerden gegeben hat. Es ist zu dumm, daß der Kerl so hochtrabend und anmaßend ist. Er bringt sich in eine sehr üble Situation! Und mich dazu.

Ich sehe mir den ROB-Lehrgang an, der Fußdienst macht.

Dann mit Schlitten (Pepita – Mausi) zurück. Es ist sehr kalt. Ich friere: Es liegt aber nicht an der Kälte. Ich habe Kopfschmerzen. Ob es mit dem Ärger, den ich wegen Friedel habe, zusammenhängt?

Radioapparat ist da! Ich lese und schreibe, räume auf und trinke Tee: Aber keine Ruhe und Sammlung. Ich gehe in Vermittlungsbunker, der auch umgebaut ist. Skatspiel. Um 19 h gehe ich zu Bett. Das ist für mich noch das beste Heilmittel. Unruhiger Schlaf.

Freitag, den 22. Januar 1943

Da ich die Lampe gestern zertrümmert habe, kann ich erst um 6.30 h aufstehen. Da geht auch schon die Rasur mit einem Talglicht. Es ist deutlich zu merken, wie die Tage länger werden.

Viele Telefonate. Ich müßte einen Tag lang jedes Telefonat verzeichnen, es käme eine stattliche Zahl heraus.

Ein Päckchen von Erika. („Weihnachten öffnen!") Wie gehorsam ich bin, daß ich es erst jetzt öffne. Herrliche Kuchen. Daraufhin lade ich gleich Hptm. Lemm ein, dessen Besuch schon längst fällig ist. Ein Brief von Thilo und Frl. Schlegelmilch, aus dem ich entnehme, daß Ritterkreuzträger Major v. d. Lancken gefallen ist.

Ich lese und ordne und packe. Um 15.30 h erscheint Hptm. Lemm. Bei Aprico, Marmelade- und Honigbrot und Tee haben wir einen wunderschönen Nachmittag.

Der Wehrmachtsbericht ist heute sehr deprimierend: Zurücknahme der Terekfront, Einbruch in Stalingrad: Eigentlich zu viel für einen Tag. Um 8.30 h geht Hptm. Lemm. Er hat sich einen großen Schlitten bauen lassen, Bootsform. Anschließend lese ich, Anruf Lt. Hoppe. Um 23.30 h zu Bett.

Die Tage hier sind so schön und so schnell vergangen, daß mir oft angst und bange wird um die dahineilende Zeit. Und ich schaffe so wenig! Und ich müßte arbeiten! Ich stehe in den besten Mannesjahren und bin geistig wenig produktiv!

Sonnabend, den 23. Januar 1943

Zuerst nebliges Wetter, aber dann aufklarend zu einem herrlichen Sonnenschein. Ich gehe mit Tank zur Sauna. Wunderbar geschwitzt, anschließend im Schnee gewälzt. Über Aufräumen, Lesen, Schreiben wird es sehr bald Zeit, zur Fst zu gehen, zum Uffz. Abend. Von 22 vorhandenen sind 20 anwesend. Kdr. erscheint kurz. Ein selten gelungener Abend, viel Alkohol, vorher Kaffee mit Röstbrot und Marmelade. Dann Ansprache, Alkohol und Preisskat. Statt dessen spiele ich mit einigen Uffz. Mühle zum großen Halloh! Es ist sehr interessant, die Einzelnen zu hören, wie sie denken und empfinden, wenn sich ihre Hemmungen etwas gelöst haben. Ich erfahre sehr viel Interessantes. Um 2 h Aufbruch. Alle sind begeistert von dem Fest. Um 2 h fahre ich mit Schlitten nach Hause. Oberwachtm. v. Fehren erzählt sehr dramatische Ereignisse vom Einsatz am Schlauch. „Tal des Grauens". Friedel ist oft behütet worden.

Sonntag, den 24. Januar 1943

Schlittenfahrt 8.30 h über Protzenstellung nach Tarassowo. Selten klarer, wenn auch kalter Tag. Fast Erfrierungen im Gesicht, mein altes Leiden seit dem Vorjahr.

Im Gottesdienst ([…] dort) gehen die Gedanken zurück nach Januar 1942. Ich müßte ständig dankbar sein in allen kleinen Dingen, weil auch sie so viel besser sind als im Vorjahr.

Plötzlich erscheint Walter Warnke! An ihn hatte ich gar nicht gedacht, ich hatte ihn vielleicht auf Verlustkonto gesetzt. Die Trennung war deswegen so lange geworden, weil Friedel mir einen ungünstigen Bericht über ihn gegeben hatte. Negativ! Aber nun war er da! Meine riesige Freude! Was hatte er alles mitgemacht, auch an dunklen Wegen, er ist noch immer, seit Holland, Gefreiter. Wir aßen zu 12 insgesamt im Kasino, naturgemäß habe ich mich verhältnismäßig wenig mit Anderen unterhalten, fast nur mit Walter. Gute holl. Zigarre, Hptm. Meerwein und ich entdecken, daß wir Bundesbrüder sind. Hat doch unser Bund eine weite Geltung, das auch heute noch, 7 Jahre nach Schließung, über viele km hinweg, das „Du" sofort, wie selbstverständlich, gebraucht wird.

Mit Schlitten noch zur Protzenstellung, zu Abend gegessen und dann wurde Walter im Schlitten nach Hause gefahren, nicht ohne vorher uns für den kommenden Sonntag bei mir verabredet zu haben. Eine sehr kalte, klare Nacht. Leuchtbomben, Blitzlichtaufnahmen. Ich bleibe noch bis 23 h auf. Vor freudiger Erregung konnte ich noch nicht einschlafen. Es war recht kalt im Bunker.

Stalingrad!

Montag, den 25. Januar 1943

Sehr kalt draußen, auch hatten die Männer nicht anständig eingeheizt. Das muß abgestellt werden. Ich lese und krame umher, es ist sehr viel liegengeblieben. Uffz. Schmidt teilt mir mit, daß er von Bekannten erfahren habe, seine Braut sei ihm untreu. Fein, dieses Vertrauen, erschütternd aber seine Last. Urlaub gibt es nicht.

Friedel meldet sich für morgen an, Lt. Hoppe sagt für heute ab. Schade. Was geht in Stalingrad vor? Wie mich diese Frage nicht in Ruhe läßt! Ich erhalte 2 Briefe von Erika, sehr nette Schilderung über Hans Jürgen.

Es ist so kalt im Bunker, daß es nicht gemütlich ist. Und am hellen Tage an unserer sehr exponierter Stelle den Schornstein qualmen lassen? Ist nicht zu verantworten. Also warte ich bis zu Dämmerung.

Was macht Stalingrad und die eingeschlossene 6. Armee? Ich schreibe einige Briefe. Ich rufe Horst Lieder an, der mich in seiner Freude glatt duzt.

Am Abend wird es sehr schön warm. Aber es ist den ganzen Tag bestimmt nicht kälter gewesen als vielleicht in normalen Zeiten in Brüel. Nur, ich bin verwöhnt.

Friedel sagt ab und Lt. Hoppe kommt auch nicht. Zu schade.

Ich komme immer noch nicht über Stalingrad hinweg. Ob sie sich opfern, um die Rückzugsbewegungen vom Kaukasus zu decken? Ich kann mir nicht denken, daß man eine Armee verbluten lässt, ohne alles zur Abwendung versucht zu haben: Herr Gott, gibt es denn keinen Ausweg? Es sind doch unsere Kameraden!

Dienstag, den 26. Januar 1943

„Das Heldenlied von Stalingrad." Es scheint sich das stellvertretende Leiden und Sterben zu vollenden. Und wir liegen hier wie im Frieden. Zwar mag es für uns auch noch kommen, aber im Augenblick! Kann kaum meine Gedanken sammeln, immer nur „Stalingrad". Vor einem Jahr waren wir in der gleichen Lage, aber wir konnten durchhalten, weil der Nachschub gelang und die Abwehr leichter war, der Russe nicht mit Panzern anstürmte u.s.w. Und unser General v. Seydlitz ist mit dabei!

Vormittags gelesen und geschrieben, am Nachmittag besucht mich Lt. Schwarz. Im Mittelpunkt aller unserer Gespräche steht Stalingrad. Ich gehe früh zu Bett, schlafe von 21 h bis 7 h durch, sodaß ich erst durch den Fernsprecher geweckt werden muß.

Mittwoch, den 27. Januar 1943 (Mittwoch)

Fahrt zur Protzenstellung. Die Pferde sehen teilweise sehr gut aus. Ich vermute, daß sie gut durch den Winter kommen. Ich besehe mir die geplante Mörserstellung und die Vorarbeiten. Hptm. Domansky verabschiedet sich telefonisch. Er geht als Gruppenkommandeur zur 123. I.D. Sehr viel mit Dulisch erzählt.

Ich werde durch das Ungewisse mit Stalingrad irgendwie gelähmt. Ich werde nicht fertig damit.

Hptm. Steglich: Ritterkreuz. Feines Hochzeitsgeschenk.

Der 77. Psalm paßt wunderbar in meine Situation (V.7: „…mein Geist muß forschen.") Abends ein Grog, um meine Grippe endgültig zu vertreiben. 21 h zu Bett.

Donnerstag, den 28. Januar 1943

7.50 h mit Lt. Schwarz getroffen, um zur Abtlg. zu gehen. Dort

Offz. Unterricht. Kdr. ist von der Geburtstagsfeier von Hptm. Dehns ziemlich matt. Er spricht von dem Sinn des Kampfes in Stalingrad. Dann Besichtigung des KOB-Kurses. Mit Schwarz und Staudinger zurück, St. bei mir zu Mittagessen und Kaffee.

Der Ofen qualmt stark. Ich bin schläfrig, aber nach 20 h geht es wieder. Ich lese und schreibe. Dazu höre ich Musik aus dem Radio, das heute zu mir gekommen ist. Eine wunderbare „Musik zur Dämmerstunde". („Don Juan" v. R. Strauß, Fr. Liszt, Klavierkonzert in d-dur.)

Alle Meldungen deuten auf einen bevorstehenden Angriff der Russen an unserer Ecke hin: Auffahrende Batterien, Bewegungen von LKW's und Kolonnen von Infanteristen, Transportmaschinen. Wo mag der Angriff steigen? Wir müssen jetzt alle auf höchste Wachsamkeit gehen.

Stalingrad?

Freitag, den 29. Januar 1943

Wunderbar klares Wetter. Wir schießen zwei neue Batterien ein. Es geht alles wie am Schnürchen. 3 VBs und HBst sind in der Leitung und beobachten gemeinsam, schießen auch durcheinander. Ich lenke nur die einzelnen Schießen. Kdr. erscheint auch. Dazu Lt. Hoppe. Sehr nett: Bols Apricot, Brotsuppe. Kdr. hinterläßt noch [...]-Zigaretten. Sehr nett mit Hoppe. Ich hatte mir vorgenommen, ihm das „Du" anzubieten. Das Gespräch drängte auch dorthin und, wie mir schien, hat er es auch erwartet. Aber der Mund ist uns ja verschlossen durch den Krieg, Und dann bleibt immer die Enttäuschung: Warum wieder die Gelegenheit versäumt? Denn wir sind bereits Freunde, aber dann soll man es sich auch sagen, zur gemeinsamen Freude.

Wieder höchste Alarmbereitschaft für die Nacht. Viele Anrufe wegen Marschbereitschaft etc.

Allmählich gewöhne ich mich an den Gedanken des Heldentums von Stalingrad, weil ich den Sinn klar erkenne. Aber was ist das für eine ungeheure Größe!

Spät zu Bett.

Sonnabend, den 30. Januar 1943

Neben Briefschreiben und dienstlichen Sachen höre ich Görings wunderbar packende Rede, nachmittags Goebbels und den Führeraufruf. Wie schade, daß der Führer selbst nicht sprechen konnte. Gerade in diesen Tagen wartet man besonders auf sein Wort. Aber das mag ja kommen, wenn die gegenwärtige Krise abgeschlossen ist.

Abends schreibe ich noch einen Brief an Hoppe. Komische Umwege! Aber wenn es nur zum Ziele führt.

Viel Dienstkram. 24 h zu Bett.

Sonntag, den 31. Januar 1943

Ich erwarte Walter Warnke und vielleicht gegen Abend noch Hoppe.

Viel dienstliche Schreibarbeiten. Schließlich erscheint Walter, wie ein Taucher sieht er in seinem dick wattierten Anzug aus. Gutes Essen, Walter strahlt, löst sich und bis 18 h haben wir sehr viel besprochen. Ich staune, was W. alles durchdacht hat. Es ist schon eine Größe, 3 Jahre lang als Gefreiter umherzulaufen und keine Aussicht auf Beförderung zu haben. Und dabei drängt es ihn so zu einer Verantwortung! Leisten können und nicht dürfen! Das zerbricht ihn fast. Ich putsche ihn auf, eine Entscheidung bei seinem Chef herbeizuführen, ob er noch KOB ist oder nicht. Es waren ganz herrliche Stunden, die wir hatten.

Und zwischendurch dann noch der Anruf von Lt. Hoppe, der sich über meinen Brief sehr gefreut hat. Er will mir wieder schreiben. Eine Spannung ganz eigener Art. Wie wird Hoppe mein Angebot meiner Freundschaft auffassen? Ich habe mich jetzt seiner Entscheidung ganz ausgeliefert. Mir wird hieran Gottes Angebot an den Menschen klar, in deren Wahl es nun auch gelegt ist, entweder „ja" oder „nein" zu sagen.

Aber ich bin fest überzeugt: Er wird „ja" sagen!

Montag, den 1. Februar 1943

Sehr viele Unterschriften, Meldungen an Abtlg. etc. Zwischendurch der versprochene Brief von Hoppe, der mir die größte Freude dieses Jahres darstellt: Wir sind ausgesprochene Freunde! Ich könnte laut jubeln! Wäre Hoppe nur erst hier, daß wir über alles sprechen könnten!

Kdr. kurz bei mir.

12 h erscheint Lt. Schwarz, wir gehen durch sehr gewehten Schnee, Temperatur nur 0°C, zu Lt. Staudinger. Hier gutes Mittagessen und dann sehr scharfes Wirkungstrinken, zwischendurch einige Scheiben Brot. „Rudi" und „Dieter" sind ein drolliges

Gespann. Rudi Königsmarck ist Bantam-Meisterboxer und hat die entsprechende Figur. Einweihung der „Löwenhöhle". Spät zurück mit Schlitten der Kp. Ich find ein Paket von Erika vor (durch Urlauber Krebs) und als Schönstes darin einen Farbfilm.

Ich gehe bald zu Bett.

Dienstag, den 2. Februar 1943

7 h aufgestanden, ich bin ziemlich müde von gestern, esse wenig. Es war wohl doch zu scharfes Tempo.

Ist es nicht ulkig, daß mein Freund Hoppe „Karl-Friedrich" heißt? Wir vereinbaren, täglich zwischen 18 h und 20 h anzurufen.

Ich beobachte am Scherenfernrohr 2 Füchse! Wenn ich die erlegen könnte!

Beurteilungen und Tatbericht gemacht, dann alte Zeitungen gelesen, um einmal hindurchzusteigen. Sehr viele Telefonate.

Gemütliche Teestunde mit mir allein.

Der Farbfilm ist wunderbar und weckt sehr viele schöne und liebe Erinnerungen. Mir kommt sogar der Gedanke, mit dem Farbfilm als roten Faden eine Skizze zu schreiben. Es würde wohl sehr viel vom Lob des Häuslichen erscheinen.

Am Vormittag war Dr. Fischer hier zur Choleraimpfung. (Die wievielte?)

Mittwoch, den 3. Februar 1943

Gang zur Fst, kurze Anweisungen, dann Fahrt zur Protzenstellung. Hier Pferdeappell, Strafbücher, Geheimbücher. Uffz. Brumm wegen Beleidigung von Frick zum Regt. Auf meiner Rückfahrt begegnet er mir ziemlich zerknittert. Tatbericht wegen Brumm.

Ich habe Magenschmerzen und gehe deswegen früh zu Bett.

Der Höhepunkt des Tages, auf den ich mich stets freue, ist der Anruf von K. F. Hoppe. Augenblicklich scheint er allerdings eine Flaute durchzumachen, denn er deutete so etwas an.

Militärische Rückschläge.

16 h Die Meldung aus dem Führerhauptquartier wegen Stalingrad. Erschütternd, die Gestaltung der Meldung und das Lied „Lied vom guten Kameraden". Wen das nicht erschüttert hat, muß ein Herz aus Stein haben. Ich glaube ja auch, daß Deutschland hierdurch aufgerüttelt wird.

Werden nicht ganze Bevölkerungsstriche, aus denen die VI. Armee stammt, ziemlich von Männern entblößt sein?

Donnerstag, den 4. Februar 1943

Nach einigen dienstliche Schreiben (Beurteilung über Brumm) zur Fst. Dort aktives Schwenken, weil in letzter Zeit zu viele Strafen verhängt werden mußten. Durch den tiefen Schnee, alle pusteten. Aber sie müssen mal wieder zu Soldaten gemacht werden. Dann zur Abtlg. Chefbesprechung und Mittagessen. Kaffeetrinken. Allerlei Fragen besprochen. Im Schlitten bei heftigem Schneesturm zurück.

Anruf Hoppe. Verabredung für Samstag.

Dienstlicher Schreibkram. Brief an Erika.

Wie gemütlich ist es bei mir im Bunker, zumal wenn das Radiogerät hier steht. Ich höre, während ich schreibe und lese, Kammermusik und Symphoniekonzert.

Wir haben heute verschiedene Feuerüberfälle geschossen, um dem Russen einen kleinen Eindruck zu vermitteln, wie er sich zu verhalten hat.

Ich lese, bei einem Konzert von Vivaldi, das Tagebuch durch auf Stellen, die von Karl-Friedrich Hoppe sprechen. Es ist eigentlich nur ein matter Ausdruck meiner tiefen Freude. Und wie ich mich auf den 1. Besuch nach dem „Du" im Brief freue. Was werden wir uns zu erzählen haben!

Seit gestern habe ich mir vorgenommen, täglich ein Lied aus dem Feldgesangbuch zu lernen. Bisher: Ach, bleib mit Deiner Gnade, Ein feste Burg, Lobet den Herren und noch einige kleine Sachen. Eine gute Übung und Ausfüllung von leerer Zeit. Und das Gedächtnis ist schlecht.

Spieße zum Rgt.

Freitag, den 5. Februar 1943

K. F. ruft an, daß es ihm heute nicht passe. Mir auch garnicht. Ich gehe zur Fst, nachdem ich vorher die Befehle wegen Verringerung des Gepäcks an die VB's erteilt habe. Hier dasselbe und dann Fahrt zur Pr.St. Sehr viel mit Dulisch beraten, bis alles dann läuft. Dulisch ist von der Spießversammlung beim Regt. noch sehr angeschlagen. Er leidet unter den Nachwehen. Ich fahre zur HBst, bin dort eine Stunde. Lt. Schwarz holt mich ab, ich bin zum Abendessen beim Batl. Lemm eingeladen. Es ist sehr nett gepflegt, wenn nur der Köter Raudi nicht wäre, der mir zu nah am Tisch sich aufhalten darf. Es gibt Bratkartoffeln und gebratene Blutwurst, dann Rotwein und Sekt am wundervollen Kamin. Es ist sehr gemütlich wie selten mal. Mit dem Schlitten werde ich nach Hause gefahren. Um 1 h zu Bett.

Sonnabend, den 6. Februar 1943

Ein Festtag: Nach langer „Trennung" erscheint K. F. Hoppe, dem ich den Schlitten bestellt hatte. Er hat sehr viele „Zigarren" einstecken müssen, die er noch nicht ganz verdaut hat. Eine Stellung, wie er sie hat, ist auch bei den augenblicklichen Schneestürmen besonders exponiert und kaum kann er die Gräben freihalten. Und dieser Druck lastet auf ihm. Daher war er auch nicht so gelöst, wie ich es sonst von ihm kenne. (Dazu noch eine Havarie vom Vorabend). Charakteristisch ist für K. F., daß er das Gespräch bewußt sachlich gestaltet, immer vom Persönlichen ins Allgemeine, Sachliche leitet. Ich vermute ja, es ist Maske. Aber unsere Freundschaft hat eine sehr starke Dynamik und wird wegen der starken Spannungen nicht banal werden.

Nach dem Essen erscheinen Lt. Schwarz und Staudinger, die ihre Koffer verringert haben. Das war für sie ein Angang und Riesengeschäft. Ganz erschossen kamen sie zurück. Oder tat es der Rotwein? Wir haben uns ganz besonders nett unterhalten, besonders Schwarz war redselig wie selten. Er kann zu nett erzählen, von seiner Fahnenjunkerzeit. Und man empfindet den Gehalt dieser Stunden ja auch ganz besonders anders als im Frieden und ... wo wir unsere Bunker vielleicht verlassen müssen. Bis 24 h gelesen und geschrieben, bei allerschönster gepflegter Musik.

Sonntag, den 7. Februar 1943

Der schlimmste Schneesturm, den ich je erlebt habe. Wie mag es in den Stellungen aussehen? Ein Überläufer (Usbeke), vor Höhe 130. Sehr interessante Aussagen. (Russ. Grabendienst, Neigung zum Überlaufen etc. Ausfälle durch unsere Granaten.) Dann zur Sauna, die mit Birkenholz geheizt war. Ein Genuß. Im Schnee gewälzt und auch in Kleidung auf dem Rückweg vor Übermut. Festessen: Gulasch mit Brot und Pudding. Viel gelesen und Briefe geschrieben. Teestunde mit mir selbst. Habe ich doch nach und nach eine ½ l Flasche Rotwein ausgetrunken! Und es schmeckte so sehr gut! 22 h zu Bett. Sehr schläfrig.

Montag, den 8. Februar 1943

Gang zur Fst. Stand der Schneearbeiten besichtigt. Toller

Schmutz im Gemeinschaftsbunker. Zum Mittagessen bei Oblt. Salzmann. Bei Schwarz traf ich Nast-Kolb. Kaffee bei S. Mit N.-K. auf Skiern zurück. Ich fand 3 Kuchenpäckchen von Erika vor. Tank brachte sofort Kaffee und daher sehr schöne Dämmerstunde. Geschrieben. Ich muß doch mal mit meinen Briefschulden aufarbeiten! Früh zu Bett.

Vor einem Jahr wurde Hasso v. Kleist verwundet.

Dienstag, den 9. Februar 1943

Zur Fst, dort Schlitten. Nach Tarassowo zur Verladung. Kurz bei Hptm. Meerwein, der im Augenblick sehr viel Arbeit hat. In Meglino (mit Dulisch) traf ich Oberst R. und den General. Unsere Packerei klappt. Dann Fahrt zur Protzenstellung. Aufarbeiten der Geheimsachen etc. Richter ist zurück: Ehescheidung eingereicht!

Es wird wieder erheblich kalt, -14°C. Fahrt zur Bst. Ich gebe meinen Samowar ab. Sehr nette Unterhaltung mit K.F., der mir seitenlang W. Busch-Verse zitiert. Unsere Gespräche dauern meist 20 Min., zur Verzweiflung so mancher Vermittlung. Früh zu Bett.

Mittwoch, den 10. Februar 1943

7 h aufgestanden. Leichter Schneefall. Ich plane, Batl. Hinsch aufzusuchen, aber Hptm. H. ist nicht da. Ist unter den augenblicklichen Umständen auch zu verstehen.

Schwarz besucht mich und erzählt neueste Vorfälle bzw. Pläne.

Ich lese viel, kann mich nur notdürftig auf einen Brief an Erika konzentrieren. Es ist so viel zu überlegen und zu planen.

Nachmittags Teestunde mit mir allein. Viel gelesen. Es kommt reichlich Post. Paket von Garfs (Lichter und Puddingpulver), Wurst von Erika und 2 Briefe. Herrlich! Besonders die Schilderung über die Kanallje, wie er theatralisch erzählt. Ich arbeite das Tagebuch nach. Wieder langer Speech mit K. F. Wer uns hört, muß annehmen, wir lebten im tiefsten Frieden, solche Themen haben wir.

Es gibt morgen Berliner Ballen!

Donnerstag, den 11. Februar 1943

8 h Besprechung bei Abtlg. Hagen wird zuerst auf Walze gehen. Dadurch wird eine Umbesetzung notwendig. Lt. Schwarz zieht zur „Hundekehle" (vormals 1./48) und Uffz. Roßband zieht zum VB rechts. Weiteres kann ich noch nicht erfahren. Ich treffe mich mit Hptm. Lemm in der Protzenstellung. Wir gehen

die neue HKL ab. Berliner Ballen und Kaffee mit Hptm. Lemm und den Kp-Chefs. Dann zu Fuß nach Tarassowo zum Hptm. Meerwein. Er zeigt mir sein Reitpferd. Ein wirklich wunderbares Pferd! Franzose, Fuchs, mit schwebendem, federndem Gang. Das möchte ich zu gerne haben!

Ich erhalte 26 Ballen Preßheu und außerdem 4 Schlitten versprochen. Dann bin ich aber gut versorgt, wenn nur noch die Pferde ankommen.

Ich treffe dort noch Lt. Hoffgarth, der Führer einer leichten Kolonne während des Vormarsches war. Diese Freude! Und dann über die Pr.St. nach Hause. Radio steht bei mir. Es ist zu schön, etwas Musik zu haben!

Langer Speech mit K. F.

Freitag, den 12. Februar 1943

Um 9.30 h K. F. Ein herrliches Abschiedsessen: Berliner Ballen mit sehr gutem Bohnenkaffee und als Krönung: 1 Flasche Sekt Heidsieck Dry Monopole. Wir sind 2 rechte Genießer, auch in Fragen der Kleidung, des Umgangs u.s.w. Ein herrlicher Abschluß unserer Zeit der Freundschaft hier in Belj.

Furchtbares Tauwetter! Ich versuche, abends mit Skiern zur Abtlg. zu kommen: Plackschnee. Ich habe unter den Brettern dicke Klumpen Schnee.

Die 1./48 verbrennt Kartuschen: Gewaltiger Feuerschein. Idiotie! So etwas merkt sich der Russe! Wir besprechen die näheren Einzlheiten der kommenden Tage, wie Vorkdo, Verlastung, Munition etc. Dann Abendessen mit Wein. Rückweg im Schlitten. Es taut! Hagel! Das peitscht ins Gesicht! 23 h zu Bett.

Sonnabend, den 13. Februar 1943

Über Abtlg. zur Pr.St. Mit Hptm. Lemm durch die Gegend gefahren (HKL). Alle notwendigen Sachen für den Abmarsch besprochen.

Dann am frühen Nachmittag wieder zurück. Ich habe blöde Kopfschmerzen. Vom Wein? Vom Tauwetter?

Die Straßen machen mir Sorge: Wenn es weiter taut, kommen wir mit Schlitten nicht aus, teilweise steht das Wasser auf der Straße! Überall liegen Minen am Grabenrand. Das mag ja eine große Schweinerei werden. Der Iwan muß aufgehalten werden, er muß Verluste haben, er darf nichts heil vorfinden. Das haben wir alles von ihm gelernt.

Um die Mittagszeit schießt ein Geschütz 12,2 aus Richtung Kuschelowo neuerdings auf die HBst. Recht beachtlich! Er hält mich für die Zentrale all' des Segens, der im Augenblick an Granaten auf ihn herunterkommt. Und das ist allerdings eine beachtliche Menge.

Ich gehe um 20 h schlafen, da ich vorher, seit 18 h, ständig im Sitzen einschlief. Und so kuriere ich mich ja stets am besten.

Vorkdo Ziegler weg!

Sonntag, den 14. Februar 1943

Und es hat mir der Schlaf mal wieder gut getan. Von 20 h bis 7 h, nur einige Male durch Fernsprecher gestört, ist ja auch allerlei an Schlaf. Langes literarisches Gespräch mit K. F.

Es ist etwas kälter und es schneit. Vielleicht aber wird auch das zu einer sehr feuchten Brühe.

Die Nachrichten sind nicht sehr gut im Augenblick. Nun ist bereits Charkow mit einbezogen! Wie mag das enden?

Ich wage es kaum, mir Rechenschaft zu geben über das, was im Augenblick geschieht: Wir treten den Rückzug an aus einem Gebiet, das wir fast 1½ Jahr besetzt hielten, das man uns nicht entrissen hat, das wir räumen müssen aus einer höheren Notwendigkeit, die man nur vermuten kann. Gut, daß das Vertrauen zur Führung so stark und fest ist!

Nach vielem Lesen und Schreiben habe ich etwas geschossen: Der alte Granatenabladeplatz an der alten Ratsch-Bumm-Stellung. Wunderschöne Baumkrepierer. Dann Abendbrot mit Brotsuppe. Wir schlemmen im Augenblick: Mittags Frühlingssuppe und Gulasch mit Kartoffeln. Und außerdem noch eine Sonderzuteilung von 850 g Wurstkonserven. Der Sperrvorrat wird verzehrt.

Unsere Pferde von dem Rückführungskommando sind da, ebenso 2 Schlitten.

Langer Speech mit K. F.

Montag, den 15. Februar 1943

Um 5.45 h aufgestanden, 7 h ab Bombentrichter. Mit dem Vorkommando für die Fst los. Offz. mit PKW nach Oljsi (westl. D.). Fst hinter den Häusern am Flakhügel. Protzenstellung in Arkadowo. Gewaltiges Rummeln im Schlauch. Sehr interessanter Einblick in die rückwärtigen Dienste: Nägel, Benzin, Bandeisen,

Stroh, Heu, Hafer etc. Es ist alles vorhanden. Dann im dichten Schneegestöber Fahrt zur Bst ostw. D. Nichts zu sehen. Deswegen muß ich nun noch einmal nach dorthin! Auf der Rückfahrt (Poldi, Kerckow, Gerloff) in T. bei Hptm. Meerwein. Hafer? Soviel ich haben will! Protzenstellung: Skianzug, Rotwein. Anweisung für das Vorkdo. Mit Schulze bei Mondschein zur HBst zurück. Viele Telefonate. 22 h zu Bett.

Dienstag, den 16. Februar 1943

Wieder die übliche Tour: 6 h aufstehen, mit Schlitten nach Tarassowo, Wachtm. Schulze fährt mit. Bei dem Verpflegungsamt gerade „Ausverkauf" in allen Sachen. Ich muß an die Schilderungen Vaters über 1918 denken, als man genügend Sachen hatte, man sie nur nicht mitkriegen konnte. Ich bin glücklich, daß ich zur Fronttruppe gehöre, wo alles tadellos klappt. Mit Dinafü vereinbare ich 40 Ztr. Hafer!! Hoffentlich klappt es noch! Mit LKW nach Demjansk (Ortkdtr. und Frontbuchhandlung, Bsten ausgesucht), nach Olsy (Fst, Ortskdtr. etc.). Der Laden läuft. Mit Krad (Oblt. Olpke von Erkundung zurück) zur Abtlg. Dort Meldung und Sekt. Mit Schlitten zur HBst. („Lore" hat einen ungemein weiten Trab.) Hier Brotsuppe, Punsch und Kaffee. Brief an Erika, viele Telefonate. Brief von Erika und andere Post. 24 h zu Bett.

Freitag, den 19. Februar 1943

Riesenlange Chefbesprechung. Batl. Hinsch. Ich bin nun voller Unruhe. Vorkommandos. Heute, wo ich das schreibe, am 19.II., ist ja nun alles klar. Ich bin in der Gegend umhergefahren, habe die Vorkommandos überprüft, habe Hafer geschnurrt, letzte Anweisungen zum Abmarsch gegeben. Ich war am 17.II. wohl auch noch bei der Abtlg., beim Dinafü, in der Protzenstellung. Viel Ruhe hatte ich nicht. Viel in der Gegend umhergefahren, HKL besichtigt etc. Am 18.II. ging es nun los. Sehr viel geschossen, auf die alte Ratsch-Bummstellung etwa 100 Schuß. Wir wollen eben auf jeden Preis 800 Schuß herausjagen, damit dem Iwan nichts in die Hände fällt. T-Minen in die Bunker. Nach dem Schießen (Erinnerungs- und Gedächtnisschießen) gehe ich zur Fst. Eigenartige Gedanken: Vor Jahresfrist hierher, heftige Kämpfe, verschiedene Batterieführer gefallen und verwundet und ich noch heil. Wie viele sind allein auf Bst verwundet! Es ist ein Wunder, daß ich die Bst heil verlasse. Was lasse ich zurück? Meine gefallenen Kameraden und Freunde. Das verbindet mit Rußland, an das mich sonst gar nichts bindet. Es ist furchtbar, daß wir unsere Kameraden hier liegen lassen müssen! Was schert mich das Stück Rußland. Es wäre wertlos, wenn nicht eben die Kameraden hier gelitten hätten. Ob ich nach Borok zum Heldenfriedhof gehe?

Zur Fst. Kurze Anweisungen. RegtsKdr. erscheint, völlig überflüssigerweise, während unserer lebhaften Feuertätigkeit. Er erzählt mir von Friedels Verhalten, das ihn jetzt noch in Harnisch bringt. Unglaublich, was Friedel sich eingebildet hat. Aber nun hat er seine Strafe und Warnung.

Ich fahre mit Hptm. Hoeckner, esse bei der Abteilung und gehe dann bei furchtbarem Schneesturm über die Rollbahn zur Protzenstellung. Es ist typisch: Wenn die Befehle erteilt sind, vergeht ja eine bestimmte Zeit bis zur Ausführung. Diese Zeit ist unruhevoll, weil man nichts mehr unternehmen kann. „Es läuft." Bei großen militärischen Operation „läuft es" auch, ohne daß der Generalstabsoffizier noch etwas hinzutun kann.

Von der Protzenstellung aus im Schlitten zur Fst. Von allen Seiten kommen die Batterieangehörigen. Es dauert furchtbar lange, weil ein Geschütz im Schnee versackt ist. Aber schließlich doch noch gleichmäßiger Zug der völlig ungeübten Pferde. Bei der Kirche Tarassowo Sammeln mit Protzenstellung. In Tarassowo Vorbeimarsch am Oberst, der sich über die gut aussehenden Pferde freut. Sehr hohe Schneeverwehungen. Ich laufe mich klatschnass (Pelzweste), lasse mich teilweise fahren, um rechtzeitig an den entscheidenden Punkten zu sein (Demjansk, Olsy). Das Vorkommando hat gut gearbeitet, alles geht reibungslos. Nach Demjansk zurück, in einen wunderbaren Bunker mit Oblt. Ballendowitsch geschlafen. 5 h zu Bett.

7.30 h wieder auf, da die Quartierfrage noch nicht gelöst ist. Ich suche Bunker. Alles klappt. Einzug, Anruf Regiment, Staudinger erscheint. 11.30 h Frühstück nach einer schönen Morgenwäsche.

Dann K. F. besucht, der ganz in der Nähe sitzt. Um 11 h lösen sich die letzten Soldaten aus der HKL (Fall A; Fall B tritt ein). Herrliche Sonne. Am liebsten hätte ich K. F. gesagt, wie froh mich seine Freundschaft macht. Hptm. Hinsch sieht sich die Stellung an. Fahrt mit Krad nach Olsy, Fst besichtigt. Der Oberst war mittags dort gewesen. Leckeres Mittagessen nach der Rückkehr. Dann Kaffeetrinken und Grog. Tagebuch bis hierher. Feldpost ist untersagt.

Überall brennt etwas, obwohl strenges Verbot. Russischer

Schlachtflieger abgeschossen.

Die Leute sind nicht mehr so stur wie im Stellungskrieg, z.B. das Leitungslegen klappt ausgezeichnet. Nachrichten aus der Südfront (Charkow) sind nicht ermutigend. Ich bin sehr müde und schlafe sofort ein. 20 h. Bombenwürfe.

Sonnabend, den 20. Februar 1943

Die Nacht war sehr unruhig, sehr viele Telefonate. Ich war gar nicht wach zu bekommen. Ich muß einen VB nach Lubi entsenden, da Meldung, daß der Russe erheblich nachdrängt (Raum Obrani). Ich fahre zuerst einmal selbst dort hin, finde einen Batl.-Kdr. und lege mit ihm alle Einzelheiten fest. Widerliches Schneegestöber, nasser Schnee. In Lubi brennen Kleidung, Stahlhelme, Stiefel. Ein übles Bild. Wer trägt Schuld? Es ist ein geordneter Rückzug. Also dürfte so etwas nicht vorkommen! Unteroffizier Roßband als VB erscheint. Ich fahre zurück, treffe unterwegs Oberst Stuppi und Cosmata. Beide sind Ritterkreuzträger. Kurze Meldung. Dann zur Abtlg. und 10. Kp. HBst. Herrliches Essen, viele Telefonate, da der Russe bei Saosarje erscheint, nur sehr wenige. Er hat dort einen sehr billigen Erfolg! Abmarsch 15 h von HBst, 16.30 h aus Fst. Ich wohne in einem Bunker, der mit all' den Brettern, Scheiben und Nägeln ausgestattet ist, die uns vorne fehlen. Es ist eine Schweinerei. Diese rückwärtigen Knechte müßte man in der Weise erziehen, daß man sie in den Graben steckt.

Sonnabend, den 20. Februar 1943

[Dieses Datum erscheint doppelt, weil ein neues Heft begonnen wird. K.-M. D.]

Nach heftigem Geballere rücken wir in der Dämmerung ab. Die Reihenfolge können wir nicht recht einhalten, da die 9. Batt. abhängt. Alles ist zur Sprengung vorbereitet. Die Flak hat ihre Bunker verbrannt, die weithin auf dem Berg lodern. Es ist ein widerliches Tauwetter, man bekommt nasse Füße. Die Leute können sich noch nicht auf den Matsch einstellen: Alles verlernt. Als wir die Fahrzeuge der Protzenstellung erreichen, beginnt ein starkes Schneetreiben, fast schon Schneesturm. Man sieht kaum, und einige Stunden später Eis, so daß wir ganz vereist sind. Ekeliges Gefühl. Bei jeder Bewegung bricht das Eis an den Uniformen. Wir sehen weit, denn Demjansk brennt, immer neue Detonationen. Ungeheuer viel Munition wird gesprengt. Bis zum anderen Morgen leuchtet der Himmel. Wir überschreiten die Pola auf wunderbaren Brücken, die man ja wunderbar sprengen wird, zumal sehr tiefe Täler sind. Da wird der Russe Zeit brauchen! Das Wetter klärt sich auf, klirrender Frost. Bei Kriwaja biegen wir auf dem Schlittenweg rechts ab. In der Nähe die wunderbare Rollbahn, die aber nur für motorisierten Verkehr frei ist. An der Fst der 7. Batt. vorbei. Der Schneeweg ist ganz herrlich. Aber, wie zu erwarten, eine furchtbare Stockung vor der Brücke bei Kostkowo. 4 Kolonnen nebeneinander. Ich ziehe mit der Batterie in den Ort in den Windschatten und lasse ausspannen. Die Leute verteilen sich auf die Häuser und sind in kürzester Zeit verschwunden.

Sonntag, den 21. Februar 1943

Einer von 3 Offizieren hat ständig Wache, um den Anschluß nicht zu verpassen, falls sich doch irgendeine Lücke zeigen sollte. Ich mache furchtbaren Lärm, weil die Uffz. nicht wissen, wo die Leute untergekommen sind. Ich lasse alle suchen und beschimpfe sie wegen ihrer Nachlässigkeit. Wir liegen bei dem Stab der Pi 3. und fühlen uns ganz wohl. Ein völlig betrunkener Hptm. Schmidt stört uns etwas, wie er Bratkartoffeln verschlingt.

Heftige Luftangriffe, Bomben ganz in unserer Nähe. Obergefr. Blumerich leicht verwundet. Zusammen mit Oblt. Bosselmann und Obervet. Dr. Parschau regeln wir den Verkehr. Furchtbar, wie unselbständig die Feldgendarmerie ist. Einen Hptm. Ernst, der angab, mit den Nerven erledigt zu sein, pflegten wir munter, schickten ihn in ein Haus und regelten alles selbständig. Furchtbar, wieviel Paar Skier unter den Rädern lagen, zerbrochen. Aber das ist ja nicht das Einzige, was zerstört liegen bleibt. Schließlich sind auch wir an der Reihe. Ein sehr schwieriger Berg, ich gehe mit Dulisch vor, um die Unterkunft zu erkunden. Quartiermacher sind bereits da. Ein Waldlager: Fichtenhütten für Pferde und Mannschaften. Herrliches Essen. Ich gehe in den Ort. Kanoniere schlafen in einer Scheune. Wir machen uns im Quartier eines Oberzahlmeisters sauber. Am Abend ist bereits Weitermarsch. Ich lasse zwei Leute (Krebs und Jörn), je eine T Mine tragen, weil sie in Olsy fast ein Unglück hervorgerufen hatten, indem sie einen Bunker sprengten, ohne ihn abzusperren. Leutnant Krüger-Haye war so ziemlich in der Nähe.

Es ist unvorstellbar, was man aus dem Waldlager hätte hervorholen können: Decken, Sättel, Taschen, Winteranzüge. Es ist furchtbar! Wie soll man den eigenen Laden auf Ordnung halten, wenn alles um einen her so verwahrlost ist?

Immer durch unübersichtlichen Wald. Sehr kalt. Fliegerangriffe, ein Munitionsdepot geht in die Luft. Es ist sehr erregend: Wir sind an der schmalen Ecke des Schlauches und müssen damit rechnen, daß der Russe angreift, den Schlauch abzuzwicken versucht. In noch großer Entfernung fallen seine Granaten. Ein großes Dorf mit einer Linkskurve. Flußübergang (Ssawkino, Ignatizy?). Ich bin nachts immer elend müde.

Montag, den 22. Februar 1943

Nach dem Fluß ein sehr lang anhaltender Berg. Wunderbar, wie regelmäßig unsere Pferde ziehen. Aber wir können jetzt ja auch ruhig satt futtern. Und unsere Heuballen brauchen wir noch nicht anzugreifen! Viele Friedhöfe links und rechts der Rollbahn. Es waren sehr harte Kämpfe am Schlauch! Nun regnet es mal wieder zur Abwechselung. Wieder Flußübergang, dann endloses Halten. Ich fahre nach vorn mit einem Autobus. Trotz wenigen Schlafes ist die Stimmung der Kanoniere gut. Wir haben noch etwas zu rauchen.

Links und rechts der Straße sind Waldlager, also Pferde in den Wald hinein, um Pferde und Fahrzeuge unterzubringen. Da das aber bei dem Regenwetter keine Erholung ist, versuchen wir, in Eilmärschen weiterzuziehen, vor allen Dingen, da anzunehmen ist, daß der Russe doch bald irgendwo nachdrängen wird. Und was dann aus dem Kessel und Schlauch heraus ist, kann froh sein und an anderer Stelle eingesetzt werden.

Vor dem Robja-Übergang eine kleine Stauung. Oberst R. erscheint. Wir kommen in guter Ordnung an ihm vorbei. Es ist aber auch ein herrliches Bild, die Pferde zu sehen. Und gleich vorn das Fuchsgespann! Die Männer reißen sich zusammen. Und sie haben doch wahrhaftig zu wenig Schlaf gehabt. Wann war überhaupt der letzte Schlaf?

Nun erhebliches Drängeln um den Lowatübergang bei Ramuschewo. Wir sehen viele Schäden durch Fliegerbomben der letzten Nächte. Aber das war ja überhaupt der am meisten umkämpfte Ort. Nach dem Lowatübergang Rast auf einer Straße. Batterie Bosselmann fährt neben mir auf. Dann durch Plackschnee weiter. Ich arbeite mich nach vorne und lotse die Fahrzeuge einzeln durch. Unterkunft für die Nacht? Ich fahre mit einem Wagen (Renault), schlafe unterwegs ein und gehe wieder zurück. Mittlerweile hat der Kdr. die Abteilung in einem Bäckereidorf untergebracht bzw. die Unterkunft befohlen. Nachdem die Pferde angebunden und abgewartet sind, gehen die Leute in die Häuser. Wir treffen wirklich nette Bäcker, die uns als erste Maßnahme frisches Brot eintauschen. In den überheizten Bunkern fallen uns die Augen zu. Lt. Schwarz wird gereizt, er vergißt das Kauen Die Bäcker stellen uns ihre Betten zur Verfügung!! Völlig übermüdet.

Dienstag, den 23. Februar 1943

5.30 h Wecken. Nichts klappt! Woran liegt es? Daß meine Leutnants, noch völlig übermüdet, nicht den Weg nach draußen finden. Ich meutere gewaltig mit Jedem über alles. Schwarz ist mir zu nachsichtig, hat für alles eine menschliche Erklärung. Man muß hart sein.

Es ist trockener, klarer Frost. Heftige sowjetische Luftangriffe, uns passiert nichts. Es geht um eine große Kreuzung. Wir treffen unterwegs Oberstlt. Joerges, der in alter Frische die Lage schildert: „Große Scheiße, alles verloren. Der alte Joerges wird geholt, und nun wird alles klappen!" Ich entsinne mich seines Ausspruchs, er würde aus diesem Krieg als General hervorgehen. Fast will es so scheinen, als könnte er Recht bekommen. Heftiges Trommelfeuer auf Staraja Russa. Ein Munitionszug wird getroffen. Riesiger Rauchpilz. Wie wir später erfahren, sind nur wenige Fensterscheiben heil geblieben, es habe sich um die verpaßte Gelegenheit der Russen gehandelt, statt uns nachzudrängen.

Wieder einmal Verkehrsregelungen. Die Gendarmen benahmen sich zu dusselig und stur. Frechheit siegt allemal!

Immer kurze Sprünge mit LKW's nach vorwärts. Dann auf einem Schlittenweg lange Mittagsrast in der Sonne. Abteilung futtert bei mir. Wir müssen uns wohl bald bei anderem Wetter nach Wagen umsehen! Denn allmählich wird es zu einer großen Belastung für die Pferde, einen Schlitten zu ziehen.

Hinter uns soll der Russe mit Panzern durchgebrochen sein! Inf. auf LKW's wird dorthin geworfen. Dann fuhr ich bis zu einer Verkehrsgabel und weiter auf LKW in Richtung Star. Russa und warte bei einem Offizier des Nachschubs der 18. I.D. auf die Batterie. Blockhütte, wunderschönes Gardinenfenster, Radio, Illustrierte, holl. Zigarre, Sperrholz, Lampe. Und dann dauerte es mir zu lange. Ich fuhr bis zur Kreuzung und erfuhr dort, daß die Batt. Kehrt gemacht habe, nach links ab. Ich sah Kettenkräder und Leichtgeschütze. Erheblicher Betrieb. Zur Besprechung mit dem Kdr. in Ssusslowo (Quartiermacher voraus etc.) kam ich zurecht. Mit LKW nach Welikoje Sselo voraus. Aufenthalt in einer Bäckereikompanie. Riedel als Quartiermacher recht großzügig. Ich komme bei Hptm. Lemm unter.

Mittwoch, den 24. Februar 1943

Hptm. Lemm erhält Befehl zum Gegenstoß. Spannung. Hptm. Fischer erscheint. Spät aufgestanden. Frühstück, Gang durchs Dorf. Rittmeister Gallert ist Ortskommandeur. Er gestattet mir, einen LKW mit Heu für uns zu beladen. Kuh geschlachtet. Ganz herrliches Mittagessen. Tagebuch aufgearbeitet. Es ist eine richtige Erholung nach dem Marsch durch den Schlauch. Wir sitzen im Revier zusammen und freuen uns, daß wir es geschafft haben. Rotwein, unsere gute Flasche, wird getrunken, leckerer Kaffee, herrliche Bratkartoffeln, alles Genüsse nach dem mageren Kessel.

Donnerstag, den 25. Februar 1943

6 h Abmarschbefehl. Mit Zugmaschinen zum Ilmensee! Eigenartiges, stolzes Gefühl. Wer von uns wollte nicht zur motorisierten Truppe? Über Star. Russa nach Nagowo und Dwanzewo. Große Suche nach Kdr. Fst in Ssawkino. Mit „Horch" des Kommandierenden Generals, Gen. Oberst Lindemann, gefahren, um nach vorne zu kommen. Ein ziemliches Durcheinander. Ich glaube, wir kommen überhaupt zu spät. Hier ist ja absolut nichts los! RegtsKdr. allerdings macht uns scharf, ein Großangriff sei zu erwarten. Mit Lt. Staudinger über Buregi zur HBst. Bei einer San.Kp. geraten wir in ein Festessen anläßlich des gelungenen Gegenstoßes. Ein Feldwebel erzählt uns die fast märchenhaften Umstände. Linear über das Eis, große Linien, dreifach gestaffelt, marsch, aber seitliche Umfassung. Retli wird genommen, am nächsten Morgen Gegenstoß der San.Kp. Wir sehen uns das Gelände an, sehr viele tote Russen. Zum ersten Mal stehe ich am Ilmensee, der der ganzen Gegend den Namen gegeben hat. Ich lasse es mir nicht nehmen, auf das Eis zu gehen. Das wird aus der Batterie nur wenigen zuteil. Einschießen nicht möglich, da eigener Spähtrupp unterwegs. Mit Lt. Krüger-Haye auf Bst. Als wir uns für die Nacht einrichteten, Abmarschbefehl. Gegen 22 h in Fst. Stellungswech-

sel angeordnet, mit LKWs zur Abtlg. voraus. Marsch mot!!

Freitag, den 26. Februar 1943

Zuerst Meldung bei IV/18 (mot). Völlig verschlafener Adjutant, den ich nicht wachbekam, der auch nicht wußte, wo die IV. Abtlg. lag. Dann Marsch durch Staraja Russa. Im Morgengrauen in Fst der 7./A.R.18 (mot) Schwere Batterie. Sehr nette Aufnahme durch den Spieß Strube, einem Harzer. Bei Major Breusch ein tolles, nervöses Durcheinander. Nach sehr langer Ruhe zum ersten Male Rabatz. Wie viele VB's habe ich zu stellen? 1, 2, 3? Und dann lief sich alles zurecht. Planpausen. Abtlg. zog ein, deren Küchenessen uns absolut nicht behagte. Zwischendurch eine Bst für die 6. Batt. ausgesucht, viel mit Schwarz zusammen gewesen. Furchtbar viel gegessen und geschlafen. Die Bunker lagen am Hang, unten die Lowat oder eine andere kleine Rinne. Täglich kleine Schießerei nach Staraja Russa. Viele Fragen: Pferde? Hafer? Verbindung zur Pr.St.? Das erste Tauwetter.

Die Vorteile einer mot. Batterie sind mir klar. Sie liegen in der schnellen Beweglichkeit, Kanoniere und Fahrer ermüden nicht durch unendliche Märsche. Nachteil: Nirgends wird man bei der Infanterie warm. Kaum ist man eingeschossen, geht es weiter.

Die Verpflegung durch die Stabsbatterie ist schlecht. Liegt es am Koch? Oder weil man zugeteilt ist?

Ich stelle in diesen Tagen fest, daß ich einen fast tierischen Hunger habe, sich bei mir alles ums Essen und Trinken dreht. Es kommt wohl als Reaktion auf die große Leistung während des Rückzuges.

Dienstag, den 2. März 1943

6.30 h aufgestanden. Matth. 12 gelesen. Ruhiger Tag. Abmarsch mit Zugmaschinen statt um 9 h um 12 h. Ruhiges Tempo. Unterwegs überholten wir Trosse von Regimentern hoher Hauszahlen. Ein furchtbarer Anblick. Wie eine Soldateska. Ein Ekel packt einen: Alles uneinheitlich! Furchtbare Pferde, dreckige Mäntel, zerrissene Hosen, schiefe Mützen. Uns alle faßt eine große Wut über diesen Sauhaufen. Als die mot. Fahrt vorbei ist, warten bereits die Pferde. Und mitten in diesem Kunterbunt machen wir ein Abrücken wie auf dem Kasernenhof. Und dann, nachdem ich alle Unteroffiziere angespitzt habe, bietet die Batterie ein gutes Bild. Kanoniere nach vorn! Und wir haben auf dem

Marsch gesungen, ich glaube, das war das 1. Mal in Rußland. Einige vorüberfahrende Offiziere winken uns zu. Es macht uns allen Freude. Ich habe aber auch den Ehrgeiz, die zackigste Batterie im Regiment zu haben. Es ist herrlich, wieder zur alten Feldküche zu kommen. Es sieht alles so friedensmäßig aus.

Dulisch hat gut gearbeitet: Wir haben die Möglichkeit, uns von Schlitten auf Fahrzeuge umzustellen. Und das muß bei anhaltendem Tauwetter in einigen Tagen sein. Ich gehe die Quartiere durch: alles überbelegt, aber einige Finnenzelte stehen uns zur Verfügung. Ich wohne im Revier. Bratkartoffeln. Früh zu Bett.

Mittwoch, den 3. März 1943

Staudinger und Ziegler haben Geburtstag. Staudinger ist noch nicht zurück. Ziegler muß am gleichen Tage noch weg als Vorkdo nach Lokuja. Wir feiern etwas, haben allerdings nicht die nötigen „Unterlagen" dazu, weil Staudinger vorher alles selbst verkrümelt hat. (Sehr im Unterschied zu Schwarz) Abends wurde ich im B-Krad zur Abtlg. geholt. Rehbraten, ganz herrlich! Hptm. Domansky ist wieder von seinem Kdo zurück. Er hat alles verloren und selbst sehr viel mitgemacht.

Sehr kalt. Wunderbares Scheinwerferspiel am Himmel.

Donnerstag, den 4. März 1943

Sehr ruhiger Tag, wurde benutzt zum Saunieren und Instandsetzung der Kleidung und des Geräts. Gelesen und geschrieben. Wir warten auf den Abmarschbefehl.

Freitag, den 5. März 1943

Um 2 h Melder von Abtlg. 6 h Verladung. Sofortiges Wecken. Ich finde aber noch genügend Zeit, um mich zu waschen, zu rasieren und zu frühstücken. 4 h Abmarsch. Flüssiges Tempo, schlechte Wegstrecke von Tulebja: Tiefe Löcher im Eis, die voller Wasser stehen. Erinnerungen an den letzten Aufenthalt in Tulebja, als ich nach Deutschland flog. Mit Oblt. Hageböck Gang zum Verpfl. Amt. Verladung verspätet sich. Ein Marschregiment kommt an, alles Jahrgang 1922/23. Das erfreulichste Bild des Jahres. Ersatz für die 5. Division. Sie kommen aus Bayreuth und tauschten ihr deutsches Brot gegen unseres ein. Ein Genuß!

Der Verpfl. Wagen fehlt noch, während alles andere, bis auf die Pferde, verladen ist. Endlich, auf die Abfahrtsmin. genau.

Ein Flugzeug stürzt. Eigenes?

In der warmen Sonne Feldküchenessen auf dem Rungenwagen. Die erste Verladung seit Holland Mai 1941.

In einem Waggon mit Oblt. Hageböck, den Offz. und Burschen. Gut gegessen, lange hinausgeschaut. Lt. K. F. Hoppe soll gefallen sein. Ich kann und will es nicht fassen. Mein lieber Freund! Dann aber sicher bei einem Angriff. Trübe Gedanken.

Auf der Rampe ein Rittmeister, der es furchtbar wichtig mit der Verladung hat. Einen seiner Melder, der immer uns stört, werfe ich runter. Kdr. einer Aufklärungsabteilung? Es stellte sich heraus: Chef einer Bäckerkompanie der 123. I.D. Um 15 h Abfahrt.

Sonnabend, den 6. März 1943

Wunderbar im Waggon geschlafen, von etwa 17 h bis 6 h. Der Ofen brennt sehr gut, das Heu war ausreichend. Nach einer sehr gründlichen Morgentoilette (warmes Wasser aus Lokomotive) wunderbares Frühstück. Schnelle Fahrt nach Lokuja. Nachts lebhaftes Flakgeballere. Ausladung 1 Std. 10 Min. Steiler Berg nach Pawlowo. Vorher Auskünfte bei Bahnhofsoffizier etc.

Eine wunderbare Gegend, ostwärts L. nur Flachland. Beginn der Cholmer Sümpfe. Übrigens entsinne ich mich noch undeutlich an Lokuja vom Vormarsch her. Westlich L. welliges Gelände, wie auf einem Übungsplatz. Eine herrliche Weitsicht.

Quartiermacher sind nicht rechtzeitig da, die Batterie muß deswegen warten. Ich beschimpfe Heydolph gewaltig. Gute Unterkunft, gute Ställe, etwas unordentliche Quartiere. Herrliches Feldküchenessen. Abends Bratkartoffeln und Pudding, Spiegeleier und dann die langersehnte und angekündigte Post. 37 Briefe. Aber bis 22 h habe ich alles geschafft. Totmüde! Guter Schlaf.

Sonntag, den 7. März 1943

Lange geschlafen, ausgiebigst gefrühstückt, zumal ich zwischendurch immer einige kl. 100g Päckchen von Erika futterte: Herrlicher Kuchen. Gemeinsame qualmige Sauna mit Oblt. Wulff. Gutes Mittagessen. In der Post geblättert. Radio. Wenig dienstliche Sachen. Ich beginne einen Brief an Erika. Da erscheint Oblt. Wolter, wie gewöhnlich lächelnd und kichernd und überbringt den Abmarschbefehl für die Gefechtsbatterien. Über Lokuja und Borodino (ich erkenne die alten Ecken wieder. Hier sind wir spätabends rechts in den Busch gezogen und bezogen Biwak, hier haben am anderen Morgen Hoeckner und ich gebadet und Aufnahmen gemacht) geht es nach Jamy. Es marschiert sich sehr gut. Ich gehe mit Lt. Schwarz weit voraus, obwohl es eine Partisanengegend sein soll, den vielen Warnschildern nach zu urteilen. Aber das war wohl einmal früher. Schw. allerdings steckt seine Pistole in die Tasche, um sofort...Wir sprechen viel von K. F. Hoppe, unserem lieben Freund. In Jamy gutes Quartier und Ställe. Es klappt auch schon alles viel besser als im Anfang. Man hat sich im Anfang auf Marsch umstellen müssen. Wir essen und schlafen im Revier. Telefon. Anmeldung beim Regiment, Brief an Erika.

An diesem Tage ist Otto Eggers gefallen. Nachricht vom 18.III.

Montag, den 8. März 1943

Wunderbar geschlafen. 5 h wecken, 7 h Abmarsch. Zuerst alle tüchtig angepfiffen, dann hat man für den ganzen Tag Ruhe und Ordnung. Mit B-Krad zum Regt. Alles schläft, und ich kann kaum eine klare Auskunft erhalten. Ich fahre weiter zur III. Abtlg., wo ich zuerst einmal Kaffee trinke. Dazu Erkundung der Fst: Gorki, ein ganz trostloses, ödes Kaff, überbelegt. Als ich nach „Doppelname" zurückkehre, erscheinen dort Quartiermacher und fast kurz hinterher die Batterie. Die ist ziemlich abgejagt, da Schwarz und Staudinger die Rastzeiten nicht richtig verteilt haben. Bst-Personal wird gleich abgeteilt und „verschickt". Alles ist ziemlich ermüdet, auch die Pferde müssen noch in Gorki bleiben. Ich wohne bei Uffz. der 12./143. Wir scheinen in einen völlig ruhigen Abschnitt geraten zu sein. Früh zu Bett.

Dienstag, den 9. März 1943

Viel Sorgen wegen Unterbringung, Telefonate wegen Munition. Einschießen, Entsendung von VB's etc. Anläßlich Gerdas Geburtstag zum Frühstück ein Spiegelei. Es verdichten sich die Meldungen über bevorstehende Angriffe der Russen. Wir haben genügend Munition. Abends gehe ich zu Hptm. Peterhensel („Feldherrnhalle") zur Einweisung des VB Uffz. Roßband, der auf einen Stützpunkt „Ursula", der aber noch eingerichtet werden soll, kommt. Auf dem Hinweg mit den Funkern [...] Störungsfeuer in ziemlicher Nähe. Völlig ungewohnt! Jamy brennt und kohlt, ein trauriges, ödes Nest.

Der Rückweg sehr schwierig, da alles vereist ist.

Mittwoch, den 10. März 1943

Angriff mit Panzern auf Jamy, erhebliches Trommelfeuer. Von uns über 500 Schuß! Stukas und Ju 88. Wunderbarer Bombenwurf. Wir bleiben vom Art.-Feuer verschont, aber dafür die „Himmelshunde", bezw. 11./193 in Sesjuli. Lt. Schwarz soll weg zur 1./48. Darauf wollen wir täglich, solange er bei uns ist, Abschied feiern, also Benedictine veritable. Postkarten geschrieben. Früh zu Bett. Angina?

15 Panzer abgeschossen!

Donnerstag, den 11. März 1943

Im wesentlichen gelegen, geschlafen, gelesen, ärgerliche Mandelsache.

Freitag, den 12. März 1943

Höhepunkt der Erkältung, Abschied von Schwarz. Gelesen und geschlafen.

Viele Dienstschreiben.

Sonnabend, den 13. März 1943

Mir geht es wieder besser, Brief an Erika, Unterschriften. Herrlicher Sonnenschein, Abends mit dem dicken Berliner Gefreiten Rosemann über Kunstschmiedehandwerk gesprochen. Bratkartoffeln, Tunke, Fleisch, Brot, Kaffee, Tee. Ganz herrlich. Bis 21.30 h geschrieben.

Sonntag, den 14. März 1943

Herrliches Frühlingswetter. 6 h aufgestanden. Uhr verloren und wiedergefunden. Sauna ganz herrlich, 1) nach dem vielen Liegen 2) wegen der Läuse. Briefe geschrieben. Viele Telefonate. 21 h zu Bett. Charkow gefallen!

„Die Farmer von Leers River", so spannend und gut geschrieben, daß man kaum wegfindet.

Montag, den 15. März 1943

Um 6 h aufgestanden, gelesen und geschrieben. Kdr. erscheint nachmittags. Ritt zur III. Abtlg. Furchtbarer Ritt über Eisrinnen und vereiste Bäche. Galopp über das Eis. Früh zu Bett.

Starke Erinnerung an Heldengedenktag 1942!

Dienstag, den 16. März 1943

Marsch nach „Doppelname", mit LKW zur Zahnstation, weil mir am Morgen eine riesige Plombe ausgebrochen war. Schonende Behandlung, mit dem Lazarettzug nach Lokuja. Zuerst auf dem Schlußwagen: reizende Aussicht. Dann im geheizten Wagen, Fußmarsch über Pawlowo nach Jeremejewo. Ich gerate in die Geburtstagsfeier von Heini hinein. Riesige Torten (Buttercreme), Bohnenkaffee und abends Pudding. Feier mit Uffz. Korps. Abends noch herrliche Mettwurstbrote, ein wahres Fest. Früh zu Bett.

Mittwoch, den 17. März 1943

Gang durch die Protzenstellung. Es ist alles so frühlingsmäßig, Lerchen singen, der Boden dunstet, die Bauern nehmen das Stroh von den Wänden weg, die Pferde stehen wohlig in der Sonne. Es ist so schön, daß wir nachmittags einen Ritt zum „Mustergut" unternehmen: Ein unter Bewirtschaftung der 123. I.D. stehendes Gut mit bayerischen Zugochsen, wunderbaren Zuchtsauen und Kühen. Das ist Aufbauarbeit. Und der Oberfeldwebel, ein Landwirt aus der Uekermark, der einzige Deutsche, gegen Partisanen geschützt durch einen Zug der Milizen!

Nachmittags Schreibarbeiten. Das Schloß muß sehr prächtig gewesen sein, es hatte 2 […]türme von der Größe 6 x 6 m und war geschwungen, weiß getüncht mit Blick in die Weite. Einschläge von Kugeln an den Wänden. Ob hier Zarentreue sich verteidigten? Oder aus diesem Krieg? Es muß sich als Großfürst in diesem Lande gut regiert haben. Aber nie weiß man, ob die Ergebenheit echt oder geheuchelt ist. Früh zu Bett.

Donnerstag, den 18. März 1943

4.30 h mit Futtermeister zu Pferd nach Lokuja, um den Lazarettzug zu erreichen. Alles ist für die Umgliederung vorbereitet. In der Zwischenzeit ist Hauptwachtmeister Lahrsow (2./12) eingetroffen. Es wird in der Fst erheblich gearbeitet. Ich befehle die Umgliederung: Schwere Pferde nach hinten, leichte Pferde nach vorn. Waggons für den Abtransport nach Lokuja stehen zur Verfügung. Heute um 13 h marschiert das Kommando „Schneider" (Feldküche, Verpflegungswagen, leichte Pferde) los und wird morgen hier sein. Morgen früh sollen die schweren Pferde von hier starten. Gegen Mittag kann alles in den Unterkünften sein. Viel gelesen. Früh zu Bett.

Freitag, den 19. März 1943

3.30 h Abmarsch des Kommandos, zugleich der KOB zum Kursus beim Regiment. Anordnungen für die Fst. Eigenes Haus wird geplant. Brief an Erika.

Gang zur Abtlg., Chefbesprechung. Kdr. der Radfahrabtlg. ist da. Allein zurück. Dem Wald haftet noch so etwas der Makel der Partisanengegend an. Ein etwas unschönes Gefühl. Ein Sanka ist in das Eis eingebrochen.

Sonnabend, den 20. März 1943

Marsch über III./12 nach Ustje. HBst Staudinger. Ein Idyll: Seilbahn über dem Bach, Hühner neben dem Scherenfernrohr, durch das Fenster Blick auf den ganzen Abschnitt. Spiegeleier als Begrüßung! Post, Marketenderwaren. 18 h Beförderungsfeier von Wachtm. Bürmann und Roßband im Finnenzelt. Das war eine große Freude für die ganze Batterie. Sie haben es längst verdient, waren aber durch widrige Umstände (keine Planstellen frei!) zurückgestellt worden.

Von Bübchen erhalte ich ein ganz wunderbares Bild, wie er sich hinter dem Vorhang zu verstecken sucht.

Mein Haus erhält Fenster.

Sonntag, den 21. März 1943 Frühlingsanfang

Wunderbares Wetter. 6.30 h aufgestanden. Bericht über die Absetzbewegungen im Kessel (stichwortartig). Beurteilung über KOB fertiggestellt. Für mich immer ein sehr schwieriges Kapitel. Ich brauche etwa 2 – 3 Std. zu einer umfassenden Beurteilung, die hinausgeht über die normalen Bezeichnungen: „treu, zuverlässig, ehrlich, guter Untergebener". 11.15 h Appell anläßlich des Heldengedenktages. Briefe von Frau Pochhammer und Frl. Sonnenberg waren gerade eingetroffen.

Herrliches Essen. Klopse. Die Führerrede hörten wir in der Fst in der warmen Sonne sitzend an. Nachmittags Torte (Buttercreme), Bohnenkaffee und Mampe-Likör. Von einem Obergefr. Kissling, einem Angehörigen der 12./193, einem Geiger mit Konzertreife, borge ich mir die Partituren „Brandenburgisches Konzert 4 und 5". Ein Genuß, allein die Linienführung zu betrachten. Ich will versuchen, hierin etwas vorwärtszukommen, um wenigstens etwas musikalisch zu erwerben. Die Sammlung (Eulenburg) ist übrigens sehr handlich und praktisch zum Mitlesen in Konzerten.

Brief an Erika, Frau Pochhammer und Frl. Sonnenberg.

Montag, den 22. März 1943

In der Fst umhergeschaut, 9 h Oblt. Bahrt zur Nachrichtenbesichtigung. Lange bei den Pferden aufgehalten.

Viele Telefonate. Gelbe Satteldecke gekauft (15,-). Mittags in der Sonne gelegen, auf einem Heuballen, fest eingeschlafen. Gegen Nachmittag habe ich mich mit Fieber zu Bett gelegt. Wann und wo habe ich mich wohl erkältet? Bei der Führerrede? Beim Sonnen heute?

Dienstag, den 23. März 1943

Kaum aufgestanden, wenig Gänge durchs Dorf, viel gelesen, viele Telefonate, Pferdeappell. Umgliederung der HBst und VBst. Weniger in dem Abschnitt Gruppe Hoeckner.

Mittwoch, den 24. März 1943

Nichts Neues. Fieber, Schmerzen in den Augenhöhlen und in den Gliedern. Den ganzen Tag gelegen und gelesen und geschlafen. Abends Kaltpackung.

Donnerstag, den 25. März 1943

Dulisch mit Lindemann erscheinen aus Pr.St. Ich beginne einen neuen Roman von Lagerlöf: „Anna, das Mädchen aus Dalarna". Marketenderware verteilt. Es ist sehr kühl. Ich gehe nur im Pelzmantel und klappere.

Kaltpackung.

Freitag, den 26. März 1943

Viel gelesen. Umzug in das neue Haus.

Ich muß nun allerdings ganz andeutungsweise meine bisherige Unterkunft schildern. Ein großes Haus, über eine Hintertreppe gelangte man, rechts eine Latrine lassend, durch eine Tischlerwerkstatt und an einer Haferkammer vorbei in einen großen Raum, in dem 15 Fahrer der 12./193 lagen. Alle mit lauten Stimmen und gutem Hunger und guter Verdauung. Ein stets qualmender Ofen. Nach links war der Raum durch eine Bretterwand und eine Decke abgetrennt. Die beiden Seiten des Raumes mit Betten vollgestellt, 4 Mann auf der einen, auf der gegenüberliegenden Seite (an der Bretterwand also) stand mein

Bett. Zwischen den Betten stand ein Tisch, sodaß man, auf der Bettkante sitzend, gerade an den Tisch heran konnte. Über meinem Kopfende hing ein Lautsprecher, aus dem immer schräge Musik auf mich herunterplatschte, die von dem Nebenmann (einem Geschäftsmann) aus gesteuert wurde. Das war oft zum Verzweifeln. 3 Uffz und ein Gefr. waren gefräßig, knatschten bei dem Essen, krempelten die Ärmel auf: Ein tierisches Bild. Anschließend fielen sie auf das Bett und schliefen vor Erschöpfung. Eine Unordnung wie in einem Hause nach einem Volltreffer. Und so war auch die Disziplin: Duzen von Uffz. zu Mannschaften, kaum war Gehorsam festzustellen, höchstens auf dem Wege einer gütlichen Einigung. Ziemlich trüber Eindruck.

Ich habe aber sehr viel gelernt für die Behandlung der Mannschaften. Wie eng der Horizont ist! Ausgesprochenes Gerechtigkeitsgefühl, wenn auch oft sehr stur.

Ich atmete jedenfalls auf, als ich ausziehen konnte.

Ich schlief auf einer viel zu engen Krankenbahre. Furchtbar oft wach geworden und gewälzt.

Sonnabend, den 27. März 1943

Das Haus wird eingerichtet: Regale, Schloß an der Tür, Ofen noch umgesetzt und alle die kleinen Dinge. Viel Schreibarbeiten. Päckchen werden gepackt (Es sind all' die Vorräte aus dem „Kessel".) Gelesen. Abends sehr müde. Brief an Erika und Mutter.

Sonntag, den 28. März 1943

Als ich frisch aufwachte – die Sonne schien bereits durch die Verdunkelung aus Strohgeflecht und täuschte etwas angehobene Jalousien vor – wurde mir Erikas Brief gebracht: Otto ist gefallen! 7. III. in den Kämpfen um Orel.

Den ganzen Tag verläßt mich diese Nachricht und die Auswirkungen nicht. Ich schreibe einen Brief an Mami und einen – wie ich glaube – recht konfusen an Erika. So eine Kunde wirft einen ja auch um. Und keinen Menschen, mit dem man sprechen kann.

Es ist recht kühl, wenig Sonne. Zum Mittagessen sind Lahrsow und Ziegler bei mir.

Gelesen bis 22 h. Gute Karbidlampe, herrlicher Tee aus der Küche mit Zitrone.

Ein Mädchen aus dem Dorf bringt mir einen Strauß Weidenkätzchen. Sofort sieht der Raum freundlicher aus. Überhaupt die Sitzecke! Ganz wunderbar! Sammlung zum WHW erledigt. 3.300,- Rm innerhalb der Batterie.

Montag, den 29. März 1943

Zeit um eine Stunde vorgerückt.

Wecken vorläufig um 6 h, sonst ist es noch zu dunkel. Kapitulanten zum Kursus. Päckchen verschickt. Aufsätze (Erlebnisberichte) durchgesehen. Tagebuch aufgearbeitet vom 25.II. an. Eine Heidenarbeit, aber es muß ja geschehen. Denn Erika freut sich doch sehr darauf!

Ich ordne an, daß täglich von 17 – 19 h der Radioapparat zu mir gebracht wird, damit ich die gute Musik hören kann. Und es lohnt sich tatsächlich: „Andante favorit" f-dur von L. v. Beethoven, gespielt von Elly Ney, Konzert für Cello und Orchester von Schumann, Solist Hoelscher! Ein wirklicher Genuß. Empört drehe ich allerdings ab, als in einem Konzert: „Die Flöte von Sanssouci" ein Trommelwirbel ertönt, anscheinend, um den friederizianischen Geist nicht ganz und die Verbindung zur Gegenwart nicht völlig vergessen zu lassen.

Abends bringt Maria einen Strauß aus dem Walde: Eine kleine Tanne, umgeben von Moosbeerblättern, und alte Waben Bienenhonig. Wie der Starost auch täglich seine Flasche Kuhmilch abliefert! Um 21 h zu Bett. Totmüde.

Ich lese noch Gerhard Ringeling „Hans' erste Fahrt".

Oberarzt Dr. Bachelin besucht mich. Mir macht es einige Sorge, da ich nicht wieder völlig gesund werde: Immer Druck im Kopf, immer schlapp. Es scheint so, als könne eine Krankheit nicht zum Ausbruch kommen. Ob es die rechte Niere ist? Es schläft sich gut auf dem Strohsack auf der Eckbank. Und tagsüber ist alles sehr gut aufgeräumt und macht einen fast eleganten Eindruck.

Tank ist jetzt Kanonier, da zu viele zum Kursus unterwegs sind. Er wurde auch überdies etwas zu vertraulich, setzte sich stets an den Tisch, um mir Gesellschaft zu leisten. Ich schätze das nicht.

Dienstag, den 30. März 1943

Wunderbar fest geschlafen. Regen, Nebel. In der Sauna. Tank nagelt Säcke unter die Decke. Tagebuch fertiggestellt bis hierher. Ein Glück.

1. Kor. 15 gelesen. Das fehlt mir sehr. Ich hoffe, ich komme jetzt wieder zu einer geordneten Lebensführung.

Kdr. sagt sich zur EK-Verleihung an Staudinger bei mir an. Wir machen alles in Ordnung. Und wirklich: Die Wohnung sieht wunderbar gepflegt aus. Cointreau und Kaffee und Röstbrot. Sehr gemütlich. Dann Radiogerät von 17 – 20 h. Abendsonne schien gerade in die Ecken und vergoldete alles wunderbar. Eine gepflegte Art: Musik, „Silberspiegel" (vermutlich ja die letzte Nummer, die ich zu lesen bekommen werde, das Papier und die Aufmachung ist für den „totalen Krieg" auch wirklich zu üppig. Aber es tut gut, diese gepflegten Zeitschriften zu lesen. Es gibt viele Anregungen für den Schönheitssinn.) 22 h zu Bett, nachdem ich an Erika noch einen langen, sehr persönlichen Brief geschrieben habe (EK-Verleihung an Riekhoff.)

Mittwoch, den 31. März 1943

7 h aufgestanden. Furchtbare Qualmerei mit dem Ofen. Uffz. Schneider und ich arbeiten mit Lehm, Ruß und Ofenrohren. Und nach einiger Zeit, als alles wieder wie im Anfang ist, qualmt er furchtbar, daß wir es aufgeben und – ist friedlich: Steht seelenruhig da und wärmt!

Oberst Rudelsdorff hat Geburtstag.

Mit Ziegler zu Pferd ins Gelände, um eine Stelle für die Pferdebaracke auszusuchen. Balzplatz für Birkhähne! 5 Hähne.

Mittagessen: Pellkartoffeln mit Gulasch! Herrlich.

Und fast den ganzen Nachmittag haben wir wieder mit dem Ofen laboriert, bis wir die Pfeife unter Dachhöhe hatten. Die Augen waren brennend, die Lungen stachen: Aber nun ist es gemütlich. Es gibt Brotsuppe und Post: Briefe von Erika und Mutter.

Wunderbare Musik am späten Nachmittag. Bei einem Flötenkonzert stelle ich mir immer Werner vor.

Ich beabsichtige, für Hans-Jürgen ein kleines Geschichtenbuch zu schreiben. Anspruchslose Begebenheiten, wie ein Pferd gesattelt wird etc. Ich gehe früh zu Bett oder zu Strohsack.

Donnerstag, den 1. April 1943

Ich habe unruhig geschlafen, immer wieder kalte Füße, Schmerz in der Nierengegend. Ich stehe spät auf und habe auch den blöden Kopfschmerz, nein das ist zu viel, mehr Kopfdruck. Der San. Uffz. macht mit mir die Eiweißprobe und hat positive Befunde, meint, ich müsse in ein Lazarett. Ich male mir natürlich gleich die allgemeine Richtung auf Reservelazarett Wismar aus.

Oder noch besser in die Behandlung einer gewissen früheren Diätassistentin und eines kleinen fröhlichen Kerlchens! Für den Nachmittag sagt sich Oberarzt Dr. Fischer mit Obervet. Dr. Schoepe an. Gemütliches Kaffetrinken und einen kleinen Cointreau: Sehr nett. Dr. Fischer stellt nach eingehender Untersuchung nichts fest, auch kein Eiweiß. Ob es rheumatische Dinge sind? Also Massage.

Einen Brief von Prof. Wittig als Antwort auf meinen Dank wegen des Adventsbüchleins. Ein Brief von Erika: Nun auch vermutlich Georg Flügger gefallen. Aber noch keine amtliche Nachricht. Meine arme Erika: Nun muß sie ja allmählich zählen: Von den nächsten Verwandten sind Gerhard, Friedel und ich da. Gerhard zählt nicht mit, da in Frankreich, also noch Friedel und ich. Hoffentlich verdichtet sich das „Kann" nicht zum „Muß" und „Wird". Könnte ich sie jetzt nur einmal besuchen und ihr beistehen.

Ich telefonierte mit Friedel wegen seines Urlaubs, den er nur ja nicht in den Anfang Juni legen darf, weil Mutti dann in Hamm ist.

Wieviel Größe spricht aus der Karte von Josef Wittig, der doch aller Wahrscheinlichkeit nach zum Schweigen verurteilt sein wird, wo er doch hierin seinen Lebensberuf hatte, im Schriftstellern. Nichts von Bitterkeit, nur Entsagung. Wird es uns Pfarrern nicht auch so gehen?

Die Musik war wieder wunderschön, herrliches Konzert von Händel (Titel nicht beachtet). Es war feierliche Musik zu den Briefen. Mir tun Mami und nun auch Tante Lotte leid. Wie sehr werden die Menschen gequält!

Es gibt abends Brotsuppe mit Rosinen! Herrlich. Um 22 h zu Bett.

Freitag, den 2. April 1943

Um 7 h aufgestanden. Wunderbar geschlafen, weil Uffz. Schneider früh aufstand und geheizt hat. Zum Frühstück wieder Brotsuppe. Ich schreibe an Mami und Erika. Ein Geschütz wird nämlich nach Riga zur Generalinstandsetzung kommen und der Geschützführer soll mir Post mitnehmen, u.a. auch diese Tagebuchblätter. Diese werden Erika ganz besonders interessieren. Schade, daß ich sonst keine wichtigen anderen Dinge mitzugeben habe. Hätte ich doch erst das Geschichtenbuch für Hans-Jürgen fertig. Das würde ihm große Freude machen.

Wie viel Tagebuchblätter sind es bereits?
Abgeschlossen 14 h.
Dir, mein Kind, einen lieben Kuß!
Wieviel Kinderei liegt doch in einem Mann!

[In die untere Ecke des Blattes ist ein großer Kreis gemalt, auf den ein Pfeil zeigt. K-M. D.]

Sonnabend, den 3. April 1943

Ich schone mich immer noch gewaltig: Bleibe artig im Haus, lese und schreibe und finde auch das mal sehr gemütlich. Nur habe ich allmählich ein etwas peinigendes Gefühl, daß ich noch nicht vorne an der HKL war und auf die Meldungen der VB's hilflos angewiesen bin, denen ich im übrigen volles Vertrauen schenke. Am Nachmittag erscheint gegen 16 h Hoeckner, um mit mir Chefbesprechung abzuhalten, da er die anderen Chefs bei sich sitzen hat. Wir unterhalten uns auch über andere Dinge, die man nicht am Apparat erledigen kann. Er fährt am 6. IV. in Urlaub. Ich erledige einige Briefschulden.

Am Nachmittag finde ich in Bücherlisten der 12./A.R.193 einige sehr lesenswerte Bücher, die ich mir ausleihe. Ich beginne sofort Leo Slezak „Sämtliche Werke" und „Der Wortbruch". Ein sehr ruhiges Wochenende.

Sonntag, den 4. April 1943

Leider muß am Sonntag das Haus geschrubbt werden, weil es gestern vergessen wurde. [...] die offizielle Nachricht, daß Georg gefallen ist, sonst ist Erikas Brief richtig urlaubsselig. Woher nur? Es ist, glaube ich, die Freude auf Bübchen! Nach der großen Anspannung im Zusammenleben mit Mami und nun noch Tante Lotte, die Sehnsucht nach H. J. und dann als weitere Ausdehnung auch mich.

Schwarz erscheint, er will zur Abtlg. Mittagessen hier. Dann Gang in den Wald, um eine Fst zu erkunden. Sehr viele Wildenten und Birkhähne. Lahrsow und ich stiefeln durch den Sumpf. Wir finden eine etwas erhöhte Stelle, die wegen der Kiefern recht geeignet ist.

Immer noch ist das Kdo zum Herausholen der Baracke nicht zurück.

VB zum Kursus zum [...] kommt Schwarz noch einmal vorbei. Gegen 21 h zu Bett.

Der „Bürgersteig" durch das Dorf ist fertiggestellt.

Montag, den 5. April 1943

Fleißig Briefe geschrieben und gelesen. Ich verlasse kaum das Haus, am Vormittag heftiger russischer Artilleriesegen auf Gruppe v. Muldau. Bei uns alles ruhig.

Wunderbares Mittagessen: Nudeln und Tomatensauce. Die Wurstzuteilung ist unvernünftig: Täglich 250 g Gummiwurst, die sich nicht hält, sodaß man Brot zur Wurst essen muß, um sie nicht verderben zu lassen. Der Kdr. verabschiedet sich telefonisch. Er hat noch zu packen (hiermit wird er wohl auch nie fertig werden!).

Ich falte mir in genießerischer Bedächtigkeit die Papiere zurecht für das „Geschichtenbuch" und schreibe die erste Geschichte. Ich stelle mir vor, wie er Zwischenfragen stellt, wie er unterbricht und selbst erzählen will, wobei nach einigen Malen Vorlesen die Reihenfolge der Worte bereits kennen wird.

Es ist heute recht kühl.

Ich habe begonnen W. Raabe „Chronik der Sperlingsgasse": Es ist ja ein Schandfleck, daß ich dieses Buch nicht schon längst kannte.

Brief an Tante Lotte.

Dienstag, den 6. April 1943

Wie üblich um 6.30 h aufgestanden. Um 8 h gehe ich mit Uffz. Maaß über völlig überflutete, sumpfige Wiesen zur HBst. Wir können sie nur dadurch finden, daß der Hahn kräht! Ein Idyll. Scherenfernrohr in einer Fichte. Keine sehr gute Sicht. Dann mit Floß zur VBst Vysbotha. Ich lasse mich im Gelände einweisen. Von dort nach Deneva, Gefechtsstand Oblt. Breger (15./27), nicht anwesend. Überall findet man Spuren von wunderbar großen Hechten. Da muß doch etwas zu machen sein! Ich putsche alle auf. Über die Lokuja mit Schlauchboot. Querbeet durch Wald und Gestrüpp. 14 h zurück.

Briefe geschrieben und gelesen. Dienstliches gearbeitet. Abends Matth. 16 und 17 gelesen. Ich muß wieder anfangen!

Heute früh traf ich Feldwebel Schoknecht.

Anruf Friedel: Walter Warnke ist an alter Stelle bei Udygina.

Horst Lieder, nach Verwundung aus dem Lazarett zurück, EK I erhalten! Fabelhafte Leistung.

Post von Tante [ergänze wohl: „Lotte" K.-M. D.], Uli Hahn
Gegen 22 h zu Bett.

Mittwoch, den 7. April 1943

6 h aufgestanden, 7 h zur Baracke, die wunderbar geräumig sein wird. Eichstädt leitet sehr gut die Anderen an, er selbst hat ja auch im Akkord mit 6 Mann Baracken aufgestellt. Dann muß das ja klappen. Auf dem Weg zur Fst falle ich mit einem Bein in den Sumpf. Strumpfwechsel auf offener Strecke. Die Fst wird vorbereitet, sie ist, was Bach, Deckung etc. angeht, wunderbar gelegen. Munitionsbunker werden ausgehoben. Wildenten und Birkhähne sind in der Nähe. Zu Hause gelesen und geschrieben, nachmittags sauniert.

Gefr. Strack kehrt zurück, ich muß ihm als 1. Nachricht nach 9 Wochen mitteilen, daß sein Vater gestorben ist.

Zwei Eier als Zuckerei und zwei Tassen Milch. Wunderbar frisches Brot mit Butter und Marmelade.

2 Briefe [...] und OKan. Peter Steinhagen, dessen Anforderung durch das Regiment betreffend. Soll ich mir das übernehmen, einen Bekannten in die Batterie zu holen? Risiko! 23 h zu Bett.

Donnerstag, den 8. April 1943

6 h aufgestanden, Kan. Günther wird zur Feldstrafabteilung gebracht, Uffz. Brunner wegen Beleidigung verwarnt: Was habe ich nur für Typen!

Ich mache einen kleinen Rundgang durch das Dorf, gehe aber bald wieder ins Haus. Starker Schneefall. Viel Dienstliches gearbeitet.

Süße Graupen zum Mittag. Leutnant St. erscheint, er ist zum Fahrlehrkursus kommandiert. Nachmittags erscheint noch Roettig kurz, nervös wie immer. Es werden wunderbare Hechte gebracht von der Bst. Ich erledige wieder einige Post, lese viel. Gefr. Stemmer: Totaler Bombenschaden. Urlaub? 22 h zu Bett.

Freitag, den 9. April 1943

Staudinger geht gegen 7 h weg. Es schafft sehr gut mit meinen Briefen. Bis auf ganz wenige, die ich aber in den nächsten Tagen zu erledigen hoffe.

Tank putzt die Fische. Ich beende das Buch „Chronik der Sperlingsgasse". Es ist doch eine ganz andere Welt, die da entgegentritt. Ob sie glücklich war? Erschütternd die Betrachtung des Richters.

Die 12. Batt. wird ausziehen, dann können wir uns fabelhaft

einrichten! Ortskommandantur winkt.

Hauptleute Bosselmann und Schroeder! Oberst in Urlaub. Das alles erfahre ich erst auf Befragen.

Die Baracke wächst tüchtig. Ich lese und schreibe. Wenig Dienstliches. Ich kann das Haus nicht verlassen, da sonst die Schreibstube unbesetzt ist.

Ein Brief von Erika (31.III.) und ein Brief von mir zurück, obwohl er von Weitendorf nach Brüel umadressiert ist. Diese Trottel! Ich lese den Brief und stelle fest, daß er, obwohl er meine Krankheit meldet, doch sonst ganz vernünftig ist.

Die Bratfische schmecken ganz wunderbar! Ich löse ein Zahlenrätsel und lese Zeitschriften. Überall wunderbar ruhig. Ich beginne das Buch von M. Wrede „Gefangene und Freie". 22 h zu Bett.

Sonnabend, den 10. April 1943

Ich werde um 6 h von wunderbarer Sonne geweckt und springe daher vom Lager auf. Frühstück geht rasch, da sauber gemacht wird. Dann Gang durch das Dorf. Um 9.30 h Gang mit Lahrsow zur Waldfst und zur Baracke. Dort Richtfest mit Eichstädt, der einen schönen Spruch aufsagt. Umtrunk. Leutnant Nast-Kolb erscheint und sucht Fst im Gelände aus. Er ißt bei mir zu Mittag. Er erzählt mir interessante Dinge, da er bei der Division war. (Ob ich bald Hauptmann werde? Eigentlich bin ich nach den neuesten Bestimmungen an der Reihe!) Brief an Mutter. 15 h Ritt zur Abtlg. Die Umgliederung der Bst wird besprochen. Mit Wulff zurück. Schwieriger Ritt durch den Sumpfbach. Mir gefällt die Fst 5 nicht: Sie liegt furchtbar frei auf dem Felde, obwohl Wald genügend in der Nähe ist. Bei mir großes Festessen: Hecht, Kartoffeln und Sauce, Brotsuppe. Es stellt sich heraus, daß Lahrsow Geburtstag hat. Glückliches Zusammentreffen. Wir sprechen über Besprechen (Ziegler kennt aus eigener Erfahrung sehr viele Fälle und schwört darauf, Lahrsow ist ungläubig), Träume etc. Ich komme zu dem Ergebnis: Kampf gegen diese Mächte ist nur möglich, wenn eine größere Macht des Lichtes hinter einem steht. Typisch ist Lahrsows sehr klare Art der Formulierung: Wenn man krank ist, geht man zum Püster, denn der Pastor kann nicht helfen. Das ist zweifellos unsere Situation: Man lehnt uns vielleicht nicht ab, aber man geht über uns zur Tagesordnung über, man schätzt uns vielleicht, aber nicht in unserer Eigenschaft als Christen. Man traut uns nichts zu. „Ihr können nicht helfen!" Zu wenig Geistesmächtigkeit. Es erinnert an die Situation, als Jesus vom Verklärungsberg herunterstieg und seine Jünger einem Jungen nicht helfen konnten. „O Ihr Kleingläubigen! Hättet Ihr Glauben!" Diese Anklage wiederholt sich demnach. Wie ist dem abzuhelfen?

Wenig Post.

Wir haben einen neuen Lampenschirm, der den Raum wunderbar gemütlich macht. Einige Telefonate wegen Umbesetzung der VBstellen. 12 h zu Bett.

Sonntag, den 11. April 1943

7 h aufgestanden. Aprilwetter, mal Regen, mal Sonne. Zum Frühstück ein Ei! Dazu wunderbare Orgelmusik. Nun bin ich schon so weit, daß ich, wie ein Spießer, zum Frühstück, laut schmatzend, eine Beethoven-Symphonie hören möchte. Dieser Krieg! Ich erledige einige dienstliche Sachen. Stubendurchgang. Dann Brief an Frau Hoppe, die Mutter meines gefallenen Freundes. Mir wird beim Schreiben erst so richtig klar, was für ein selten reifer Mensch Karl-Friedrich war. Könnte ich mit ihm sprechen!

Mittagessen. Kartoffeln und Gulasch. Ich beende das Buch über Mathilda Wrede „Unter Gefangenen und Freien" und beginne gleich das 4. von 4 ausgeliehenen Büchern der 12. Batt., die schon seit einigen Tagen abmarschieren soll, aber wegen der verheerenden Wege wohl nicht kann. Otto Gmelin „Das Angesicht des Kaisers" (Friedrich II. der Staufer). Ein wunderbarer Stil, ich frische en passant Geschichts- und Geografiekenntnisse auf, die es dringend nötig haben. Gemütliche Kaffeestunde. Brief an Erika. 22 h zu Bett.

Montag, den 12. April 1943

Um 6 h werde ich wach und sehe, daß es wunderbares Wetter ist. Ich befehle den Stellungswechsel der Fst. Es klappt wunderbar: Die Geschütze kommen gut durch, die Finnenzelte sind in kürzester Zeit wieder aufgebaut. Den ganzen Tag wird gefahren. Zwischendurch sauniert. Ich gehe zur neuen Fst hinaus. Ich freue mich richtig, daß wir in den Wald ziehen können. Man verbietet uns leider das Abfahren von Häusern aus dem Dorf.

Ich sehe mir die Reitpferde der Stabsbatt. an. Sehr schöne Pferde. Ich lese tüchtig im „Angesicht des Kaisers". Ein wunderbares Buch. 7 h frage ich Lt. Todtenberg, der völlig verschlafen ist, nach den Geschichtszahlen. Er kann mir keine Auskunft geben. Ein erneuter Anruf um 12 h schafft es. Die Motorsäge können wir abholen. Die neue Bst wird besetzt. Sehr interessante dienstliche Eingänge.

Am Vormittag Beurteilungen und Vorschläge zum KVKr. II. Klasse. Nachmittags Oblt. Keller (12./193) verbietet das Abfahren der Saunen. Abwarten, vielleicht kommen mal andere Zeiten.

Sehr gute Bücher zur Truppenbetreuung erscheinen.

Am Nachmittag nochmals in Fst. Es wird sehr eifrig geschafft. Interessantes Gespräch mit Uffz. Schneider über Ehe und Kinder. Er lebt völlig auf, seit er mir verraten hat, daß er für Juli ein Kind erwartet. Er ist glücklich. Richtig schön zu merken. Könnte ich mich auch so auf ein Kind freuen. Nun beneide ich alle darum.

Dienstag, den 13. April 1943

6 h aufgestanden, meine Hose wird repariert: Lederbesatz am Knie ist aufgerissen. Also muß ich eine Zeitlang mit um die Knie geschlagener Decke sitzen, wie ein müder Mann. Ich gehe zur Fst, wo fabelhaft gearbeitet wird. Mit Lahrsow gehe ich alle Stellen ab, die für die Nahverteidigung wichtig sind. Es macht Spaß, den Ausbau zu verfolgen. Dann auf Irrwegen zur Pferdebaracke und zu den Kommandos im Walde. Motorsäge ist bereits wieder kaputt. Aber mit der Hand geht es doch sehr gut. Enorm, wie die Russen arbeiten. Um 12 h kehre ich zurück. Dienstliche Sachen. Brief an Erika. 15 h Gesundheitsbesichtigung. Eine Tatsache stößt mir auf: Nun sind wir schon fast vier Jahre zusammen. Alle vier Jahre älter geworden, den Gesichtern nach zu urteilen, noch älter. Es ist sehr günstig, wenn man dem Appell beiwohnt, man lernt immer neue Seiten kennen.

Im Hause werden reizende gelbe Gardinen angebracht. Es wird wohnlicher von Tag zu Tag. Kapitulanten-Lehrkommando kehrt zurück, die Jungs sind sehr geschult worden, sind sehr zackig und sicher im Auftreten geworden. Früh zu Bett.

Mittwoch, den 14. April 1943

Am Vormittag gearbeitet: Beurteilungen etc. geschrieben, Briefe erledigt etc. Gelesen. Gmelin ist ein feiner Schriftsteller, es ist ein Jammer, daß er schon im vorigen Jahr gestorben ist. Am Nachmittag gehe ich über die Fst zu Oblt. Wulff. Sehr gemütlich trinken wir Kaffee und Röstbrot, erzählen uns sehr nett (ohne

Alkohol), ich bleibe sogar noch bis zum Abendbrot (Bratkartoffeln) und tappe im Düstern zur Fst und von dort nach Hause. Die Posten haben mich gar nicht bemerkt. Päckchen von Mutter, Brief von Elisabeth Müller und Frau Pochhammer.

Donnerstag, den 15. April 1943

Nach Erledigung einiger schriftlichen Sachen, wie Meldungen etc., verschiedene Telefonate gehe ich über die Baracke – Leitung von III. zur II. Abtlg. wird gebaut – zur Motorsäge. Gestern 400 Stämme, ein Rekord, heute 350 etwa. Damit kommen wir gut aus. Eine Freude, die Organisation zu sehen. Ich ordne eine Sonderverpflegung für diese Tage schwerster Arbeit an. Auch in der Fst wird gewaltig geschafft. Das Astverhau ist fast fertig. Es ist erfreulich zu sehen, wie Lahrsow als Batt. Offz. alles in Schwung hält. Wachtm. Schulze kümmert sich um eine neue Baracke (Getreidespeicher), den wir in der Nacht abfahren wollen. Zum Kaffee erscheinen Hptm. Matthes und Lt. Todtenberg. Sehr nette Unterhaltung. Post: Brief von Erika. Gefr. von Arnim meldet sich zur Batt. Versetzt. 18 Jahre, eine ausgezeichnete Erscheinung. Vielleicht kommt Ziegler zum Meßkursus nach Weimar. Ich würde es ihm gönnen. Der Bohnenkaffee ist deutlich zu merken: Ich bin noch gewaltig „aufgekratzt". Vielleicht erledige ich einige Briefe.

Bis 1.30 h aufgewesen, immer mal zwischendurch nach den Fahrzeugen gesehen. Es klappt alles. 4 Briefe geschrieben, dann noch Tagebuch und gelesen. So stark war der Bohnenkaffee.

Freitag, den 16. April 1943

Trotz des wenigen Schlafes um 6.30 h aufgestanden. Ich bin hellwach und nehme mir gleich vor, heute einen Gang zu allen VB-Stellen zu machen. Schriftliche Sachen sind kaum zu erledigen. Mit einem Fahrzeug durch tiefen Schlamm nach Ssessjuli. Über die Lokuja nach Barssuki. Kurz bei Oblt. Hageböck, der mich allen Ernstes fragt, ob ich noch nicht Hauptmann sei, er habe es irgendwo gehört. Ich bin es aber wirklich noch nicht. Dann nach Stützpunkt „Ursula", wo ich einige Leute aus K. F. Hoppes Zug treffe, ebenso bei Stützpunkt „Lilli Marleen" (dort auch Lt. Salomon) und „Erika" (Obgefr. König). Alle sprechen von Lt. Hoppe mit großer Verehrung. Dann über die völlig freie Plaine zu Oblt. Breger. Kaffee getrunken. Sieht Br. alt aus! Tut es die Anstrengung oder ist es der Suff? Der Iwan schießt ein Haus nach dem anderen in Brand! Wenn man doch vorerst alle Häuser abbrechen würde! Aber die Ortkdtr. sind ja so entsetzlich stur, wie z.B. die hiesige. Dann zur HBst. Ich ordne der Ausbau des 2. Bunkers an, für Staudinger, Krumpeter und mich. So bin ich also der Nachfolger von Feldwebel Schoknecht-Keez. Ich verspreche mir sehr viel von dieser Ecke. Wunderbar im Walde gelegen. Und die andere Wohnung habe ich dann eben in der Fst und der Pr.St. Man wird doch allmählich sehr feudal. Ich bringe 2 Hechte mit. Eine Goldgrube ist diese HBst. Sehr kurzer Weg nach Hause. Am Draht entlang. 2 neue Soldaten: Ein 35jähriger Sattler und ein 18jähriger Funker aus Gevelsberg. Herrliches Abendbrot: Bratkartoffeln und Suppe (Nudeln in Milch). Dann Tagebuch bis hierher. Sehr viele Telefonate. Recht müde.

Sonnabend, den 17. April 1943

6.30 h aufgestanden. Ich versuche, die Ernennung Dulischs zum Spieß beim Regiment zu erreichen, aber man will es nicht ohne den Oberst machen. Verständlich. Ich gehe zur Fst. Es ist wunderbar geschafft worden. Lahrsow ist ungeheuer ehrgeizig und will Erfolge sehen. Es gibt Zusatzverpflegung! Anruf vom Regt. Hptm. v. Muldan teilt mir meine Beförderung zum Hptm. mit, mit Wirkung vom 1. 2. 43! Dann folgen die verschiedenen Gratulationen. Ich bin doch recht aufgeregt. Gelesen, aber nichts behalten. Auf Briefen noch das „Oblt." durchgestrichen und erstmalig „Hptm." geschrieben.

4 h zur Abteilung, nett gemütlicher Kaffee mit Broten, wenn auch deutlich so etwas wie Neid zu spüren ist bei Matthes und Barth. Komisch! Abendbrot. Ich reite nach Hause. Verschiedene Anrufe.

Sonntag, den 18. April 1943

6 h aufgestanden. Herr Hauptmann haben gut geschlafen, nur eine geschwollene Backe. Hoffentlich keine Zahnfistel, sondern nur Erkältung. Um 10.30 h kommt Lt. Schöps. Wir machen Bunkerdurchgang bei der Fst im Dorf. Alles tadellos, leider regnet es. Wunderbares Essen: Hühnerbrühe, Hecht und Huhn mit Kartoffeln und verschiedenen Tunken, nachmittags Kaffee. Sehr nett mit Schöps unterhalten. Abreiten 16.30 h. „Antlitz des Kaisers" beendet. Sehr spannender Ausgang. Brief von Erika. Sehr lieb. Planung für Dienstag. 22 h zu Bett. Ich soll die Ortskdtr. Gorki über-

nehmen. Vorbereitungen zum Kuchenbacken beginnen!

Montag, den 19. April 1943

Mir ist furchtbar elend zu Mute. Schmerzen in der Backe, die immer mehr anschwillt. Ich gurgele mit Kamillentee. Der eine San. Uffz. rät zu kalten Alaunumschlägen, ich selbst mache es mit Wärme. 10 h Übernahme der Ortskdtr.

Nachmittags erscheint Oberarzt Dr. Bachelin, der mir Antineuralgika verpaßt. Das hilft natürlich.

Sonst lese ich sehr viel. Vorbereitung zum „Fest" laufen an.

Dienstag, den 20. April 1943

Um 7.30 h reite ich los nach „Doppelname". Furchtbarer Schlamm durch 2 Tage Regen. Der Zahnarzt öffnet den plombierten Zahn und es fließt Eiter heraus. Ich glaube, ich habe großes Glück gehabt. Der Zahn wird noch geröntgt. Auf dem Rückritt zur Fst, dort Appell mit Beförderung und Auszeichnungen. Es ist wunderbarer Sonnenschein.

14 h Mittagessen: Rouladen, Rotkohl, Kartoffeln, Pudding. Zum Kaffee: Platenkuchen, Torte, Bohnenkaffee. Zum Abend: Hecht in Tunke und Kartoffeln, Brot mit Hecht in Gelee.

Meine Gäste: Hptm. Matthes und Zydowitz, Oblt. Wulff, Olpke, Barth, Oberarzt Fischer, Lt. Todtenberg, Schwarz.

Tank hat alles fabelhaft hergestellt, es klappte vorzüglich. Dann Ruhe nach dem Sturm.

Die ganze Batterie 3 Stücke Torte und 20 x 20 cm Platenkuchen pro Mann bekommen. Nun ist aber das Mehl restlos weg! Mal sehen, wo wir neues bekommen!

Das Schönste war der Gedanke, mir eine Torte zu schenken, die ganz auf meine Beförderung zugeschnitten war. „Herzlichen Glückwunsch" und dann zwei Schulterstücke mit Sternen darauf aus geriebener Zitrone.

Mittwoch, den 21. April 1943

Sauna. Die Backe schwillt langsam ab, es geht mir wesentlich besser. Da Schneider zum Rgt. zum Gaskursus fährt, muß ich das Telefon hüten. Ich schreibe Briefe und lese. Es ist sehr ruhig. Am Nachmittag hole ich v. Arnim zu mir, um ihn kennen zu lernen. Ein selten guter Eindruck. Guter Adel, strahlend, zuversichtlich, aus dem kann was werden. Abends gehe ich zur Fst, werde aber zurückgeholt, da kath. Pfarrer Laake auf mich wartet. Er hat Sorgen wegen seines Pferdes, die behoben werden. Staudinger vom Fachkursus zurück. Ich bin furchtbar müde.

Donnerstag, den 22. April 1943

7 h aufgestanden. Die Batterie (12./193) soll abziehen. Ob sie das allerdings schafft, ist noch sehr fraglich. Jedenfalls soll ich deren Bücherei übernehmen und Sperrvorrat. Und es wird sich auch sonst noch mancherlei Brauchbares anfinden. Wir müssen vor allen Dingen auf die Hämmel achten, damit die nicht „weglaufen". Jedenfalls ist unsere Sorge wegen Häuser und Bunker vorbei. Vor meinem Haus wird gegraben und neben dem Haus gepflügt. Das ist wirklich schön, daß es jetzt derart Frühling werden will.

Heute fahren die ersten Urlauber, ich schreibe Briefe und packe kleine Päckchen. Mein persönliches Gepäck wird so immer kleiner. Kaum, daß ich noch einige Bücher bei mir habe. Und so muß das auch sein: Kleinstes Katastrophengepäck.

Mit diesen Blättern (hoffentlich ist die letzte Sendung angekommen!) schicke ich auch den Anfang der Erzählung für meinen Jungen.

Und als Abschluß wieder für Dich, mein geliebtes Kind, die allerherzlichsten Grüße

Deines stets getreuen
Jung und Vati.

Donnerstag, den 22. April 1943

Die vorhergehenden Blätter sind zusammen mit den kleinen Geschichten für H. J. mit dem San. Uffz. Maaß weggegangen, dem ich auch noch auftrug, bei Mami vorzusprechen. Das beruhigt doch am meisten, so eine Schilderung aus der eigenen Batterie. Staudinger sieht sich im Dorfe um und geht um 16 h auf HBst. In der Dämmerung gehe ich zur Fst: Ein Blick des Friedens, nichts vom Krieg zu sehen, nur Vogelgezwitscher. Es ist sehr gut aufgetrocknet und alles sieht zuversichtlich aus. Abends lese ich noch und schmökere in den Büchern, die ich von der 12. Batt. übernommen habe, die den ganzen Tag bereits auf den Abmarsch warten. Aber bei den grundlosen Wegen wird das wohl noch etwas dauern. Die Lampe brennt wunderbar hell.

Überall sieht man ein Vorwärtskommen. Man muß allerdings sehr aufpassen, sonst verschwindet mancherlei während des Abmarsches.

Garbe hat 30 Pfund Weizenmehl erhalten.

Freitag, den 23. April 1943 (Karfreitag)

5 h aufgestanden. Ich fahre zur 3./46 mit einem Muniwagen zur Fst. Die Batterie kann sich wirklich nicht beklagen, daß ich Pastor bin, denn 1) werden die Sonntage streng eingehalten und 2) ist auch heute nur bis Mittag Dienst. Bis dahin soll noch eine Sauna aufgebaut werden, die gestern Abend im Dorf abgerissen worden ist.

Birkhähne balzen wunderbar und ganz in der Nähe. Ich schreibe für Erika eine Stelle ab (Seelsorge an der eigenen Seele) und lese, erledige Telefonate. Rechnungsführer Kundt erscheint, wir besprechen mancherlei Fragen. Bücherausgabe. Es ist eine wunderbare Bücherei, für alle Geschmacksrichtungen etwas. Post von Bärbel. Briefe geschrieben, Bücherpreise. Sehr gute Musik, wenn auch nicht gerade Karfreitagsmusik. Der letzte Anklang war „Parzival". U-Boot-Sondermeldung, Vorbereitung zum Start morgen früh. Um 22.30 h zu Bett.

Mittwoch, den 28. April 1943

Das war ein herrlicher Osterurlaub. Bei wundervollem warmen Frühlingswetter, der Mantel ohne Pelzfutter, wurde mir fast zu warm. Ritt zur Zahnstation. Kurze Behandlung. Dann mit verschiedenen Verkehrsmitteln in Richtung Lokuja, mal LKW mal PKW und sogar offenes Kabrio. Da wurde mir so richtig klar, daß ich in Urlaub aufs Land fuhr, auf „mein Gut". Bei dem Regiment habe ich mich bei Hptm. v. Muldau gemeldet, der anschließend zum Major befördert wurde. Ich entdecke im Zimmer des Rgts.Kdrs. meinen Samowar, der mir auf dem Rückzug aus einer Kiste gestohlen wurde. Tolle Verhältnisse. Ich werde dem Fall nachgehen.

Ich soll vielleicht 14 Tage Propagandaredner im rückwärtigen Armeegebiet werden. Urlaubsaussichten schwach.

Dann mit dem Zug weiter nach Lokuja. Ein Wachmann, der mit auf meiner Plattform saß, hatte einen Strauß Leberblümchen. Als ich ihn darauf hinwies, die solle er mal seiner Frau schicken, damit sie sähe, daß es bei uns auch Blumen gäbe, betrachtete er sie ganz andächtig. Nach 10 Minuten Pause meinte er, ob ich sie nicht haben wolle.

Durch einen Kraftfahrer von der San.Kp. erfahre ich, das 2 Brüeler (Haese und Fentens) in Lokuja wohnen. Ich besuche sie, treffe aber nur Haese an. Dann im Feldlazarett bei Obergefr. Müller, dem ich das Verdienstkreuz überreiche. Er soll zur Kur nach Pernau und dann in Urlaub. Der strahlte!! Ich besuche noch Hptm. Hürter, der völlig geistig wirr daliegt. (Hafthohlladung?)

Dann wartete ich im Regen (Oberzahlmeister Zech ist nicht da, lange mit Bahleke gesprochen) auf die Pferde. Wunderbares Bild, Taps und Mausi. Das heftige Gewitter vorbei, klare Luft, Abendsonne. Taps ist sehr nervös, er strotzt nur so vor Kraft.

Gang durch die wunderbar gepflegten Ställe: Der Sand ist geharkt, Geschirre hängen, gut gepflegt, sauber ausgerichtet. Die Fahrer mit Koppel, gute Meldung, die Pferde mahlen am Heu und sind in sehr gutem Zustand. Es ist prächtig, wie man sich auf Dulisch verlassen kann. Ein umsichtiger Mann. Früh zu Bett.

Der erste Eindruck, als ich wach werde, ist ein gedeckter Tisch mit Bergen von Kuchen und einer großen Schale mit Ostereiern, bunt gefärbt. Nettes Frühstück, schöne Sonne, blauer Himmel. So, wie man sich die Heimat zu Ostern vorstellt: Alles blankgewaschen, eine weiße Kirche erscheint durch die Beleuchtung sehr nahe gerückt. Leuchtend grüne Felder, ein gelbgrüner Schimmer in den Wäldern. Und um die Freude voll zu machen, gehen die Pferde zum Bewegen. Dieser Glanz auf den Fellen, diese strotzenden Leiber in der Landschaft. Ein herrliches Bild. Als ich noch einmal die Ställe durchgehe, erscheinen auf einem Osterritt Friedel, „Ludi" und Kern, letzterer reitet aber bald weiter. 11 h Appell vor den Fahrern, denen ich den Dank ausspreche für die ausgezeichnete Arbeit. Nach dem wunderbaren Essen (½ Pfund Rindfleisch, Salzkartoffeln und Pudding) erzählen wir uns noch viel, auch bei dem Kaffeetrinken mit Platenkuchen. Ich kann Friedel auch einmal unter 4 Augen sprechen und ihn über alle schwebenden Punkte orientieren. Sie reiten in einem aufziehenden Gewitter fort.

Mittags noch eine nette Episode: Wie an Kinder Drops verteilt werden und daraufhin die Leute Eier bringen. Eine Erinnerung an die alte Sitte des Ostereierschenkens.

Am Abend noch sehr lange mit Dulisch über die Zukunft des Landes unterhalten: Wie soll man dieses Land bebauen? Kommt man zuerst nicht naturnotwendig zur Kolchose oder Sowchose? Weil nämlich das Interesse fehlt, weil alle Russen im Trott gehen.

Es fehlt der stolze Bauernstand, wie wir ihn in Deutschland haben. Wehrbauer? Inspektoren auf einem neutral gelegenen Punkt, 1 Soldaten in jedem Dorf als Aufsicht, aber welche hohe Qualität muss er besitzen! Unbedingt muß er verheiratet sein! Unbestechlich, pflichttreu und sich durchsetzen können gegenüber der herabziehenden Umwelt!

Wer findet sich für diese Pionierarbeit? Aber das Land verlockt sehr, besonders im Frühling. Spät zu Bett.

Ostermontag. Ritt zur Fahrbatterie. Herrliche Sandwege, schöne Ausblicke. Ich bin noch etwas unsicher auf Taps. Ich muß erst noch größeres Zutrauen zu ihm gewinnen. Besichtigung der Reitabteilungen. Frühstück bei Friedel. Er hat natürlich eine Sondertour, Kradmantel. Ich rate ihm, dieses Ding abzulegen.

Nachmittags reite ich noch mit Pepita und klettere in den Panzergräben umher. Das macht Spaß. Abfahrt setzen wir auf Dienstag früh fest.

Dienstag. 8 h Abreiten, Taps ist ein Muster, geht lammfromm am Zügel, nur, man kann ihm ja keinen Augenblick so recht trauen. Fahrt mit der Kleinbahn bis Ossinowka, dort kurzer Besuch bei dem Rgt. Oberst noch nicht zurück. Ob ich Vorträge halten soll? Stellungswechsel der Batterie? Das wäre für mich ein sehr knickender Schlag, nach all' der Schufterei möchte man gern den Leuten etwas Erholung gönnen. Mit LKW und Kleinbahn bis Mal. Grjada, von dort zu Fuß zur Fst und nach Hause. Bücherregal ist fertig. Ich finde Post etc. vor. Paket von Erika. Bis 21 h gegessen und gelesen. Dienstsachen.

Mittwoch. Sehr viel Telefonate, Dienstsachen, Notizen, Tagebuch bis hierher.

Ausführlichen Brief an Erika, nachmittags Oblt. „Ritter Karl" von Österreicher bei mir. Eine sehr anregende Unterhaltung über Wien, den Südostraum, die alten Kaiserstädte, Zustände im Reich. Besonders nett seine Ehrlichkeit über seinen früheren Lebenswandel. Es war eine heimliche Abbitte an mich, der ich mich oft sehr über ihn geärgert hatte. Anschließend an einen prächtigen Bohnenkaffee Einschießen eines Zielfernrohrgewehres. Abends noch lange gelesen, in Zeitschriften und Zusendungen der Landeskirche. Unruhige Nacht durch Bohnenkaffee. Um 24 h zu Bett.

Donnerstag, den 29. April 1943

Spät aufgestanden, kurz dienstliche Sachen, dann Gang zur Fst Pferdebaracke. Es ist herrlicher Sonnenschein. Nach dem Essen Gang zur HBst mit Zielfernrohrgewehr. Das Wasser ging bis über die Gummistiefel, und ich zog die Strümpfe aus. Längere Zeit auf dem Hochstand beobachtet: Nichts zu sehen. Auf HBst 5. Dann wieder nach Hause. Bratkartoffeln und Spiegelei. Es hat sich noch trocken gehalten. Hoffentlich trocknet es etwas auf. Ob wir hier bleiben können? Ich wage es kaum zu hoffen.

Freitag, den 30. April 1943

Am Vormittag Briefe geschrieben und gelesen. Wenig Schreibkram. Am Mittag (es gab süße Nudeln) zur Fst, von dort aus mit Lt. Todtenberg auf „Igel" zur Baracke und über Tschernojasowje zur Abtlg. Dort Kaffeetrinken. Wir haben sehr viel gefrozzelt. Mit Wulff zurück. Seine Fst ist kaum noch wiederzuerkennen. Keine Post für mich. Ich bin ja auch verwöhnt. Ich lese und blättere, 23 h ins Bett. Muß die Protzenstellung nach vorn? Ich fürchte! Dann sind noch große Arbeiten zu leisten!

Sonnabend, den 1. Mai 1943

Ich sauniere unter Assistenz eines Russen, der mich wunderbar mit Birkenruten peitscht. Dann Haareschneiden und Massage. Einige Anordnungen im Dorf. Über uns schwebt das Gespenst, daß wir mit der Masse der Pferde nach vorn in den Sumpf müssen. Es spricht alles gegen diesen Befehl des Regiments. Kühles Wetter, sogar Nachtfrost!

Gelesen und geschrieben, Dienstkram.

Ich wollte Hptm. Lemm aufsuchen und ihm zu seinem Ritterkreuz gratulieren, erfahre aber, daß er zu Oblt. Breger gegangen ist (15jähriges Militärjubiläum). Ich lud mich auch dorthin ein und habe es nicht bereut: Herrliche Torte, Bohnenkaffee, große Wiedersehensfreude. Alle waren entsetzt über die Artillerie fremder Divisionen und waren froh, wieder bei uns zu sein. Uns geht es ja genauso. Lemm war furchtbar wütend über den Artikel, den der „U.B." über sein Ritterkreuz machte. „Schon als Junge spielte er gern mit Bleisoldaten." Man merkte ihm den Ärger deutlich am Gesicht an. Eine gemeine Schweinerei das Ganze (UB vom 22. April). Oblt. Weber war auch noch da. Es war eine sehr nette Unterhaltung. Kurzes Abendbrot (Hecht mit

Kartoffeln), weil der Rückweg noch bevorstand.

Mit einem Bein in den Sumpf geraten.

Abgaben zur Beutebatterie: Wir können bald nicht mehr!! Ich klage und jammere genügend. Ein Bunker in der Fst ist teilweise abgebrannt. 22.30 h zu Bett. Brief von Erika.

Sonntag, den 2. Mai 1943

Uffz. Schneider hat Geburtstag.

5 h aufgestanden. Ich lese von Bruns „Barnabas" und lese immer eifriger darin. Ich spüre immer eine starke Sehnsucht nach diesem Erleben und kann immer nur an Neustrelitz denken. Das war doch wenigstens etwas. Das waren Tage des Glanzes, überstrahlt von der großen Freude. Was mir von jeher allerdings am meisten imponiert hat, ist der Ausdruck: „Rasthäuser für die Seele". Das stand in einer Schrift aus der Schweiz, meine ich. Wo man also irgendwo einkehrt und dann mit Menschen darüber spricht und betet, was die Hauptsache im Leben ist: Verbindung mit Gott. Die Sehnsucht ist groß bei mir. Gäbe es doch noch einmal so etwas, das ich auch in diese Bewegung hineinkäme, daß mir und durch mich anderen geholfen würde!

Ich gehe zur Fst und Baracke. Überall wird heftig gearbeitet, verlaufe mich und komme verspätet zur Abtlg. Chefbesprechung über den bevorstehenden Besuch des Oberst. Furchtbares Theater wird gemacht. Fast noch toller als im Frieden. Mittagessen und Kaffee bei Abtlg. Mit Wulff zurück. Wunderbare Sonne. An der Front alles ruhig. Abendbrot, wenig gelesen. 22 h zu Bett, leider verschiedene Anrufe wegen Hilfswilliger, Hilfskrankenträger etc. Toller Kleinkram.

Montag, den 3. Mai 1943

6 h aufgestanden. „Barnabas" beendet. Sehr feines Buch. Ich freue mich bereits auf das nächste von ihm. Verschiedene Telefonate wegen Farbe weiß und schwarz. Geheimtagebuch. Alles Übrige: Vorbereitungen wegen Oberstbesuch. Urlaubsregelung Strack. Übersiedlung der Protzenstellung?

Nach dem Essen (Kartoffeln und Gulasch) gehe ich zur Fst, wo unheimlich gearbeitet wird. Besprechung mit Lahrsow und Roßband über Einsatz der Rechner etc. Dann mit Lahrsow zur Baracke, die von vorne aussieht wie ein Kurhotel mit Parkanlagen. Dann in Fst Lt. Staudinger getroffen, der mir sehr interessant von seinem Kursus erzählt. (Schwere Wurfgeräte: ganz gewaltige, üble Waffe!) Sehr nett ist es, daß Schwarz und Staudinger geplant haben, Schwarzens Geburtstag würde wohl am besten bei mir gefeiert! Die Einladung hierzu spreche ich dann - was bleibt mir denn anderes übrig? - telefonisch aus. Von Erika ein schönes Buch und 2 Kuchenpäckchen. Am Abend gehe ich über die Dorfstraße und versammle einige Kinder, denen ich Bonbons schenke. Eines von ihnen ist 3 Jahre alt, so groß wird dann wohl Hans-Jürgen sein. Aber welcher Unterschied! Und dabei sieht dieser Junge noch recht manierlich aus. Und sofort, als das die Russen sehen, bringen sie mir Eier! Wofür? Nur, daß ich ihnen ein gutes Wort gönne? Oder ist es Berechnung?

Es soll morgen ein Urlauber nach Deutschland fahren. Der muß diese Blätter noch mitnehmen.

Es ist allmählich eine sehr nette Umgebung geworden: Der Platz zwischen dem Bunker, dem Haus und meinem Haus ist aufgeräumt und soll umgegraben werden, mit Sträuchern bepflanzt und Wege gezogen. Vielleicht lasse ich mir noch eine Bank und einen Gartentisch bauen, um eventuell draußen sitzen zu können. Wir schießen einen Feuerüberfall auf einen russ. Kompaniegefechtsstand. Der wird sich gewundert haben, warum gerade er und mit solch' einem großen Aufwand.

Viele Telefonate wegen Farbe. Nirgend ist etwas zu haben.

Ein Frontkino und eine Frontbuchhandlung sind im Anrollen. Darauf freue ich mich riesig. Vielleicht kann ich auf diese Weise manchen lesehungrigen Menschen eine Freude bereiten! Ich treffe Vorbereitungen zur Übersiedlung der Protzenstellung in die Baracke. Dann soll auch mein Reitpferd nach hier kommen, damit ich bei trockenem Wetter etwas reiten kann.

Und da diese Blätter als Brief gelten sollen, meine allerherzlichsten Grüße Dir, mein Kind und meinem Bübchen.
In treuer Liebe
stets Dein Jung und Vati.
Abgeschlossen: 3. Mai 1943 21 h

Dienstag, den 4. Mai 1943

Vormittags gelesen und geschrieben. Mancherlei Schreibkram zu erledigen. Vor uns steht die Besichtigung durch Herrn Oberst, der allerdings immer noch einen Tag zögert. Wir gewinnen auf diese Weise Zeit, um allerlei zu schaffen. Das Ergebnis sehe ich am

Nachmittag. In der Fst wunderbar aufgeräumt, kaum etwas zu sehen, in der Pr.St. ist auch wunderbar geschafft worden. Es ist zu schade, daß unsere schweren Pferde nach hierher kommen müssen. Ein wunderbarer Frühlingstag. Abends Anruf vom Regt., daß Lt. Staudinger zu den schweren Wurfgeräten zu kommandieren ist. Also bin ich der einzige Offizier in der Batterie. Abends ist hier immer eine überaus friedliche Stimmung. Die Russen sind müde von der Arbeit und sitzen vor ihren Häusern auf Steinen oder Brettern. Kinder kommen zu mir und holen sich Bonbons ab. Als Dank dafür bringen mir die Alten Eier. Ein sehr einträgliches, wenn auch nicht beabsichtigtes Geschäft. Ich lese: „...reitet für Deutschland". Ein sehr packendes Buch. 22 h zu Bett.

Mittwoch, den 5. Mai 1943

Wieder hat sich der Oberst nicht angesagt. In der Nacht einige Feuerüberfälle und Störungsfeuer, weil der Aufklärer eine russ. schwere Batterie und 2 Panzer entdeckt hat. Große Aufregung. Eine wunderbare, helle Nacht.

Ich gehe nach Kurowa, treffe dort mit Lt. Staudinger, der zu seinem Kommando (schwere Wurfgeräte) geht. In „Doppelname" furchtbare Schinderei mit Zahnarzt (bzw. umgekehrt): Er muß mir einen Backenzahn ziehen. Anschließend besuche ich Kan. Sommer, der auf dem Wege der Besserung ist (KV-Platz). Dann mit verschiedenen Beförderungsmitteln nach Juchowo. Dort habe ich Stabsarzt Dr. Fenner aufgesucht, der mir seine wunderbar eingerichteten Bunker und Operationsräume zeigt. (Gipsplatten, Sperrholz etc.) Dort auch Mittagessen in einem sehr netten Kreise. Ich treffe alte Bekannte wieder: Oberarzt Dr. Klasen (Batl. Oertzen) und einen Kriegszahnarzt aus Borok. Sehr nette, lebhafte Unterhaltung. Dann nach einem Kaffee Besuch des Films „Wir machen Musik". Ein netter, lustiger Film ohne viel Inhalt. Mit der Kleinbahn bis Mal. Grjada, dann zu Fuß über Pr.St. und Fst. Wunderbarer Weg und gewaltig, was geschafft worden ist. Nach Durchsicht der Eingänge etc. lege ich mich bereits um 20.50 h hin. Ich will mir den Tag anders einrichten: Früh zu Bett, möglichst ohne Lampenlicht, und früh heraus. Erfolg: Ich werde um 5 h von selbst wach.

Donnerstag, den 6. Mai 1943

Ich soll mich 15.45 h auf dem Rgt. melden. Daher erledige

ich vorher alles Notwendige, esse kurz und reite um 12.30 h ab. Wunderbar warm, zuerst zu Fuß, dann ab Fekino mit Kleinbahn, die aber furchtbar bummelt, weil überall Wagen mit Evakuierten mitgenommen werden. In Juchowo wird mir das Ganze zu riskant. Ich steige aus und fahre mit einem von den Pionieren gepumpten Krad nach Ossinowka. Dort zuerst Meldung beim Oberst, dann Kaffeetrinken und Verkündigung der Ehrenblattnennung von Hauptmann Domansky. Dann Wirkungstrinken. 23 h zu Bett.

Freitag, den 7. Mai 1943

5 h aufgestanden. Zur Protzenstellung. Vom Regiment aus angerufen wegen Meldungen zur Sturmartillerie: Es melden sich insgesamt 5! Mit LKW des G.R.48 nach Lokuja. Dort warten die Pferde. Besuch bei Major von Muldau, der bald in Urlaub fahren wird. Wunderbarer Ritt zur Pr.St., nach dem leichten Regen ist alles wunderbar grün geworden und eine herrliche Luft. Denn der Staub war schon gewaltig. Kurzer Gang durch die Ställe. Frühstück mit 3 Eiern und Broten. Essen, dann Ritt nach Lokuja, Frontbuchhandlung. Stab G.R.48 getroffen (Major Roßbach). Dann mit Eisenbahn bis Juchowo, dort Kino: „Der Maulkorb". Ein juristischer Leckerbissen. Herrlich, diese prächtigen Typen. Ein echter Spoerl. Dann mit Schwarz und v. Graevenitz auf Krad von I./48 nach Hause. Rest des Weges zu Pferd, quer durch den Wald. Ich finde viele Post vor, liebe Briefe von Erika. Sie hat die Nachricht von meiner Beförderung. Hans-Jürgen spricht jetzt natürlich nur noch von „Herrn Hauptmann". 23.30 h zu Bett.

Sonnabend, den 8. Mai 1943

6 h aufgestanden. Beurteilung über Leute zur Sturmartillerie. Viel schriftlicher Dienstkram, der durch meine 2-tägige Abwesenheit angehäuft wurde. Anruf Horst Lieder. Wir vereinbaren ein Treffen. Es regnet und anschließend ist es noch grüner als vorher. Ich sehe mir einige Stuben an. Wunderbar, wie die Jungs sich alles ausgedacht haben. Ich sammle Anregungen! Blumenbank. Ein Kamin muß auch noch gebaut werden.

Nach dem Mittagessen sauniert. Es ist doch eine sehr gute Angelegenheit. Dann Brief an Erika, der sehr ausführlich wird. Was führen wir doch für ein idyllisches Leben. Gerade fährt ein Wagen vorbei und lädt Blechdosen und Altmaterial auf. Maria bringt Blumen. Vor dem Haus fragen Frauen um Urlaub für morgen. Schulze regelt das alles. Gegen 18 h werden die Kühe und Schafe von der Weide ins Dort getrieben. Die Ereignisse des Tages oder Pläne für morgen werden draußen besprochen. Mir ist es so richtig sonntäglich zu Mute, vielmehr als Vorbereitung. Saubere Wäsche an (Läuse gibt es überhaupt nicht mehr!), richtige Ruhe und Zeit, Bücher um mich her, und dann wird noch ordentlich aufgeräumt, vielleicht noch ein Gang über die Dorfstraße gemacht, und sofort werden alle Bewohner mich umringen, und mit ihren Anliegen kommen. Es ist eigenartig: Sie wissen, daß sie evakuiert werden. Eine Frau mir gegenüber hat mir heute voller Stolz ihren Webstuhl erklärt, auf dem sie Flachs verarbeitet. Alles so primitiv, alles Handarbeit. Weil ich nicht sofort kam, schickte sie einen Topf Milch herüber. Ich hätte sie tödlich beleidigt, wäre ich nicht gekommen. Die Abendsonne leuchtet herrlich ins Fenster, Blumensträuße vor mir, liebe Post und Bilder von Erika (ein selten intelligentes Bild übrigens von meiner Familie im Schlitten!). Eine wirklich geruhige Stille. Nur, ich weiß es nicht so zu schätzen, es ist immer diese Unruhe: Es ist nicht die Heimat, nicht meine Familie. Das muß noch anders werden: Daß ich so intensiv lebe und erlebe, als wäre ich hier ständig. Aber doch die Sehnsucht nach Hause.

Ich will noch Briefe an meine beiden Mütter schreiben. An Mutter Doering kann ich mich kurz fassen, weil sie ja doch das „Friedelchen" da hat.

Je länger ich hier in Rußland bin, um so mehr möchte ich gern einen kleinen Hund à la Karin haben. Ich werde deswegen mal an Ilse schreiben. Ein lebendes Wesen, das man streicheln kann. Aber bald kommt ja auch Taps, und der schmust auch gern.

Sonntag, den 9. Mai 1943

Die Briefe und ein Päckchen sind mit Urlaubern weggegangen. Ein Päckchen mit Zigaretten und Brief an Ilse mit der Bitte, mir einen Hund zu verschaffen, ist noch hier. Es wäre zu schön, könnte ich einen Hund bei mir haben. In den Großstädten wird man wohl auf Schritt und Tritt große Hunde bekommen können.

Ich starte zur Pr.St. Nach der ganzen Anlage und der idyllischen Lage kann es ein Mustergut werden. Es ist nur noch sehr viel zu tun und auszubauen. Die Pferde sind auf der Weide. 2 Hengste bringen zunächst einmal viel Unruhe unter die Stuten.

Ich gehe weiter zu Fst. Mit Liebe ist hier geschafft worden. Große Waschanlagen am Bach (Piwgowka). Wunderbares Mittagessen (Wickelkalbbrust, so zart, wie ich es noch nie erlebte, Salzkartoffeln und Sahnetunke). Herrlicher Pudding. Gelesen. Um 3 h reite ich zur Abteilung. Sehr nette Unterhaltung, auch über das Alltägliche (Dienstalter, Rangordnung) hinaus. Wunderbarer Heimritt. Herrliche Schattierungen im Grün, wenn eine lichte Birke und eine düstere Fichte nebeneinander stehen. Zu Hause finde ich herrliche Post vor, 1 Paket mit zwei heilen Geleegläsern, die gleich probiert werden, 3 kleine Päckchen mit Makronen und 2 Briefe. Bis 22 h habe ich gelesen und dabei Gebäck geknabbert. Ein herrlicher Abend draußen, etwas schwül vor Gewitter. Lerchen singen noch im Dunkeln. An der Front etwas lebhaftere Tätigkeit.

Montag, den 10. Mai 1943

Sehr müde. Es war die ganze Nacht hindurch sehr schwül. Ich gehe zur Weide und befreunde mich mit einer Stute und ihrem Füllen. Der kleine Kerl liegt träge auf dem Heu und schläft, träumt aber wohl, denn er scharrt mit seinen überlangen Beinen. Da wiehert die Mutter, als sie mich sieht, zornig auf. Sofort wird das Fohlen wach und trabt zu ihr auf die mir abgewandte Seite. Sie frißt mir Brot aus der Hand, als alles weg ist, geht sie böse auf mich los. Vielleicht gelingt es mir aber doch noch, sie gefügig zu machen.

Gestern Abend übrigens kamen die Leute, die von mir Urlaub in andere Dörfer erhalten hatten, zu mir und brachten Milch, Eier und Zwiebeln. Heute kommen wir kaum gegen die Milch an. Dieser Zug ist doch rührend. Dabei werden sie nicht einmal gut behandelt, sie müssen die ganze Woche hindurch tüchtig arbeiten, der Sonntag allerdings ist arbeitsfrei.

9 h kommt Oblt. Bahrt zur Nachrichtenbesichtigung, anschließend sucht er sich bei mir Bücher aus. Dann Gänge durch die Gegend, gelesen, nach dem sehr frühen Mittagessen in der Sonne gelegen und geschmort.

Was mag die Afrikafront machen? Eine Lösung gibt es dort ja nur. Und die Nachrichten lauten ja auch schon entsprechend.

Die Brote mit Marmelade und Milch dazu schmecken herrlich. Ich erledige Briefschulden. Ein Lt. Bischof erscheint, zur Batterie versetzt, 18 Jahre alt. Gemeinsames Abendbrot. Um 22 h zu Bett.

Schneider, von Mücken in der Protzenstellung zerstochen, strahlt, als er Bilder von seiner Frau erhält. Ich erhalte auch Post, u.a. einen Brief von Erika und Bärbel.

Dienstag, den 11. Mai 1943

5.30 h aufgestanden. Wunderbar geträumt von einem großen Fest auf einem Gut, auf dem wir mit Autos erschienen. Es konnte etwa das Schloß in Döhnhoffstädt sein. Sehr gut gekleidete Frauen, sehr viele Offiziere in Zivil. Hans-Jürgen tobte auch irgendwie durch den Park. Ein Betrieb, Kommen und Gehen. Ich ärgerte mich sehr, daß Erika immer so viel mit anderen Damen sprach, und ich stand dabei und wurde übersehen. Glücklicherweise erschienen 2 junge Mädels, eine davon war Bärbel und tröstete mich über meine untreue Frau hinweg.

Jedenfalls tat es mir leid, daß ich wach wurde. Eine Erinnerung noch an gute und schwere Teppiche und alte Gemälde.

7 h Frühstück, Gang mit Lt. Bischof zur Fst und Pr.St. Wunderbar grün ist alles geworden. Kurz vor dem Mittagessen noch Briefe erledigt.

Bischof geht zur Bst, ich mache in der wunderbaren Luft noch einen Gang zur Fst und Protzenstellung. Das Tempo in der Protzenstellung ist mir nicht ausreichend. Ziegler schont seine Leute zu sehr, damit er sich in ein gutes Licht setzt und die Leute nur Gutes von ihm reden. Falsche Fürsorge. Daher ist um 17 h bereits alles im Bunker und es könnte noch genug gearbeitet werden.

Ein russisches Reitpferd ist vorgeführt, erst unter einem Soldaten, dann unter unserem Kosaken. Kann der Musserkip reiten! Galopp: Er neigt sich über den Pferdehals und das Tier springt an! Ein Tier von reizendem Aussehen und sehr gutem Charakter.

Bis 21 h gesessen.

Mittwoch, den 12. Mai 1943

6.30 h reite ich auf „Kosak" zur Abteilung. Ein Tier mit sehr guten Eigenschaften, beherzt, zuverlässig, ausdauernd, geht durch jedes Wasser, watet durch jeden Sumpf. Nur Hirschhals! Mit Oblt. Bahrt zurück zur Fst und Protzenstellung. Nun ist das Tempo erheblich besser. Man muß sich oft „einschalten". Kurz vor Mittag wieder zurück.

Heute soll ein Geschütz aus Riga zurückkommen. Können wir auf diese Art Urlauber losschicken? Wo ist die betreffende

Leitstelle? Wir wollen es versuchen.

Nach Mittag in der Sonne geschmort. Dann gelesen und Briefe geschrieben. Gemüsesaat ist angekommen und wird nach Feierabend verarbeitet. Ein Bunker entsteht neu hinter dem Nachrichtenbunker. Warum sollen nicht alle bequem leben? In der Fst wird eine Sauna gebaut.

Sehr viel Post erledigt. 22 h zu Bett.

Donnerstag, den 13. Mai 1943

Unruhig geschlafen. 6 h aufgestanden. Ich habe mir eine Frontreise vorgenommen. Ich gehe los und suche zuerst die III. Abtlg. auf, die um 8 h natürlich noch nicht fertig ist. Dann Weg zur Hptm. Hageböck (ich wollte eigentlich erst Major Lemm aufsuchen, aber dann wäre ich mit meinem Programm nicht durchgekommen.) Dann Oblt. Lieck kurz begrüßt, der diese Gelegenheit gleich ausnutzt und sich Pferde erbettelt, die ich ihm aber abschlage.

Mittagessen bei Schreibstube 9. Kp., wo ich Lt. Rehmer treffe. Gang nach vorne. Ein leichtes Geschütz treibt uns auseinander. (2 Schuß) Dann bei der Kp., wo ich viele Offiziere antreffe: Lt. Jahnke, Rehmer, Wrede, Salomon. Dann überprüfe ich die Schießkunst von Uffz. Bauch und vergattere ihn für alle Fälle. Ein Feuerüberfall 2er Abteilungen geht teilweise in die eigene Linie. Nichts ist passiert! Zum Glück. Ich habe mir gleich den Schaden besehen. Dann über Denewa und Oblt. Breger nach Hause. Breger hat mal wieder Gäste, Lt. Steinmetz und v. Schwerin. Breger erzählt mir die Tragik von Hptm. Hürter. Mit völlig nassen Füßen komme ich nach Hause. Das Mittagessen (süße Nudeln) schmeckt mir ausgezeichnet. Dann noch einige Telefonate. Vielmehr, während ich dies schreibe, sind es noch viele geworden.

Es scheint so, als ob ich die II. Abtlg. vertretungsweise führen soll. Mein Vertreter soll Oblt. Hardt sein. Na, ruhig herankommen lassen. Ich lade noch den Oberst und Major Hoeckner zum Kaffee ein. 22.30 h zu Bett.

Mutter Eggers schreibt mir einen sehr persönlichen Brief, aber trotzdem kann ich nicht in Urlaub kommen! So leicht geht das nämlich garnicht.

Freitag, den 14. Mai 1943

Spät aufgestanden, ich war vom Vortage her doch recht müde.

Der Adjutant ist in der Fst und muß nachforschen, woran es liegen kann, daß Kurzschüsse entstanden sind. Ein gewaltiger Wirbel ist entstanden. Im Zielgelände laufen Leute umher und skizzieren die Einschläge. Ich lese und schreibe. Oberarzt Dr. Bachelin impft diesmal gegen Ruhr, anschließend in die Sauna: als ich herauskomme, ist Oberfeuerwerker Ayasse da. Mittagessen. Gang zur Fst. Lt. Schwarz erscheint. Bei der Rückkehr ist Lt. Staudinger da. Wir warten lange auf den Oberst und Major Hoeckner. Inzwischen Anruf der Abtlg., nur wir kämen für die Kurzschüsse in Frage. Und der Oberst verlange sofort Meldung. Wir vereinbaren, daß wenigstens noch der Besuch abgewartet wird. Der Oberst in großer Aufregung, weil seine 1. schwere („Leibbatterie") im Angesicht des Feindes durch die Gegend zieht (aber noch keinen Beschuß bekommen hat). Das war die Grundlage für die Geburtstagsfeier für Schwarz. Aber eine herrliche Torte, von Garbe persönlich hereigetragen, ein wunderbarer Bohnenkaffee und kleine Liköre bessert die Stimmung bald. Sehr interessant die Erzählungen vom Oberst und Major Hoeckner aus der Heimat. Aber ich saß wie auf Kohlen. Anschließend, nach vielen Dankesbeteuerungen, Abreiten. Die 3 Leutnante blieben noch hier. Gemütlich erzählt. Staudinger ist zum 2. Male Onkel geworden und strahlt nur so. Abends erfahre ich noch, daß ich ab Sonntag die Abteilung führen soll. Tagsüber habe ich allerdings noch Horst Lieder bei mir zu Besuch. Wie lange mag das dauern? 3 Wochen oder länger? Auch hiernach richtet sich mein Urlaub. Aber jetzt geht es wenigstens tadellos mit Offiziersurlaub. Wir waren ja auch wirklich den Soldaten gegenüber im Nachteil.

Abends noch ein Brief von Erika. Wieder sehr lieb. Wie ich meine Geliebte vermisse und entbehre. Und natürlich auch den Jungen! Am Vormittag noch mit dem E-Messer geprobt. Tadellos!

Sonnabend, den 15. Mai 1943

4 h aufgestanden. Wunderbares Wetter. Die Umgebung des Bunkers wird immer schöner. Meine Wohnung soll noch versenkt werden. Gelesen und geschrieben. Mit Lt. Bischof nach dem Mittagessen zur Pr.St., wo gerade die restlichen Pferde eintreffen unter Dulisch. Jetzt weiß ich, daß alles in bester Obhut ist. Der Rückweg ist sehr nett, ich spüre so richtig die Stimmung eines Wochenendes: Tiefer Frieden überall. Warme, goldene Sonne über dem Land. 21 h zu Bett. Um 23 h Anruf von Abtlg., ich

müsse Vernehmungen machen wegen der Kurzschüsse. Also begebe ich mich zur Fst und vernehme nacheinander. Ein klares Bild ergibt sich nicht. 2 h zu Bett.

Sonntag, den 16. Mai 1943

6 h aufgestanden. 8.30 h bin ich zu Pferd in Zikarewo. Es ist furchtbar schwül und die Luft sieht nach Gewitter aus. Major Hoeckner, Stabsvet. Leuschow, Lt. Schöps besichtigen die II. Abtlg. Furchtbarer Gewitterregen durchnäßt uns so ziemlich. In der Fst der 4. langer Aufenthalt. Frage: Kurzschüsse, natürlich auch hier keine Klärung. Dann über 5. und 6. Batterie zur Abtlg. Hier Mittagessen und Kaffeetrinken. Dann 6. und 5. Fst besichtigt. Wunderbare Stellung der 6. Batterie. Bis Tschernogusowa habe ich noch Major Hoeckner begleitet, dann zurück zur Abtlg. Meine Sachen sind bereits eingetroffen. Ein eigenartiges Gefühl: Ich verlasse meine Batterie und suche eine andere Unterkunft und Beschäftigung. Wie muß es schwer sein, seine Heimat aufzugeben und in eine ungewisse Zukunft zu gehen. Bis 24 h noch gesessen und erzählt.

Lt. Kern soll mich vertreten, er übernachtet so lange bei uns. Ich wohne im wunderbaren Kommandeursbunker und schlafe herrlich. Vorher noch ein Brief von Erika, in den sie mir Friedels Ankunft mitteilt.

Montag, den 17. Mai 1943

6 h aufgestanden. Es regnet und ist sehr kühl. Und zwar noch kälter als die taufrische Kühle, wie ich sie so liebe von Brüel her: Mai oder Juni morgens im Wohnzimmer, wenn die frischen Lindenblätter stark duften. Nein, es war ungemütlich kalt.

Ich bleibe zu Hause. Die Frage der Kurzschüsse ist zu klären. Lt. Bischof macht einen Streckenzug in der fraglichen Gegend und einige Skizzen werden angefertigt. Ich kann mir noch keine rechte Vorstellung abringen. Es ist ja auch ein schwierige Sache: Als Batteriechef möchte ich gern alles von meiner Batterie abschieben, als Abteilungsführer aber muß ich gerecht entscheiden und einer Batterie die Schuld zuschieben. Spät am Abend geht noch der Melder zum Regiment.

Dienstag, den 18. Mai 1943

6 h aufgestanden. Regen, aber manchmal etwas heller. Bis 8 h

lese ich im N.T. und in Schriften von Hans Bruns. Aber kurz vor Mittag hält es mich nicht mehr und ich reite los. Meine Pferde lasse ich mir von Gorki her kommen. Zum Mittagessen bin ich bei meiner Protzenstellung (süße Nudeln). Dulisch und ich besprechen die laufenden Dinge, vor allem die Meldung über entwendete Schweine und Kälber. Dulisch wird persönlich die Sache in Ordnung bringen. Dann auf meiner Schreibstube die Geheimtagebücher in Ordnung gebracht. Weitergeritten durch furchtbare Wege zum Batl.Gefechtsstand Major Benzin, der gerade von Berlin zurückkehrte als Führer der Demjanskabordnung. Sehr interessante Erzählungen. (Empfang bei Goebbels, „Panther", Rathausempfang etc.) Dann abends nach Kopki zurück. Ein sehr lieber Brief von Erika mit sehr verlockenden Andeutungen. 22 h zu Bett.

Mittwoch, den 19. Mai 1943

Wieder sehr kühl und regnerisch. Ich quäle mir ab 9 h eine Stellungnahme zu den Kurzschüssen und zu dem Erwerb des Schweines und der Kälber ab. Gegen Mittag erscheint Lt. Hoemann (1./48), ein selten gut aussehender Junge von frischem Wesen. Tadellose Erscheinung. Am Nachmittag Oberarzt Dr. Bachelin. Viel geschrieben und gelesen. Verschiedene Telefonate. 22 h zu Bett.

Donnerstag, den 20. Mai 1943

6 h aufgestanden. „Feuer vom Himmel" von Hans Bruns. Das ist eine sehr nette Tageseinteilung, um 6 h aufzustehen und bis 8 h für sich privat Zeit zu haben. Dann Kaffeetrinken. Es wird besseres Wetter. Ich lasse den Ofen einbauen, da es zu ungemütlich kalt hier ist. Tagebuch nachgeholt bis hierher.

Heute ist Werner Pochhammers Geburtstag. Ich werde noch seiner Mutter schreiben. Sonst ist heute nichts Besonderes – vorläufig wenigstens – zu tun.

Viel gelesen. Mittags kommen die Pferde. Ich lasse die beiden grasen. Es sind doch wunderbare Pferde in ihrem glänzenden Fell. Über Mittag ein älterer Oblt. von Bb 12, ein sehr müder Oesterreicher, der sich im Gelände verlaufen hat und den Einsatz für seine B-Abteilung erkundet. Abends mal eben nach Gorodez, um beim Batl. Sperrfeuer etc. zu besprechen. Zum Abendessen wieder zurück. Früh zu Bett.

Freitag, den 21. Mai 1943

Ein sehr trübes, regnerisches Wetter. Ich bleibe zu Hause. Lese und schreibe. Ich habe allmählich einen Einblick in mein Arbeitsgebiet bekommen und weiß auch so allmählich, worum es geht. Ich könnte natürlich den ganzen Tag unterwegs sein, was ich als Kdr. bestimmt tun würde. Aber in meiner augenblicklichen Stellung muß ich den „Stellvertreter" durchaus wahren und kann nicht nach eigenen Gesichtspunkten vorgehen. Übrigens ist die Art und Weise, wie Major Hoeckner und vorher Oberst Joerges die Abteilung geführt haben, so, daß man staunen muß.

Sonnabend, den 22. Mai 1943

8 h Ritt zu Major Benzin. Ich trabe und galoppiere und Taps, der anfangs immer mutig und kraftprotzig tut, ist ein übler Pfeifer. Aber ich glaube, er simuliert und dann nehme ich ihn mir tüchtig ran.

Eine Fst ausgesucht, es gibt viele Möglichkeiten in unserem Gelände. Dann Gang zur Fst 4, wo die Sauna sehr gut fertig gestellt ist. Auch die Entwässerungsgräben helfen tüchtig. Aber die Mücken! Dann zum Dorf und dort in meiner eigentlichen Wohnung Mittag gegessen. Dann zur Protzenstellung. Es kommt Ordnung hinein. Man merkt gleich die ordnende Hand Dulischs.

Dann zur Fst 5. Oblt. Wulff ist auf dem Wege der Besserung. Mich erreicht der Anruf, daß Major H. zur Fst 4 unterwegs ist. Ich reite dort hin. Nach langem Warten erscheint er auch. Es werden besprochen: Nachfolger für Lahrsow, Beförderung Eichholz, Versetzung Reuter und als eigentlicher Anlaß: Die Erledigung der Kurzschüsse. Uns allen fällt ein Stein vom Herzen, als wir hören, daß keiner aus der Fst bestraft wird. Aber es ist ein „Freispruch mangels Beweise". Und der Makel bleibt. Und das ist knickend.

Ich komme gerade zum Abendbrot zurecht, zu dem sich Stabsvet. Dr. Schoepe und Lt. Krüger (Stubenarrest) eingefunden haben. 23 h zu Bett.

Sonntag, den 23. Mai 1943

Ein wunderbares Wetter. Ich habe im Kasino übernachtet, weil mein kleines Haus dem Arrestanten zur Verfügung gestellt ist. Es entwickelt sich ein richtig gemütlicher Sonntag Vormittag mit lange dauerndem Frühstück. Dann ist um 11 h Ferntrauung Löbbe. Es ist, obwohl ich mir große Mühe gebe, doch immer noch eine ziemlich triste Angelegenheit.

Gutes Mittagessen, gelesen, geschrieben, Kaffeetrinken (Bohnenkaffee mit Gebäck aus einigen Päckchen). Oblt. Burchardt auf der Durchreise. Oblt. Olpke aus dem Urlaub zurück. Es schließt sich eine Feier an, in deren weiterem Verlauf Oblt. Olpke „begraben" werden mußte. 2.30 h Ende.

Montag, den 24. Mai 1943

Da ich gestern nichts getrunken habe (gesundheitliche Rücksichten), bin ich sehr frisch. Um mich her sehr müde und matte Gesichter. Ich habe nichts zu tun, erledige einigen Schreibkram und schreibe Briefe und lese Alfred Treptow „Der bestirnte Himmel über mir". (Kant-Roman). Tagebuch aufgarbeitet. Ein Urlaub ist u.U. Anfang August. Oder noch früher? Das wäre ganz herrlich!!

Ich erhalte Post von Erika, Ilse Hansen und Frau Major Gentner, die ich am gleichen Tag noch erledige. Gemütliches Kaffeetrinken. Am Abend reite ich noch zu Oblt. Hardt (EK-Vorschläge). Kleines Abendbrot, guten Bohnenkaffee mit Geleebroten. Hardt ist ein netter, feiner Kerl. Sehr viele Mücken.

Taps geht zuletzt sehr ordentlich am Zügel. 22.30 h zu Bett.

19.30 h „Abendsegen" der Russen auf Jam-Awrinowo. Wir haben nämlich am Nachmittag einen russischen Stab bekämpft, und das war dann wohl die Rache. Aber daraufhin kam dann gleich eine entsprechende Antwort. Und so wird dann die ganze „Atmosphäre vergiftet". Einige Telefonate, 23 h zu Bett.

Dienstag, den 25. Mai 1943

Alles reitet weg: Stabsvet. Schoepe in Urlaub, Todtenberg nach Lokuja, Olpke und Bahrt zu ihren Bst. Ich bleibe allein am Fernsprecher zurück. „Feuer vom Himmel" beendet.

Ich glaube, ich muß bei mir auch einige Sachen in Ordnung bringen. Das Buch hat mich doch sehr gepackt.

Am Tage hat sich nicht viel ereignet, einige Telefonate werden erledigt. Sonst viel gelesen im Kant-Roman. Der Nachmittagskaffee ist sehr gemütlich, Bahrt liest mir plattdeutsch vor. Wir beschließen, mehrmals solche Vorlesungen zu halten. Ich war ja schon stets scharf darauf, daß ich das mecklenburgische Platt häufig höre, um mich an den Tonfall zu gewöhnen. Das muß alles noch eine Erinnerung an Vaters Vorlesung von Reuter sein, die so lange nachwirken. Von Maaß allerdings hörte ich, daß Hans-Jürgen nur hochdeutsch spreche. Der Junge soll Platt lernen. Nur so verwurzelt er tief im Volkstum. Das merke ich leider am Gegenteil an mir, der ich nicht richtig platt sprechen kann!

Olpke hat Magenbeschwerden und legt sich früh zu Bett.

Mittwoch, den 26. Mai 1943

Bahrt und ich reiten früh weg, 6 h, um zur Gasübung zu kommen. Großer Aufmarsch in Juchowokowo. Eine selten langweilig angelegte Übung.

Dann Kdrs-Besprechung bei der I./12 Protzenstellung mit wunderbarem Bohnenkaffee. Rückritt über Fekino. (V-Troß) So ein langer Ritt ist doch ungewohnt! Dann noch Unterschriften. Morgen ist Offiziersunterricht. 22 h zu Bett. Post von Erika: „Der Schleier" und ein Brief. Lt. Todtenberg bringt mir „Die Mutter" von Otfried Graf Finkenstein mit. Wunderbar, was man alles in der Frontbuchhandlung kaufen kann.

Donnerstag, den 27. Mai 1943

7 h aufgestanden. Vorbereitung zum Offz. Unterricht um 10 h. Referat Lt. Kern gelang völlig daneben. Er wurde aber auch von allen wegen seiner hochtrabenden Art schwer ins Kreuzfeuer genommen.

Anschließend Chefbesprechung und gemeinsames Essen. Später mit Oblt. Hardt nach Gorki geritten. Der Bunker wird gerade versenkt, dann zur Fst, dort nichts Besonderes. Auf dem Wege zur Protzenstellung treffen wir die Pferde auf der Weide. Es ist ganz deutlich zu merken, daß sie sich erholt haben. Ordentlich „runde Walzen" sind es geworden. Es wird in der Pr.St. lebhaft gearbeitet. Wie viel Arbeit ist aber noch zu bewältigen!

Nach der Rückkehr Kaffeetrinken, zum Abend gibt es noch Kartoffeln mit Spiegelei. Etwas gelesen, laufende Telefonate. Um 22 h zu Bett. Ich schlafe wieder im Kdrsbunker.

Freitag, den 28. Mai 1943

Um 2.15 h furchtbares Geballere. Die schweren Wurfgeräte gegenüber Bol. und Mal. Choschuß sind in Tätigkeit. Dieser Gedanke verfolgt mich bis in die Träume. Denn an dieser Stelle lebt kein Russe mehr, so verheerend ist die Wirkung. Es dämmert schon bereits.

Ob ich meine Tageseinteilung nicht anders einrichten kann, um möglichst viel von dem erwachenden Tag zu haben? Ich müßte dann mittags schlafen, wenn ich um 3 h aufstehen würde. Mal versuchen. 6 h aufgestanden. Gelesen. Hans Bruns „Samuel". Zuerst Brief an Erika, der noch mit zum Regiment gehen soll. Dann aus dem Französischen übersetzt. Es geht doch noch recht gut, sodaß ich staune. Es ist doch eine klangreiche Sprache, die mir Freude macht. Nach dem sehr kärglichen Mittagessen habe ich geschlafen. Zum Kaffee erschien als ständiger Kaffeegast Dr. Bachelin und Obervet. Schnauber. Anschließend reite ich allein zum Batl. Benzin. Leider ist der Kdr. nicht da. Propaganda-Granaten. Oblt. Olpke bleibt auf der Bst für einige Tage. Abends Unterschriften und längere Telefonate. V-Troß nach Fekino und ähnliches. 23 h zu Bett. Die Berichte für das Preisausschreiben müssen noch angefordert werden.

Sonnabend, den 29. Mai 1943

6 h aufgestanden, herrliches Wetter. Taps fühlt sich nicht wohl, er ist müde, schläfrig, frißt nur langsam und fällt auch im Fleisch ab. Um 7.30 h reite ich zur Fst 4. Dort Saunabad in der wunderbar […] Bach. Wunderbar, dieser Wechsel von heiß und kalt. Dann Ritt zur Protzenstellung, wo es alles in scharfem Tempo weitergeht. Über Fikarewo nach Fekino. Ein Gewitterregen durchnäßt mich völlig. In Fekino schwinge ich die Herren des V-Trosses auf, die der Meinung sind, es sei gewaltig viel geschafft worden. Zum Mittagessen bin ich gerade noch eben rechtzeitig zurück. Es geht Taps erheblich besser, er machte wieder einige dumme Zicken, wollte zur Seite bocken etc., und dies ist ja ein untrügliches Zeichen für sein Wohlbefinden.

Mittags etwas geschlafen, zum Kaffeetrinken Lt. Ayasse, der Waffenoffizier, ein netter, frischer Kerl, unzweifelhaft französischer Abstammung. Er erzählt sehr nette Geschichten vom Rgtsstab. Oblt. Wulff bleibt bis zum Abendbrot. Dann noch einige dienstliche Angelegenheiten und Telefonate.

4. übernimmt Lichtmessstelle in Denewa. 22 h zu Bett.

Sonntag, den 30. Mai 1943

6 h aufgestanden. Gelesen „Samuel". 8 h Kaffeetrinken mit Todtenberg. Die anderen schlafen noch, sie sind von der Nacht her noch leicht angekränkelt.

In meinem Raum sind sehr viele dicke Brummer, eine liebe Erinnerung an Belj, wo doch das tägliche Abschußergebnis bei 60 – 100 lag. Vorbereitung zu einem Empfang des Kdrs. Ich habe aber vorher noch Zeit zu lesen und Briefe an Mutter und Erika zu schreiben.

Wunderbares Mittagessen mit sehr viel Pudding. Meine Marmelade, die mir auf der kurzen Reise angesäuert ist, macht sich wunderbar auf dem Pudding. Dann Gang durch das Dorf und Besichtigung der einzelnen Quartiere. Kaffeetrinken. Dann reitet Kdr. weg. Es ist noch Chefbesprechung über verschiedene Punkte. Gemeinsames Abendbrot und dann noch Unterschriften etc. Oberzahlmeister Zech erscheint. Er muß nun ständig hier sein, was ihm nicht besonders behagt. 22 h zu Bett. Noch gelesen: „Die Mutter". Ein wunderbarer Roman.

Sehr viel Post.

Montag, den 31. Mai 1943

6 h aufgestanden. Es sind verschiedene Termine zu erledigen, so Betonbau einer Bst, Beurteilungen etc. Lange Verhandlung mit Zech […] etc.

Den ganzen Tag über war ich wie vernarrt und gierig hinter dem Buch „Die Mutter" her. Ich habe es ja dann auch zu Ende gelesen. Es ist das 1. Mal nach langer Zeit, daß mich ein Buch so richtig gepackt hat. Es ist wohl seine wunderbare Sprache, die hochstehende Art der Menschendarstellung, daß man bei seinen sparsamen Ausdrücken gleich an eine ähnliche Gestalt im eigenen Leben denkt, – so dachte ich bei Melanie an Amory, bei Tante Mary an Oma Flügger.

Es sind wunderbar plastisch herausgearbeitete Gestalten, die den Roman bevölkern. Der Inhalt selbst ist so packend, daß man schwer aufhören kann. Die Zeit nach dem Weltkrieg ist ja noch zu vertraut, obwohl ich nur 10 Jahre alt war 1920, aber aus den Berichten der Betroffenen hat sich mir ein treffendes Bild ergeben. Wunderbar gestaltet die Ehe der Dorothea und Kurt, wunderbar die einzelnen Bemerkungen allgemeiner Natur über das Wesen von Frau und Mann, ergreifend wunderbar die „Mutter" im Verhältnis zu ihren Kindern. „Wirklich ein Rassepferd", wie der alte, vornehme, korrekte Oberst a.D. sich ausdrückt. Ich weiß nur noch nicht, wem ich das Buch schenken soll. Ich hatte gedacht, es wäre eine Rückschau einer alten, reifen Mutter auf ihr

Leben – dann wären die beiden Mütter infrage gekommen. Nun aber ist es ja aus dem Leben gegriffen und wirft Fragen auf, die wirklich gerade jetzt sehr packend sind. So werde ich es Erika schicken. Und zum Pfingstfest ist ja auch solch passender Termin.

Die kurzen Pausen habe ich mit dienstlichen Arbeiten ausgefüllt, aber es war nicht sehr viel. Dr. Bachelin impfte diesmal gegen Pocken. Allmählich muß man doch ein Bollwerk gegen Seuchen geworden sein!

23 h zu Bett. So lange zogen sich noch die Unterschriften etc. hin.

Dienstag, den 1. Juni 1943

5.30 h aufgestanden, die Sonne scheint hell, aber so recht wässerig. Ich habe heute viele Unterschriften zu erledigen. Der Haufen Briefe, der ganz heruntergearbeitet war, ist wieder bedrohlich angeschwollen.

Und wirklich, ich schaffe tüchtig. Zuerst die vielen Glückwünsche. Mir schickte man eine Anzeige, und ich kann nur mit einem Brief antworten. Hochzeit von Gertrud Rüter, Karl August Geist, Geburt der Tochter von Ziegler. Für Erika packe ich Bücher zusammen. Pfingstpaket, es soll von Wachtm. Roßband mitgenommen werden.

Mittags Beurteilung für den Lehrgang der KOB beim Regiment. Furchtbare Arbeit! Nach dem Essen Studium der wunderbaren Luftbilder, die uns wertvolle Hinweise in Verbindung mit Überläuferaussagen geben. Wir nehmen uns die Bekämpfung der Unterkunft eines Brigadestabes vor für Samstag. Zwei vorgezogene Geschütze, dazu eine schwere Batterie. Da wird dem Kdr. der russischen Brigade samt seinem 20jährigen Liebchen in Uniform auf seinem kleinen Gutsbetrieb aber der Hut hochgehen. Adjutant geht ins Kino, „Der große Schatten". Ich habe leider keine Zeit, muß den Gefechtsstand hüten.

Unteroffizier Bauch ist verwundet! Letzter Sohn, der uns schriftliche Erklärung abgegeben hat, daß er in vorderster Linie eingesetzt werden will, sammelt sich ja bestimmt Eisen. Die ganze Zeit über war mir etwas bange für ihn. Andere sitzen jahrelang auf einer Bst und denen passiert nichts, und so ein Goldvogel, den man hütet, holt sich in kürzester Zeit etwas. Siehe Eichholz!

Kaffeetrinken mit Olpke, Abendbrot mit Bahrt. Abends, nach den Unterschriften, verschiedene Telefonate wegen einer Beförderung von Bauch zum Wachtmeister. Als ich dem Oberst vorschlage – nach einigem Zögern seinerseits – Bauch würde sich doch riesig freuen, wenn sein Oberst es ihm aussprechen würde, war er einverstanden.

Mittwoch, den 2. Juni 1943

Die schweren Wurfgeräte sollen in der Nacht geschossen haben, ich habe nichts gehört: Wunderbarer Schlaf. Um 4 h werde ich wach, kann mich aber trotz herrlichster Sonne nicht zum Aufstehen entschließen. 6 h klappt es. Dann „Samuel" beendet, das Buch wollte ich Mutter zum Geburtstag schenken. Dann Tagebuch nachgearbeitet. Die übliche, alle zwei Tage stattfindende Kopfmassage und dann 8 h Kaffeetrinken. Ich erledige anschließend einige Briefe, Beurteilungen mit Wulff zusammen. Ein besonders nettes Erlebnis: Taps hat es gelernt, fast zu mir in die Tür zu kommen, um sich Brot abzuholen. Auch aus dem Fenster heraus schafft er es. Das möchte ich zu gerne im Foto haben. Mittagessen: Fisch. 14 h kommen die letzten Unterschriften (Beurteilungen zum Junker-Lehrgang beim Regiment.)

Als wir uns fertigmachen, fragt ein Fahrer eines Kettenkrades nach dem Weg nach Gorodez. Da wir auch dahin wollten, fuhren wir gleich mit. Oberzahlmeister Zech erlebte seinen ersten Gang an die Front. Er wurde furchtbar belogen, erhielt eine Maschinenpistole, mit der er nicht umgehen konnte, zwei Reservemagazintaschen, Gasmaske, so daß er unter der Ausrüstung kaum noch zu sehen war. In G. besuchte ich kurz Major Benzin, und dann holte uns Oblt. Olpke ab, er für diesen Zweck auch mit MP. ausgerüstet. Er log furchtbar über russ. Spähtrupps links und rechts im Walde, von Granatwerferfeuer und dann hetzten wir über angeblich von Russen eingesehene Stellen. Olpke erzählte vom gefährlichen Ecken, von wildem Handgemenge etc. Der Oberzahlmeister war sichtlich beeindruckt. Dann besichtigten wir die einzelnen Bunker und B-Stände. I. Preis Lt. Steinmetz. Dann über meine Bst zurück. Pferde warteten in G. Abends noch Unterschriften, erzählt bis 23 h. Totmüde.

Marmelade und Erikas Brief anscheinend mit Melder angekommen. Demnach muß Friedel zurück sein.

Donnerstag, den 3. Juni 1943 (Himmelfahrt)

Ich kann nicht schlafen und stehe um 4.30 h auf. Lese das

Ende vom Matth.Evgl. und dann schreibe ich bis hierher, weil es noch ins Paket soll.

Die letzten vier Blätter schickte ich mit einem Paket am 3. Juni morgens los. (Inhalt: Bücher, ein Geschenk für Erika zum Hochzeitstag und Zigaretten und Kerzen in der Pendeldose) Anruf Dr. Bachelin: Oblt. Wulff muß weg, er ist im Augenblick leider nicht transportfähig. Seine lange, nicht recht erkannte, vielleicht auch verschleppte Magensache. 3 Stunden Erbrechen bis zur Galle. Er will nicht weg, weil er sich kurz vor der Ernennung zum Batteriechef sieht, und da eine Ausheilung lange Zeit dauern wird, mag er garnicht daran denken. Aber die Gesundheit geht vor - so kann man leichthin sagen, wenn man fest im Sattel sitzt.

Ich reite Major Hoeckner entgegen, der sich die Vorbereitungen zur Gasübung ansehen will. Große Überlegungen wegen Wulffs Nachfolger. Auf dem Rückweg reite ich über meine Protzenstellung. Wunderbar sieht die aus! Die Wohnbunker teilweise Tanzpaläste. Es gibt Milchnudeln. Ein herrlichem Essen. Dann mit Dulisch zum Dorf. Kurze Besprechung mit Oblt. Hardt, der zur schweren Abteilung reitet. Geburtstag von Hptm. Bosselmann. Gewitterregen, aber nur kurz. Auf dem Rückweg durch die Fst, ich sehe mir die Nahverteidigung von außen an und dann zu Oblt. Wulff, dem es immer noch schlecht geht. Er wird zum Abend weggeschafft werden. Kaffeetrinken zu Hause mit meiner neuen Marmelade mit Todtenberg. Am Abend erscheint Oblt. Olpke, mit dem wir den Frontbesuch des Oberzahlmeisters in allen Phasen durchgehen. Eine französischen Novelle übersetzt und dann Stellungnahme zur Rgtsgeschichte. Leckeres Abendbrot, gegen 22 h zu Bett. Viele Anrufe, so z.B. Friedrich, der mir von Hause erzählt.

Freitag, den 4. Juni 1943

5.30 h aufgestanden. Ich lese augenblicklich täglich ein Kapitel aus „Seelsorge an der eigenen Seele". Feine, beherzigenswerte Worte. Ich spüre deutlich, wie im Augenblick in mein Leben Ordnung kommt. Ich sehe es z.B. an den Büchern. Immer nur eins und nicht eine Vielzahl, weil ernst. Das gehört auch zur geistigen Diät.

8.15 h Abreiten zur Gasübung bei der 5. Batterie. Es regnet. Alle Kdr. bzw. Abteilungsführer sind da. Ein sehr klarer und knapper Verlauf, aber gut durchgespielt. Nach der Übung Kdr.Besprechung auf dem Gefechtsstand und Mittagessen. Die staunten aber alle über unser schönes Dorf. Major Hoeckner kann sich nicht entschließen zu reiten. Todtenberg und ich reiten weg zum Wettbewerb der Batterien. Über Fst 6 und 5 nach Gorki, dann Fst 4 und Pr.St. Über Pr.St. 5 nach Kopti zurück. Nach dem Abendbrot – es gab süße Nudel mit Kompott – Besichtigung der Unterkunft der 6. und der Stabsbatterie, bis spät gegen Abend: Gesamtergebnis, über das wir uns bis 24 h die Köpfe zerbrechen: Wer hat am meisten gearbeitet? Es ist ein erhebendes Gefühl zu sehen, wie sich alle angestrengt haben, das Beste zu schaffen. Fast vorbildliche Unterkünfte, saubere Stallungen, Musterküchen. Wir können auf das Ergebnis stolz sein.

Sonnabend, den 5. Juni 1943

5 h aufgestanden, 7.15 h Abmarsch nach Fekino, unterwegs die Pr.St. 5 angesehen. Es ist ein Jammer, wie sehr die 5. nachhinkt. Und alles liegt nur am Spieß, der nicht mehr mitmacht. Und Ernst-August wäre derjenige gewesen, der alles durcheinandergewirbelt hätte. Von Fekino aus mit Krad zum HVPlatz in „Doppelname". Ich treffe vor dem Eingang Hptm. Troitsch, der mir aus seinem Urlaub von der Fahrt nach Poel erzählt. Er ist im Augenblick beim Korps und kontrolliert Arbeitsläger. Wachtm. Bauch geht es, dank seiner herkulischen Figur, recht gut. Er freut sich sehr über meinen Besuch. Ich bringe ihm das Verwundetenabzeichen. Kurze Visite beim Zahnarzt: Alles in Ordnung. Rückfahrt nach Fekino, von dort aus mit Pferden der 5. Batterie nach Kopti. Pferdeappell der Stabsbatterie. Nach dem Essen schlafe ich etwas und nehme eine wunderbare Sauna. Nach dem Kaffeetrinken lege ich mich in den Liegestuhl und werde geweckt: Der Oberst kommt. Und das wurde ein voller Erfolg für die Abteilung. Protzenstellung 6 wurde flüchtig besichtigt, und dann Kaffeetrinken bei uns. Ich hatte noch etwas Kuchen aus dem Rheinland (Eischeid aus Eischeid), dazu Bohnenkaffee. Sehr nette Erzählungen. Der Abend war sehr guter Stimmung und dann Besichtigung der Fst 6, die ihm auch sehr gut gefiel. Dann Abendbrot, Post, Goebbelsrede, vorher Speers Bericht. 23 h zu Bett.

Sonntag, den 6. Juni 1943

Obwohl ich mit Mückenschleier schlafe, kann ich mich nicht erwehren, und daher stehe ich um 3.30 h auf, zwar noch recht müde, aber ich lese und schreibe Tagebuch bis hierher. Etwa 30 Mücken töte ich nur auf meinem Handrücken!!! Bis um 8 h habe ich bereits die Stellungnahme zu der Regimentsgeschichte fertiggestellt, dann folgt nach dem Kaffeetrinken eine Stellungnahme zu dem Vorschlag des A.R.123 „Abwehrfeuer". Zwischendurch um 11 h Preisverleihung im Wettbewerb der Abteilung. Zum Mittagessen waren die Hauptwachtmeister anwesend. Nachmittags ritten alle außer Zech weg, und daher legte ich mich hin, wurde aber oft von Mücken hochgejagt. Kaffeetrinken mit Zech, bald darauf erschienen auch die übrigen Herren ziemlich verdreckt und müde. Ich erhielt noch 1 Paket (Marmelade) und 2x 200 g-Päckchen mit Makronen. Brief an Erika und Mutter. Gegen 22 h zu Bett. Um 18 h Feuerüberfall auf 93,6.

Montag, den 7. Juni 1943

Um 6 h aufgestanden, um 7 h Kaffeetrinken. Die Mücken haben mir einigermaßen Ruhe gelassen. Den ganzen Vormittag lese und schreibe ich, kann allerdings wegen der schwülen Luft und den damit verbundenen Mückenschwärmen nicht in meinem kleinen Haus bleiben und gehe ins Kasino. Manche Post erledigt, kleine Sachen gelesen.

Nach dem Essen lege ich mich in die Sonne. Unerträglich schwül. Dann Kaffeetrinken und Lektüre H. Schäfer „Der Rebell von Freiburg". Nach dem Abendbrot reite ich zur Batterieübung bei der 4. los. Ganz interessant zu sehen, wie alles vergessen worden ist, was irgendwie mit Bewegungskrieg zusammenhängt. Um 24 h bin ich zurück. Der Adjutant bringt mir noch Post, einen Brief von Erika, einen von Frl. Schlegelmilch und noch andere.

Dienstag, den 8. Juni 1943

Um 3 h weckt mich der Oberzahlmeister für einige Unterschriften. Gerade, als ich dies schreibe, rauscht ein Feuerüberfall auf Pkt 91.1, wo der Brigadestab sitzt. Und zwar ist das meine Idee gewesen. Mit dem Flieger sollte eine schwere Batterie dorthin eingeschossen werden, 2 leichte Geschütze als vorgezogene Geschütze sollten das kleine Beiwerk bilden. Leider blieb der Flieger aus. Und nun schoß die schwere Batterie 50 Schuß, die leichte 36 mit anschließendem Störungsfeuer. Wir stellten uns das alles plastisch vor. Wie „Frau Gemahlin" im Pyjama aus der Koje rollt und alles wild durcheinander rennt, die Kuh eingefangen werden muß etc. pp. Es hat den Iwan aber furchtbar geärgert, denn gleich darauf schoß er erheblich mit leichten Geschützen in Richtung Gorki und unsere Fst, aber ohne Erfolg. Dann bis 12 h Störungsfeuer und als Tusch noch einmal Feuerüberfall. Hoffentlich bekommen wir einige Überläuferaussagen. Mit Major Hoeckner reite ich zur Besichtigung der Fst. Das wichtigste Ergebnis aber: Die Kurzschüsse vom 13.5. fallen der 6. Batterie zur Last. Ein Angehöriger der 6. Batterie hat irgendwie etwas verlauten lassen. Die ganze Angelegenheit muß nun nochmals aufgerollt werden. Mich sollte es freuen, würde der wahre Schuldige ertappt. Ich habe nie gedacht, daß ein Verdacht so schwer auf den Kameraden lasten würde.

Stabvet. Dr. Leuschow erscheint nach dem Essen. Wir sehen uns die Pferde der Stabs- und der 6. Batt. an. Wunderbar, am besten innerhalb der Abteilung wohl die der 6. Kaffeetrinken, ich lese und schreibe und telefoniere. Geht der Oberst weg? Man munkelt.

Abendbrot, nette Unterhaltung nach Tisch. 22 h ins Bett.

Mittwoch, den 9. Juni 1943

6 h aufgestanden, wunderbar strahlender Morgen. 8 h Frühstück, und dann reite ich nach Gorodez, schaue kurz bei Major Benzin ein, treffe ihn aber nicht an. Dafür erscheint die „Schauspielerin" Frl. Kühnholt, tolles Stück; sie trägt Wilhelm Busch vor und würde in einem Lehrbuch der Physiognomie ein treffendes Bild abgeben für „Wolllust – sinnlicher Typ". Warum muß denn so ein junges Mädchen an die Front? „Unter uns" ist es viel besser.

Dann Gang zu den Bst, am rechten Flügel beginnend. Den ganzen Tag habe ich mich vorn herumgetrieben, mit Infanteristen über Stellungsbau geklönt, sehr lange am Scherenfernrohr beobachtet. Dann die Lichtmeßstelle angeguckt. Auf HBst zwei Eier und Brot gegessen, ohne Mittagessen war es ja auch gewesen. Dann mit bestellten Pferden nach Gorki, Lichtmeßstelle angesehen, über Tschernogusowa nach Kopki. Abendbrot, Unterschriften.

Es war ein anstrengender Tag, mal ganz planlos umhergestromert. 22.30 h zu Bett.

Donnerstag, den 10. Juni 1943

5 h aufgestanden. Ich habe verschiedene Arbeiten zu erledigen. Eine Stellungnahme zum Hilfswilligen, einen Brief an Erika schreibe ich noch. Er soll noch mit Urlaubern mit nach Meck-

lenburg. Um 10 h ist Offz. Unterricht. Ich bin völlig unpräpariert und gerate sehr ins Schwimmen. Aber finde doch wieder Boden. Zwischendurch noch Stellungnahme zu den Kurzschüssen. Der Batterieoffizier hat ein volles Geständnis abgelegt. Dann lege ich mich in den Liegestuhl und schlafe ein. Kaffeetrinken. Brief an Erika. Dann ein weiterer Erfahrungsbericht über Schlammperiode. Wunderbare Abendmusik, Unterschriften. Ein gemütlicher Skat greift um sich, ich lese währenddessen Bennelburg „Bismarck gründet das Reich". 22 h zu Bett. Spät abends kommt der Oberzahlmeister zurück.

Freitag, den 11. Juni 1943

Wunderbar fest geschlafen. Um 5 h aufgestanden. Die Sonne ließ mich nicht länger schlafen. Rö 8-9 gelesen. Dann mit Solokrad nach Fekino (V-Troß revidiert), dann weiter nach Juchowo, wo ich Walter Warnke im Waldlager aufsuche. Er hat eine üble Vereiterung am rechten Unterschenkel, die ihm große Schmerzen verursachte. Er hofft auf Urlaub. Wir unterhielten uns lange über die Kriegsereignisse dieses Jahres und hatten beide unabhängig voneinander die gleichen Gedanken: England. Bei Walter zu Mittag gegessen.

Am Nachmittag nach Juchowo zum Hauptverbandplatz. Mit Stabsarzt Dr. Fenner und Oblt. Dierks Kaffee getrunken. Dann nach längerem Warten mit Krad nach Hause. Ziemlich verstaubt. Unterschriften. Früh zu Bett.

Sonnabend, den 12. Juni 1943

5 h aufgestanden. Gelesen. Die Mückenplage ist ganz entsetzlich. Ich schlafe ja nun unter dem Schleier. Aber auf dem Schleier warten die Mücken auf mich und verlasse ich das Bett, stürzen sie sich auf mich. Ich gehe zu Fuß zur Protzenstellung, treffe dort den Oberveterinär, dem ich erläutere, warum wir nicht mit ihm zufrieden sind. Dann zum Dorf, wo ich mir die Haare schneiden lasse und eine Einladung zum Pfingstfest hole. Es ist furchtbar heiß und völlig aufgelöst komme ich nach einem Gang durch die Fest wieder an. Natürlich gibt es heißes Essen. Ich gehe in die Sauna und lasse mich gründlich durcharbeiten. Ich will einige Zeit schlafen und wache kurz nach 19 h auf! Dann noch Unterschriften, einige dienstliche Telefonate. Um 23 h zu Bett. Ich unterhalte mich beim Abendbrot mit Olpke über Kurzschüsse, v. Kamcke, Hürter etc.

„Schöpfung" von Haydn. Ganz wunderbar!

„Fröhlicher Gottesdienst."

Sonntag, den 13. Juni 1943 (Pfingstsonntag)

6 h werde ich wach, gar nicht ausgeruht, es ist einfach zu heiß überall.

Wunderbares Wetter. Ich stelle meinen Tisch und meinen Stuhl in den Schatten des Häuschens, wo ein ganz leiser Luftzug ist. Dort lese ich die Pfingstgeschichte und „O heiliger Geist, kehr bei uns ein".

Pfingsten 1938 das traurigste Pfingstfest für mich. Und seitdem? Alles wunderbar gefügt. (Dieser Klecks stammt von einer ermordeten Mücke her.)

[Auf dem Tagebuchblatt sieht man einen kleinen Fleck. K.-M. D.]

Um 10 h reite ich bei brüllender Hitze und stechender Sonne zur Pr. St. 4, dann zum Mittagessen zu Oblt. Hardt, dessen Bruder (Musikstudent) gerade dort ist. Nette Unterhaltung. Wunderbares Festessen, eigentlich schon das traditionelle Festessen, bestehend aus Fleisch, Erbsenpuree, Salzkartoffeln und Tunke, 2 Sorten Pudding mit Sauce und Bohnenkaffee mit Buttercremetorte. Dann Rückritt zur Abteilung. Hptm. Domansky ist bereits zum Besuch da. Beim Wegreiten springt er noch einige Hindernisse in vorbildlicher Weise, einfach begeisternd. 23 h zu Bett. Der Höhepunkt des Tages war aber zweifellos ein Glas Rotwein.

Montag, den 14. Juni 1943 (Pfingstmontag)

6 h aufgestanden. Sehr unruhig geschlafen, daher auch leicht müde. Die Vorbereitungen zum Besuch des Rgts. Kdrs. werden abgesagt, es erscheint Major Hoeckner. Herrliches Essen mit allen Offizieren der Abtlg. Strömender Regen. Spaziergang zu dem Turnierplatz mit H. Mancherlei Fragen besprochen. 19 h „Abreiten".

Von Erika ein wunderschönes Heft: Keramik. Ein Genuß, darin zu lesen und zu betrachten. Bahrt ist recht übel erkrankt, die ärztliche Versorgung für Mensch und Pferd allerdings auch nicht erfreulich.

Heute vor einem Jahr übernahm ich die Batterie.

Dienstag, den 15. Juni 1943

Gestern Abend wurde es noch ein schöner Frühlingsabend und heute ist alles ganz blank gewaschen und ein kräftiger Wind wird alles abtrocknen. 6 h aufgestanden. Vormittags mit Oblt.

Olpke Pferde longiert. Das macht Freude! Was für ein Unterschied ist eigentlich noch zwischen einer Friedensgarnison und hier? Am Nachmittag erscheint Oberst Rudelsdorff und verabschiedet sich von uns. Ich reite ihm auf Sylva (Brauner mit gutem Trab) entgegen. Fst 4: Dort werden Hptm. Büsing und Oblt. Weber zu Ehrenkanonieren des Rgts. ernannt. Feierliche Zeremonie. Dann Pr.St. 4 und Tschernogusowa, zum Schluß auf dem Turnierplatz in Kopki. Dann Kaffeetrinken und gemütliches Beisammensein bis 19 h. Der Oberst war springlebendig und erzählte sehr munter. Es hat uns allen äußerst gut gefallen, abgesehen von einer sauschlechten Rede, die ich auf „Herrn Oberst's obersten Grundsatz" hielt. Ich habe mich schandbar über mich geärgert. Im Übrigen habe ich mich sehr zurückgehalten, aus gesundheitlichen Erwägungen und aus den Pflichten als „Hausherr". Unerfreuliches Rencontre Olpke – Stern.

Abends noch bei Wachtm. Ludwig, der Geburtstag hat.

Mittwoch, den 16. Juni 1943

6.30 h aufgestanden. Regnerisch, kalt, naß. Durch meinen Bunker hat es durchgeregnet und mein ganzes Bett ist leicht feucht. Ich habe die ganze Nacht hindurch gefroren, aber nicht den Entschluß, mich warm einzupacken.

Brief an Frau Hoppe. Brief von Erika vorgefunden.

Es klärt sich etwas auf. Nachmittags etwas geschlafen und gelesen und geschrieben. Viel an 1938 gedacht: Da war heute Polterabend!

Donnerstag, den 17. Juni 1943

4.30 h aufgestanden, 5.30 h losgeritten auf „Sylva" über Gorki, einige Uffz. geweckt, dann zur Bst. Im Feindgelände ist nichts zu sehen. Den ganzen Vormittag in der HKL umhergekrochen. Eine neue Bst für die 4. Batterie ausgesucht, da die augenblickliche keine Sicht bot. Bei Hptm. Habich, sehr interessante Unterhaltung, da er früher zur Dollfuß-Zeit Landesleiter von Oesterreich war und zuletzt Unterstaatssekretär im Auswärtigen Amt. Völlig durchnäßt bei Hptm. Benzin zu Mittag gegessen. Einladung zum Reitturnier bei uns ausgesprochen. Bei meiner Rückkehr von der Abteilung treffe ich Wulff an, der aus dem Feldlazarett heraus in Urlaub zur Kur nach Pernau fahren wird. Er hat sich schon einigermaßen erholt. Ich schlafe und muß geweckt werden um 19 h!!!

Nach dem Abendbrot erscheinen Adjutant und Oberzahlmeister Zech von Lokuja mit wunderbaren Büchern.

Das Ereignis aber war an unserem Hochzeitstag Erikas Brief mit der wunderbaren Kunstpostkarte, aus der heraus Erikas ganze Haltung mir gegenüber spricht, und die ich darum so sehr verehre und mir ausnehmend lange betrachtet habe. Aber geträumt habe ich, obwohl ich es mir vornahm, nicht von Erika. Wohl aber den ganzen Tag 1938 mir vorgestellt. Es waren sehr schöne Erinnerungen und nur die Hoffnung, daß ich in einigen Wochen vielleicht schon in Urlaub fahren werde, läßt mich über eine gewisse Wehmut hinwegkommen. 23 h zu Bett.

Freitag, den 18. Juni 1943

6 h aufgestanden. Nach dem gestrigen Gewitter und Landregen ist heute wieder wunderbarer Sonnenschein. Gelesen und geschrieben, viel geträumt, immer noch die Plastik von J. Thorak „2 Menschen". Nach dem Essen reite ich nach der Fst, dort Appell der Wachtmeister der II. und III. Abtlg. Major H. erscheint und spricht über Kurzschüsse. Bestrafung des Wachtm. Malazek mit 28 Tagen gelinden Arrestes. H. meckert furchtbar viel an der Fst umher, sodaß ich, friedensmäßig gedacht, am liebsten gesagt hätte: Wir wollen uns lieber in Frieden trennen. Aber die Besichtigung der Pr. St. machte alles wieder gut. Bohnenkaffee und Torte! Die beiden Herren vom Rgt. fraßen förmlich! Rücktritt. Päckchen von Erika und Brief von Hanstein.

Zum Mittagessen war Dr. Bachelin da, mit dem ich losreite. Besprechung mit den Herren der Abtlg. über Betonbau, Rednereinsatz für Hilfswillige u. ä. Brief an Erika fertiggestellt und Tagebuch bis hierher. 24 h zu Bett.

Die Kunstkarte lange betrachtet!

Sonnabend, den 19. Juni 1943

6 h aufgestanden. Mit dem Frühstück erscheint der Divisionsführer, Ritterkreuzträger Oberst Gurrahn, der die Fragen der Nahverteidigung etc. bespricht, mit dem ich dann anschließend durch die Fst reite. (Tolles infant. Reiten) Mittagessen bei Oblt. Hardt, bzw. in meiner Wohnung. Dann nach Hause zurück. Nach einem Schlaf ist Kaffeetrinken, dann Sauna. Der russ. Oblt. von der Wlassow-Bewegung erscheint, der uns sehr viel Interessantes erzählt. 22 h zu Bett.

Mutters Geburtstag ist heute. Ich habe noch Pfingstkuchen, den ich als Geburtstagskuchen verwerten kann.

Ich lese mit großer Spannung Adolf Köberle, „Von der Niedrigkeit Christi". Sehr feines Buch, das mir Bahn ohne Bestellung schickte.

Sonntag, den 20. Juni 1943

6.30 h aufgestanden. Wunderbarer Sonnenschein. Der russ. Oblt. verschwindet zu Vorträgen vor Hilfswilligen und Zivilisten der III. Abtlg.

Ein friedlicher Vormittag, wenig dienstliche Sachen. Brief an Mutter. Gelesen. Großes Springen (Übung der 6. Batterie). Schrelke erscheint mit meinen Pferden. Nach dem Essen kurzer Schlaf. Einladung zur Reitjagd des Regiments am 22.6. Ich muß mir für diesen Zweck „Quitzow" kommen lassen, der im Pferdeerholungsheim steht. Und den Taps muß ich für das kleine Reitturnier noch longieren und springen. Um ganz ehrlich zu sein, fühle ich mich einfach den Anforderungen eines solchen Springens nicht gewachsen. Mir fehlt die Übung und…mein letzter Sprung Sommer 1940 und dann gleich Knochenbruch. Ich kann aber nicht leiden, daß sich bei mir dieses Unbehagen wie Unsicherheit und Angst breit macht. Daher soll es gleich losgehen mit Taps. Aber eine große Spannung ist doch dabei, wie ich es wohl schaffen werde. Ich darf aber einfach nicht hinter den Offizieren und Uffz. zurückstehen! „Wirf zuerst das Herz hinüber, und dann springt das Pferd nach!"

Abends noch lange gelesen, Goethes „Kampagne" beendet. Was war das für ein gemütlicher Krieg: Da ihm die Kriegsgreuel über sind, haut Goethe ab und sucht schöngeistige Kreise in Düsseldorf und Münster auf. Diese Art von „Kriegsführung" ist bestimmt nicht übel gewesen. Aber fabelhaft, wie Goethe seine Gegenwart beurteilt und sich über die Strömungen Bericht erstattet. (Z.B. Voraussetzungen für die „Werther"-Stimmung sind die Untersuchungen zu Lavater.)

Ein neues Buch begonnen: K. Benno v. Mechow: „Der Mantel und die Siegerin". Zuerst noch sehr eigenartig. 24 h endlich eingeschlafen. Liegt es an der Johanniszeit? Um 2 h und 4 h wieder wach. Vielleicht schwärme ich die nächste, die Johannisnacht, ganz durch! Dann ab 4 h konnte ich nicht mehr schlafen und bin um 4.30 h aufgestanden. (Philipperbrief gelesen.)

Montag, den 21. Juni 1943

Lt. Riedel-Schwekendieck, ein Jahrgangskamerad von Lt. Bischof, ist gefallen. Eigene Unvorsichtigkeit? Es war eine verirrte Kugel. Die Nächte sind ja auch unwahrscheinlich hell und kurz. Der heutige Tag dient der Vorbereitung der Jagd. Ich lasse mir „Quitzow" aus dem Pferdeerholungsheim kommen. Vormittags springe ich mit Taps. Wunderbar. Anschließend zieht er den rechten Vorderhuf etwas nach, also kann ich ihn nicht zur Jagd schicken. Er hätte wegen der Lunge auch nicht durchgehalten. Als „Quitzow" am Abend eintrifft, lahmt er hinten links! Es ist zum Heulen. Also muß ich „Pepita" noch losschicken. Gegen 24 h ist sie an Ort und Stelle. Viel gelesen und einige Briefe geschrieben.

Dienstag, den 22. Juni 1943

9 h Appell in Kopki von Hilfswilligen zur Erinnerung an den Kriegsbeginn 1941. Die Hilfswilligen stellten auch Fragen. Diese Art von Betreuung ist unbedingt erforderlich.

Um 10 h mit B-Krad nach Fekino und weiter über Rgt. zum Stelldichein. Es war ja die erste Reitjagd meines Lebens. Es war wunderbar. Hinterher habe ich meist nur gemerkt, daß wieder ein Hindernis gesprungen war. Dazu noch Musik! Am Halali-Platz Sekt! Und wieviel Bekannte! Das Schönste aber war der Ritt zur Kaffeetafel, als mit einemmal die Pferde nach Musik marschierten. Kaffeetafel in einer Scheune, dazu Musikkorps der Division. „Ehrenkanoniere" Büsing und Weber. Wunderbare Urkunde. Dann mit B-Krad zum Rgt. Ich pumpe mir die Uniform von Bausch, die mir ausgezeichnet paßt. Es tut gut, die Wäsche zu wechseln. Und dann das Fest mit Reden, gutem Essen, herrlichem Sekt, Deutsches Kreuz an v. Bremen, Schießen. Mit Todtenberg blieb ich bis zuletzt. Da ich nicht genug geladen hatte, konnte ich mir sehr viele Hinweise sammeln.

Ein wunderbares, schwungvolles Fest.

Mittwoch, den 23. Juni 1943

Mit PKW nach Fekino. Um 6.30 h Protzenstellung in Zikorewo besichtigt: Große Unordnung. Zu Fuß nach Kopki. Den Anfängen der Übung der 6. Batterie beigewohnt, dann aber zu Bett. Zum Essen kurz aufgestanden, dann weitergeschlafen u.s.w. Von diesem Tage habe ich nicht viel gehabt.

Donnerstag, den 24. Juni 1943

7 h aufgestanden, 7.30 h Arbeiten zur Offiziersübung. Lage in Tschernogusowo ausgegeben und dann Beginn der Übung. Es machte uns allen Freude. Dann Rückritt nach Kopki. Springen auf dem Turnierplatz. Ich stürze mit Olbello, komme aber sofort aus den Bügeln. Dann reite ich weiter. Anschließend ist Chefbesprechung. Anschließend Mittagessen. Anläßlich der Verleihung des Sturmabzeichens an Oblt. Stern trinken wir Sekt. Eine Flasche allerdings werde ich mir in den Urlaub nach Hause nehmen. Nachmittags geschlafen. Mein neuer Rock wird fertig. Es gibt Post. Abends erscheint Stabsvet. Schoepe, lebhaft begrüßt. Es regnet. 23 h zu Bett. Telefonat mit H. (Urlaub)

25. Juni 1943 (Freitag)

7 h aufgestanden. Tagebuch nachgeholt. Ein sehr ruhiger Vormittag. Briefe an Erika und Mami, in denen ich angekündigt habe, daß ich mit 50% Wahrscheinlichkeit zur Hochzeit von Anny und Helmuth erscheinen könnte. Ich persönlich rechne sehr stark damit. Meine Vertretung ist dann allerdings noch nicht geregelt.

Nach dem Mittagessen lese ich Albrecht: „Der verratene Sozialismus", ein sehr packendes Buch, das Schoepe mitgebracht hat, das auch für mich bereits unterwegs ist. Nach dem Kaffee gehen Schoepe und ich nach Tsch., um dort die 5. Batt. mal etwas anzulüften. Es war genau so, wie ich es erwartet hatte. Es reichte mir. Dann gemütliche Unterhaltung und dann wurde gelesen. 22 h zu Bett.

Es entwickelt sich ein Landregen, so daß das Turnier übermorgen ausfallen wird. Wenn nicht...

Sonnabend, den 26. Juni 1943

...und dieser Wind blies allerdings gewaltig. 6.30 h aufgestanden, dann der Haarschneider bei mir, der gerade aus dem Urlaub aus Oberhausen kam, aber jetzt zum 2. Mal total bombengeschädigt wurde.

Zieglers neugeborenes Töchterchen ist gestorben. Sonderurlaub?

Glückwünsche an Major Hoeckner zu seinem Geburtstage. Briefe bis 12 h. Fahrt mit Bahrt nach Lokuja (Frontbuchhandlung) und Erholungsschein. Teilweise Regen. Schauriger Weg. Zum 1. Mal Fahrt im Wagen mit der Kdr-Flagge. 1936 wurde der Fahrer des Kdrswagens wegen seiner Mordsstellung erheblich beneidet.

Abend beim Rgt. Kdrsbesprechung, dann Abendbrot und Trinken. Die einzelnen Programmnummern wurden wieder durchgespielt. Mit Oberarzt Dr. Fischer im Wagen nach Ch., dann zu Fuß. Um 5 h zu Bett.

Sonntag, den 27. Juni 1943

Um 10 h aufgestanden. Ziemlich kaputt! 12.30 h kommen die Chefs zum Essen. Major H. erscheint erst gegen 14.20 h. Ich habe noch beim Frühstück gesessen! Dann Essen. Pudding. kurzer Spaziergang. Major Benzin erscheint, Kaffeetrinken. (Torte etc.) Nach dem Abendessen beginnt wieder das Trinken. Furchtbar!! 4 h zu Bett.

Montag, den 28. Juni 1943

9.30 h aufgestanden. Unterschriften. Gelesen. Ich muß mich erholen!

Aber wunderbare Bücher sind es, die ich mir in Lokuja gekauft habe.

Furchtbar, wie erschlagen ich von den Festen bin. Es ist ja außerdem so, daß man träge und müde im Denken wird, von anderen Dingen ganz zu schweigen. Hoffentlich habe ich einige Tage Ruhe. Ich gehe mit Depke in seinen neuen Bunker in der Nähe der Fst. Früh zu Bett.

Dienstag, den 29. Juni 1943

Zur Pr.St. 5. geritten. Pickhardt ins Gewissen geredet. Der Kerl ist ein Charakterschwein, wie sich herausstellt. Dann Pferdeappell bei der 4., anschließend Mittagessen und Gesundheitsbesichtigung. Ich reite mit Oblt. Hardt nach Gorki, anschließend zur HBst, von da zu Fuß nach Denewa, wo der Betonbau fast fertig ist. Zu Oblt. Breger, dann zur 5. (Oblt. Stern), zur Bst. 6. und anschließend, nachdem ich ziemlich durchnäßt bin, nach Gorodez zu Major Benzin. Kurze Besprechung. Rückritt auf „Quitzow", der am Morgen sehr aufgeregt war, weil er das viele Wasser scheute, der aber am Abend schon sehr viel gelernt hatte und bedeutend ruhiger war. Es ist ein sehr gutes Pferd. 23 h zu Bett.

Mittwoch, den 30. Juni 1943

Das Festefeiern geht weiter! Einladung zum „Bunkerumbau" von Oblt. Hardt, zugleich Geburtstag von Lt. Bischof. Ich gehe durch die Ställe und erledige Unterschriften und Telefonate.

Um 15 h erscheinen die Fahnenjunker zum Unterricht. Nach langer Zeit leiste ich mal wieder etwas Gedankenarbeit: Individuum und Gemeinschaft. Es machte mir Spaß. Ich glaube aber auch, daß die Junker gespannt zuhörten, abgesehen von der Verpflichtung, stramm und undurchsichtig dazusitzen. Nach dem Kaffeetrinken fahre ich mit Bahrt los, dann aber zu Fuß, weil die Wege unergründlich sind. Dann Abendessen im großen Kreise, der Jahrgang von Lt. Bischof und den Chefs. Es wurde wieder ein ungemütliches, scharfes Trinken. Ich habe mich sehr zurückgehalten, weil ich meinen Körper nicht schwächen möchte. Um 2.30 h Aufbruch, zu Fuß zurück, es regnet.

Fischer ist Stabsarzt geworden.

In der Nacht russ. Stoßtrupp bei Obw. Oelkers, der durch Handgranate leicht verwundet ist. 4 tote Russen, viele Verwundete. 5 M.P. erbeutet.

Donnerstag, den 1. Juli 1943

Es ist derartig kühl, daß ich bei mir heizen lasse. Ich bin wieder sehr müde.

Ich erhalte Post von Erika, Hans Geiling und Gertrud Rüter. Erika erwartet mich bereits! Hans ist endlich Leutnant geworden. Erstaunlich, daß die Flak sich derartig lange Ausbildungszeiten leisten kann. Bei anderen Waffen ist wahrscheinlich der Ausfall größer.

Anruf vom Rgt., daß ich am 9. Juli wahrscheinlich in Urlaub fahren kann! Ich erkundige mich bei erfahrenen Urlaubsfahrern nach den Zügen etc.

Der Regen hält immer noch an. Es ist zum Auswachsen. Nach dem Essen schlafe ich noch etwas, lese und gehe früh zu Bett.

Anruf Friedel. Beurteilung mit Oblt. Stern angefertigt.

Freitag, den 2. Juli 1943

Spät aufgestanden. Ich bin noch restlos müde, obwohl ich doch immerhin 10 Std. geschlafen habe. Ich mache eine Beurteilung über Fj.Uffz. von Arnim. Sehr schwierige Angelegenheit. Aber für einen solchen Bengel eine Beurteilung zu machen, macht Freude.

Rede zur Vereidigung der Hilfswilligen vorbereitet. Gelesen. Der Regen hört immer noch nicht auf. Bald wird er auf die Stimmung drücken.

In der Nacht ein 60 Mann starker Stoßtruppe des Russen bei Lt. Bischof: 15 tote Russen und verschiedene Verwundete. Ein tadelloser Abwehrerfolg.

Vereidigung der Hilfswilligen ging reibungslos. 2 alte „Eidesleister" aus der Zarenzeit waren dabei, für die es ja mindestens der 3. Eid war, meldeten sich freiwillig zur Wlassow-Armee.

Am Abend kam nach undenkbar langer Zeit die Sonne hervor. Das tat gut. Lichtmeßkurse fanden statt in Gorki. Viele Telefonate. Ein Bunker wird durch Volltreffer zerstört (Oblt. Stern). Von hier aus sollte vermutlich ein Stoßtrupp des Russen starten. Noch lange telefoniert. 23 h eingeschlafen.

Sonnabend, den 3. Juli 1943

Die Sonne scheint mal wieder morgens. Ich bin furchtbar müde, habe lebhaft geträumt. Nach dem Kaffeetrinken betätige ich mich als Holzhauer und staune nur, wie geschickt die Russen darin sind. Dann gelesen.

Nach dem Essen etwas geschlafen und dann mit „Quitzow" zur 4. Fst […] halte ich die Wlassow-Bewegung und die Erzählungen des Oblt. Jurgin. Unsere Propaganda muß viel intensiver werden. Es genügt nicht, daß einmal in der Woche ein Unterricht vor der gesamten Batterie stattfindet. Denn der Landser bildet sich sein politisches Urteil ohne den Offizier.

Dann noch zu Major Benzin. Große Freude macht mir „Quitzow", der einen wunderbar schwebenden Trab hat. Das geht durch den ganzen Körper. Er strafft sich bis in die Hufe hinein.

Abends ein kleines Festessen mit Rotwein anläßlich der Beförderung von Stabsarzt Fischer. Um 23 h gehe ich zu Bett, werde in der Nacht durch großen Lärm wach. Haben die Kerls, durch Olpke geweckt, weitergefeiert? Ich war froh, daß man mich nicht gestört hat.

Sonntag, den 4. Juli 1943

8 h aufgestanden, wunderbare Sauna. Willy Kramp „Wir sind Beschenkte" beendet. Ein wunderbares „Furche"-Buch. Kr., mir persönlich durch Rüter-Ostpreußen bekannt, versteht es, aus alltäglichen Begebenheiten den Blick auf die Hintergründe zu rich-

ten und tiefe Erkenntnisse abzuleiten. Dann Brief an Mutter.

Ein sehr leckeres Mittagessen mit Pudding. Die Ärzte reiten bzw. fahren zur 9. Batterie. Zum Kaffee erscheint Oblt. Stern, aber er verschwindet bald wieder. Ich erhalte 4 Briefe, einen von Erika, einen von Bärbel Caillé mit einem großen Bild! Rührend direkt.

Ich lese sehr viel. Ein richtig geruhiger Nachmittag. Nach dem Abendbrot unterhalte ich mich lange mit Dr. Fischer über sein Arbeitsgebiet der Psychiatrie. Fischer ist ein sehr feiner Kerl, sehr gute Lebensauffassung. Mit viel Interesse lese ich Moltkes „Briefe aus der Türkei".

Im übrigen regnet es Bindfäden.

Todtenberg ist völlig down, er hat Zahnschmerzen. Ich übernehme die Telefonwache für die Nacht und verbiete allen unnötigen Kleinkram. Tatsächlich: Kein einziger Anruf während der ganzen Nacht! Das werde ich jetzt häufiger durchexerzieren. Im Bett noch gelesen.

Montag, den 5. Juli 1943

Es regnete weiter. Übrigens auch in meinen Bunker hinein. Todtenberg und die 3 Ärzte wandern zum Zahnarzt. Oberst Fox (Arko) und Major Raapke werden im Laufe des Tages erscheinen. Reisevorbereitungen: Der Koffer ist probeweise gepackt, andere Dinge wie Samowar etc. werden vorbereitet. Um 14 h bin ich in der Fst der 4. Batterie. Großer Aufmarsch. Oberst Fox, Majore Raapke und Hoeckner und 3 Ord.Offz., einer noch unbedeutender als der andere. Kaffeetrinken. Es war ein großer Erfolg. Früh zu Bett.

Regenwetter.

Dienstag, den 6. Juli 1943

Ich erreiche beim Rgt, daß ich schon einen Tag früher starten kann. Ich muß ja auch wirklich einen Tag für Pleskau mitsamt der HRR herausschlagen. Schriftliche Arbeiten.

Am Nachmittag reite ich zur 4. Batterie, Kaffeetrinken bei Oblt. Hardt, Beförderungsfragen durchgesprochen, Abendbrot bei der Protzenstellung. 19 h Abmeldung der Fahnenjunker. Gemütlich erzählt. Früh zu Bett.

Regenwetter, abends aufklarend.

Mittwoch, den 7. Juli 1943

In der Nacht ziemlich unruhig geschlafen: Das Reisefieber beginnt. Überall telefonisch abgemeldet. Kleines Abendessen mit dem „unweigerlich letzten" Rotwein, wie Uffz. Kleine regelmäßig versichert. Ritt nach Fekino, Schielke holt den Koffer, Mausi ist trotzdem unruhig. Dann im Auto nach Ossinowka. Kaffeetrinken und Abmeldung beim Rgt. Ebenfalls Abendbrot, gelesen und gegen 23 h zu Bett.

Feldw. Jakobs getroffen.

Donnerstag, den 8. Juli 1943

5.30 h aufgestanden, Friedels Brief ist soeben angekommen. Fahrt nach Lokuja. Uffz. Horst Lieder getroffen. Einen sehr guten Eindruck machte er. Er will aktiv werden. Ich habe ihn nach Brüel eingeladen. Sein elterliches Haus in Köln ist vom Erdboden verschwunden.

In Dno einige Stunden Aufenthalt. Ich treffe Lt. Leitmann, der erschütternde Einzelheiten aus Wuppertal erzählt. Ich muß befürchten, daß Hans Geilings Haus zerstört ist, wenn nicht sogar Schlimmeres passiert ist!! Wüßte ich doch Näheres! Könnte ich ihm doch helfen! Im Zug schreibe ich Tagebuch bis hierher. Es regnet ganz furchtbar. Ein Buch aus der Frontbuchhandlung. Christoph Kaergel: In Rotenburg geht's um. [Hier bricht das Tagebuch ab. K.-M. D.]

Samstag, den 7. August 1943

Erika winkt und winkt, und nun ist der Urlaub beendet. Man guckt groß umher: Völlig veränderte Situation. Nun ist wieder der militärische Alltag. Auf der Reise zur Front. Alles, was ich tue, ist hastig, nervös, unüberlegt.

Von Bad Kleinen aus rufe ich an, spreche mit Erika, Mutter und auch mit Hans-Jürgen. Er jammert, daß an seinem Bein Blut ist. Überall überfüllte Züge. Aber ich habe immer Glück, finde überall Sitzplätze, ohne ein schlechtes Gewissen haben zu brauchen, daß ältere Leute in meiner Nähe stehen. Von Ludwigslust aus bekomme ich sogar einen Sitzplatz am Fenster I. Klasse. Dieses Flüchtlingselend aus Hamburg! Ich fahre nach telef. Anmeldung bei Frau Pochhammer nach Potsdam, es ist ein wunderbarer Abend. Dieses gepflegte Haus, diese feine Dame mit der feinen Art. Ein lebensgroßes Bild von Werner eines salzburgischen Malers nach einem Foto, das vor meiner Hütte in Belj aufgenommen wurde, sodaß das Blockhaus und die ganze Umgebung noch deutlich zu erkennen ist. Wir sprechen auch über Konfessionen und auch Mutter Eggers. Frau P. will ihr schreiben.

Sehr interessante Nachrichten aus Rom. Frau v. Rintelen und Tochter erscheinen noch. Frau P. und Frl. v. R. bringen mich noch zum Bahnhof, den ich in der furchtbaren Dunkelheit bestimmt nicht gefunden hätte. 7 Min. nach Eintreffen fährt der letzte Zug nach Berlin!!

Im Zug vom Zool. Garten aus hatte ich wieder Glück. Eckplatz. Viel geschlafen.

Sonntag, den 8. August 1943

Eine völlig veränderte Situation.

21. September: Eine so völlig veränderte Situation, daß ich einfach nicht den Dreh fand, das Tagebuch zu schreiben. Erst eine Wandlung führte mich wieder dort hin, es muß am 11. September gewesen sein. Und nun will ich die fehlenden Tage nachtragen. Alles voller Wehmut, in der Natur, gedrückte Stimmung im Zug. Kaum einer redet, jeder brütet vor sich hin. Wieviel Schicksal mag aber auch dieser Zug befördern, wieviel Hoffnung, Enttäuschungen. Wann werden wir diese Strecken mal nicht mehr zu fahren brauchen! Wenn doch erst Frieden wäre! Die Zeit zwischen Heimat und Truppe ist gefährlich, zu leicht wird man weich und ertappt sich über Gedanken, die sonst niemals kommen würden.

Alles stimmt wehmütig: Kinder im Obstgarten: Vorgestern war ich auch noch mit Bübchen im Garten! Auf einem Weg wandert ein Liebespaar. Vor einigen Tagen noch … Eine alte Frau sitzt am Eisenbahndamm und guckt dem Zug nach, fast teilnahmslos. Ob ihr Sohn im Weltkrieg vielleicht so nach Osten fuhr? Und nicht wiederkam? Vielleicht jetzt ihr Enkel?

Es interessiert alles garnicht. Aber bis zur Grenze schaue ich zum Fenster hinaus, ich will möglichst viel noch von Deutschland sehen. Hinter der Grenze ist ja doch alles langweilig und trostlos.

In Wirballen werden die Formalitäten erledigt, gewaschen, rasiert, geschrieben und dann geschlafen. In dieser Barackenstadt tönte ein Großlautsprecher Kirmesmusik. Furchtbar!

Irgendwie bin ich nervös, gereizt. Noch nie ist mir der Übergang so schwer geworden wie dieses Mal. Weil der Urlaub so ganz besonders schön war? Weil die Elastizität der ersten Kriegsjahre nachgelassen hat?

Und vor acht Tagen: Ein wunderbarer Sonntag zu Hause.

Montag, den 9. August 1943

1.26 h Weiterfahrt in Holzklasse. Ich hatte meinen Platz am Eingang des Wagens, gegenüber dem Ofen. Das hat den Vorteil, daß man die Bank für sich alleine hat, weil die Ecke sehr wenig begehrt ist, weil man seine Beine wegen des Ofens nicht lassen kann. Ich habe viel geschlafen, die Füße ruhten auf dem Koffer und über meine Beine stolperten viele.

Beim Hellwerden las ich Bergengruens „Rosenstrauch" und „Zwischen den Konfessionen". Stets wechselnde Reisegefährten, deren Namen man schnell wieder vergißt. Es regnet, und das drückt sehr auf die Stimmung. Eintönige Landschaft. Ich will aber auch nichts davon sehen. Ein Ehepaar ist im Zug. Er: SanUffz., sie Rote Kreuz-Schwester. Eigenartiges Zusammentreffen. Verpflegung in Rositten. Viel geschlafen. Was ist schon draußen interessant? Höchstens, daß die Namen der Bahnhöfe deutsch sind, so z.B. Wiegandshof, darunter Vigats.

Dienstag, den 10. August 1943

1.56 h in Pleskau ausgestiegen. Ich fand ein Auto, das mich zum Haus Ostland I (Stabsoffiziere) brachte, die anderen waren belegt. Wunderbar bis 8 h geschlafen.

Dann begann ein sehr ausgefüllter Tag: Gang zur HRR, wenig Einkäufe, Karten für den Nachmittag besorgt. In einem Museum wunderbare Ikonen, Gemälde und Möbel aus zaristischer Zeit. Porzellan aus China: Ganz wunderbar. Der Ort, ein altes Kloster, eignete sich sehr gut. Das Erlebnis des Tages: Bücherauswahl hinter dem Vorhang! Einen Teil habe ich an Erika, einen weitaus größeren Teil aber an mich geschickt. Eine Dame half mir nett, alles zu verpacken: ihr und einer Schwester, die mir Packmaterial besorgte – beide wohnten im Haus Ostland - schenkte ich ein kleines Buch aus meinem Überfluß.

Man muß sich das Leben gestalten. So wollte ich mir den Übergang zur Batterie durch das Bücherpaket verschönern. 17 h Film „Kleiner Grenzverkehr". Blödes Stück mit Willy Fritsch. 20 h „Barbier von Sevilla" in einer anspruchslosen Aufführung von einer Berliner Truppe. Bis 1 h geschlafen, dann traf ich auf dem Weg zum

Bahnhof eine Gig und nach 2stündiger Warterei kam mein Zug.

Mittwoch, den 11. August 1943

Viel geschlafen. In Dno erfuhr ich, daß der gestrige Zug auf eine Mine gefahren sei und 20 Std. Aufenthalt gehabt habe. Dann war meine Zeiteinteilung doch richtig! Nichts versäumt, im Gegenteil!

Die Nacht war sehr kühl, und ich habe ohne Mantel mächtig gefroren. Der Tag allerdings wurde mächtig heiß.

Ab Dno wurde ich Zugkommandant bei evtl. Bandenüberfällen. Ein Hptm. der Schutzpolizei erzählte sehr anschaulich von den lett. Bataillonen. Endlich, nach langen Aufenthalten, Ankunft in Lokuja. Gewaschen, zur Bücherei, dann mit Sankr. zum Rgt, wo gerade die Beförderung von Oesterreicher, Eichholz und Bahrt zum Hauptmann gefeiert wurde. Meine Nieren machten sich bei etwas Schnaps sehr störend bemerkbar. Beim Rgt. geschlafen. Telefon. Anmeldung bei Abtlg.

Donnerstag, den 12. August 1943

8.30 h fuhr ich mit Lt. Ayasse nach Fekino, mein Pferd wartete bereits, und ich ritt zur Abtlg. Nach dem Mittagessen – ich mußte natürlich viel erzählen – ritt ich zur Batterie, trank bei Hardt Kaffee, der mir die letzten 4 Wochen schilderte. Ein sehr netter Abend. Ich hatte Post in Hülle und Fülle. Es regnet. Früh zu Bett. In der Nacht recht kühl.

Freitag, den 13. August 1943

Der Unterschied in der Temperatur zwischen Deutschland und hier ist ganz erheblich. Hier ist Herbst. Gang zur Fst. Oblt. Hardt meldet sich zur Abtlg. ab. Die Sonne scheint mal wieder, aber es kann ja nicht von langer Dauer sein, so meint man. Ich traue Rußland aber auch gar nichts Gutes mehr zu. Einige Telefonate, langsames Zurechtfinden in der Batterie. Heuernte, Pr.St., Brief an Erika, 23 h zu Bett. Es ist sternenklar. Da der Kamin geheizt war, habe ich herrlich warm geschlafen.

Sonnabend, den 14. August 1943

5 h aufgestanden, 7 h Ritt zu VB 13 rechts und zur Zwischenstelle. Gang über die Haupt-Bst zum Bataillon Steglich. Mit Lt. Bischof, VB links, traf ich auf halben Wege bei Lt. Stenz.

Wir gingen zur Abtlg. zur Reitstunde. Ungewohnte Knochenmühle. Im Dämmern zurück. Zu meiner größten Freude ist ein kl. Bücherpaket aus Pleskau angekommen. So wird es doch wieder etwas wohnlich um mich her. Es ist auch schön warm im Raum. Und draußen leiser Regen. Eine schöne Atmosphäre, um zu lesen. 23 h zu Bett.

Sonntag, den 15. August 1943

7 h aufgestanden. Die Sonne scheint schön golden in den Bunker hinein. Die blaue Decke auf dem Tisch mit der Vase erschien sehr gepflegt. Durch diese äußeren Eindrücke komme ich sofort in eine angeregte, heitere Stimmung. Ich schreibe fast unaufhörlich. Die Briefschulden sind aber auch wirklich zu sehr angestiegen. Zum Kaffee erscheint Lt. Staudinger und Kern. 22 h zu Bett.

Montag, den 16. August 1943

6 h aufgestanden. Tank, der während meiner langen Abwesenheit furchtbar gefaulenzt haben muß, glaubt, dieses Tempo bei mir fortsetzen zu können. Aber diese eine Stauchung genügt, um die alten bewährten Verhältnisse herzustellen. 7 h reite ich Taps in der neu angelegten Bahn. Dann zur Pr.St. Auf Schreibstube gearbeitet. Mein Ofen wird abgerissen, da er zu sehr qualmt und zu wenig heizt. 16 h Reitunterrichten bei der Abtlg. Ich bleibe noch zum Abendbrot und bin um 21 h zurück. Schon völlig dunkel. Von Erika ein Brief und das große Bücherpaket aus Pleskau. Ist das ein Reichtum! 22.30 h zu Bett.

Das Reiten strengt doch sehr an; meist geht es mit übergeschlagenen Bügeln und dann wird ja auch nicht geschont.

Dienstag, den 17. August 1943

6 h aufgestanden, dann zur Fst. 7.30 h Reiten. Taps lernt doch gewaltig und ich mit ihm. Auf Schreibstube Akten aufgearbeitet. 17 h Reiten bei Abtlg. 1¾ Stunde. Das reicht aber völlig. Zum Schluß immer ein kleines Springen, bei dem Taps sich wunderbar entwickelt. Kamin ist halbfertig, im Raum entsprechend kühl. Viele Telefonate: Mein kleines Notizbuch macht sich sehr bezahlt. Hptm. Fischer und Oblt. Liech (I./27) gefallen durch eine verirrte Granate. Ich erkundige mich nach der Beerdigung. Denn mit Beiden war ich sehr viel zusammen, und an Fischer denken, heißt zugleich an Belj denken.

Mittwoch, den 18. August 1943

6 h aufgestanden. Regnerisch, kühl. Zur Pr.St. Der I a der Division besichtigt unsere Stellung. Ich gehe mit zur Fst. Zu Mittag erscheint Lt. Schwarz, zum Kaffee Lt. Bischof, der jetzt Batterie-Offizier ist. Mit den Beiden Ritt zur Pr.St. Dort war gerade Stabsvet. Schoepe und besichtigte die Pferde auf Räude. Spiegeleier bei Dulisch! Der Ofen ist fertig und wärmt sehr gut. Er wurde kurz vor Mittag fertig, sodaß vor meinem Besuch noch alles sauber war. Wenn ich dagegen bedenke, wie oft man in der Heimat die Handwerker bitten muß! Und hier ein Befehl, und es klappt.

Es ist richtig gemütlich im Bunker. Es regnet.

Donnerstag, den 19. August 1943

6 h aufgestanden. 7.30 h Uffz. Reiten. Große Überraschungen. Einige können gar nichts!

Ritt nach Fekino, von dort aus mit Auto über Rgt. (dort Mittagessen) nach Lokuja zur Beerdigung von Fischer und Liech. Viele Angehörige des Füs.Rgt.27, aber, wie gewöhnlich, fehlt Oberst Stuppi!!

Mit Kdr. und Roettig nach Jeremejewo. Dort Bratkartoffeln und Spiegelei. Nach 2-stündiger Fahrt zurück. Es regnet immer stärker. Mit Pferden der Stabsbatterie nach Hause. Warme Bude.

Ich muß endlich einmal das Tagebuch nachtragen. Ich bereite alles vor, komme aber über den 8. August nicht hinaus. Der alte Fehler.

Heute, am 21. September, habe ich alles nachgetragen, vom 9. August bis hierher! Man muß in Stimmung dazu sein und sich ärgern können über die mangelnde Energie. Dann geht es mit einem Mal.

Freitag, den 20. August 1943

6 h aufgestanden. Reitabteilung Anfänger. Briefe geschrieben. Uffz. Meng, seit 26.8.1939 in der Batterie, Vater von 5 Kindern, meldet sich ab. Er kommt zum Ersatztruppenteil als Ausbilder. Mit ihm verlieren wir eine erstklassige Kraft und einen einwandfreien Charakter. Ich packe ein Päckchen für Erika, das ein Urlauber mitnehmen soll. Ich lese von Schnack: „Ulich aus dem Spielzeugladen" (Insel-Verlag). Sehr schön. Dulisch erscheint zu einem sehr ausgedehnten Klöhn, zum Abendbrot gibt es Gurken. 2 Briefe von Erika, aber leider immer noch nicht die entscheidenden. D.h. je

länger es dauert, um so mehr steigen auch die Chancen.

Es ist trübes Wetter, aber noch kein Regen.

Sonnabend, den 21. August 1943

6 h aufgestanden, Friedrich erscheint um 10 h. Nach dem Essen Gang zur Pr.St., von dort aus Ritt zur Abtlg. zur Reitstunde. Es ist mal wieder anstrengend. Etwas versöhnt werde ich durch das Springen, das immer viel Spaß macht. Taps spring sehr ruhig, taxiert nur noch nicht richtig. Aber Höhe ist ihm kein Problem. Mit Friedrich lange erzählt. Aber irgendwie steht etwas zwischen uns. Ich vermute, es ist das gleiche Blut, das uns an einem fruchtbaren Gedankenaustausch hindert: Die gleichen Erbanlagen, ich erkenne in ihm die gleichen Fehler: Der notwendige Abstand fehlt, um ihn vorwärts zu reißen.

Sonntag, den 22. August 1943

7 h aufgestanden. Richtig gemütlich fertiggemacht, im Bewußtsein, einen ganz freien Sonntag vor mir zu haben. Um 10 h erscheint Lt. Schwarz. Es ist ein wahres Festessen. Schwarz ist ein sehr netter Gast. Erzählt ordentlich, feiner Kerl. Um 15.30 h erscheint Lt. Bischof. Wir trinken vor dem Hause Kaffee. Es ist aber auch wirklich wohlig warm. Es ist eine Frage in der Luft: Ist es ein milder Herbsttag oder noch Sommer? Eigenartig, hier in Rußland kommt der Herbst sehr früh und seine Ahnungen schickt er noch früher aus.

Ich schreibe an Erika. Meine Briefe sind nervös. Ich weiß es, sie spiegeln meine Haltung sehr getreu wieder. Wie oft habe ich schon den Kalender ergriffen, 4 Wochen abgezählt, hin- und hergerechnet, Beförderungszeit zugerechnet: Dann müßte es sich in diesen Tagen entscheiden.

Im übrigen ist es auch „Vorabend" vor Erikas Geburtstag. Haben wir meinen Vorabend gefeiert!

Abends kontrollierte ich noch einmal die Lichtmeßstelle und ging um 23 h zu Bett. Ich hatte aber sehr unruhige Träume, die sich im Wesentlichen um verlorengegangene Kleidung drehte.

Montag, den 23. August 1943 Erikas Geburtstag

Um 6 h gestanden, 7.30 h Reitstunde für Uffz. Ein wunderbares Wetter, sehr warm. Alle Uffz. haben von meinem „Klosterlikör" einen Schluck auf Erikas Wohl getrunken, weil, gegen meine Voraussage, keiner die Mütze verlor, was ja eine Runde kostet, und so mußte ich ran. Mittags gelesen. Ich habe „Ekkehard und Uta" angefangen. Ein sehr starkes, plastisches Buch, das nicht so leicht losläßt. Ergreifend die Tragik in Utas Leben. Einige Personen, wie der Bischof, sehr fein. Vieles „deutschgläubig" orientiert, d.h. verzerrt.

Unterschriften. Das Reiten bei der Abtlg. ist sehr anstrengend. Taps verlangt wirklich viel Arbeit. Den Abschluß bildet immer ein Springen. Das ist das Schönste. 22 h zu Bett. Es tat mir sehr leid, daß ich Erikas Geburtstag nicht feiern konnte, das ist demnach schon wieder am „Vorabend" geschehen. Aber gedacht habe ich sehr häufig an Erika, sogar während des Reitens. Aber da meist nur in dem Sinne: Ich muß mich hier abquälen und zu Hause gibt es Kuchen!

Dienstag, den 24. August 1943

Nach der Reitstunde für Anfänger reite ich „Zaunkönig" und „Ruth". Anschließend bin ich ziemlich erledigt. In der Fst fand ich alles in Ordnung. Nach Mittag geschlafen. Es ist sehr schwül, als ich zur Abtlg. reite. Auch dieses Mal wieder sehr anstrengend. Um 20 h Appell in der Fst, Verleihung der Ostmedaillen. Sehr kurz, weil uns die Mücken überfallen. Abends wieder in „Ekkehard und Uta" gelesen. Man kommt so leicht nicht los. 22 h zu Bett.

Mittwoch, den 25. August 1943

Ereignet hat sich heute gar nichts Besonderes. Ich habe den ganzen Tag gelesen, so u.a. „Ekkehard und Uta" beendet. Briefe geschrieben, viel telefoniert. Lichtmeßstelle kontrolliert, abends noch Wachtm. Schulz auf Bude. 22 h zu Bett.

Donnerstag, den 26. August 1943

5 h aufgestanden. Ich habe mir heute sehr viel vorgenommen, weil um 6 h bereits Vernehmung durch Lt. Schöps ist in Zshg. mit dem Verfahren gegen Dulisch und um 8 h ist bereits eine Springausbildung unter Hptm. Domansky. Es ist wunderbares Wetter, aber bald wird es schwül. Anschließend zur Pr.St., auf Schreibstube gearbeitet. Nach dem Essen, gerade als ich mich zur Geburtstagsfeier von Oblt. Olpke fertigmache, kommt Hptm. Helmerich (12./123) und hält mich furchtbar lange auf. Die Feier selbst ist sehr nett, vor allen Dingen ohne ermüdende Getränke.

Um 20.30 h bin ich wieder zurück. 22 h zu Bett.

Freitag, den 27. August 1943

Dies ist der wichtigste Tag in diesem Jahr, denn er brachte mir die wichtigste Nachricht, die große Freude bei mir auslöste.

6 h aufgestanden. Reitabteilung gehen lassen, alle anschließend über die Gräben gejagt. Gelesen, telefoniert. Lebhafte russische Artillerietätigkeit weiter links. Um 18 h habe ich Taps gesattelt. Er macht mir sehr viel Freude. Dann noch kurz zur Fst. Nach Rückkehr fand ich zwei Luftpostbriefe mit dem Ereignis des Jahres! Großer Jubel! Gleich noch einen Brief an Erika geschrieben und ein Päckchen gepackt. Es soll mit Urlauber gehen.

Ich fühle mich so unendlich bereichert, wo ich ein Leben in der Heimat wachsen weiß. Es ist wirklich so: Sollte ich jetzt fallen, ist wenigstens noch ein neues Leben für mich da, als Vertretung. Und das kann ja immer sein. Es ist nur so schade, daß wir nicht schon 1940 auf ein Kindchen warteten, dann wäre es bereits schon groß und die Lücke wäre nicht so groß. Aber nun ist ja alles in bester Ordnung! Hans-Jürgen wird 4 ½ Jahre alt sein, und dann geht es immer noch gut. Wie froh und dankbar können wir sein! Ich gehe bald zu Bett.

Sonnabend, den 28. August 1943

1.15 h aufgestanden. Erster Gedanke: Das Kindchen. Ich kontrolliere die Lichtmeßstelle und begebe mich anschließend zur Fst, wo ein Wandergeschütz für Gorodez startet. Major Hoeckner ist auch da. Stockfinstere Nacht. Ein furchtbares Durcheinander, da alle Funktionen durch ROB ausgeübt werden. 5 h gehe ich zu Bett. 8 h aufgestanden. Immer dieselbe Hochstimmung: Ein Kindchen. Gelesen. Nach Mittag geschlafen, dann zur Fst, um zu saunieren. 18 h erscheint Walter Warneke. Bis 22 h geklöhnt. Es gibt Bratkartoffeln. Am Abend leichter Regen.

Sonntag, den 29. August 1943

9 h aufgestanden. Zum Kaffee gibt es heute sogar ein Ei. Brief an Erika. Wunderbares Wetter. Es ist überhaupt ein wunderbarer Vormittag, ich ziehe mich ordentlich gepflegt an, und - Walter sitzt den ganze Tag über ohne Rock. Mich hat es furchtbar geärgert, weil ich meine Burschen und überhaupt alle dazu anhalte, zum Essen wenigstens den Rock anzuziehen, was Walter ja von

sich aus wissen müßte. Es war Enttäuschung, da Walters Einstellung durch jahreslanges Aushalten als Obergefreiter reichlich viel gelitten hat, er ist entsetzlich stur geworden. Und dann der Unterschied, als Major Hoeckner zum Tee erscheint. Ich habe bewußt Walter vorher abreiten lassen, da ich mich nicht blamieren wollte. Nette Unterhaltung, einwandfreies Benehmen. Ich kann in der anderen Luft aber auch nicht leben und mich wohlfühlen.

Ich habe „Die Verlobten" beendet: Sehr starker Eindruck. Spannend bis zum Schluß, bzw. sich steigernd. Abends noch ein Paket mit Äpfeln und Kuchen von Erika. Herrlich geschmeckt.

Montag, den 30. August 1943

7 h aufgestanden. Umbesetzung der Bst. Brief an Erika. Ritt nach Gordez. Quitzow trabt wunderbar. Ich treffe Major Benzin gerade noch an, er fährt für einige Tage zum Rgt. als RgtsFührer. Dann zur Baumbeobachtung. Hier Verschiedenes angesehen (Tarnung, Erdbeobachtung etc.), dann zur Pr.St. Zum Tee erscheint Hptm. Helmerich, der ein echter Sohn seiner Erde ist: Aus der Nähe von Essen. Sehr netter Kerl. Er wird bald mit seiner Batterie verschwinden. Brief von Erika und Hans Geiling.

Dienstag, den 31. August 1943

7 h aufgestanden. Nach dem Kaffee zur Reitabteilung, dann gehe ich zu Fuß durch Gorki: Zur 1./48, zur 6./12 und zum Füs.Rgt, Hptm. Weber. Ich sehe nun zum ersten Mal den Demjansk-Schild, der uns verliehen werden soll. Dann Hptm. Steglich, der seine Auflösung als Bataillon feiert. Widerliche Schnäpse. Dann noch zu den verschiedenen VB-Stellen. Ich habe einen furchtbaren Hunger und esse auf der Zwischenstelle Bratkartoffeln und Pudding. Abends noch Unterschriften, 2 Päckchen von Erika.

Mittwoch, den 1. September 1943

Der übliche Tag: 6 h aufgestanden, Dienstkram erledigt. Es können erfreulich viele Urlauber fahren. Gelesen, Briefe. 10 h Reiten. Nach dem Essen geschlafen. Sehr viel Telefonate. Unterschriften. „Auf den Marmorklippen" ist ein wunderbares Buch. Ich lese es bereits zum 2. Male und muß es wohl noch häufiger lesen. Der besondere Reiz liegt wohl in der ungewissen Schwebe zwischen Wirklichkeit und Dichtung, Vergangenheit, Gegenwart und Erdachtem, in der Kontrastierung zwischen

Ordnungsmacht (Herbarium, Linnesches System) und Anarchie. Es ist ja gleichgültig, ob die Beiden nun Pflanzen sammeln oder sonst etwas tun, jedenfalls, daß sie Vertreter der Ordnung sind, in ihrer Umwelt und auch in ihrem Geiste, daß sie Sinn für das Schöne und Edle, Gepflegte haben. Demgegenüber die Mächte der Unordnung. Ich habe immer den Eindruck, als habe dem Dichter für jede Figur eine wahre, echte Gestalt vorgeschwebt (Oberförster = Stalin), deren echte Züge er aber noch etwas abgeändert habe. Auch die vorbereitenden Kräfte zur Vernichtung mögen Namen tragen: Secret Service etc. Aber zugleich stehen sie für eine geistige Macht. (= Zersetzung).

22 h zu Bett.

Donnerstag, den 2. September 1943

6 h aufgestanden: Ein schöner sonniger Morgen. Morgens sieht mein Bunker besonders schön aus, weil das Licht durch die gelben Vorhänge gedämpft wird. Briefe geschrieben, Ritt ins Heu und zur Fst. Am Nachmittag wieder Offz. Reiten, viel Springen. Vieles Dressurreiten ist nichts für mich, weil ich durch die heftigen Erschütterungen stets meine Nieren spüre. Und „olympiareif" werde ich wohl doch nie!

Abends Brief an Erika. „Marmorklippen" beendet. Ein herrliches Buch. 22 h zu Bett.

Freitag, den 3. September 1943

Herbstlich kühl. 6 h aufgestanden, Ritt zur Heuernte und zur Baumbeobachtung, Batl. Oblt. Benzin, wo ich aber nur Hptm. Brauer antreffe. Zur Fst und Pr.St. Dort Mittagessen und anschließend Schreibstubenarbeit. Bei Abtlg. Offz. Reiten mit anschließender Chefbesprechung. Rückritt bei Dunkelheit. Es ist kühl. Abends futtere ich den letzten Honigkuchen. Deswegen schmeckt er wohl auch besonders gut. Gut tut es jetzt schon, wenn man einen warmen Bunker vorfindet. 22 h zu Bett.

Sonnabend, den 4. September 1943

Geschrieben und gelesen. Über Fst (Panzerstand wird besprochen) zur Pr.St. Urlauber abgefertigt. Ritt nach Fekino, mit B-Krad nach Lokuja zur Beisetzung von Oblt. Stichert, der bei einem Gang durch den Graben eine MG-Garbe durch die Brust bekommen hat. An seinem Grabe spricht General v. Lützow und schildert ihn als einen Helden. Kaffeetrinken im Kasino des Feldlazaretts. Bei der Frontbuchhandlung erstehe ich 2 Bücher, für Bischof und mich. Spät zurück, es ist empfindlich kalt. Von Fekino zu Fuß zur Pr.St. Dort Belehrung der Hilfswilligen. Paket von Erika mit Marmelade.

Es war ein wunderbarer Herbsttag mit beginnender Laubfärbung.

23 h zu Bett.

Sonntag, den 5. September 1943

6 h aufgestanden. Herrliches Wetter. Über Fst. zur I. Abtlg. Zum Mittag war ich dort. Lange mit Friedel erzählt, der gerade den Adjutanten vertritt. Nach dem Essen nach Klin zur Reitjagd bei der schweren Abtlg. Ein widerliches Geläuf, überall Rinnen im Boden. Ich ritt Orion, der den Kopf immer tief nahm. Kognak und Selterwasser. Rückritt bei Sternenhimmel (15 km in 75 Min.). Es ist sehr kalt. Ich bin sehr müde, der Ofen ist aber warm und ein herrliches Mittagessen schmeckt mir auch abends. Brief von Erika. Es war ein herrlicher Herbsttag mit sehr viel Sonne, viel Reiten, der Reitjagd und allen Unbeschwertem. Auch die Unterhaltung mit Friedel war sehr nett.

Montag, den 6. September 1943

6 h aufgestanden. Geschrieben und gelesen. Urlauber abgefertigt. Wunderbare Teestunde mit mir selbst, dazu eine Zigarre aus Erikas Päckchen. Major H. und Riedel kurz bei mir. Dulisch erscheint. Bestrafung Martens wegen Urlaubsüberschreitung. Viele Telefonate.

Herrliches Herbstwetter.

Dienstag, den 7. September 1943

9 h Ritt zur Heuernte nach Gorodez mit Quitzow. Wunderbarer Mitteltrab. Über Fst zur Pr.St. Beschwerde Martens. Schreibkram. Anhand eines Lehrbuches übe ich Schach. 17 h Offz.Reitstunde, anschließend Chefbesprechung. Abends lange Vernehmung. Es wird schon jetzt klar, daß Martens reinfallen wird. 23 h zu Bett.

Mittwoch, den 8. September 1943

Briefe. Beschwerde Martens bearbeitet. Gelesen. Schachspiel

durchgearbeitet. Teestunde. In Pr.St. gibt ein Brunnen Wasser. Große Freude. 19 h Unterricht. Sehr lieber Brief von Erika. 2 Bücher schickt mir Fr. (Carossa). Sondermeldung: Italiens Kapitulation. 23 h zu Bett.

Donnerstag, den 9. September 1943

7 h aufgestanden. Gang zu den Bst (Lilli Marlen), dann Mittagessen bei Hptm. Steglich, später zu Hptm. Breger. HBst. VB rechts. Zwischenstelle. Ritt zum Dorf. Ich bin sehr müde. Nachrichten. 22 h zu Bett.

Freitag, den 10. September 1943

7 h aufgestanden. Brief an Erika. Gelesen. Viele Telefonate. Gang zur Pr.St., 14.30 h Offz.Reiten. Besichtigung durch RgtsKdr. Kaffeetrinken. Endlose Chefbesprechung. Das Buch „Abendländische Entscheidung" ist angekommen. Führerrede. 22 h zu Bett.

Sonnabend, den 11. September 1943

7 h aufgestanden. Brief an Erika. Über Fst zur Pr.St. Schreibstube. Weg für Schlammperiode erkundet. Teestunde. Brief von Erika. Sauna. 2 Äpfelpakete von Erika. Gelesen. Wunderbarer Abend, fast wie im Frieden. 23 h zu Bett.

Sonnabend, den 11. September 1943

[Das Datum steht zweimal im Tagebuch. K.-M. D.]
Es wird allerdings Zeit, daß ich mal wieder einen Anlauf mache, um das Tagebuch wieder in der ausführlichen Art zu führen. Denn nach einem sehr kümmerlichen Start über einen Tag habe ich es wieder nachgelassen. Heute ist mir auch klar, woran es lag. Ich war noch nicht wieder völlig hier. Dabei interessierte mich auch alles gar nicht, was hier vorging. Es war ja doch nur lächerlich gegenüber dem wunderbaren Urlaub, hatte nur 2.rangige Bedeutung, keine eigene Wirklichkeit, immer nur vergleichbar mit der eigentlichen Wirklichkeit. Aber nun ist dieser Zwischen- und Dämmerzustand überwunden. Es sind verschiedene Anlässe gewesen. Äußerlich betrachtet kam gerade Erikas Brief an, in dem sie mir mitteilte, daß sie meinen Brief auf ihre Freudenbotschaft erhalten habe. Nun ist also auch diese Zeit abgeschlossen, der Ring hat sich geschlossen. Wesentlicher ist aber

ein Anderes: Ich habe jetzt wieder etwas, das mich interessiert: Unser Bau des Gemeinschaftshauses. Und dann noch eine einschneidende, fast symbolische Handlung: Ich habe heute Nachmittag einen Wagen Heu abgeladen. Also wieder etwas Positives für die Batterie geleistet. Hierdurch wurde ich aus der reinen Beobachtertätigkeit, abseits von der Batterie, hineingestellt in das Leben, wie es sich im Augenblick für mich darbietet. So ist es ja überhaupt: Leben im Vollsinne erlebt man nur durch Arbeiten und sich dem Leben hingeben. Das Opfer ist ein Teil davon. Auch mit dem geistlichen Leben ist es so. Anteil am Leben erhalte ich nur in der Gemeinschaft, indem ich mich hineinstelle in den Strom des Lebens.

Und zum Zeichen, daß ich mich jetzt wieder ganz gefunden habe und die Batterie jetzt meine Kriegsfamilie darstellt, führe ich wieder das Tagebuch. Der Tagesbeginn ändert sich nicht viel, meist zwischen 6.30 h und 7 h stehe ich auf, mache mich fertig, sodaß ich zwischen 7 h und 7.30 h frühstücke. Dann lese ich das wunderbare Gedicht von Jochen Klepper: „Schon bricht des Tages Glanz hervor, voll Demut fleht zu Gott empor…" und heute habe ich im Joh.Evgl. 7,38 ff gelesen. Dieser Vers lautet ja, im Zusammenhang mit dem folgenden betrachtet: „Wer an mich glaubt, wie die Schrift sagt, von dem werden Ströme heiligen Geistes ausgehen." Während es bei mir fraglich ist, ob ich überhaupt hl. Geist eingefangen habe! Und die Wirklichkeit ist es, daß von mir Ströme des Heiligen Geistes ausgehen sollen! Tiefbetrübliche Armut. Auch die weiteren Verse 52-53 sind so kennzeichnend. Gegen das Leben, Christus, eine lebensvolle Wirklichkeit, spielt man das Dogma, verknöcherte Buchstaben aus: Weil das Dogma so bestimmt, kann aus Galiläa kein Prophet erscheinen. Statt daß sich das Dogma nach dem Leben richtet. „…und ging also herzu": Ohne Segnung durch Gott zurück in den normalen Alltag. Wie übrigens so viele unserer Sonntage das gleiche Urteil haben müßten.

Brief an Erika, der mit Urlauber nach Deutschland geht. In der Fst ordne ich noch Einiges an. Es macht Freude, Lt. Bischof in seinem Arbeitsfeld zu sehen; Frisch, unbekümmert, klar, ein richtiger Junge, stets vergnügt. Dann gehe ich zur Protzenstellung, gehe durch den Stall, sehe mir alle Gebäude an – es werden Öfen gebaut.

Bespreche mit der Schmiede den Bau von Leuchten für das Feierhaus, erledige Unterschriften, verabschiede Urlauber und mit Dulisch esse ich zu Mittag. Es gibt gerade Post, von Erika ist ein Brief dabei, den ich mir aber für mein Haus aufhebe. Mit Dulisch gehe ich noch ins Gelände, um die beste Führung eines Weges zu besprechen, dann zum Dorf. Erikas Brief ist sehr lieb. Nun weiß sie, wie sehr ich mich gefreut habe und noch freue. Außerdem werden mir 2 Päckchen angekündigt. Ich mache mir eine Teestunde mit Zigarre. Wunderbar gemütlich ist es im Bunker. Unterwegs habe ich mir buntes Herbstlaub mitgebracht, das den Tisch sehr schön belebt. Ich sehe nach dem Stand der Arbeiten, schlendere über die Dorfstraße: Gerade fährt ein Heuwagen zur Miete. Dem Hilfswilligen Ifgenia nehme ich die Gabel aus der Hand und lade selbst ab. Nun habe ich wenigstens den Eindruck, daß ich mir den Tee gut verdient habe. In den Paketen (vom 23. und 27.8.) sind Äpfel, die ich fast verschlinge. Alle wunderbar heil und frisch, trotz des langen Transportes. Gegen 18 h gehe ich zur Sauna. Mischa trägt meine Waschsachen und nun geht die Sauna los. M. hat das große Wort. Er will mich „viel warm" machen, ich müsse auch ganz hoch oben unter der Decke liegen. Nachdem er mich gepeitscht hat, meinte er, er hätte „Schmerzen im Kopf, wie besoffen!" Da habe ich dann mit der Hitze nachgelassen, und er hat mich mit warmem Wasser übergossen. Am meisten Freude machte es ihm, daß er mich kalt überplanschen durfte. Er will mir aber einen hitzebeständigen Vertreter schicken, er ist mehr für Kälte. Und nach mir hat Lt. Bischof ihn tüchtig verheizt.

Der Abend war wirklich wunderschön friedlich. Ich habe Carossa „Eine Kindheit" beendet. Wunderbare Kindergeschichten. Seit langem habe ich mich nicht so wohl und zufrieden gefühlt wie heute. Erst um 23.30 h ging ich zu Bett. Friedel rief an, er würde morgen kommen, aber erst zur Jagd.

Sonntag, den 12. September 1943

Die Freude von gestern strahlte noch in den Sonntag hinein. Ich habe mich in meiner gepflegten Umgebung in guter Uniform richtig wohlgefühlt. Ich habe gelesen, gekramt, richtig beschaulich gelebt. Und dann zum Mittagessen umgezogen in die schlechte Uniform. Zur Reitjagd soll man nicht die besten Sachen anziehen. In der Protzenstellung gegessen, es gab Klopse (Frikadellen), Kartoffeln, Erbsen, Möhren und Pudding. 2 Urlauber kehrten, sehr überraschend schnell, zurück. Stabsgefr. Berg brachte ein Päckchen, das ich mir aber für den Abend aufbewahrte, und Uffz. Schlomann schleppte an dem 13 Pfund Aromenpaket und meinte, für die Batterie habe er es gerne getan, er habe ein Gegengewicht gegen sein Paket gehabt! Heini und Paul waren ganz gerührt von diesen Schätzen, sie taxierten den Wert auf 180,- Rm, abgesehen von der Tatsache, daß man so etwas nicht mehr bekommt. Nach dem Essen Abmarsch der Jagdteilnehmer. Bei einigen spürt man das ungewisse Gefühl der 1. Teilnahme an einer Jagd. Je näher wir dem Stelldichein kommen, umso mehr kommen von allen Seiten Reiter, und zuletzt waren es über hundert Teilnehmer. Eine große quadratische Lichtung, Teilnehmer auf 3 Seiten, Begrüßung durch die Div.Kdr., und dann entwickelte sich die schönste Jagd, die ich je erlebt habe (3 sind es ja erst!): In 200 m Abstand folgte das 1. Feld dem Fuchs und allen Hunden, immer etwa 20 m zum nächsten, 2 oder 3 nebeneinander. Einladende Hindernisse und schöne Landschaften. Ich mußte Taps gewaltsam zurückhalten, er stürmte gewaltig und ich dauernd in Gefahr, den Jagdherrn zu überrunden. Es ging über Kleeschläge, über Stoppeln, Wege, teilweise recht schwere Hindernisse und auch über Hügel. Schön, wenn man in der Herbstsonne gegen den Wald die Reiter sah. Der General stürzte über der Hecke, mein Pferd sprang im Sprung zur Seite! Aber anstrengend war es doch! Verteilung der Brüche durch den Div.Kdr. Friedel ritt auf Quitzow, der ganz wunderbar sprang. Es standen Tische und Bänke an einer wunderschön warmen Ecke, Kognak und Bier wurde gereicht. Eine Kapelle spielte. Nach der allgemeinen Unterhaltung ritt alles nach Hause in froher, beschwingter Stimmung: Herren der Erde auf dem Rücken der Pferde. Zu Hause fand ich dann noch einen sehr lieben Brief von Erika vor. Dieser und das Auspacken der Urlaubspäckchen schufen wieder die wunderbare Stimmung, von der ich einfach nicht glauben kann, daß es so weitergehen kann. Das ist einfach zu schön! Ich habe gelesen und ging erst um 23.30 h zu Bett.

Montag, den 13. September 1943

Gestern Abend habe ich noch den Befehl erhalten, ein Gelände für eine Batterieübung zu erkunden. Ich reite um 8 h mit Lt. Steinmetz nach Gorodez und bin um 10 h bereits zurück und reite zur Abteilung, um mit dem Kdr. die Einzelheiten durchzusprechen. Über Mittag lasse ich die Lage und den gedachten Verlauf tippen und muß um 16 h bereits wieder bei der Abtlg. zur Springstunde sein. Aber da Taps von gestern her lahmt, sehe ich nur zu. Wir sollen für das Rgts. Turnier trainiert werden. Nach dem Reiten geht es noch mit Lt. Kortüm, der morgen die Batterie führen soll, zur Fst. Ich spreche mit ihm die Lage durch. Er ist ein frischer, harmloser, völlig unbekümmerter 18jähriger Junge, gewinnendes Wesen. Es werden mir noch 2 KOB angekündigt. Der eine, v. Dewitz aus Kölpin, eine Träne, halbtot wegen Herzfehlers, meldet sich noch abends. Der andere soll morgen früh erst aufkreuzen.

Wo bleibt die ruhige Stunde für mich? Meine Ahnung, daß es nicht so ruhig bleiben kann, war richtig.

Ich bin sehr müde. 22 h zu Bett.

Dienstag, den 14. September 1943

Das war ein ganz verrückter Tag! Um 6 h aufgestanden, schnell noch eine Beurteilung des Uffz. Kundt gemacht, die aber nicht nötig war, wie es sich später herausstellt. Über die Pr.St. nach Tschernogosowa, wo sich die „Batterie Kortüm" versammelt. Major H. hat sich anscheinend vorgenommen, heute alles durcheinander zu bringen. Abschließend muß sein Sieg auf der ganzen Stelle festgestellt werden. Nichts klappte, nichts fand Anerkennung. Ich war froh, daß ich die Leitung hatte und daher nicht überprüft wurde. Wieviel habe ich im Stellungskrieg verlernt! Mein letzter Kursus war allerdings auch 1939! Käme ich doch nur einmal auf einen Kursus! So habe ich mir vorgenommen, mal wieder in Schießvorschriften hineinzuschauen. Es kann nicht schaden. Da die Ebene von Gorodez vom Feinde einzusehen ist, mußten wir bis zur Dämmerung in Fst bleiben und zogen erst dann nach Hause, sodaß ich um 21 h zu Hause war. Völlig erschossen! Ich ging kurz nach 22 h zu Bett. Wieder keine freie, private Minute gehabt.

Mittwoch, den 15. September 1943

Heute habe ich mir einfach freie Zeit genommen. Briefe mußten erledigt werden, das Tagebuch nachgetragen, etwas gelesen habe ich auch. Nach dem Essen ging ich zur Pr.St. In Solagino wurde eifrig durch die 6. Batt. gebuddelt, die ja größtes Interesse daran haben, in die Erde zu kommen. Auf der Schreibstube sehr viel Arbeit, Beurteilungen, Erfahrungsberichte, Gang durch die Bunker. Überall stehen Öfen, sodaß bald auch die Fst drankommt. Um 16 h Springstunde bei der Abtlg. Taps war nicht sonderlich in Form, er versuchte immer wieder auszubrechen. Anschließend Chefbesprechung, dann Ritt nach Hause. Ich habe in verschiedenen Büchern und Heften gelesen. Und der seit Tagen befürchtete Regen setzte ein! Nun ist also der Spätsommer unwiederbringlich dahin. Nicht klagen: Die letzten Wochen waren wunderbar. 21.30 h zu Bett.

Donnerstag, den 16. September 1943

Heute sollte das Doppelfenster eingesetzt werden, aber das Glas war noch nicht da. Es war lausig kalt, ich bin nicht recht zum Schreiben und Lesen gekommen. Ich ging durchs Dorf, zur Lichtmeßstelle, zur Pferdeherde. Lüdtke kam vom Erholungsheim zurück und fand es ganz gut. Er hatte sich immer sehr vor dem Reisen gescheut. Er brachte mir gläsernen Hausrat mit: 6 Biergläser und 6 Beisetzteller. Leider hätte er mir keine Glaskugeln mitbringen können, die wären ganz besonders schön. Es handelte sich um die furchtbaren Kitschdinger aus Glas mit bunten Farben darin. (Preis 5,- Rm!!) Ihm und dem Urlauber Krüger verlieh ich das KVK II. Klasse. Gang zur Fst, dort verschiedene Anordnungen. Gespräche mit den ROBs. Steinhagen, 18 Jahre, wird kaum satt, nach 2 Std. wieder hungrig.

Essen bei mir. Dann habe ich mich körperlich betätigt und Holz gesägt und gehackt. Der Ofen brannte wunderbar. Bei Musik, warmem Ofen und Carossa hatte ich wunderbare Stunden. U.a. gab es Beethovens 1. Sinfonie in C-dur, dazu 2 Briefe aus der Zeit, die schildern, wie er seine beginnende Taubheit spürt und keinen anderen Ausweg als Resignation sieht. Erschütternde Dokumente des Einsamen. Abends noch ein lieber Brief von Erika, viele Unterschriften und schöne Musik.

Freitag, den 17. September 1943

7 h aufgestanden, ein grauer, naßkalter Tag, Schwalben sind anscheinend abgezogen. Ich schreibe Briefe an Erika, Hans-Jürgen, die Schulze in den Urlaub mitnimmt. Durch Urlauber Priehn kommt ein wunderschönes Apfelpaket. Es ist sehr schön warm, leider kann das Fenster nicht eingesetzt werden, weil der Tischler krank geworden ist. Aber es ist auch so sehr gut auszuhalten.

Heute früh hatte ich wunderliche und schöne Träume. Wesentlich hatten dazu beigetragen die Carossa-Geschichten, die Musik und Erikas lieber Brief. Es spielte in Potsdam bei Frau Pochhammer. Werner war auch da, Zeit: Das Mittelalter. Wir ritten als Ritter auf eine Burg zu (hier Carossas Einfluß), die in einem Gebirgsmassiv lag und doch zu Hamburg gehörte. Auf der Burg ein Fest mit Musik (Furtwängler dirigierte Beethovens 1. Sinfonie, zugleich Sänger-Wettstreit) und als wir dann in unsere Kammern gingen, saß Erika dort, als Burgfrau, mit einem Kind auf dem Schoß, und Hans Jürgen sah zu, wie es trank. Dann erwachte ich.

Nach dem Essen (Steckrüben) ging ich zur Fst, wo die ROB am Geschütz ausgebildet wurden. Ein sehr munteres Protze-Hüpfen mit hochroten Köpfen. Dann zur Protzenstellung: Abfertigung von Urlaubern, langen Telefonaten mit Kdr. wegen Urlauberzahlen etc.

Ich hatte zu Tee und Zigarre Oblt. Olpke eingeladen. Sehr nette Unterhaltung mit ihm, zugleich besprachen wir dienstliche Angelegenheiten. Wunderbare „Musik zum späten Nachmittag". Zum 1. Mal vom neuen Glasgeschirr gegessen, dann Carossas Buch beendet. Ich freue mich schon auf das nächste von ihm: „Der Arzt Gion". Ich lese einige Seiten der „Abendl. Entsch.". Aber der Stil ist sehr geschraubt und spröde. Ich werde ihn aber zwingen. Um 22.30 h gehe ich zu Bett. Ein schöner Tag.

Ich muß mal wieder etwas Positives leisten!!

Sonnabend, den 18. September 1943

Heute war großer Umbau der Zwischenvermittlung. Um 6 h trabten meine Leute bereits los und um 8 h ging ich auch dort hin. Unterwegs kam mir das gestern Gelesene mal wieder zu Bewußtsein. Ich trottete durch den Wald, der teilweise rotes Laub hat. Wald ist zuviel der Ehre, großes Buschwerk. Carossa erzählt, daß er, um seine Mutter aufzuheitern, die er selbst tief betrübt habe, zu folgendem Mittel gegriffen habe: „...Diesem Zustand ein Ende zu machen, fühlte ich mich durchaus berufen, ich weihte die tief Bedrückte in die frohe Lehre meiner Dichter ein und suchte ihr nachzuweisen, daß alles, worum sie sich sorgte und grämte, mit dem wahren Leben, das eine durchaus große hochfestliche Angelegenheit sei, ganz und gar nichts zu tun habe. Anfangs nickte sie wohlwollend bei dieser Belehrung, verlor aber plötzlich die Geduld und erklärte voller Zorn, es könnte nichts Göttlicheres geben als die Freude, wenn sie unwiderstehlich aus dem Herzen hervorbreche; Freude als Programm dagegen sein

Narretei und Frevel..." Ich entsinne mich des Anfangs einer gedruckten Predigt über: „Ich verkündige euch große Freude." Da war aufgeführt: Was das eigentlich sei, Freude, das könne man schlecht beschreiben, oft könne man auch keinen Grund dafür angeben: Man freue sich eben, so ganz von innen heraus...

Dieses Gefühl ist mir wieder ganz klar und deutlich geworden, als mir Erika die schöne Nachricht gab. Gewiß weiß man dann den Grund. Aber, obwohl man noch nichts sieht, nichts Greifbares hat, als die Hoffnung und Erwartung dieser Freude, sie sitzt bereits ganz tief innen und aus diesem Gefühl freut man sich, still, heimlich, aber doch in einem verklärten Glanz. Kommt etwas Ärgerliches: Ist ja belanglos, ich habe ja die große Freude auf ein Kindchen. So erscheint alles verwandelt durch dieses große, freudige Ereignis.

Freude als Programm sei Narretei, sagt Carossas weise, gütige Mutter. Stelle ich „Freude" als Losung über mein Leben, so verkenne ich die Realität und die dunklen Seiten des Lebens. Ich kann nicht erwarten, daß mir das Leben stets nur Freude bereit hält. Wollte ich „Freude" üben, so wäre das unwahr gegenüber z.B. dem Leid und dem Tod. Es ist umgekehrt: Zeigt mir das Leben Anlaß zu Freude, dann soll ich sie leben. Das ist wahrhaft ehrlich leben. Und dem Leiden Rechnung tragen: Mit-leiden. Alles andere ist Krampf.

Von hier aus ist auch die Freude zu werten, von der es heißt: „Freuet Euch in dem Herrn, allewege!" Dies muß von innen her kommen, als Gabe, die sich ständig erneuert und in mir groß wird. Als Programm ergäbe es eine widerliche Heuchelei.

Die Frucht wächst, zuerst unspürbar, aber doch wächst sie. So ist jedes Wachstum Anlaß zu neuer Freude, weil da etwas Lebendiges heranwächst, kein totes Etwas, sondern Leben, das im Einzelnen noch garnicht beschrieben werden kann, über dessen weiteren Verlauf und Ausgang und Entwicklung nach der Geburt alles unklar bleibt. Man freut sich ja auch über Kinder deswegen, weil sie wachsen, sich entwickeln, reifen. Bei uns Erwachsenen ist ja, leider, immer viel Stillstand und das langweilt. Es sei denn, man habe ein feines Gemerk auf die feinsten Regungen. Denn es wächst ja immer etwas, eine neue Erkenntnis, eine neue Haltung, Einstellung, ein neues Interessengebiet.

So auch im Christentum: Ein erstarrtes, verkümmertes, totes Christentum bietet kein Interesse mehr, ganz abgesehen davon, daß es keine Strahlkraft mehr hat. Leben strahlt auf andere über, reißt mit. Hieran wird mir klar, warum ich so wenig Kräfte ausströmen lasse: Weil ich selbst innerlich kalt und träge bin!

Ich sah mir den Stand der Arbeiten an, ging längs der HKL, besuchte die VBs, vor allem Bürmanns Bunker, der ein Palast ist, etwa für einen Btls.Kdr. geeignet. Aber das soll auch so sein: Ich will meinen Leuten eine schöne Wohnung bieten. Vielleicht legt man einen Grund für später im Sinne guter deutscher Kultur.

Der Beschlagmeister verfolgte mich mit Ajax, dem Schäferhund, um mir einen handgeschmiedeten alten Leuchter zu zeigen. Wunderbar, nur eben nicht stilecht. Ich sinne auf eigene Entwürfe. Ritt zum Dorf zurück. Urlauber abgefertigt. Jagden fallen wegen ansteckender Pferdekrankheiten aus. Also wird man wohl an den Sonntagen etwas mehr Ruhe haben! Darauf freue ich mich schon.

Zum Tee hatte ich Lt. Bischof. Er hat Interessen, ein außerordentliches, klares Urteil. Über einige Bücher geriet er in Verzückung (natürlich norddeutsch gebremst!). Er interessiert sich sehr für Kunst (Bilder, Heimgestaltung etc.) und ich hoffe, er wird sich noch sehr bei mir betätigen können.

Frl. Schlegelmilch schrieb einen ihrer fabelhaften Briefe und legte ein kleines Büchlein ein: Flötenkonzert v. Sanssouci v. Menzel. Dazu Zeitungsausschnitte.

Abends meldete sich noch ein Urlauber Eggert mit Päckchen zurück: Trilysin, Äpfel und Tomaten. Fast ist es mir etwas peinlich, daß ich so viele Päckchen erhalte, aber schließlich ist es ja auch mein Garten, der mich mit Äpfeln und Tomaten beliefert.

Ich habe noch bis 22 h in der „Abendländischen Entscheidung" gelesen und habe das 1. Kapitel geschafft. Es ist unheimlich, wie der Sauer schwafeln kann! Ein Satz wird meistens 4-5 fach abgewandelt und neu formuliert. Fragt man sich, was dieses Kapitel brachte, so muß man scharf nachdenken. Der Mann müßte Soldat werden und einen ganz sturen Ausbilder erhalten. Aber, was er sagt, ist sehr gut und sehr anregend.

Sonntag, den 19. September 1943

7 h aufgestanden. Zum Frühstück ein Spiegelei, dazu die herrlichen Tomaten aus dem eigenen Garten, und später Tee (Feldküche). Es regnet, klärt sich aber auf. Ich lese, mache mir einen Auszug aus dem „Wälzer" (so werde ich die „Abendländische

Entscheidung" abkürzen) und schreibe am Tagebuch. Obergefr. Harms wird von mir zum Uffz. ernannt.

Gestern habe ich mir leuchtend buntes Herbstlaub geholt, bin auf Bäume geklettert. Nun steht es auf dem Tisch: Die blaue Tischdecke, das gelbe, quittengelbe Laub, die roten Blätter, von denen einige zufällig auf dem Tisch liegen, auch auf dem aufgebauten Schachspiel, passen wunderbar zueinander. Es ist mir, als hätte ich die Farbenpracht des Herbstes noch nie so stark empfunden wie in diesem Jahr. Ich werte es als Zeichen dafür, daß ich mich jetzt mehr und mehr dem Augenblick verschreibe und hier das Gute sehe.

Am Tagebuch geschrieben und gelesen. Da mir der „Wälzer" wie Arbeit vorkommt, werde ich ihn nur für die Woche aufbewahren, und richtig arbeiten. Am Sonntag aber ist Zeit für die schönen Bücher. So kam ich ein ordentliches Stück in Carossas „Der Arzt Gion" vorwärts. Es ist einfach erforderlich, fortlaufend zu lesen, denn Stimmung, Sprache und Inhalt wollen im Zshang erfaßt sein. An Carossa geht mir auch auf, eine wie weite Schau ein Dichter in die feinsten Seelenhintergründe haben muß. Mit Gründlichkeit der Forschung ist es alles nicht getan, er muß intuitiv schauen können.

Ein herrliches Essen macht mich für eine Stunde zur geistigen Beschäftigung unfähig. In dieser Zeit suche ich mir nach einem Verzeichnis des Gr.R.48 die Nahkampftage zusammen. Ich kann mich an 6 erinnern, es müssen aber mehr gewesen sein! Immerhin, zur begehrten Nahkampfspange reicht es nicht hin, die 15 erfordert. Lange Telefonate mir Lt. Riedel, der sich in den letzten Tagen nur hiermit befaßt hat. Meine kleine Feier bei Tee, leider habe ich keine holländische Zigarre mehr! Und wieder Carossa. Leider enttäuscht mich der Rundfunk, insofern am Sonntag die „schöne Musik" ausfällt und statt dessen irgendein Juhu-Konzert ist. Aber auf einem anderen Sender werde ich entschädigt. Wunderbare Kammermusik, Streichquartett. Einschmeichelnd. Woher rührt meine Empfänglichkeit gerade für Streichquartett? Ist es eine starke Kindheitserinnerung? Oder meine Vorliebe für eigenwilligen Gang der einzelnen Instrumente, die ihre Eigenart ausleben und sich doch dem Ganzen unterordnen? Abends lese ich noch im Kunstbrief „Flötenkonzert". Ganz wunderbare Ausschnitte, die alle den ungeheuren Eifer Menzels dartun, eine feine Einstimmung in das Gemälde und die ganze Zeit.

Um 22 h gehe ich zu Bett. Stockfinstere Nacht. An der Front ab und zu Leuchtkugeln, von sehr weit her Wummern eines einzelnen schweren Geschützes. In der Nacht ein Feuerüberfall auf Lärm und Fahrzeuge in einer Schneise, aus der am Tage eine russ. Pak gefeuert hatte, die aber sofort eingedeckt worden war. Vielleicht war sie getroffen worden und ihre Einzelteile sollten weggeschafft werden. Ein netter Feuerzauber, der auf die Stelle herniederging. Danach Ruhe.

Montag, den 20. September 1943

Herrlicher Sonnenschein, ich packe für Erika ein Päckchen, da heute Urlauber losgehen, außerdem soll ein Brief und diese Tagebuchblätter mit.

Es ist wunderbarer, warmer Sonnenschein. Es hält mich nicht mehr in dem im Bunker. Ich gehe zur Fst, sehe einen Bunker auf Ordnung nach und stelle Unordnung fest, ebenso an den Geschützen. Bestrafung sämtlicher Leute: Verkürzung der Mittagspause. Ein Rohr hat Felderquetschungen, Schuldfrage ist nicht zu beantworten. Dann über die neue Stellung der 6., wo auch Leute von mir bauen, zur Pr.St. 2 Urlauber bringen mir Pakete. Das wird fast zu viel! Mittagessen mit Dulisch und Roßband, seinem Vertreter für die Urlaubszeit. Wieder zu Hause öffne ich die Päckchen: Kerzen, Tinte, Tomaten, Äpfel, Gurken. Wunderbare Sendung. Ich lese und arbeite, abends noch ein lieber Brief von Erika, der mir sagt, daß sie sich sehr oft elend fühle. Ob das auf ein Mädchen hindeutet?

Ich habe jetzt immer einen ungeheuren Hunger, kann ein Kochgeschirr leeren, fresse nur so Äpfel und Brote. Was mag das sein? Außerdem ständig müde.

Sonst nichts von Bedeutung ereignet. Im Dorf wird ein Haus für die Sauna in der Pr.St. abgerissen.

Der Wald färbt sich immer bunter, die Pracht ist unbeschreiblich.

Dienstag, den 21. September 1943

Frühmorgens herrlicher Sonnenschein, aber gegen 10 h, als ich mit Lenth Holz säge, zieht ein Wetter sehr schnell herauf. Und so bleibt es den ganze Tag, erst gegen Abend milde Sonne.

Ich habe es ungemütlich: Der Tischler baut mir ein Doppelfenster ein, während dieser Zeit schippe ich am Bunker, säge Holz.

Ich stehe förmlich ergriffen da, feierlich ist mir zu Mute: Ein Fenster zum Öffnen habe ich in Rußland noch nie gehabt. Der Tisch wird abgeändert, und als nun noch der Ofen brennt, ist alles wirklich sehr gemütlich. Ich arbeite am Tagebuch, das ich bis zum 21. August aufarbeitete. Es muß doch mal fertig werden.

Gemütliche Teestunde. Der Bilderrahmen wird fertig. Ich hefte das Bild „St. Marien zu Rostock" dahinter. Es sieht wunderbar aus. „Arzt Gion" wird beendet, ebenso Fontanes „Grete Minde" und am „Wälzer" gearbeitet. Der Tee hält mich aber sehr lange wach, und um 23 h kann ich kaum einschlafen.

Ein Brief von Ursel Klingenstein teilt mir den Heldentod von Horst Penner mit. Das trifft mich schwer: Denn unsere jahrelangen Freundschaft wurde zerbrochen, aber auch nur rein äußerlich und zeitlich, durch die verschiedenen Stellungen im Kirchenkampf. Es ist eine Tragik, daß das möglich war. Reue kommt aber zu spät. Frau Penner und 2 kleine Töchter wohnen wieder in Osmünde. Lange kann ich nicht einschlafen.

Mittwoch, den 22. September 1943

6 h aufgestanden, richtig munter trotz des zu wenigen Schlafes. Strahlende Sonne, so wie gestern, und auch die gleiche Verschlechterung gegen Mittag. Ich schreibe Briefe an Erika, Frl. Schlegemilch, Frau Hilde Penner. Um 14 h ist Chefbesprechung bei der Abtlg. Ich reite mit Dulisch dort hin. Unsere Ahnung bestätigt sich: „Entrümpelung". Aber auch hierin haben wir ja eine gewisse Übung und es läßt uns alle ziemlich kühl. Man muß nur alles erst klar durchdenken und planen.

Ich soll also trotzdem zum Reitkursus. Und nachdem ich mich genügend geärgert habe, daß man mich jetzt ausgerechnet dorthin verpflanzt und man lieber einen aktiven Offizier schicken sollte, sage ich mir: Gut, nehme ich also die Sache positiv und spreche 14 Tage nur von Pferden und Geschirr. Ich werde da schon genügend lernen und einen guten Tag leben: Denn das wollte man mir zweifellos bieten.

Abends noch große Besprechung zu viert (Lt. Bischof und Wachtm. Roßband als die Vertreter vom Chef und Spieß), außerdem gibt es Kartoffeln mit Spiegelei.

Ich finde Post vor, einen sehr lieben Brief von Erika und andere Post. Ich trinke noch 2 Whisky, Kognak und Selter und lege mich schlafen, vorher noch Lektüre von „Flötenkonzert".

Donnerstag, den 23. September 1943

Gefr. Köppen wird zum Uffz. ernannt, er fährt auf einen E-Meß-Kursus nach Weimar, anschließend auf Urlaub.

Es regnet Bindfäden, und ich habe glücklicherweise genügend zu tun, um hierzubleiben. Das Bild im Rahmen ist immer wieder schön. Am liebsten würde ich den Rahmen mit mir nehmen. Aber nur geringstes Gepäck ist ja möglich. Also Konzentration auf das Notwendigste. Es werden laufend Päckchen nach Hause geschickt werden müssen. Während ich einen Brief an Erika schreibe, kommt der Fernspruch, daß der Reitkursus ausfällt und ich i.V. die Abtlg. führen soll. Das paßt mir garnicht, weil ich gerade so ordentlich in der Arbeit für die Batterie steckte. Also – Koffer packen. Am Nachmittag reite ich zur Abteilung, Übergabe der Abteilung durch Oblt. Olpke. Ich ziehe in den kleinen Bunker ein, der längst nicht so schön ist wie meiner. Abends früh zu Bett.

Freitag, den 24. September 1943

Um 8 h ist eine Übung der 6. Batterie mit den Fahnenjunkern in der Abteilung. Ich reite dorthin, anschließend an die Übung esse ich bei Olpke Speckbrote, ganz wunderbar und zu Mittag esse ich in meiner Protzenstellung. Dulisch fährt in Urlaub. Kurzer Ritt zum Dorf, wo ich 2 Pakete auspacke. Kaffeetrinken bei Paul Garbe, der zu seinem Geburtstag eine kleine Torte gebacken hat. Um 18 h Chefbesprechung über die wichtigsten Fragen.

Sonnabend, den 25. September 1943

7 h Abritt zum Geländeritt. Durch meine vorgesehene Kommandierung zum Reitkurs habe ich kein Pferd mehr und gehe als Zuschauer. Wie im Frieden! Es sind 42 Teilnehmer. Kurz vor Mittag reite ich zurück im großen Pulk. Das Wetter hat sich wenigstens gehalten. Am Nachmittag sauniere ich, fast werde ich verheizt. Brief an Erika.

Merkwürdig, wie kurz meine Notizen werden! Die Tage sind ja auch so leer. Kein eigenes Gesicht. Es liegt wohl daran, daß ich militärisch noch nicht in der Lage bin, eine Abteilung zu führen und daher auch nicht den Überblick besitze. Es wäre auch garnicht gut, wenn ich im Regiment einmal eine Abteilung führen müßte. Man ist zu sehr befangen. Vielleicht würde auch ein Kursus manche Hemmung beseitigen. Brief an Frau Hoppe mit Bild von K.F.

Sonntag, den 26. September 1943 Bübchens Geburtstag

9 h Frühstück. Abreiten zum Reitturnier. Wunderbarer Sonnenschein. Fahrt mit LKW, da PKW unterwegs eine Panne bekommt. Ab 12 h Jagdspringen, Glücksjagdspringen und Chargenspringen. Wir machen den I. Preis im Mannschaftswettbewerb, sehr umneidet, weil der alte Gauner Domansky im letzten Augenblick noch das Pferd wechselte. Abends Festessen beim Rgt. mit erheblichem Umtrunk: Weiß- und Rotwein. Mir bekommt es sehr gut. Ich gehe sehr früh zu Bett. 3.30 h, und schlafe bis 8 h.

Montag, den 27. September 1943

Morgens fahre, gehe und reite ich zur Abtlg. zurück. Es war doch sehr anstrengend. Zum Mittagessen bin ich zu „Hause". Kurzer Schlaf, Post von Mutter, Gerda und Frl. Sonnenberg. Tagebuch nachgetragen. Aber es schafft nicht besonders. Ich muß erst mal gründlich ausschlafen.

Gegen Abend wieder recht frisch und früh zu Bett.

Dienstag, den 28. September 1943

Ich bin wieder hergestellt. Am Vormittag lese ich im „Wälzer". Es beginnt, interessant zu werden, außerdem arbeite ich an einer Studie für Beweglichmachung einer Abtlg., diese Arbeit ist auch sehr interessant und erfordert sehr viel Genauigkeit. Für den Nachmittag reite ich nach Gorki, sehe mir die Arbeit der sehr primitiven Heupresse an und bespreche bei Tee und Äpfeln mit Lt. Bischof alle schwebenden Fragen. Auftritt mit Uffz. Kluwe, der unbedingt zum 1.11. zur Waffenschule will, aber noch nicht über die notwendigen Kenntnisse verfügt. Außerdem ist er asthmaleidend. Warum schickt man uns überhaupt so etwas?

Brief von Hans Geiling, der mir schreibt, im Frieden würde er nach Meckl. kommen!

Mittwoch, den 29. September 1943

Wunderbares Wetter. Ich schreibe an Erika und Hans Geiling. Nach dem Essen gehe ich zu Fuß zur PrSt. 4. Batt, besehe mir sehr lange die Pferde, das Kartoffelesen und spreche mit Roßband allerlei durch. Es ist wunderbares Wetter, warm; morgens und abends sehr kühl. Von Erika einen Brief und ein Päckchen mit Kerzen und Äpfeln und Klebestreifen.

Die Tage vergehen so sehr schnell. Im „Wälzer" bin ich ein gutes Stück vorwärtsgekommen. Wunderbar, welche Linien er aufzeigt. Eine verwirrende Fülle von Material und Erkenntnissen.

Donnerstag, den 30. September 1943

Dieser Tag stand ganz im Zeichen des Heus. Ich ritt zuerst über Fekino nach Iwanissowo, wo die Heupressen der 6.- und Stabsbatterien standen. Es wird mit Hochdruck gearbeitet. Zu Mittag war ich im H.V.Platz bei Oberarzt Weirather, einem alten Bekannten aus dem Kessel. Am Nachmittag nach langer Unterhaltung, ritt ich weiter nach Fikarewo, wo die 5. Batt. auf einer großen Lichtung preßt. So habe ich eine Orientierung über den Stand der Abtlg. bekommen. Und das war gerade günstig, weil am Abend der RgtsKdr. nach dem Stand der Heuernte fragte. Und sonst nur noch viele Telefonate und Besprechungen.

Kluwe erscheint (4. Batt.). Gewaltiger Anschiß.

Freitag, den 1. Oktober 1943

Um 7 h reite ich los, sehe noch gerade den Beginn einer Übung für ROB, angelegt durch Oblt. Wulff und reite weiter zum RgtsGef.Std.27, wo eine große Besprechung wegen Bauvorhaben ist. Anschließend reite ich mit Lt. Kern, dem Leiter des Unternehmens für unsere Abtlg., an den Tatort. Und zwar ganz querbeet, so, wie es mir die Karte und die Orientierung sagen. Zum Schluß habe ich mich in einem Sumpfwald festgeritten und weiß nur, daß ich garnicht mehr weit zu gehen habe. Daher gehe ich zu Fuß weiter und wirklich, nach 200 m erreiche ich auf 200 m genau den Ort. Das wäre mir früher unmöglich gewesen. Rußland fördert manche Fähigkeiten! Nach Erkundung im Gelände essen wir ohne Einladung bei OZ Bebensee, einem alten Bekannten vom Kessel her, zu Mittag. Anschließend fahre ich nach Fekino, auf dem Trittbrett eines LKW und von dort aus mit dem PKW nach Ossinowka zum Rgt. Hier Kdr-Besprechung. Major v. Muldau wird Oberstlt. (1.2.1942!) Es ist aber keine große Feier, die steigt erst in einigen Tagen. Allah bewahre mich davor! Gegen 21 h bin ich wieder zurück.

Sonnabend, den 2. Oktober 1943

8 h Chefbesprechung. In einer Stunde ist alles erledigt, sodaß ich um 9 h schon bei dem Pferdeappell der 6. Batterie bin. Dann Weiterritt zur 4. Batterie, 11 h Pferdeappell. Über Mittag bleibe

ich mit Veterinär Preper dort und reite über Gorki (dort Mittagessen) nach Kopki. Es ist ein wunderbar milder, fast warmer, sonnenloser Herbsttag. Das feurige Rot mancher Blätter ist verschwunden, es fällt das erste Laub von den Bäumen. Nach dem Kaffeetrinken in der Sauna von einem Russen sehr gut durchgearbeitet. Eine wohlige Müdigkeit. Abends mit Lt. Kern kurze Besprechung wegen des Stellungsbaues. 23 h zu Bett. Es erscheint noch Uffz. Martens, dessen Beschwerde abgewiesen worden ist. Ein impertinenter Bursche.

Sonntag, den 3. Oktober 1943 Erntedankfest

Um 6 h wache ich auf, gewaltiger Rabatz bei „Ursula". Der VB, Wachtm. Müller, gefallen. Ich entsende sofort Lt. Kortüm dorthin. Wir schießen Feuerüberfälle auf die Bereitstellungen und gefährlichen Stellen. Was ist geschehen? Ein russ. Stoßtrupp hat mit einer gestreckten Ladung das Drahthindernis gesprengt, Reisigbündel über das Flächenhindernis gebreitet und ist in den Graben gelangt, hat 2 Posten gefesselt. Ein von links kommender Gegenstoß legt 6 Russen um, macht 2 Gefangene, befreit die Gefesselten. Das Artilleriefeuer legte noch weitere Figuren um, es werden späterhin 42 Tote vor der Stellung gezählt. Der General erkundigt sich bei mir nach der Lage, ebenso Oberst Stuppi. Hieraus ist zu erkennen, daß wir keinen Rabatz mehr gewohnt sind, sonst würde einem solchen kl. Ding nicht eine derartige Bedeutung zugemessen. Oberst Stuppi spricht den beiden Art.Abtlg. die besondere Anerkennung aus für die hervorragende Unterstützung.

Um 9 h Ritt mit Lt. Kern nach Mal.Grjada, wo wir mit RgtsKdr. die Stellungen abgehen. Dann Ritt zur 4. Fst, Mittagessen bei Lt. Bischof. Dort erreicht mich der Anruf, daß ich um 16 h beim Rgt sein soll. Major Hoeckner sei dort. Also geht es über Kopki, wo ich mich kurz umkleide, nach der Rollbahn, von hier aus mit B-Krad zum Rgt. Die ganze Reiterei nach dem Süden, immerhin 14 km, hätte ich mir sparen können, wenn ich vorher Bescheid erhalten hätte. Zum Kaffee wunderbarer Streuselkuchen. Dann längere Besprechung mit Major H. zu Fragen der Abtlg. H. ist zum Höh.Arko304 versetzt. Der Nachfolger: Hptm. Domansky. Bin ich ehrlich froh, daß ich zu meiner Batterie zurückkehren kann. Denn zur Abtlgs.Führung bin ich noch nicht fähig, und ich möchte nicht, daß man mir die Zeit bei der Batterie verkürzt. Noch vor Dunkelheit bin ich in Chw., aber die Pferde sind nicht da, also gehe ich zu Fuß. Der Boden ist aufgeweicht. Endlich kommen die Pferde nach, wir haben uns im unübersichtlichen Dorf verfehlt. Gegen 21 h bin ich zurück.

Sehr müde.

Daß Erntdankfest war, habe ich zufällig gemerkt, weil Goebbels sprach.

Hptm. Hagen im Ehrenblatt genannt.

Montag, den 4. Oktober 1943

Die Uhr ist um eine Stunde zurückgestellt, daher wache ich bereits um 5 h, ehemals 6 h, auf, kann auch nicht wieder einschlafen.

Brief an Erika. Ich weiß gar nicht mehr, wie lange ich nicht mehr geschrieben habe. Es ist mir richtig ärgerlich, daß der unruhige Tageslauf mir keine Ruhe für die privaten Dinge läßt. Auch das Lesen habe ich ja fast gänzlich eingestellt. Ich schreibe Beurteilungen, Stellungnahmen etc.

Es ist amtlich, daß Major H. uns verläßt. Wir planen, welche Vorbereitungen getroffen werden müssen.

Tagebuch seit dem 30. September nachgetragen.

Dies war ein richtig ruhiger Tag. Es erscheint der Nachfolger von Vet. Preper, ein Obervet. Rietbrock (Westfale). Der Einzige, der im Augenblick noch zum Stammpersonal gehört, ist der Oberzahlmeister, alles andere Vertretung. Mein Plan ist: Sobald Major H. und Hptm. Domansky hier erscheinen, hau ich zur 4. Batterie ab. Dieses Wanderleben behagt mir nicht sonderlich. Hoffentlich brauche ich nun nicht noch anderswo zu vertreten.

Nach dem Kaffee zünde ich bei mir Herd, Kerze und Zigarre an. Es ist richtig gemütlich. Fast der gesamte dienstliche Kram ist erledigt, ich lese mich noch durch alles hindurch. Abends gibt es Glühwein. Es ist auch richtig kühl und feucht, nachdem es stundenweise geregnet hat.

Verschiedene Telefonate. 22 h Uhr zu Bett.

Dienstag, den 5. Oktober 1943

Wieder früh aufgewacht. Ich arbeite an der Partitur: Zuerst habe ich aus der Bachkantate N° 8 „Liebster Gott, wann werd' ich sterben" den Text herausgeschrieben. Zuletzt habe ich sogar den Choral „Herrscher über Tod und Leben" vom Blatt gesungen. Ob dieser Choral auch in unserer Bachausgabe steht? Es macht Freude, an diesem Teil deutscher Kultur Anteil zu haben, auch unter primitiven Verhältnissen. An der Ouverture zu Nikolais „Lustigen Weibern zu Windsor" habe ich sogar tüchtig mit Rot und Blau gearbeitet, mir die Linienführung verdeutlicht, große Gliederungen herausgearbeitet. Vielleicht lerne ich, etwas Partitur lesen zu können.

Ich habe furchtbar geträumt. Ich werde in Mathematik geprüft. Wie immer, in der Wirklichkeit und auch im Traum, wußte ich nichts. Diese Qual, als Hauptmann durchs Abitur zu fallen!

Briefe geschrieben, Tagebuch aufgearbeitet, wenig Dienstkram. Hptm. v. Bremen ist krank, 39,5 Fieber, daher ist von Regiment nicht viel zu erfahren. Es werden Vorbereitungen zum Abschiedsfest getroffen. Staudinger schießt 2 Enten! Lt. Höhn, ein kl. Sachse, meldet sich zur Vorstellung. Ein interessanter Typ: Schmal, weiches Gesicht, jung aussehend und doch etwas Altes. Ob Großstadt, Industrie, altes Blut? Schwer zu sagen. Er ist bei Friedels Batterie.

Nach dem Abendbrot lese ich wieder. Es tut gut, mal ganz für sich zu sein. 22 h zu Bett.

Mittwoch, den 6. Oktober 1943

5.30 h aufgestanden. In Bachs Kantate geblättert. Es macht große Freude. Vor allen Dingen wird die Sehnsucht wachgehalten, diese herrliche Werke mal zu hören.

Joh. 12 gelesen. Wie kann ich überhaupt Christentum leben? „Wer sein Leben liebhat, der wird es verlieren!" Und ich liebe ja das Leben so! Und ich arbeite ja doch ständig an der Verfeinerung und Erhöhung meines Lebens (Bücher, Kunst etc.). Gehört das auch zum „Liebhaben"? Aber ich glaube, daß ich oft noch spüre, wenn auch sehr verdeckt und verschüttet, was wahres Leben ist, nämlich: Wenn Gott zu mir redet. Ich meine auch, er redete jetzt mit mir: Wende Dich zu mir! Das habe ich dringend nötig. Ich meine, dieses Drängen und Kämpfen sei mit in der Jahreszeit begründet (Sommer, Winter, Herbststürme, Nebel), bis eben im Advent aus der Dunkelheit das Licht erscheint.

Aber opfern wir nicht täglich ein Stück unseres Lebens, weil wir ja getrennt leben, fern von der Heimat? Wir benutzen ja doch wirklich alles dies, als besäßen wir es nicht, sind getrennt, rechnen damit, daß es uns genommen werden kann. Und sind dankbar für das, was wir besitzen hier in Rußland.

Am Vormittag packte ich meine Sachen und mache mich fertig zum Ritt zu meiner Batterie, aber es fehlt der Adjutant! Denn Lt. Riedel fährt zum Rgt und Oblt. Todtenberg ist noch nicht aus dem Urlaub zurück. Und irgend Jemand muß ja wohl die Übergabeverhandlungen leiten. Gegen Mittag erscheint Major Hoeckner, und zugleich stürmen viele Fragen auf ihn ein: Kanonenbatterie, Schallmeßbatterie etc. Aber alles ebbt auch wieder ab. Nun habe ich mich in die Rolle eines Adjutanten hineinzufinden. Das gelingt mir sehr leicht, denn wenn man nun schon insgesamt 10 Wochen die Abtlg. geführt hat, wird man wohl einen kleinen Überblick haben. Das Zeitprogramm für H. wird besprochen. Sehr viele Telefonate wegen Vorbereitung zum Essen. H. ist zum Kino und meldet sich bei Stuppi und III./12 ab. Bis 24 h geplant und telefoniert.

Ein russisches Flugzeug wirft irgendwo in der Gegend Bomben, aber sehr weit weg.

Allgemein rechnet man mit einem russ. Angriff. Aber wann und wo??

Donnerstag, den 7. Oktober 1943

5 h aufgestanden, weil Kdr. sehr früh losreitet, um sämtliche Bst abzuklappen mit Stabsarzt Fischer. Ich telefoniere in dieser Zeit sehr viel, alles wegen des Abschiedsfestes.

Es ist herrliches Wetter, Lt. Staudinger ist auf Jagd, kehrt aber ergebnislos zurück, wir haben aber auch bereits genügend Vögel hier: 5 Enten, 7 Hühner! Etwa 20 Gäste. Aber nun wird es ungemütlich hier, zuviel Betrieb. Zurück zur Batterie!

Um 11 h reite ich los, esse kurz in der Fst, da erscheint auch schon der Kdr., und zwar ¼ Std. zu früh. Das ist ja die größte Untugend der Vorgesetzten, zu früh zu erscheinen.

Pünktlichkeit ist ja die Höflichkeit der Könige.

Aber zu früh? Dann wartet man, bis alles soweit ist. So übte denn Lt. Bischof noch Griffe, da stand H. hinter ihm. Ich griff noch schnell zu Koppel, Mütze und Handschuhen und sprang hinaus. Kurze Ansprache, dann noch zu den Uffz. Ich blieb gleich in der Fst. Wieder bei meiner Batterie. Alles sieht so freundlich aus, die Leute bei den Heupressen schuften wie wild und ich lese im Bunker, gehe durchs Dorf, kontrolliere abends noch die Lichtmessstelle und gehe um 20 h zu Bett. Aber gleich ein Anruf: Ich soll um 10 h morgens zur Abteilung und - vermutlich die Führung übernehmen! Es ist wie verhext. Jedenfalls habe ich eins gemerkt: Ich war so froh, daß ich wieder hier war, daß ich betete: Herr Gott, ich danke Dir, daß ich wieder hier bin.

Und ein richtig überströmendes Gefühl des Dankes und der Geborgenheit überkam mich dabei.

Es ist ja nun wirklich nicht so, daß ich hier „geborgener" wäre als bei der Abtlg., militärisch betrachtet. Wenn ein großer Angriff kommt mit anständiger Artillerieunterstützung, dann ist Gorki und meine Fst, evtl. auch Pr.St. „dran". Daher wird auch immer eifrig an der Verstärkung der Bunker gearbeitet. Auch hier im Dorf muß die Vermittlung sicher untergebracht werden.

Freitag, den 8. Oktober 1943

6 h aufgestanden. Es regnet. Ich arbeite auf, an Briefen und Büchern. Gestern Abend kam sogar noch ein Bücherpaket, das mir ein Pleskaufahrer mitgebracht hatte. Sehr ordentliche Bücher. Dieses Paket kam fast wie eine Begrüßung zum Einzug in mein Haus. Petersdorf, langjähriger Bursche von Major Staudinger, auf Lt. Staudingers Wunsch in die 4. Batt. gekommen, betreut mich, da Tank in Urlaub ist. Ich nenne ihn nur „Fredersdorff", da er ein sehr gewandter, tadellos angelernter Bursche ist und ich mit dem Namen immer den Kammerdiener Friedrichs d. Gr. in Verbdg. bringe, ich meine auch, er habe so geheißen. Übrigens, Bildung: Großer Streit: Wer war Poseidon? Der eine tippte auf „Gott der Dichter", der andere meinte zuerst „Meergott", ließ sich aber doch davon abbringen, da Neptun ja der Richtige sei (siehe Äquatortaufe!) und eine Erinnerung („und in Poseidons Fichtenhain tritt er mit frommem Schauer ein"), brachte auch ihn auf „Gott der Dichter". Als ich nun gefragt wurde, bekannte ich, daß „Poseidon" das Pferd des Stabsveterinärs sei, Poseidon hingegen (siehe „Fichtenhain"), der Revierförster bei Zeus gewesen sei. Das glaubte man mir aber doch nicht (Unterhaltung Olpke - Kern).

Fredersdorff ist sehr geschickt. Er tastet sich zurecht, legte mir gestern 5 Scheiben Brot auf den Teller, die ich alle aß. Daher heute Morgen 6 Scheiben. Da ich eine liegen ließ, wird er wohl heute oder beim nächsten Mal wieder 5 hinlegen, jedenfalls nicht 7! Auch sonst versucht er, sich unentbehrlich zu machen. Sehr interessant! Aber da er den ganzen Krieg bisher nur Bursche war, soll er erst einmal ein richtiges Handwerk lernen, dann vielleicht...

Ich gehe zur Pr.St., bespreche unterwegs mit Oberwachtm.

Ziegler die Heufrage und reite zur Abtlg. Dort Besprechung mit Hptm. Domansky und Kleemeier eines Spähtruppunternehmens, das wir artilleristisch unterstützen sollen. Große Veränderungen: Der Stab geht weg nach rechts, an den rechten Flügel der Division, und wir 3 Batterien kommen unter einen anderen mot. Stab. Ich soll da personelle Dinge etc. regeln. Essen in der Pr.St. Im Dorf stoppe ich die Zeit, für einen Heuballen herzustellen, bei den Hilfswilligen. 1¾ Min. Dafür erhält jeder eine Zigarette. Großer Jubel.

Im Haus finde ich ein Geschenk der Batterie für Major H. vor: Briefständer, Holz geschnitzt, Reliefarbeit: „Die 4. Batterie" mit unserem neuen Wappen: Der Ritter St. Georg. Entwurf: Lt. Bischof!

Um 18 h reite ich bei zunehmendem Mond zur Abtlg. Endlose Warterei, da einige Gäste wegen schlechter Wegeverhältnisse etc. Verspätung haben. Ein wunderbares Essen (Brühe, Ente, Blumenkohl, wenig Kartoffeln), dann außer einem Schnaps zur Verdauung nur guter Rotwein aus einer Spende des Generals. Es war ein sehr netter Abend mit vielen Reden (Domansky, Hoeckner, Roettig, Olpke und ich). Sehr nette gemütliche Unterhaltung. Um 5 h lag ich zu Bett. Es war eine sternklare, sehr kalte Nacht.

Samstag, den 9. Oktober 1943

8 h aufgestanden. Ich finde einen lieben Brief von Erika vor, der unglaublich schnell gereist ist: Am 4.10. um 18 h abgestempelt, am 8.10. abends hier, d.h. ich erhielt ihn erst heute.

Gang durch das Dorf zur Heupresse, zum Heuplatz, zur Fst. Unsere allernächste Aufgabe: Sicherheit der Bunker. Vom Dorf zurück. Es gibt herrliche Nudeln. Dann zur Pr.St. Um 15 h reite ich zur Abtlg., um den Kdr. zu verabschieden. Es gibt Bohnenkaffee und Torte: Wunderbar. Sehr ernster Abschied. Es geht uns allen nahe. Dann finden wir uns zum Bier zusammen. Es dauert sehr lange. Es findet sich noch der Vorkdoführer, Lt. Wrobel ein, ein sturer Westpreuße, seines Zeichen Studienrat in Mathematik, Physik und Erdkunde.

Im späteren Verlauf spreche ich mit Bahrt, der irgendeinen großen seelischen Kummer hat, unter seiner Schuld leidet und irgendwie damit nicht fertig wird. Er wollte mir aus seinem Urlaub schreiben, unterließ es aber aus irgendeiner Scheu. Nur, wenn die Hemmungen verschwinden, tritt sein wahres Wesen hervor. Es war für mich lehrreich und erschütternd zugleich. Ich blieb auf dem Gefechtsstand und schlief einige Stunden.

Sonntag, den 10. Oktober 1943

Abmarsch der Stabsbatterie gegen Mittag. Die Herren haben sehr wenig geschlafen. Am Nachmittag reite ich den Taps. Und dann beginnt der interessanteste Teil meiner Tätigkeit: Stellungswechsel für die s.AA 536 wird befohlen. D. h., das Vorkdo rückt ab mit sämtlichem Material. Wir müssen also sämtliche Fernsprecher, die sonst von der Stabsbatterie gestellt werden, aus der Batterie stellen, Leute wie Gerät. Und das alles in der Nacht! Aber es hat geklappt.

Montag, den 11. Oktober 1943

Ich bilde mir meinen Stab. Es erscheint als Adjutant Lt. Steinmetz, als Nachrichtenfachmann Oberwachtm. Ziegler. Allmählich läuft sich alles ein. Meine Sachen kommen und alles wird gemütlich eingerichtet. Fredersdorff entpuppt sich als wahres Genie. Typisch: Er ist zu nichts Anderem geboren als Bursche. So brachte er aus seinem Urlaub gleich Kleiderbügel mit! Mich würde es nicht wundern, wenn er auch gleich ein Porzellanservice mitgebracht hätte! Der Tag vergeht mit Einrichten, Lesen, Schreiben, Telefonaten. Abends trinken wir eine Flasche Rotwein, sind aber furchtbar müde und gehen um 22 h zu Bett.

Herrliches Wetter.

Dienstag, den 12. Oktober 1943

Ein strahlender Morgen. Um 7.30 h erscheint Major Koch mit seinen Vorkommandos und wir besprechen die notwendigen Dinge, fahren anschließend ins Gelände. Ich gehe zu meiner Pr.St. und reite zurück. Die Wege sind fürchterlich zerfahren worden, aber wieder etwas aufgetrocknet. Anschließend ein Springen mit Taps, das wunderbar klappt, nur der Trakehner Graben, ganz furchtbar, wie er scheut. Mit Zureden, Führen und Überlisten springt er zum Schluß einwandfrei.

Am Nachmittag ein ruhiges, gemütliches Kaffeetrinken mit Schoepe und Steinmetz. Es ist richtig nett, zu beobachten, wie Steinmetz fürsorglich ist zu mir als „Kdr". Sonst alles ruhig. Major Koch mit Stab ist im Gelände und erscheint als unser Gast zum Abendbrot (Nudeln mit Tomatensauce). Früh zu Bett.

Mittwoch, den 13. Oktober 1943

Um 7.30 h Kaffeetrinken. Herrliches Sonnenwetter, Reif. Um 10 h Abfahrt mit Major Koch nach Fekino, dort V-Troß besichtigt. Weiterfahrt zu Hptm. Kleemeyer und Rgt. Stuppi. Dort nur Hptm. Büring getroffen. Auf der Rückfahrt bei OZ Bebensee zu Mittag gegessen, mit Lt. Kern die Stellungen besichtigt und dann mit PKW nach Fekino zurück. Ein Stück mit Krad (Sozius), dann aber mit der Draisine bis zum Rgt. Vortrag von Professor Mentsching-Bonn über „Indien". Gut aussehend, gut gekleidet, ein sehr geistreicher Vortragender. Das Schönste für mich war, daß ich den Ausführungen folgen konnte, obwohl es nur so von Fremdwörtern wimmelte. Denn ich habe ja stets die Befürchtung, daß ich abgestumpft und unelastisch geworden bin. Dieser Vortrag hat diese Befürchtung zerstört, sodaß ich kein Wort mehr hiervon sagen werde. Vom Seelenleben ausgehend zog er die Linien aus Religion, Geschichte und Rasse bis zur Verhaltensweise Gandhis. Beim Rgt noch Kaffee getrunken und auf den Wagen gewartet, der mich nach Fekino bringen sollte, von dort aus Ritt. Ich treffe Schulze, der gerade aus dem Urlaub kommt und mir das Neueste berichtet, alles sehr erfreulich. Wunderbares Abendbrot im geheizten Bunker mit Äpfeln und Makronen und Erikas Brief. Und ich bin wieder bei meiner Batterie! Ist das schön!

Donnerstag, den 14. Oktober 1943

6.30 h aufgestanden, gelesen, Brief an Erika und Ritt zur Abteilung, dort ein Springen, das sehr gut klappte, sogar die Lektion vor dem Trakehner Graben hatte sich Taps gemerkt. Kurze Chefbesprechung. Man merkt gleich die Großzügigkeit der mot. Abteilung in jeglicher Beziehung. Rückritt mit Wulff nach Hause. Einen Brief an Erika und Päckchen gehen mit. Dann Gang zur Fst, wo ich mit Bischof allerlei bespreche. U.a. dauert die Feuerbereitschaft 1¼ Minuten. Das muß ich aber noch in der Nacht ausprobieren. Dann lasse ich mir das Radio in meinen Bunker bringen: Wunderbare Musik, die auch erklingt, während ich dies schreibe. Abends lade ich mir Lt. Bischof und Wachtmeister Roßband zu Sekt und Whisky ein, aus lauter Freude, daß ich wieder bei meiner Batterie bin. Abends gehe ich noch mit zu Fst, wo ich die Feuerbereitschaft prüfe. 1½ Min. Aber ich habe den Eindruck, als wäre ich irgendwie betrogen worden. Denn mein Kommen wurde wahrscheinlich telefonisch angekündigt.

Aber dieser Zshalt der Fst untereinander gefällt mir. Sehr unruhig geschlafen. Völlig mondhelle Nacht.

Freitag, den 15. Oktober 1943

Um 5.30 h aufgestanden. Dann Gang zur Bst. Es hatte stark gereift, auch teilweise gefroren, überall raschelten die Blätter von den Sträuchern. Die Sommerfäden waren auch bereit: Ein zauberhaftes Bild. Auf der Vermittlung „Pillau" nachgesehen, dann das ganze Grabensystem der 3. Kp. angesehen, die VBs geprüft, im Gelände umhergestrolcht und von der Baumbeobachtung aus nach Hause geritten. Dort wunderbar gegessen, Radio gehört und etwas geschlafen. Um 16 h sauniert, aber ohne einen „Einpeitscher ist das nichts. Man wird zu sehr verwöhnt. Abends die „Schöne Musik zum späten Nachmittag". Aber ich schlief ständig ein, die Sauna hatte zu sehr angestrengt. Um 21 h zu Bett.

Um 24 h fiel das Bild von der Wand.

Sonnabend, den 16. Oktober 1943

5.30 h aufgestanden. Auf den Bäumen nach Gordez herüber Birkhahnbalz. Weit rechts herüber großer Lärm, vermutlich 331. I.D. Ich lese und schreibe, gehe zur Protzenstellung, arbeite auf Schreibstube, es gibt sehr gutes Essen, telefoniere etwas und dann Teestunde mit guter Radiomusik. Ich beende „Autoreise 1905" und nehme mir Herzog „Die Buben der Frau Opterberg" vor, ein sehr leichter, unterhaltsamer Roman, den ich früher schon einmal begonnen hatte (Velhagen und Klasings Monatshefte? Auch ein Beitrag zum Kapitel „Bleibende Erinnerungen". Hierzu gehören ja bestimmt: „Weltall und Menschlichkeit".) Ein Buch für Werkarbeit macht mir viel Spaß: Spielzeug - selbstgemacht. Es ist ein richtig gemütlicher Abend.

Ein eigener Soldat vom Iwan geklaut! (Kompanie Breger)

Sonntag, den 17. Oktober 1943

7 h Kaffeetrinken, in aller Ruhe fertig gemacht, gelesen, geschrieben. Nach einem Essen, das mich fast tötet (Kartoffeln, Weißkohl, Klopse, Pudding) mache ich mit Wachtm. Schulze einen Spaziergang zum Füs.Rgt, wo der Film „Sache mit Styx" gegeben wird. Ein netter Unterhaltungsfilm, mehr nicht. Anschließend trinke ich bei Hptm. Büsing, Hptm. Ripke und Lt. Euskirchen Tee. Sehr gemütlich. Dann verirre ich mich, laufe 1

Std. in tiefer Dunkelheit im Kreise, und dann mit neuer Peilung klappt es. Zu ärgerlich! Die Hand vor den Augen war kaum zu sehen. Es wurde bei mir im Bunker besonders gemütlich: Es gab vom Nachmittag her Streuselkuchen und Punsch. Dann gelesen. Herrlich. Nachts unruhig geschlafen, außerdem Abwehr eines fdl. Spähtrupps.

Montag, den 18. Oktober 1943

Vormittags geschrieben und dann nach Fekino geritten. Dort V-Troß etc. kontrolliert. In Juchowo eine Kiste bestellt für meine Habseligkeiten und dann weiter nach Ossinowka. Immer, indem ich Autos anhielt. In O. ROB's besichtigt, Essen beim Rgt. Dann mit Lazarettzug Weiterfahrt nach Lukuja, in der Frontbuchhandlung 4 Bücher eingekauft und schnell wieder zurück. Der Zug bummelte entsetzlich, außerdem regnete es, es war kalt. Auf dem Weg Fekino-Gorki habe ich mich endlich warmgelaufen. Zu Hause schön warm. Das Wetter war aber auch wirklich dazu angetan, um sich auf den warmen Bunker zu freuen. Ich war richtig müde und steif in den Gliedern. Anschließend kam noch Wachtm. Roßband und meldete, daß 17 Fleischdosen aus der Feldküchenprotze entwendet seien. Früh zu Bett. Friedel ruft an, daß er nach Gr. Born zum Batterieführerlehrgang fährt. Hat der Mensch einen Dusel!

Dienstag, 19. Oktober 1943

7 h in Pr.St. Ich verhänge über die Pr.St. folgende Strafen bis auf weiteres: 1) Urlaubssperre 2) Kürzung der Portionen 3) Postengestellung vor der leeren Feldküche mit aufgepflanztem Bajonett. Dann Unterschriften, Gang durch die Pr.St. Unterschriften in der Personal-Abteilung und dann Kaffee getrunken. Tagebuch und gelesen. Nach dem Mittagessen erscheint Lt. Schwarz, der auf dem Ritt zur 1./48 ist, die er gerade vorübergehend führt. Als er weitereiten will, findet er nur seine Trense vor. Das Pferd steht, wie Rückfragen ergeben, wohlbehalten im Stall. Ludi geht gemächlich zu Fuß mit der Trense in der Hand.

Nachmittags prüfe ich in der Fst die Planunterlagen nach und gehe mit Lt. Bischof zu meinem Bunker. Dort Abendbrot, Schach, Rotwein und Unterhaltung bis 23 h. Meist über Studentenzeit, Tanzstunde etc. Wirklich gemütlich. Bischof ging erheblich aus sich heraus.

Mittwoch, den 20. Oktober 1943

6 h aufgestanden. Strahlend blauer Himmel, Brief an Erika. Gelesen. Um 14.30 h Chefbesprechung in Kopki. Schon auf dem Hinweg war Taps besonders unaufmerksam, bei Springen riß er so ungefähr alle Hölzer, die mitzunehmen waren und beim letzten Hindernis stürzten wir beide. Taps lag auf meinem linken Bein und wollte sich nicht erheben. Ich sprang schnell auf: Anscheinend leichte Prellung des Knies. Kurze Chefbesprechung. Es erscheinen Oberstlt. Deigentesch und Hptm. Alex Schröder. Ich reite nach Hause und merke erst richtig, was beim Reiten der Knieschluß ausmacht, weil ich herumhopse wie eine Feder. Abends kamen noch 2 San. Uffz. mit wichtigen, entschlossenen Gesichtern und stellten dann eine leichte Prellung fest. Ich habe gelesen, Karamellen gefuttert, ärgerliche Telefonate wegen der Kartenübergabe und Stellungsakten geführt und um 22.30 h zu Bett. Sehr fest und tief geschlafen, wunderschön geträumt, wozu wahrscheinlich auch der Opterberg-Roman beigetragen hat.

Donnerstag, den 21. Oktober 1943

6 h aufgestanden. Ich bin so froh und dankbar, daß der Sturz gestern so glimpflich abgegangen ist. Erika allerdings wird sagen: „Ein kleiner Wadenbeinbruch mit ambulanter Behandlung im Luftwaffenlazarett ist auch nicht zu verachten". Aber so habe ich wenigstens immer noch ein ungebrochenes Bein.

Mit Lt. Bischof lege ich die Wechselstellung am Dorfrand fest, dann Opterberg-Roman beendet, es ist doch ein kräftiger Roman, der in unsere Zeit hineinweist, wenn auch nur von sehr ferne her. Aber er ruft Kindererinnerungen wach und läßt mich auf die Zeit der Wanderungen im herrlichen Deutschland warten. 11 h erscheint der Stabsarzt und begutachtet das Knie. Bluterguß, kein Bruch, Kniegelenk ist unverletzt.

Wunderbares Mittagessen, Graupensuppe mit Kartoffeln.

Um 16 h Gottesdienst in der Fst mit anschließendem Abendmahl. Es ist mir ganz eigenartig, meine Leute, die ich als Soldaten nur kenne, nun als Christen zu sehen. Fromme Gesichter!! Und keiner schließt sich vom Abendmahl aus. Ich habe mich richtig gefreut, in meiner Fst das hl. Abendmahl zu feiern. Und trotz des nüchternen Rahmens: Er wurde zur Kirche.

Ich ging mit Roettich, der sichtlich abgekämpft war, nach Hause. Gutes Abendbrot und lange Unterhaltungen über dieses und jenes. 22 h zu Bett.

Freitag, den 22. Oktober 1943

6 h aufgestanden, um 7 h steht Roettich auf. Beim gemütlichen Kaffeetrinken sprechen wir über Fragen der Literatur, auch frage ich ihn in Ordensangelegenheiten um Rat.

Um 9.15 h reitet er, er läßt mir als Geschenk einige kl. Bücher da.

Die ROB melden sich vom Kursus zurück, Steinhagen ist zum Uffz. befördert, v. Dewitz gestrichen.

Ich bereite mich auf den artilleristischen Unterricht vor: Fliegerschießen. Lange nicht mehr getan! Ich bestrafe Malchow wegen Urlaubsübertretung mit 5 Tagen Arrest. Nach einem herrlichen Mittagessen (Kalbswickelbrust) gehe ich zur Fst - in der Abwesenheit wird der Bunker geputzt.

Dort Unterricht vor 15 Uffz. Stattliche Anzahl! 16 h Tee mit Dulisch, der aus dem Urlaub zurückgekehrt ist. Wir trinken nach dem Abendbrot eine Flasche Sekt (vin mousseux) und erzählen aus Heimat und Batterie.

Olpke wird Hauptmann.

Ich lese „Wawas Ende" (Graues Heft der Armee Busch) und führe Tagebuch.

Mit der Post ist es im Augenblick sehr schlecht. Man erzählt, ein Postwagen sei verbrannt. Das würde Manches erklären. 22 h zu Bett.

Sonnabend, den 23. Oktober 1943

6 h aufgestanden. Brief an Erika, der heute noch zum Feldpostamt geht. Dann gelesen und auf den Unterricht vorbereitet (Schnellvermessen). Über Fst 6. zum Pferdeappell bei mir, zusammen mit Stabsveterinär Schoepe, der von seinem Besuch bei der Gruppe Domansky noch recht mitgenommen aussieht. Essen in der Pr.St. Um 14 h Unterricht in der Fst. Lt. Bischof hält ihn ab. Anschließend für Uffz. Fußdienst. Es ist ein sehr munteres Treiben. Um 16 h trinke ich meinen Tee, anschließend wird gelesen und artilleristisch gearbeitet, aber mir fallen um 21 h die Augen zu. Tut es das ungewohnte Gehen, das heute schon wieder recht gut ging?

Sonntag, den 24. Oktober 1943

6 h aufgestanden. Nur wenige Telefonate.

Gestern kamen die Bastelbriefe: „Soldaten werken" an. Eine wunderbare Sammlung! Wenn wir Zeit haben, können wunderbare Sachen daraus entstehen. Ich werde diesen Punkt „Bastelkursus" im Auge behalten.

Ich arbeite mal wieder im „Wälzer". Wenn man erst wieder durchgewühlt ist, macht es Spaß. Und der Zshang wird mir immer klarer.

Daneben lese ich „Wirrwarr in Weimar" (Bach-Novelle) zu Ende. Ganz nett. Man merkt, daß es von einer Frau geschrieben ist.

Ich habe so richtig Ruhe. Soviel, daß es mir fast bange wird vor so viel Zeit.

Vormittags gratuliere ich Schulze zu seinem Geburtstag.

17 h Abendessen (Hahn) bei Schulze, 18 h Festessen bei Hptm. Olpke. Ein sehr ruhiger Abend, von dem ich um 23 h weggehe, weil ich den Eindruck habe: Es genügt und nun wird es langweilig.

Montag, den 25. Oktober 1943

6 h aufgestanden, 7 h Ritt zur Pr.St. der mot. Stabsbatterie. Von dort aus Fahrt zum Rgt. Kdrsbesprechung. Kurzer Besuch bei dem IIa der Division, Major Hinsch. Mit Auto zurück. Das Reiten macht mir wegen des geschundenen Knies keine reine Freude. Über Fst (ein viel zu langweiliger Materialunterricht am Geschütz) nach Hause. Dort esse ich erst zu Mittag und zu Abend gleichzeitig.

In Fekino habe ich noch den Kdr. der B-Abtlg., Major Martens, aufgesucht. Leben die primitiv!! In einem Raum, 1/3 so groß wie mein Bunker, wohnen ständig 3 Offiziere. Die haben es wohl selbst schuld. Ich bespreche einen Kursus der B-Abtlg. für meine Uffz.

Ich bin furchtbar müde und halte mich nur mühsam bis 20 h senkrecht. Wenige Telefonate.

Dienstag, den 26. Oktober 1943

6 h aufgestanden, gelesen und Brief an Erika geschrieben. 9 h Besprechung in Batt.Offz.Bunker mit Lt. Bischof und Dulisch. Fragen der Organisation und Entrümpelung. Dann gehe ich zu Fuß zu Oblt. Wulff und bespreche mit ihm die gleichen Fragen. Kleines Frühstück mit Milch und Wurstbrot aus Subzin. 12 h Es-

sen mit den Fhj.Uffz. Kundt und Sternhagen, die sich anschließend sehr beeilen müssen, um noch rechtzeitig zum Rgt. um 17 h zu kommen. Ich nehme am Unterricht der Uffz. teil: Schlecht vorbereitet und zu wenig straff. So kann es nichts werden. Ob Lt. Bischof selbst schlecht vorbereitet ist? Mir scheint es so. Schön ist seine frische Art.

Anschließend Sauna, die mir sehr gut tut.

Magen- und Kopfschmerzen. Was mag los sein?

Mühsam bleibe ich noch bis 20 h wach, verschiedene Telefonate, Musik zur Dämmerstunde war sehr gut. Wieder keine Post.

Mittwoch, den 27. Oktober 1943

-4°. Wunderbar klarer Frosttag. Die alten Erscheinungen: Dicker, weißer Rauch aus den Kaminen. Ob wir auf die Weise die Schlammperiode überlistet haben? Ich lese und schreibe und telefoniere sehr viel wegen des Uffz.Tages am Freitag. Alles gerät deswegen in Bewegung.

Die Sonne scheint wunderbar warm in den Bunker, der auch sehr die Wärme hält, seit von außen die Soden davor gepackt sind. Kurz vor Mittag ruft der Rgtskdr. wegen verschiedener Fragen an. Er ist ganz heimlich hier in die Nähe gekommen und stellt so mancherlei fest. Nach dem Essen gehe ich zur Pr.St. und treffe unterwegs den RgtsKdr., mit dem ich durch die Fst 6. und 1./526 fahre. Dann gehe ich über die Wechselstellung zur Pr.St., wo ich mit Dulisch Kaffee trinke. Ganz überraschend holt mich ein Auto zur Chefbesprechung, wo die Feueraufgaben für die Wechselstellungen verteilt werden. Mit dem Auto des Hptm. Elsner fahre ich zurück. Es friert bereits wieder. Kurzes Abendbrot, verschiedene Telefonate und dann noch gelesen. 22 h zu Bett.

Heute gänzlich schmerzfrei. Was mag das nur gewesen sein?

Donnerstag, den 28. Oktober 1943

5 h aufgestanden, im Dunkeln bei Kerze angezogen. Ich konnte einfach nicht mehr schlafen. Aber so etwas macht ja garnichts aus: Also kam ich vor dem Frühstück zur Fst und habe dort sämtliche Planarbeiten kontrolliert. Zugleich war ich dabei, als aus den Wechselstellungen Sperrfeuer erschossen wurde. Dann Frühstück und Brief an Erika und Mutter Eggers. Artilleristische Arbeiten, „Wälzer" und nun um 12 h Uffz. Kluwe bei mir zum Essen. Er ist zur 6. Batterie versetzt und kann dort einen neuen Start ma-

chen. Ich habe selten einen solchen widerspruchsvollen Menschen gesehen. Nicht als ob er widerspräche, im Gegenteil, er ist immer der Ansicht seines Vorgesetzten. Betont frisch und zackig, ist er in Wirklichkeit schwerblütig und problematisch. Parteigenosse und gottgläubig, sieht er politisch recht düster und hat nichts von dem vorwärtsstürmenden Glauben, den die Partei verlangt. Gottgläubig, d.h. aus der Kirche ausgetreten und Kenner und Liebhaber von Kirchenmusik! Großer Verehrer von Tilmann Riemenschneider, sein Sohn heißt Tilmann! Ich glaube, Kl. lebt deswegen in der Vergangenheit (Lektüre: Gobineau „Renaissance"; Musikinstrument: 15 chörige Renaissance-Laute), weil er für die Gegenwart zu schwach ist (Asthma-Leiden). Ungeheuer anlehnungsbedürftig, keine klare Haltung. Durch sein gutes Äußeres besticht er sehr, und ich glaube, deswegen hat er es auch nur so weit gebracht, weil man ohne Weiteres annimmt, er müsse das können. Bei näherem Zusehen greift man ins Leere. Ich möchte mal gern seine Wohnungseinrichtung sehen. Ganz sicher sehr geschmackvoll, aber ganz sicher wesentlich historisch stilvoll.

Beurteilungen der Fahnenjunker nimmt Zeit bis zum Dunkelwerden in Anspruch. Und schon wieder erhalte ich eine Neuen: Gefr. Merten, Sohn eines Oberreg.Rates aus Parchim. 2. Start bei mir. Ein Kind!

Ein sehr lieber Brief von Erika, über den ich mich sehr freue, wenn auch die Einlage von Mutter Eggers nicht erfreulich klingt. (Anny). Abends noch gelesen und viel telefoniert. Um 22.30 h zu Bett.

Freitag, den 29. Oktober 1943

6 h aufgestanden, mancherlei Schreibkram. Mit Urlauber (Krebs) gingen Brief und Päckchen an Erika. Um 11.30 h bin ich in der Pr.St. und hebe die Strafe auf. Es ist ja zu ärgerlich, daß man den Täter nicht gefasst hat. Nun ist aber ein „Verräter" darunter und ein Makel haftet auf der Pr.St. Um 12 h beginnt das Fest. Kurze Ansprache von Dulisch als dem Korps-Führer, herrliches Essen. Zu Beginn waren die Uffz. angetreten und hatten, um mir meine Abneigung gegen „Schirmmützen" zu zeigen, extra lange Papierschirme vorgebunden. Zu ulkig sah das aus. Herrliches Essen: Salzkartoffel, Frikadellen, Rotkohl und Pudding, dazu Bier. Dann Aufnahme und Gang zur Fst und Pr.St. Um 16 h Kaffeetafel mit Kaffee und Streuselkuchen. Dann Preis-

skat mit Preisverteilung. Nach einigen Stunden gab es Kartoffelsalat mit falschem Hasen. Ganz wunderbares Essen. Verlesung der Bierzeitung in 2 Abschnitten, Ordenverteilung und Lieder. Es ist doch ein stolzes Gefühl, Chef einer Batterie mit einem solchen Uffz. Korps zu sein. Jeder von ihnen ist doch irgendwie ein Mann, ein Kerl. Und dann diese fabelhafte Disziplin. Obwohl scharf getrunken wurde, war kein „Betrunkener vom Dienst" - und als ich um 2.30 h die Schlußansprache hielt, war alles vollkommen ruhig. Dann noch Paradenmarsch und dann zu Bett.

Sonnabend, den 30. Oktober 1943

9 h Abfahrt mit Kübel (Olpke, Schoepe, Staudinger und ich) zum „Glasdreieck", von dort mit Opel „Superfix" nach dem Gefechtsstand von Domansky. Auf dem Rgt. noch einige Flaschen mitgenommen, dort erfuhr ich Friedels Beförderung zum Oblt. In Lokuja Bücher eingekauft, u.a. „Goethes Gespräche mit Eckermann". Wunderbare Inselbücher. Diese Bücher erhielt ich wohl nur, weil ich, um mir die Bücher weitab anzusehen, meine Schießbrille aufsetzte und dadurch bestimmt schrullig aussah, demnach auch komische Wünsche mir zugetraut wurden. Ankunft am Tatort – nach einem Besuch des Pferdeerholungsheimes mit Mittagessen dort – gegen 16 h. Um 18.30 h begann das Festessen. Lukullische Genüsse. Ich habe den Verdacht, als würde ein Leser dieser Zeilen den Eindruck gewinnen müssen, mir ginge es nur noch ums Essen. Aber da bei solchen Festen der Geist recht kurz kommt, kann man ja auch schlecht von anderen Dingen berichten. Kurze, nichtssagende Reden, herrliches Essen, erlesene Getränke: Sekt, Weiß- und Rotwein. Um 2.30 h ging ich zu Bett. Doch erheblich angeschlagen, weil mein Magen rebellierte.

Sonntag, den 31. Oktober 1943

Den ganzen Tag dauerte dieser elende Zustand an. Also zog ich mich zurück, erschien auch nicht zum Essen, schlief mich prächtig aus und um 15 h war Start. Ich mußte oft anhalten lassen, um die beiden kleinen Scheiben Weißbrot in den Graben zu werfen, und dann ging es gut. Beim Rgt. kurz Station gemacht, einige Fragen geklärt und dann Weiterfahrt bis zur Fst 6. Batterie. War ich froh, wie ich meinen Bunker wieder betrat. So sauber, klar, aufgeräumt und dazu noch Post. Ein sehr lieber Brief von Erika. Bis 22 h noch gelesen, telefoniert und hungrig zu Bett gegangen.

Montag, den 1. November 1943

7 h aufgestanden. Ganz vorsichtig esse ich einige wenige Scheiben Röstbrot und, als das gut ging, 2 Äpfel. Dann Tagebuch aufgearbeitet, Brief an Erika, Dienstkram. Ziegler wird von mir heruntergeputzt, weil er sich seine Stellung vor dem Uffz.Korps versaut hat. Ich werde ihn versetzen. Der Stabsarzt besucht mich, aber eigentlich will er insgesamt einen Gesundheitsappell durchführen. Nach dem Essen (sehr vorsichtig!) lese ich („Das Antlitz Daniels") und schreibe Briefe. Es geht mir glatt von der Hand. Sehr viele Unterschriften, viele Telefonate, 20 h zu Bett.

Dienstag, den 2. November 1943

Es ist wieder alles in Ordnung. Heute muß ich aber tüchtig schaffen! Mancherlei Schreibkram, Beurteilungen, Versetzungsgesuche, Studien über „elastische Verteidigung" und Panzerabwehr. Dann gelesen. Am Nachmittag herrlicher Tee: Tank ist hierin doch ein Meister. Lt. Bischof bei mir, Unterschriftenmappe. Dann weitergelesen und „Das Antlitz Daniels" beendet. Wunderbar die verbindenden Natur-, Wetter- und Landschaftsschilderungen. Noch feiner vielleicht die Charakterisierungen der Menschen. Straff geführte Handlung, klar herausgearbeitete Personen, wenn auch wirr in der Veranlagung. Denn etwas krank sind alle Gestalten. Gegen Abend – wir sind bei der Vorbereitung zur Jagd – Befehl zum Stellungswechsel für die Abtlg. 526. Also werde ich wieder „übernehmen" müssen. Aber es geht gut. Man spaltet uns auf, 4. und 5. zur Gruppe v. Muldau, 6. zur Gruppe Kleemeier. 526 haut ab Richtung Newel, genau an die Stelle, wo ich 1941 den Stoßtrupp mitmachte. Ob sich dort etwas tut, um den in den Ostwall eingebrochenen Russen wieder zu entfernen?

Mein guter Tee läßt mich nicht schlafen, aber schließlich muß ich zu Bett, weil ich beabsichtige, mich noch von dem Stab 526 zu verabschieden.

Mittwoch, den 3. November 1943 Hubertustag

Um 1.30 h starte ich in völliger Dunkelheit nach Kopki. In der Fst gebe ich Alarm: 3 Min. Viel zu lange! Also hat man mich damals elendig betrogen. Muß geübt werden. Der Weg ist recht gut, aber glatt. Überall sieht man etwas vom Aufbruch der mot. Abtlg.: Fernsprecher, die im Gelände Draht aufnehmen, Zugmaschinen, die im Wald wühlen, LKWs in Richtung Fekino. Die Vermittlung wird umgebaut. Auf dem Gefechtsstand im Zigarettenqualm die Herren des Stabes. Ich kann mich also noch von allen verabschieden. 4 h Start. Dann lege ich mich im völlig wirren Kdrbunker schlafen. 7 h gehe ich zur Pr.St., rasiere und wasche mich notdürftig, frühstücke, und dann geht es bei leichtem Regen zum Stelldichein. Es ist schon grimmig kalt geworden. Es klappt alles, ich reite nicht mit wegen meines Knies. Dann mit Domansky Besprechung wegen Ziegler etc. Zusammensein mit Herren der Abtlg. Zu Fuß mit Bischof zurück. Ziemlich müde, um 19 h zu Bett!!!

Donnerstag, den 4. November 1943

6 h aufgestanden. Ein wunderbarer klarer Frosttag: Blauer Himmel. Die Sonne scheint nach langer Zeit ins Zimmer. Tank fragt, ob ich besondere Wünsche hätte. Darauf mußte ich ja Spiegelei spendieren. Für Tank fällt dann auch stets eins ab. Daher wohl auch sein Interesse. Ich gehe, mit meinem wunderbaren leichten Doppelglas 10 x 50 Vergr., zur Fst, sehe mir die Planunterlagen und die Außenarbeiten an. Dann weiter hin zur Pr.St. Nach den Arbeiten auf der Schreibstube esse ich mit Dulisch und Roßband zu Mittag: Salzkartoffeln und Steckrüben. Wunderbar.

Zum Tee Oblt. Burchardt und Dr. Bachelin, letzterer unangemeldet. Burchardt ist anscheinend ein feiner Kerl. Wir unterhalten uns, da er über sehr gute Informationen verfügt, über politische Fragen. Auch er hat den Wunsch nach guten Vorträgen und geistiger Anregung. Am 6.11. ist bei der Division eine Vortragsreihe, die ich evtl. besuchen werde. Dann im „Verratenen Sozialismus" gelesen. „Musik zur Dämmerstunde", u.a. Richard Strauß: „Tod und Verklärung", G-moll Violinkonzert von Max Bruch. Sehr schön. Aber ich habe keine Ruhe mehr, ich muß endlich mal wieder an Erika schreiben. Ich bin zu treulos. Bis 23 h gelesen und Radio gehört. Das tut der starke Tee. Ich habe sehr unruhig geschlafen.

Freitag, den 5. November 1943

6.30 h aufgestanden. -9°C, wunderbar klar, sodaß ich beschließe, die Bst zu besuchen. Sofort nach dem Frühstück gehe ich los. Klares Frostwetter, überall kann man jetzt gehen. In der HKL nichts Neues. Es ist völlig ruhig, sodaß ich mich immer frage: Was soll ich überhaupt hier? Es ist wohl nur eine Verbeugung gegenüber der Infanterie: Seht, wir sind noch da. Um 12 h wieder zurück. Leckeres Essen: Steckrüben und Wurzeln (Eintopf). Gegen 13.30 h erscheint Lt. Staudinger und meldet sich zur Batterie zurück. Aber für wie lange? 14 h Sauna, dann Unterschriften in der Fst und dann „Musik zur Dämmerstunde": Werke von Friedrich d. Gr., Dittersdorf und Mozart. „Verratener Sozialismus". Ich bin recht müde und werde wohl früh schlafen gehen, da ich morgen die Vorträge bei der Division besuchen werde.

Es gab heute zur Verpflegung eine Tafel Schokolade. Wie wird Erika sich darüber freuen!

20 h zu Bett. Tut das gut, in sein Bett zu sinken! Und wie mögen die Truppen an der Südfront kämpfen müssen!

[Hier bricht das Tagebuch ab. K.-M. D.]

Anhang

Das Testament

[Es existiert noch ein ringgebundenes Oktavheft. Auf der Vorderseite des Heftes steht „Doering, Lt.", darunter die blau unterstrichene Feldpostnummer 185222 B.

Die ersten drei Seiten sind herausgeschnitten (kenntlich an den schmalen Papierstreifen, die von der Ringheftung gehalten werden), die Nummerierung der Seiten beginnt mit der Ziffer 4.

In diesem Heft hat mein Vater seine letztwilligen Verfügungen getroffen. Das erste Testament hat er – so sein Tagebucheintrag – am 9. 4. 1942 geschrieben. Eine erste Erwähnung, dass ein Testament notwendig sei, findet sich im Tagebuch am 30. 11. 1941. Am 20. 12. 1943 hat er das Testament neu geschrieben bzw. das alte ergänzt.

Der letzte Eintrag in diesem Heft stammt vom 23. 1. 1944, in dem er vom Tod seines Bruders Friedrich-Wilhelm (Friedel) berichtet.

Ich könnte mir vorstellen, dass mein Vater dieses Oktavheft ständig bei sich getragen hat, es hätte gut in die Brusttasche des Uniformrocks gepasst. K.-M. D.]

II. Für meine Frau

Wenn ich erst jetzt daran gehe, für den Fall meines Soldatentodes letztwillige Verfügungen zu treffen, so war das vielleicht ein ganz leiser Aberglaube, der in keiner Weise gerechtfertigt ist. Den ersten Schritt zum Abbau dieses Wahns tat ich in der Abschließung einer Lebensversicherung auch für den Fall des „Kriegstodes". Und dieser Schritt hat mich sehr beruhigt. Wenn ich jetzt in diesen verhältnismäßig ruhigen Tagen das Testament schreibe, so weiß ich, daß meine Frau durch die lange Trennung das ganze Erleben des Krieges der Möglichkeit meines Soldatentodes sich oft und klar vor Augen gestellt hat. Und warum sollte man die Augen verschließen vor dem, das täglich und stündlich eintreten kann?

Auf den folgenden Blättern lege ich eine Reihe von Aufzeichnungen nieder, die meiner Frau eine Hilfe sein können, wenn ich vor dem Feinde bleiben sollte.

Und zuerst das Äußere.

Die Todesanzeige soll folgenden Text haben:

Linke Ecke: Eisernes Kreuz. Rechte Ecke: „Wir wissen aber, daß denen, die Gott lieben, alle Dinge zum Besten dienen." [Röm 8,28. K.-M. D.]

Im festen Glauben an Jesus Christus, unseren Herrn und Heiland, fiel im Osten getreu seinem Fahneneid für Führer und Vaterland der

Pastor

Karl Doering

Leutnant in einem Artillerieregiment, Inhaber des EK I und II, des Sturm- und des Verwundentenabzeichens

nach einem glücklichen Leben im Alter von ... Jahren.

In stolzer Trauer

Erika Doering, geb. Eggers

Hans-Jürgen Doering

Brüel, Velbert, Weitendorf, den ...

Das ist der kürzeste Text. Sollte aber noch eingefügt werden der Verwandtschaftsgrad: „mein lieber Mann" etc., dann soll es in kurzer Form geschehen.

Diese Anzeige ist außer im Verwandten- und Bekanntenkreis noch zu versenden an folgende mir nahe stehende Personen:

Dr. Beinhauer, Köln-Sülz, Harmeskeilerstr. 1

Kaplan August Bruders, Duisburg-Bissingheim, Berglehne 4

Dr. Ernst Blaum, Halle (S.), Landrain 146

Herbert Buchloh, Mülheim/Ruhr-Saarn

Hauptmann Bruns, Frankfurt (Main)-Fechenheim, Orberstr. 6

Frl. Bärbel Caille, Königsberg Pr., Brahmsstr. 22

Hans Geiling, Wuppertal-Elberfeld, Weststraße 117

Frau Major Gentner, Köln-Sülz, Berrenratherstr. 383

Ulrich Hahn, Köln-Braunsfeld, Hültzstr. 26

Ilse Hansen, Kalisch (Warthegau), Stadtgraben 7

Horst Lieder, 12639

Familie Lohmann, Düsseldorf-Kaiserswerth, Kreuzbergstr. 33

Oblt. Heinz Pöppelmeier, Berlin-Wannsee, Hohenzollernstr. 200

Frau Raithelhuber, Ludwigsburg, Wilhelmstr. 34

Frau von Ludwiger, Blankenburg (Harz)

Toni Schlegelmilch, Köln (Rhein), Volksgartenstr. 58 II

Pfarrer Schloßmacher, Köln-Sülz, Emmastr. 4

Alice Schmidt, Waldbröhl (Rhld), Hornburgstr.

Pfarrer lic. Dr. Thilo, Eitorf (Sieg)

Lt. Tielker (Anschrift über Rüter)
Pfarrer Rüter, Dönhofstädt (Ostpr.), Kreis Rastenburg
(noch Anschriften!)
Mutter Doering kann den ganzen Personenkreis meiner Verwandtschaft aufzählen, daher erübrigt sich hier die Aufzählung.
Oberkirchenrat Schwerin (Meckl.), Königstr. 19

Durch meine Anstellung ist der Unterhalt meiner Familie gesichert. Das ist meine große Beruhigung. Auch weiß ich, daß die Familien alles tun werden, um Not fernzuhalten, abgesehen davon, daß die Angehörigen von Gefallenen gut versorgt werden. Ich vermute ja, daß Du, Erika, nach Wismar ziehen wirst. Dort hast Du Verwandte in nächster Nähe, unser Bübchen hat gute Ausbildungsmöglichkeiten, und es ist ja auch Deine Heimat. Aber vergiß bitte nicht, daß auch meine Familie Dich sehr liebt und Euch gerne bei sich sieht. Denn auch Bübchen ist ja Blut von meinem Blut und gehört zu seiner Hälfte nach Westdeutschland.

Eine Frage macht mir Sorge: Daß Du Dich nur ja nicht nach meinem Tode an mich gebunden fühlst! Sollte es sich fügen, daß nach angemessener Trauerzeit an Dich die Frage der Wiederverheiratung herantritt, so mißverstehe bitte nicht das Gelöbnis der Treue, das Du mir gegeben hast. Es lautete ja: „...bis daß der Tod Euch scheide". Es kann gut sein, wenn Du wieder heiratest, auch schon um unseres Jungen willen – denn er braucht eine feste Vaterhand über sich. Ich will jedenfalls nicht Hindernis sein. Und wenn du den Rechten findest – er darf allerdings nicht schlechter sein als ich – dann sollst Du wissen: Ich billige das nicht nur, sondern begrüße es und wer sollte froher sein als ich, wenn ich weiß, Du bist wieder glücklich. Und ein liebendes Andenken wirst Du mir auch dann noch bewahren können.

Denn das ist immer meine größte Sorge: Mein Tod vor dem Feinde bereitet Dir Kummer. Daß ich es bin, der zuerst davon betroffen wird, rührt mich kaum. Denn wenn man soviele Kameraden hat fallen und sterben sehen, wird man mit dem Gedanken an das eigene Sterben vertraut gemacht und mit dem Tod steht man dann auf „Du" und „Du". Ich weiß ja nicht, wie es ist, wenn die Kugel oder die Granate trifft, hoffe aber, daß ich dann tapfer sein kann und, wenn ich sterben sollte, dies kann mit einem letzten Gebet und ohne lautes Klagen. Denn es ist ja ein Ruhm, vor dem Feind zu fallen. Daß ich feige bin, kann ich nicht von mir behaupten. Jedenfalls habe ich immer ein Zaudern und Schwanken überwinden können durch eine Tat. Und meine Auszeichnungen habe ich mir ja nicht selbst verliehen. Das Schlimmste ist ja der Anmarsch an den Feind oder die Wartezeit oder das Anhaltenmüssen. Befreiend ist dann das Handeln und Vorwärtsgehen und -springen. Ich bin stolz auf mein Sturmabzeichen, ich trage es als Beweis dafür, daß ich in vorderster Linie die Kugeln pfeifen hörte und den Kameraden von der Infanterie das Stürmen ermöglichen half. Im übrigen habe ich ja auch nicht mehr getan, als man von jedem Soldaten erwartet und verlangt: 'Ran an den Feind.

Daß ich aber bisher aus allen Einsätzen gesund hervorging, danke ich, soweit es an mir liegt, meiner Vorsicht. Aber das ist noch nicht einmal 1%. Vielmehr weiß ich, daß ich jederzeit unter Gottes Schutz gestanden habe, der mich noch am Leben lassen wollte. Anders kann ich mir nicht erklären, weshalb die vielen Hundert Granaten aller Kaliber und die Gewehrkugeln so manchen neben mir trafen und mich nicht, höchstens einen kleinen Ratscher verursachten. Da hört jedes Gerede vom „Glück", „Dusel" auf – gewiß, man sagt es, weil man den Anderen nicht in sein Innerstes blicken lassen will – aber man fühlt ganz etwas Anderes. Und ich weiß, daß ich behütet worden bin, ohne alles eigene Dazutun – denn 1% Vorsicht ist ja lächerlich anzuführen. Und in Gottes Schutz weiß ich mich ja geborgen, in jeder Lage und weiß auch, daß Gottes Hand mich erhalten und fallen lassen kann. Ich hoffe dann, zu seinem Willen das Ja zu finden.

20. 12. 43

Ich weiß nicht mehr, wann ich diese Zeilen bis hierher geschrieben haben, es muß aber sehr lange her sein, denn ich würde so vieles anders gesagt haben.

Was für mich immer das Schwerste ist: Nicht mein Tod, sondern die Wirkung, die mein Sterben auf Erika hervorruft. Und gerade jetzt. Das ist für mich das Schlimmste, daß ich Dich, mein Kind, nicht trösten kann. Besonders jetzt, wo wir uns auf ein Kindchen freuen, das, wie Du mir schreibst, sich schon bewegt und Du sein Leben und Wachsen spürst. Aber vielleicht ist gerade die Verantwortung für das Kindchen große Hilfe, die ein Versinken in den Schmerz unmöglich macht.

Sieh' mal, mein Kind, ich habe den Vorbefehl für die Verladung an einen Brennpunkt des Kampfes in der Tasche. Es ist alles vorbereitet, sodaß wir marschieren können. Man hört den ganzen Vormittag das Gerummel vieler Batterien und den Einsatz von Flugzeugen. Da geht es also heiß her an der Front. Und wir werden dorthin kommen, wo es besonders mulmig ist oder zu werden verspricht. Schon sind die ersten Verluste eingetreten und nicht gerade geringe. Wir warten also und in dieser Zeit schreibe ich am lange vernachlässigten „Testament".

Ich bin bisher behütet worden von allen Gefahren. Ich kann es einfach nicht verlangen oder auch nur erwarten, daß ich heil aus dem Kriege komme. Wenn es sein sollte, dann ist es ein unverdientes Geschenk, über das ich mich dankbar freuen würde.

Was mir immer wieder Sorge macht, bist Du, mein Kind. Weil Du traurig sein wirst, und zwar so, daß Du es niemandem sagen kannst und alles in Dich hineinvergräbst, sodaß Du wie versteinert bist. Davor habe ich Sorge. Ich möchte Dich um eines von Herzen bitten, mein Liebling, um Deiner selbst willen: Wenn es irgend geht, wende Dich an Frau Pochhammer, Potsdam, Markgrafenstr. 3. Sie ist mir Freundin geworden durch Werner – Du weißt das ja alles. Sie wird bestimmt helfen, wenn es nur irgend geht. Sie ist eine selten feine, kluge, verständnisvolle Frau und sie ist tiefgläubig, wenn sie auch Katholikin ist. Sie kann trösten mit einem Trost, der ihr in schwerem Leid selbst geschenkt worden ist. Und wenn Du sie bittest, zu Dir zu kommen, dann tut sie es.

Und noch eine Frau wird Dir beistehen können: Meine Mutter. Sie ist derart selbstlos, ihr ganzes Leben hindurch, daß sie auch bei eigenem Leid zuerst das anderer sieht. Sie wird sehr traurig um mich sein, weil sie mich sehr lieb hat, genauso wie ich sie, aber sie wird gleich helfend da sein und auch wieder nicht mit teilnehmenden Worten, die doch leer sind, sondern mit Kräften aus Gottes Wirklichkeit. Meine Mutter ist so stark und fest in Gottes Welt gegründet, ihr ganzes Leben hindurch, daß sie von hier aus helfen kann.

Und wer würde Dir nicht gern helfen? Besonders jetzt, wo Du Hilfe brauchst, mehr als sonst; wo ich ja eigentlich bei Dir sein müßte und es auch gern wäre, ließe der Krieg das zu.

Warum ich jetzt schreibe? Es könnte ja sein, daß ich falle, und dann sollst Du von mir selbst noch Nachricht haben. Vieles, was ich auf den Seiten 1 – 14 schrieb, ist ja längst überholt oder so nebensächlich geworden. Halte Dich, bitte, sinngemäß an meine

Wünsche. Und dann, was mich vor allem störte, ist der sachliche Ton. Wir sind uns in den dazwischen liegenden Jahren so unendlich viel näher gekommen und haben uns noch lieber gewonnen. Und das möchte ich Dir auch noch einmal sagen: Du findest in sehr vielen Briefen von mir Andeutungen oder auch ausgeführtes Lob, dem Du immer widersprachst. Alles dies war von mir völlig ernst gemeint, und so will ich auch jetzt noch einmal wiederholen, was ich Dir bereits sagte: Wenn ich noch einmal im Leben eine Frau zu wählen hätte, ich würde wieder Dich wählen. Du hast immer gemeint, Du seist zu „dumm", zu wenig mir ebenbürtig. Ich hätte an Dir keine geistige Hilfe, Du müßtest in den Hintergrund treten vor anderen Frauen, wie zum Beispiel Frl. Schlegelmilch. Du hast mir auch nie recht geglaubt, wenn ich sagte, ich hätte trotzdem von Dir unendlich viel. Weißt Du warum? Wir waren ja bisher nur getrennt und nur ganz wenige Monate vereint. Das war ja noch garnicht die eigentliche Lebensgemeinschaft. Es war ja nur ein kurzes Kennenlernen und wieder Scheiden müssen. Wenn wir lange Ehejahre vor uns gehabt hätten und alles hätte sich ruhiger, normaler gestaltet - ein Urlaub ist eben kein Normalfall – dann, weiß ich genau, würdest Du mir richtige Kameradin gewesen sein, auch z.B. auf geistigem Gebiet. Denn Du machst nie viel Aufhebens von Dir, alles ist so selbstverständlich, so bescheiden, als verstünde es sich von selbst. Und alles klappt, alles ist fertig, alles ist möglich. (Während bei mir stets das Gegenteil war: Viel Versprechen, großer Aufwand zuerst – wenig Erfüllung, kleines Ziel: Daher ergänzten wir uns so prächtig: Du mußtest bremsen, wenn ich loslegte und wenn ich fertig war oder meinte, es sei genug, dann fingst Du an. Du hattest stets den längeren Atem und die klare, kühle, sachliche Linie. Wie mag sich das bei Hans-Jürgen entwickeln?)

Dazu gehört auch Deine sich stets gleichbleibende Treue in langer Trennung. Wieviele Frauen jammern ihren Männern etwas vor: Bei Dir nie ein Wort der Klage, stets noch das Beste heraussuchend und dabei hast Du es schwerer gehabt als viele Frauen, die so klagten. Deine Briefe, mein Liebling, sind ein Zeichen für die Seelenstärke der deutschen Frauen – und daß das nun meine Frau ist, macht mich stolz. Wenn Du meinst, ich sei stark und tapfer, so liegt das daran, daß ich weiß: Bei mir zu Hause habe ich eine tapfere Frau, die ihre Pflicht tut und mehr als das. Und dieses Bewußtsein hat mich stets gestärkt. Auch ein

Beitrag der Heimat für die Kampfkraft der Front – wichtiger als manche Phrase.

Dir habe ich stets gern und ohne große Mühe die Treue gehalten und das weißt Du ja auch. Daß Du aber auch in der Trennung nun Mutter werden willst, ist die Tat, vor der ich nur ehrfürchtig stille werden kann. Was das bedeutet, ahne ich wohl noch nicht einmal. Ich wünschte nur, ich käme heil und gesund nach Hause und könnte Dir, wenn auch längst nicht annähernd, etwas von dem erstatten, was Du da an Opfern bringst.

Ich weiß nicht, ob ich Dir gesagt habe, warum ich so gern ein Kindchen hätte. Es soll ein Ausgleich für meine gefallenen Freunde sein. Und da wir ja an Jürgi sehen, daß wir eine gute Erbmasse haben, ist es nicht zu verantworten, wenn wir damit zurückhielten. Und meine gefallenen Freunde, alles die Besten, Edelsten, müssen ersetzt werden: Werner Pochhammer, Karl Friedrich Hoppe und die anderen. Das ist, glaube ich, ein guter Denkstein, und zwar aus neuem Leben. Verstehst Du nun auch, warum ich nicht gern auf den Beinamen „Werner" verzichte? Und „Michael"? Er heißt: „Wer ist wie Gott" und war stets ein Hinweis in bedrohlichen Lagen des Volkes auf göttliche Hilfe. Könnte es jetzt einen besseren Namen geben in einer Zeit, die soviel Krieg birgt wie selten eine. Und wie es enden soll, weiß ich nicht. Dann wäre unser Junge mit seinem Namen immer eine Mahnung: „Wer ist wie Gott?" Gott ist stets noch stärker, er kann helfen, auch aus diesem Kriege, der so ausweglos erscheint. Und Werner soll an meinen Freund erinnern, der ein selten feiner Mensch war. Noch lieber würde ich ihn nach Karl Friedrich benennen, aber man soll ja seinen Kindern nicht einen Namen beilegen, der einem selbst nicht gefallen hat.

Denn: Was im Namen „Michael" ausgedrückt ist, sollte auch meines Lebens Losung werden. Ich habe stets versucht – in sehr viel Untreue und Schuld – meinem Herrn zu folgen und die Gaben, die er mir gab, nicht zu vernachlässigen. Ich kann bei ehrlicher Prüfung nur sagen: Eine Sehnsucht nach der Gemeinschaft mit Gott habe ich stets gehabt, nur fehlte oft die entscheidende Nachfolge. Und das tut mir sehr leid. Auch bin ich zu wenig Licht für andere gewesen. Habe ich überhaupt Frucht getragen?

Aber eins ist mir von Jahr zu Jahr klarer geworden: Daß der Glaube an Christus eine wunderbare Kraft ist und daß es einfach nicht lohnt, ein Leben ohne Gott zu führen. Das habe ich in meinem kurzen Leben erfahren und würde es auch gern im Frieden ausleben.

Ich bin stets sehr glücklich gewesen, mein ganzes Leben war schön, und wenn ich im Kriege sterben sollte, dann ist es ja ein hoher Ruhm, sein Leben für die Brüder zu lassen – und ich liebe ja unser Vaterland und seine Menschen so sehr – und ich bin bewußt im Kriege, um meine Heimat zu schützen, stellvertretend vor allem für Dich, meine Geliebte, unseren Jungen und unser wachsendes Kindchen unter Deinem Herzen. Erziehe die Kinder in dem Sinne, wie Du es für richtig hältst – es ist bestimmt gut so – und lehre sie frühzeitig, Jesus ihren Heiland zu lieben. Und immer wieder das gleiche: Die Sorge um Dich, und wie Du das Leid wohl trägst. Gott ist Schützer der Witwen und Waisen und er tröstet die, die da Leid tragen. Halte nur fest an ihm und mache die Probe auf die Wahrheit des Spruches: „Wir wissen aber, daß denen, die Gott lieben, alle Dinge zum Besten dienen." Laß Dich nicht irre machen.

Ich weiß ja nicht, wie es nach dem Tode sein wird. Wenn es möglich ist, wird meine erste Bitte sein, daß Du getröstet wirst in Deinem Leide. Und dann befehle ich Dich der Gnade Gottes.

Uns kann ja nichts scheiden. Wir gehören ja auf ewig zueinander.

   In treuester Liebe
stets Dein Jung und Vati.

   Und die Kinder küsse sehr lieb von mir.

Nachsätze: 1) Für den Fall meines Todes eine kurze Trauerfeier in der Kirche zu Brüel. Grundton soll sein: Dankbarkeit für das, was Gott an uns getan hat und auch an mir. Kein Rühmen der Person. Bitten, daß meine Arbeit, wenn sie verkehrt war, verziehen werde und mir geglaubt wird, daß ich es gut und mit bester Absicht versucht habe.

2) In der Todesanzeige:

Pastor

Friedrich Karl Doering

Hptm. und Batteriechef in einem Art. Rgt.

3) Sage allen Verwandten und Freunden und Bekannten, daß ich ihnen dankte für so viel Liebe, die mir entgegengebracht wurde, die mich immer tief beschämt hat. Das Einzige, was ich dem entgegenzusetzen hatte, war Treue.

4) Hans Geiling als mein treuester Freund, soll unter meinen

Büchern aussuchen dürfen.

5) Vielleicht schenkst Du meinen Freunden und Freundinnen ein Buch?

6) Dem Hans-Jürgen erzähle immer nur Frohes und Freudiges von mir. Vielleicht behält er mich so in Erinnerung, wie es während des letzten Urlaubs war.

7) Lt. Bischof war sehr viel mit mir zusammen. Wir haben oft feine Gespräche untereinander geführt, er ist ein besonders feiner Kerl, und er wird Dir Einiges von mir erzählen können.

Nachsatz am 23. I. 44

Heute schreibe ich den schwersten Brief meines Lebens: Brief an Mutter mit der Mitteilung von Friedels Tod. Wie mag sie es tragen?! Und Friedel ist gestorben, wie es sich für einen Offizier gehört: Ohne ein Wort der Klage, klar, bestimmt und im Tode noch ein Lächeln, wie ein Sieger. Er erinnerte an griechische Jünglinge mit dem Lorbeer an den Schläfen. Wie schön sah er aus! Wirklich erhaben schön, verklärt. Ob Gott zu ihm gesprochen hat? Ewiges Geheimnis.

Ich weiß nicht, wann ich zuletzt geweint habe. Ich glaube, als ich unseren Hans Jürgen zum 1. Male sah. Aber nun konnte ich weinen. Der Schmerz ist zu groß um meinen geliebten Bruder. Was er im Leben verbockt hat – und es waren ja mancherlei Streiche – durch seine Haltung als Offizier bis zum Tode hat er alles weitaus wettgemacht. Ich habe die allerhöchste Achtung vor meinem Bruder. Das habe ich ihm auch auf der Bahre gesagt.

Und nun schicke ich diese Blätter weg an Erika. Hoffentlich braucht sie sie nicht zu lesen. Wenn doch, soll mein letzter Gruß an sie sein:

Ich danke Dir für all' Deine Liebe und Treue, Du meine Liebste, Geliebte, Freundin, Mutter.

Immer Dein Jung.

23. I. 44

24 h

Meine Batterie
Doering, Oblt.
4./A.R.12

M e i n e B a t t e r i e

Die letzte Nacht des Jahres 1942. In der Feuerstellung feiern noch die Kanoniere im Gemeinschaftsbunker bei Berliner Ballen und Punsch, Liedern und Erinnerungen.

Ich habe diese Feier verlassen und sitze nun in meinem Bunker auf der B.Stelle. Mein Bursche bringt in einem Kochgeschirr heisses Wasser und ich bereite mir einen Grog. Es hat noch Post gegeben, einige Briefe von meiner Frau und Briefe an die Einheit. Wahrscheinlich nur Anfragen von Dienststellen? Ein früherer Batterieangehöriger, jetzt Leutnant bei Woronesh, wünscht mir ein gutes neues Jahr, erzählt von sich und fragt nach den alten Kameraden.

Ein Unteroffizier schreibt nach schwerer Verwundung und fragt, ob er wohl wieder zu uns kommen könne?

Ein Gefreiter, v.B.Funker während des Vormarsches, nach seiner Verwundung in ein anderes Regiment versetzt, grüsst alle Kameraden.

Die Braut eines gefallenen Leutnants wünscht mir ein gutes Weihnachtsfest und siegreichen Frieden im neuen Jahr und gute Heimkehr.

Die Mutter eines gefallenen Fernsprechers schickt mit unbeholfenen Worten eine Schachtel Zigaretten, sie habe keine Zulassungsmarke gehabt, aber bald würde ein Päckchen folgen.

Immer das Gleiche: „…wünschen den Kameraden der Batterie alles Gute im neuen Jahr. Schreiben Sie uns doch einmal, wie es dort aussieht…"

D i e B a t t e r i e !
Seit 1939 bin ich mit kurzen Unterbrechungen in dieser Batterie. Ich kenne daher viele seit dem Rheinland, während des Frankreichfeldzuges, während der Zeit in Holland und jetzt im Russlandfeldzug: Die Unteroffiziere, Kanoniere, Fahrer, Fernsprecher und Funker. Welch' Erleben liegt hinter ihnen!

Denn es war nicht einfach für die Fahrer, tagelang 70 und 80 Km. im Sattel zu sein, unter praller Sonne Westfrankreichs, bei den Verfolgungen im Juli 1940. Es kostete schon Aufmerksamkeit, die Pferde abzuwarten, wenn man auch zum Umfallen müde war. Und trotzdem noch in der Nacht die Sattellage kühlen, damit nur ja keine Druckstelle entstand. Es war schon eine täglich erneuerte Leistung, durch mehlenden Sand Litauens, unter einer Glutsonne, die Geschütze und Fahrzeuge vorwärts zu bringen, durch knietiefen Schlamm im strömenden Regen zu fahren und das Tagesziel trotz unergründlicher Wege zu erreichen. Es kostete schon immer erneute Überwindung, bei der ungewöhnlichen Kälte Wasser zu holen, Heu aus versteckten Mieten in den Wäldern, oft im Kampf gegen Partisanen, heranzuschaffen, Birkenruten zu zerschneiden, Dachstroh zu zerkleinern, Schilf und Rinde zu besorgen, nur um den Pferden etwas vorlegen zu können. Und mit entkräfteten Pferden Munition zu holen über weite Strecken auf grundlosen Wegen und zerfahrenen Knüppeldämmen.

Da tat jeder Fahrer mehr als seine Pflicht, weitaus mehr. Er hätte ja seine Pferde vernachlässigen können, weil kein Hafer und Heu geliefert werden konnte. Wer hätte ihm einen Vorwurf machen wollen?

Aber zu sehen, wie ein Fahrer dem anderen Geld anbietet, nur damit er ihm seine Pferde für eine schwere Fahrt ausleiht und seine eigenen geschont werden…, zu sehen, wie ein Fahrer weint, als sein Pferd entkräftet liegen bleibt…

D a s   s i n d   F a h r e r ! ! !

Und unsere Kanoniere! Während des Vormarsches stets abgesessen, links und rechts durch den knöcheltiefen Sand, durch Schlamm, der oft über die Schäfte ging und in die Stiefel rann; wie sie ihr Geschütz an Langtauen vorwärts wuchteten – ihr Geschütz durfte doch nicht stecken bleiben – wie sie in die Räder griffen: Und ihr Geschütz erreichte immer ihr Ziel! Wie sie schossen, ruhig, sachlich, genau: Eine eingespielte Bedienung, vertraut mit ihrem Geschütz. Wie sie stundenlang im kalten Winter bis zu minus 50 Grad am Geschütz standen in Alarmbereitschaft! Wie sie die Geschosse von Eis und Schnee befreiten, die Rohre durchzogen, jedes Einzelteil pflegten. Sie taten mehr als ihre Pflicht! Sie hätten sich ja der Kälte, der oft unzureichenden Verpflegung entziehen können, indem sie das Rohr nur mit der blossen Hand berührten und eine Erfrierung hätte sie ins Lazarett gebracht. Daran dachte niemand!

Und als die schweren Granaten in unsere Feuerstellung schlugen, eine ganze Nacht hindurch und ihre Opfer forderten: Da blieben sie an ihren Geschützen und feuerten, als die Infanterie Sperrfeuer anforderte.

Das sind Kanoniere!!!

Und unsere Fernsprecher und Funker! Im Vormarsch die v.B.Funker bei den vordersten Teilen der Infanterie – sie tragen alle das Sturmabzeichen und waren bei den Kompanien bekannt und beliebt – und nun im Stellungskrieg! Wie oft mussten sie funken, weil der Draht zerschossen war! Wie oft waren sie auf Späh- und Stosstruppunternehmungen! Wie oft warfen sie den eingebrochenen Russen im Handgemenge aus dem Graben! Mein v.B.Funker Rittmeister, der Hüne mit dem Kindergesicht und gutem Herzen, fiel durch Herzschuss, als er der Umklammerung durch die Russen auswich, aber seine Geräte wollte er nicht im Stich lassen! Der andere v.B.Funker mehrmals verwundet. Und die Fernsprecher! Störungen beseitigen, Leitungen durch tiefen Pulverschnee abgehen, Drahtlegen in heftigem Artilleriefeuer. Und dann auszuhalten unter starkem Beschuss, ruhig und sachlich die Feuerkommandos durchgeben. Oder der stets lachende Macke, dem ich befohlen hatte, die Störung erst bei Nachlassen des Feindfeuers zu beseitigen und der heimlich entwischt und keuchend und lachend meldet: „27 mal die Leitung geflickt. Verbindung hergestellt." Es war eine Strecke von 200 m und einige Schrammen durch Granatsplitter hatte er auch bekommen!

Das sind Fernsprecher!!!

Und unsere Wachtmeister und Unteroffiziere! Spezialisten ihres Faches, wahre Mechaniker an den Geschützen, an dem Nachrichtengerät und gewandt Schiessende: Unteroffiziere, die ihren Mut und Unerschrockenheit, ihre Umsicht und Gewandtheit oft unter schwierigsten Situationen bewiesen haben – mancher von ihnen trägt beide Eiserne Kreuze – Männer, auf die man sich verlassen kann, die ihren Posten ausfüllen, ihre Untergebenen aus ihrer reichen Erfahrung heraus anleiten, für sie sorgen, wirkliche Gehilfen der Offiziere sind. Unteroffiziere, die weit über sich hinausgewachsen sind, die Stellen bekleiden und voll ausfüllen, die ihnen im Frieden versagt wären – wie mancher Unteroffizier hat schon viele tausend Schuss feuern lassen! – Unteroffiziere, die ihren Mann standen, durch ihre Ruhe und ihr Beispiel manche kritische Situation meisterten, die trotz mehrfacher Verwundung auf ihrem Posten bleiben, weil sie nicht zu entbehren waren:

Das sind Unteroffiziere!!!

Und unsere Offiziere:

Oberleutnant von Kleist, der froh war, nach langer Adjutantentätigkeit bei der Abteilung und beim Regiment, eine Batterie führen zu können und der nach drei Wochen bei der Abwehr eines grossen Angriffs schwer verwundet wurde und mühsam seinem Kommandeur noch Meldung über den abgeschlagenen Angriff machte.

Und Leutnant Berner, der aus Bescheidenheit niemals viel Aufhebens von seinem Schiessen machte und von dem man bei den Kompanien erfuhr, dass er durch sein Schiessen den Feindangriff bereits in der Bereitstellung zerschlagen hatte. Er selbst gab zögernd an, es könne vielleicht ein Spähtrupp des Russen gewesen sein, vielleicht etwas mehr.

Beide bei der Abwehr heftiger Feindangriffe in vorderster Linie gefallen.

Andere, so unser Oberleutnant Eichholz schwer verwundet, nun schon zum 3. Mal: Sie alle Vorbilder, wie es das höchste Lob für den Offizier ist. Und darüber hinaus beliebt bei allen, oft sogar verehrt, mit allen Schwächen und liebenswerten Eigenheiten, prächtige Kameraden.

Sie alle, Weltkriegsteilnehmer und blutjunge Soldaten, aus allen Schichten, aus allen Stämmen, in unserer Batterie. Lange Kriegsjahre haben uns verbunden, uns, die Lebenden und unsere Gefallenen, deren Gräber wir zu Weihnachten schmückten. Gleiche Anstrengungen, gleiche Entbehrungen, gleiche Opfer, gleiche Freuden: Sie alle, mit ihren verschiedenen Lebensinhalten stehen vor mir; Männer, tapfere Soldaten. Und diese führen zu sollen: Welche Aufgabe und Verantwortung! Sie führen zu dürfen: Welche Freude!

M e i n e   B a t t e r i e ! !

Kondolenzschreiben des Regimentskommandeurs

Artillerieregiment 12   Im Osten, 12. II. 44
Kommandeur

Sehr verehrte gnädige Frau!

Erst vor wenigen Wochen ist Ihre Familie durch den Tod Ihres Schwagers heimgesucht worden. Nun muß ich Ihnen – und das wird mir sehr schwer – die Mitteilung machen, daß Ihr Gatte am 9. Februar 1944 in der Schlacht von Witebsk als tapferer Soldat den Heldentod gestorben ist. Auf seiner Beobachtungsstelle, das Feuer mehrerer Batterien leitend, traf ihn ein Granatsplitter am Kopf tödlich.

Der Tod Ihres Gatten hat uns alle zutiefst erschüttert, nicht zuletzt deshalb, weil nach dem Tode Ihres Schwagers die guten Wünsche aller in besonderem Maße mit ihm waren. Ich spreche Ihnen meine und des ganzen Regiments, namentlich des Offizierskorps, aufrichtigste Teilnahme aus. Das Regiment hat einen Offizier verloren, den wir alle zu den ersten, den besten, rechneten, der ausgestattet war mit den Eigenschaften, die den idealen Offizier ausmachen: Lauterkeit des Charakters, Mut, Verantwortungsfreude, soldatisches Können und nimmermüde Fürsorge für seine Soldaten. Wir alle haben einen Kameraden verloren, der uns wegen seiner reifen Männlichkeit, seiner Hilfsbereitschaft und seines liebenswürdigen Wesens besonders teuer war. Wieviel schwerer muß der Verlust Sie als Gattin und Mutter seines Jungen treffen, wir können die Größe Ihres Opfers ermessen. Die Gewißheit, daß Ihr Gatte sein Leben für die Größe und Zukunft unseres ewigen Deutschen Volkes hingab, möge Ihnen in dem schweren Leid, das Sie betroffen hat, Kraft geben und Ihnen ein Trost sein. Ich weiß auch, daß Ihr Gatte dem Soldatentod immer furchtlos ins Auge gesehen hat, weil er aus seinem Glauben heraus wußte, wofür er kämpfte. Auf dem Heldenfriedhof in Polozk, 95 km nordwestlich von Witebsk, haben wir Hauptmann Doering mit allen militärischen Ehren beigesetzt. Ein Ehrenzug seiner Batterie war angetreten, über der Gruft wehte die Reichskriegsflagge, während der Geistliche unser aller Empfindungen Ausdruck gab. Ihr Gatte ruht in unmittelbarer Nähe seines Bruders. Ihnen wird wie uns der Gedanke wohltun, daß Ihr Mann so auch im Tode nicht allein ist. Es war für das Regiment besonders schwer, die beiden Brüder zu verlieren, sie werden aber in unserer Gemeinschaft weiterleben und Vorbilder soldatischer Pflichterfüllung sein.

Ich drücke Ihnen still die Hand.
    Ihr sehr ergebener
    Raapke

Das Artillerie – Regiment Schwerin (Artillerie – Regiment 12)

Das Artillerie – Regiment Schwerin wurde am 1. Oktober 1934 im Schwerin aufgestellt und am 15. Oktober 1935 in Artillerie – Regiment 12 umbenannt. Es unterstand der 12. Infanterie – Division.

Das Regiment nahm 1940 am Feldzug gegen Frankreich teil und blieb bis zur Verlegung nach Ostpreußen im Sommer 1941 in Holland stationiert.

Im Winter 1941/42 wurde das Regiment zusammen mit anderen Verbänden im Raum Demjansk eingeschlossen. Nach der Öffnung des Kessels Anfang Februar 1943 gelangte das Regiment über Staraja Russa und das Südufer des Ilmensees nach Lokuja. Hier verblieb es bis zur Jahreswende 1943/44 und wurde dann per Bahn in den Raum Witebsk/Weißrussland verlegt. Bei den dortigen schweren Kämpfen bis Mitte Februar 1944 fielen 89 Soldaten, 342 wurden verwundet, 14 galten als vermisst.

[Zusammenfassung aus „Lexikon der Wehrmacht, Artillerie-Regiment Schwerin"
www.lexikon-der-wehrmacht.de/Gliederungen/ArtReg/AR12-R.htm 10.12.2010 K.-M. D.]

Verzeichnis der Abkürzungen

Abtlg. – Abteilung
Abtlg.Gef.Stand – Abteilungsgefechtsstand
A.R. – Artillerieregiment
Arko – Artilleriekommandeur
a.Z.m.V. –
A.T.B. –
AVKo – Artillerieverbindungskommando
A.V.T. – Artillerieverbindungstrupp

B-Abteilung – Beobachtungsabteilung
Batl. – Bataillon
Batt. – Batterie
Bb – Beobachtung
Bst, B-Stelle – Beobachtungsstelle

Dg 7 – Durchgangsstraße 7 (?)
Dinafü – Divisionsnachschubführer
Div. – Division

EK – Eisernes Kreuz

Fdl. – feindlich
Flak – Flugabwehrkanone
Flivo – Fliegerverbindungsoffizier
Fst – Feuerstellung
Füb – Feuerüberfall
Füs.Rgt. – Füsilierregiment

Gefr. – Gefreiter
Gef-Stand – Gefechtsstand
Gr.R. – Grenadierregiment

Hauptstuf. – Hauptsturmführer (SS)
HKK / HRR –
HKL – Hauptkampflinie
Höh.Arko – Höheres Artilleriekommando
Hptm. – Hauptmann
H.V.Platz / H.V.P. – Hauptverbandsplatz

I.D. – Infanteriedivision
I.G. – Infanteriegeschütz
Inf. – Infanterie
I.R. – Infanterieregiment

Ju – Junkers (Flugzeug)

Kan. – Kanonier
k.b.V. – keine besonderen Vorkommnisse
Kdo – Kommando
Kdr. – Kommandeur
K 1 / K 2 – Richtkanonier 1 / 2
KOB – Kriegsoffizierbewerber
Kp. – Kompanie
Krad – Kraftrad (Motorrad)
KVK – Kriegsverdienstkreuz

Ldg - Ladung
l.I.G. - leichtes Infanteriegeschütz
I.M.G. - leichtes Maschinengewehr

Meckl. - Mecklenburg
MG - Maschinengewehr
mot. - motorisiert
MP - Maschinenpistole
Muni - Munition

N.B. - Abkürzung eines Zeitungsnamens (?), evtl. auch U.B. (?) oder V.B. (Völkischer Beobachter) (?)
N.T. - Neues Testament
N.Z. - Nachrichtenzug

O.A. - Offiziersanwärter
O.B. - Offiziersbesprechung (?), Oberbefehlshaber (?)
Obgefr. - Obergefreiter
Okan - Oberkanonier
OKH - Oberkommando des Heeres
OI / O1 -
OKW - Oberkommando der Wehrmacht
O.O. - Ordonnanzoffizier
O.v.D. - Offizier vom Dienst
OZ - Oberzahlmeister

Pak - Panzerabwehrkanone
Pkt. - Punkt
Pr.St. - Protzenstellung

RAD - Reichsarbeitsdienst
Rata - russisches Flugzeug
R – 3 -
Regt./Rgt. - Regiment
Regts.Adj. - Regimentsadjutant
Rgts.Kdr. - Regimentskommandeur
Rm - Reichsmark
ROA - Reserveoffiziersanwärter
ROB - Reserveoffiziersbewerber
RVI -

s.A.A. - schwere Artillerieabteilung
Sanka - Sanitätskraftwagen
S.F. - Scherenfernrohr
s.F.H. - schwere Feldhaubitze
S Kr -
s.MG - schweres Maschinengewehr

T.F. - Truppenführung
T.P. - trigonometrischer Punkt
Tr.Üb.Pl. - Truppenübungsplatz

U : 1 -
Uffz. - Unteroffizier
U.v.D. - Unteroffizier vom Dienst

VB - vorgeschobener Beobachter
Vet. - Veterinär
Vorkdo - Vorkommando

Wachtm. / Wm. - Wachtmeister
WHW - Winterhilfswerk

y – 3 – Tag -

z.b.V. - zur besonderen Verwendung

Personen – und Ortsregister

[Im Tagebuch sind die Namen von Angehörigen der Familien Doering/Eggers meist nur mit ihrem Vornamen aufgeführt. Es sind:

Gerda Scheld, geb. Doering und Friedrich-Wilhelm (Friedel) Doering Geschwister meines Vaters. Mit „Mutter" ist die Mutter meines Vaters gemeint.

Gerhard, Anny und Otto Eggers sind Geschwister meiner Mutter. Ilse Eggers ist die Frau von Gerhard Eggers. „Mami" ist die Mutter meiner Mutter.

Georg Flügger ist ein Vetter meiner Mutter, Tante Lotte seine Mutter.

Der am häufigsten im Tagebuch vorkommende Name ist der Name meiner Mutter, Erika. Ihn habe ich im Personenregister nicht aufgeführt. K.-M. D.]

A

Adam 141
Albrecht 434
Aldinger 209, 210, 213, 223, 226
Angermann 148
Anny (Eggers) 434, 480
Armoneit 60, 65, 159
Aßmann 301, 306
Ayasse 414, 420, 442

B

Bachelin 389, 400, 414, 416, 420, 422, 424, 431, 483
Bahleke/Bahlke 162, 299, 402
Bahn 215, 228, 432
Bahrt 114, 123, 316, 337, 387, 411, 412, 418, 419, 422, 429, 434, 436, 442, 471
Ballendowitsch 374
Barth 142, 189, 243, 271, 280, 399, 400
Bauch 330, 413, 422, 423, 425
Bausch 108, 246, 273, 300, 302, 305, 311, 312, 315, 327, 348, 433
Bebensee 465, 473
Becker 93, 161, 168
Beinhauer 231, 328
Bell 246, 249
Bengen 73
Bennelburg 428
Benzin 60, 417, 420, 423, 427, 430, 435, 437, 448, 449
Berg 453
Berger 121, 136
Berlin 132, 133, 139, 141, 165, 229, 256
Berner 55, 61, 71, 73, 88, 99, 101, 103, 105, 106, 109, 111, 116, 117, 121, 146, 175, 176, 177, 179, 181, 209, 228, 234, 281, 282, 285, 287, 288, 291, 292, 294, 295, 296, 297, 311, 312
Bernitt 126, 163, 169
Bernstorff, Graf 60
Beyer 222, 223
Bischof 411, 412, 414, 415, 433, 442, 444, 445, 446, 450, 452, 453, 459, 462, 464, 466, 469, 471, 473, 475, 476, 477, 478, 479, 482, 483
Blohme 301
Blumerich 317, 321, 333, 376
Boldt 186, 187
Bölt 304, 305
Bosselmann 376, 377, 395, 424
Breger 393, 398, 405, 413, 435, 451, 474
Breitmeyer 306
v. Bremen 123, 134, 149, 179, 180, 181, 182, 196, 246, 359, 433, 468

Brinkmann 202, 210
Brumm 367, 368
Brunner 394
Bruns 238, 248, 406, 416, 420
Budde 356
Büring 473
Bürmann 342, 353, 386, 459
Burchardt 418, 483
Busch 58, 310, 317, 322, 370, 427, 477
Büsing 430, 433, 474
Buse 245

C

Caillé 102, 230, 438
Carossa 232, 451, 453, 456, 457, 458, 460
Collani 308, 310
Cordua 114, 116, 237, 238

D

Damaschke 176
Dannenberg 60, 189, 209, 219, 223, 230, 240,
Dehn 344, 365
Deigentesch 476
Delfs 80, 91, 94
Depke 435
v. Dewitz 455, 477
Dierks 428
Domansky 105, 182, 188, 190, 191, 192, 196, 202, 204, 206, 209, 230, 234, 236, 303, 319, 358, 364, 381, 409, 429, 446, 464, 466, 467, 471, 477, 481, 483
Drupke 57, 66
Dulisch 62, 131, 251, 278, 318, 319, 321, 324, 331, 340, 344, 354, 357, 358, 361, 364, 368, 370, 376, 381, 387, 399, 403, 414, 416, 417, 424, 444, 446, 450, 453, 461, 462, 463, 477, 478, 479, 480, 483

E

Eggers, Gerhard 120, 279, 391
Eggers, Otto 33, 42, 211, 318, 353, 354, 383, 388
Eggert 459
Ehrlich 117, 155
Eichholz 20, 25, 38, 39, 40, 78, 82, 116, 117, 182, 183, 103, 194, 313, 417, 422, 442
Eichstädt 394, 395
Elsner 479
Ernst 158, 165, 376
Esser 199
Eßlinger 313
Euskirchen 474

F

v. Fehren 56, 362
Fenner 408, 428
Fentens 403
Ferl 296
Fiedler 213
Finke 243
Finkeldey 63, 222, 223, 360
Fischer 124, 314, 316, 318, 320, 322, 323, 324, 325, 326, 330, 331, 335, 344, 345, 346, 347, 358, 367, 379, 391, 400, 435, 436, 437, 438, 442, 443, 444, 469

Flor 161
Fox 438
Frank 243, 247, 249
Franke 147, 159
Freiwald 355
Frick 73, 127, 138, 140, 161, 165, 183, 184, 194, 204, 211, 232, 234, 235, 236, 367
Friedel 14, 44, 50, 51, 52, 66, 67, 73, 76, 83, 84, 98, 103, 112, 113, 115, 124, 126, 136, 141, 143, 162, 171, 177, 190, 208, 210, 214, 224, 259, 264, 270, 312, 313, 314, 315, 316, 318, 327, 329, 331, 332, 334, 335, 340, 342, 344, 347, 352, 353, 354, 355, 359, 360, 361, 362, 363, 364, 374, 391, 393, 403, 404, 410, 415, 423, 436, 439, 450, 453, 454, 468, 475, 481
Fritsch 441
Froelich 315

G

v. Gadow 181, 361
Gans 348
Garbe 149, 402, 414, 463
Garfs 93, 120, 370
Gehrmann 310
Geiling 79, 93, 198, 219, 313, 326, 436, 439, 448, 464
Geist 422, 418
Gerda (Scheld) 59, 61, 79, 90, 93, 94, 198, 383, 464
Gentner 281

Georg (Flügger) 391, 392
Gerhard (Eggers) 120, 279, 391
V, Gerloff 24
Gerullis 273, 277
Gmelin 177, 178, 396, 397
Goebbels 111, 365, 416, 425, 467
Goebel 137
v. Graevenitz 409
Grieger 353
Grotefendt 323
Günther 66, 394
Günzel 303, 313

H

Habich 284, 430
Haese 403
Hageböck 331, 338, 381, 382, 398, 413
Hagen 370, 467
Hahn 164, 233, 393, 478
Hansen 44, 224, 418
Hanstein 431
Harder 18
Hardt 298, 413, 418, 419, 424, 429, 431, 435, 436, 438, 442
Harms 359, 460,
v. Hartwig 314, 333, 359
v. Hassel 245, 283, 318, 335
Hedde 358
Heier 167
Heise 356
Helmerich 446, 448
Hermann 173, 177, 343
Heydolph 244, 317, 382
Hinsch 344, 355, 370, 373, 374

Hoeckner 38, 46, 48, 49, 50, 54, 70, 71, 79, 83, 84, 86, 87, 116, 119, 121, 130, 143, 146, 149, 157, 172, 177, 183, 190, 192, 194, 197, 198, 202, 204, 209, 214, 215, 216, 218, 221, 233, 251, 267, 272, 275, 284, 286, 288, 293, 296, 299, 311, 316, 318, 328, 331, 344, 374, 383, 387, 392, 413, 414, 415, 417, 424, 425, 427, 429, 434, 438, 447, 448, 466, 469, 471
Höfener 70
Höhn 468
Hoffgart 371
Hoffmann 111, 350, 356, 359, 360
Hoppe 342, 353, 354, 357, 358, 362, 363, 366, 367, 368, 369, 382, 383, 396, 398, 430, 463
Höppner 78, 122, 177
Hornung 275, 296, 317, 321, 343
Hoth 54, 55, 65, 70, 116, 123, 343
Huber 313
Hubert 151, 313
Hürter 151, 403, 413, 428
Hunger 248
v. Husen 169
Hurtzig 219

I

Ifgenia 453
Ihlefeld 303

J

Jakobs 329, 330, 341, 439
Jahnke 38, 413
Jakobsen 338
Jarchow 314
Joerges 15, 87, 89, 114, 116, 125, 130, 137, 160, 176, 185, 233, 244, 246, 247, 270, 273, 280, 286, 293, 306, 314, 315, 332, 378, 417
Jörn 187, 242, 346, 347, 360, 376
Jung 313
Junge 131
Jurgin 437

K

Kaehler/Kähler 116, 121, 122, 123, 161, 163, 174, 176, 180, 189
Karlob 204
Keller 118, 218, 308, 397
Kilian 299
Kinzel 328
Kister 181
Kleemeier/Kleemeyer 471, 473, 482
Kleiner 331, 335
Kleininger 63, 205, 231
v. Kleist 18, 100, 127, 139, 174, 175, 183, 208, 370
Klingenstein 190, 462
Klingler 116, 228
Köberle 432
Königsmarck 367
Köster 23, 313, 315, 316
Kortüm 455, 466

Kowall 301
Kramer 313
Krebs 330, 367, 376, 480
Krellenberg 158
Krisp 280, 332
Kröplin 328
Krüger 56, 57, 274, 417, 456
Krüger-Haye 17, 89, 313, 331, 337, 376, 379
Krützmann 34
Krusch 330
Kundt 402, 455, 479

L

Lahnstein 246
Lahrsow 385, 388, 391, 395, 397, 398, 399, 406, 417
Lamcke 343
Langenstein 315
Langmann 111, 279
v. Ledebuhr/Ledebur 117, 135, 278
Lehmann 60, 165, 166, 290, 336
Leitmann 439
Lemke 207
Lemm 350, 351, 355, 362, 368, 370, 371, 379, 405, 413,
Lenker 121, 353
Lenth 461
Leuschow 312, 326, 415, 427
Liech/Lieck 351, 413, 443, 444
Lieder 223, 321, 363, 393, 409, 414, 439
Lindemann 19, 179, 387
Löbbe 417
Ludwig 430
v. Ludwiger 41, 42, 43, 308
Lübbert 269, 343, 346
Lürfer 338
Luhmann 315
Lüth 114, 183, 195
v. Lützow 193, 194, 229, 449

M

Maaß 393, 401, 419,
Machert 168
Mähmann 152
Malazek 431
Malchow 477
Mallow 151, 190, 333
v. Maltzahn 283, 284, 296
Markgraf 155
Martens 243, 278, 450, 466, 478
Martienssen 26, 30, 82, 184, 210, 232
Matthes 398, 399, 400
v. Mechow 432
v.d. Meden 124, 125, 160
Meerwein 363, 370, 371, 373,
Meng 444
Merz 168
Meyer 56, 248, 308, 309
Moldenhauer 260, 267, 274, 275, 276, 277, 286, 296
Moß 317, 321
Müllensiefen 315
Müller 23, 165, 166, 186, 301, 326, 331, 332, 333, 398, 403, 466
v. Muldau 393, 402, 409, 465, 482,
Mussehl 159

N

Nast-Kolb 370, 395
Neumann 313,
Niemann 140
Nitsch 307
Neldecken 122, 182, 211, 234, 305, 352
Nölte 228, 231
Nordt 292

O

Oesterreicher 416, 442,
Ohde 159, 167, 316
Olpke 242, 245, 246, 249, 265, 266, 267, 276, 278, 279, 280, 282, 285, 286, 290, 291, 295, 324, 330, 331, 341, 343, 342, 347, 373, 400, 418, 419, 420, 422, 423, 424, 428, 430, 437, 446, 457, 463, 470, 471, 477, 478, 481
v. Ondarza 63, 69
Opterberg 474, 476
Osterholt 356
Otto (Eggers) 33, 42, 211, 318, 353, 354, 383, 388

P

Paam 353
Pade 133, 139, 140, 190, 229, 307, 319
Paehl-Zapel 141
Pankratz 167
Parschau 376
Peks 121, 130, 146
Pellens 65, 67, 77, 98, 217
Penner 462
Perleberg 341, 342

Peterhensel 383
Petersdorf 470
Pfitzner 124
Pickhardt 435
Plötz/Ploetz 310, 313
Pochhammer 266, 270, 276, 278, 281, 283, 284, 285, 290, 291, 294, 295, 296, 297, 302, 306, 308, 309, 316, 328, 352, 358, 386, 387, 398, 416, 439, 457
Pöppelmeier 46, 124, 178, 201, 235, 265, 279
Popitz 345,
Posadowsky 176
Prellwitz 103, 104, 106, 107
Priehn 456
Puschke 103
Putzig 341, 347

R

Raabe 244, 322, 393
Raapke 438
Rabe 164, 165
Raithelhuber 62, 70, 115, 117, 162, 190, 308
Ramm 190
Regler 244
Rehmer 413
Retsch 413
Reuter 198, 305, 417, 418
v. Ribbentrop 212, 214, 219, 223, 226
Richard 169
Riechhoff 268
Richter 341, 342, 354, 370
Rieckert 60
Riedel 223, 235, 237, 246, 249, 265, 266, 267, 270, 275, 277, 278, 281, 282, 286, 288, 290, 294, 295, 296, 297, 309, 316, 317, 320, 321, 322, 323, 325, 326, 328, 338, 358, 379, 460, 469,
Riedel-Schwekendieck 433
Rieder 192
Rittmeister 86, 122, 242, 264
Rödiger 244
Roettig 190, 192, 197, 199, 202, 204, 327, 394, 444, 471
Roettiger 245
Rohrmoser 99, 101, 104, 106
Roloff 61, 212, 221, 312, 338
Rommel 53, 89
Rosemann 384
Roßband 322, 328, 370, 375, 383, 386, 406, 422, 461, 462, 464, 473, 475, 483
Rost 228, 231, 238
Rudelsdorf 60, 286, 291, 293, 331, 332, 342, 390, 430
Rüter 70, 100, 101, 102, 156, 220, 282, 422, 436, 437
Ruoff 58
Ruwold 33

S

Saam 244, 273, 275
Salzmann 351, 370
v. Saß 163
Sauer 230, 270, 278, 459
Sauerbrey 337
Schäfer 170, 426
Schwrff 244
Scherzer 317
Schielke 342, 348, 361, 439
Schlegelmilch 16, 77, 102, 109, 162, 231, 320, 296, 345, 353, 362, 426, 459
Schlomann 454
Schlurith 274
Schmidt 188, 265, 339, 343, 363, 376
Schmundt 244
Schnauber 420
Schneider 158, 385, 391, 397, 400, 406, 412
Schnell 129, 135, 138, 184
Schoepe 127, 247, 319, 347, 391, 417, 418, 434, 444, 472, 477, 481
Schöps 60, 61, 62, 63, 64, 122, 123, 127, 128, 129, 130, 134, 136, 140, 143, 145, 154, 155, 156, 167, 168, 173, 174, 176, 178, 183, 184, 185, 186, 187, 188, 189, 190, 193, 194, 196, 198, 206, 207, 209, 211, 216, 226, 236, 242, 246, 247, 248, 249, 265, 266, 267, 268, 269, 270, 274, 279, 281, 282, 283, 286, 288, 292, 293, 295, 297, 308, 311, 312, 319, 342, 347, 399, 415, 446,
Schoknecht 336, 393, 399
Schrelke 432

Schröder 35, 112, 114, 118, 119, 120, 121, 168, 185, 203, 299, 303, 476
Schrötter 246
Schürmann 137, 167
Schulz 43, 73, 91, 94, 156, 165, 173, 199, 234, 247, 302, 317, 319, 320, 321, 322, 326, 327, 333, 336, 350, 352, 446
Schulze 269, 329, 330, 373, 398, 410, 456, 473, 474, 478
Schwabe 289
Schwarz 105, 112, 113, 121, 254, 254, 336, 337, 338, 339, 340, 341, 342, 343, 345, 346, 347, 350, 351, 359, 361, 364, 365, 366, 368, 369, 370, 378, 380, 383, 384, 392, 400, 407, 409, 414, 444, 445, 475
v. Schwerin 413
Seegner 168
Siehl 34
Slezak 392
Soike 72
Sommer 408
Sonnenberg 321, 322, 326, 344, 386, 387, 464
Spindler 159, 160
Staaf 121
Stank 311
Staudinger 254, 313, 315, 316, 317, 318, 322, 323, 327, 328, 331, 333, 337, 339, 343, 345, 347, 352, 354, 355, 359, 361, 365, 366, 374, 379, 381, 383, 386, 390, 394, 399, 401, 406, 407, 408, 414, 443, 468, 469, 470, 481, 484
Steffen 274
Steffens 342
Steglich 333, 356, 364, 442, 448, 451
Steiniger 56
Steinke 59
Steinmetz 413, 423, 454, 472
Stemmer 284, 394
v. Stenglin 321
Stenz 442
Stephan 307
Stern 299, 302, 305, 430, 435
Sternhagen 479
Stichert 499
Stock 327, 434, 436, 437, 438
Stolz 348
Strack 114, 116, 121, 394, 406
v. Stülpnagel 16, 59, 104, 144, 151, 170, 175, 183, 223, 224, 229, 232, 235
Stuhr 165, 167, 184, 198, 200
Stumer 199
Stuppi 265, 289, 297, 300, 306, 310, 311, 356, 360, 375, 444, 466, 469, 473

T

Tank 32, 235, 248, 266, 281, 291, 316, 321, 322, 333, 334, 335, 338, 353, 355, 356, 360, 362, 370, 389, 394, 400, 443, 470, 482, 483

Tielker 79, 101
Thiessen 80
Todtenberg 226, 315, 327, 396, 398, 400, 405, 418, 419, 420, 424, 425, 433, 438, 469
Toede 242
Trefz 328
Treptow 418
Troitsch 348, 356, 425
Trucke 243
Tyron 65, 165, 177

U

Uhthoff 41, 65, 161, 211, 303, 320, 327, 330, 332
Ummus 303

V

Varain 341, 342, 343, 344, 345, 346
Vich 160
v. Vietinghoff 191, 228, 234, 235, 240
Vogel 244, 302, 308, 309, 310, 311, 317, 318, 323, 324, 330, 338, 341
Voß 60

W

Wagner 114, 124
Walterscheidt 227
Walterschy 208
Warncke/Warneke 94, 447
Warnke 44, 363, 366, 393, 428
Webel 305
Weber 244, 330, 405, 430, 433, 448
Wehn 120, 240
Weihe 113, 305, 318

Weise 62, 83, 84
Weiß 167
Weniger 209, 272, 322, 342, 352
Werner 277, 278, 279, 283, 316, 317, 326, 327, 328, 329, 330, 335, 336, 342, 345, 347
Weskott 56, 198
Wetz 58
Weyel 315
Wilhelmine (Gemeindeschwester) 91, 94, 120
Winter 333
Wischnewski 23
Wlassow 431, 437

Wolter 267, 310, 312, 347, 348, 382
Wrede 280, 299, 313, 395, 396, 413
Wrobel 47
Wülfing 167, 237, 241, 324
Wüstenberg 80, 312
Wulf/Wulff 26, 30, 64, 66, 105, 127, 142, 144, 165, 183, 232, 234, 243, 244, 247, 248, 249, 296, 318, 348, 382, 395, 397, 400, 405, 406, 417, 420, 423, 424, 430, 465, 473, 478
Wust 342

Wustrack 101

Z

Zech 403, 421, 423, 426, 431
Zefner 81
Zeplin 326, 327, 330, 331, 335, 339
Zenker 199
Ziegler 41, 65, 66, 112, 216, 240, 248, 285, 322, 333, 349, 354, 355, 372, 381, 388, 390, 395, 398, 412, 422, 434, 471, 472, 482, 483
Zierke 184
Zydowitz 303, 400

[Die Ortsnamen habe ich so übernommen, wie sie im Tagebuch geschrieben sind. Dadurch mögen sich Abweichungen von den offiziellen Heereskarten ergeben, was ich nicht nachgeprüft habe. K.-M. D.]

A

Achouffe 20
Agimont 24
Allenstein 102
Alluer (Schloss) 16
Altenbeken 98
Amsterdam 53
Androweskoje 247
Angerapp Ost 98
Antonowo 247
Arkadowo 372
Arras 31, 32, 35
Avion 36

B

Bad Kleinen 79, 90, 94, 439
Baiheore 29
Barssuki 298
Beaupaire 30
Belj 245, 247, 270, 287, 289, 296, 303, 314, 334, 335, 371, 421, 440, 443
Belj Süd 245
Benifontaine 37
Bentheim 44, 45
Bentschen 98
Bergen op Zoom 53
Berlin 11, 98, 111, 299, 359, 416, 440, 441
Berolan 37
Billy 37
Billy-Berolan 39
Bilowa 112, 114, 117, 129
Blankenberg 43, 70, 90, 94
Bleialf 20
Bois Bernard 36
Bonn 15, 122, 473
Borodino 148, 382
Borok 281, 309, 312, 331, 352, 374, 408
Brest 119
Brest-Litowsk 119
Brüel 15, 44, 49, 80, 82, 90, 94, 113, 119, 123, 124, 140, 164, 170, 171, 175, 180, 195, 196, 247, 313, 332, 338, 352, 353, 364, 395, 403, 415, 439

C

Cambrai 31, 32
Canal de la Deule 38
Cheran 20
Chimay 24
Cholm 114, 115, 129, 131, 143, 144, 150, 191, 252, 271, 382

D

Dailly 24
Darkehmen 98, 107
Demjansk 190, 191, 218, 263, 298, 299, 302, 303, 308, 313, 331, 335, 348, 373, 374, 375
Denewa 413, 420, 435
Den Haag 48
Djagilewo 245, 246
Dno 439, 442
Dönhofstädt 98
Don 41
Dordrecht 52
Drosdowo 186
Drosdy 281
Dury 33
Dwanzewo 379
Dymzewka (Fluss) 287, 288

E

Eischeid 15, 70, 425
Elcherat 19
Emmerich 98
Espeler 20

F

Fekino 409, 419, 420, 425, 428, 433, 439, 442, 444, 449, 450, 465, 473, 475, 478, 483
Fikarewo 420, 465
Flouvon 30
Frankfurt 248
Fresues 24

G

Germersheim 52
Ginneken 54
Gioet 23
Givet 24
Glasuny 184, 187
Gochenée 24
Gorbowo 158, 177, 188, 301
Gorki 125, 128, 383, 399, 416, 419, 425, 427, 430, 435,

437, 448, 464, 466, 470, 475
Gorodez 416, 423, 427, 435, 447, 450, 454, 455
Grasberg 111
Grüfflingen 20
Gumbinnen 104

H

Hameln 98
Hamm 67, 79, 93, 94, 119, 391
Hardenberg 182
Heerlen 46
Hennef 15, 16
Herchen 171
Herzogenbusch 76, 79
Hildesheim 98

J

Jam-Awrinowo 418
Jamy 383, 384
Jemelle 21
Jeskino 157
Juchowo 408, 409, 428, 475
Juchowokowo 419
Jüterbog 11, 13, 53, 54, 58, 113, 124, 126, 222, 223

K

Kamenka 132, 133, 134, 140, 141, 142
Karelkino 149
Kallwen 99
Keez 336, 399
Kiew 168, 169, 205
Kilowo 112
Kleinlangenfeld 18
Köln 16, 49, 53, 81, 192, 439
Königsgarten 99
Kokowkino 160, 169
Konuwka 140

Kopki 416, 427, 430, 433, 434, 466, 476, 482
Kornewo 266, 275, 280, 287
Kostkowo 376
Krasnaja Gorka 192, 302
Krasnodar 330, 332
Krinokino 303
Kriwaja 376
Krutiki 303
Kunia (Fluss) 122, 128, 129
Kunowo 113
Kurgan 192, 235
Kuschelowo 244, 285, 288, 295, 296, 372

L

La Bassée 36, 37
La Cateau 29
La Haute Deule 36
La Louzy 30
Langenberg 351
La Roche 21
La Roche sur Yon 10
Lebesk 244
Lenjkowo 341
Lens 36
Lerrowo 140
Libakowa 123
Ligeiza 341
Lille 40, 41, 52, 53, 215
Linje 244, 267, 295, 358
Lissendorf 17, 18
Lokuja 381, 382, 385, 393, 398, 402, 403, 409, 418, 431, 434, 435, 439, 442, 444, 449, 481
Lompret 24
Lowat 129, 130, 141, 144, 145, 252, 263, 280, 348, 380
Lubi 375
Ludwigslust 439
Lug 156
Lukino 192, 206, 219
Lunewo 266, 274, 275, 280, 287, 293
Lurtenhöhe 338

M

Maas (Fluss) 24, 25, 94
Maastricht 94
Macon 29
Maichen 106
Mal. Grjada 404, 408, 466
Mal. Wragowo 309
Mamajowschinkana 192
Manchengut 102
Marienbourg 24
Maspelt 19
Matagne la Petite 24
M. la Grande 24
Matzhausen 109
Meglino 293, 299, 311, 313, 344, 361, 370
Meikop 332
Mericourt 36
Mesnil St. Blaise 24
Meurchin 39
Mitruschino 204
Moerdijk 50
Mohrolizy 244, 245
Mont le Bau 20
Muireuil 36

N

Nagowo 379
Namnowo 245
Nemmersdorf 103
Neuenkirchen 15
Neukirchen 16

Neustrelitz 108, 238, 406
Neu-Teschendorf 111
Neviges 182
Neweliki 113
Nowetschki 132, 134
Nowiki 154

O

Odojewo 155
Ogarkowo 154
Oppy 36
Osmünde 462
Ossinowka 404, 409, 439, 465, 475
Ossujag 156
Ostrowa 141
Osuja 188
Oudenbosch 50, 61
Oud Gastel 50, 51
Ourthe (Fluss) 20, 21

P

Paderborn 98
Pawlowo 382, 385
Pelves 33, 34
Penjkowo 264, 272, 281, 291, 293, 300, 341
Pessi Konez 303
Pleskau 149, 438, 441, 443, 470
Plouvain 33, 34, 35, 36
Podssossonje 299
Polja 242
Porutschka 140, 142
Posen 98
Pugowa 157
Pustosch-Tschikunowo 131

R

Rai 205
Ramuschewo 377
Ratschki 158

Retli 379
Rijsbergen 47, 50, 54, 65, 76, 77, 89, 95, 261
Riknowa 112
Romimte (Fluss) 109
Rommerée 24
Roosendaal 51, 52, 98, 261
Rositten 441
Rotterdam 48, 49
Rouvroi 36
Rue des Chats 30

S

Scarpe (Fluss) 35
Sebesh 276, 282, 295, 309
Seliger (See) 158, 229
Senjkowo 296, 325
Sevjagino 186
Sewastopol 320
Siegburg 15, 16, 356
Sissonne 82
Skatschki 188
Slawizy 217
Smelaja-Wetorch 192
Solagino 455
Somme (Fluss) 50
Ssawkino 377, 379
Sserka 118
Ssessjuli 398
Ssopolje 140
Ssusslowo 379
Sswapuschtscha 185, 188
Staraja Russa 228, 229, 271, 275, 307, 309, 378, 380
Steffeln 18
Stersch (See) 158
Stobuja 156
Sülz-Klettenberg 16

T

Tarnopol 153
Tarassowo 278, 299, 328, 341, 341, 348, 362, 370, 371, 373, 374,
Teterino 154, 155
Thommen 20
Thorn 98
Tilburg 50, 54, 59, 80, 97
Trestino 159, 184
Troisdorf 16
Tschernaja 245, 266, 273, 275, 287, 345
Tschernogusowa 415, 427, 430
Tschernojasowje 405
Tschikunowo 131, 140, 143
Tukowitsch 155
Tulebja 348, 381

U

Udygina 393
Uljanino 154
Ustje 386
Utrecht 44, 45, 48, 96, 97, 351

V

Vaux 24
Velbert 67, 182, 264, 270, 273, 275
Virelles 26
Vodelée 24
Vorelles 24
Vron 208

W

Wachnowa 155
Waldai (Gebirge) 151, 156, 197, 204, 218, 240

Waldankaken 111
Wartheim 103, 104
Welikije Luki 143
Wibrin 20, 21
Wiguelies-Fournies 29
Winterspelt 19
Wirballen 440
Wischenka 154

Wismar 80, 352, 355, 390, 484
Wiugles 39
Wolga (Fluss) 156
Wolga (See) 158
Wolok-Medwedowka 112
Wyssokuscha 291, 324, 341

Z

Zikorewo 433
Zundert 58, 65, 67, 75, 85, 86, 89

Inhaltsverzeichnis

Einleitung	5
Editorische Anmerkungen	7
Biografische Daten	8
Das Tagebuch	11
Das Testament	485
Meine Batterie	494
Kondolenzschreiben des Regimentskommandeurs	497
Verzeichnis der Abkürzungen	499
Personen- und Ortsregister	503

www.ingramcontent.com/pod-product-compliance
Lightning Source LLC
Chambersburg PA
CBHW021132230426
43667CB00005B/89